공기업론

원 구 환

개정판

도서출판 대영문화사

개정판 머리말

2018년 『공기업론』 초판을 출간 이후 벌써 6년의 시간이 흘렀다. 문재인 정부 초기에 초판을 발간하였는데, 새로운 정부가 들어섰다. 공기업 정책 방향도 사회적 가치 구현에서 효율성 추구로 전환되었다. 즉, 공공기관 효율화, 재무 건전성 확보, 민간 혁신 · 성장 지원, 자율 · 책임 · 역량 강화를 공기업 혁신의 주된 과제로 제시하였다. 특히 공공기관의 효율성과 재무 건전성을 강조하고, 공공기관 통합기술마켓 고도화, 해외협력 지원플랫폼 구축, 공공기관 자체 ESG 역량 강화 및 민간 협력업체 ESG경영지원을 적극 추진하고 있다.

새로운 정부의 공기업 정책 변화에 맞게 교재의 내용을 수정하였다. 개정판에서는 기존의 12장 체계의 틀은 그대로 유지하면서 최신 자료로 수정 보완하였으며, 가급적 분량을 축소하였다. 또한 ESG경영 등 새 정부에서 강조하고 있는 개념을 부각하였으며, OECD에서 최근에 제기하고 있는 공기업 지배구조의 변화를 다루었다. 아울러 지속가능경영의 관점에서 사회적 책임경영, 안전경영, 윤리경영 등을 새롭게 정리하였는데, 공기업이 민간부문과 다른 점을 강조하였다.

공기업 정책의 기본방향은 공공성과 기업성의 조화라는 사실을 다시금 새겨보면서 『공기업론』 개정판과 관련하여 독자 여러분의 많은 관심을 부탁드립니다.

2024년 1월

원구환

초판 머리말

행정학과에 진학하면서 처음으로 『공기업론』이라는 과목을 수강했을 때의 일이다. 행정학의 연구대상 영역으로 정부만을 생각하고 있던 나로서는 공기업이라는 용어가 너무 신선했다. 그때의 생각은 '이런 학문영역도 있었네'라는 것과, '그런데 우리 일상생활에서 꼭 필요한 서비스를 제공하고 있네'라는 것이었다. 정부도 아니고 기업도 아닌데, 우리 일상생활에서 꼭 필요한 서비스를 제공하는 독특한 조직에 대한 첫 느낌이 지금도 기억나곤 한다.

지금은 공기업론 강의 첫 시간에 학생들에게 하나의 질문과 하나의 엄포(?)를 놓는다. 우리가 늘 사용하는 전기, 수도, 가스, 지하철 등은 누가 어떻게 제공하는가?, 그리고 우리는 전기세, 수도세를 내는 것이 아니라 전기료, 수도료를 내는 것이라고. '전기세, 수도세라는 말을 쓰면 학점은 F다'고.

공기업은 우리 일상생활에 필요한 재화나 서비스를 제공하는데, 세금을 통해 운영되는 것이 아니라 요금을 통해 운영된다. 요금을 받는 이유는 누가 얼마만큼의 서비스를 이용했는지를 알 수 있기 때문이다. 계량기를 통해 전기, 가스, 수도의 서비스 이용량을 측정할 수 있고 쓴 만큼 지불하는 방식이다. 그러나 정부가 제공하는 국방, 경찰, 소방 서비스는 국민들 개개인이 얼마나 이용하고 있는지 측정하기 어려우며, 세금을 더 많이 낸 사람에게 가로등이 더 밝게 비치는 것은 아니다. 따라서 공기업은 세금을 통해 재원을 조달하는 정부운영 방식과 다르고, 국민에게 질 좋은 서비스를 제공하는 것이 목적이라 돈 벌기 위해 장사하는 기업과도 다르다.

공기업은 공익적 사업을 관료제적 방식이 아니라 기업적 방식으로 운영하므로 역설적이다. 공공성과 기업성 중 어느 하나를 포기하는 딜레마 상황이 아니라 본질적으로 공익성과 기업성을 동시에 추구해야 하는 역설적 상황에 처해 있다. 둘 중 하나의 포기가 아니라 역설적 가치를 통합하는 것이어야 한다. 그것이 공기업의 존재 이유이며, 필자가 『공기업론』 교재를 집필하면서 늘 고려했던 부분이다.

교재 집필의 기본방향으로 공공성과 기업성이라는 역설적 가치를 어떻게 조화할 것인가에 초점을 맞추었다. 정답을 명쾌하게 찾기는 쉽지 않지만, 균형된 시각을 갖고자 노력하였다. 목적으로서의 공공성과 수단으로서의 기업성을 조화시키는 것이 중요하다는 인식에서 교재를 집필하였다. 또한 공기업의 개념을 광의적으로 해석하였다. 일반적으로 공기업의 개념을 정의함에 있어 정부로부터 독립된 법인체에 한정하는 경향이 있으나, 정부가 자신의 조직으로 기업적 활동을 하는 형태(정부기업)도 존재하기 때문에, 정부가 직접경영하는 형태와 간접경영하는 형태 모두를 공기업의 범주로 이해하고자 하였다. 아울러 국가공기업과 지방공기업을 총 망라하였는데, 장별로 제1절은 이론적 배경, 제2절은 국가공기업, 제3절은 지방공기업으로 구성하였다.

끝으로 『공기업론』 교재를 출간하는 데 도움을 주신 대영문화사의 임춘환 사장님과 임직원 여러분께 진심으로 감사드리며, 2017년도 연구년을 맞아 1년 동안의 연구 성과로 『공기업론』이라는 교재를 출간할 수 있어서 작은 기쁨을 느낀다. 이 모든 기쁨을 사랑하는 나의 아내와 석찬, 지윤과 함께하고 싶다.

2018년 2월

원구환

차례

차례

PUBLIC ENTERPRISE

제 1 장

공기업의 본질

제1절 공기업의 개념 정의

1 공기업의 개념

1) 재화나 서비스의 본질과 유형

재화나 서비스의 유형은 소비성과 배제성이라는 기준에 따라 구분되는데, 소비성은 다시 개인들이 자신의 선호에 따라 소비하는 형태(개인소비성)와 많은 사람들이 일상생활에서 소비하는 형태(집단소비성)로 구분할 수 있다. 또한 배제성이라는 기준은 재화나 서비스의 이용에 대한 대가를 지불해야 하는가의 여부에 따라 구분하는 것으로 이용에 대한 대가를 지불하지 않으면 재화나 서비스를 이용할 수 없는 것(배제성)과, 이용에 대한 대가를 지불하지 않고도 이용할 수 있는 것(비배제성)으로 구분된다(Ostrom & Ostrom, 1977: 12).

〈표 1-1〉 재화나 서비스의 유형 구분

<table>
<tr><th colspan="2" rowspan="2"></th><th colspan="2">소비성</th></tr>
<tr><th>개인소비성</th><th>집단소비성</th></tr>
<tr><td rowspan="2">배제성</td><td>배제가능성</td><td>민간재(private goods)
• 주체: 시장(market)
• 비판: 시장실패(market failure)
• 역할: 시장실패에 대한 정부개입</td><td>요금재(toll goods)
• 주체: 공기업(국가마다 상이)
• 비판: 공공성과 기업성 조화
• 역할: 정부개입의 수준 및 정도</td></tr>
<tr><td>배제불가능성</td><td>공동소유재(common-pool goods)
• 주체: 자연발생
• 비판: 환경오염, 공동체의 비극
• 역할: 오염예방자로서의 정부</td><td>공공재(public goods)
• 주체: 정부(government)
• 비판: 정부실패(government failure)
• 역할: 정부의 적정 규모</td></tr>
</table>

(1) 민간재

민간재(private goods)는 개인소비성과 배제가능성을 전제로 한 재화나 서비스를 의미한다. 쉽게 표현하면 개인들이 자신의 필요(선호)에 따라 재화나 서비스를 이용하지만, 대가를 지불하지 않으면 이용이 불가능한 것을 의미한다. 빵, 음료수, 구두 소비는 대표적인 예라 할 수 있는데, 보통 시장(market)에서 공급된다.

일반적으로 시장은 다수의 수요자와 공급자가 자발적 교환을 전제로 가격을 결정하는 완전경쟁체제를 의미한다. 즉, 시장은 수요와 공급의 상호작용에 의해 가격이 결정되는 체제를 의미하며, 우하향하는 수요곡선과 우상향하는 공급곡선이 교차하는 지점에서 가격이 형성되는 자율적 조정시스템이다. 이러한 시장은 완전경쟁상태, 비용증가산업, 완전한 정보, 완전한 이동성, 공공재와 외부효과의 부재를 전제로 한다. 그러나 독과점시장을 중심으로 한 불완전경쟁산업의 존재, 비용체감산업의 존재, 공공재와 외부효과의 존재, 시장상태에 대한 불완전한 정보와 이동성의 제약은 시장으로서의 기능을 어렵게 한다(Haveman, 1970). 즉, 시장의 조건을 충족시키지 못하고 시장이 제 기능을 수행하지 못하는 현상을 시장실패(market failure)라 한다. 예를 들어, 식품의 불안전한 공급, 불공정 거래 행위, 담합 등과 같은 역기능적 측면이 나타날 수 있는데, 이를 통제할 수 있는 제도적 장치가 필요해지게 된다.

시장실패를 치유할 수 있는 제도적 방안으로서 정부의 역할이 강조되고 있다. 그러나 정부개입은 시장에 대한 개입이 아니라 시장실패에 대한 개입이어야 한다. 따라서 시장실패는 정부개입의 필요조건이 되지만 충분조건은 될 수 없다. 특히 정부개입이 모든 시장실패의 원인을 완전히 해결할 수 있다는 것 또한 문제이다. 오히려 정부개입으로 인해 정부가 비대화되고, 제 기능을 충실히 이행하지 못하는 현상이 나타날 수 있다. 이러한 현상을 흔히 정부실패(government failure)라 한다.

(2) 공동소유재

공동소유재(common-pool goods)는 개인소비성과 배제불가능성을 전제로 한 재화나 서비스를 의미한다. 쉽게 표현하면 개인들이 자신의 필요(선호)에 따라 재화나 서비스를 이용하지만, 대가를 지불하지 않아도 이용이 가능한 것을 의미한다. 천연자원, 바다 및 호수의 고기, 해양의 광물, 공기 등과 같은 공유자원의 소비는 대표적인 예라 할 수 있는데, 이러한 공동소유재의 경우는 보통 자연발생적으로 공급된다.

그러나 자연발생적인 재화나 서비스를 그대로 공유할 경우 환경오염이나 공동체의 비극이 발생할 수 있다. 공동체의 비극[1])이란 공유자원을 모든 사람들이 자유롭게

1) 공동체의 비극(The Tragedy of the Commons)이란 미국 UCSB 생물학과 교수인 하딘(Hardin,

이용할 경우 자원이 고갈되어 결국에는 모든 사람들이 이용할 수 없는 상태를 의미한다. 공동소유재는 아무도 생산하려고 하지 않으며 오직 자연의 혜택으로만 공급되기 때문에 대가를 지불할 필요가 없고, 또한 그 소비를 제한할 방법이 없다. 특히 이러한 자유재를 소비하기 위해 드는 비용이 그 재화가 소비자에게 주는 가치보다 적게 드는 한 그 재화의 소비가 계속 이루어져 고갈(예: 환경오염 등)되어 버릴 가능성이 있다. 따라서 공동소유재의 경우 자연적으로 그대로 방치할 수도 없으며, 시장기구에 맡겨 문제를 해결할 수도 없기 때문에 일정한 규제 내지는 집합적 행동(collective action)이 요구된다.

(3) 요금재

요금재(toll goods)는 집단소비성과 배제가능성을 전제로 한 재화나 서비스를 의미한다. 즉, 많은 사람들이 일상생활에서 필수적으로 이용하지만, 대가를 지불하지 않으면 사용이 불가능한 것을 의미한다. 전기, 가스, 수도 등은 대표적인 예라 할 수 있는데, 이러한 요금재의 경우는 시장기구나 정부기구(공기업)에 의해 공급되고 있다. 요금재의 기본적 특성은 다음과 같다.

첫째, 요금재는 많은 사람들이 일상생활에서 필수적으로 소비하고 있다는 측면에서 공익적 특성을 지니고 있다. 즉, 국민경제생활에 필수적이며, 대규모적이고 산업기반적인 특성을 지니고 있다. 일례로, 물이나 전기의 경우 국민의 일상생활에서 필수불가결한 재화나 서비스이며, 규모가 전국적이고, 공업용수나 산업발전용 등과 같이 산업기반적인 특성을 지니고 있다. 집단소비성이라는 측면에서는 공공재와 유사하다.

둘째, 요금재는 대가를 지불하지 않으면 이용에서 배제될 수 있다는 측면에서 기업적 경영이 가능한 영역이다. 즉, 비용을 부담한 자와 혜택을 받는 자와의 관계가 명확한데, 전기 및 수도 계량기를 통해 사용량을 측정할 수 있으며, 사용량에 따라 비용을 부담시킬 수 있다. 이용에 대한 대가를 지불해야 한다는 배제가능성과, 이용한 자가 이용한 만큼 부담해야 한다는 수익자부담(user charge) 측면에서는 민간재와 유사하다. 수도요금을 체납하거나 전기 및 가스요금을 자신의 이용량만큼 지불하지 않고는 서비스의 이용이 불가능하고 서비스의 혜택으로부터 배제된다. 만약 이러한 서비

1968: 1243-1248)에 의해 만들어진 개념으로, 1968년 12월 13일자 『사이언스(*Science*)』에 실렸던 논문의 제목이기도 하다.

스를 공급하는 데 소요되는 비용을 조세로 충당한다면 서비스의 제공을 받지 않는 시민(예: 가스를 이용하지 않는 시민)에게도 재정적 부담을 전가시킬 수 있다. 따라서 요금재의 경우는 조세가 아닌 요금에 의해 대가를 지불하는 것이 바람직하다.

셋째, 요금재는 이용자가 많을수록 비용이 절감되기 때문에 공급자가 독점적 특권을 이용하여 불공정 행위를 할 개연성이 크다. 따라서 요금재에 대해서는 일정한 규제 내지는 집합적 행동(collective action)이 요구된다.

따라서 요금재는 공동소비적 특성을 지니는 재화나 서비스를 기업적 방식으로 운영하되, 일정한 공적 규제가 필요한 영역이라 할 수 있다. 또한 공공재와는 달리 수익자와 비용부담의 관계를 명확히 설정할 수 있는 특성을 지니고 있다.

(4) 공공재

공공재(public goods)는 집단소비성과 배제불가능성을 전제로 한 재화나 서비스를 의미한다. 즉, 많은 사람들이 일상생활에서 필수적으로 재화나 서비스를 이용하지만, 대가를 지불하지 않아도 이용이 가능한 것을 의미한다. 국방, 경찰, 소방 등은 대표적인 예라 할 수 있는데, 이러한 공공재는 정부에 의해 공급되는 것이 일반적이다. 공공재의 기본적 특성은 다음과 같다.

첫째, 민간재와는 달리 공공재의 경우는 소모되지 않는 특성(non-depletion)을 지니고 있다(비소모성).[2] 즉, 민간재 X재의 총소비량이 주어졌을 때 어떤 한 경제주체의 민간재 X 소비량 증가로 인해 다른 경제주체들의 민간재 X 소비량이 줄어드는 데 비해, 공공재 Y재의 총소비량이 주어졌을 때 어떤 한 경제주체의 공공재 Y 소비량 증가로 인해 다른 경제주체들의 공공재 Y 소비량이 줄어들지 않는다. 이를 식으로 나타내면 다음과 같다. 일례로, 가로등의 경우를 생각해 보면, 가로등을 이용하는 사람 모두 동일한 혜택을 받으며, 소비량이 줄어들지 않는다.

민간재의 경우: $X = X_1 + X_2 + \cdots\cdots X_n$ $\qquad X = \sum_{i=1}^{n} X_i \ (i = 1,\ 2,\ \cdots\ N)$

공공재의 경우: $Y = Y_1 = Y_2 = Y_n$ $\qquad Y = Y_i \ (i = 1,\ 2,\ \cdots\ N)$

---

2) 재화나 서비스의 소비에 있어 한 경제주체와 다른 경제주체가 서로 경합하지 않는다는 뜻에서 비경합성(non-rivalry)이라 부르기도 한다.

둘째, 공공재는 소비를 위해 반드시 대가를 지불하지 않아도 되는 재화나 서비스이다. 즉, 어떤 사람이 세금을 내지 않았다 하더라도 국방, 경찰, 소방서비스를 받을 수 없는 것은 아니다. 따라서 대가를 지불하지 않고 재화나 서비스를 이용하려는 무임승차자(free-rider)가 발생할 수 있다.

셋째, 공공재는 비용부담자와 서비스 수혜자 간의 관계를 명확히 설정하기 어렵다. 자신이 지불한 금액과 수혜받은 혜택이 일치하지 않는다. 따라서 재화나 서비스의 적정 공급량과 가격을 결정하기가 어려우며, 목표가 추상적이고 다양한 계층을 포괄하고 있어 공공재를 공급하는 조직의 성과를 측정하기가 어렵다.

넷째, 공공재는 독점적 성격을 지니고 있어서 경쟁이 허용되지 않으며, 소비자에게 선택의 여지가 없는 특성을 지니고 있다(Savas, 1987: 47-49). 따라서 공공재는 불특정 다수가 이용하는 재화나 서비스이므로 정부가 독점적으로 공급할 수밖에 없으며, 그 재원은 국민의 조세에 의존하게 된다.

(5) 가치재

가치재(merit goods)란 개념을 이해하기 위해서는 공공재(public goods)와의 차이점과 유사점을 구분할 필요가 있다. 즉, 공공재는 비경합성과 비배제성을 특징으로 하는 데 비해, 가치재는 재화 소비에 경합성이 있고 배제 또한 가능하다는 점에서 차이가 있다. 그러나 가치재와 공공재는 모두 정부의 개입을 전제로 하고 있다는 점에서 공통점을 지니고 있다.

가치재의 대표적인 예로는 교육과 의료 등을 들 수 있다. 개인들은 교육이나 의료서비스를 소비함에 있어 교육비와 의료비를 지불해야 하지만, 학교와 병원이 있는 지역과 그렇지 못한 지역과의 차이가 존재한다. 특히 학교나 병원이 없는 산간벽지의 어린이들의 경우 도시지역의 어린이들에 비해 충분한 교육 및 의료서비스를 제공받을 수 없는 문제가 발생한다. 또한 교육 및 의료서비스(예: 전염병) 등은 사회적인 영향력이 크고 외부경제적 효과를 지니고 있기 때문에 차별 없이 고른 혜택을 받는 것이 사회 전체적인 차원에서도 바람직하다. 따라서 정부는 예산을 통해 국립학교, 국·공립병원, 보건소 등을 운영하여 최소한의 서비스를 공급하게 된다.

가치재란 민간부문에서 생산·공급되고 있으나 이윤극대화 논리에 따라 생산량이 최적수준에 미치지 못하여 정부가 직접 공급에 개입하는 재화나 서비스를 의미하는데, 가치재에 대한 정부개입은 무조건적으로 이루어지기보다는 사회적으로 바람직하다고 판단되는 경우에 이루어진다. 가치재는 정부의 공급에 의해 생산량이 제공되기 때문에 소비자 주권에 의해 생산량이 결정되지 않으며, 고소득 계층보다 저소득 계층이 큰 혜택을 얻을 수 있다.

반면에 사회적으로 바람직하지 못한 재화, 예를 들어 담배, 술, 마약 등에 대해서는 정부가 생산이나 소비를 규제하게 되는데, 이를 비가치재(demerit goods)라 한다.

2) 정부의 역할과 공기업

전통적으로 정부의 영역은 공공재의 공급이었다. 그러나 사회적 가치의 변화로 말미암아 정부의 역할은 단순히 공공재의 공급에 국한되지 않고, 민간재, 공동소유재, 요금재의 공급 등에 관여하게 되었다. 시장실패에 따른 정부개입, 공동체의 비극을 제어할 수 있는 정부의 개입, 독점적 사업(예: 수도, 전기, 가스 등)에서 파생되는 공급자의 불공정 행위 등을 제어하기 위한 정부개입이 나타나고 있다.

정부활동은 크게 일반행정활동과 기업적 활동으로 구분된다. 이들 활동은 모두 시민의 복지향상을 목적으로 하고 있다는 점에서 공통성을 지니지만, 공급되는 서비스 자체의 성격이 다르며 목적을 달성하려는 방법에도 차이가 있다. 즉, 정부의 일반행정활동은 공공재를 공급하는 활동이며, 기업적 활동은 요금재를 공급하는 활동이라 할 수 있다. 요금재는 공공재와 마찬가지로 집단소비성이라는 공통성을 지니고 있지만, 이용량을 측정할 수 있고 비용부담자와 서비스 수혜자 간의 관계를 명확히 설정할 수 있다는 차이점이 존재한다. 따라서 정부의 기업적 활동에는 요금이라는 개념이 중요하다. 보편적으로 정부의 일반행정활동을 조세에 의한 행정이라고 하며, 정부의 기업적 활동을 요금에 의한 행정이라고 하는 것은 이러한 이유 때문이다.

3) 공기업의 개념

일반적으로 공기업은 정부가 공공복리 증진을 목적으로 기업적 방식으로 운영하는 조직으로 정의할 수 있는데,[3] 구체적으로 살펴보면 다음과 같다.

---

3) 공기업에 대해서는 다양한 표현이 존재하는데, ad hoc government, public authority, public benefit corporation, public corporation, public enterprise, special purpose government, borrowing machines, off-budget enterprise, shadow government, twilight-zone organization 등으로 기술되

(1) 설립주체로서의 정부

정부는 공익적 목적의 사업을 일반 행정과 분리하여 기업적 방식으로 운영할 필요가 있을 때 공기업을 설립한다. 특히 공기업을 설립할 때 정부 출자 지분은 50% 이상으로 설정하는 경우가 대부분이지만, 정부가 직접 소유하지 않고 지배만 하는 경우도 공기업에 해당한다고 볼 수 있다.[4] 따라서 공기업은 소유주체설보다는 지배주체설이 타당하다고 인정된다.

정부는 중앙정부와 지방자치단체로 구분되는데, 공기업도 중앙정부가 설립한 공기업과 지방자치단체가 설립한 공기업으로 구분된다. 특히 공공기관의 운영에 관한 법률 제4조 제2항에서는 지방자치단체가 설립하고, 그 운영에 관여하는 기관을 기획재정부 장관이 공공기관으로 지정할 수 없도록 규정하고 있다.

또한 공기업의 설립주체를 논의함에 있어 정부의 범위를 어디까지 설정할 것인가의 문제인데, 다음의 예를 살펴보면 공기업을 설립하는 주체로서의 정부 범위를 확대할 필요가 있다. 즉, 정부가 100% 출자한 한국산업은행이 일정한 지분을 타 공기업에 또다시 출자하고 있는 경우 정부만을 공기업 설립주체로 인정할 수 있는가의 문제이다. 일반적으로 공기업의 설립주체로 정부만을 의미하지만, 정부가 출자한 공기업도 정부의 범위에 포함시켜 이해할 필요가 있다. 공공기관의 운영에 관한 법률 제7조에서는 "주무기관의 장은 법률안에 정부가 단독으로 또는 정부와 공공기관이 합하여 자본금의 100분의 30 이상을 출자하는 것으로 규정되어 있는 기관을 신설하고자 할 때에는 그 법률안을 입법예고하기 전에 기획재정부 장관에게 그 기관 신설의 타당성에 대하여 심사를 요청하여야 한다"라고 규정하고 있어 정부 범위를 확대 해석하고 있다. 또한 지방공기업법 제53조 제4항에 의하면 "공사가 해당 지방자치단체가 설립한 다른 공사로부터 출자를 받거나 해당 지방자치단체가 설립한 다른 공사에 출자하는 경우에는 이를 해당 지방자치단체가 출자한 것으로 본다"라고 규정하고 있어 지방공기업의 설립주체를 지방자치단체로만 한정하지 않고 있다. 따라서 공기업을 설립하는 주체로서의 정부는 중앙정부와 지방자치단체 및 공기업도 포함되는 것으로 이해된다.

고 있다(Mitchell, 1999: 13). 또한 state owned enterprise, government invested enterprise 등도 사용되고 있는데, OECD의 보고서에 의하면 state owned enterprise라는 용어를 사용하고 있다(OECD, 2009a, 2009b, 2009c, 2009d, 2009e). 아울러 정부 투자 및 출자 개념에 근거하여 government invested enterprise로 표현되기도 한다(Won, 2006; Won & Lah, 2008).

4) 정부 지분율이 10% 이상의 경우도 공기업에 해당한다고 주장한다(Jones, 1975: 23).

[그림 1-1] 공기업 설립주체로서의 정부 예시

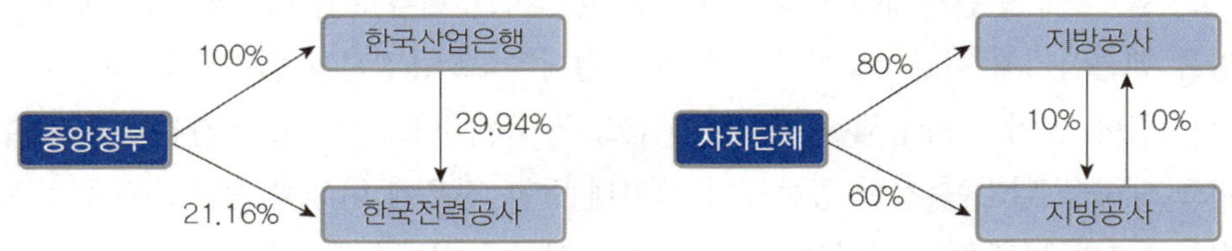

(2) 목적으로서의 공공성

공기업은 공공성이라는 목적을 갖고 설립된다. 공기업은 집단소비성(공동소비성)의 성격을 지니는 재화나 서비스를 공급하기 때문에 시민의 복리증진이라는 가치와 부합되어야 하며, 공공성이 존재하지 않는다면 민간기업과 다를 바가 없게 된다. 따라서 공기업의 공공성은 공기업 존립의 근거 이유라 할 수 있다.

(3) 수단으로서의 기업성

공기업도 기업인 이상 존립의 근거를 위해 영리적 행위를 할 수밖에 없는데, 기업과 같이 경제활동의 기본 단위로 인식된다. 즉, 재화나 서비스의 지속적 생산을 통해 경제활동을 수행하며, 경제활동을 통해 기업으로서의 존속 가능한 물적 자원을 확보하는 조직단위라 할 수 있다. 그러나 공기업의 경제활동과 그에 따른 영리성은 공공목적을 수행하기 위한 수단으로서의 가치를 지녀야 한다. 영리 자체가 목적이 아니라 영리 행위를 통해 공익적 목적을 달성할 때 공기업으로서의 존재 이유가 성립된다.

4) 공기업의 원칙

(1) 보충성의 원칙

보충성의 원칙이란 공기업을 운영하는 것이 다른 방식에 의한 서비스 제공보다 효율적이고 비교우위를 지녀야 한다는 것이다.

공공기관의 운영에 관한 법률 시행령 제9조에서는 공기업을 신설하고자 할 때 기관의 사업범위 및 내용, 신설 기관이 제공하는 재화나 서비스, 기존에 설립된 유관기관 현황 등을 검토하도록 규정하고 있는데, 이는 무분별한 남설 방지와 공기업으로 설립되는 것이 타당한지를 검토하는 것이라 할 수 있다.

지방공기업법 제3조 제2항에서는 “지방자치단체는 지방공기업을 설치·설립 또는 경영할 때에 민간경제를 위축시키거나, 공정하고 자유로운 경제질서를 해치거나, 환경을 훼손시키지 아니하도록 노력하여야 한다”라고 규정하고 있다. 즉, 지방공기업을 설립함에 있어 시장경제를 침해하지 않도록 규정하고 있으며, 민간부문에 재화나 서비스 제공을 맡기는 것이 공동체의 이익에 반할 경우에 한해서 공기업을 설립토록 규정함으로써 보충성의 원칙을 전제로 하고 있다.

(2) 수익자부담의 원칙

정부가 제공하는 공공서비스는 국민의 조세부담으로 제공되며, 국민의 일상생활에서 없어서는 안 될 서비스이다. 그러나 정부가 제공하는 공공서비스와 국민의 조세부담은 직접적인 연관성이 없으며 공공서비스로부터의 혜택을 정확하게 측정하기 어렵다. 예를 들어, 국방, 경찰, 소방 등의 공공서비스를 생각해 보자. 이러한 공공서비스들은 국민생활을 영위함에 있어 없어서는 안 될 서비스이며, 국민의 세금으로 충당된다. 그러나 국방, 경찰, 소방 등과 같은 서비스는 납세자들이 자신들이 받은 혜택의 정도를 측정하기 어렵다. 납세자로서의 국민이 100만 원의 세금을 납부하였다고 해서 정부로부터 100만 원어치 국방, 경찰, 소방서비스의 혜택을 받았다고 생각하기는 어렵다. 보편적으로 모든 국민들이 일상생활에서 알게 모르게 혜택을 받고 있지만, 서비스 혜택의 정도를 정확하게 측정하기 어려운 공공서비스는 국민의 세금으로 충당하는 것이 일반적이다.

그러나 정부가 제공하는 서비스 중에서 전기, 가스, 수도 등을 생각해 보자. 이러한 공공서비스는 일상생활에서 보편적으로 필요한 서비스이며, 사용한 양에 대한 측정이 가능하다. 계량기 등을 통해 얼마만큼의 서비스를 제공받았는지를 알 수 있으며, 이용한 만큼 비용을 지불하면 된다. 즉, 혜택을 받은 자가 혜택을 받은 만큼 비용을 지불하면 된다(수익자부담의 원칙). 만약 이러한 서비스 공급을 세금으로 충당한다면, 서비스 혜택을 많이 받은 자와 그렇지 못한 자와의 형평성 문제가 발생할 수 있다.

(3) 비권력적 행정작용의 원칙

정부기능 수행에 동원되는 행정수단에 따라 권력적 행정작용과 비권력적 행정작용으로 구분되는데, 공기업은 비권력적 행정작용의 원칙이 적용된다.

첫째, 권력적 행정작용은 정부가 국민보다 우월한 지위에서의 행정작용을 의미하는 데 비해, 비권력적 행정작용은 정부와 국민이 어느 정도 대등한 지위에서 행하는 행정작용을 의미한다.

둘째, 권력적 행정작용은 정부가 공권력을 바탕으로 국민에게 일방적으로 명령·강제하는 행정(예: 징병, 조세부과, 인·허가 등)을 의미하는 데 비해, 비권력적 행정작용은 정부가 공권력을 행사하는 것이 아니라 국민과 동등한 관계에서 경제활동의 주체로서 사업을 관리하고 경영하는 행정작용을 의미한다

셋째, 권력적 행정작용은 일방적 구속관계를 형성하는 데 비해, 비권력적 행정작용은 정부와 국민 간의 관계를 경제활동 관계로 이해하는 개념이다. 그러나 비권력적 행정작용은 특별한 법적 규율에 지배를 받고 공공성을 지니고 있다는 점에서 사경제의 경제활동과 다른 차이점을 지니고 있다.

2 유사 개념과의 비교

1) 공익사업과 공기업

공익사업(public utility)은 일상생활에 불가결한 서비스를 제공하는 생활필수적 사업이므로 고도의 공익성을 지니며, 규모가 크고 방대한 고정설비를 필요로 하는 사업이고, 자본의 장기 고정성을 전제로 하기 때문에 대체가 불가능한 독점적 사업이다. 또한 공익사업에 의해 제공되는 재화나 서비스는 많든 적든 저장 불가능한 특질을 지니며, 시설의 토지 고착성과 비분할성을 특징으로 하고 있다. 따라서 고도의 공익성과 독점성 등으로 인해 공공적 통제가 필요한 사업이다(坂田期雄, 1981: 18-19; 宮本憲一, 1980: 73-74; 石田淳·沓拔覺, 1978: 17; 河中一學, 1976: 24-25).

공익사업에 대한 개념 정의를 법제도적으로 명확하게 규정하기는 어렵지만, 노동조합 및 노동관계조정법 제71조에서는 공익사업의 개념을 "공중의 일상생활과 밀접한 관련이 있거나 국민경제에 미치는 영향이 큰 사업"으로 정의하고 있으며, 정기노선 여객운수사업 및 항공운수사업, 수도사업, 전기사업, 가스사업, 석유정제사업 및 석유공급사업, 공중위생사업, 의료사업 및 혈액공급사업, 은행 및 조폐사업, 방송 및 통신사업 등을 예시하고 있다. 또한 공익사업으로서 그 업무의 정지 또는 폐지가 공

중의 일상생활을 현저히 위태롭게 하거나 국민경제를 현저히 저해하고, 그 업무의 대체가 용이하지 아니한 사업을 필수공익사업으로 규정하고 있는데, 필수공익사업의 범위로 철도사업, 도시철도사업 및 항공운수사업, 수도사업, 전기사업, 가스사업, 석유정제사업 및 석유공급사업, 병원사업 및 혈액공급사업, 한국은행사업, 통신사업 등을 예시하고 있다.

공익사업은 정부가 직접 공급할 수도 있으며, 민간기업에 의해 공급될 수도 있고, 공기업이라는 정부로부터 독립된 법인체에 의해 공급될 수도 있다. 예를 들어, 버스의 경우 민간이 소유하고 민간이 경영하지만, 대중교통으로서 공익사업적 성격을 지니고 있다. 결국 공익사업과 공기업의 개념은 구분되는데, 공익사업이라고 해서 반드시 공기업으로 운영되는 것은 아니지만, 공기업은 대부분 공익사업을 수행한다.

2) 일반 행정과 공기업

일반 행정과 공기업은 공적 소유를 바탕으로 목적으로서의 공익성을 지니고 있다는 점에서는 동일하지만, 다음과 같은 점에서 차이점을 발견할 수 있다.

첫째, 제공하는 재화나 서비스의 성격이 다르다. 일반 행정과 공기업은 재화의 본질상 집단소비성이라는 측면에서는 동일한 성격을 지니고 있으나, 배제의 가능 여부에 따라 구분된다. 일반 행정에서 제공하는 공공재는 재화나 서비스에 대한 대가를 지불하지 않아도 이용이 가능하지만, 공기업의 경우는 대가를 지불하지 않으면 이용이 불가능하다. 국방, 경찰, 소방, 가로등 서비스 등은 세금을 납부하지 않은 자도 혜택을 받지만, 전기, 가스, 수도 요금은 자신이 이용한 만큼 대가를 지불해야 한다. 즉, 공공재의 경우는 공적 수요를 충족하기 위한 활동이고, 그 효과를 개인에게 분할하여 귀속시키기 어려운 특성을 지니고 있다.

둘째, 조직이 추구하는 경영이념적 측면에서 일반 행정은 공익성을 우선적인 가치로 추구하는 데 비해, 공기업은 공익성과 기업성의 조화를 추구한다.

셋째, 일반 행정과 공기업에 소요되는 재원의 조달 방식에서 차이가 난다. 일반 행정에 소요되는 비용을 충당하는 수입은 개개의 지출과는 무관하게 권력적으로 부과·징수되는 조세에 주로 의존하게 된다. 시민으로부터 일정한 재원을 확보하고, 이 재원을 가지고 정부에 필요한 사업에 예산을 배분하는 방식(일반회계)을 채택하기 때문에 특정 개인의 수익과 비용이 일치하지 않는다. 그러나 공기업으로 제공되는 재화나 서비스는 특정 개인에게 분할하여 귀속시킬 수 있기 때문에 이용자가 이용한 만큼 지불하게 된다. 따라서 공기업으로 운영되는 경우 일반 행정과는 달리 그 비용을 충당하는 수입은 개개의 지출과 매우 밀접히 연관되어 있으며, 재화나 서비스 이용자가 낸 요금의 양과 서비스 혜택이 일치한다.

넷째, 일반 행정과 공기업은 독점이라는 운영원리가 적용된다. 그러나 일반 행정과는 달리 공기업은 독점 원리가 영속적이지 못한 한계를 지니고 있다. 즉, 공기업은 공익사업 중에서 일반 행정과 분리하여 운영될 필요가 있을 때 설립되는데, 공기업으로 운영되는 사업이 민간부문과의 경쟁 상황에 처하게 되면 공기업으로서의 지위를 잃게 된다. 예를 들어, 전화사업의 경우 과거에는 일반 행정과 분리될 필요가 있는 공익사업이었으나, 과학기술의 발달로 전화사업이 경쟁 상황에 놓이게 되면서 공기업으로서의 지위를 상실하게 되었다.

다섯째, 일반 행정과 공기업은 운영관리 요소 측면에서 상이하다. 일반 행정은 정부조직 형태로 공무원에 의해 운영되지만, 공기업은 정부조직이 아니며 공무원에 의해 운영되지 않는다.

이상과 같이 일반 행정과 공기업은 공통점과 차이점을 동시에 보유하고 있는데, 목적으로서의 공익을 추구하기 위한 방법상의 차이가 존재한다고 볼 수 있다. 그러나 일반 행정과 공기업을 너무 엄격하게 구분할 경우 상호 협력의 문제가 발생할 수 있다. 예를 들어, 수원(水源) 개발이나 도로 건설의 경우 일반 행정의 정책과 공기업의 집행력 간의 유기적 협력이 필요한 경우도 존재한다. 특히 재원조달과 관련하여 공기업이 공익적 차원에서 낮은 공공요금 정책을 추진할 경우 공기업의 지속가능성은 불가능할 수 있다.

3) 사기업과 공기업

공기업은 다음과 같은 몇 가지 점에서 사기업과 다르다.

첫째, 제공하는 재화나 서비스의 성격이 다르다. 공기업과 사기업은 배제가능성이라는 측면에서는 동일한 성격을 지니고 있으나, 개인의 선택이냐, 집단의 소비이냐에 따라 구분된다. 즉, 공기업과 사기업의 재화나 서비스는 측정이 가능하고 이용자가 이용한 만큼 대가를 지불한다는 점에서는 공통점을 지니지만, 소비의 선택권에서 차이가 난다. 사기업은 개인이 필요한 재화나 서비스를 스스로 선택할 수 있지만, 공기업의 경우는 많은 사람들이 일상생활에 필수불가결하게 사용해야 할 재화나 서비스이다. 따라서 공기업으로 제공되는 재화나 서비스는 사기업의 경우와 달리 국민의 일상생활과 밀접한 연관성을 지니고 있다.

둘째, 조직이 추구하는 경영이념적 측면에서 공기업은 목적으로서의 공익성과 수단으로서의 기업성 조화를 추구하는 데 비해, 사기업은 영리추구를 우선적인 목적으로 인식한다는 점에서 상이하다. 공기업에서는 공익 목적을 위해 채산을 무시한 경영이 가능하지만, 사기업에서는 채산을 무시한 경영은 불가능하다. 공기업은 사회기반시설과 같이 민간의 자본 투자가 곤란한 사업을 담당하기 때문에 비영리적 사업의 추구가 가능하지만, 사기업의 경우는 투자된 자본을 회수하여 재투자하는 구조를 지니고 있기 때문에 영리를 무시한 경영은 현실적으로 불가능하다.

셋째, 공기업과 사기업의 활동에 소요되는 재원의 조달 방식에서 차이가 난다. 공기업에 소요되는 재원은 공적 규제를 받는 요금에 의해 조달되지만, 사기업에 소요되는 재원은 시장가격에 의해 결정된다. 즉, 공기업의 가격정책은 시장원리에 의해 작동되기보다는 일정한 공공규제의 틀 내에서 원가수준을 보상하는 수준에서 결정되며, 공익사업에 소요되는 일부 재원을 정부로부터 지원받을 수 있는 데 비해, 사기업은 가격결정에 의해 시장으로부터 자체 조달해야 한다.

넷째, 공기업과 사기업은 운영원리가 다르다. 공기업은 공적 소유를 바탕으로 독점의 원리가 지배되지만, 사기업은 사적 소유를 바탕으로 경쟁의 원리가 적용된다. 공기업은 독점적 공익사업을 추구하므로 진입이 법률 등과 같은 공적 규제에 의해서 가능하지만, 사기업은 경쟁적 수익사업을 추구하므로 시장으로의 진입이 자유롭다.

다섯째, 공기업과 사기업은 운영관리 요소적 측면에서 상이하다. 조직 및 인사적 측면에서 공기업과 사기업은 모두 정부조직이 아니며 공무원의 신분을 갖고 있지 않지만, 조직과 인사의 운영에서 공기업은 공적 통제를 많이 받는 데 비해, 사기업은 자율적 통제를 바탕으로 운영된다. 또한 재무활동과 관련하여 이익의 배분이 다르다. 사기업에서 얻어진 이윤은 모두 주주 등 특정의 개인에 배당함을 원칙으로 하나, 공기업에서 획득된 이익은 시설의 개량, 서비스 내용의 향상 등에 의해 다시 이용자인 시민에게 환원되며 일정한 공적 규제를 받게 된다.

이상과 같이 공기업은 사기업과 본질적 · 운영요소적 측면에서 차이가 나지만, 경영관리적 요소에서 상호 협력의 필요성이 제기된다. 즉, 전략기획, 조직 및 인사관리,

자산 및 부채관리, 기업회계, 리더십 등과 같은 경영관리 요소는 사기업과 마찬가지로 공기업에서도 매우 중요한 요소이다. 사기업의 효율적 경영관리 요소 및 기법 등을 공기업에 접목한다면 공기업도 사기업과 같은 효율적 경영관리를 모색할 수 있다. 또한 사업적 측면에서도 공기업과 사기업은 상호 협력을 도모할 필요가 있는데, 교통사업의 경우 국가공기업인 한국철도공사, 지방공기업인 지하철공사, 사기업으로 경영되는 버스사업은 상호 보완적이다.

〈표 1-2〉 일반 행정, 공기업, 사기업의 차이점

관점 \ 분류		일반 행정	공기업	사기업
재화의 본질		공공재	요금재	민간재
소유구조		공적 소유	공적 소유	사적 소유
목적		공익성	공익성(목적) + 기업성(수단)	영리성
경영원리		독점	독점	경쟁
재원조달		조세	요금	시장 가격
경영 관리 요소	조직	정부조직	독립된 법인체	개별 조직
	인사	공무원	민간(형법상 준공무원)	민간
	재무	공적 규제	독립채산 + 공적 규제	시장원리(자기결정)
	배분	국민을 위한 자원배분 및 재분배	국민 재투자 + 일부 배당	주주 배당

4) 영조물과 공기업

행정법학적으로 영조물[5]이라는 개념은 공기업의 개념과 유사성을 지니고 있다. 영조물은 공행정조직의 일부분으로 특별한 공적 목적에 계속적으로 봉사하기 위한 인적·물적 시설의 결합체라 할 수 있다.[6] 영조물의 개념과 공기업과의 개념적 차이

5) 영조물(營造物)이란 번역어는 일본의 미노베 타쯔키시(美濃部達吉) 교수가 1890년대 오토 마이어(Otto Mayer)의 영조물 이론을 일본에 소개하면서 Öffentliche Anstalt를 '영조물(營造物)' 또는 '공영조물(公營造物)'이라고 표현한 데에서 유래하였다(이상덕, 2010: 284).

6) 영조물의 개념에 대한 다양한 견해가 존재하는데, 상수도를 예를 들면 다음과 같다. 즉, 지방자치단체가 상수도사업본부라는 행정조직을 통해 취수장, 정수장, 송수관 등의 설비를 갖추고 주민들에게 물을 공급하는 사업을 하는데, 혹자는 수도공급사업을 영조물이라 부르고, 혹자는 송수관 등의 수도설비를 영조물이라 부르며, 또 혹자는 상수도사업본부라는 행정조직을 영조물이라 부른다. 최소한 분명한 것은 오토 마이어(Otto Mayer)가 영조물이라 부를 때 의도한 것은

를 구분해 보면 다음과 같다(강현호, 2005: 245-246에서 재인용).

영조물은 첫째, 공행정조직의 일부분으로 사인이 공익을 위해서 일정한 시설(예: 도서관, 병원, 학교 등)을 설치·운영한다고 하여도 그것은 영조물이 아니다. 영조물 중에서 법적으로 독립된 법인격을 갖는 것을 영조물법인이라고 한다. 둘째, 영조물은 직접 공적 목적을 위한 것이므로 국가나 지방자치단체가 재정상의 수입증대를 위해 설치하는 기구는 영조물이 아니다. 셋째, 영조물은 공적 목적에 계속적으로 제공되기 위한 것이다. 넷째, 영조물은 인적 수단과 물적 수단의 결합체이므로 단순한 물적 요소인 공물과 구분된다.[7)]

이러한 영조물은 공기업과 개념적인 공통성과 차이성을 지니고 있다. 영조물과 공기업은 양자 모두 국가나 공공단체에 의해 설치·관리된다는 점, 공적 목적을 위한 것이라는 점에서는 동일하다. 그러나 영조물과 달리 공기업은 영리를 추구하는 점, 영조물은 계속적으로 공공서비스를 제공하지만, 공기업은 일시적인 경우도 있다는 점, 영조물은 이용이라는 면에서 초점을 둔 정적인 개념이지만, 공기업이란 기업활동이라는 동적 개념이라는 점에서 차이가 있다.

3 공기업의 유용성과 단점

1) 공기업의 유용성

(1) 공법상의 특권

공기업은 목적으로서의 공공성으로 인해 공법상의 특권을 인정받고 있다.

첫째, 공기업은 자연독점적 공익사업을 수행하고 있으므로, 시장에서와 같은 경쟁적 위치에 있지 않고 독점적 지위를 향유하게 된다. 공기업은 독점적 지위를 공법적으로 인정받기 때문에 사업 운영의 지속성과 안정성을 확보할 수 있다. 특히 공기업은 법률이나 조례 형태로 사업의 독점성을 인정받고 있으며, 해체를 위해서는 법률

행정의 지속적인 이용 제공활동으로서의 수도공급사업이었다는 점이지만, 오토 마이어 이후 독일 행정법학에서 영조물을 특정한 성격을 지닌 행정조직을 지칭하는 개념으로 사용하고자 하는 경향이 있다(이상덕, 2010: 282).

7) 영조물은 국·공립초등학교, 국립대학교, 시립병원 등이 대표적이다(강현호, 2005: 246).

및 조례의 폐지가 선행되어야 한다.

둘째, 공기업은 사업을 원활하게 수행하기 위해 타인에게 공용부담(公用負擔)을 과할 수 있는 권한이 인정되고 있다. 공익사업을 위한 토지 등의 취득 및 보상에 관한 법률, 수도법, 하수도법, 도시철도법 등에서는 공용부담상의 특권을 인정하고 있다. 즉, 공익사업을 위한 토지 등의 취득 및 보상에 관한 법률 제4조에서는 공기업으로 하여금 공익사업의 수행을 위하여 필요하면 토지 등을 수용하거나 사용할 수 있도록 규정하고 있으며(동법 제19조), 수도법 제60조 제1항, 하수도법 제10조 제1항, 도시철도법 제5조 제1항에서도 공기업이 토지·물건 또는 권리를 수용하거나 사용할 수 있도록 규정하고 있다.

셋째, 공기업은 행정대집행할 수 있는 권한이 부여되어 있다. 공익사업을 위한 토지 등의 취득 및 보상에 관한 법률 제89조(대집행)와 한국토지주택공사법 제19조에서는 한국토지주택공가가 대집행할 수 있도록 규정하고 있다.

(2) 운영상의 특권

공기업의 운영을 통해 얻을 수 있는 장점으로는 다음과 같다.

첫째, 공기업은 상대적으로 정부의 운영에 비해 기업적인 신축성을 확보할 수 있다. 특히 정부 조직에 비해 정부의 조직, 예산, 인사 관련 규정으로부터 상대적인 자율성을 확보함으로써 사업운영의 효율성을 도모할 수 있다.

둘째, 공기업을 통해 산업유발 및 고용유발효과를 모색할 수 있으며, 경제적 위기 상황에서 일자리 창출 등을 통해 소비 및 소득 향상을 기대할 수 있다. 특히 정부 정책과 연계하여 지역인재, 장애인, 경력단절 여성, 소수 계층, 탈북자 등 사회적 약자 등에 대한 고용 증대를 통해 사회적 형평성을 구현할 수 있다.

셋째, 공기업은 요금 수입에 의존하기 때문에 시민들의 조세저항으로부터 상대적으로 자유로울 수 있다. 특히 공기업은 정부의 증세에 따른 시민들의 반발을 무마하고, 특정 사업에 필요한 재원을 특정 사업의 수혜자로부터 반대급부를 징수하기 때문에 재원 조달이 상대적으로 유리한 측면이 있다.

(3) 재정 및 경제상의 특권

공기업은 공익적 사업을 수행하는 조직이므로 다음과 같은 재정 및 경제상의 혜택을 받을 수 있다(안용식·원구환, 2001에서 수정).

첫째, 공기업은 영리를 목적으로 하는 기업이 아니며, 정부로부터 공익적 목적 차원에서 요금 통제를 받고 있다. 따라서 일정한 적자가 발생할 수 있는데, 공익적 목적으로 발생하는 적자에 대해서는 정부의 재정지원을 받기 때문에 공기업의 존립 지속 가능성을 보장받을 수 있다.

둘째, 정부는 공익적 목적을 달성하기 위해 국가 및 지방자치단체에 국·공유재산을 무상으로 대부하거나 양도할 수 있으며, 공기업용 재산을 국·공유재산과 교환하여 줄 수 있다.

셋째, 정부는 공기업에 대해 자금 융자, 사채인수, 외국차관 또는 사채 상환을 보증할 수 있으며, 손해배상 책임의 제한 또는 면제, 공기업용 물건에 대한 압류 금지·공과면제 및 훼손부담 면제 등을 인정해 줄 수 있다.

넷째, 공기업의 사업활동과 관련하여 발생된 이익에 대해서는 각종 세금을 비과세하거나 면제받을 수 있다. 일례로, 부가가치세법 제26조에 의하면 수돗물과 우표(수집용 우표는 제외) 등은 부가가치세를 면제받으며, 지방세특례제한법 제85조의2에서는 지방공기업 등에 대한 감면 규정을 두고 있다. 또한 조세특례제한법 제62조에서는 공공기관의 지방이전에 따른 감면 규정과 제104조의21에서는 주택공사와 토지공사의 합병에 따른 감면 규정을 두고 있다.

(4) 사법상의 특권

공기업은 확실하고 안전한 관리 및 경영을 위해 그 침해에 대해 특별한 제재를 가할 수 있다. 즉, 외부로부터의 침해에 대하여 공기업을 보호할 목적으로 일반인에게 제재를 과하는 경우가 있는데, 기업독점권의 침해에 대한 제재, 공기업을 위한 공용부담의 거부 또는 불이행에 대한 제재, 공기업용 물건의 손괴에 대한 제재, 공기업의 부정한 이용에 대한 제재 등이 있다(안용식·원구환, 2001).

2) 공기업의 단점

(1) 설립상의 단점

공기업의 설립과정에서 발생할 수 있는 단점을 살펴보면 다음과 같다.

첫째, 공기업은 법률이나 조례에 의해 설립되므로 일단 설립되면 영속적인 속성을 지니게 된다. 특히 법률이나 조례에서 명시한 공기업 설립 목적을 달성하였음에도 불구하고, 조직의 특성상 지속적으로 존립하려는 경향이 강하다.

둘째, 공기업이 공익 목적을 효율적으로 달성하기 위해 설립되기보다는 위인설관(爲人設官)식으로 설립되는 경우 국민의 세금가치를 구현하지 못하는 문제점이 발생할 수 있다. 특히 퇴직 관료의 일자리 보장 차원에서 공기업이 설립되는 경우 공기업의 본래적 존립 의미를 상실할 가능성이 높다.

셋째, 공기업의 사업 범위와 관련하여 민간부문과 경쟁이 가능한 영역에 대해 공기업이 설립될 경우 사회 전체적으로 비효율성이 발생할 수 있다. 따라서 공기업의 사업 영역은 민간경제를 침해하지 않는 사업이어야 하며, 공기업으로 운영되는 것이 다른 방식에 비해 효율적이어야 한다.

넷째, 국가공기업과 지방공기업의 사업 영역 중복으로 인한 비효율성이 나타날 수 있다. 예를 들어, 공영개발사업과 관련하여 국가공기업인 한국토지주택공사(LH), 지방공기업인 지방개발공사 간에 업무 중복이 발생할 경우 사회 전체적으로 손실이 발생할 수 있다. 또한 광역상수도 공급자인 한국수자원공사와 지방상수도 공급자인 지방자치단체 간의 정수장 확보 등은 자원 낭비를 초래할 수 있다.

(2) 운영상의 단점

공기업은 정부로부터 독립된 성격을 지니고 있어 자율적인 운영이 어느 정도 가능하지만, 운영상에 많은 공적 규제가 이루어지게 된다.

첫째, 공기업의 경영이념은 공공성과 기업성을 조화하는 것이다. 그러나 실제 운영에 있어 공공성과 기업성을 조화하기 위한 조치들이 상호 이율배반적인 경우가 많으며, 공공성에 치중하면 기업적 마인드를 저해할 수 있고, 기업성에 치중하면 그 반대의 현상이 나타날 수 있다. 특히 공기업의 경영형태에 따라 공공성과 기업성의 강조 정도가 상이하게 나타나는 경향이 있는데, 정부, 공기업의 관리자 및 직원 등이 비대칭적 정보를 추구할 경우 공기업의 경영이념은 구현되기 어렵다.

둘째, 공기업의 조직구조 및 기능과 관련하여 비효율적인 조직팽창이 나타날 수 있다. 즉, 업무를 분화하여 불필요한 조직구조 및 기능을 양산할 수 있으며, 업무 분화에 따른 부하배증을 도모할 수 있다.

셋째, 공기업의 인사와 관련하여 정치적 임명이 이루어지는 경향이 많으며, 전문적 경영인이 임명되기보다 엽관주의나 정실주의에 입각한 비효율적인 인사가 임명될 개연성이 있다. 이 경우 공기업의 효율적 경영을 통해 국민의 이익에 봉사하기보다는 정치적 임용자의 이익에 우선하는 경영이 이루어지기 쉽다.

넷째, 공기업의 재정 건전성이 약화될 수 있다. 공기업은 기본적으로 요금수입으로 비용을 충당하는 것이 원칙인데, 정부가 공공요금에 대한 통제를 실시함으로써 공기업의 입장에서는 비용 대비 수입이 불균형적일 수밖에 없다. 특히 낮은 요금현실화율로 인해 적자구조를 면치 못하는 공기업의 입장에서는 운영의 효율성을 도모할 수 있는 내적 동기부여가 제약될 수 있다. 또한 정부가 공공요금을 통제하는 만큼 재정 지원을 도모할 경우 공기업은 무사안일한 경영을 도모할 수 있다.

다섯째, 공기업이 의욕적으로 추진한 사업이 시대적 상황에 어긋나거나 무리한 타인 자본 조달로 사업성이 악화될 경우 책임 소재를 추궁하기 어렵다. 사업 악화에 따른 책임은 공기업만이 아니라 정부에게도 귀착되며, 그에 따른 피해는 시민들에게 전가될 수 있다.

(3) 통제상의 단점

공기업의 통제와 관련하여 고려할 수 있는 단점은 다음과 같다.

첫째, 공기업은 법률이나 조례 이외에도 중앙정부나 지방자치단체의 지침이나 규정 등에 의해 공적인 통제를 받는다. 독립된 법인체로서의 자율성이 보장되지만, 책임성을 확보하기 위해 정부로부터 많은 통제를 받게 된다. 즉, 자율성의 범위가 공적 통제에 의해 훼손될 가능성이 상대적으로 높으며, 사기업과 같이 외부환경의 변화에 탄력 있게 대응하지 못하는 문제점이 상존한다.

둘째, 공기업에 대한 중앙집권적 통제가 강화될 수 있다. 공기업의 책임성을 확보하기 위해 세부적인 운영지침이 하달될 경우 공기업의 운영은 관료제화될 우려가 있으며, 개인적 창의를 바탕으로 한 생산적 경영이 불가능해질 수 있다.

셋째, 공기업을 통제하는 정부가 효과적인 지배 감독을 수행하지 못할 경우 공기업은 도덕적 해이가 발생할 수 있다. 또한 정부와 공기업이 동일한 이해관계를 갖고 비효율적인 운영을 방치할 경우 피해는 국민에게 귀착될 수밖에 없다.

넷째, 공기업에 대한 통제가 시민참여적 관점보다는 정부주도적 관점에서 이루어질 수 있다. 공기업은 공적 소유 및 주체를 바탕으로 설립되기 때문에 공적 통제도 시민의 관점에서 추진되어야 하는데, 실제 시민참여가 형식적이다.

제2절 공기업의 설립동기 및 기능

1 국가공기업의 설립동기 및 기능

1) 국가 목적의 실현

공기업이 추구하는 공공복리의 이념은 정부조직에 의해서도 추구되는 개념이지만, 공기업을 통해 구현하고자 하는 공공복리는 정부조직에 의한 방식과는 방법론적 측면에서 서로 상이할 수 있다. 즉, 공기업은 일반 행정과 목적으로서의 공통성을 지니고 있지만, 일반 행정과는 달리 비권력적 활동이고 배제가능성과 기업적 경영이 가능한 영역에서 설립되고, 재원조달을 조세가 아닌 요금에 의해 충당하므로 공공 목적을 달성하기 위한 방법론적 차이가 존재한다.

공기업은 사업적 측면에서 공익사업이나 사회기반시설[8)]을 담당하기 때문에 공공복리를 실현하는 것을 목적으로 하는 대표적인 사업이며, 국민생활의 기초적 특성을 지니고 있다. 공기업에서 제공하는 사업은 일상생활에서 필수불가결한 재화나 서비스이며, 없어서는 안 될 서비스로서의 특성을 지닌다.

또한 공기업은 공공부문의 일환으로 국가 목적 실현을 위한 기본 존재로 인식되고 있다. 즉, GDP 추계를 위한 기본지침은 UN의 SNA(System of National Accounts) 지침에 따르는데, SNA 지침에 의하면 공기업은 정부와 함께 공공부문의 일환으로 국가의 목적을 실현하기 위해 존재한다.

2) 경제정책적 목적의 실현

공기업의 설립동기는 다양하게 제기될 수 있으나(Ghai, 1977: 18; Shepherd & Wilcox, 1979: 413-414; Friedmann & Garner, 1970: 303-305), 경제발전과 직접적인 이해관계가 있으며, 경제성장을 위한 중요한 정책도구로 간주된다(Friedmann, 1954: 543;

8) 사회기반시설에 대한 민간투자법 제2조에서는 사회기반시설을 "각종 생산활동의 기반이 되는 시설, 해당 시설의 효용을 증진시키거나 이용자의 편의를 도모하는 시설 및 국민생활의 편익을 증진시키는 시설"로 정의하고 있다.

유훈 · 배용수 · 이원희, 2010: 15). 공기업은 국가발전의 필수요건인 사회기반시설의 확충에 상당한 기여를 하고 있을 뿐 아니라 민간부문의 발전과 사회경제적 정의 실현에 중요한 역할을 담당하고 있다. 공기업은 선진국이든 개발도상국이든 사회경제적 발전에 중추적 역할을 담당했으며, 자본주의나 사회주의에서도 국가 및 경제발전의 주춧돌이었다(Farazmand, 1999: 551).[9]

일반적으로 공기업은 경제성장에서 일정한 비중을 차지하고 있다는 것이 보편적인 가설이며, 경제가 성장할수록 공기업이 경제성장에서 차지하는 비중이 하락하는 추세를 보여주고 있다. 즉, 경제가 성장할수록, 개발도상국에서 선진국으로 진입할수록 공기업의 GDP 비중이 낮아지고 있으며, 경제의 지속적 성장과 민간부문의 성장은 공기업의 대상범위를 축소시킴으로써 공기업의 GDP 비중도 감소되고 있다(OECD, 2009a, 2009b, 2009c). [그림 1-2]에서 보는 바와 같이 공기업이 경제성장에서 차지하는 비중은 일정한 수준까지 증가하다가, 일정한 수준부터는 경제성장에서 공기업이 차지하는 비중이 낮아지는 추세, 즉 A형태를 취하는 것이 일반적이다. 그러나 공기업과 경제성장과의 관계는 국가적 맥락 및 경제 상황에 따라 달라질 수 있다.

공기업의 GDP 비중은 1960~1970년대 10% 수준에 육박하였으나(사공일, 1979), 1980

[그림 1-2] 공기업과 경제성장과의 관계

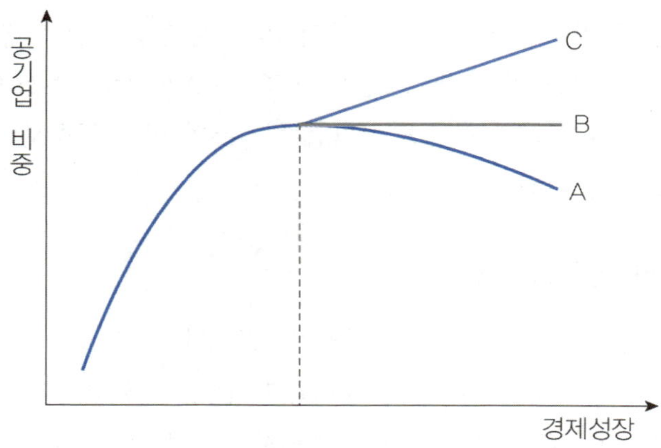

9) 공기업의 경제정책적 목적 실현과 관련된 내용은 원구환(2012: 125-147)을 참조하였다.

년대는 9% 수준이었으며(송대희 · 송명희, 1988),[10] 2005~2008년 공기업을 포함한 공기관의 GDP 비중은 3.3~4.7%로 추정되고 있다(성명재, 2011: 151-182). 한국조세재정연구원(2022)의 연구에 의하면 공기업의 GDP 비중은 2016년 2.7%에서 2021년 1.6%로 하락하였다. 또한 영국의 경우 공기업의 비중은 1950~1960년대 초반까지는 8~9%, 1960년대 중반부터 1970년대 초반까지는 10%로 증가하였다. 그러나 1979년 보수당 정부 집권 이후 공기업의 비중은 감소하였는데, 총고정자본투자 중 공기업의 비중이 1976년 19.0%, 1979년 15.2%, 1985년 9.8%, 1991년 3.9%로 감소하였다(이기환 · 김기수, 1998; 복문수, 1997).[11]

3) 자연독점형 사업과 민간독점의 폐해 예방

자연독점형 사업이란 다액의 고정자본을 필요로 할 뿐 아니라 자본의 회전이 늦으며, 고정비가 현저하게 큰 까닭에 동업자 간의 경쟁은 파멸적 경쟁이 되기 쉬우므로 독점적 성향을 지니게 된다. 즉, 다수의 사업자가 생산을 분담하는 것보다 단일사업자가 생산을 전담하는 경우에 비용이 최소화되는 경우이다.[12]

자연독점형 사업은 대표적으로 수도, 전기, 가스 등을 예시할 수 있는데, 이들 사업은 네트워크 산업으로 경쟁이 오히려 비효율적인 사업이라 할 수 있다. 자연독점형 사업을 민간에 맡길 경우 민간독점이 발생할 수 있으며, 이로 인한 피해는 일반 국민에게 귀착될 소지가 있다. 따라서 자연독점형 사업에 대해서는 정부가 공기업 방식을 통해 운영하는 것이 효율적일 수 있다. 특히 자연독점형 사업을 정부가 공기업 방식으로 운영하는 것은 일반행정과 구분하여 운영하는 것이 보다 효율적이기 때문이다.

10) 이헌창(2008)에 의하면 공기업의 부가가치가 GDP에서 차지하는 비중은 1963년 6.3%, 1970년 8.0%, 1973년 7.7%, 1975년 7.2%, 1977년 6.6%, 1980년 9.1%인 것으로 분석되었다.

11) 중국의 공기업은 2011년 말 기준으로 비금융 국유기업 수는 144,700개로서, 이들 기업의 전체 사업소득, 수익 및 조세는 전체 중국 경제산업 및 상업의 40%를 차지하고 있다(공공기관연구센터, 2017.9.15. 해외동향에서 재인용).

12) 예를 들어, 전력산업의 경우 영국, 프랑스, 한국 등에서는 전국 단위의 공공독점, 일본에서는 지역단위의 민간독점, 미국에서는 지역단위로 민간독점과 공공독점이 혼재되어 있는 체제가 정착되었다. 특히 민간 소유 전력회사와 공공 소유 전력회사를 비교분석한 연구 결과에 의하면 공공 소유 전력회사가 오히려 더 효율적인 것으로 나타났다(Meyer, 1975; Pescatrice & Trapani, 1980; Kwoka, 2002).

4) 사기업의 인수

공기업은 새로운 사회기반시설을 구축하는 것뿐 아니라 재정압박에 시달리는 사기업을 인수하여 정상적 운영을 도모할 수 있다. 국민경제에서 차지하는 비중이 큰 사기업이 도산 위험에 처했을 경우, 사기업의 국민경제적 파급효과 및 국가안보에 미치는 영향이 큰 경우, 사기업에서 제공되는 재화나 서비스가 경쟁적 가치를 상실하고 독점화되어 국민경제에 막대한 피해를 줄 수 있는 경우에는 정부가 사기업의 자본을 인수하여 공기업으로 전환하게 된다.

5) 공공정책수요의 충족

민간부문에서 추구하지 못하는 공익적 영역에 대해 정부가 공기업을 설립하는 경우인데, 공공임대주택의 충족을 위해 공기업을 설립하는 경우가 대표적이다. 일반적으로 민간부문에서는 영리를 추구하기 때문에 임대주택 건설을 회피하게 되며, 그에 따른 주택문제가 사회문제로 전이될 수 있다. 또한 정부는 수출증대, 물가안정 등의 공공정책 목적 달성을 위해 공기업을 설립하게 되는데, 대한무역투자진흥공사, 한국농수산식품유통공사 등은 대표적인 사례이다.

6) 재원확보의 수단

공기업을 재원확보의 수단으로 활용하는 경우도 있다. 예를 들어, 과거의 전매사업은 대표적이다. 공기업의 설립 목적은 공익적 사업을 기업적 방식으로 처리하기 위해 설립되는데, 전매사업의 경우는 사업 목적 자체가 공익적이라 할 수 없다. 그러나 정부가 사기업 방식보다는 공기업 방식을 채택하는 이유는 공기업을 통해 재원을 확보하고, 이들 재원을 공익적 목적에 활용하기 위함이다.

또한 한국마사회는 말 산업 발전 기여, 경마의 공정한 시행과 원활한 보급을 설립목적으로 제시하고 있는데, 경마 자체는 공익적 측면 이외에 재원확보의 수단으로 인식된다. 따라서 재원확보 수단으로서의 공기업 설립은 목적적 가치(공익)보다는 수단적 가치(수익)를 고려하고, 이를 통해 공익적 목적 가치를 구현하기 위함이다.

7) 정치적 이념의 실현

공기업의 설립은 정치 이념과 연관성을 지니고 있다. 즉, 보수적 정치 이념을 선호하는 경우는 시장경제를 선호하는 반면에, 진보적 정치 이념을 선호하는 경우는 시장실패에 따른 정부개입, 즉 공기업의 설립을 옹호하는 경향이 강하다.

시장경제를 선호하는 자유주의자들은 시장, 자유라는 가치를 선호하고 사회의 기본 단위를 개인의 관점에서 접근하며, 정치적 이념으로는 보수적 성향을 지니고 있다. 자유주의자들은 개별적 합리성을 바탕으로 한 각 경제주체들의 합리적인 의사결정과, 그에 따른 시장경제를 선호한다. 따라서 자유주의자들은 정부의 개입을 선호하지 않으며 공기업의 설립보다는 민영화를 강조한다.

그러나 시장실패에 따른 정부개입을 선호하는 입장에서는 복지와 형평의 가치를 선호하고, 시장실패의 문제점을 치유하기 위한 방안으로 정부의 개입을 선호한다. 즉, 시장 불완전성 문제에 대한 최선의 해결책은 정부가 불완전한 시장에 개입하여 시장이 제대로 작동하도록 해 주는 것으로 이해하며, 경기안정 및 성장기능으로서의 공기업 설립을 강조한다.

8) 역사적 유산

역사적 유산에 의해 공기업이 설립되는 경우도 있다. 우리의 경우 해방 이후 일제강점기의 구 일본국 및 일본인 소유의 재산이 정부로 이전(귀속재산)되면서 공기업이 설립되기도 하였다. 또한 해방 이후 미 군정청은 귀속재산의 관리를 위해 미 군정청 내에 중앙관리처(中央管理處)를 두고, 각 도에는 지방관재처(地方管財處)를 설치하였다. 특히 민족항일기의 동양척식주식회사(東洋拓殖株式會社) 소유재산을 비롯하여 막대한 토지재산을 관리하기 위해 미 군정청 직속으로 신한공사(新韓公社)라는 특별기관을 설치하기도 하였다(〈표 1-3〉 참조).[13]

한국전력사업은 1898년 황제의 대리인에 의해 한성전기회사로 출발하였으며, 일제 강점기에는 일본의 통치 하에 3개의 전력회사(조선전업, 경성전기, 남선전기)로 운영되었다. 즉, 발전 및 송전사업은 조선전업이, 배전사업은 경성전기와 남선전기가 담당하였다. 1945년 8월 15일 일제로부터 해방된 이후 한국의 전력사업은 3대 회사에 의해 운영되었으나, 1961년 7월 3사를 통합하여 한국전력주식회사로 통합하였다. 이

13) 미 군정청에 접수된 귀속재산의 내용을 보면, 귀속농지가 약 30만 정보로 우리나라(남한) 총경지면적의 약 14%를 차지했고, 귀속된 사업체가 3,551개였는데, 그 가운데에는 제조업체가 우리나라 전체 사업체의 66.3%였으며, 그 수는 2,354개 업체였다. 그 밖에 건물·주택·대지·점

〈표 1-3〉 1945~1961년 사이의 공기업과 귀속사업체(1960년 12월 말 기준)

기관명	설립연도	정부지분(%)	모체
韓國銀行	1950	100	朝鮮銀行
韓國産業銀行	1954	100	朝鮮殖産銀行
韓國造幣公社	1951	100	財務部 直轄 印刷工場
大韓石炭公社	1950	100	政府 直轄 炭鑛
朝鮮住宅營團	1941	100	朝鮮住宅營團
大韓海運公社	1950	100	朝鮮郵船株式會社
大韓造船公社	1950	80	朝鮮重工業株式會社
朝鮮産業(株)	1943	86	朝鮮水力電氣(株), 韓鮮送電(株), 富寧水力(株)
京城電氣(株)	1915	66	漢城電氣公社
南鮮電氣(株)	1937	83	大興電氣(株), 大田電氣(株) 등 6개 회사
韓國運輸(株)	1958	66	朝鮮運送株式會社
大韓重石(株)	1952	88	商工部 直轄 大韓重石鑛業會社
大韓重工業公社	1953	100	朝鮮理研金屬(株) 仁川工場
大韓鐵鑛(株)	1955	100	三和鑛業會社
朝鮮機械製作所	1937	100	株式會社 朝鮮機械製作所
三成鑛業會社	1943	100	長項製錬所
大韓文敎書籍(株)	1952	51	
忠州肥料運營(株)	1958	100	

자료: 경제기획원(1988: 52). 『공기업백서』에서 재인용.

후 1981년 12월 민간주식을 정부가 매입하여 정부가 전액 출자한 국가공기업으로 전환하였다(Won, 2007: 5080-5090).

또한 석탄산업도 귀속재산을 공기업으로 전환한 사례라 할 수 있다. 즉, 1945년 11월 2일 발표된 미 군정청 법령 제33호에 따라 종전 일본인이 소유했던 모든 재산은 9월 25일자로 소급하여 조선군정청 소유로 전환되었는데, 광업권과 광업재산 일체가 미 군정청으로 이관되어 귀속탄광이 되었다. 또한 1946년 5월 18일 미 군정청은 광무국 직영으로 조선석탄배급회사를 설립하였는데, 정부는 기획과 감독, 그리고 자금조정과 집행만을 담당하고, 직영탄광은 선지급된 예산으로 석탄을 생산하며, 조선석탄

포 등의 부동산과 귀금속・유가증권 등의 동산도 상당액 있었다. 당시 귀속재산의 총 가치는 우리나라 총 자산가치의 약 80%에 이른 것으로 추정될 만큼 엄청난 것이었다(한국학중앙연구원, 한국민족문화대백과).

배급회사는 직영탄광으로부터 인수한 석탄을 정부 지시에 따라 공급 판매하고, 석탄 판매대금을 정부에 납부하는 방식으로 운영되었다. 또한 1946년 9월 20일에는 민정이양이 선포되고 이듬해인 1947년 2월 민정청이 정식으로 발족되었는데, 민정이양 이후 광무국에는 광산물자 배급소라는 별개의 기구가 설치되어 광산시설의 복구와 생산력 회복 증강을 도왔다. 그러나 1948년 5월 14일 북한이 남한지역에 대한 송전을 돌연 중단하였고, 정부 수립 이후 경제활성화가 시급해지자 정부는 대부분의 귀속재산을 민간에게 불하하였다. 그러나 탄광은 헌법상 개인의 소유가 허용되지 않고 있는 데다 탄광을 인수할 만한 민간자본이 아직 성숙되어 있지 않는 실정이었다. 따라서 정부는 석탄개발만은 국가 직영체제를 고수하였는데, 정부 직영은 비효율적이라는 판단 하에 1950년 11월 1일 대한석탄공사를 설립하여 석탄의 생산과 공급을 담당하도록 하였다(대한석탄공사, 2001).

2 지방공기업의 설립동기 및 기능

1) 지방요금재의 공급

국가공기업과 마찬가지로 지방공기업의 경우도 요금재적 재화나 서비스를 중심으로 설립·운영된다. 그러나 지방공기업의 재화나 서비스에 대한 수요는 전국 획일적으로 일정 수준의 유지가 요구되는 행정과는 다르며, 특히 도시지역에서 그 필요성은 높아진다. 상·하수도, 도시철도 등이 지방공기업 사업 분야로 인식되어 온 것은 이러한 지역성 때문이다.

국가마다 지방공기업의 사업 영역은 상이하지만, 우리의 경우 지방공기업의 사업은 직접경영방식으로는 상·하수도, 공영개발사업이 주종을 이루고 있으며, 간접경영방식으로는 도시철도, 지역개발, 공공시설관리 등이 주된 사업 영역이다. 따라서 지방공기업으로 운영되는 사업은 지역적 공간 단위를 중심으로 지역주민의 일상생활과 밀접한 연계를 갖고 있으며, 조세에 의한 방식보다는 요금에 의한 방식으로 처리되는 사업이 대부분이다.

2) 지역경제 활성화

중앙과는 달리 지방은 지역적 격차가 크게 발생하고 있다. 지역마다 상이하지만, 민간부문이 활성화되지 못하여 지역경제적 격차가 크게 발생하는 경우가 있다. 민간부문의 저성장으로 지역경제가 취약한 경우 지방자치단체가 지방공기업을 설립하여 지역경제 활성화를 유도할 수 있다. 특히 지역적 특성이 강한 상품이 존재함에도 불구하고, 마케팅 능력이나 판로 개척의 문제가 발생할 경우 지방공기업을 통해 지역특산품을 공급할 수 있다.

또한 지역경제 활성화 차원에서 경륜사업, 화훼사업 등이 지방공기업에서 추진되는 경우가 있는데, 경륜 및 화훼사업 등은 경마와 마찬가지로 재원확보 수단으로서의 의미를 지니고 있다.

3) 지역경제의 지역 외 유출 방지

지방공기업의 경우는 국가공기업에 의한 지역경제의 지역 외 유출 현상을 막기 위해 설립된 경우도 있는데, 공영개발사업이 대표적이다.

과거 도시개발사업은 중앙집권방식의 토지구획정리사업이 주류를 이루었으나, 환지의 불공정성, 개발이익의 사유화, 높은 감보율 등의 문제점을 지녀 1980년대부터는 공영개발방식이 주류를 이루고 있다. 공영개발방식의 주된 취지는 도시개발에 관한 집권적 결정에서 벗어나 지방정부의 개발 자유성에 입각하여 창출된 이익을 사회적으로 환수·환원하고, 공익성 및 형평성의 입장에서 소외계층에 보다 많은 배려를 하려는 것이었다. 또한 한국토지주택공사(LH) 등이 중심이 된 지방 단위에서의 공영개발방식은 지역개발 및 지역경제 활성화에 기여한 측면도 있으나, 개발이익의 지역 외 유출로 지역경제력의 손실과 주민의 불만을 가중시켰고, 더욱이 공영개발과 관련한 연계도로 등 도시기반시설을 당해 지방자치단체가 부담케 되는 등의 문제점이 제기되었다. 이에 지방자치단체가 직접 개발사업을 담당하고 개발이익을 지방자치단체가 투자재원으로 환수하여 지역발전을 위해 활용하는 방안을 강구하라는 대통령의 지시(1988년 3월)에 따라 1989년부터 본격화되었다.

현행 지방공기업으로 운영되고 있는 도시개발사업은 직접경영방식으로 운영되거나 지방공사를 설립하여 운영하고 있는데, 도시개발로부터 얻은 수익을 지역 내에 재투자함으로써 지역경제 활성화 및 지역개발에 기여하고 있다.

4) 공공시설물의 종합적 관리

국가와는 달리 지방자치단체는 각종 공공시설물을 보유하고 있는데, 이를 각 부서별로 관리할 경우 공무원의 순환보직과 비전문성 등으로 인해 운영상의 비효율성이 발생할 수 있다. 따라서 지방자치단체가 소유하고 있는 각종 공공시설물을 하나의 지방공기업으로 통합하여 관리할 경우 규모의 경제를 실현할 수 있다.

일례로, [그림 1-3]에서 보는 바와 같이 각 부서별로 공공시설물을 관리하고 있는 경우 부서장과 부서인력, 그리고 예산이 투입되며, 공무원들이 순환보직에 의해 관리되기 때문에 시설관리의 전문성을 확보하기 어렵다. 그러나 각 부서별 공공시설물을 하나의 지방공기업에서 통합 관리할 경우 관리자 수를 줄일 수 있으며, 시설물에 투입되는 예산 중복을 방지할 수 있고, 인력의 전문성을 도모할 수 있는 장점이 존재한다.

[그림 1-3] 공공시설물의 종합적 관리(예시)

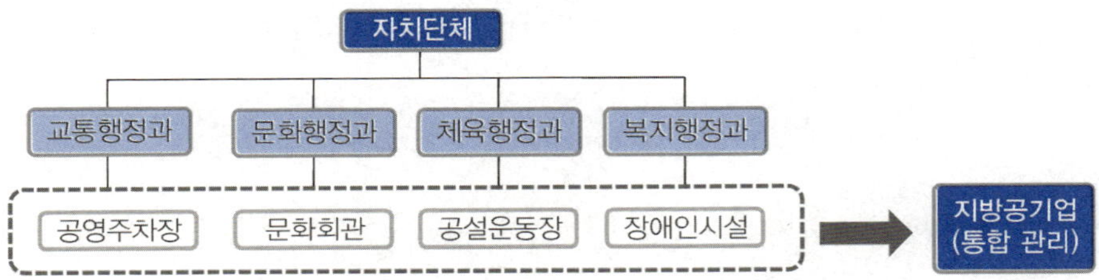

PUBLIC ENTERPRISE

제 2 장

공기업의 경영이념

제1절 공기업의 역설경영이론

1 역설경영의 의미

공기업은 공공성과 기업성이라는 상호 모순적인 가치를 동시에 달성해야 하는 특성을 지니고 있다. 공익적 목적을 달성하기 위해 노력해야 할 뿐 아니라 기업적 방식으로 효율성을 제고하기 위해 노력해야 한다. 일반적으로 정부조직은 기업성보다는 공공성을 중시하는 데 비해, 민간조직은 공공성보다는 기업성을 중시한다. 공공성만을 추구한다면 정부조직 형태로 운영되는 것이 바람직하며, 기업성만을 추구한다면 시장에서 민간부문의 자유로운 경쟁 형태로 운영되는 것이 바람직하다.

그러나 공기업은 태생적으로 공공성과 기업성의 조화를 목표로 설정된 조직형태로서 상충되거나 모순적으로 인식되는 가치를 동시에 추구해야 한다. 양자택일에 의해 공공성과 기업성 중에서 어느 하나를 포기해야 하는 위치에 있지 않다. 따라서 공기업은 상충적 가치의 조화를 추구해야 하는데, 일반적으로 이를 역설경영(paradox management)이라 한다. 즉, 역설경영을 주장하는 학자들은 모순적 경향들이 공존하는 경영을 강조하고 있다(Collins & Porras, 1984; Evans & Doz, 1992; Hampden-Turner & Trompenaars, 1993; Kotter, 1990; Lawrence & Dyer, 1983).

역설의 개념을 딜레마(dilemma)와 비교하여 차이를 설명하면 다음과 같다.

첫째, 역설과 딜레마 개념 모두 2개의 대립되는 요소가 존재한다는 점에서는 공통점을 지니고 있지만, 딜레마는 2개의 대립되는 요소가 동시에 존재할 수 없다는 입장인 데 비해, 역설은 2개의 대립적인 배타적 요소가 동시에 존재할 수 있다는 입장이다(Cameron & Quinn, 1988).

둘째, 딜레마는 2개의 배타적 대립요소 중에서 어느 하나를 반드시 선택해야 한다는 입장인 데 비해, 역설은 2개의 대립되는 요소를 동시에 추구해야 한다는 입장이다. 즉, 딜레마는 선택의 불가피성과 양자택일적 관점을 지향하는 데 비해, 역설은 대립되는 요소의 공존과 상호 협력을 강조한다.

셋째, 딜레마는 대립되는 요소 중에서 반드시 어느 하나를 선택해야 하므로, 선택에 따른 다른 대안의 포기로 기회비용이 발생할 수 있는 데 비해, 역설은 상호대립적인 복수의 요소를 동시에 추구하거나 조화시켜 손실을 최소화해야 한다는 입장이다.

넷째, 딜레마는 선택된 요소에 자원을 집중함으로써 강력한 추진력을 확보할 수 있으나, 조직 내·외적으로 발생하는 모순적 상황과 다양하고 복잡한 문제를 해결하는 데는 한계가 있다. 그러나 역설은 상충되는 요소를 동시에 추구하여 상승효과를 도모하기 때문에 조직 내·외적 모순 상황에 쉽게 대처할 수 있다.

2 공기업과 역설경영

공공기관의 운영에 관한 법률 제1조에는 법률 제정의 목적으로 "경영을 합리화하고 운영의 투명성을 제고함으로써 공공기관의 대국민 서비스 증진에 기여함을 목적으로 한다"고 규정하고 있으며, 지방공기업법 제3조 제1항은 "지방직영기업, 지방공사 및 지방공단(지방공기업)은 항상 기업의 경제성과 공공복리를 증대하도록 운영하여야 한다"고 규정하고 있다. 따라서 공기업은 정부의 행정 목적으로서의 공공성과 기업으로 성립하는 기반으로서의 기업성을 공기업의 경영원칙으로 삼고 있다.

공기업의 공공성과 기업성에 대한 논의는 각각의 이념을 개별적으로 추구해야 한다는 입장, 양자의 경영원칙은 조화적으로 결합되어야 한다는 입장, 공공성의 틀 안에서 기업성을 발휘해야 한다는 입장, 그리고 기업성을 기반으로 하되 일정한 한도 내에서 공공성에 의해 기업성을 제약해야 한다는 입장 등 다양하게 나타나고 있다(一瀨智司, 1969: 19-20; 大島國雄, 1976: 67-76; 大島國雄, 1984: 30-35). 여러 학자들의 입장이 다소 상이하지만, 공통점은 공공성과 기업성이라는 대립적 요소가 공기업의 경영이념으로 공존한다는 사실이며, 공공성과 기업성 중 어느 하나를 불가피하게 선택하는 것이 아니라 양자의 대립적 가치를 조화시켜 나가야 한다는 점에서 공통점을 지니고 있다. 즉, 딜레마 경영이 아닌 역설 경영을 주장하고 있다.

공기업은 공기업 본질적 차원에서 파생되는 대립적 요소, 즉 공공성과 기업성을 동시에 추구해야 하는데, 본질적 차원에서 파생된 모순 관계는 조직 내적 경영관리에서도 그대로 적용된다. 전자를 본질적 차원에서의 역설경영, 후자를 경영관리적 차원에서의 역설경영이라 할 수 있다. 경영관리적 차원에서의 역설경영은 전략, 조직, 인사, 재무, 통제 등의 제반 분야에서 공기업의 공공성과 기업성으로 인해 발생하는 모순된 관계를 의미하는 것이다. 안정과 변화, 분화와 통합, 수익자부담과 경비부담, 공적 통제와 자율성 등의 가치가 공공성과 기업성이라는 양립적 가치체계로 인해 경영관리 요소 내부에서도 발생한다([그림 2-1] 참조).

[그림 2-1] 공공성과 기업성의 역설경영

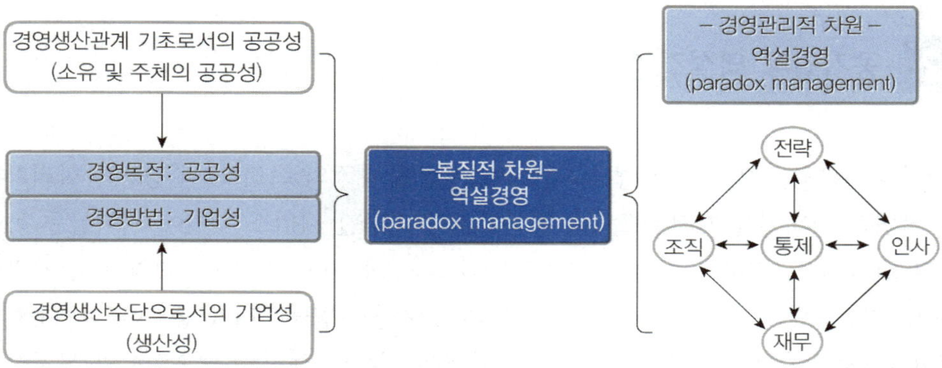

1) 경영생산관계 기초로서의 공공성

공기업은 본질적으로 국민의 기업이다. 즉, 공기업의 소유자는 개인이 아니라 국민이며, 소유자인 국민이 공기업 경영의 궁극적인 주체가 된다. 공기업이 국민의 기업인 이유는 공기업 설립에 소요되는 재원이 국민의 세금에서 비롯되기 때문이며, 공기업이 제공하는 재화나 서비스의 내용 자체가 국민의 일상생활과 밀접한 연관성을 지니고 있기 때문이다. 공기업의 설립 자본금이 국민의 세금이고 국민의 일상생활에 필수불가결한데, 개인이나 특정 계층의 소유로 한정된다면 공기업으로서의 존립 근거가 없게 된다.

따라서 공기업은 소유 및 주체의 공공성을 지니고 있으며, 이는 다른 경영요소에 비해 우선적으로 고려되어야 할 이념이고, 어떤 행위주체도 반박할 수 없는 절대성을 지닌 개념이다. 즉, 소유 및 주체의 공공성은 공기업의 경영이념을 도출하는 데 있어 출발점이 되는 개념이며, 공기업 경영생산관계를 설명하는 기초로서의 개념이 된다.

그러나 공기업의 소유자는 국민이지만, 실질적 경영은 모든 국민이 참여하기 어렵다. 따라서 국민을 대신해서 경영해 줄 수 있는 대리인이 필요하게 되는데, 대리인의 역할은 공기업의 소유 및 주체자인 국민을 위해 공공성을 구현하는 것이다.

소유 및 주체의 공공성을 지닌 공기업의 경우 주인인 국민이 전문경영인으로서의 공기업 관리자를 선임하게 되는 과정을 거치게 되는데, 공기업의 경우는 민간부문의 단순 대리인 관계와는 다른 복잡한 양상을 띠게 된다. 즉, 주인인 국민이 공기업 관리자를 직접 선임하는 것이 아니라 정부를 선택하고, 선택받은 정부가 주인이 되어 공기업 관리자를 선임하는 과정을 거치게 된다. 즉, 국민과 공기업 간에는 직접적인 대리인 관계가 형성되는 것이 아니라 간접적인 대리인 관계가 형성되며, 국민의 입장에서 볼 때 대리인이 2개 이상 존재하게 되는 복대리인 관계(double agent)가 형성된다.

[그림 2-2] 국민과 공기업의 복대리인 관계

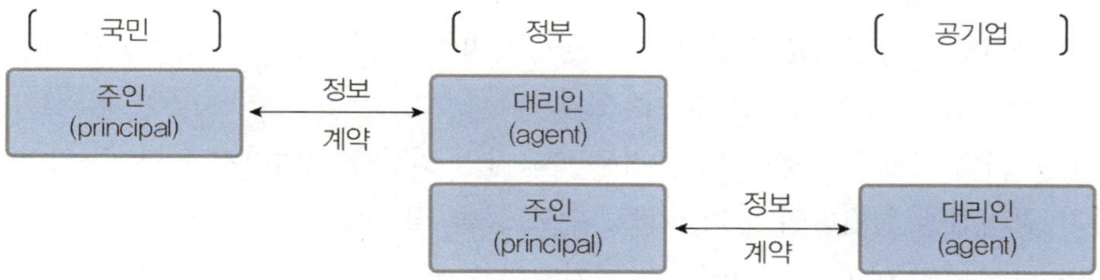

2) 경영목적으로서의 공공성

공기업의 목적에 대해서는 영리목적설, 사업목적설, 불가지설(不可知說), 체제유지설, 공공목적설 등이 존재하는데(大島國雄, 1976: 67-76; 大島國雄, 1984: 24-26; 一瀨智司 · 大島國雄 · 肥後和夫, 1982: 55-58),[1] 일반적으로 공기업이 제공하는 사업

1) 영리목적설은 독일의 리프만(R. Liefmann)이나 하이만(E. Heimann) 등이 주장한 학설로 공기업도 기업인 이상 그 목적이 영리성에 있음을 주장하는 것이며, 불가지설은 공기업의 목적을 '모든 공기업의 모든 경우에 적용할 수 있는 단일형으로 나타낼 수 없다'는 인식 하에 불가지론을 주장하는 입장이다(Robson, 1962: 426). 또한 체제유지설은 실제로 공기업이 국민에 봉사하기보다는 사적 자본, 특히 대자본의 이익에 기여하였고, 그로 인해 자본주의 체제의 유지가 가능했다고 보는 입장이다. 공기업의 목적에 대해서는 안용식 · 원구환(2001)을 참조.

내용에 초점을 맞추거나 보편적인 공익 가치를 지향하는 것이 대부분이다.

(1) 사업으로서의 공공성

공기업의 공공성을 사업 자체에 초점을 맞추어 설명하는 입장이다. 공기업이 제공하는 공익적 사업이 바로 공기업 설립 및 존재 이유이므로 공익적 사업을 통해 공공성을 실현하고자 하는 입장이다.

공기업의 공공성을 공기업이 제공하는 사업에 초점을 맞추는 입장은 엘리엇(J. Elliot)에 의해 제기되었는데, 공기업의 사업 및 활동을 공기업의 목적이라고 보는 견해이다(Hanson, 1963: 444). 공기업의 공공성을 공기업이 제공하는 사업에 초점을 맞추어 설명하기 때문에 국민들로 하여금 공기업의 설립근거 및 경영목적을 쉽게 이해하게 할 수 있는 장점이 있다. 그러나 공기업이 제공하는 사업을 공기업의 공공성으로 이해하는 입장은 다음과 같은 문제점을 지니고 있다.

첫째, 사업 자체에 초점을 맞출 경우 사업을 통해 구현하고자 하는 가치적 지향점을 도출하기 어렵다. 예를 들어, 전기, 가스, 수도와 같은 공공서비스를 제공하는 것만으로 공기업의 공공성을 설명할 경우 공공서비스 공급을 통해 구현하고자 하는 가치(예: 삶의 질 향상)를 도외시할 수 있다.

둘째, 사업 자체에 초점을 맞출 경우 수요자의 입장을 고려하지 못할 수 있다. 즉, 정부가 공기업을 설립하여 전기, 가스, 수도 등을 적정하게 공급하였다고 주장할 수 있지만, 수요자인 국민의 입장에서는 공기업의 독점적 서비스 공급에 대한 불만이 존재할 수 있다. 또한 공기업으로 제공되는 사업은 수요의 가격탄력성이 비탄력적이기 때문에 국민은 수동적 위치로 전락될 수 있다.

셋째, 사업 자체에만 초점을 맞출 경우 사업의 특성에 따라 공공성의 개념이 달라질 수 있다는 점이다. 즉, 공기업으로 공급되는 공공서비스가 자연독점적이고 국민생활에 필수불가결한 사업이었으나, 시대적 변천에 따라 공익적 사업의 특성을 상실할 수 있다. 이러한 경우 공기업으로 제공하는 사업이라는 이유만으로 공공성을 주장하기에는 한계가 있다.

(2) 가치로서의 공공성

공기업의 공공성을 추구하는 가치(공공의 복리증진)에 초점을 맞추어 설명하는 입장이다. 이러한 입장은 실정법에서도 반영되고 있는데, 공공기관의 운영에 관한 법률 제1조에서는 "공공기관의 대국민 서비스 증진에 기여함을 목적으로 한다"라고 규정하고 있으며, 지방공기업법 제1조도 지방공기업의 목적으로 "지방자치의 발전과 주민의 복리증진"을 규정하고 있다. 또한 개별 공기업의 설립법에서도 국민경제의 발전과 공공복리 증진을 목적으로 규정하고 있다. 그러나 가치지향적 공공성의 개념에는 다음과 같은 문제점이 존재한다.

첫째, 공기업이 추구하는 공공복리의 내용이 추상적일 경우 명확하게 개념 정의하기가 쉽지 않다는 점이다. 공공복리에 대한 국민적 합의가 뚜렷하지 못할 수 있으며, 공공복리의 구체적인 실현이 어려울 수 있다.

둘째, 특정 집단의 이익이 마치 공공복리로 이해될 경우 사회적 균형이 와해될 수 있고, 소외된 잠재 집단의 이익이 공공복리에 반영되지 못할 수 있다.

셋째, 공공복리에 대한 개념이 국가의 이념적 특성에 따라 상이할 수도 있다. 즉, 사회주의 국가와 자본주의 국가 간에 공기업의 공공복리에 대한 차이가 발생할 수 있으며, 같은 체제 내의 국가에서도 이념에 따라 차이가 발생할 수 있다.

넷째, 공기업이 국민의 기업이라고 할 때 공공복리를 실현하기 위해서는 대다수 국민의 참여와 이익 실현이 보장되어야 한다. 다수의 참여를 보장하고 다수의 이익 실현을 구현·평가할 수 있는 명확한 제도적 장치가 부재할 경우 공기업의 목적으로서의 공공성은 실현되기 어렵다.

(3) 공기업의 공공성

공기업에서 추구하고 있는 공기업의 목적을 살펴보면 대부분이 사업에 대한 언급과 더불어 지향해야 하는 가치를 동시에 포함하고 있다(〈표 2-1〉과 〈표 2-2〉 참조).

공기업의 경영목적으로서의 공공성은 공기업 존립의 실체적 근거가 된다는 점에서는 논란의 여지가 없다. 따라서 공기업의 공공성은 구체적인 실천적 전략이 중요한데, 이를 위해서는 공기업의 설립, 운영, 평가 등에 관한 제반 프로세스가 국민의 입장에서 제도화되고, 민주적·참여적 가치가 구현되어야 한다.

시장형 공기업의 설립 목적을 살펴보면 공기업이 제공하는 사업과, 사업수행에 따른 목적적 가치를 규정하고 있다.

예를 들어, 한국가스공사는 사업으로서 가스의 안정적 공급을 규정하고, 사업수행에 따른 목적적 가치를 국민생활의 편익 증진과 공공복리의 향상으로 규정하고 있다.

한국석유공사, 한국전력공사, 한국지역난방공사, 6개 발전 공기업, (주)강원랜드. 인천국제공항공사, 한국공항공사도 유사한 규정을 두고 있다.

〈표 2-1〉 시장형 공기업의 주요 목적

기관명	주무부	근거	내용
한국가스공사	산업 통상 자원부	한국가스공사법 제1조	**가스**를 장기적으로 안정되게 공급할 수 있는 기반을 마련함으로써 **국민생활의 편익 증진과 공공복리의 향상**에 기여
한국석유공사		한국석유공사법 제1조	**석유**자원의 개발, 석유의 비축, 석유유통구조의 개선에 관한 사업을 효율적으로 수행함으로써 석유수급의 안정을 도모함과 아울러 **국민경제 발전**에 기여
한국전력공사		한국전력공사법 제1조	**전원개발**(電源開發)을 촉진하고 **전기사업**의 합리적인 운영을 기함으로써 전력수급(電力需給)의 안정을 도모하고 **국민경제 발전**에 기여
한국지역난방공사		집단에너지사업법 제1조 제29조	(제1조) **집단에너지**공급을 확대하고, 집단에너지사업을 합리적으로 운영하며, 집단에너지시설의 설치·운용 및 안전에 관한 사항을 정함으로써 '기후변화에 관한 국제연합 기본협약'에 능동적으로 대응하고 **에너지 절약과 국민생활의 편익증진**에 기여 (제29조) 주거 및 상업지역 등에 집단에너지를 효율적으로 공급하기 위해 설립
한국수력원자력(주) 한국중부발전(주) 한국서부발전(주) 한국동서발전(주) 한국남부발전(주) 한국남동발전(주)		정관 제2조	2001년 '전력산업 구조개편 촉진에 관한 법률'에 따라 한국전력공사에서 분사 전력자원 개발, 발전과 관련된 사업 등 **사업 목적**을 규정
(주)강원랜드		폐광지역 개발 지원에 관한 특별법	낙후된 폐광지역(廢鑛地域)의 **경제를 진흥**시켜 지역간의 균형있는 발전과 **주민 생활향상** 기여
인천국제공항공사	국토 교통부	인천국제공항공사법 제1조	**인천국제공항**을 효율적으로 건설 및 관리·운영하도록 하고, 세계적인 공항전문기업으로 육성함으로써 **원활한 항공 운송과 국민경제 발전**에 기여
한국공항공사		한국공항공사법 제1조	**공항**을 효율적으로 건설·관리·운영하고, 항공산업의 육성·지원에 관한 사업을 수행하도록 함으로써 **항공수송을 원활**하게 하고, 나아가 **국가경제 발전과 국민복지 증진**에 기여

〈표 2-2〉 준시장형 공기업의 주요 목적

기관명	주무부	근거	내용
한국조폐공사	기획재정부	한국조폐공사법 제1조	은행권, 주화, 국채, 공채, 각종 유가증권 및 정부・지방자치단체 등이 사용할 특수제품의 제조(製造)와 관련된 사업을 통해 **국민경제 발전** 기여
그랜드 코리아레저(주)	문체부	상법, 정관	**관광산업 성장**을 지원함으로써 **국민경제 발전 기여** (한국관광공사의 자회사)
한국마사회	농식품부	한국마사회법 제1조	**경마**의 공정한 시행과 말산업의 육성 사업으로 **국민의 복지증진 및 여가선용**을 도모
대한석탄공사	산자부	대한석탄공사법 제1조	**석탄광산**의 개발을 촉진하고 석탄의 생산・가공・판매 및 부대사업을 통해 석탄의 수요와 공급을 안정시킴으로써 **국민생활 안정과 공공복리 증진**에 기여
한국광해광업공단	산자부	한국광해광업공단법 제1조	**광산피해** 관리, **광물자원산업**을 육성, 지원으로 광산지역 경제활성화, 광물자원의 안정수급으로 **국민경제 발전**
(주)한국가스기술공사	산자부	한국가스공사법 제12조(투자) 및 동법 시행령 제13조	**천연가스** 생산기지 및 전국 주배관망 등 천연가스 설비의 예방점검과 책임정비를 통해 **천연가스의 안전하고 안정적인 생산・공급** 기여
한국전력기술(주)	산자부	한국전력공사 자회사 (상법 제317조)	**발전소 설계기술 고도화**를 기반으로 에너지 산업을 선도하여 **고객만족과 인류번영**을 추구
한전KDN(주)	산자부	한국전력공사 자회사 (상법 제317조)	**전력정보기술**의 고도화 및 전문화, 전력정보서비스의 안정적 제공, 전력용 정보통신자원의 효율적 활용
한전KPS(주)	산자부	한국전력공사 자회사 (상법 제317조)	**발전설비** 정비기술 전문화를 통한 **전력의 안정적 공급**
한국수자원공사	환경부	한국수자원공사법 제1조	**수자원**을 종합적으로 개발 관리하여 생활용수 등의 공급을 원활하게 하고 수질을 개선함으로써 **국민생활 향상과 공공복리 증진**
주택도시보증공사	국토부	주택도시기금법 제1조	**주거복지 증진과 도시재생 활성화**를 지원함으로써 **국민의 삶의 질 향상**에 이바지
제주국제자유도시 개발센터	국토부	제주특별법 제166조	(제1조) **국제자유도시를 조성함으로써 국가발전 기여** (제166조) 국제자유도시 개발사업의 효율적 추진
한국도로공사	국토부	한국도로공사법 제1조	**도로**의 설치・관리와 부대사업을 통해 도로의 정비를 촉진하고 **도로교통의 발달**에 기여
한국부동산원	국토부	한국부동산원법 제1조	**부동산** 시장의 조사 관리 및 가격공시와 통계 정보관리를 통해 부동산 시장의 안정과 질서를 유지하고, **소비자 권익보호와 부동산 산업발전** 기여
한국토지주택공사	국토부	한국토지주택공사법 제1조	**토지**의 취득, 개발, 비축, 공급, **도시의 개발** 정비, **주택**의 건설, 공급, 관리를 통해 **국민주거생활의 향상**과 국토의 효율적 이용으로 **국민경제 발전**
한국철도공사	국토부	한국철도공사법 제1조	**철도** 운영의 전문성과 효율성을 높임으로써 철도산업과 **국민경제의 발전**에 기여
(주)에스알	국토부	철도사업법 제5조	이용자의 **고속철도 서비스** 선택권 확대와 합리적 경쟁을 통한 **철도산업 발전** 기여
해양환경공단	해수부	해양환경관리법 제96조	**해양환경**의 보전・관리・개선을 위한 사업, 해양오염방제사업, 해양환경・해양오염 관련 기술개발 및 교육훈련을 위한 사업 등을 수행
한국방송광고공사	방통위	방송광고판매대행 등에 관한 법률 제1조	**방송광고**의 판매대행과 판매시장의 경쟁을 촉진하고, 공정한 거래질서를 확립하여 방송광고시장 활성화와 **방송의 공공성, 공익성 및 다양성 구현**

3) 경영수단으로서의 기업성

(1) 기업성의 의미

공기업은 정부로부터 독립된 법인체가 공익적 재화나 서비스를 국민에 제공하고, 대가를 통해 독립적 경영을 도모하기 때문에 기업성을 지니게 된다. 따라서 공기업의 기업성은 목적적 가치인 공공성 실현을 위한 수단적 가치로 인식되며, 정부조직과는 달리 기업적 방식을 준용하여 운영함으로써 효율성 및 생산성을 지향한다.

공기업은 다음과 같은 측면에서 민간기업과 동일한 특성을 지니게 되는데, 사기업과 동일한 특성을 지니고 있더라도 그 자체가 목적이 되어서는 안 되고 목적적 가치를 실현하기 위한 수단으로서 강조되어야 한다.

첫째, 공기업으로 제공되는 재화나 서비스는 집단소비성이라는 측면에서 공공재와 동일하지만, 배제가능성이라는 측면에서는 민간재와 동일한 특성을 지니고 있다.

둘째, 정부가 수행하는 기능은 주로 권력적 기능에 초점을 맞추어 국민들에게 동일한 서비스의 혜택을 강조하는 경향이 강하지만, 공기업이 수행하는 기능은 사기업과 마찬가지로 교환경제의 원리가 작용한다. 정부가 수행하는 기능은 제공된 서비스에 대한 대가를 반드시 고려하지 않지만, 공기업은 재화나 서비스를 제공하고 그에 대한 대가를 얻는 방식으로 운영되기 때문에 사기업의 교환경제 원리가 작용한다.

셋째, 공기업의 경우 사기업과는 달리 이윤극대화가 목적이 아니고 적정 이윤을 추구하게 되며, 공익적 목적 실현에 부합되는 재정 부담에 대해서는 정부의 재정적 지원을 받게 된다. 그러나 이 과정에서 공기업은 자신들의 비효율적 운영을 공익적 목적이라는 미명 하에 상쇄시킬 수 있기 때문에 사기업과 같은 능률적 관리를 통해 생산성을 제고할 필요가 있다. 특히 공기업은 생산성 제고를 통해 비용을 절감하고, 절감된 비용을 공기업활동에 재투자할 수 있는 기업적 역량이 반드시 필요하다.

(2) 공기업의 기업성

공기업도 하나의 기업으로 존립하는 한 그 경영면에서는 손익수지를 명확히 하여 기업경영을 합리적으로 운영하고, 독립채산을 원칙으로 경영되는 것이 당연하다. 만약 공공성이라는 명목 하에 경제성과 채산성을 도외시할 경우 오히려 공공성을 저해할 수도 있다. 따라서 공기업의 경영원칙으로서 공공성 못지않게 기업성의 가치도 중시되어야 하지만, 사기업에서 강조되는 기업성과 공기업에서 강조되는 기업성과는 다소의 차이가 있다(안용식 · 원구환, 2001: 44-45).

첫째, 공기업은 어디까지나 기업이라는 측면에서 본다면 사기업과 유사한 성격을 지니고 있다. 그런데 여기서 말하는 기업이란 물적 시설을 매개로 다수인의 협동에 의해 제3자에게 판매해야 할 상품을 자기 채산에 의해 지속적 · 계획적으로 생산하는 계속적 상품 생산의 조직체를 의미한다. 계속적 상품 생산의 조직체로서의 기업은 상품 생산에 일반적 목적을 두고 있는데, 구체적인 목적은 기업의 소유 관계 내지는 기업이 처한 경제체제의 원리에 따라 규정된다. 따라서 공기업도 기업인 이상 기업의 소유관계 내지는 기업이 처한 경제체제의 원리에 따라 규정될 수밖에 없지만, 사기업과 같이 영리추구를 목적으로 하지 않는다.

둘째, 공기업에서는 사기업처럼 이윤추구를 궁극적 목적으로 하지 않기 때문에 수익성도 최대이윤이 아닌 적정이윤이라는 틀 속에서 추구되어야 하며, 이윤이 생긴 경우 사기업은 이를 배당금 등으로 주주에게 분배하는 데 비해, 공기업에서는 일반적으로 시설개량, 서비스의 개선 등을 통해 이용자인 국민에게 모두 환원시킨다는 점에서 차이가 난다.

셋째, 기업성은 일반적으로 영리성 내지 자립채산으로 이해되고 있으나, 공기업의 기업성은 사기업의 기업성과 내용상의 차이가 존재하는 독립채산원칙과 생산성원칙과의 결합으로 이해되어야 한다. 즉, 공기업의 기업성은 계속적 상품 생산의 조직체로서 자기 채산에 의해 경영하는 것을 원칙으로 하되, 효율적 · 생산적 경영을 통해 이익을 사회에 환원할 수 있는 공공성을 지녀야 한다. 따라서 공기업의 기업성을 구성하는 원리로서의 독립채산원칙이나 생산성원칙은 사기업의 기업성에서 중심 원리가 되고 있는 영리원칙과 같이 그 자체가 목적이 될 수 없다. 공기업의 기업성은 공기업의 목적을 달성하기 위한 경영원칙을 나타내는 개념이며, 기업성의 유지는 공기업 존립의 수단이 되는 것이다.

4) 공공성과 기업성의 역설적 조화

공공성과 기업성은 상충하는 개념으로 인식되는 경우가 많다. 즉, 공기업의 공공성을 중시하는 입장에서는 공공의 복지를 증진하기 위해 때로는 기업으로서의 채산을 도외시하여 경영할 수 있으며, 수입 부족분은 정부의 일반회계에서 보전할 수도 있음을 강조한다. 반면에 공기업의 기업성을 중시하는 입장에서는 채산성의 확보를 지나치게 강조하여 채산이 맞지 않는 경우 요금을 인상하거나 서비스의 공급을 중단할 수도 있음을 주장한다. 따라서 공공성을 중시하면 기업성을 희생시키게 되고, 반대로 기업성을 생각하면 공공성을 해치게 된다는 대립적 시각이 존재하고 있는 것이 사실이다(안용식 · 원구환, 2001: 45-46).

이와 같이 공공성과 기업성은 일면 대립되는 개념인 것 같이 생각되나, 공기업이 능률적 · 합리적인 사업 운영을 통해 최소의 경비로 최량의 서비스를 제공함으로써, 시민의 복리증진에 기여한다면 공공성과 기업성은 하등 모순되는 것이 아니다. 이런 의미에서 공공성과 기업성은 변증법적 대립물로 존재하고 상호작용하면서 공기업 속에 통일되어 있는 기본 개념으로 파악할 수 있다. 따라서 공공성과 기업성은 일반적으로 생각되고 있는 것처럼 어느 한쪽만이 존재할 수밖에 없는 이율배반적인 것이 아니라 공기업 속에 통일되어 서로 양립하는 것이다.

결국 공기업의 기업성은 공기업의 목적 달성을 위해 경영상 필요한 개념이며, 기업성을 유지하는 것이 공기업의 존립을 위한 전제가 되는 것이다. 따라서 공공성을 목적으로서의 공공성으로 한정하여 생각한다면, 전제로서의 기업성과 목적으로서의 공공성 사이에는 변증법적으로 모순 관계에 있으면서도 일반적으로 생각되고 있는 것처럼 그렇게 이율배반적인 것은 아니다. 공공성과 기업성은 목적으로서의 공공성과 수단으로서의 기업성으로 인식되어야 하며, 상호 목적과 수단으로 양립되지 않으면 안 된다. 목적으로서의 공공성은 수단으로서의 기업성을 침해해서는 안 되며, 수단으로서의 기업성도 목적으로서의 공공성을 침해해서는 안 된다.[2)]

공기업은 소유 및 주체로서의 공공성에서 비롯되는 목적으로서의 공공성과, 효율적 운영방식을 통해 생산성을 제고해야 하는 수단으로서의 기업성을 동시에 추구해야 한다. 즉, 공기업의 공공성과 기업성은 상호대립적 성향을 지니는 경영이념이지만, 어느 한 가치를 포기해야 하는 딜레마적 상황이 아니라 양자의 가치를 조화시켜야 하는 역설경영을 도모해야 한다. 목적으로서의 공공성과 수단으로서의 기업성이 상호 조화롭게 추진되어야 한다.

2) 역설경영의 실현방법으로 이중순환학습모형(douple-loop learning)과 조직여유자원 확보를 주장하는데, 이중순환학습은 어떤 모순적 상황에서 상충적인 가치와 대안을 동시에 추구하고 조화시킬 수 있는 판단 기준 자체를 지속적으로 개선하고 발전시키는 학습방식을 의미하며, 조직여유자원 확보는 이러한 이중순환학습을 위한 핵심적 필요조건이다(이상민, 2007a: 137).

제2절 공기업의 주체와 대리인의 책임성 확보

1 공기업의 주체와 책임성

1) 공기업의 주체와 관련된 학설

공기업의 주체 문제를 논의하고 있는 학설은 대개 다음의 몇 가지로 나누어 볼 수 있다.[3)]

(1) 소비자주체설

소비자주체설은 콜(Cole, 1919: 125-126)과 웹(S. Webb) 등이 주장하고 있는데, 공기업은 소비자에 의해 지배되어야 한다는 입장이다. 이러한 입장은 주로 영국의 소비자 국가관에서 유래하고 있는 것으로 공기업의 형식상의 주체는 정부이지만, 실질적으로는 소비자에 의해 지배되어야 함을 강조한다.

그러나 공기업의 주체를 소비자로 한정했을 경우 다음과 같은 문제점을 노정시킬 수 있다. 첫째, 소비자 이외에 노동자, 경영자, 출자자 등의 대립되는 이해관계를 고려하지 않을 수가 있다. 둘째, 소비자의 개념에는 수동적인 의미가 함축되어 있다. 즉, 제공되는 재화나 서비스에 대한 생산자적 입장이 아닌 단순 소비자로서의 입장이 포함될 수 있으므로, 생산과정의 효율성보다는 결과에 대한 만족도만을 우선시할 우려가 있다. 셋째, 소비자는 대체적으로 자신의 이익에 따라 동기부여되기 때문에 사회 전체의 입장을 고려하지 못할 수도 있다(Roenbloom & Ross, 1994: 162).

(2) 관료주체설

관료주체설은 현실적으로 공기업의 주체로서 관료가 실질적 지배권을 갖는다고 본다. 근대사회에서는 화폐경제의 발달, 규모의 확대화, 자본주의적 경제기반의 유지를 위한 정부에 대한 기대, 이윤원칙을 따르지 않는 능률적 관리의 요청 등 역사적 조건과 아울러 개개 사회구조 내부의 조건들이 관료제화를 초래하고 있다는 것이다

3) 공기업의 주체에 대해서는 안용식 · 원구환(2001)에서 발췌 · 수정하였다.

(Blau, 1956). 따라서 공기업도 규모가 커지고 다수의 관리단계를 필요로 하고 있다는 점, 책임과 권한을 규정하는 많은 법 규정에 의해 자율적 운영이 제한을 받고 있다는 점, 경영목적이 이윤원칙으로부터 동떨어져 있다는 점, 대부분의 공기업이 독점적 기업이기 때문에 시장경쟁에 의한 자극이 적다는 점, 그리고 막대한 수입원을 관리해야 한다는 점 등으로 인해 공기업의 주체는 관료가 되어야 한다는 입장이다.[4]

그러나 관료제란 관리상의 능률을 최고로 하는 조직 혹은 관리능력을 위해 제도화된 사회행동의 조직방법에 지니지 않기 때문에 결코 그 자체가 목적이 되거나 지배자가 될 수는 없다. 만일 관료제가 주체가 되기 위해서는 종래의 주체였던 국민을 뛰어넘을 수 있는 근거가 있어야 하는데, 관료주체설의 경우에는 이러한 문제점을 논증하지 못하는 근본적인 한계를 지니고 있다.

(3) 공동사회주체설

공동사회주체설은 공기업의 주체를 정부에 의해 조직된 하나의 공동사회로 인식하고 있는데, 공동사회를 목적을 위한 수단이 아니라 그 자체를 목적으로 파악한다. 즉, 현대사회는 소비자, 기업가, 노동자 등 각 이해집단이 생산수단에 대한 지배과정을 둘러싸고 이해의 모순관계를 보여 주고 있다는 인식 하에 공기업의 주체를 공동사회로 파악함으로써 이해집단 간의 모순을 지양하려는 입장이다(占部都美, 1954: 52-79). 공기업의 공적 지배기능 속에는 다양한 이해집단의 이해를 조절하거나 공동화하려는 경향이 있는데, 이는 주로 노동자 및 소비자 등 다양한 공동사회 내의 이해관계자의 경영참가나 그들에 대한 적정 대가주의를 채택함으로써 달성할 수 있다는 것이다. 1920년대 독일 사회민주당의 이론가인 나프탈리(F. Naphtali)의 주장이나 일본의 占部都美 교수의 주장은 대표적이다. 특히 공공사회 내의 다양한 이해관계자들 간에 힘의 균형성이 보장되어 있다는 것을 전제로 한다.

그러나 대규모의 공동사회에서 각종 이해집단의 이해관계를 균형있게 조절하는 것은 한계가 있을 수 있다. 더욱이 적정 대가를 합리적으로 파악하기란 극히 어려우며, 노동자나 소비자가 평등하게 경영에 참가할 것으로 기대하기도 어렵다. 즉, 공동

4) 번햄(James Burnham)에 의하면 제1차 세계대전 이후 공기업이 신장하는 경향이 많았고, 생산수단의 주요 부분이 정부의 소유와 지배 하에 놓이게 되어 관료가 제도를 지배하게 되었다는 것이다. 특히 관료는 생산수단을 지배하게 되었을 뿐 아니라 정치경제 기구상의 지위로 인해 배분에서도 우위적 지배계급이 되었다는 것이다(Burnham, 1941: 제5장).

사회에서는 과잉 대표되는 집단과 과소 대표되는 집단이 존재하게 마련이므로, 각 이해집단의 평등한 참여를 통한 이해관계의 조절은 매우 어려운 문제라 할 수 있다. 따라서 공기업의 주체로서 공동사회를 논의하는 것은 그 규범적 측면에서뿐만 아니라 구체적인 실현에서도 많은 한계를 지니고 있다.

(4) 경영자주체설

경영자주체설은 공기업이 정치, 행정, 재정으로부터 독립화하여 자주성을 지니게 된다는 인식에서 출발한다. 즉, 공기업의 전통적인 경영형태는 관청기업의 형태를 유지하면서 정치, 행정, 재정의 지배를 받고 있었으나, 점차 이러한 지배로부터 벗어나서 경영이 자주화해 가고 있다는 것이다. 이 과정에서 공기업의 관리자가 출현하게 되고, 관리자는 경영자가 되어 새로운 공기업의 주체로 등장하게 된다는 것이다(山城章, 1961: 307). 따라서 현대의 공기업은 그 자체로서의 성장·발전을 도모하고 있으며, 이러한 목적을 추구하는 주체로서 경영자 주체의 입장을 취한다는 것이다.

그러나 이 입장은 기본 인식에서부터 많은 문제점을 갖고 있다. 첫째, 공기업이 정치, 행정, 재정으로부터 자주화한다고 인식하고 있으며, 공기업의 경영형태가 관청기업에서 탈피하여 자주성이 강한 경영형태로 전이하고 있는 것은 사실이다. 그러나 공기업의 자주성은 절대적인 것이 아니고, 공기업의 자주성의 증대는 상대적인 것으로 인식되어야 함에도 불구하고, 지나치게 절대시하는 경향이 있다. 둘째, 자주화된 경영체는 정치, 행정, 재정으로부터 완전히 독립되어 스스로 지배하고 통제할 수 있다고 주장하지만, 공기업이 갖는 공공성이라는 측면에서 공공규제의 필요성이 제기되고 있음을 볼 때 공기업의 완전한 독립경영은 사실상 불가능하다. 셋째, 국가마다 상이할 수 있지만, 우리나라 공기업의 실제 경영형태를 살펴보면 아직 관청기업의 형태가 많으며, 비록 정부로부터 독립되어 경영되는 경우에도 많은 공적 규제를 받고 있다. 특히 경영자의 선임과정이 관료화되어 있기 때문에 이 학설의 실제 적용에는 많은 한계를 지니고 있다.

(5) 국가독점자본설

국가독점자본설은 엥겔스(F. Engels)나 레닌(N. Lenin)의 사상에 근거를 두고 있다. 즉, 근대국가는 어떤 형태를 취하든 본질적으로 자본제적 기구이고 자본가들의 국가라고 보며, 국가가 더 많은 생산력을 소유하면 할수록 점점 국가는 현실의 총자본가가 되고 더욱 심하게 국민을 착취하게 된다고 본다. 또한 자본주의가 아무리 많은 계획성을 갖고 국민적 규모나 국제적 규모로 생산범위를 사전에 계획·통제한다 하더라도, 결국은 자본주의 입장을 대변하는 것이라고 주장한다. 이러한 입장을 근거로 하여 자본주의 경제의 현 단계를 국가독점자본주의로 규정하고, 국가가 독점체의 지배 하에 종속되어 있음을 강조한다. 이러한 독점체는 입법, 재정, 국유화 등을 통해 국가를 지배하게 되고, 공기업화를 통해 자신의 이익을 증대한다는 것이다. 따라서 공기업도 역시 그러한 지배의 한 형태로 나타나게 되는데, 공기업의 주체는 국가독점자본이고 국가를 지배 하에 두는 독점체라는 것이다.

그러나 이 학설은 지나치게 경제 결정론적 입장을 중시한다는 점과, 거시적인 이념적 논쟁에 치중함으로써 기업경영의 내용에 속하는 구체적이고 실증적인 분석을 도모하고 있지 못하다는 비판을 받고 있다.

(6) 국민주체설

국민주체설의 입장은 기존의 학설에 대한 비판에서 시작된다. 즉, 소비자주체설에 의하면 소비자는 있어도 소비자 이외의 국민은 없고, 관료주체설에서도 관료는 있어도 국민은 없으며, 국가독점자본설에서도 독점자본은 있어도 국민은 망각되고 있다는 것이다. 또한 공동사회주체설이나 경영자주체설의 경우 그것이 주장되게 된 사회적 배경은 이해되나, 그 규범성이나 실제 적용면에서 납득할 만한 주장을 하고 있지 못하다는 것이다. 즉, 어느 학설도 국민 부재의 공기업이라는 점에 공통의 성격을 보여주고 있기 때문에 공기업의 주체는 국민을 제외할 수 없다는 것이다.

국민주체설도 국민의 입장을 새롭게 제기했다는 점에서는 의미를 지니지만, 어떻게 구현할 것인가에 대한 현실적 한계를 갖고 있다. 그러나 공기업이 공적 소유라는 점에서 그 주체는 국민이어야 함은 부정할 수 없는 사실이다.

2) 공기업의 주체와 대리인의 책임성

(1) 책임성의 개념

정부를 운영함에 있어 기본적으로 갖추어야 할 항목 중의 하나가 책임성을 확보하는 것이다.[5] 책임성의 범주에는 정부기관의 목표가 공적 타당성을 확보하고 있는

5) 이하의 논의는 원구환(2008c: 507-529)에서 발췌·보완하였다.

지, 공공자금이 효율적으로 사용되고 있는지, 시민의 권리 · 안전 · 복지 등이 의도한 바대로 수행되고 있는지, 성과의 달성 여부와 실패에 따른 제재(制裁)가 합리적인지 등이 포함되어야 효과적인 개념 규정을 도모할 수 있다(Dicke, 2002: 455-470).

책임을 정의하는 방식은 크게 두 가지 차원에서 접근이 가능한데, 하나는 객관적 내지 외재적 책임으로 이해하는 입장과, 다른 하나는 주관적 내지 내재적 책임으로 이해하는 입장이다(오석홍, 2008: 802-803).

책임을 객관적 책임으로 이해하는 입장은 행동자의 외부로부터 부과되는 기대에 관련된 것이다. 객관적 책임은 행동자에게 권한을 행사할 위치에 있는 주체가 원하는 바대로 행동해야 하는 책임이다. 이것은 일정한 직무수행 기준에 관하여 행동자 이외의 사람에게 지는 의무이다. 그러한 의무의 출처는 책임을 지는 사람의 외부에 있다는 것이다. 객관적 책임은 책임을 져야 할 직위에 있는 사람에게 의무를 부과하는 것이다. 이 경우 구체적인 점직자(占職者)의 개인적 욕구, 취약점, 선호 등이 무엇인지는 고려되지 않는다. 외재적으로 설정되는 의무가 조직 내의 역할을 규정하며, 사람들이 맡는 역할에 객관적 책임이 따른다. 행정체제에서 볼 수 있는 객관적 책임의 대표적인 것이 법률에 대한 책임이다. 민주국가에서 법률에 대한 책임은 궁극적으로 주권자인 국민에게 대한 책임을 반영하는 것이다. 이 밖에도 규칙, 정책, 직무기술, 계서적 구조에 대한 책임의 형태가 있다. 공익에 봉사해야 한다는 의무도 객관적 책임의 한 유형이다.

책임을 주관적 책임으로 이해하는 입장은 행동자가 스스로 책임 있다고 느끼는 것에 대한 개념이다. 이것은 도덕적 의무에 대한 내적 · 개인적 인식이다. 객관적 책임은 사람들이 맡은 역할에 대한 법률 · 조직 · 사회의 요구에서 생기는 것이지만, 주관적 책임은 양심 · 충성심 · 일체감 등이 조성하는 내적 충동에서 비롯되는 것이다. 주관적 책임론에 따르면 행동자가 과오를 범하는 경우 스스로의 양심이 그것을 과오라고 인정할 때에만 과오가 되는데, 행동자에 대한 처벌은 양심의 가책일 뿐이므로 책임은 고도로 개인적이며 도덕적 성격을 지닌다.

결국 책임에 대한 개념을 이해하는 입장은 크게 객관적 책임과 주관적 책임으로 구분되는데, 이러한 양자의 입장을 설명해 주는 이론적 접근법이 존재한다. 즉, 대리인 이론(agent theory)과 청지기 이론(stewardship theory)이 그것인데, 대리인 이론은 주로 객관적 책임을 중시하며, 청지기 이론은 주관적 책임을 강조한다.

(2) 공기업 대리인의 책임성 확보방안

공기업의 실질적 주인은 국민이지만, 소유주인 국민을 대신해서 전문경영을 도모할 수 있는 대리인을 고용하게 된다. 공기업의 대리인은 국민을 위해 책임 있는 경영을 도모하고 주인에 대해 책임을 지게 된다.

공기업의 대리인에 대한 책임성을 확보하는 방안은 스스로 책임의식을 갖고 행동하도록 유도하는 방안과 외부적으로 책임성을 부과하는 방안으로 구분해 볼 수 있다. 전자는 대리인의 주관적 책임성을 확보하는 방안이라 할 수 있으며, 후자는 대리인의 객관적 책임성을 확보하는 방안이라 할 수 있다. 책임성을 확보하는 방안은 양자택일의 관점보다는 상호 보완하는 것이 필요하다.

2 대리인 이론과 공기업의 책임성

1) 대리인 이론의 본질

(1) 대리인 이론의 기본가정

대리인 이론(agent theory)은 조직경제학에서 핵심이 되는 이론으로 사적 관계인 보험이론에서 비롯되었는데, 기본적인 가정은 다음과 같다.[6)]

우선 주인-대리인 관계는 한 사람(주인)이 다른 사람(대리인)으로 하여금 자신의 이익과 관련된 행위를 그의 재량으로 하여 줄 것을 내용으로 하는 계약이 있을 때 성립하는데, 이러한 계약 관계는 대리인이 주인보다 특정한 과업에 대하여 더 많은 지식과 능력을 갖고 있기 때문이다. 따라서 주인은 대리인에게 위임업무에 관하여 상당한 재량을 부여하게 되고, 대리인은 그 재량의 범위 안에서 자신의 능력과 지식을 활용하여 업무를 처리하게 되지만, 그 처리의 효과는 궁극적으로는 주인에게 귀속된다(권순만 · 김란도, 1995: 78). 그러나 계약을 체결할 때 주인과 대리인 간에는 정확하고 객관적인 정보교환이 이루어지지 않으며, 계약을 체결한 이후에도 주인은 대리인의 행동을 감독하는 것이 어렵기 때문에 어떻게 하면 대리인이 주인의 이익을 위하여 기여하게 할 것인가가 대리인 이론의 핵심이라 할 수 있다.

---

6) 대리인 이론의 본질에 대해서는 안용식 · 원구환(2001: 51-53)에서 발췌하였다.

다음으로 대리인 이론의 가장 중심이 되는 가정은 최소의 노력으로 최상의 보상을 원하는 대리인과 최소의 보상으로 최대의 노력을 요구하는 주인의 이해관계가 상충한다는 사실이며, 주인과 대리인은 모두 자신들의 이익, 즉 효용을 극대화하는 존재라는 것이다(윤성식, 1997: 113).

(2) 대리인 이론의 개념

대리인 이론은 세 가지의 핵심적인 개념을 제시하고 있다.

첫째, '정보의 비대칭성(information asymmetry)' 또는 '비대칭적 정보(asymmetric information)'란 계약 체결 시나 체결 후에 주인과 대리인이 갖는 정보가 같지 않은 경우를 의미하는 것으로 주인이 대리인을 선정함에 있어 대리인의 능력을 파악할 수 없거나, 위임계약 체결 후 대리인의 업무가 제대로 수행되고 있는지 파악할 수 없는 상태를 의미한다.

둘째, '역선택(adverse selection)'의 개념으로 이는 계약 체결 전의 정보의 비대칭성을 의미한다. 즉, 주인이 대리인을 선정함에 있어 주인은 대리인보다 그 과업에 대한 지식이 부족하기 때문에 능력이 없는 대리인을 선정할 수 있으며, 대리인의 능력보다 더 많은 보수를 지급함으로써 주인의 이익과는 다르게 불리한 선택을 할 수 있다.

셋째, '도덕적 해이(moral hazard)'의 개념으로 이는 계약 체결 후의 정보의 비대칭성을 의미한다. 즉, 주인은 대리인의 업무수행 과정을 실제로 관찰하기 어렵기 때문에 대리인은 이런 기회를 자신의 이익을 극대화하기 위해 활용한다.[7)]

결국 주인-대리인 이론은 주인과 대리인의 이해가 상충하는 상황에서 주인의 이익에 부합할 수 있는 대리인을 선정하고, 선정된 대리인으로 하여금 주인의 이익에 기여하게 할 수 있는 장치를 마련하는 것이 논의의 핵심이다.

(3) 비대칭적 정보의 완화

대리인 이론에서 가장 핵심적인 문제는 주인과 대리인 간의 비대칭적 정보에서 발생하기 때문에 정보의 비대칭성을 완화하면 대리인 문제를 해결할 수 있다.

---

7) 주인과의 관계에서 대리인의 도덕적 해이에 따라 발생하는 비효율성을 대리인 비용(agent costs)이라 하며, 도덕적 해이와 거래비용(transaction cost)의 존재로 인해 유발되는 비효율성을 X-비효율성(X-inefficiency)이라 한다. 즉, X-비효율성은 조직이 항상 최소 비용과 이윤극대화를 추구한다는 배분적 효율성의 일반 가정에서 탈피하여 조직이 비용을 최소화하고자 하는 동기부여가 결여됨으로써 비용을 최소의 수준으로 유지하지 못하는 상태를 의미한다.

비대칭적 정보를 완화할 수 있는 방안들을 제시해 보면, 첫째, 대리인 스스로가 학력과 경력 등을 통하여 자신의 능력과 지식에 관한 정보를 위임자에게 드러내는 방법(signaling), 둘째, 주인이 차별화된 복수의 계약(menu of contracts)을 제공하여 대리인으로 하여금 선택하게 함으로써 능력과 지식에 관한 정보를 얻는 방법(screening), 셋째, 대리인의 능력과 업무성과에 관한 명성(reputation)에 의존하는 방법, 넷째, 다수의 대리인을 고용함으로써 대리인 간의 경쟁, 상호 통제, 정보의 제공 등을 꾀하는 방법(multiple agents), 다섯째, 조직 내에서 정보체계(information system)나 공동지식(knowledge pool)을 구축하여 정보 비대칭성 자체를 완화하는 방법, 여섯째, 가장 기본적이고 고전적인 방법으로 인센티브를 제공하는 방법[8]인데, 성과급(performance-based incentive)의 도입은 대표적인 예이다(권순만 · 김란도, 1995: 80). 즉, 대리인 이론은 책임성을 확보할 수 있는 방안을 주로 외부통제에서 찾고 있다.

2) 대리인 이론의 비판

주인과 대리인의 이익극대화 성향을 바탕으로 한 대리인 이론은 심리학자나 사회학자들로부터 많은 비판을 받고 있다(Jensen & Meckling, 1976; Hirsch, Michaels & Friedman, 1987; Perrow, 1986). 비록 대리인 이론이 조직의 지배구조를 연구하는데 있어 조직의 복잡한 구조를 이해하고 있지 못하다는 점, 비경제적 요소에 대한 설명 및 주인과 대리인의 정보비대칭성 유발요인에 대한 설명이 불충분하다는 점에서 많은 비판을 받고 있다(Doucouliagos, 1994).

대리인 이론은 경제학 연구의 핵심 주제인 인간에 대한 가정에서 출발한다. 즉, 대리인 이론은 인간을 자신의 효용을 극대화하고자 하는 합리적 행위자로 간주하며, 주인과 대리인은 가능한 한 적은 비용을 들여 많은 이익을 추구하는 방식으로 동기부여된다는 것이다. 이러한 주인과 대리인의 이해관계가 일치한다면 대리인 문제는 발생하지 않는다. 그러나 이해관계가 상충할 경우 대리인은 주인의 이익과 관계없이 자신의 이익을 극대화하려 하며, 또한 주인이 사전에 대리인의 이익극대화 성향을 알기

8) 인센티브를 100% 성과급에 의존한다면, 대리인이 통제할 수 없는 상황(예: 자연재해)에서 대리인은 지나치게 불이익을 받을 수 있다. 반면에 고정급에 의존한다면 대리인은 더욱 열심히 일할 이유가 없다. 따라서 전체 보수 중에서 얼마만큼을 성과급으로 할 것인가는 매우 중요한 문제이다(권순만 · 김란도, 1995: 80-81).

어렵기 때문에 주인은 잠재적 손실을 제어할 수 있는 통제장치를 모색하게 된다.

대리인 이론은 주인과 대리인의 비대칭적 이해관계를 일치시키기 위해 보상체계(compensation schemes)와 지배구조(governance structure)에 관심을 둔다(Jensen & Meckling, 1976). 보상체계는 대리인이 주인보다 많은 정보를 보유하고 있고, 주인의 대리인에 대한 모니터링이 불가능한 경우에 적용하는 것이 바람직하다고 주장한다. 또한 지배구조는 대리인의 기회주의적 성향을 억제하기 위한 통제장치를 의미한다. 즉, 대리인이 주인과 이해관계가 다르고 기회가 주어진다면 주인의 이익을 희생해서라도 자신의 이익을 극대화하려 하기 때문에 대리인을 감독하고 통제할 수 있는 제도 및 구조가 필요하다는 것이다.

그러나 대리인 이론은 대리인에 대한 완전 통제를 가정하지 않는데, 완전 통제는 대리인의 재량권을 축소시킴으로써 대리인 고용의 의미를 상실케 한다는 것이다. 대리인 이론의 출발점은 주인보다 특정한 과업에 더 많은 지식과 능력을 갖고 있는 대리인을 고용하는 데서 비롯되는 것이고, 그러한 대리인에게 권한을 위임하는 것이다(Davis, Schoorman & Donaldson, 1997). 따라서 대리인은 주인의 이익과 달리 자신의 이익을 극대화할 수 있는 기회가 발생하게 되는데, 주인은 권한 위임에 따른 잠재적 비용 발생을 최소화하기 위해 통제에 관심을 기울일 수밖에 없게 된다는 것이다. 결국 대리인 이론은 근본적으로 주인과 대리인과의 이해가 긴장관계에 있다고 가정하고, 권한을 위임받은 대리인을 통제하여 주인의 이익에 합치토록 함으로써 책임성을 확보하는 논리적 추론을 도모한다.

그러나 이러한 대리인 이론에서의 책임성 확보 방안은 쌍방적인 입장에서의 책임성 확보가 아니라 일방적 의미를 지니고 있다. 즉, 대리인 이론에서 나타나는 책임관계는 주인에 대한 대리인의 책임 문제이다(Dicke, 2002). 어떻게 하면 주인이 대리인을 통제할 수 있는가에 초점을 맞추고 있을 뿐이지, 주인 자체의 책임성은 상대적으로 무시되고 있다.

또한 대리인 이론에서 주장하고 있는 책임성은 모셔(F. C. Mosher)의 주장처럼 객관적 책임성(objective responsibility)에 해당한다. 객관적 책임성은 조직 규정에 따라 누가 누구에게 책임을 질 것인가의 문제인 반면에, 주관적 책임성(subjective responsibility)은 동일시(identification), 충성(loyalty), 양심(conscience) 등과 일치하는 개념으로 누가 책임 있게 느끼고 행동할 것인가에 초점을 맞추고 있는 개념이다(Mosher,

1968: 7-8).[9] 따라서 대리인 이론에서 주장되고 있는 책임성은 스스로 책임 있게 행동할 수 있는 방안을 모색하기보다 주인이 대리인을 통제하는 객관적 책임성 확보에 관심을 기울이고 있다.

3 청지기 이론과 공기업의 책임성

1) 청지기 이론의 등장

대리인 이론의 외부통제 중심적 책임성 확보방안에 대해 반론을 제기하는 이론이 바로 청지기 이론이다. 청지기 이론은 외부통제 중심의 방안들은 계약통제의 어려움, 불충분한 감독권 등의 이유로 인해 근본적인 책임성 확보를 어렵게 할 수 있다고 주장하고(Dwivedi & Jabbra, 1998: 1-16; Romzek & Dubnick, 1994: 263-294; Kettle, 1993), 대리인 이론의 한계를 비판함으로써 새로운 책임성 확보방안을 제시하고 있다. 즉, 대리인 이론은 책임성을 확보하기 위한 방안의 하나로 주인의 대리인에 대한 외부통제(법률적 · 관료제적 규정, 청문회나 선거와 같은 정치적 감시권 등)를 주장하는 데 비해, 청지기 이론은 주인과 대리인이 공통의 핵심가치를 공유할 때 내적 책임감(internal accountability)이 생성되고, 이에 따른 책임 있는 행동이 유발된다는 것이다. 즉, 조직 내에서 공공서비스의 가치에 대한 강한 일체감 형성은 내적 책임감을 유발한다는 것이다(Block, 1993).

그러나 양자의 대립적 관점을 이해할 때 주의해야 할 점은 기존의 대리인 이론이 잘못되었으므로, 청지기 이론으로 완전 대체되어야 한다는 것이 아니라 대리인 이론의 외부통제 방안으로 책임성을 확보하는 것이 불충분하다면, 청지기 이론의 내적 책임성 확보방안으로 이를 보완할 수 있는 방안을 찾는 것이 중요하다는 점이다. 즉, 대리인 이론에서 가정하고 있는 외부통제 방안만으로 책임성 확보가 어렵다면 청지기 이론의 내적 책임성 확보방안을 병행할 필요가 있다는 점이다.

---

9) 이러한 입장과 유사한 견해는 킹슬리(J. D. Kingsley)에 의해서도 주장되는데, 그는 객관적 책임을 매우 비현실적이라고 비판하고 행정 책임은 기본적으로 주관적이거나 심리적이어야 한다고 주장한다(Kingsley, 1944: 282-283).

2) 청지기 이론의 내적 책임성 확보방안

청지기 이론은 대리인의 문제를 완화할 수 있는 새로운 대안으로 제시되고 있다. 사회심리학에 근거하고 있는 청지기 이론은 스스로 주인의 이익에 부합하여 행동할 수 있는 청지기상(steward)을 강조한다(Donaldson & Davis, 1991). 청지기 이론은 다음과 같은 관점에서 대리인 이론과 구별된다(Davis, Schoorman & Donaldson, 1997: 37).

첫째, 청지기 이론의 인간에 대한 가정은 대리인 이론의 가정(경제적 인간)과는 달리 자아실현적 인간을 중시하는데, 청지기 이론에서 행태를 규정하는 핵심적 가치는 공공서비스(public service)라는 것이다. 즉, 청지기가 자기중심적 목표보다는 조직적 목표를 달성함으로써 자신의 이익을 극대화한다고 주장한다.[10)]

둘째, 동기부여적 이타주의(motivational altruism)의 가능성을 인정하고 있다. 동기부여적 이타주의란 궁극적인 목표를 타인의 후생복지에 두고 있는 상태를 의미하는데(Batson, 1991: 6), 청지기 이론은 이타주의가 강력한 동기부여 요인이 될 수 있음을 주장한다(Batson, 1991; Wolfe, 1998: 36-46). 즉, 이타적 가치를 소유할수록 공공서비스에 대한 가치와 내적 책임감이 생성되고, 이에 따른 책임 있는 행동이 유발된다고 주장한다(Fry, 1995: 181-195).

셋째, 청지기 이론에 의한 이타적 행위 유발은 책임성 문제를 해결할 수 있는 하나의 방안이 될 수 있다. 청지기 이론에서 가정하고 있는 기본적 맥락은 대리인적 책임성 확보방안인 보상과 제재로 인해 개인의 이타적 행위가 방해받지 않도록 하는 것인데, 대리인 이론에서 강조하는 방안들은 근본적으로 이타주의의 가능성을 부정하고 있으며, 주로 자기중심적 사고에 집착하고 있다. 즉, 청지기 이론에서는 자기중심적·경제적 욕구에서 벗어나 고차원적 욕구(자아실현적 조직공헌 욕구)를 지향할수록 스스로 책임 있게 행동할 것이라고 주장한다.

넷째, 청지기 이론에서는 대리인 이론과는 달리 조직이 추구하는 가치에 대한 몰입수준이 높을수록 스스로 책임 있게 행동할 것이라고 주장한다(Davis, Schoorman &

---

10) 공공서비스에 대한 가치는 일반적으로 공동체 지향적 속성을 지니는데(Jeavons, 1994: 184-207), 예를 들어 의료서비스의 경우 사회적 약자에 대한 공적 가치의 인식은 관료에게 부여된 당연한 의무이며, 책임 있는 행동을 유발할 수 있는 가장 중심적인 개념이라는 것이다(Maynard, Ⅲ & Poole, 1998: 246). 이러한 공공서비스에 대한 가치 인식은 모셔(F. C. Mosher)의 주관적 책임성의 개념처럼 스스로 책임 있게 느끼고 행동할 것인가에 영향을 준다는 것이다.

Donaldson, 1997: 37).

다섯째, 대리인 이론은 주인과 대리인의 이해관계를 일치시키기 위해 보상체계와 통제중심적 지배구조(governance structure)에 관심을 두는 데 비해, 청지기 이론은 공동체적 입장에서 구성원들의 전문성에 입각한 상호 존중을 중시한다(Jeavons, 1994: 184-207). 전문성에 입각한 상호 존중성은 이타적 가치를 생성하고 공공서비스에 대한 가치와 내적 책임성을 유발하는 중요한 장치라는 것이다(Fry, 1995: 181-195).

여섯째, 청지기 이론가들은 개인적·자기중심적 행태보다는 조직적·집합적 행태가 보다 높은 효용성을 지니고 있음을 강조한다(Davis, Schoorman & Donaldson, 1997: 24). 즉, 이타적 가치의 주입으로 스스로 책임 있게 행동할 수 있는 청지기는 자기중심적 행태와 조직친화적 행태 사이에서 선택의 기회가 주어지면 자기 조직의 이해관계를 저버리지 않으며, 협력적 행태를 유지한다는 것이다.

일곱째, 대리인은 자신의 이익을 극대화하고자 하는 경향이 있기 때문에 대리인 이론의 관점에서는 비용 중심의 외부통제를 지향하며, 자율권 부여를 제한한다. 그러나 이는 융통성과 창의성을 제약하게 된다. 대리인 이론에 의한 외부통제 방안은 정부의 효과적 정책집행 감독권을 강조하지만, 불행히도 공공기관은 이를 수행할 수 있는 충분한 자원을 보유하고 있지 못하다는 것이다(Dicke & Ott, 2002: 463-487). 대리인 이론에서는 통제는 조직중심적 행태를 유발하기 어렵기 때문에 비생산적이이며(Davis, Schoorman & Donaldson, 1997: 25), 대리인에게 자율성을 부여하면 자신의 이익을 극대화할 것이므로 외적 통제를 강화할 것을 주장한다.[11] 반면에 청지기 이론에서는 모니터링이나 통제 등과 같은 외부통제 방안보다는 더 많은 자율적 권능을 부여(empowering)하는 조직구조에 관심을 기울이고 있다.

여덟째, 청지기 이론은 공공정신의 소유가 책임성 확보를 위해 중요하다고 가정하지만, 공공정신이 투철한 사람이 다른 사람에 비해 능력 있다고 단정하기는 어렵

11) 대리인 이론에서 강조되는 외적 통제방안 중의 하나가 모니터링 방식인데, 미국 지방정부 복지기관의 위탁에 관한 연구에 의하면 모니터링에 의한 방식에 58%가 문제점을 지적하고 있다. 즉, 외부통제의 한계점으로 문서조작, 성과평가 미흡, 미흡한 성과에 대한 제재조치 불비, 모니터링에 소요되는 인력 확보 등을 지적하고 있는데, 이러한 한계점은 정보의 비대칭성을 초래하며 정부의 책임성에 근본적인 문제점을 야기한다는 것이다(Dicke, 2002: 455-470). 또한 의도적인 문서조작, 조직해체 및 준비 부족, 경험 부족, 정치·행정적 지원 부족, 일선 업무 담당인력의 부족 등은 외부통제를 어렵게 하는 요인으로 지적되고 있다(Kettle, 1993).

다. 공공정신이 투철한 사람일지라도 교육훈련을 통해 전문성을 육성하고, 시민에 대한 책임성을 확보하는 것이 중요하다(Dicke, 2002: 455-470). 특히 윤리적 가치에 대한 내적 교육체계의 확립은 외부통제의 필요성을 줄일 수 있는 중요한 방안 중의 하나라는 것이다(Batson, 1991: 3).

아홉째, 청지기 이론에 의한 이타적 행위 유발은 우호적 조직문화를 양성함으로써 가능하다. 청지기 이론은 신뢰 중심의 조직문화를 강조하는데, 신뢰는 외부통제만으로 보장될 수 없다고 주장한다. 특히 조직친화적 신뢰 중심의 조직문화를 위해서는 우선적으로 개방적 의사소통체계를 구축하고, 상호 협력과 신뢰, 협상을 위한 우호적 조직문화가 형성되어야 한다는 것이다. 조직구성원 간의 책임 전가는 책임성 확보를 저해하는 중요한 요소이다(Dicke, 2002).

마지막으로 청지기 이론에서 주장하는 것은 대리인 이론과는 달리 조직구성원이 스스로 책임 있게 행동할 수 있도록 해야 하며, 스스로 책임 있게 행동할 수 있는 가치관은 주로 개인의 성장배경, 사회화과정 등에 의해 형성된다는 것이다(Kingsley, 1944: 282; Finer, 1941: 335-350).

이상의 이론적 논리와 주장을 정리하면 다음 〈표 2-3〉과 같다.

〈표 2-3〉 대리인 이론과 청지기 이론의 비교

구분		대리인 이론	청지기 이론
인간형		경제적 인간	자아실현적 인간
행위유형		자기중심적	이타적
심리적 기제	동기부여	경제적 욕구	고차원적 욕구(자아실현)
	정체성	가치몰입수준이 낮음	가치몰입수준이 높음
	권력형태	보상 및 강압성	전문성의 상호 존중
상황적 기제	관리철학	개인 중심적 통제 중심	조직친화적 신뢰 중심
	리스크관리	단기적 비용통제 중심	장기적 자율권능 부여
	관리목표	단기적 비용절감	장기적 교육
	조직문화	개인주의	집합주의

자료: Davis, Schoorman & Donaldson(1997: 37)에서 재구성.

PUBLIC ENTERPRISE

제 3 장

공기업의 경영형태

제1절 공기업의 법률체계 및 경영형태

1 UN의 공공부문 분류와 공기업

UN은 국가 간 경제활동을 정확하게 측정하고 비교의 정합성을 제고하기 위해 국제 표준으로서 국민계정체계(System of National Accounts: SNA)를 도입하고 있으며, 공공부문의 분류체계를 정립하고 있다.[1] 공공부문의 분류체계에 대해 1993년 SNA 지침을 발간한 이후 2008년 개정하였는데, 2008년 SNA 지침은 일반정부와 공공부문 분류의 중요성을 감안하여 제22장에 '일반정부와 공공부문'이라는 별도의 장을 신설하였다(UN, 2008).

2008년 UN의 SNA 지침에 따르면 독립된 제도단위(institutional unit) 가운데, 정부 지배 유무에 따라 공공부문과 민간부문으로 구분한 후 공공부문을 경제적으로 의미 있는 가격(economically significant price) 여부에 따라 일반정부와 공기업으로 분류하고 있다. 이를 구체적으로 설명하면 다음과 같다(UN, 2008).

첫째, 경제적 실체가 제도단위인지를 확인한다. 제도단위는 자신의 명의로 자산을 소유하고 부채를 부담하며, 다른 실체와의 거래활동을 수행할 수 있는 경제적 실체를 지칭한다. 제도단위는 기업(corporation), 준기업(quasi-corporation), 비영리기관(nonprofit institutions), 정부단위(government units) 등으로 구분된다.

둘째, 제도단위가 공공부문에 해당하는지를 판단한다. 특정 제도단위가 정부단위에 의해 지배 또는 통제(control)[2]될 경우 이를 공공부문으로 간주한다. 공공부문과 민간부문을 판단하는 기준으로는 ① 직접 소유에 의한 지배, ② 소유 이외의 방법에 의한 지배(특별한 법령과 규제, 임원의 임면권 등을 통한 지배) 등인데, 두 방법 중 하나라도 인정되면 공공부문으로 분류된다.

---

1) UN은 2022년부터 2008 SNA 개정안(2025 SNA) 초안 작성을 시작하였으며, 2024년 5월까지 개정안에 대한 각 국가의 의견수렴을 거쳐 2025년 3월 UN통계위원회(United Nations Statistical Commission: UNSC)에서 최종 승인할 예정이다.

2) 지배 또는 통제란 어떤 경제적 실체의 전반적 정책을 결정할 수 있는 권한을 의미한다.

셋째, 공공부문에 속하는 제도단위는 시장성 유무에 따라 일반정부와 공기업으로 분류된다. 시장성 유무는 공공 제도단위에 의해 생산된 산출물이 '경제적으로 의미 있는 가격'으로 판매되었는지 여부를 판단함으로써 결정되는데, 판매수입이 여러 해에 걸쳐 평균적으로 최소한 생산원가의 1/2이 되는 경우 공기업으로 분류된다. 공기업에 대한 정부의 지배권 판단지표로는 ① 과반수 이상의 소유권 보유 여부, ② 이사회 또는 기타 지배구조에 대한 통제 여부, ③ 주요 임원에 대한 임면권 보유 여부, ④ 기관의 주요 위원회 및 기타 지배기구의 운영 및 정책 결정권 보유 여부, ⑤ 황금주(golden shares) 및 주식매수 청구권 등 보유 여부, ⑥ 사업영역 및 요금정책 등에 대한 규제와 통제 여부, ⑦ 정부가 생산물에 대한 유일한 수요자인 경우(수요 독점) 등 지배적 고객으로서의 영향력 행사 여부, ⑧ 정부로부터의 차입에 의한 통제 여부 등이다.

따라서 UN의 지침에 따르면 공공부문은 일반정부와 공기업으로 분류되는데, 생산원가의 50% 이상을 판매수입으로 충당할 수 있는 제도단위를 공기업이라 하며, 공기업은 비금융공기업과 금융공기업으로 분류된다([그림 3-2] 참조).

[그림 3-1] 공공부문의 분류체계도

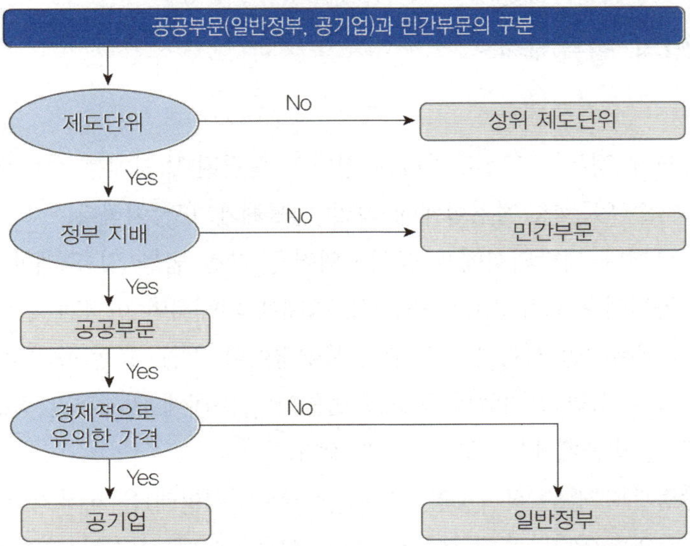

[그림 3-2] UN의 공공부문의 분류체계와 공기업

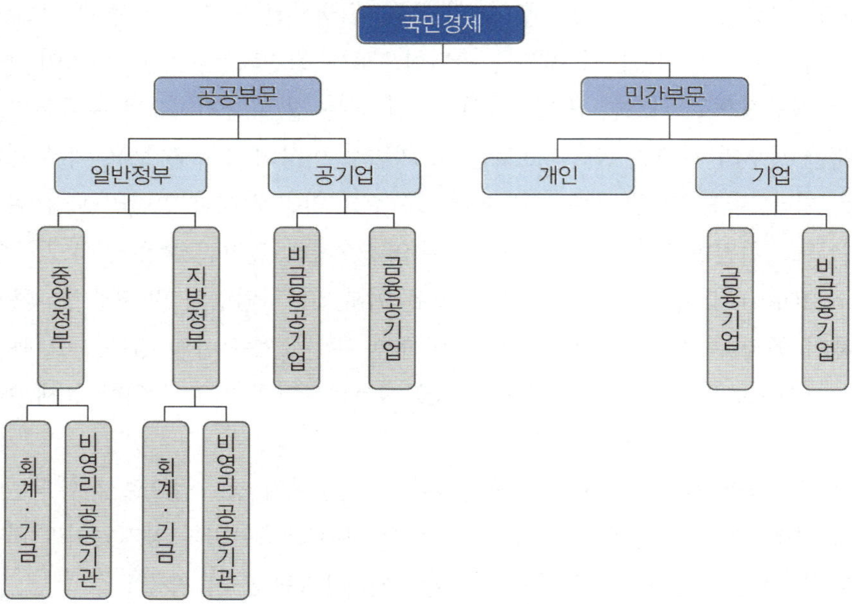

2 공기업의 법률체계

공기업은 크게 정부가 직접경영하는 형태와 독립된 법인체를 설립하여 경영하는 형태로 구분할 수 있는데, 경영형태에 따라 법률체계가 상이하다.

공기업은 국회나 지방의회에서 심의·의결을 거친 법률 및 조례에 의해 설립되며, 공기업의 목적이나 소유구조는 법률 및 조례에 의해서만 변경될 수 있다. 특히 행정명령과 같은 세부적인 사항은 행정부의 시행령이나 지침, 규정 등의 개정으로 변화될 수 있으나, 근본적인 공기업의 구조는 법률이나 조례에 의해서만 변경될 수 있다. 공기업과 관련된 법률체계는 〈표 3-1〉과 같다.

우선 중앙정부의 경우 직접경영방식(중앙정부 조직형태)은 정부기업 형태로 운영되는데, 대표 사업은 우편, 우체국예금, 양곡, 조달 등이다. 이러한 사업은 일반회계에서 운영되는 사업과는 달리 정부기업예산법에 의해 특별회계로 관리된다. 또한 중앙

〈표 3-1〉 공기업의 법률체계

<table>
<tr><th rowspan="2">구분</th><th colspan="3">직접경영(정부조직형태)</th><th colspan="4">간접경영(독립된 법인체)</th></tr>
<tr><th>형태</th><th>주요 사업</th><th>법률</th><th colspan="2">형태</th><th>대표 사업</th><th>법률</th></tr>
<tr><td rowspan="6">중앙정부</td><td rowspan="6">정부기업</td><td rowspan="6">우편
우체국예금
양곡
조달</td><td rowspan="6">개별법
정부기업예산법</td><td colspan="2">〈공공기관〉</td><td></td><td rowspan="6">개별법
공운법</td></tr>
<tr><td rowspan="2">공기업</td><td>시장형</td><td>전기, 가스</td></tr>
<tr><td>준시장형</td><td>수자원, 도로</td></tr>
<tr><td rowspan="2">준정부기관</td><td>기금관리</td><td>국민연금</td></tr>
<tr><td>위탁집행</td><td>장학재단</td></tr>
<tr><td colspan="2">기타공공기관</td><td>국립대학병원</td></tr>
<tr><td rowspan="4">지방정부</td><td rowspan="4">지방직영기업</td><td rowspan="4">상수도
하수도
공영개발</td><td rowspan="4">지방공기업법
조례</td><td colspan="2">지방공사</td><td>지하철</td><td rowspan="2">지방공기업법
조례</td></tr>
<tr><td colspan="2">지방공단</td><td>시설관리</td></tr>
<tr><td colspan="2">지방출자기관</td><td>(주)킨텍스</td><td rowspan="2">개별법
조례
지방출연법</td></tr>
<tr><td colspan="2">지방출연기관</td><td>시·도 연구원
문화재단</td></tr>
</table>

* 공운법: 공공기관의 운영에 관한 법률
* 지방출연법: 지방자치단체 출자·출연기관의 운영에 관한 법률

정부의 간접경영방식(독립된 법인체)은 총칭하여 공공기관이라 하는데, 공공기관은 공기업, 준정부기관, 기타공공기관으로 분류된다. 공기업 사업 범위가 국가 단위를 근간으로 하기 때문에 개별법에 의해 설립되며, 전체 공공기관을 총괄하는 공공기관의 운영에 관한 법률이 존재한다. 예를 들어, 한국수자원공사는 한국수자원공사법에 의해 설립되며, 공공기관의 운영에 관한 법률에 의해 총괄 규제되고 있다.

다음으로 지방정부의 경우 직접경영방식(지방정부 조직형태)은 지방직영기업 형태로 운영되는데, 구체적인 사업은 상수도, 하수도, 공영개발 등이다. 이러한 사업은 일반회계에서 운영되는 사업과는 달리 지방공기업법에 의해 특별회계로 관리된다. 또한 지방정부의 간접경영방식은 크게 지방공사, 지방공단, 지방자치단체 출자기관, 지방자치단체 출연기관 등 네 가지 유형으로 구분되는데, 이를 통합하는 법적 용어는 존재하고 있지 않다. 즉, 중앙정부에서는 간접경영형태로 운영되는 모든 조직을 공공기관으로 총칭하고 있으나, 지방정부에서는 간접경영형태를 총칭하는 법적 용어는 존재하고 있지 않다. 다만, 중앙정부의 공공기관과 대비하여 지방공공기관이라는 용어를 사용하고 있지만, 법적 용어는 아니며, 통합적 법률 체계를 갖고 있지 않다.

지방정부의 지방공사와 지방공단은 지방자치단체의 조례에 의해 설립되며, 지방

공사와 지방공단을 총괄하는 지방공기업법이 존재한다. 예를 들어, 대전도시공사는 대전광역시 조례로 설립되며, 지방공기업법에 의해 총괄 규제되고 있다. 또한 지방정부에는 지방출자기관과 지방출연기관이 존재하는데, 지방출자기관은 지방정부와 민간 부문이 공동으로 출자하여 운영하는 형태이며, 지방출연기관은 지방정부로부터 출연금을 받아 운영하는 형태이다. 지방출자기관의 사업은 지방자치단체마다 상이하지만, 농업법인이나 (주)킨텍스 등과 같은 사업이 대표적이다. 지방출연기관은 수익성보다는 특정 공익 목적사업을 중심으로 운영되는데, 시・도의 발전연구원, 의료원, 장학재단 등이 대표적인 사업이다. 지방출자기관과 지방출연기관은 개별법 및 조례에 의해 설립되는데, 모든 지방자치단체의 출자기관과 출연기관을 총괄하는 지방자치단체 출자・출연기관의 운영에 관한 법률이 존재한다.

3 공기업의 경영형태별 특징

공기업의 경영형태별 특징은 다양한 학자들의 시각이 존재하지만, 설립, 운영, 규제 관련 사항을 중심으로 구분해 보면 다음과 같다.

1) 설립과 관련된 특징

공기업의 유형별 특징을 설립과 관련하여 살펴보면 다음과 같다.

첫째, 소유와 관련하여 직접경영형태(중앙정부의 정부기업, 지방정부의 지방직영기업)는 정부 소유이고, 간접경영형태로서 공사 및 공단은 정부 소유를 기본원칙으로 하며, 민관공동출자형태는 민관공동 소유이다. 중앙정부의 공기업 중에서 민간의 출자가 허용된 경우(한국전력공사 등)도 있는데, 50% 이상을 중앙정부가 소유하여 정부 지배력이 강한 형태로 운영된다. 또한 지방정부의 경우는 지방공사와 지방출자기관에서 민간의 출자가 허용되고 있는데, 지방공사의 경우는 50% 이내에서 민간의 출자가 허용되며, 지방출자기관은 민간이 50% 이상 출자할 수 있는 형태이다.

둘째, 설립과 관련하여 모든 공기업은 경영형태와 관련 없이 법률에 의해 설립되며, 지방자치단체의 경우는 법률과 지방자치단체별 조례에 따라 설립된다. 폐지의 경우도 법률과 조례에 근거한다.

셋째, 법적 지위와 관련하여 직접경영형태는 정부의 면책권을 지니며, 정부의 동의 없이는 피소되지 않는다. 그러나 간접경영형태는 정부로부터 독립된 법인으로서 법적 목적을 갖는 독립법인체이며, 자신의 이름으로 제소하거나 피소될 수 있고, 자신의 이름으로 계약을 체결하고 재산을 획득한다.

넷째, 출자와 관련하여 직접경영형태는 정부조직형태로 운영되기 때문에 출자의 개념이 존재하지 않지만, 간접경영형태는 정부의 출자 비율에 따라 유형이 상이하다. 일반적으로 공사 형태는 정부가 50% 이상의 출자를 통해 과반수 이상의 지분을 확보하고 있는 형태이지만, 공단 형태는 정부가 100% 출자한 형태로 운영된다. 또한 민관공동출자는 정부의 출자 비율보다는 민간의 출자 비율이 과반수 이상으로 구성되는 조직형태이다.

2) 운영과 관련된 특징

공기업의 유형별 특징을 운영과 관련하여 살펴보면 다음과 같다.

첫째, 조직과 관련하여 직접경영형태는 정부조직의 형태를 취하며, 간접경영형태는 정부로부터 독립된 조직으로 운영된다.

둘째, 인사와 관련하여 직접경영형태는 공무원의 신분을 지니지만, 간접경영형태는 공무원의 신분을 갖지 않는다. 다만, 형법상 뇌물죄의 적용에 있어는 공무원의 신분에 준하여 처벌된다.

셋째, 예산과 관련하여 직접경영형태는 매년 국회(지방의회)의 의결을 얻어 확정되는 예산에 의해 운영되며, 간접경영형태는 매년 이사회의 의결을 얻어 확정되는 예산에 의해 운영된다. 특히 간접경영형태는 직접경영형태와는 달리 의사결정기구로서 이사회라는 조직을 갖고 있다. 이사회는 정부로부터 임명된 당연직 공무원이나 정부로부터 위촉된 민간 전문가 등으로 구성되며, 일정한 기간 동안 임기제로 운영되고 간접경영형태의 중요사항을 심의·결정하게 된다.

넷째, 회계와 관련하여 직접경영형태는 정부의 특별회계로 처리되며, 간접경영형태는 정부 회계로부터 독립된 회계로 처리된다.

다섯째, 재정과 관련하여 직접경영형태는 정부 재정에 포함되어 운영되지만, 간접경영형태는 정부로부터 독립된 재산구조를 갖고 있으며, 자체 수입으로 조직을 운영

〈표 3-2〉 공기업 경영형태별 주요 특징

구분		직접경영(정부조직형태)		간접경영(독립된 법인체)		
		정부기업	지방직영기업	공사	공단	민관공동출자
설립	소유	중앙정부	지방정부	정부	정부	민관공동
	설립	법률	법률, 조례	법률, 조례	법률, 조례	법률, 조례
	지위	면책권	면책권	독립 법인	독립 법인	독립 법인
	출자	출자개념 없음	출자개념 없음	50% 이상	100%	50% 미만
운영	조직	정부조직	정부조직	독립 조직	독립 조직	독립 조직
	인사	공무원	공무원	공무원 아님	공무원 아님	공무원 아님
	예산	국회	지방의회	이사회	이사회	이사회
	회계	특별회계	특별회계	독립 회계	독립 회계	독립 회계
	재정	판매수익	판매수익	판매수익	위탁대행비	판매 수익
규제	통제	개별법, 통합법	개별법, 통합법	개별법, 통합법	개별법, 통합법	개별법, 통합법
	감사	감사원법	감사원법	감사원법	감사원법	감사원법
	파산	개념 없음	개념 없음	파산(정부귀속)	파산(정부귀속)	파산(민관귀속)

한다. 따라서 세금으로부터 재원을 조달하는 것이 아니라 요금을 받아 재정을 충족시키는 구조를 갖고 있다. 예를 들어, 도시철도 요금을 받거나 전력요금, 수도 요금 등을 징수하여 조직의 운영재원으로 충당하며, 자신의 수익을 담보로 채권을 발행할 수 있다. 그러나 간접경영형태는 공익적 특성상 이윤추구를 목표로 하지 않기 때문에 요금에 규제를 받게 되며, 규제를 통해 발생한 부족한 재원만큼은 정부의 재정지원으로 충당하게 된다.

3) 규제와 관련된 특징

공기업의 유형별 특징을 규제와 관련하여 살펴보면 다음과 같다.

첫째, 공기업은 경영형태와 관련 없이 공적 소유를 기반으로 하고 있기 때문에 공적 규제를 받게 된다. 공적 규제는 소유자인 국민의 관점에서 필요성이 인정되는데, 경영형태와 관계없이 규제를 받게 된다. 일반적으로 공기업은 정부조직형태이든, 독립 조직형태이든 내부 경영관리에 대한 자율성을 보장받는다. 공기업의 조직, 인사, 봉급, 노사관리, 계약 등의 내부 경영관리 요소에 대해서는 자율성을 보장받고, 스스로의 책임 하에 운영된다. 그러나 중앙정부와 지방정부는 정책적 목적으로 인해 공기업에 대해 사전 및 사후관리에 대한 지배 감독권을 행사하게 된다. 즉, 공기업의 경영형태별로 개별 법률에 의한 통제와 통합 법률에 의한 통제를 받게 된다.

둘째, 감사와 관련하여 직접경영형태는 일반행정기관에 적용되는 감사 관련 법령의 적용을 받으며, 간접경영형태는 일반행정기관에 적용되는 예산회계 및 감사 관계의 법령 적용을 받지 않는다. 그러나 우리의 경우 경영형태에 관계없이 모든 공기업에는 감사원법이 적용된다.

셋째, 파산과 관련하여 직접경영형태는 정부조직형태이므로 파산의 개념이 존재하지 않지만, 간접경영형태는 정부조직으로부터 독립된 법인체이므로 파산의 개념이 적용된다. 그러나 간접경영형태는 공적인 측면에서 중요한 역할을 수행하고 있으므로, 파산되면 그 재산은 출자자인 정부에 귀속되는 것이 일반적이다.

제2절 국가공공기관의 법률체계 및 경영형태

1 국가공공기관의 경영형태별 법률체계

1) 정부기업(직접경영형태)

정부기업은 정부 사업 중에서 일반행정 사업과 분리되어 기업적 관리가 필요할 때 설치되며, 특별회계로 관리된다. 정부기업의 대표적인 사업으로는 우편, 우체국예금, 양곡관리, 조달사업을 예시할 수 있는데, 각각 개별 사업에 따른 법률과 정부기업예산법에 의해 관리된다.

정부기업예산법의 전신은 기업예산회계법이다. 기업예산회계법은 1961년 12월 31일 제정 · 시행되었는데, 제정 취지는 일반 정부사업과는 달리 처리해야 할 사업과 운영방식의 효율화를 도모하기 위함이었다. 즉, 당시의 법 제정 취지는 "교통, 체신, 전매사업 등의 정부기업은 현행 재정법에 의거하여 특별회계로서 운영되고 있어, 그 사업의 기업성을 반영할 수 없는 소비경제단위의 회계제도인 정부회계제도를 그대로

〈표 3-3〉 정부기업예산법의 연혁별 대상 사업 변천

제정 및 시행일자	주요 변천내용
1961년 12월 31일(제정)	• 교통, 통신, 전매, 양곡관리, 조달
1963년 12월 17일(제2차)	• 철도, 통신, 전매, 양곡관리, 조달
1968년 1월 1일(제4차)	• 철도, 통신, 전매, 양곡관리, 조달, **국민생명보험 및 우편연금사업**
1977년 1월 1일(제7차)	• 철도, 통신, 전매, 양곡관리, 조달 • 국민생명보험 및 우편연금사업 폐지(농업협동조합중앙회로 이관)
1987년 4월 1일(제8차)	• 철도, 통신, 양곡관리, 조달(**전매 폐지**)
2005년 1월 1일(제13차)	• 통신, 양곡관리, 조달(**철도 폐지**)
2007년 1월 1일(제14차)	• **우편, 우체국예금**, 양곡관리, 조달(통신을 우편, 예금으로 분리)
2009년 1월 1일(제16차)	• 기업예산회계법을 **정부기업예산법**으로 개칭

자료: 법제처 홈페이지(http://www.moleg.go.kr)에서 필자가 재구성.

적용하고 있는 까닭에 기업경영에 있어 효율적 관리·통제를 할 수 없는 실정에 있음을 감안하여, 이를 복식회계처리방식에 입각한 기업회계제도로 개편하여 정확한 기간손익계산과 재정상태계산을 행함과 아울러 원가계산제도를 확립"하려는 것이었다. 초기 법의 적용대상 정부기업은 교통사업, 통신사업, 전매사업, 양곡관리사업 및 조달사업이었으며, 이들 사업의 운영을 위하여 교통사업특별회계, 통신사업특별회계, 전매사업특별회계, 양곡관리특별회계 및 조달특별회계를 설치하여 그 수입으로써 그 지출에 충당하도록 하였다.

1963년 제2차 개정 때에는 교통사업을 철도 분야로 한정하였으며, 1968년 1월 1일(제4차 개정)에는 국민생명보험 및 우편연금사업을 추가하였다. 그러나 1977년 국민생명보험 및 우편연금사업이 농업협동조합중앙회로 이관됨에 따라 기업예산회계법의 적용 대상에서 제외되었다. 그 후 1987년 제8차 개정 때에는 전매사업이, 2005년에는 철도사업이 적용 대상에서 제외되었고, 2007년 제14차 개정 때에는 통신사업을 우편사업과 우체국예금사업으로 분리하여 현재까지 이르고 있다.

그러나 2009년에는 기업예산회계법을 정부기업예산법으로 개칭하였다. 개정 이유는 "국가회계법에서 국가회계 및 결산에 관한 일반적인 사항을 규정하기로 함에 따라 기업예산회계법에서 정하고 있던 정부기업의 회계·결산 관련 조항을 삭제하여 국가회계에 관한 법체계를 정비하고, 각 정부기업별 특별회계의 세입·세출 내용에 관한 규정을 신설하는 등 현행 제도의 운영상 나타난 일부 미비점을 개선·보완하기 위함"

이었다. 즉, 기업예산회계법에서 정하고 있던 정부기업의 회계 및 결산 관련 조항이 삭제되어 예산 관련 조항만 남게 됨에 따라 법의 제명을 정부기업예산법으로 변경하고, 법의 목적 역시 각 정부기업별 특별회계의 설치 및 그 예산 등의 운용에 관한 사항을 규정하는 것으로 변경하였다(법제처 홈페이지 법률 개정이유에서 발췌).

결국 정부기업의 대상 사업으로는 우편, 우체국예금, 양곡관리, 조달사업으로 한정되어 있는데, 사업을 효율적으로 도모하고 일반행정 사업과는 분리·운영될 필요가 있는 정부기업이다. 특히 정부기업의 대상 사업 변천을 보면 전매사업과 철도사업이 1987년과 2005년에 각각 폐지되었는데, 현재 전매사업은 공사화되었다가 민영화되었으며, 철도사업은 간접경영방식인 철도공사와 철도공단으로 분리 경영되고 있다.

2) 공공기관(간접경영형태)

(1) 공공기관 지정제도

공공기관은 국가나 지방자치단체가 아닌 법인, 단체, 또는 기관 중에서 기획재정부가 매년 지정하고 있다(공공기관의 운영에 관한 법률 제4조 제1항).

기획재정부 장관은 매 회계연도 개시 후 1개월 이내에 공공기관을 새로 지정하거나, 지정을 해제하거나, 구분을 변경하여 지정한다. 다만, 회계연도 중이라도 ① 공공기관이 신설되는 경우(신규 지정), ② 공공기관으로 지정된 기관이 민영화, 기관의 통합·폐지·분할 또는 관련 법령의 개정·폐지 등에 따라 이 법의 적용을 받을 필요가 없게 되거나 그 지정을 변경할 필요가 발생한 경우(지정 해제 또는 구분 변경 지정)의 구분에 따라 공공기관을 새로 지정하거나, 지정을 해제하거나, 구분을 변경하여 지정할 수 있다(동법 제6조).[3)]

그러나 기획재정부 장관은 ① 구성원 상호 간의 상호 부조·복리증진·권익향상 또는 영업질서 유지 등을 목적으로 설립된 기관, ② 지방자치단체가 설립하고, 그 운영에 관여하는 기관, ③ 방송법에 따른 한국방송공사와 한국교육방송공사법에 따른 한국교육방송공사에 대해서는 공공기관으로 지정할 수 없다(동법 제4조 제2항).

---

3) 주무기관의 장은 공공기관 지정의 대상이 되는 기관을 매 회계연도 개시 1개월 전까지 기획재정부 장관에게 통보하여야 하며, 기획재정부 장관은 공공기관을 새로 지정하거나 지정해제 또는 변경 지정하는 때에는 담당 행정기관(주무기관)의 장과 협의한 후, 공공기관운영위원회의 심의·의결을 거쳐 고시해야 한다(동법 제6조 및 동법 시행령 제8조).

〈표 3-4〉 공공기관의 지정 범위(공공기관운영법 제4조)

공공기관의 구분 유형
1. 다른 법률에 따라 직접 설립되고 정부가 출연한 기관
2. 정부지원액(법령에 따라 직접 정부의 업무를 위탁받거나 독점적 사업권을 부여받은 기관의 경우에는 그 위탁업무나 독점적 사업으로 인한 수입액을 포함)이 총수입액의 1/2을 초과하는 기관
* 정부지원액이란 총수입액 중 ① 출연금, 보조금 등 정부로부터 이전받은 수입액 및 부담금관리기본법에 따른 부담금 등 법령상 강제 규정에 따라 민간 등으로부터 이전받은 수입액, ② 법령에 당해 기관의 업무로 규정되어 있거나 법령에 규정된 위탁 근거에 따라 위탁받은 업무로 인한 수입액 또는 법령에 규정되어 있거나 법령의 근거에 따라 부여된 독점적 사업으로 인한 수입액(수입액은 수수료·입장료·사용료·보험료·기여금·부담금 등 그 명칭에 불구하고, 위탁업무 또는 독점적 사업으로 인한 모든 수입액), ③ 제1호 및 제2호의 운용으로 발생한 부대수입액의 합계액 * 정부지원액은 최근 3개년 간의 결산 기준 재무제표(발생주의)를 기준으로 3개년 평균으로 산정 * 재무제표가 3개년 미만인 경우 해당 기간의 재무제표를 활용하여 산정(재무제표 없는 경우 예산 기준)
* 총수입액이란 해당 기관이 사업을 수행하거나 정부·지방자치단체 및 민간 등으로부터 지원을 받아 획득한 수입액과 이에 파생하여 발생한 수입액 중 미래 상환의무가 있는 금액 등을 제외하고 계산 * 기준액은 발생주의에 기초한 결산 기준 손익계산서의 대변에 계상된 금액의 합계액을 의미하며, 기준액 중 총수입액에서 제외되는 금액으로는 ① 현재와 미래의 현금흐름과 무관한 수입액: 대손충당금 등 평가성 충당금의 환입액, 고유목적사업 준비금 등 세무상 목적의 준비금 환입액 등, ② 정부자금 또는 민간자금을 수혜자에게 전달해 주는 역할을 수행하는 기관이 손익계산서에 정부자금액 또는 민간자금액을 계상한 경우 이에 해당하는 금액, ③ 그 밖에 가목 및 나목에 상당한 수입액으로서 운영위원회가 기관의 실질적인 수입액이 아니라고 인정한 금액이다. 또한 기준액 외에 총수입액에 포함되는 금액은 출연금, 보조금 등 정부로부터 이전받은 수입액 및 부담금관리기본법에 따른 부담금 등 법령상 강제규정에 따라 민간 등으로부터 이전받은 수입액의 수입액 중 대차대조표에 계상된 금액(출자금은 제외하며 당해 연도 유입액에 한함) 총수입액 = 기준액 – 기준액 중 총수입액에서 제외되는 금액 + 기준액 외에 총수입액에 포함되는 금액
3. 정부가 50% 이상의 지분을 가지고 있거나 30% 이상의 지분을 가지고 임원 임명 권한 행사 등을 통해 해당 기관의 정책결정에서 사실상 지배력을 확보하고 있는 기관
* 사실상 지배력을 확보하고 있는 경우라 함은 ① 최대 지분을 보유하고 지분의 분산도(分散度)로 보아 주주권 등의 행사에 따른 기관 지배가 가능한 경우, ② 법령 또는 정관에 따라 당해 기관의 기관장 또는 이사회 구성원의 과반수의 임명(승인·제청 등을 포함)에 관여하는 경우, ③ 법령 또는 정관에 따라 당해 기관의 예산 또는 사업계획 등을 승인하는 경우를 의미
4. 정부와 제1호부터 제3호까지의 어느 하나에 해당하는 기관이 합하여 50% 이상의 지분을 가지고 있거나 30% 이상의 지분을 가지고 임원 임명 권한 행사 등을 통하여 해당 기관의 정책결정에 사실상 지배력을 확보하고 있는 기관
5. 제1호부터 제4호까지의 어느 하나에 해당하는 기관이 단독으로 또는 두 개 이상의 기관이 합하여 50% 이상의 지분을 가지고 있거나 30% 이상의 지분을 가지고 임원 임명 권한 행사 등을 통하여 해당 기관의 정책결정에 사실상 지배력을 확보하고 있는 기관
6. 제1호부터 제4호까지의 어느 하나에 해당하는 기관이 설립하고, 정부 또는 설립 기관이 출연한 기관

공공기관 지정제도는 공공기관을 구분하여 지정하는 법정 기준이 존재하지만, 기획재정부의 자의적인 판단이 작용할 수 있다. 법률 제6조 제2항에서는 공공기관을 신규 지정, 지정해제, 변경 지정하고자 할 때에는 주무기관의 장과 협의한 후 공공기관운영위원회의 심의·의결을 거치도록 규정하고 있다. 그러나 공공기관의 지정과 관련하여 법률적 절차를 규정하고 있을 뿐 공공기관 지정 요건에 해당하면 무조건 적용된다는 규정이 존재하지 않기 때문에 기획재정부의 자의적 판단이 개입될 소지가 있다. 또한 공공기관의 지정 요건에 해당하더라도 제외되는 공공기관이 존재하며, 공공기관에서 제외되는 기준이 명확하게 정립되어 있지 않다. 즉, 공공기관의 지정요건에 대한 기준을 확립하고 있으나, 공공기관에 지정된 후 제외되는 기준이 명확하게 설정되어 있지 않다. 아울러 공공기관 중에서 공기업, 준정부기관에 대해서는 법적으로 명확한 관리체계를 갖추고자 노력하고 있으나, 기타공공기관에 대해서는 체계적인 관리체계를 갖고 있지 못하다. 따라서 공공기관의 지정과 관련된 명확한 구분 기준의 재정립이 필요하다.

(2) 공공기관의 운영에 관한 법률

공공기관의 운영에 관한 법률은 공기업, 준정부기관, 기타공공기관을 총괄 규율하는 통칙법으로서의 성격을 지니고 있다. 즉, 공공기관의 운영에 관한 법률은 2007년 1월 19일 제정되어 2007년 4월 1일부터 시행되었는데(법률 제8258호), 기존에 정부투자기관관리기본법, 정부출자기관관리기본법, 정부산하기관관리기본법 등으로 혼재되어 있던 공기업의 유형을 공공기관으로 통합하는 법률을 제정하였다.[4)]

공공기관의 운영에 관한 법률은 공공기관의 자율책임경영체제 확립을 통해 공공기관의 대국민 서비스 증진에 기여할 수 있도록 하기 위하여 공공기관의 범위 설정과 유형구분 및 평가·감독 시스템 등 공공기관의 운영에 관하여 필요한 사항을 정하려는 것이었으며, 공공기관 운영을 위한 기본적인 체제를 마련하기 위하여 법률에 따라 직접 설립되고 정부가 출연을 하였거나, 정부로부터 재정적 지원을 받은 기관 등을 공공기관으로 지정하였다(법 제4조 내지 제6조, 동법 시행령 제7조).

또한 중앙정부의 공기업은 지방정부의 공기업과는 달리 개별 설립법에 의해 설립

4) 공공기관의 운영에 관한 법률이 제정되기 전까지는 정부의 출자 비율에 따라 공기업의 유형을 구분하였는데, 정부가 50% 이상을 출자한 기업을 정부투자기관, 정부가 50% 미만 출자한 기관을 정부출자기관으로 칭하였다.

된다. 예를 들어, 한국가스공사, 한국석유공사, 한국전력공사, 한국관광공사는 각각 한국가스공사법, 한국석유공사법, 한국전력공사법, 한국관광공사법 등에 의해 설립된다. 각각의 공기업의 설립은 개별 법률에 의하며, 설립과 관련된 사항을 변경하기 위해서는 법률 개정이 수반되어야 한다. 즉, 중앙정부 공공기관의 설립과 관련해서는 각각 개별 법률에 근거하여 국회의 심의·의결을 거쳐야 한다. 그러나 개별 공공기관의 운영에 관해서는 통칙법인 공공기관의 운영에 관한 법률에 의해 규율되고 있다.

(3) 공공기관의 분류

공공기관은 기획재정부 장관이 지정하는 제도를 운영하고 있는데, 지정 기준은 직원 정원 300명 이상, 총수입액 200억 원 이상, 자산 규모 30억 원 이상을 기준으로 공기업·준정부기관으로 구분하고, 지정 기준 이외에 해당하지 않는 기관을 기타공공기관으로 분류하고 있다. 또한 공기업은 시장형과 준시장형으로 구분하고, 시장형 공기업은 총수입액 중에서 자체수입액이 85% 이상이고 자산이 2조 원 이상인 경우에

〈표 3-5〉 공공기관의 분류체계

지정 기준	유형	
직원 정원 300명 이상 총수입액 200억 원 이상 자산 규모 30억 원 이상	공기업	① 시장형: 자체수입/총수입 ≥ 85% & 자산 2조 원 이상
		② 준시장형: 자체수입/총수입 ≥ 50%
	준정부기관	③ 기금관리형: 국가재정법에 따른 기금 관리 기관
		④ 위탁집행형: 기금관리형 이외의 준정부기관
지정 기준 이외	기타공공기관	1. 다른 법률에 따라 책임경영체제 구축된 기관 – 국립대학병원 또는 국립대학 치과병원 – 서울대학교병원 또는 서울대학교 치과병원 – 공공보건의료기관 – 기타 기획재정부 장관이 인정하는 기관 2. 기관운영의 독립성, 자율성 확보가 필요한 기관 – 공공기관이 출연 또는 출자하여 설립한 교육기관 – (준)법무, 협의조정업무, 국제규범 적용 업무 수행기관 – 민간기업과의 경쟁을 고려해 자율경영이 필요한 기관 – 기타 기획재정부 장관이 인정하는 기관 3. 기획재정부 장관이 인정하는 기관(공운위 의결) 4. 연구개발을 목적으로 하는 기관 – 정부출연연구기관 및 경제·인문사회연구회 – 과학기술분야 정부출연연구기관, 국가과학기술연구회 – 기타 공공기관운영위원회 심의·의결로 정하는 기관

해당되며, 준시장형 공기업은 시장형 공기업이 아닌 공기업으로 규정하고 있다.

기타공공기관은 다른 법률에 따라 책임경영체제가 구축되어 있는 기관, 기관 운영의 독립성과 자율성 확보 필요성이 높은 기관, 공공기관운영위원회의 의결을 거쳐 기획재정부 장관이 인정하는 기관, 연구개발을 목적으로 하는 기관 중에서 기획재정부 장관이 지정할 수 있다(동법 시행령 제7조의2).

(4) 공공기관의 유형과 설립법

공공기관의 유형별 기관과 설립 근거법을 살펴보면 다음과 같다.

첫째, 시장형 공기업은 자체수입이 총수입의 85% 이상이고 자산이 2조 원 이상인 공기업으로, 에너지 관련 공기업이 대부분이다. 한국가스공사, 한국석유공사, 한국전력공사가 대표적인 기관이며, 한국전력공사의 발전 자회사 6개 기관은 전력산업구조개편촉진에 관한 법률에 따라 한국전력공사로부터 분리·운영되고 있다. 또한 인천국제공항공사와 한국공항공사가 시장형 공기업으로 지정·운영되고 있다.

둘째, 준시장형 공기업은 자체수입이 총수입의 50% 이상이고 85% 미만인 공기업을 의미한다. 한국조폐공사, 한국마사회, 한국수자원공사, 한국철도공사, 한국토지주택공사는 대표적인 기관이다. 주무부처로서는 산업통상자원부와 국토교통부의 기관

〈표 3-6〉 시장형 공기업의 유형과 설립법

주무부처	기관명	설립법
산자부	한국가스공사	한국가스공사법
	한국남동발전(주)	전력산업구조개편촉진에 관한 법률(전력산업법)
	한국남부발전(주)	
	한국동서발전(주)	
	한국서부발전(주)	
	한국중부발전(주)	
	한국수력원자력(주)	
	한국석유공사	한국석유공사법
	한국전력공사	한국전력공사법
	한국지역난방공사	집단에너지사업법
	(주)강원랜드	폐광지역 개발 지원에 관한 특별법
국토부	인천국제공항공사	인천국제공항공사법
	한국공항공사	한국공항공사법

들이 상대적으로 많은 비중을 차지하고 있다. 또한 한국광해광업공단은 대한광업진흥공사(기존의 시장형 공기업)와 한국광해관리공단(기존의 위탁집행형 준정부기관)을 통합하여 운영되고 있다.

〈표 3-7〉 준시장형 공기업의 유형과 설립법

주무부처	기관명	설립법
기재부	한국조폐공사	한국조폐공사법
문화부	그랜드코리아레저(주)	한국관광공사법에 따른 공사의 자회사(상법 제317조)
농식품부	한국마사회	한국마사회법
산자부	대한석탄공사	대한석탄공사법
	(주)한국가스기술공사	한국가스공사법 제12조(동법 시행령 제13조) 자회사
	한국광해광업공단	한국광해광업공단법(대한광업진흥공사 + 한국광해관리공단)
	한국전력기술(주)	한국전력공사의 자회사(상법 제317조)
	한전KDN(주)	
	한전KPS(주)	
환경부	한국수자원공사	한국수자원공사법
국토부	제주국제자유도시개발센터	제주특별자치도 설치 및 국제자유도시 조성을 위한 특별법
	주택도시보증공사	주택도시기금법
	한국도로공사	한국도로공사법
	한국부동산원	부동산 가격공시 및 감정평가에 관한 법률
	한국철도공사	한국철도공사법
	한국토지주택공사	한국토지주택공사법
	주시회사 에스알	철도사업법(한국철도공사 출자회사)
해수부	해양환경공단	해양환경관리법
방통위	한국방송광고진흥공사	방송광고판매대행 등에 관한 법률

셋째, 기금관리형 준정부기관은 국민연금, 공무원연금 등을 관리하거나, 고용보험 및 산재를 담당하는 근로복지공단, 정부가 보유하고 있는 특정 기금(기술보증기금, 신용보증기금, 국민체육진흥기금 등)을 관리하기 위한 기관이 대표적이다. 특히 총수입액 중 자체수입액이 차지하는 비중이 50% 이상인 공공기관을 공기업으로 지정하고 있으나, 국가재정법에 따라 기금을 관리하거나 기금의 관리를 위탁받은 공공기관의 경우는 85% 이상인 공공기관을 공기업으로 지정하고 있다(공공기관운영법 제7조 제2

〈표 3-8〉 준정부기관(기금관리형)의 유형과 설립법

주무부처	기관명	설립법
문체부	국민체육진흥공단	국민체육진흥법 제36조
산자부	한국무역보험공사	무역보험법 제37조
복지부	국민연금공단	국민연금법 제24조
고용부	근로복지공단	산업재해보상보험법 제10조
중기부	기술보증기금	기술보증기금법 제12조
	중소벤처기업진흥공단	중소기업진흥에 관한 법률 제68조
금융위	신용보증기금	신용보증기금법
	예금보험공사	예금자보호법 제3조
	한국자산관리공사	금융회사 부실자산 등의 효율적 처리 및 한국자산관리공사의 설립에 관한 법률
	한국주택금융공사	한국주택금융공사법
인사처	공무원연금공단	공무원연금법 제4조

항). 따라서 기금관리형 준정부기관은 총수입액 중 자체수입액이 차지하는 비중이 85% 미만인 기관이며, 금융과 연계된 기능을 수행하고 있다.

넷째, 위탁집행형 준정부기관은 주무부처의 특정 업무를 전문적으로 수행하기 위해 설립된 것으로 법인의 형태를 취하고 있지만, 법인의 성격이 기관마다 상이하다.

다섯째, 기타공공기관은 국조실 산하 국책연구원(국토연구원, 산업연구원 등), 과학기술정보통신부 산하 국책연구원(기초과학연구원, 연구개발특구진흥재단, 한국화학연구원 등) 등이 있으며, 기획재정부 산하 한국수출입은행, 한국재정정보원, 한국투자공사, 외교부 산하 재외동포재단 및 한국국제교류재단, 문화체육관광부 산하 국제방송교류재단, 대한체육회, 한국언론진흥재단, 한국콘텐츠진흥원 등이 운영되고 있다. 또한 복지부 산하 국립중앙의료원, 대한적십자사, 한국보건의료연구원 등이 있으며, 각 부처별로 기타공공기관을 설치하여 운영하고 있다.

기획재정부 장관은 공공기관의 운영에 관한 법률 제5조에 따라 기관의 업무 특성 등을 고려하여 기타공공기관 중 일부를 연구개발 목적기관 등으로 세분화하여 지정할 수 있다. 연도별 공공기관 지정 현황을 살펴보면 공기업 및 준정부기관이 감소하고 기타공공기관의 지정 건수가 증가하고 있는데, 2022년 12월 공공기관의 운영에 관한 법률 시행령이 개정됨에 따라 지정 기준이 상향 조정되었기 때문이다.

〈표 3-9〉 준정부기관(위탁집행형)의 유형과 설립법

주무부처	기관명	설립법
교육부	한국장학재단	한국장학재단설립 등에 관한 법률
과학 기술정보통 신부	(재)우체국금융개발원	민법 제32조, 우정사업운영에 관한 특례법 시행령 제14조
	우체국물류지원단	민법 제32조
	한국방송통신전파진흥원	전파법 제66조
	한국연구재단	한국연구재단법
	한국인터넷진흥원	정보통신망 이용촉진 및 정보보호 등에 관한 법률 제52조
	한국지능정보사회진흥원	국가정보화기본법 제14조
외교부	한국국제협력단	한국국제협력단법
행안부	한국승강기안전공단	승강기시설 안전관리법 제15조의3 승강기안전관리원과 승강기안전기술원 통합(2016.7.1)
문체부	한국관광공사	한국관광공사법
농식품부	축산물품질평가원	축산법 제36조
	한국농수산식품유통공사	한국농수산식품유통공사법
	한국농어촌공사	한국농어촌공사 및 농지관리기금법
산자부	대한무역투자진흥공사	대한무역투자진흥공사법
	한국가스안전공사	고압가스안전관리법 제28조
	한국산업기술진흥원	산업기술혁신촉진법 제38조
	한국산업기술평가관리원	산업기술혁신촉진법 제39조
	한국산업단지공단	산업집적활성화 및 공장설립에 관한 법률 제45조의9
	한국석유관리원	석유 및 석유대체연료사업법 제25조의2
	한국에너지공단	에너지이용합리화법 제45조
	한국원자력환경공단	방사성폐기물관리법 제18조
	한국전기안전공사	전기사업법 제74조
	한국전력거래소	전기사업법 제35조
환경부	국립공원공단	국립공원관리공단법
	국립생태원	국립생태원의 설립 및 운영에 관한 법률
	한국환경공단	한국환경공단법
	한국환경산업기술원	한국환경산업기술원법
고용부	한국고용정보원	고용정책기본법 제18조
	한국산업안전보건공단	한국산업안전보건공단법
	한국산업인력공단	한국산업인력공단법
	한국장애인고용공단	장애인고용촉진 및 직업재활법 제43조
국토부	한국철도공단	철도산업발전기본법, 한국철도공단법
	국토안전관리원	시설물의 안전관리에 관한 특별법
	한국교통안전공단	한국교통안전공단법
	한국국토정보공사	국가공간정보기본법 제12조
해수부	한국해양교통안전공단	한국해양교통안전공단법
중기부	소상공인시장진흥공단	소상공인 보호 및 지원에 관한 법률 제17조
공정위	한국소비자원	소비자기본법 제33조
보훈처	한국보훈복지의료공단	한국보훈복지의료공단법
경찰청	도로교통공단	도로교통법 제120조
산림청	한국산림복지진흥원	산림복지 진흥에 관한 법률 제49조

〈표 3-10〉 공공기관 중 금융공공기관

분류		주무부처	금융공공기관
공기업	준시장형	국토교통부	주택도시보증공사
준정부 기관	기금관리형	금융위원회	신용보증기금, 예금보험공사, 자산관리공사, 주택금융공사
		산업통상자원부	한국무역보험공사
		중소벤처기업부	기술보증기금, 중소벤처기업진흥공단
	위탁집행형	중소벤처기업부	소상공인시장진흥공단
기타공공기관		기획재정부	한국수출입은행, 한국투자공사
		금융위원회	서민금융진흥원, 중소기업은행, 한국산업은행
		중소벤처기업부	신용보증재단중앙회, 한국벤처투자
		해양수산부	한국해양진흥공사
		국토교통부	한국해외인프라도시개발지원공사

자료: 공공기관 경영정보시스템(www.alio.go.kr).

〈표 3-11〉 연도별 공공기관 지정 현황

(단위: 개)

유형		2007	2010	2015	2016	2017	2018	2019	2020	2021	2022	2023
공기업		24	22	30	30	35	35	36	36	36	36	32
준정부기관		78	79	86	90	89	93	93	95	96	94	55
기타공공기관		196	185	200	203	208	210	210	209	218	220	260
	연구개발목적기관											(71)
	① 경제사회 유형	경제·인문사회연구회, 과학기술정책연구원, 통일연구원 등										(25)
	② 과학기술 유형	국가과학기술연구회, 한국과학기술연구원 등										(22)
	③ 그 밖의 유형	한국원자력안전기술원, 한국국방연구원 등										(24)
합계		298	286	316	323	332	338	339	340	350	350	347

자료: 기획재정부 각 연도별 공공기관 지정 현황 자료를 재구성.

2 미국의 공기업 경영형태

1) 미국 공기업의 역사

미국의 공기업은 건국 초기부터 존재하였는데, 주로 국가 차원의 개량공사에 활용되었다. 즉, 많은 주정부가 1700년대 후반과 1800년대 초반에 운하, 교량, 도로, 대중교통, 교육시설의 운영을 위해 공기업을 설립하였다. 특히 이들 사업 중에서 가장 규모가 큰 사업은 Erie Canal Commission(1816년, 뉴욕 주정부 설립)에 의해 설립된 이리 운하(Erie Canal)였다. 그러나 1800년대 중반 이후부터는 민간기업을 육성하고 공기업을 축소하는 경향이 지배적이었다.5)

1900년대 들어서면서 미국의 공기업은 새로운 변화를 경험하게 되었다. 즉, 1900년대 초반 진보주의적 성향(progressive era)이 강조되면서 공기업에 대한 정치적 간섭이나 행정적 관여를 지양하고 공기업의 능률성과 효과성을 향상시키기 위한 노력이 배가되었다. 이에 따라 공기업의 기본적 특징으로 독립채산제, 독립적 의사결정 및 관리, 정치적 중립 등이 강조되었는데, 이를 가장 먼저 받아들인 공기업은 1921년에 설립된 뉴욕항만공사[The Port of New York Authority(후에 The Port Authority of New York and New Jersey로 개명)]였다.

미국의 공기업은 1930년대까지 크게 발전을 하지 못했으나, 세계 대공황 이후 루스벨트(F. Roosevelt, 대통령)가 공기업을 미국 전역에 공평한 서비스를 제공할 수 있는 조직으로 인식하면서 발전하였다. 즉, 뉴딜(New Deal) 기간 동안 테네시개발공사(Tennessee Valley Authority: TVA)가 설립되었으며, 연방정부는 48개 주정부로 하여금 공기업을 통해 지역사회의 사회기반시설을 구축하도록 하였다. 이에 따라 미국 전역에서 상수도, 하수도, 주택사업이 공기업으로 운영되기 시작했다.

제2차 세계대전 이후 공기업의 역할은 확대되었는데, 교통, 병원, 컨벤션 센터, 항공, 레저시설, 고속도로, 교육시설 등 여러 분야에서 공기업이 확대되었다. 특히 뉴욕 시장이었던 모제스(Robert Moses)는 공공건물 건설(United Nations Building, Lincoln Center 등), 교량, 터널 등에 공기업을 적극 활용하였다.

1960년대에 들어서면서 발전행정론이 대두되자 미국의 공기업은 민간기업의 단점을 보완하기 위한 차원에서 설립되었다. 예를 들어, 뉴욕도시개발공사(New York's Urban Development Corporation)는 토지수용권(eminent domain), 비과세 수익채권 발행(tax-free revenue bonds), 지역용도지구제 등을 활용하여 지역개발을 도모하였다. 즉, 주정부는 공기업을 통해 토지를 매입·개발한 후 민간기업에 임대해 주거나 매각함으로써 민간기업이 참여하기 어려운 사업을 수행하였다.

---

5) 미국 공기업의 역사에 대해서는 미첼(Mitchell, 1999: 69-70)을 참조하였다.

1980년대 미국 공기업은 주로 학생, 농업인, 주택구매자 등에 자금을 융자해 주기 위해 설립되었다. 특히 연방의회는 공기업의 민간기업적 소유와 운영을 규정하고, 활동분야를 특정한 경제분야로 한정하였다. 그러나 민간기업적 운영체제를 규정하면서도 공익적 목적 수행을 위해 정부는 재정적 보조금을 지원하였다.

1990년대 미국의 공기업은 재정적 메커니즘과 서비스 전달기관으로서의 역할이 확대되었다. 즉, 작은 정부의 구현에 직면한 정부는 공기업을 균형예산에 피해를 주지 않고 납세자의 저항도 줄일 수 있는 예산외의 제도로 인식하고 있으며, 전통적인 행정기능을 재정립할 수 있는 제도적 장치로 이해되고 있다.

2) 미국 국가공기업의 유형

미국 공기업은 크게 세 가지 형태로 구분되는데(이우영, 2015: 39-40), 연방 공기업을 통합 관리하는 법률은 「Government Corporation Control Act」이다.

첫째, 정부부처형으로 공기업의 가장 전형적인 형태이다. 미국은 우편사업에 관해 초기 정부부처형 공기업인 우정국을 설립하였고, 이후 이를 부로 승격하였으나, 관료조직과 업무 전반의 비효율성 및 적자의 누적 문제가 발생하였다. 1970년 제정된 우편기구개혁법(Postal Reorganization Act)에 의해 1971년 우정공사가 설립됨으로써 정부부처형 공기업 형태를 취하는 연방 공기업은 사라졌다.

둘째, 공사(公社)형 공기업으로서 보다 전통적인 형태인 정부부처형 공기업에 비해, 인사와 운영의 모든 측면에서 사기업의 유연성과 효율성을 도모하기 위해 행정조직과 별도로 공법인을 설립하여 사업을 영위하는 공기업 형태이다. 공사 형태의 공기업은 특수 목적을 수행하기 위해 특별법에 의해 설립되는데, 가장 대표적인 공사 형태의 공기업은 TVA이다.

셋째, 혼합형 공기업으로서 오늘날 미국 공기업이 가장 많이 취하고 있는 경영형태이다. 사기업의 장점인 효율성, 신속성과 유연성을 공기업 구성과 운영에 도입한 형태이다.

미국의 국가공기업은 정부가 전액 출자한 형태와 민간과 공동으로 출자한 형태로 구분되는데, 전액 출자한 형태는 주택금융, 무역투자, 연금관리, 항만, 수자원, 에너지 분야에서 설립·운영되고 있으며, 민간과 공동으로 출자한 형태는 주로 금융 분야에서 설립·운영되고 있다. 또한 기관 명칭을 살펴보면 대부분의 공기업이 독립된 법인체로서의 의미를 갖는 'corporation'을 사용하고 있다.

〈표 3-12〉 미국의 국가공기업

구분	기업
전액출자	1. Federal Crop Insurance Corporation(농어촌공사와 유사) 2. Federal Prison Industries, Incorporated 3. Corporation for National and Community Service 4. Government National Mortgage Association(주택금융공사와 유사) 5. Overseas Private Investment Corporation(대한무역투자진흥공사와 유사) 6. Pennsylvania Avenue Development Corporation 7. Pension Benefit Guaranty Corporation(국민연금관리공단과 유사) 8. Rural Telephone Bank until the ownership, control, and operation of the Bank are converted under section 410(a) of the Rural Electrification Act of 1936[7 U. S. C.950(a)] 9. Saint Lawrence Seaway Development Corporation(항만공사와 유사) 10. Secretary of Housing and Urban Development when carrying out duties and powers related to the Federal Housing Administration Fund 11. Tennessee Valley Authority(수자원공사, 전력공사와 유사) 12. Panama Canal Commission 13. Millennium Challenge Corporation 14. International Clean Energy Foundation
혼합출자	1. Central Bank for Cooperatives 2. Federal Deposit Insurance Corporations(예금보험공사와 유사) 3. Federal Home Loan Banks 4. Federal Intermediate Credit Banks 5. Federal Land Banks 6. National Credit Union Administration Central Liquidity Facility 7. Regional Banks for Cooperatives 8. Rural Telephone Bank when the ownership, control, and operation of the Bank are converted under section 410(a) of the Rural Electrification Act of 1936[7 U. S. C.950(a)] 9. Federal Financing Corporation(한국산업은행과 유사) 10. Resolution Trust Corporation 11. Resolution Funding Corporation 12. Commodity Credit Corporation(농수산물유통공사와 유사) 13. Community Development Financial Institutions Fund 14. Export-Import Bank of the United States(수출입은행과 유사)

자료: Government Corporation Control Act.

제3절 국가지주회사의 본질 및 경영형태

1 지주회사의 본질

1) 지주회사의 개념

지주회사(持株會社)는 용어 그대로 다른 회사의 주식을 갖고(소유), 그 회사를 지배하는 것을 목적으로 하는 회사를 의미한다. 예를 들어, A라는 회사가 B회사의 주식을 전부 또는 지배가능한도까지 매수하여 소유함으로써, B회사를 지휘·감독하는 경우를 의미한다. A회사를 모(母)회사(mother company), B회사를 자(子)회사(subsidiary company)라고 할 수 있다. 또한 B라는 자회사가 C회사의 주식을 소유 또는 지배할 수 있는데, 이를 손자회사(grand company)라 한다. 따라서 A회사는 자본참여(주식소유)를 통해 자회사인 B를 지배할 수 있으며, B회사를 통해 C회사를 관리할 수 있다. 결국 A회사는 B, C회사를 지배 관리할 수 있다.[6] 따라서 지주회사는 기업합병에 의하지 않고 다른 회사를 지배하는 기업형태를 의미한다.

일반적으로 지주회사의 개념과 관련하여 고려할 사항은 다음과 같다. 우선 다른 회사의 주식을 갖는다는 의미이다. 지주회사는 자회사를 지배하기 위한 조건으로 주식 소유를 핵심요소로 한다. 그러나 주식을 갖는다는 개념은 실질적 주인으로서의 역할을 의미하지만, 회사가 주식회사가 아닐 경우에는 주식이 존재하지 않는다. 따라서 다른 회사의 주식을 갖는다는 의미는 주식만이 아니라 자회사에 대한 출자금의 지분까지도 포함되는 것으로 이해되어야 한다. 다음으로 다른 회사를 지배한다는 의미는 소유 개념 이외에 실질적인 영향력을 행사할 수 있는지에 대한 여부이다. 실질적 영향력이란 자회사의 경영활동에 대한 개입이나 임원의 임면 등에 중대한 영향력을 행사하는 것을 의미한다.

---

6) 기업집단이란 동일인이 대통령령이 정하는 기준에 의하여 사실상 그 사업내용을 지배하는 회사의 집단을 의미하며, 계열회사라 함은 2 이상의 회사가 동일한 기업집단에 속하는 경우에 이들 회사는 서로 상대방의 계열회사라 한다(독점규제 및 공정거래에 관한 법률 제2조).

결국 지주회사와 자회사의 관계를 명확히 이해하기 위해서는 형식적 기준과 실질적 기준을 모두 지니고 있어야 한다. 즉, 주식 소유라는 형식적 기준을 바탕으로 실질적 영향력 행사라는 실질적 기준을 충족시킬 수 있어야 한다. 지주회사가 자회사를 실질적으로 지배한다고 하더라도 지주회사가 자회사의 주식(지분 포함)을 보유하지 않는다면 지주회사라 보기 어려우며, 단순히 주식(지분 포함)만을 소유하는 것으로 자회사를 실질적으로 지배하고 있다고 보기 어렵다.

법률적으로 지주회사의 개념은 독점규제 및 공정거래에 관한 법률에 규정되어 있다. 과거 지주회사는 과도한 경제력 집중이라는 비판 때문에 지주회사의 설립 및 전환이 금지되었으나, 1997년 아시아 금융위기를 전후하여 대기업 집단이 해체되고, 기업 투명성 제고를 위한 결합 재무제표 도입 등과 같은 기업경영감시체제가 구비되었다고 판단하여 1999년 독점규제 및 공정거래에 관한 법률을 개정하여 지주회사 제도를 인정하였다.[7)]

독점규제 및 공정거래에 관한 법률(제2조)에서는 지주회사를 주식[지분(持分)을 포함] 소유를 통하여 국내회사[8)]의 사업내용을 지배하는 것을 주된 사업으로 하는 회사로서 자산총액이 대통령령[9)]이 정하는 금액 이상인 회사로 규정하고 있으며, 주된 사업의 기준은 회사가 소유하고 있는 자회사의 주식(지분을 포함)가액의 합계액이 해당 회사 자산 총액의 100분의 50 이상인 것으로 규정하고 있다. 또한 '자회사'를 지주회사에 의하여 대통령령이 정하는 기준에 따라 그 사업내용을 지배받는 국내회사로

---

7) 기업집단의 문제점을 계열사 간 출자를 통해 대주주가 적은 지분을 가지고 그룹 전체를 지배하는 소유구조 왜곡에서 비롯된다고 보고, 지주회사제도를 도입하였다. 도입의 근거로는 지주회사체제는 분사화를 통해 비주력사업 부분의 분리 매각이 쉽고, 원활한 구조조정이 용이하며, 계열회사 간 지분소유구조가 단순 투명해진다는 점이다(공정거래위원회, 2005: 265).

8) 공정거래위원회의 기업진단포털에 의하면 국내 자본으로 설립한 회사라도 국외에 소재하고 있는 회사의 사업내용을 지배하는 경우에는 공정거래법상 지주회사에 해당되지 않지만, 반대로 외국자본으로 설립된 회사라도 국내에 소재하고 있는 회사의 사업내용을 지배하는 경우에는 공정거래법상 지주회사에 해당한다.

9) 대통령령으로 정하는 금액 이상인 회사는 ① 해당 사업연도에 새로이 설립되었거나 합병 또는 분할 · 분할합병 · 물적분할(이하 "분할")을 한 회사의 경우에는 각각 설립등기일 · 합병등기일 또는 분할등기일 현재의 대차대조표상 자산 총액이 5천억 원(벤처지주회사의 경우에는 300억 원) 이상인 회사, ② 제1호 외의 회사의 경우에는 직전 사업연도 종료일(사업연도 종료일 이전의 자산 총액을 기준으로 지주회사 전환 신고를 하는 경우에는 해당 전환 신고 사유의 발생일) 현재의 대차대조표상의 자산 총액이 5천억 원(벤처지주회사의 경우에는 300억 원) 이상인 회사를 의미한다(동법 시행령 제3조).

규정하고 있으며, '손자회사'란 자회사에 의하여 대통령령으로 정하는 기준에 따라 사업내용을 지배받는 국내회사로 규정하고 있다(독점규제 및 공정거래에 관한 법률 제2조, 동법 시행령 제3조).

지주회사의 설립 방식으로는 신설 방식과 전환 방식으로 구분되는데, 신설 방식은 지주회사 또는 자회사를 신규로 설립하는 방식이며, 전환 방식은 기존 회사를 지주회사 또는 자회사로 전환하는 방식을 의미한다.

지주회사로의 전환·설립은 공개 매수, 주식의 포괄적 교환·이전, 회사분할(물적 분할, 인적 분할) 등의 방법을 통하여 이루어진다. 첫째, 공개 매수란 불특정 다수인에 대하여 주식 등의 매수(다른 증권과의 교환을 포함)의 청약을 하거나 매도(다른 증권과의 교환을 포함)의 청약을 권유하고 증권시장 및 다자간매매체결회사(이와 유사한 시장으로서 해외에 있는 시장을 포함) 밖에서 그 주식 등을 매수하는 것을 의미한다(자본시장과 금융투자업에 관한 법률 제133조). 둘째, 주식의 포괄적 교환·이전이란 어느 회사의 발행주식 총수를 소유하는 완전 모회사를 만들기 위한 방법으로, 2001년 상법 개정으로 기업의 소유·지배구조의 효율적인 재편성을 용이하게 해주고, 완전한 모자관계를 형성하는 수단이다(상법 제360조의2, 상법 제360조의15). 셋째, 물적 분할은 분할되는 회사가 분할 또는 분할합병으로 인하여 설립되는 회사의 주식의 총수를 취득하는 것을 의미하며, 인적 분할은 기존 회사의 분할 등을 통하여 신설회사의 주식을 기존의 지분율대로 기존 회사의 주주들이 주식을 보유하는 것을 의미한다(윤승영·김원웅·송민경, 2014: 12)[10)]

지주회사의 개념은 순환 출자의 개념과 상이한데, 순환 출자는 특정 기업이 계열기업에 대한 지배력을 높이기 위해 변칙적으로 활용하는 방법이다. 즉, A회사→B회사→C회사→A회사라는 환상형 출자를 통해 계열 기업에 대한 지배력을 높이는 방법이다. 적은 자본으로 많은 회사를 소유할 수 있지만, 순환 출자 회사 중 어느 한 회사가 무너질 경우 다른 회사까지 연쇄적으로 붕괴될 수 있으므로, 투기꾼들의 공격에 약한 지배구조이다. 그러나 지주회사는 순환 출자의 폐단을 막기 위해 도입된 제도이므로 상호 출자가 금지되어 있다.

---

10) 물적 분할은 A회사를 분할하여 B회사를 신설했을 때, B회사의 지분을 A회사가 전부 보유한 형태로 분할되는 수직적 분할이지만, 인적 분할은 A회사의 기존 주주들이 지분율대로 신설되는 B회사의 주식을 나누어 가지며, 주주 구성이 변하지 않는 수평적 분할을 의미한다.

[그림 3-3] 순환 출자와 지주회사의 차이

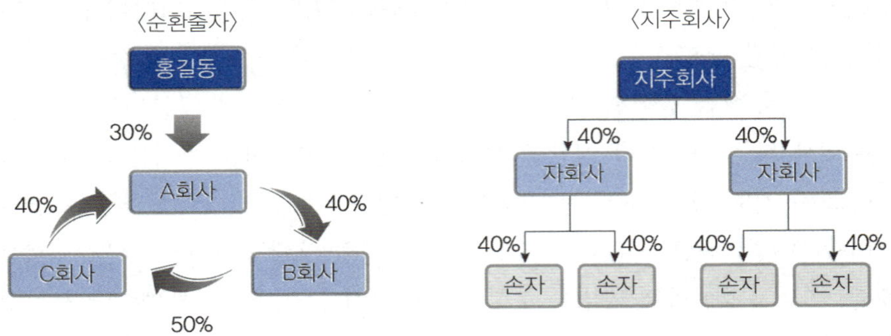

[그림 3-4] 지주회사의 불인정 사례

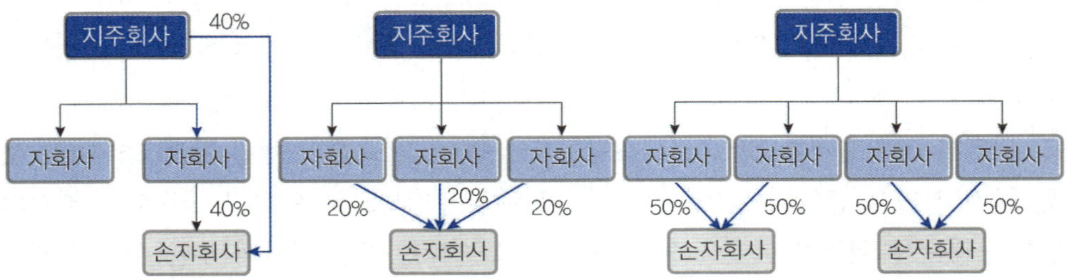

2) 지주회사의 종류

지주회사는 다양한 측면에서 유형과 종류를 구분할 수 있는데, 이를 구체적으로 살펴보면 다음과 같다.

첫째, 지주회사는 순수지주회사(pure holding company)와 사업지주회사(operating holding company)로 구분할 수 있다. 주식 보유를 통해 다른 회사를 지배하고 자회사들로부터 배당금과 주식매매차익을 주 수입으로 한다는 점에서는 동일하지만, 모회사가 자체 사업을 하는가의 여부에 따라 구분된다. 즉, 순수지주회사는 자체적인 사업을 하지 않고 주식 보유를 통해 다른 회사를 지배하는 기업 형태를 의미하며, 사업지주회사는 자체 사업을 실시함과 동시에 다른 회사의 주식 보유를 통해 지배하는 기업 형태를 의미한다.

[그림 3-5] 순수지주회사와 사업지주회사의 차이

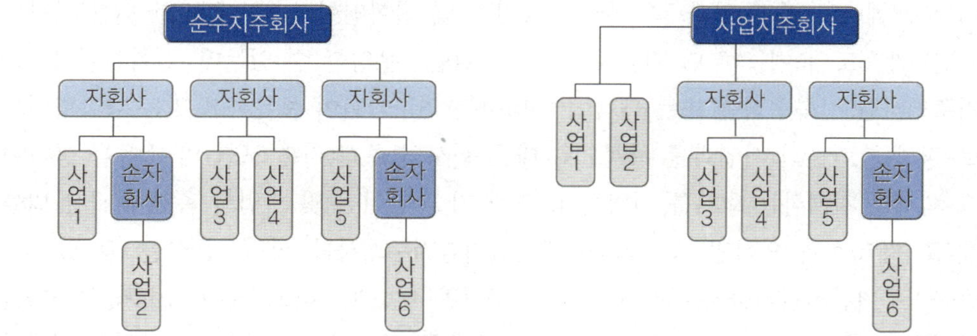

둘째, 지주회사가 자회사의 주식을 100% 소유하고 있는 형태의 지주회사를 완전 지주회사라 하며, 그렇지 않은 경우를 비완전 지주회사라 한다. 우리의 독점규제 및 공정거래에 관한 법률에서는 양자를 모두 인정하고 있다.

셋째, 지주회사는 단계별로 구분할 수 있는데, 2단계 구조(지주회사-자회사), 3단계 구조(지주회사-자회사-손자회사), 4단계 구조(지주회사-자회사-손자회사-증손회사)로 구분해 볼 수 있다. 독점규제 및 공정거래에 관한 법률 제2조에서는 손자회사까지만 개념을 규정하고 있다.

넷째, 독점규제 및 공정거래에 관한 법률에 따라 지주회사가 지배하는 자회사의 사업 종류에 따라 일반지주회사(비금융업)와 금융지주회사(금융업)으로 구분할 수 있으며, 금융지주회사는 다시 은행지주회사와 비은행지주회사(보험지주회사, 금융투자지주회사)로 구분된다. 법률적으로 금융지주회사는 순수지주회사만 가능한 반면에, 일반지주회사는 금융지주회사와는 달리 순수지주회사와 사업지주회사 체제가 모두 가능하다. 그러나 금융지주회사는 일반회사를 자회사로 둘 수 없고, 일반지주회사는 금융회사를 자회사로 둘 수 없다.

다섯째, 기술지주회사[11]가 존재하는데, 기술지주회사는 '산업교육진흥 및 산학연

11) 이현근 · 장재혁 · 한관희(2016)의 연구에 의하면 기술지주회사의 바람직한 사업 모델로는 순수지주회사보다는 사업지주회사가 보다 적정하다고 주장하였으며, 이병헌 · 장지호 · 김선영(2008)의 연구에 의하면 기술지주회사의 성공을 위해서는 무엇보다 정부의 전폭적 지지가 필요하다고 주장하였다.

협력촉진에 관한 법률(산학협력법)'과 '기술의 이전 및 사업화 촉진에 관한 법률(기술이전법)'에 근거하고 있다. 즉, 산업교육진흥 및 산학연협력촉진에 관한 법률(산학협력법) 제36조의2에 의하면 기술지주회사를 설립 · 운영할 수 있는데, 산학연협력기술지주회사란 산학협력단 또는 대학에 해당하는 연구기관이 보유하고 있는 대통령령으로 정하는 기술의 사업화를 목적으로 다른 회사의 주식(지분 포함)의 소유를 통하여 그 회사를 지배하는 회사를 의미한다. 또한 기술의 이전 및 사업화 촉진에 관한 법률 제2조 제10호에 의하면 공공연구기관첨단기술지주회사를 설립 · 운영할 수 있는데, 공공연구기관첨단기술지주회사란 공공연구기관[12]이 보유하고 있는 기술의 사업화를 목적으로 다른 회사의 주식(지분 포함)의 소유를 통하여 해당 회사의 사업을 지배하거나 관리 · 지원하는 것을 주된 사업으로 하는 회사를 의미한다. 특히 공공연구기관첨단기술지주회사의 경우 산업교육진흥 및 산학협력촉진에 관한 법률에 따른 산학협력단이 보유하고 있는 기술의 사업화를 목적으로 회사를 설립하는 산학협력기술지주회사와 별도로 구분되어 있다.

3) 지주회사의 장 · 단점

(1) 지주회사의 장점

지주회사 체제 자체의 장점과 더불어 운영상의 유용성이 나타날 수 있는데, 이를 정리하면 다음과 같다.

첫째, 다른 회사에 대한 피라미드식 지배에 따른 일원화된 운영을 도모할 수 있다. 즉, 다른 회사에 대해 적은 분량의 주식(지분 포함)만으로도 지배가 가능하며, 지주회사의 자회사에 대한 지배 및 실질적 영향력 행사를 통해 개별 자회사 중심의 운영구조에서 통합적 운영체계를 구축할 수 있다. 또한 소자본으로 다른 회사의 주식을 소유하여 기업 간 통합 및 흡수 합병이 가능하다. 특히 유사 동일업종에서 수직적 결합이 가능하므로 일사분란하게 기업경영을 도모할 수 있다.

둘째, 지주회사 체계는 사업의 다각화를 모색할 수 있다. 즉, 자회사를 통해 다양

12) 공공연구기관이란 ① 국 · 공립 연구기관, ② 과학기술분야 정부출연연구기관 등의 설립 · 운영 및 육성에 관한 법률 제8조 제1항에 따라 설립된 정부출연연구기관, ③ 특정연구기관 육성법 제2조를 적용받는 특정연구기관, ④ 고등교육법 제2조에 따른 학교, ⑤ 기타 민법 또는 다른 법률에 따라 설립된 연구개발과 관련된 법인 · 단체로서 기술의 이전 및 사업화를 촉진하기 위하여 대통령령으로 정한 기관을 의미한다(동법 제2조 제6호).

한 사업을 영위할 수 있으며, 대규모 자본이 소요되는 사업에서는 다양한 투자자들과 공동 투자 혹은 전략적 제휴가 가능하다.

셋째, 자회사의 입장에서는 지주회사의 출자금이 주식 형태로 들어오기 때문에 자금의 활용범위가 커지며, 지주회사의 출자금이 전입되는 만큼 타인 자본에의 의존(부채 비율)이 낮아지는 효과가 발생한다. 또한 지주회사는 자회사의 명성을 활용하여 기업경영의 효율성을 도모할 수 있으며, 자회사가 신규자본을 조달하고자 할 때 그 주식을 일반에 매각하지 않고 지주회사에 매각함으로써 지주회사를 통해 일반에 매각할 때에 기대되는 자본팽창효과를 도모할 수 있다.

넷째, 지주회사 체제는 자회사 간의 원칙적 출자 금지로 자회사, 손자회사가 절연관계에 놓이기 때문에 특정 자회사의 부실이 다른 자회사로 전이되지 않는다(윤승영 · 김원웅 · 송민경, 2014: 15).

다섯째, 자회사의 분리매각이 용이하다. 전략적 투자로 사업에 대한 전면적 혁신을 도모할 수 있으며, 자회사의 수익성이 악화될 경우 자회사의 주식을 매각함으로써 지주회사 전체의 사업구조 조정과 부실 자회사의 예방이 가능하다.

여섯째, 지주회사와 자회사 간에는 독립된 법률주체로 인식되기 때문에 지주회사의 자산과 자회사의 자산은 분리되어 채권자로부터 보호를 받으며, 결합재무제표를 통해 기업의 투명한 운영을 확보할 수 있다.

(2) 지주회사의 단점

지주회사 체제 자체의 단점은 다음과 같다.

첫째, 지주회사는 의사결정의 비효율성이 발생할 수 있다. 즉, 집권적 일원화된 운영이 가능할 수도 있지만, 일원화된 규정이 개별 자회사들의 특성을 반영하지 못할 수 있으며, 지주회사의 독점적 의사결정으로 인해 자회사의 자율성을 침해할 수 있다. 또한 지주회사-자회사-손자회사-증손회사 간의 관계에서 합리적 규정에 의한 운영보다는 정실적 요소에 의한 비효율적 관행들이 발생할 수 있으며, 어느 한 지점에서의 비합리적 조직문화가 전체 조직으로 확산되어 비용증가를 초래할 수도 있다.

둘째, 지주회사 전체를 보지 못하고 특정 자회사 중심으로 운영될 경우 부실한 기업운영을 초래할 수 있다. 즉, 특정 자회사를 집중적으로 지원하거나 배제할 경우 자회사의 이해관계자들 간의 형평성에 문제가 발생할 수 있다. 지주회사 전체의 관점에서 투자와 운영전략이 합리적으로 마련될 필요가 있는데, 특정 자회사 중심의 지원 전략은 특정 집단의 피해를 초래할 수 있다.

셋째, 지주회사로의 전환으로 경제적 성과가 긍정적인 방향으로 이어진다는 보장이 없다. 실증적 연구에 의하면 모회사의 가치가 개별 자회사 가치의 합계보다 작다는 결과가 존재하며(Cornell & Lui, 2000), 지주회사로 전환된 기업들의 소유지배괴리도가 높게 나타난다는 결과도 존재한다(권택호 · 최수미, 2013).

넷째, 지주회사 체계 내에서 지주회사와 자회사 간의 투명한 관리 규정이 정비되지 못한다면, 자회사 간의 상호 출자, 지주회사와 자회사 간의 이중 과세, 일감 몰아주기 등의 문제가 발생할 수 있다.

다섯째, 소수의 주식 보유를 통해 다른 회사를 지배할 수 있는 자본집약적 기능이 가능하지만, 문어발식 경영, 경제력 집중 및 공급자 위주의 자본팽창만을 모색한다는 소비자의 부정적 인식이 확산될 수 있다. 지주회사제도를 인정하지 않은 대표적인 이유는 경제력 집중의 수단으로 활용될 수 있다는 점 때문이었다.

여섯째, 지주회사 주주권이 간접화되어 실질적 지배권을 행사하기 어려울 수 있다. 즉, 지주회사의 주주는 자회사의 경영에 직접 관여하지 않고 간접적으로 지주회사를 통해 지배하는 형태이므로, 지주회사 주주의 자회사에 대한 권리는 지주회사를 통해 간접적으로 행사될 수밖에 없다.

2 국가지주회사의 본질과 사례

1) 국가지주회사의 개념

국가지주회사(public sector holding company)[13]는 지주회사의 개념과 동일한 의미로 활용되는데, 다른 공기업의 주식(지분 포함)을 소유함으로써, 다른 공기업을 지배하거나 실질적 영향력을 행사하기 위해 설립된 공기업이다. 따라서 국가지주회사는 공기업 지배구조의 특수한 형태로서 정부와 공기업 간의 중간지대에서 공기업을 지배하는 형태라 할 수 있다.

13) 공기업 지주회사, 지주 공기업, 공익사업 지주회사로 사용하는 경우도 있다.

국가지주회사는 정부가 전액 출자하여 설립할 수도 있으나, 지분의 일부를 민간 부문이 참여하게 할 수도 있다. 즉, 국가지주회사는 전액 출자 형태와 공사혼합형태로 구성될 수 있다. 따라서 국가지주회사는 공기업과 마찬가지로 공적인 소유 및 지배구조를 갖고 있으며, 국가정책적 혹은 전략적 관점에서 다른 공기업의 주식을 소유하여 지배하는 것을 목적으로 하는 회사라 할 수 있다. 또한 국가지주회사는 자체적으로 생산활동이나 사업활동을 수행하지 않는 순수 국가지주회사 형태가 일반적이라 할 수 있다.

[그림 3-6] 국가지주회사의 모형

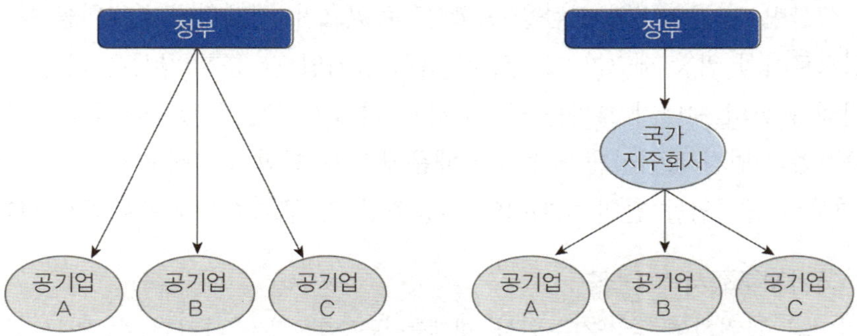

2) 국가지주회사의 장 · 단점

(1) 국가지주회사의 장점

공기업과 관련하여 국가지주회사 체계를 구축할 경우 나타날 수 있는 유용성은 다음과 같다.

첫째, 정부의 일원화된 규제 하에서 정책수행의 도구로서 활용될 수 있다. 개별 공기업 중심의 경영구조에서는 정부정책과 일치하지 않는 상황이 발생할 수 있으나, 국가지주회사 체계에서는 정부정책과 일관된 사업수행이 가능하며 개별 공기업들 간의 정책적 차이로 인한 모순상황을 극복할 수 있다.

둘째, 시장에서 민간자본이 충분히 형성되지 못한 상태에서 정부주도적 개발정책을 빠르게 추진할 수 있는 장점이 있으며, 이종(異種) 또는 동종(同種) 산업의 수직적 결합을 통해 자본집약기능을 도모하고 국제경쟁력을 강화할 수 있다. 특히 국가지주회사 체계는 정부의 재정보증이 가능하고, 정부 재정정책의 일환으로 공기업에 대한 투자 확대정책을 모색할 수 있으므로 민간부문에 비해 자본조달이 용이하다.

셋째, 국가지주회사 체계 내에서 자회사 간의 원칙적 출자 금지로 특정 공기업의 사업 실패가 전체 국가지주회사 체계로 전이되지 않기 때문에 개별 공기업 간의 자본 위험분산이 가능하다.

넷째, 대규모 자본이 소요되고 국민생활과 밀접한 사업분야에서 소자본으로 보다 많은 자회사를 지배할 수 있으며, 다양한 이해관계자의 자본참여 및 전략적 제휴를 유도할 수 있고, 그만큼 정부의 재정부담을 완화시킬 수 있다.

다섯째, 국가지주회사는 수직적 결합이 용이하므로 개별 생산주체들 간의 운영체계보다 생산비 및 운영비의 절감을 도모할 수 있으며, 국제경쟁력 강화를 통한 글로벌 기업으로서의 위상 제고가 가능하다. 특히 공기업 간 통합 방식은 이질적 조직문화로 인해 통합의 시너지 효과를 극대화하기 어려운 측면이 있으나, 국가지주회사는 개별 공기업의 법적 독립성을 인정하기 때문에 단순 통합의 부작용을 해소할 수 있으며, 자회사된 공기업들 간의 체계적인 기능조정 및 구조조정을 용이하게 한다.

(2) 국가지주회사의 단점

공기업과 관련하여 국가지주회사 체계를 구축할 경우 나타날 수 있는 문제점은 다음과 같다.

첫째, 국가지주회사의 규모가 팽창할수록 기업으로서의 자율성과 신축성이 결여될 가능성이 높으며, 정부의 국가지주회사에 대한 지나친 개입은 국가지주회사의 자회사인 개별 공기업에 대한 지나친 규제로 이어질 수 있고, 이로 인해 조직의 자율성이 파괴되고 관료주의적 병폐 현상이 나타날 가능성이 있다.

둘째, 국가지주회사의 지배구조를 정부 중심적으로 운영할 경우 시장과 동떨어진 정책을 추진할 수 있으며, 특정 분야로의 지나친 편중정책은 국가지주회사 내의 다른 공기업들에게 손해를 미칠 수 있다. 특히 국가지주회사의 지배구조와 관련하여 이사회와 같은 내부 지배구조가 합리적으로 구성되지 못하고, 외부통제가 미흡할 경우 국가지주회사 전체의 문제로 비화될 수 있다.

셋째, 국가지주회사와 공기업 관련 주무부처 간의 정책적 이견이 발생할 경우 이를 조율할 수 있는 조정장치가 미흡하다. 예를 들어, 에너지 공기업(석탄공사, 석유공사, 가스공사, 전력공사 등)을 지배하는 국가지주회사가 존재한다고 가정할 경우 국가지주회사와 에너지 공기업 관련 주무부처 간의 정책적 이견이 존재할 수 있는데, 이를 합리적으로 조정할 수 있는 제도적 장치가 미흡하다. 정부와 공기업 간의 또 다른 옥상옥(屋上屋) 기관을 만드는 것과 같을 수 있다.

넷째, 국가지주회사의 내부 경영관리적 측면에서 중복·낭비 비용이 발생할 수 있다. 즉, 국가지주회사 체계 내에서 개별 공기업들은 독립적 법적 주체로서 활동하기 때문에 조직 내부의 경영관리적 요소가 독자적으로 구축됨으로써 시설이나 기구의 중복성이 발생할 수 있다.

다섯째, 국가지주회사가 실제 사업활동을 수행하는 자회사로서의 개별 공기업을 지배·관리할 수 있는 제도적 장치는 이사회 또는 대표이사라 할 수 있는데, 국가지주회사와 자회사가 독립적 법인체로서 역할을 수행할 경우 자회사의 소유주로서 국가지주회사의 주주는 자회사에 직접 관여할 수 없게 됨으로써, 자회사는 국가지주회사의 주주 이익에 반하는 의사결정을 할 수도 있다.

3) 국가지주회사의 사례

(1) 우리의 SOC 공익지주회사(검토안)

우리의 경우도 국가지주회사를 설립하고자 하는 노력을 경주한 경험이 있으나, 실제 구현되지는 못하였다. 즉, 사회기반시설 관련 공기업인 한국수자원공사, 도로공사, 한국토지주택공사를 1단계 대상으로 지주회사제를 도입하고, 점진적으로 철도, 공항, 항만 등 사회기반시설 분야로 확대해 나가고자 검토한 경험이 있다. 즉, 1차 대상 공기업에 대한 정부 지분을 공익지주회사로 출자 전환하여 추가적인 재정지출 없이 공익지주회사를 설립하고, 지주회사는 자회사 사업 등에 대한 경영감독, 민영화, 중복기능 조정 등 국가정책사업에 대한 총괄지원을 수행토록 하는 안이었다.[14)]

(2) 미국의 공익사업지주회사

미국 지주회사의 발달에 가장 큰 공헌을 한 것은 공익사업체의 분야이며, 특히 인접 지역에서의 경쟁을 회피할 수 있고, 발전 및 송전에 있어서 경제성의 확보가 가능

14) 2009년 3월 13일 국가사회간접자본 공익지주회사법(안)이 이명수 의원의 대표발의(이명수, 김창수, 이상민, 이용희, 안규백, 김성곤, 문희상, 김낙성, 노철래, 이재선, 강창일, 박영선 의원 12인)로 추진된 경험이 있으나, 공기업과 관련된 공익지주회사법은 제정되지 못하였다.

한 전기, 가스사업 분야에서 지주회사 체제가 발전하였다. 1930년대 미국 전체 전력사업의 약 3/4 정도가 지주회사에 의해 지배되었고, 가스 산출량의 45%가 16개 지주회사 집단에 의해 지배되었으며, 전화사업은 대규모 단일 지주회사에 의해 지배되었다. 그러나 공익사업지주회사는 기업 집중에 의한 문제점이 야기되었는데, 이를 개선하기 위해 연방법으로 1935년 공익사업지주회사법이 제정되었다. 특히 공익사업지주회사법은 연방거래위원회(Federal Trade Commission)에 의한 전기 및 가스 지주회사의 남용에 관한 보고서에 근거하여 제정되었기 때문에 규제대상 지주회사는 전기사업회사와 가스사업회사로 한정되었다(주수익, 2012: 367-368 재인용).

미국의 공익사업지주회사(public utility holding company)는 1935년에 제정된 공익사업지주회사법을 폐지하고, 2005년에 새로 제정된 법률(the public utility holding company act of 2005)의 적용을 받는다.[15] 즉, 전기, 가스, 전화 등 공공서비스에 대한 소비자 보호를 위해 공익사업지주회사를 설립·운영하고 있는데, 상법상 지주회사로 운영되고 있으나 주정부가 지주회사 및 자회사 일부 지분에 참여하고 있다. 즉, 미국의 공익사업지주회사는 자율규제와 주정부 차원의 규제에는 한계가 있다는 판단하에 연방정부 차원의 통일적인 공적 규제와 감독체계를 구축하기 위해 도입된 법률규정을 새롭게 제정하였다. 1935년에 제정된 법률 하에서의 규제 장치를 소비자 위주로 전환하고, 공익사업에 대한 합병, 매수, 처분 관계를 보다 명확하게 설정하였다.

(3) 이탈리아 IRI와 ENI

이탈리아 국가지주회사로는 IRI와 ENI가 대표적인데, 제2차 세계대전 이후 산업부흥과 경제안정을 목적으로 국가지주회사의 설립과 운영을 추진하였다. 즉, 이탈리아의 국가지주회사는 국가 경제발전에 중추적 역할을 담당하였다.

IRI(Istituto per la Ricostruzione Industriale: 산업부흥공사)는 1933년 세계대공황 때에 파산에 직면한 은행과 중화학공업 회사를 구제하기 위해 설립한 기업이며, 제2차 세계대전으로 침체된 경제를 살리는 데 큰 기여를 하였다. 자회사로 전화회사

15) 1935년에 제정된 법률은 2005년 12월 8일에 제정된 법률에 의해 폐지되었고, 2006년 2월 8일부터 효력이 발생하였다. 새로 제정된 미국 공익사업지주회사법은 지주회사와 자회사 간의 공시, 세금공제, 부대사업 수행여부, 교차보조 금지 등의 문제를 다루고 있다. UNITED STATES OF AMERICA FEDERAL ENERGY REGULATORY COMMISSION 18 CFR Parts 365 and 366(Docket No. RM05-32-001, Order No. 667-A).

(STET), 철강회사(Finsider), 크레디토 이탈리아노, 알리탈리아 항공, 아이스크림 사업에 이르기까지 다양한 사업을 수행하였다. 그러나 1970년대 이후 오일쇼크에 따른 경제위기로 부채가 증대되었고, EU 경제 통합에 따른 정부 금융지원의 금지로 2002년 폐지되었다.

또 다른 이탈리아의 대표적인 국가지주회사는 ENI인데, ENI는 현재까지 석유 및 가스사업 등의 분야에서 사업을 수행하고 있다.[16)]

[그림 3-7] ENI의 상징

Loyalty to the past, faith in the future

The six-legged dog: a symbol that every day tells stories of courage, passion and innovation.

자료: https://www.eni.com

1953년에 설립된 ENI는 다국적 석유 및 가스회사로 독점적인 에너지 사업을 효율적으로 수행하고 경제활성화를 도모하기 위해 설립되었는데, 석유와 천연가스의 개발·생산·판매, 석유제품의 수송·정제사업, 기타 섬유 및 화학 사업을 수행하고 있다.

〈표 3-13〉 이탈리아 ENI 지배구조

주주	비율(%)	지역분포	비율(%)
Public Holding	30.62	Italy	51.49
		USA and Canada	15.34
Institutional Investors	47.24	Other EU member States	13.01
Retail	14.22	Rest of the World	8.88
		Treasure Shares	6.33
Treasure Shares	6.33	UK and Ireland	3.36
Identity of shareholders not provided	1.59	Others	1.59
Total	100.0	Total	100.0

자료: 『Eni Corporate Governance and Shareholding Structure Report 2022』(2023.3 기준 동일).

16) 이탈리아 ENI에 대해서는 https://www.eni.com에서 발췌하여 재구성하였다.

이탈리아의 국가지주회사 ENI는 국가 경제부흥에 기여하였으며, 지배구조 측면에서 다국적 기업 및 민간의 참여가 보장되고 있다. ENI 이사회는 총 9명의 이사로 구성되는데, 6명은 경제재정부(the Ministry of Economy and Finance)에서 추천한 인물 중에서 위촉되며, 나머지 3명은 국내・외 기관투자가들이 추천한 인물 중에서 위촉되고, 이사회 의장은 주주총회에서 결정된다.[17)]

(4) 싱가포르 테마섹(Temasek)

테마섹(Temasek)은 1974년 6월 25일 싱가포르 재무부가 100% 출자한 국가지주회사로 싱가포르 재무부가 보유하고 있던 36개 공기업 주식을 테마섹으로 이전하여 설립되었다. 테마섹은 정부 소유 국가지주회사이지만, 싱가포르 헌법 및 회사법에 따라 대통령과 재무부의 개입을 허용하지 않으며, 테마섹 이사회와 경영진에 대한 경영의 자율성을 보장하고 간섭을 최소화하고 있다. 즉, 지주회사와 자회사 모두 공법이 아닌 상법상 회사로 운영되고 있다. 특히 테마섹은 일반주식회사로서 국회 출석 및 보고 의무가 없으며, 설립 초기 출자금을 제외하고는 정부 예산을 받지 않기 때문에 국가 감사원의 회계 및 직무 감사 대상도 아니며, 산하기업의 경영 및 투자 결정에 관여하지 않고, 재정 보증도 서지 않는다.[18)]

최고 의사결정기구는 의장을 포함한 이사 13명으로 구성된 이사회인데, 이사 대부분이 비관료출신인 민간부문의 전문경영인들이며, 공무원 출신은 없다. 이사회 산하 위원회(LDCC)에서 이사 및 CEO를 추천하면 재무부의 제청으로 대통령이 임면한다. 테마섹 이사회 산하에는 4개의 위원회, 즉 투자 및 매각을 결정하는 Executive Committee(ExCo), 회계감사를 실시하는 Audit Committee(AC), 이사를 추천하고 성과관리와 보수 결정을 담당하는 Leadership Development & Compensation Committee (LDCC), 기후변화에 대한 대응 및 지속가능 발전을 도모하는 Risk and Sustainability Committee(RSC)로 구성되어 있다. 각 위원회는 경영진으로부터 독립된 비상임이사가

17) 이탈리아의 첫 번째 석유회사는 1926년에 설립된 Agip(Azienda Generale Italiana Petroli)이었는데, 포오 계곡(Po Valley)에서 천연가스를 발견하였다. 그러나 천연가스를 발견한 시점이 제2차 세계대전이 끝날 무렵이었는데, 외국의 개입 없이 천연가스를 개발하고자 발견 사실을 비밀로 하였다. 이탈리아는 패전하였고, 연합국은 Agip의 청산을 요구하였다. 이러한 상황에서 이탈리아 정부는 혁신과 첨단 기술로 천연가스 추출에 성공하자 1953년 Agip의 석유, 가스를 통합하여 최초의 대규모 가스에너지 회사인 ENI(Ente Nazionale Idrocarburi)를 설립하였다.

18) 테마섹에 대한 자료는 Temasek Review 2023, http://www.temasek.com.sg에서 발췌하였다.

의장을 맡고 있으며, 이사회 의장직과 CEO직은 분리되어 있다.

테마섹은 싱가포르 회사법과 헌법에 따라 운영되며, 모든 테마섹 임직원들은 부패방지법, 기업지배구조규정 그리고 윤리강령을 준수해야 한다. 테마섹은 조직 리스크 관리를 위해 평판 위험, 유동성 위험과 장기적인 전체 산하기업 가치 손실에 이르기까지 다양한 위험 허용 수준을 규정한 RRAS(Risk Return Appetite Statement)를 적용하고 있다. 또한, 2004년 이후 매년 상세한 통합 연차보고서를 발간해 사업 내용, 성과와 상세한 데이터를 공시하고 있다.

테마섹은 재무부로부터 이관받은 자산 전체를 소유하지만, 회사법 적용을 받는 사업투자자이기도 하다. 즉, 국가지주회사로서 공기업(Government-Linked Companies: GLCs)을 소유하고 관리하며, 지주회사로서 효율성이 낮은 공기업의 민영화, 인수합병(M&A) 또는 구조조정을 단행하고, 발전가능성이 높은 기업을 육성하는 일을 수행한다. 특히 주주인 재무부에 배당을 통해 국가 재정수입으로 활용하고 있다. 테마섹은 주주인 재무부에 지급하는 연간 현금 배당수익 액수가 매우 크기 때문에 이 배당액은 싱가포르 정부의 보조적 재정 운용 수단으로 활용되고 있다. 2023년 기준, 자산총액이 2,870억USD(약 380조 원)에 달하며, 연평균 10% 내외의 수익 성장을 기록하고 있다. 테마섹은 산하에 싱가포르항만공사(Port of Singapore Authority: PSA), 싱가포르전력공사(Singapore Power Limited), 싱가포르교통공사(SMRT Corporation Ltd) 등 100% 지분을 보유하고, 대부분의 국내 공기업에서 과반수의 지분을 보유 중이다.

〈표 3-14〉 Temasek의 사업분포

(단위: %)

분야	2023년	2022년	2021년
Transportation & Industrials	23	22	19
Financial Service	21	23	24
Telecommunication, Media & Technology	17	18	21
Consumer & Real Estate	16	15	14
Life Science & Agri-Food	9	9	10
Multi-sector Funds	8	8	8
Others(including Credit)	6	5	4
합계	100	100	100

자료: 테마섹 홈페이지(http://www.temasek.com.sg)에서 재구성(2023년 3월 말 기준).

테마섹은 글로벌 투자자로서 국내・외 기업에 적극적으로 투자해 이익을 창출하고, 장기적 투자가치를 극대화하는 일을 도모하고 있다. 사업분포를 살펴보면 교통 및 산업 분야가 가장 많고, 그 다음으로 금융, 통신 및 미디어, 소비 및 부동산, 생명과학 및 농업 식품 등의 순으로 나타나고 있다.

(5) 일본의 우정지주회사

일본의 우정사업은 우정사업청에서 담당하였으나, 민간자본시장에 대한 영향력이 큰 우정사업을 민영화기 위한 조직형태로 2003년 4월 1일 일본우정공사법에 의하여 일본 정부가 전액 출자한 일본우정공사(日本郵政公社, Japan Post)를 설립하였다. 일본우정공사는 일본의 우편사업과 우편 저금, 간이 보험 등의 우정사업을 담당하던 국

〈표 3-15〉 일본우정사업의 역사

연도	역사
2001	우정사업청 발족
2003	일본우정공사 발족
2007	일본우정그룹 발족 일본우정(주), 우편사업(주), 우편국(주), (주)우정은행, (주)간이생명보험
2012	우편사업(주) + 우편국(주) = 일본우편(주) 일본우정(주), 일본우편(주), (주)우정은행, (주)간이생명보험 4대 체제 구축
2015	일본우정(주), (주)우정은행, (주)간이생명보험 주식 일부 상장

자료: 홈페이지(http://www.japanpost.jp)에서 필자가 재구성.

〈표 3-16〉 일본우정지주회사의 지배구조(2023년)

주주		주주 수	보유주식 수	비율(%)
정부 및 지방・공공기관		1	12,559,568	34.33
금융기관		137	5,334,575	14.58
금융상품사업자		50	1,017,338	2.78
기타 기업		5,856	1,081,732	2.95
외국 법인 등	비 개인	789	6,836,227	18.69
	개인	1,293	14,613	0.03
기타		703,407	9,730,306	26.6
합계		711,533	36,574,359	100.0

자료: 홈페이지(http://www.japanpost.jp). 2023년 6월 말 기준.

영 공사였으나, 2007년 10월 1일에 일본우정그룹으로 민영화되면서, 9월 30일에 해체되었다.

일본 우정그룹은 지주회사인 일본우정과 일본우편(주), (주)우정은행, (주)간이생명보험 등 4대 분야로 재편되었으며, 주식의 일부 상장을 통해 민영화를 추진하고 있다. 일본 우정그룹은 15명의 이사(사외이사 10명)으로 구성되며, 외국인 지분을 10~20% 이내로 제한하고 있다(japanpost.jp에서 재구성).

(6) 두바이 국가지주회사

두바이는 Investment Corporation of Dubai(ICD), Dubai Holding, Dubai World, Dubai International Financial Center(DIFC) 등 4개의 국가지주회사를 갖고 있다.

[그림 3-8] 두바이 정부의 국가지주회사

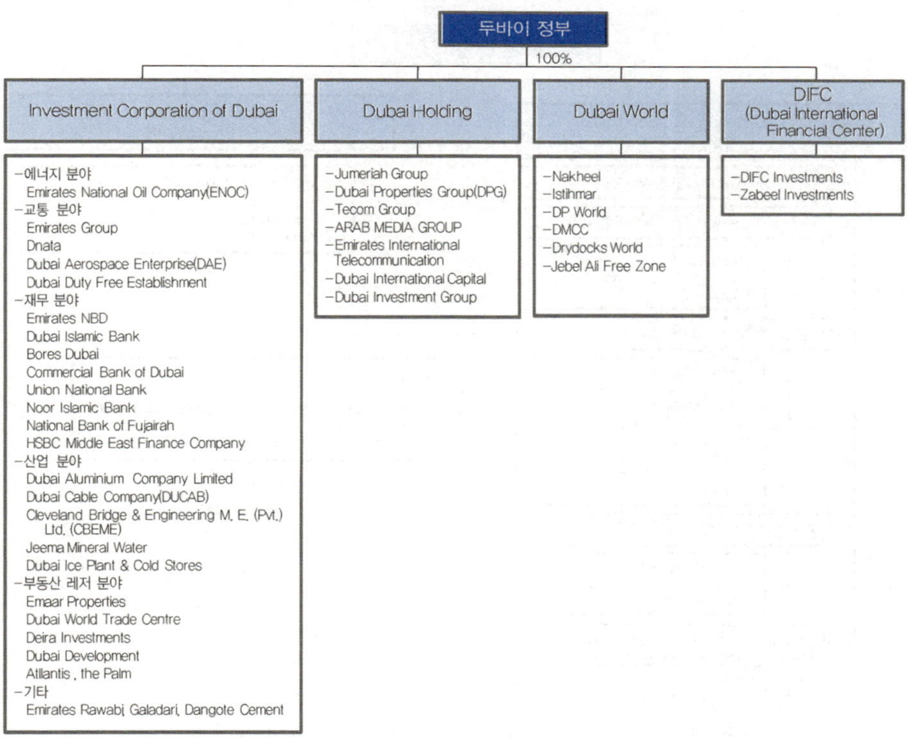

자료: Dubai Holding Website 등 각 지주회사별 웹사이트에서 재구성.

Investment Corporation of Dubai(ICD)는 국가 소유의 지주회사로서 2006년에 설립되었는데, 역할은 정부의 투자 포트폴리오를 감독하여 부가가치를 증대시키는 것이다. Dubai World는 두바이 정부의 사업 포트폴리오와 프로젝트를 관리 감독하는 투자회사로서 무역의 중심지로서의 기능을 수행하고 있다. 또한 DIFC는 2004년에 설립되었으며, 중동의 국제금융허브 기능을 수행하고 있다.

두바이 홀딩스(Dubai Holding)는 글로벌 투자 지주회사로서 투자, 재무, 부동산, 특별 공원, 통신, 호텔 등의 사업을 수행하고 있으며, DHCOG는 분야별 사업을, DHIG는 두바이 홀딩스의 자산 및 재무관리 사항을 총괄하고 있다.

[그림 3-9] Dubai Holding의 현황

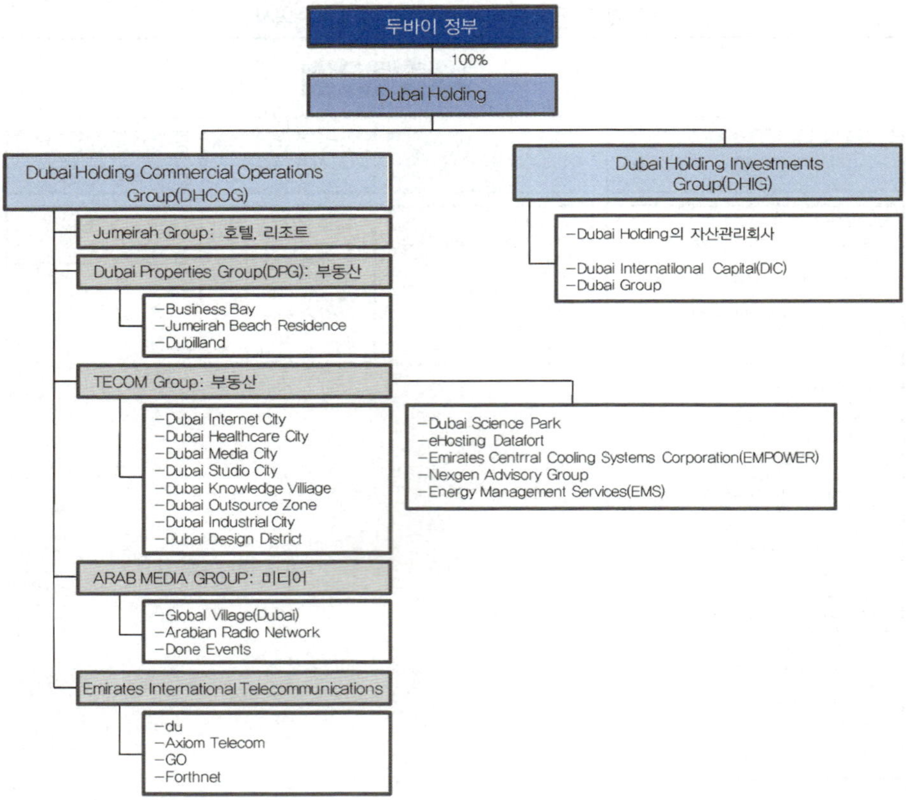

자료: Dubai Holding Website에서 재구성.

(7) 주요 국가의 국가지주회사 현황

국가지주회사는 적극 투자형 지주회사(싱가포르 테마섹)와 소극적 관리형 지주회사(영국 UKGI)로 구분해 볼 수 있다(강석훈, 2023: 42).[19)]

〈표 3-17〉 주요 국가의 국가지주회사 현황

국가	지주회사 명칭	담당 부처	유관 산업 분야	자회사
오스트리아	오스트리아홀딩스그룹 (OBAG)	재정부	에너지, 전력, 통신, 부동산, 카지노, 연기금 등	11
핀란드	솔리디움 (Solidium)	총리실 산하 공기업관리실	통신, 철강, IT, 운송 등	12
그리스	국부펀드국유재산관리기구 (HCAP)	재정부	에너지, 상하수도, 인프라, 통신 등	15
헝가리	(주)헝가리국가자산관리공사 (MNV Zrt)	국가개발부	부동산, 교통, 유통, 광업, 에너지, 급수, 상하수도, 카지노 등	332
카자흐스탄	삼룩카지나 (Samruk-Kazyna)	재정부	통신, 항공, 건설, 우편, 에너지, 광업 등	69
말레이시아	카자나국영기업 (Khazanah Nasional)	재정부	에너지, 보건, 제조, 통신, IT, 언론, 부동산 등	31
페루	공기업국가기금 (FONAFE)	재정부	공익사업, 에너지, 위생, 금융, 인프라, 교통 등	35
슬로베니아	슬로베니아국영지주회사 (SSH)	재정부	에너지, 금융, 교통운송, 인프라, 관광 등	52
스페인	SEPI(Sociedad Estatal de Participaciones Industriales)	재정행정부	우편, 식품유통, 농업, 통신, 조선, 금융, 에너지, 광업, 스포츠 등	124
영국	영국정부투자회사 (UKGI)	재무부	국방, 금융, 부동산, 우편, 방송통신, 운송 등	23

* 2022년 10월 프랑스 파리에서 개최된 제39차 OECD 발표자료 재인용.
자료: 강석훈(2023: 42).

19) 영국의 UKGI(UK Government Investments Limited)는 2008년 글로벌 금융위기에 대응하기 위해 재무부(HM Treasury) 소관으로 설립한 UKFI(UK Financial Investments Limited)와 2003년 내각사무처 산하에 설립한 공기업 소유권 기관인 공기업실(Shareholder Executive)이 2016년에 통합해 설립한 국가지주회사이다. 영국 재무부가 100% 출자한 조직으로 9개 부처 소속 24개의 공공기관(Arm's Length Bodies: ALB)을 관리하는데, 예산 운영의 독립성 및 투자의 자율성이 없으며, 예산 집행과 투자 권한은 재무부가 보유 중이다(강석훈, 2023).

제4절 지방공공기관의 법률체계 및 경영형태

1 지방공공기관의 법률체계

1) 지방공기업법의 적용 범위

지방공기업의 설립은 각각 개별 지방자치단체의 조례에 근거하여 지방의회의 심의・의결을 거쳐야 한다. 그러나 개별 지방공기업들의 설립과 운영에 관해서는 통칙법인 지방공기업법에 의해 규율되고 있다.[20]

중앙정부의 공공기관과는 달리 지방정부의 공기업은 법률로 사업 범위가 정해져 있다. 즉, 지방공기업법에 상수도사업, 공업용수사업, 궤도사업(도시철도사업 포함), 자동차운송사업, 지방도로 사업(유료도로사업에 한정), 하수도사업, 주택사업, 토지개발사업, 주택・토지 또는 공용・공공용 건축물의 관리 등의 수탁 사업, 공공재개발사업 및 공공재건축사업 등 10개 사업을 규정하고 있다.

또한 지방공기업법에서는 법률에서 규정하고 있는 사업의 주체로 지방직영기업, 지방공사, 지방공단으로 한정하고 있는데, 일정한 기준 이상의 사업에 대해서는 지방공기업법을 의무적으로 적용토록 규정하고 있다. 즉, 지방공기업법은 지방정부가 경영하는 기업에 모두 일률적으로 적용되는 것은 아니고 기업에 따라 당연히 적용되는 것과, 임의적으로 적용되는 것으로 구분된다. 당연적용사업은 대통령령이 정하는 일정 규모 기준 이상이면 의무적으로 적용하는 사업이며, 임의적용사업은 지방정부별로 조례가 정하는 바에 의하여 자주적으로 법을 적용할 수 있는 사업이다. 이러한 법정사업에 대해서는 규모의 대소를 불문하고 법률 규정의 전부가 당연히 적용되며, 지방자치단체의 의사 여하에 관계없이, 또는 하등의 절차를 요하지 않고 법률 규정의 효과로서 적용관계가 생긴다.[21]

---

20) 국가와는 달리 지방자치단체에는 지방공기업법의 적용을 받는 기관 유형(지방직영기업, 지방공사, 지방공단)과 지방자치단체 출자・출연기관의 운영에 관한 법률의 적용을 받는 기관 유형(지방출자기관, 지방출연기관)이 존재하는데, 이를 통칭하는 법적 용어가 없다. 다만, 중앙정부 공공기관의 개념과 연계하여 지방공공기관이라 명명하고 있다.

그러나 여기서 주의해야 할 점은 지방공기업법 당연적용사업에 있어 법을 적용하는 기준을 직접경영형태에만 적용하느냐, 간접경영형태에도 적용하느냐 하는 것이 중요한 문제가 될 수 있는데, 규모에 따른 법 적용 기준은 지방직영기업에만 적용토록 하고, 지방공사·지방공단은 사업 규모에 관계없이 설립·운영할 수 있다. 즉, 지방공사·지방공단의 경우 설립 규모 기준이 필요 없기 때문에 지방직영기업에 비해 서비스 공급의 다양화를 보다 신속하고 적극적으로 추진할 수 있는 장점이 있다.

〈표 3-18〉 지방공기업법 적용대상 사업(지방공기업법 제2조)

사업별		적용 기준
의무적용사업	상수도사업(마을상수도 제외)	1일 생산능력 1만 톤 이상
	공업용수사업	1일 생산능력 1만 톤 이상
	궤도사업(도시철도 포함)	보유차량 50량 이상
	자동차운송사업	보유차량 30대 이상
	지방도로사업(유료도로)	도로관리연장 50km 이상 또는 유료터널·교량 3개소 이상
	하수도사업	1일 처리능력 1만 톤 이상(하수처리장시설 구비)
	주택사업	주택관리연면적 또는 주택건설면적 10만m^2 이상
	토지개발사업	조성면적 10만m^2 이상
	주택(공공복리시설 포함)·토지 또는 공용·공공용 건축물의 관리 등의 수탁	공공복리시설: 수탁 대상의 기능 발휘와 이용을 위하여 필요한 부대시설과 편익시설(공원, 녹지, 주차장, 어린이놀이터, 노인정, 관리시설, 사회복지시설과 그 부대시설, 문화·체육 업무 시설 등 거주자의 생활복리를 위하여 필요한 시설)
	공공재개발 및 공공재건축사업	도시 및 주거환경정비법
임의적용사업	경상경비의 5할 이상을 경상수입으로 충당할 수 있는 아래 사업을 지방직영기업·지방공사·지방공단이 경영하는 경우 조례가 정하는 바에 의하여 법적용 가능 ① 민간인의 경영참여가 어려운 사업으로 주민복리증진기여, 지역경제 활성화나 지역개발촉진에 이바지할 수 있다고 인정되는 사업 ② 의무적용 대상 사업 중 당연적용사업 기준에 미달하는 사업 ③ 체육시설의 설치·이용에 관한 법률에 의한 체육시설업 및 관광진흥법에 의한 관광사업(여행업 및 카지노업 제외)	

* 당연적용사업 중에서 적용 기준에 새로이 도달하게 된 사업에 대해서는 그 기준에 도달한 날로부터 6개월 이내에 그 사업에 대한 법 적용을 위하여 필요한 사항을 조례로 정해야 한다(지방공기업법 시행령 제2조 제2항).

21) 지방공기업법의 적용 범위에 대해서는 안용식·원구환(2001) 제4장에서 발췌·수정하였다.

2) 지방자치단체 출자 · 출연기관의 운영에 관한 법률

지방자치단체 출자 · 출연기관은 지방자치단체가 10% 이상 출자한 기관과 지방자치단체가 출연하여 공공적 목적을 수행하는 기관을 총괄적으로 규정하는 법이다. 법률은 2014년 제정되어 2014년 9월 25일부터 시행되고 있다.

지방자치단체 출자 · 출연기관의 운영에 관한 법률의 제정 이유와 특징을 살펴보면 다음과 같다.[22] 즉, 지방자치단체의 출자(出資) · 출연(出捐)기관은 민법, 공익법인의 설립 · 운영에 관한 법률, 상법과 개별 법률에 근거를 두고 지방자치단체의 조례에 따라 다양하게 운영되고 있으나, 이들 기관에 일관성 있고 체계적으로 적용할 설립 전의 절차와 지도 · 감독 권한 등의 규정이 없어 출자 · 출연기관에서 매년 채용 비리와 부실 경영 등의 문제가 발생되고 있는바, 지방자치단체 출자 · 출연기관의 운영에 관한 공통의 기준을 마련하고, 인사 · 조직 · 예산의 운영 등에 필요한 사항을 정하여 기관의 경영을 합리화하고 운영의 투명성을 높임으로써, 지역주민에 대한 서비스 증진에 기여할 수 있도록 하려는 것이다.

즉, 지방정부가 설립하였으나 지방공기업법이나 공공기관의 운영에 관한 법률을 적용받지 아니하는 출자 · 출연기관이 존재하였고, 이런 기관의 운영에 관한 구체적 기준이 없어 관리가 미흡하였다. 따라서 동 법률에 따라 지정 · 고시한 출자 · 출연기관에 대하여 이 법을 적용하고, 지방공기업법에 따른 지방직영기업, 지방공사 및 지방공단과 공공기관의 운영에 관한 법률에 따라 기획재정부 장관이 지정한 공공기관, 민법에 따른 사단법인 등은 이 법 적용에서 제외하였다.

그러나 법률명이 '운영'에 관한 법률임에도 불구하고, 동법 제4조에서는 '설립'할 수 있는 근거를 마련함으로써 법률명과 법리적 논리가 맞지 않으며, 지방공기업법을 적용받는 지방직영기업, 지방공사, 지방공단과 별개의 지방출자기관 및 지방출연기관이 존재함으로써 경영형태 간의 혼란과 중복이 발생하고 있다. 특히 중앙정부는 공공기관으로 간접경영형태(독립된 법인체)만을 규정하고 있는 데 비해, 지방정부는 지방공기업법을 적용받는 유형과 지방자치단체 출자 · 출연기관의 운영에 관한 법률을 적용받는 유형으로 구분되어 있다. 또한 지방공기업법에는 정부조직(지방직영기업)과 정부로부터 독립된 조직이 혼재되어 있다.

---

22) 법제처 홈페이지(http://www.moleg.go.kr)에서 발췌하였다.

2 지방공공기관의 경영형태

1) 지방직영기업(직접경영형태)

(1) 지방직영기업의 개념과 설립 이유

지방직영기업은 지방자치단체가 자신의 직원(공무원)에 의해 지방공기업에 관한 사무를 처리하는 것을 의미한다. 일반적으로 공공성이 크고 행정적 색채가 강한 사업에 대해서는 지방정부가 직접경영하는 방식을 채택하고 있다.[23]

지방직영기업은 지방공기업 중에서 가장 오랜 역사를 지니고 있는 것으로 지방정부가 직접경영하는 방식인데,[24] 상수도, 하수도, 공영개발[25] 등은 대표적인 사업이며, 이들 사업은 지방자치단체의 조직(예: 사업본부, 사업단, 사업소, 국 · 과 등)에 의해 직접 운영된다.

지방직영기업이라는 용어는 1992년 지방공기업법이 개정되면서 처음 사용되기 시작한 것으로, 지방자치단체가 직접경영한다는 뜻을 명확히 하고 지방공사나 지방공단과의 구분을 분명히 하기 위해 사용되었다.[26] 또한 국가공기업에서는 중앙정부가 직접경영하는 공기업을 정부기업이라 규정(정부기업예산법)하고 있기 때문에 이에 대칭되는 개념으로 지방직영기업이라는 명칭을 채택한 것으로 보인다.

지방직영기업으로 운영되는 대표적인 사업은 상수도와 하수도라 할 수 있는데, 이들 사업은 다음과 같은 이유 때문에 지방정부가 직접경영하게 된다(蒲谷亮一 · 橋

---

23) 지방공기업의 분류에 대해서는 안용식 · 원구환(2001) 제3장에서 발췌 · 수정하였다.

24) 일본에서는 직접경영방식을 지방공영기업이라 부른다.

25) 지방공영개발사업이 등장하게 된 배경으로는 한국토지주택공사 등이 중심이 된 지방 단위에서의 공영개발방식은 지역개발에 기여한 측면도 있으나, 개발이익의 지역외 유출로 지역경제력의 손실과 주민의 불만을 가중시켰고, 더욱이 공영개발과 관련한 연계도로 등 도시기반시설을 당해 지방자치단체가 부담하는 등의 문제점이 제기되었다. 이에 '지방자치단체가 직접 개발사업을 시행하여 개발이익을 자치단체가 투자재원으로 환수하고, 이를 지역발전을 위해 활용하는 방안을 강구하라'는 대통령의 지시(1988년 3월)에 따라 1989년부터 전국 시 · 도와 시 · 군에 공영개발사업단과 공영개발사업소가 설치되어 본격적으로 지방공영개발사업이 추진되었다(안용식 · 원구환, 2001: 제4장).

26) 지방공기업법 개정 당시 총무처(현 행정안전부)는 '지방직영기업'이라는 용어 대신 '지방직영사업'이라는 용어 사용을 건의하였으나, 지방직영사업으로 할 경우 공기업체를 뜻하지 않고 사업을 뜻하여 지방공기업이 아닌 다른 직영사업과 혼동을 야기할 염려가 있다는 내무부(현 행정안전부)의 주장에 부딪혀 내무부 안(案)대로 사용하게 되었다.

本 昌, 1984: 56).

첫째, 상하수도와 같은 사업은 지역주민의 일상생활에 필요 불가결한 서비스를 제공하는 것이라는 점에서 궁극적으로 공공성이 높은 성격을 지니고 있다. 따라서 공익성이 높은 사업에 대해서는 지역주민의 복지증진을 궁극적 목적으로 하는 지방자치단체만이 수행할 수 있는 성격의 사업이다.

둘째, 상하수도와 같은 사업은 지방자치단체의 행정 목적 수행과 유기적인 관계를 이루고 있어, 행정의 종합성 확보라는 관점에서 지방자치단체가 실시하는 것이 바람직하다.

셋째, 사업의 공공성이 크므로 그 운영에 있어 가능한 한 주민의 의사를 반영할 필요가 있는데, 이를 위해서는 주민에 의해 선출되는 지방자치단체의 장 및 지방의회 의원의 통제 하에 지방자치단체가 실시하는 것이 바람직하다.

(2) 지방직영기업의 특징

일반적으로 지방직영기업은 다음과 같은 특징을 지니고 있다.

첫째, 매년 지방의회의 의결을 얻어 확정되는 예산에 의해 운영된다. 지방직영기업은 일반회계와는 별도로 특별회계로 처리되며, 그 세입·세출예산에 대해서는 매년 지방의회의 의결을 거치도록 되어 있다.

둘째, 일반적으로 일반행정기관에 적용되는 예산·회계·감사 관계에 관한 법령의 적용을 받는다. 그러나 우리의 경우 예산·회계는 지방공기업법의 적용을 받게 되어 있고, 동법에 규정한 것을 제외한 것은 지방자치법 및 지방재정법, 기타 관계 법령을 적용하게 되어 있다. 단, 일반행정기관에 적용되는 감사원법은 그대로 적용된다.

셋째, 지방직영기업의 직원은 공무원이며, 그들의 임명방법·근무조건·노동관계 등은 일반공무원과 동일한 대우를 받는다.

넷째, 지방직영기업은 일반적으로 지방자치단체의 행정기구 또는 그 산하기관의 형태로 조직되며, 자치단체장의 직접적인 통제 하에 놓이게 된다.

다섯째, 지방직영기업은 지방자치단체의 조직이며, 공법적 특권을 지닌다.

(3) 지방직영기업의 장점과 단점

지방직영기업으로 운영될 경우 첫째, 지방정부가 직접경영하기 때문에 일반행정과 일체적·종합적 행정을 도모할 수 있다. 둘째, 지역주민의 일상생활에 관련된 사업에 대해 이용자인 주민의 의사를 직접 반영할 수 있다. 셋째, 지역주민의 생활에 불가결한 공공적 서비스를 경제적으로 채산이 맞지 않는 경우에도 운영할 수 있다. 넷째, 지방정부가 직접경영함으로써 저요금정책을 유지할 수 있다. 다섯째, 지방자치단체에 대한 신용에 의해 장기저리의 자금이 조달될 수 있다(傑原勝美, 1977: 53).

그러나 지방직영기업은 장점 이외에도 자주성의 결여, 채산성의 유지 곤란, 행정구역을 초월한 업무 수행의 한계성, 책임의식의 희박, 관리능력의 한계 등 여러 가지 문제를 안고 있다. 이를 보다 구체적으로 살펴보면 다음과 같다.

첫째, 관리자 등의 자주성과 능력에 한계가 있다. 지방직영기업은 독립채산제의 원칙이 채택되어 관리자에게 상당한 권한이 부여되어 있으나, 수입의 근간인 요금은 정부의 개입으로 원가 상승에 대응하여 요금을 즉시 적절하게 개정하기 어렵고, 경비의 대부분을 차지하는 급여는 경영상황의 여하에 불구하고, 공무원의 연공서열형 급여체계에 맞추어 설정 · 운영되기 때문에 경영 악화의 요인이 되고 있다. 또한 관리자 및 간부 직원의 인사가 지방자치단체의 인사의 일환으로 이루어지기 쉽고, 그 때문에 평생 직장으로서의 인식이 희박해 본부로의 인사이동을 기다리는 경우가 많다.

둘째, 채산성을 유지하기가 어렵다. 지방직영기업은 지방자치단체가 경영함으로써, 경제적 채산의 유무에도 불구하고 주민의 요구에 따라 서비스 수준을 확보해야 하며, 사기업과 같이 수익성이 높은 사업에서 영리만을 추구할 수 없기 때문에 채산성을 유지하기가 어렵다. 특히 채산성의 유지가 어려울 경우에는 지방정부가 일정한 재정적 보전을 해 주기 때문에 지방직영기업의 종사자들은 공공성이라는 미명 하에 비효율적 경영을 도모할 수 있다.

셋째, 경영 악화에 따른 위기의식의 결여와 무사안일주의를 초래할 수 있다. 즉, 지방직영기업은 지방자치단체가 경영하는 사업이라는 데서 무사안일주의에 빠지기 쉽고, 자치단체장이나 지방의회 의원, 관리자는 적자에 대해 심각한 위기의식을 가지지 않고 어떻게 되겠지 하는 생각을 하기 쉽다.

2) 지방공사 · 공단, 지방출자 · 출연기관(간접경영형태)

(1) 간접경영형태의 의미

간접경영방식이란 지방자치단체가 공법상 또는 사법상의 법인을 설립하여, 이를 통해 간접적으로 기업활동을 행하는 방식이다. 간접경영방식은 정부로부터 독립된 법인체를 설립하여 운영하기 때문에 자주적 책임경영이 가능하며, 기업으로서의 능률성이 제고되고, 민간의 자본 · 기술 · 전문지식과 결합함으로써 직접경영이 갖는 경직성을 극복할 수 있다. 또한 여러 행정구역에 걸친 광역 지방공기업 운영체제의 확립이 용이하다.

그러나 간접경영형태는 지방자치단체의 발언권이나 다른 일반행정과의 종합성 확보, 통제문제, 노동쟁의 문제, 서비스의 안정적 공급 등 직접경영의 장점을 실현하기 어려운 단점이 있다. 아울러 지방정부로부터 독립된 법인체로서의 성격을 지니므로 주민의사의 반영이나 사업의 공공적 운영의 확보가 곤란하고, 경영수지의 악화에 따른 책임소재를 규명하기가 어렵다.

(2) 지방공사와 지방공단

지방공사는 20세기 정부부문에서 만들어진 가장 중요한 발명품(Robson, 1962: 28)이라고 할 만큼 전세계 모든 국가에서 널리 활용되고 있는 지방공기업의 경영형태이다. 일본의 경우 1965년에 지방주택공급공사가 처음 만들어진 이후 계속 증가 추세를 보이고 있고, 우리의 경우도 1970년에 제주개발공사, 경기개발공사가 설립된 이후 지방공사라는 이름을 가진 지방공기업이 증가하고 있다. 그러나 1970년대의 지방공사는 법적 기반이 제대로 갖추어져 있지 못하였다가, 1980년 지방공기업법의 개정으로 법적 기반을 갖추게 되었다.[27]

또한 지방공단의 경우는 국가공기업에서 흔히 사용하고 있었지만 지방수준에서는 지방공단이라는 이름을 별반 사용하지 않았는데, 우리의 경우 지방공사와 마찬가지로 1980년 지방공기업법을 개정하면서 처음으로 도입된 경영형태이다. 우리나라에서 처음으로 지방공기업법상의 지방공단이라는 명칭을 사용한 지방공기업은 서울시설공단으로 1983년 설립되었다.

지방정부로부터 독립된 법인체로 설립 · 운영되는 지방공사 및 지방공단은 다음과 같은 특징을 지니고 있다(Hanson, 1958: 343).

첫째, 지방공사 및 지방공단은 전액 지방자치단체가 출자하기 때문에 지방자치단체의 소유이다. 다만, 우리의 경우 자본금의 1/2을 초과하지 아니하는 범위 안에서 지

27) 롭슨(W. A. Robson)은 지방공사의 특징으로 관리에 관한 의회로부터의 자유, 비영리성, 직원의 비관료성, 재정의 자주성, 임원의 일정 임기 유지 등을 제시하고 있다(Robson, 1962: 64-68).

방자치단체 외의 자가 출자하여 설립하는 지방공사가 있을 수 있다. 따라서 지방공사의 경우는 자본의 1/2 범위 내에서 민간이 출자할 수 있으나, 지방공단의 경우는 민간의 출자가 허용되지 않는 경영형태이다.

둘째, 지방공사 및 지방공단은 지방의회의 의결을 거친 조례에 의해 설립된다.

셋째, 지방공사 및 지방공단은 법인으로서 법적 목적을 갖는 독립체이고 지방정부로부터 독립되어 있으며, 제소하거나 피소될 수 있고, 자신의 이름으로 계약을 체결하며 재산을 획득할 수 있다.

넷째, 지방공사 및 지방공단은 재정적 독립성을 지닌다. 지방공사나 지방공단 모두 독립된 회계를 갖는다는 점에서는 공통적이지만, 지방공사는 재화 및 서비스의 판매를 통한 수입으로부터 자금을 획득하는 데 비해, 지방공단은 지방정부로부터 위탁대행 수수료를 받아 시설물을 관리한다.

다섯째, 지방공사 및 지방공단은 예산회계에 있어 지방공기업법의 적용을 받게 되며, 일반행정기관과 똑같이 감사원법의 적용을 받는다.

여섯째, 지방공사 및 지방공단의 직원은 공무원이 아니며, 그 직원의 임용과 보수에 관한 규정은 자체적으로 제정할 수 있다.

일곱째, 지방공사 및 지방공단은 예산에 있어 지방의회의 심의·의결을 받지 않으며, 이사회의 의결로 예산을 결정한다.

이상과 같이 지방공사와 지방공단은 경영상의 공통성을 지니고 있으나, 그 성격은 상이하다. 즉, 지방공사는 다분히 민간부문의 성격이 강한 사업영역을 공공성 확보 차원에서 지방자치단체가 간접경영하는 일종의 회사로서 도시개발, 지하철, 농수산물유통 등 다양한 분야에서 설립되고 있다. 그러나 지방공단은 지방자치단체의 고유 업무를 전문성과 기술성 확보라는 이유 때문에 설립하는 일종의 공공업무 대행기관으로서 주차장, 체육시설, 문화시설 등 주로 시설관리 분야에서 설립되고 있다.

(3) 지방출자기관과 지방출연기관

2014년 지방자치단체 출자·출연기관의 운영에 관한 법률이 제정되면서 지방공기업법상의 제3섹터형 공기업(민관공동출자기업)이 지방자치단체의 출자기관으로 분류되었으며, 민법 및 개별법에 의해 설립되어 자치단체의 특정 업무를 위탁 대행하는 기관은 출연기관으로 분류되었다. 그러나 지방공기업법상의 지방공사와 지방자치단체 출자·출연기관의 운영에 관한 법률에 의한 출자기관은 출자 지분에서 차이가 있지만, 사업 성격은 유사하다. 또한 지방공기업법상의 지방공단과 지방자치단체 출자·출연기관의 운영에 관한 법률에 의한 출연기관은 위수탁 사무를 처리한다는 점에서 유사한 성격을 지니고 있다.

지방자치단체의 출자기관과 출연기관은 〈표 3-19〉에서 보는 바와 같이 다양한 설립 근거 법률에 따라 설립되는데, 지방출자기관과 지방출연기관을 통합 관리할 수 있는 지방자치단체 출자·출연기관의 운영에 관한 법률을 제정하여 운영하고 있다.

〈표 3-19〉 지방자치단체 출자·출연기관의 유형 및 법률체계(예시)

구분 (소관 부처)	설립근거	현황	기관장 선임 및 관리·감독
출연연구기관 (행안부)	출연연구원의 설립 및 운영에 관한 법률	서울연구원 등	• 이사장: 정관(이사 중 선임) • 지자체장 권한: 관리·감독
지방의료원 (복지부)	지방의료원의 설립 및 운영에 관한 법률	서울의료원 등	• 원장: 자치단체장 임면 • 지자체장 권한: 보고, 자료요구권
신용보증재단 (중기부)	지역신용보증재단법	서울신용보증재단 등	• 이사장: 시·도지사 임명(이사회 추천) • 지자체장 권한: 포괄적 감독·명령권
문화재단 (문체부)	문화예술진흥법	서울문화재단 등	• 임원 임면: 시장/정관 등 * 지자체장이 당연직인 경우가 많음 • 지자체장 권한: 포괄적 업무감독권한
테크노파크 (중기부)	산업기술단지 지원에 관한 특례법	부산테크노파크 등	• 이사장: 시·도지사 임명(중기부 승인) • 업무감독 권한: 산자부 장관이 행사
교통연수원 (국토부)	여객자동차운수사업법 화물자동차운수사업법	대구교통연수원 등	• 법령상 일률적 제한규정 없음
산업디자인센터 (산자부)	산업디자인진흥법	서울디자인재단	• 임원 임면: 시장협의 등 • 지자체장: 자료요구권/시정명령권
장학재단 (교육부)	교육기본법 공익법인설립법 민법 등	서울장학재단 등	• 임원 임면: 정관 * 지자체장이 당연직인 경우가 많음 • 지자체장 권한: 보고, 확인 등
출자기관	지방자치단체 출자·출연기관의 운영에 관한 법률	서울관광마케팅(주), (주)엑스코	• 임원 임면: 정관 • 지자체장 권한: 보고, 자료요구권 등

자료: 행정안전부 내부자료에서 재구성.

지방공기업법과 지방자치단체 출자·출연기관의 운영에 관한 법률에 따른 기관 유형들의 특징을 정리하면 〈표 3-20〉과 같다.

〈표 3-20〉 지방공기업, 지방자치단체 출자·출연기관의 특징

구분	지방공기업법			지방자치단체 출자·출연기관의 운영에 관한 법률	
	지방직영기업	지방공사	지방공단	출자기관	출연기관
출자	자치단체 조직 (특별회계)	자치단체 단독 또는 민관공동 출자(민간 50% 미만)	자치단체 단독 (자치단체 100%)	민관공동 출자 (자치단체 10% 이상)	자치단체 단독 (민법상의 규정: 주주 및 지분 개념 없음)
법률 준용	지방자치법 지방재정법	상법 (일부 준용)	-	상법 (일부 준용)	민법 (일부 준용)
성격	행정기관	일종의 회사 (불하 가능)	일종의 공공기관 (불하 불가)	사법상의 회사 (불하 가능)	민법상의 법인
지향 가치	공익성	공익성 위주의 수익성	공익성 위주의 생산성	수익성 위주의 지역사업	공익성 위주의 효과성
업무관계	자치단체업무 (고유사무)	독립된 사업 일부 위탁사무	특정업무의 위·수탁	독립된 사업 (완전성)	특정업무의 위·수탁
CEO	관리자 (자치단체장 임면)	사장 (자치단체장 임면)	이사장 (자치단체장 임면)	사장 (주주총회)	이사장, 원장 등 (자치단체장 임면)
이사 유무	없음	존재	존재	존재	기관마다 상이
경영 재원	자본금 + 사업수입	자본금 + 사업수입	출연금 + 수탁금 + 수수료 수입	자본금 + 사업수입	출연금 + 수탁금
예·결산 승인	지방의회	이사회	이사회	이사회	이사회
손익금 처리	특별회계 내	자체 회계	자체 불가	자체 회계	기관마다 상이
자본조달	회계전입금 지방채발행 자체수입금	증자 공사채발행 자체수입금	증자 공단채발행	증자 사채 자체수입금	정부출연금
타 법인출자	-	자기자본 10% 이내	불가	제한 없음	불가
해산 자본처리	설립단체 귀속	출자자에 귀속	설립단체 귀속	출자자 귀속	설립단체 귀속

3) 지방공공기관의 경영형태별 현황

지방공기업법과 지방자치단체 출자·출연기관의 운영에 관한 법률에 따른 기관 유형의 현황을 살펴보면 지방공기업보다는 지방출자·출연기관이 상대적으로 많은 비중을 차지하고 있으며, 지방출자·출연기관 중에서도 지방출연기관의 수와 증가 비율이 높게 나타나고 있다.

지방출자기관으로는 서울특별시 동작구 대한민국동작 주식회사, 부산광역시 (주)벡스코, 대구광역시 (주)엑스코, 인천광역시 인천스마트시티(주), 세종특별자치시 농업회사법인 세종로컬푸드(주) 등이 대표적이다. 지방출연기관으로는 대전광역시 정보문화산업진흥원, 울산광역시 울산테크노파크 등이 대표적이다.

〈표 3-21〉 지방공기업의 연도별 현황

(단위: 개)

<table>
<tr><th colspan="3">구분</th><th>2023년</th><th>2022년</th><th>2020년</th><th>2018년</th><th>2016년</th></tr>
<tr><td rowspan="11">지방공기업</td><td rowspan="5">지방직영기업</td><td>상수도</td><td>122</td><td>122</td><td>122</td><td>120</td><td>119</td></tr>
<tr><td>하수도</td><td>104</td><td>104</td><td>102</td><td>100</td><td>95</td></tr>
<tr><td>공영개발</td><td>25</td><td>25</td><td>29</td><td>29</td><td>33</td></tr>
<tr><td>자동차운송</td><td>1</td><td>1</td><td>1</td><td>1</td><td>–</td></tr>
<tr><td>소계</td><td>252</td><td>252</td><td>254</td><td>250</td><td>247</td></tr>
<tr><td rowspan="4">지방공사</td><td>도시철도공사</td><td>6</td><td>6</td><td>6</td><td>6</td><td>7</td></tr>
<tr><td>도시개발공사</td><td>16</td><td>16</td><td>16</td><td>16</td><td>16</td></tr>
<tr><td>기타공사</td><td>48</td><td>48</td><td>44</td><td>40</td><td>39</td></tr>
<tr><td>소계</td><td>70</td><td>70</td><td>66</td><td>62</td><td>62</td></tr>
<tr><td colspan="2">지방공단</td><td>89</td><td>89</td><td>87</td><td>89</td><td>83</td></tr>
<tr><td colspan="2">합계</td><td>411</td><td>411</td><td>407</td><td>401</td><td>392</td></tr>
<tr><td rowspan="3">지방출자출연기관</td><td colspan="2">지방출자기관</td><td>100</td><td>98</td><td>97</td><td>90</td><td>74</td></tr>
<tr><td colspan="2">지방출연기관</td><td>750</td><td>747</td><td>657</td><td>605</td><td>544</td></tr>
<tr><td colspan="2">소계</td><td>850</td><td>845</td><td>754</td><td>695</td><td>618</td></tr>
<tr><td></td><td colspan="2">총계</td><td>1,261</td><td>1,256</td><td>1,161</td><td>1,096</td><td>1,010</td></tr>
</table>

* 서울메트로와 서울도시철도공사가 2017년 5월 통합되어 2018년 지하철사업은 6개임.

** 자동차운송은 제주특별자치도에서 운영하고 있음.

자료: 행정안전부(각년도). 『지방공기업 운영 현황』에서 재구성.

3 지방공기업의 광역화

지방공기업은 행정구역 단위로 운영되기 때문에 행정구역을 초월하는 인근 지방정부와의 협력이 필요한 경우가 많다. 따라서 지방공기업은 국가공기업과는 달리 지방정부 간의 공동 설립을 통한 지방공기업 운영방식이 나타날 수 있는데, 지방공기업의 광역화 방안은 직접경영방식과 간접경영방식으로 구분된다.

1) 지방직영기업의 광역화(지방자치단체조합)

지방공기업법 제44조에서는 지방자치단체가 지방직영기업의 경영에 관한 사무를 광역적으로 처리하기 위하여 필요한 경우 규약[28]을 정하여 다른 지방자치단체와 공동으로 지방자치단체조합을 설립할 수 있도록 규정하고 있다.

지방직영기업은 지방자치단체가 자신의 공무원으로 직접 운영하는 형태이므로, 지방자치단체의 사무와 동일하다고 볼 수 있다. 즉, 지방직영기업은 상・하수도, 공영개발사업이 대표적인 사업인데, 지방자치단체가 지역주민에게 서비스를 제공하는 형태이고 특별회계로 처리된다. 그러나 상・하수도의 경우 2개 이상의 지방자치단체가 상호 협력하여 지역주민들에게 광역적으로 서비스를 제공하는 것이 합리적인 경우가 있는데, 이를 위해서 지방공기업법에서는 지방직영기업의 사무를 광역적으로 처리할 수 있도록 하였다.

지방직영기업의 광역적 사무처리를 조합 방식으로 규정한 것은 지방자치단체의 일반행정에서도 조합 방식을 규정하고 있기 때문이다. 즉, 조합 방식은 특정한 사무의 공동 처리를 위한 지방자치단체 상호 간의 협력 방식이라는 점에서는 행정협의회와 비슷하나, 독자적인 법인격을 갖고 있다는 점에서 그 성격이 다르다.

또한 지방공기업법 제45조에서는 조합이 경영하는 지방직영기업에 대한 관리자의 권한을 조합장이 행사하도록 규정하고 있는데, 조합장은 관계 지방자치단체의 장이

28) 지방자치법 제176조에서는 2개 이상의 지방자치단체가 하나 또는 둘 이상의 사무를 공동으로 처리할 필요가 있을 때에는 규약을 정하여 그 지방의회의 의결을 거쳐 시・도는 행정안전부 장관의, 시・군 및 자치구는 시・도지사의 승인을 받아 지방자치단체조합을 설립할 수 있다. 다만, 지방자치단체조합의 구성원인 시・군 및 자치구가 2개 이상의 시・도에 걸치는 지방자치단체조합은 행정안전부 장관의 승인을 받도록 규정하고 있다.

공동으로 임명하며, 그 자격 및 임기에 관하여는 제7조 제2항을 준용[29]하도록 규정하고 있다.

그러나 지방직영기업의 광역화 방안을 제도적으로 규정하고 있으나, 실제 현존하는 광역화 조직은 존재하고 있지 않다. 일본에서는 기업단이라는 명칭으로 지방공영기업(우리의 직방직영기업)의 광역화 제도를 규정하여 운영하고 있다.

2) 간접경영방식의 광역화

지방공기업의 간접경영방식은 지방공사와 지방공단으로 구분되는데, 지방공사와 지방공단의 경우도 2개 이상의 지방자치단체가 공동으로 설립하여 운영할 수 있다.

(1) 광역지방공사 및 민관광역지방공사

지방공기업법 제50조에서는 지방자치단체는 상호 규약을 정하여 다른 지방자치단체와 공동으로 공사를 설립할 수 있도록 규정하고 있으며, 규약에 포함되어야 할 내용으로는 ① 공사의 명칭, ② 사무소의 위치, ③ 설립 지방자치단체, ④ 사업 내용, ⑤ 공동 처리 사항, ⑥ 의결기관 대표자의 선임방법, ⑦ 출자방법, ⑧ 그 밖에 필요한 사항을 규정하고 있다.

지방공사는 민간과의 합자가 50% 이내에서 가능한 법인 형태이므로 2개 이상의 지방자치단체와 민간이 공동으로 민관광역지방공사를 설립할 수 있다. 즉, 지방공사의 자본금은 그 전액을 지방자치단체가 현금 또는 현물로 출자하는 것을 원칙으로 하지만, 지방공사의 운영을 위하여 필요한 경우에는 자본금의 2분의 1을 넘지 아니하는 범위에서 지방자치단체 외의 자(외국인 및 외국법인을 포함)로 하여금 공사에 출자하게 할 수 있다. 따라서 민간이 자본금의 50% 미만을 출자하고 2개 이상의 지방자치단체가 자본금의 50% 이상을 출자하는 민관광역지방공사(법률적 용어는 아님)를 설립할 수 있다. 현행 민관광역지방공사는 존재하지 않으며, 광역지방공사로는 구리농수산물공사가 존재한다.

구리농수산물공사는 1996년 12월 13일 서울시와 구리시가 공사 공동 설립 규약을 체결하고, 1997년 2월 27일 내무부(현 행정안전부)의 설립인가를 받은 전국 최초의

---

29) 관리자는 대통령령으로 정하는 바에 따라 해당 지방자치단체의 공무원으로서 지방직영기업의 경영에 관하여 지식과 경험이 풍부한 사람 중에서 지방자치단체의 장이 임명하며, 임기제로 할 수 있다.

광역지방공사이다. 구리농수산물공사 자본금(1,885억 원)의 77%를 구리시가 부담하고, 23%는 서울시가 부담하였다.

(2) 광역지방공단

지방공기업법 제76조에서는 2개 이상의 지방자치단체가 지방공단을 공동으로 설립할 수 있도록 규정하고 있다. 따라서 광역지방공단도 광역지방공사와 동일한 법적 규정을 적용받고 있다. 그러나 현행 광역지방공단은 존재하지 않는다.

(3) 민관광역출자기관

지방자치단체 출자·출연기관의 운영에 관한 법률에 의하면 지방자치단체의 지분이 10% 이상인 출자기관을 설립·운영할 수 있다. 즉, 2개 이상의 지방자치단체와 민간이 자본금을 출자한 조직형태이다. 예를 들어, 강원심층수(주)는 강원도(13.09%), 강원도 고성군(16.59%), 민간(70.32%)이 출자한 법인형태이며, 먹는 해양심층수를 판매하는 민관광역출자기관이다. 또한 (주)엑스코는 대구광역시와 경상북도, 민간이 공동 출자하였으며, (주)킨텍스는 경기도와 고양시, 민간이 공동 출자하였다.

그러나 지방출자기관의 경우 지방공사와의 구분이 명확하지 않으며, 공공부문에 중앙정부의 공공기관이 포함되고 있어 공공부문의 출자 범위를 어떻게 규정할 것인가의 문제가 존재하고 있다.

〈표 3-22〉 지방자치단체가 출자한 컨벤션 관련 기관

자치단체	기관명	출자 지배구조		비고
		자치단체	민간	
부산	(주)벡스코	42.5%	57.5%	KOTRA(26%) 참여
대구	(주)엑스코	대구 81.29% 경북 2.29%	16.42%	화성산업(주), 대구상공회의소 등 민간기업 참여
경기	(주)킨텍스	경기 33.43% 고양 33.57%	33%	KOTRA(33%) 참여
제주	(주)제주국제컨벤션센터	66.58%	19.15%	관광공사(17.27%) 참여

자료: 각 기관 홈페이지에서 재구성(2023년 9월 1일 기준).

4 외국의 지방공기업

1) 미국의 지방공기업

미국의 지방공기업은 공공기능을 수행하는 것으로 인식되고 있으며, 경영형태별로 다양한 부문에서 설립·운영되고 있다(Thynne, 1998: 217-228). 주정부와 지방정부 수준에서 많은 공기업들이 설립·운영되고 있는데, Pennsylvania가 1,870여 개로 가장 많은 공기업을 설립·운영하고 있다. 그 다음으로는 Georgia, Texas, New York, New Jersey 등의 순으로 나타나고 있다(Mitchell, 1999: 15).

미국 지방공기업의 주요 업무영역을 살펴보면 경제개발, 교육, 에너지 및 천연자원, 환경보호, 보건, 주택, 항만, 공공시설, 교통 등의 분야에서 설립·운영되고 있다.

〈표 3-23〉 미국 주정부별 공기업 현황

구분	Number	Percent
Pennsylvania	1,870	29.4
Georgia	769	12.1
Texas	343	5.4
New York	267	4.2
New Jersey	188	3.0
Alabama	182	2.9
California	178	2.8
Florida	167	2.6
Michigan	161	2.5
Oklahoma	144	2.3
Illinois	140	2.2
North Carolina	130	2.0
Kentucky	122	1.9
Minnesota	119	1.9
Wisconsin	100	1.6
Other States	1,472	23.2
Total	6,352	100.0

자료: Mitchell(1999: 16).

따라서 미국의 지방공기업의 업무영역은 매우 다양하게 분포되어 있음을 알 수 있는데, 한 조사에 의하면 주택(45%), 환경보호(18%), 경제개발(14%), 공공시설(7%), 기타(16%)의 순으로 분포하고 있다(Mitchell, 1999: 15).

미국 지방공기업의 명칭을 살펴보면 대부분 'Corporation'과 'Authority' 등을 사용하고 있는데, 이는 독립된 법인체로서의 의미를 지닌다.

〈표 3-24〉 미국 공기업의 주요 업무영역

업무영역	대표적 공기업	주요 기능
경제개발	Empire State Development Corporation Kansas Development Finance Authority New York City Economy Development Corporation	대출, 조세감면, 임대 등을 통한 지역산업 및 기업육성
교육	Arkansas Student Loan Authority Virginia State Education Assistance Authority	교육시설에 대한 재정지원 및 건설 취학 전 아동에 대한 보조
에너지 천연자원	New York Power Authority Tennessee Valley Authority	전기, 가스, 수도, 대체에너지, 전력
환경보호	Georgia Environmental Facilities Authority Ohio Air Quality Development Authority New York Environmental Facilities Corporation	환경시설, 하수도, 하수종말처리장, 폐기물 등
보건	Alaska Medical Facility Authority Washington Health Care Facilities Authority	병의원, 요양원, 노인병원 등
주택	Chicago Housing Authority Indiana Housing Finance Authority	공공주택, 재개발, 보조금 지원 등
항만	Port of Corpus Christi Authority Chesapeake Port Authority	강, 호수, 바다, 수로, 항만, 부두, 터미널 등 관리 및 지원
공공시설	Louisiana Public Facilities Authority Maryland Stadium Authority	주차장, 차고, 골프장, 종합운동장, 해안, 수영장, 테니스장, 공원, 대강당, auto camp, 식물원, 미술관, 박물관, 동물원, 컨벤션센터, 전시관 등 관리
교통	Fargo Municipal Airport Authority New Jersey Turnpike Authority	고속도로, 가로, 유료(도로, 교량, 터널), 공항, 대중교통시설(버스, 기차, 지하철, ferry) 관리 및 지원

자료: Mitchell(1999: 16) 및 필자 첨부(2023년 9월 기준).

2) 일본의 지방공기업

일본의 지방공기업은 우리와 유사한 형태를 취하고 있다. 즉, 일본의 지방공기업도 직접경영방식과 간접경영방식으로 구분되는데, 직접경영방식은 지방공영기업이라 하며, 우리의 지방직영기업과 유사하다. 또한 일본의 간접경영방식은 제3섹터 법인, 지방3공사, 지방독립행정법인으로 구분된다. 제3섹터 법인은 일반사단법인 및 일반재단법인에 관한 법률에 근거하여 설립된 사단법인 · 재단법인 · 특수민법법인, 회사법에 근거하여 설립된 주식회사 · 합명(合名)회사 · 합자회사 · 합동회사 및 특별유한회사를 의미하며, 지방3공사는 지방주택공급공사법에 의한 지방주택공급공사, 지방도로공사법에 의한 지방도로공사, 공유지의 확대추진에 관한 법률에 의한 토지개발공사로서 공법상의 법인형태를 의미한다. 일본의 경우는 제3섹터 법인, 지방3공사 이외에 지방독립행정법인이 존재한다.

일본의 독립행정법인은 1999년 7월에 제정된 독립행정법인통칙법 제2조 제1항[30]에 근거하여 설립된 것으로 우리의 책임운영기관(영국의 Agency)과 유사한 법인을 의미한다. 즉, 일본은 세계사적 민영화의 흐름 속에서 정부기능의 비효율성을 극복하고 행정서비스를 고도화하기 위한 조치로 정부규모를 축소하였다. 특히 정부의 각종 집행사업(예: 차량검사, 무역보험, 박물관, 국토지리원, 국립병원, 요양소 관리 등)을 정부조직에서 분리하고, 민간경영방식을 도입하여 행정서비스의 개선을 도모하였다.

(1) 일본의 지방공영기업

일본의 지방공영기업은 우리의 지방직영기업과 동일한 경영형태로서 지방자치단체의 소속으로 운영되는 특징을 지니고 있으며, 공무원이 직접경영하는 기업이라 할 수 있다. 다만, 우리 지방직영기업의 관리자는 공무원 중에서만 임명될 수 있는 데 비해, 일본 지방공영기업의 관리자는 공무원만이 아니라 민간인도 임명될 수 있다. 즉, 일본의 경우 관리자는 지방공영기업의 경영에 관하여 식견이 있는 자에 중에서 지방공공단체의 장이 임명하도록 규정하고 있다. 또한 일본 지방공영기업 관리자는 부하직원을 선택할 수 있는 인사권을 갖고 있는 데 비해, 우리는 그렇지 못하다.

---

30) 국민생활 및 사회경제의 안정 등 공공적 관점에서 확실하게 실시할 필요가 있는 사무 및 사업으로 국가가 스스로 주체가 되어 직접 실시할 필요가 없는 것 가운데, 민간 주체에 위임한 경우에 실시되지 않을 염려가 있거나, 또는 하나의 주체에 독점시켜 수행하는 것이 효율적이고 효과적일 때 설립된 법인을 의미한다.

일본의 지방공영기업법은 법률상 당연히 적용되는 것과 지방자치단체가 자주적 결정에 따라 적용하는 두 가지 방법이 있는데, 적용되는 규정의 범위도 법 규정의 전부가 적용되는 경우와 재무규정만 적용되는 경우가 있다. 지방공영기업법에서는 지방공영기업의 범위를 수도사업(간이상수도사업), 공업용수도사업, 궤도사업, 자동차운송사업, 철도사업, 전기사업, 가스사업 등 법정사업(지방공영기업법의 규정이 전부 당연히 적용)과 재무규정 등을 당연히 적용하는 병원사업, 정령이 정하는 기준, 즉 경비를 해당 사업의 경영수입으로 충당할 수 있는 사업에 대해서는 조례로 정하는 바에 의하여 지방공영기업법 규정의 전부 또는 일부를 적용할 수 있다.[31)]

일본의 지방공영기업으로 운영되는 사업은 수도사업, 공업용수도사업, 교통(노면전차, 자동차운송, 도시고속철도, 선박운항 등)사업, 전기, 가스, 병원, 하수도사업, 항만정비, 시장, 도축장, 관광시설, 택지조성, 유료도로, 주차장 정비, 개호서비스 등으로 구성되어 있다. 사업수 측면에서는 하수도사업이 가장 많고, 그 다음이 상수도사업이라 할 수 있다. 법 적용기업 중에서는 상수도사업이 가장 많고, 법 비적용기업 중에서는 하수도사업이 가장 많은 비중을 차지하고 있다.

또한 지방공영기업으로 운영되는 사업 중에서는 행정구역을 넘어 광역적으로 처리되는 사업이 존재하는데, 기업단이나 일부사무조합 형태로 운영되고 있다(일본 지방공영기업법 제39조의2 제1항). 즉, 상수도 101개 사업, 공업용수도 10개 사업, 교통 2개 사업, 병원 79개 사업, 하수도 18개 사업, 항만 1개 사업, 도축장 1개 사업, 택지조성 1개 사업, 개호 서비스 9개 사업, 기타 2개 사업 등 총 224개 사업이 기업단(企業團) 방식, 즉 광역적으로 운영되고 있다(일본 총무성, 2022: 286에서 발췌).

일본의 지방공영기업은 우리의 지방직영기업보다 사업의 종류가 상대적으로 많으며, 전기, 가스, 병원 등의 사업도 지방공영기업으로 운영되고 있어 지역중심적 공기업 체계를 구축하고 있다. 특히 일본은 개호(介護)서비스를 지방공영기업 형태로 운영하고 있는데, 개호 서비스는 보건의료서비스와 복지서비스를 연계하는 포괄적 서비스로 이해된다.

---

31) 일본 총무성조직규칙 제31조 제1항에 의하면 총무성 공기업과에 공영기업경영실과 준공영기업실을 두도록 규정하고 있는데, 공영기업경영실은 수도사업, 공업용수도사업, 교통사업, 전기사업, 가스사업, 간이수도 및 지역에너지사업을 담당토록 규정하고 있으며, 준공영기업실은 항만정비사업, 병원사업, 시장사업, 도축장사업, 관광시설사업, 택지조성사업, 하수도사업, 기타 수도사업 등을 담당하도록 규정하고 있다.

〈표 3-25〉 일본 지방직영기업의 연도별 현황(결산 기준)

구분		법 적용기업		법 비적용기업		합계	
		2020.3	2021.3	2020.3	2021.3	2020.3	2021.3
수도	소계	1,374	1,416	482	378	1,856	1,794
	상수도	1,321	1,320	–	–	1,321	1,320
	간이수도	53	96	482	378	535	474
공업용수도		155	154	–	–	155	154
교통(노면전차, 자동차운송 등)		46	47	39	38	85	85
전기		31	31	67	68	98	99
가스		25	22	–	–	25	22
병원	소계	683	683	–	–	683	683
	법 적용	623	622	–	–	623	622
	공영기업형 지방독립행정법인	60	61	–	–	60	61
하수도		1,258	2,092	2,359	1,514	3,617	3,606
항만정비		8	8	89	87	97	95
시장		14	14	138	137	152	151
도축장		1	1	52	49	53	50
관광시설(휴양숙박시설사업)		33	34	215	209	248	243
택지조성		45	45	389	379	434	424
유료도로		–	–	1	1	1	1
주차장정비		6	6	197	187	203	193
개호서비스		45	42	472	456	517	498
기타(폐기물 등 처리시설사업)		58	67			58	67
계		3,782	4,662	4,500	3,503	8,282	8,165

자료: 日本 總務省(2022.3).『地方公營企業年鑑』에서 재구성.

(2) 일본의 제3섹터 법인

일본 총무성은 제3섹터의 범위를 농림수산, 지역 · 도시개발, 관광 · 레저, 교육 · 문화, 상공, 운수 · 도로, 사회복지 · 보건의료, 생활위생, 주택 · 도시서비스, 국제교류, 정보처리, 공해 · 자연환경보전, 기타 등 13개 분야로 구분하고 있다. 2022년 3월 말 기준으로 농림수산 분야(1,152개)가 가장 많은 비중을 차지하고, 그 다음으로 지역 · 도시개발(1,092개), 관광 · 레저(1,055개), 교육 · 문화(998개), 상공(641개) 등의 순으로 나타나고 있다(일본 총무성, 2022).

〈표 3-26〉 일본 지방공기업의 간접경영방식 법인의 수

구분	2022년 3월 31일 현재					2020.3
	都道府縣	指定都市	市區町村	합계	비율	
제3섹터 법인 합계	1,783	482	4,196	6,461	88.5	6,597
사단법인・재단법인	1,248	260	1,598	3,106	42.6	3,150
공익사단・재단법인	964	206	844	2,014	27.6	2,046
사단법인	110	3	34	147	2.0	151
재단법인	854	203	810	1,867	25.6	1,895
일반사단・재단법인	283	54	752	1,089	14.9	1,101
사단법인	73	3	146	222	3.0	210
재단법인	210	51	606	867	11.9	891
특별민법법인	1	0	2	3	0.0	3
구 사단법인	0	0	0	0	0.0	0
구 재단법인	1	0	2	3	0.0	3
회사법 법인	535	222	2,598	3,355	46.0	3,447
주식회사	535	220	2,368	3,123	42.8	3,207
기타	0	2	230	232	3.2	240
지방3공사	92	17	579	688	9.4	728
지방주택공급공사	29	8	0	37	0.5	40
지방도로공사	29	1	0	30	0.4	32
토지개발공사	34	8	579	621	8.5	656
총계	1,875	499	4,775	7,149	97.9	7,325
(참고) 지방독립행정법인	79	20	51	150	2.1	142

자료: 日本 總務省(2022.3). 『제3섹터법인 현황에 관한 조사결과』에서 재구성.

PUBLIC ENTERPRISE

제 4 장

공기업의 지배구조

제1절 공기업 지배구조의 본질

1 지배구조의 개념

기업의 지배구조는 이해집단 간의 관계를 규정하는 규범이며 행동양식으로써 최소의 비용으로 다양한 이해관계자의 이익을 극대화하는 메커니즘이라 할 수 있다(이선 외, 2000; 이영기, 1996). 기업의 지배구조는 기업의 효율성과 경쟁력을 결정짓는 중요 요소이며, 기업경쟁력 기반으로서의 지배구조는 누구를 위해 기업이 경영되어야 하는가에 영향을 미치고, 다시 이에 따라 기업의 경영목표가 설정되는 순환적 구조를 지니고 있다(Fligstein & Freeland, 1995: 21-43; 강준구 외, 2001).[1)]

기업지배구조에 대한 접근은 관점에 따라 다양하게 접근할 수 있는데(한국경제연구원, 1999: 39), 기업지배구조(corporate governance)는 기업경영을 규율하는 메커니즘으로 기업의 다양한 이해관계집단 간의 이해관계와 지배권을 조정하고 규율하는 제도적 장치와 운영 매커니즘을 의미한다(박경서 · 조명헌, 2002: 47). 즉, 기업지배구조는 법적, 문화적, 제도적 질서를 모두 포함하며, 어떤 조직의 성공적 운영을 가능하게 하는 구조, 과정, 문화, 그리고 시스템이라고 볼 수 있다(Keasey, Thompson & Wright, 1997).

지배구조는 하부구조와 상부구조로 구분된다. 우선 기업의 하부구조는 소유구조(ownership structure), 자본구조(capital structure), 사회적 신뢰체계 등으로 구성되는데, 소유구조는 기업지배구조의 형태 및 지배권 행사 주체를 결정짓는 핵심요소라 할 수 있다. 또한 상부구조는 내부 규율방식인 내부 지배구조와 외부 규율방식인 외부 지배구조로 구분된다. 내부 지배구조는 이사회, 감시기구 등 기업의 내부 조직을 통해 경영자를 직접적으로 감시 · 감독하는 기업통치방식인데, 이에 대해서는 이사회의 구성 및 독립성 확보를 강조하는 제도론적 접근법과 스톡옵션(stock option)과 같이 경영진에 대한 명시적인 인센티브 보수계약을 강조하는 대리이론적 접근방식이 있다.

---

1) 이하 지배구조의 논의는 원구환(2008: 11-127)에서 수정 · 발췌하였다.

[그림 4-1] 지배구조의 개념

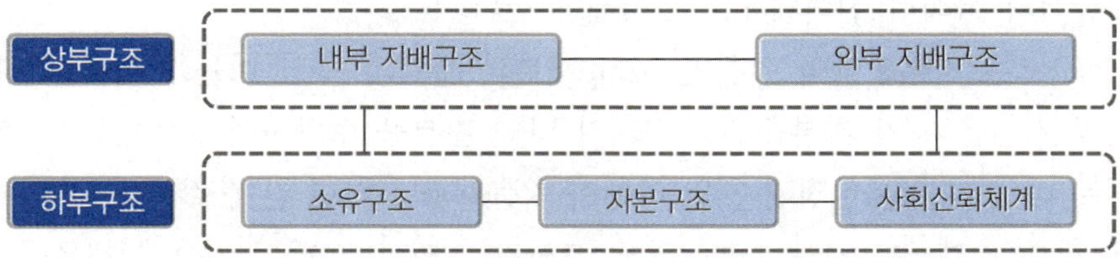

특히 이사회 제도는 내부 지배구조에서 가장 중요한 역할을 하는데(김성훈 · 박철순, 2000: 1-23), 대리인 관점에서 보면 경영자를 직접적으로 통제할 수 있는 가장 강력한 시스템으로 평가받고 있다(Tihanyi et al., 2003). 아울러 외부 지배구조는 기업 외부적 규율을 통해 감시하는 통제장치를 의미한다(이홍규, 1999: 24; 한국경제연구원, 1999: 42-43).

2 공기업의 하부 지배구조

1) 소유 및 자본구조

기업지배구조를 결정짓는 하부구조는 소유구조(ownership structure), 자본구조(capital structure)라 할 수 있다. 소유 및 자본구조는 단순히 지분 보유만을 의미하는 것이 아니라 해당 조직의 지배적 결정을 좌우하는데, 상부구조인 내부 지배구조(이사회)와 외부 지배구조(통제)를 결정하는 중요한 요소이다.

공기업의 소유구조는 민간기업과는 달리 정부가 절대 주주로서의 역할을 수행하는 형태이다. 공기업은 본래적으로 공익을 우선적으로 고려해야 하는 정치경제적 조직이므로, 자본력을 앞세운 경제권력이 소유하기 어려운 구조이다. 그러나 공기업의 소유구조가 정치권력에 의해 장악될 소지가 있기 때문에 민주적 소유구조를 통해 국민의 기업으로 운영될 수 있는 제도적 장치를 마련하는 것이 중요하다. 공기업의 소유구조에서는 민간기업과는 달리 자본가에 의한 경제 집중 문제보다는 정치권력에 의한 정보의 비대칭성을 완화하는 노력이 필요하다. 특히 공기업은 소유주인 국민의 이익을 기업의 지배구조에 반영하여야 하며, 국민참여적 자본구조를 형성하여 국민의 기업으로서의 사회적 신뢰체계를 구축해야 한다.

자본구조는 자본조달의 원천인 자기 자본과 부채의 구성 비율 조합을 의미한다. 공기업의 자본은 자기 자본을 조달하거나 타인 자본을 조달하여 운영하는데, 부채로 표시되는 타인 자본은 한정된 재원 하에서 지출효과가 다년 간에 걸쳐 나타나는 투자사업에 필요한 자금을 기관 외부로부터 조달하는 것이다. 타인 자본이 재무레버리지효과를 통해 조직의 생산성 향상에 기여할 수도 있으나 지나친 타인 자본에의 의존은 조직의 위험도를 증가시킬 수 있다. 특히 타인 자본에 대한 의존은 오히려 구축효과를 초래할 수 있고, 구축효과의 증가는 공기업의 위험도를 증가시키게 되며, 증가된 위험량은 국민에게 전가되는 경향이 강하다. 따라서 공기업의 자본구조에 대해서는 국민경제적 관점에서의 접근이 필요하다.

2) 사회신뢰체계

지배구조는 법적, 문화적, 제도적 질서를 모두 포함하며, 조직의 성공적 운영을 가능하게 하는 구조, 과정, 문화, 그리고 시스템이라고 볼 수 있다(Keasey, Thompson & Wright, 1997). 따라서 지배구조의 개념에는 법적, 문화적, 제도적 질서를 포괄하는 사회적 신뢰기반이 전제되어야 하는데, 사회적 신뢰를 기반으로 모든 조직이나 기업의 법제도적 질서가 안정화되기 때문이다. 특히 사회적 신뢰가 활성화되면 사회경제적 교환관계에서 발생하는 통제비용을 최소화할 수 있다.

신뢰는 사회자본을 구성하는 가장 기본적인 요소인데(Putnam, 1993), 신뢰 메커니즘은 두 가지 요소, 즉 위험과 상호 의존성을 기반으로 한다(Zand, 1972; Rousseau, Sitkin, Burt & Camerer, 1998). 공기업의 하부구조로서 사회적 신뢰체계는 공기업의 존립 이유와도 연관되어 있다. 공기업의 사회적 신뢰가 높을수록 지속가능성은 높아지지만, 사회적 신뢰가 낮아진다면 공기업 민영화 내지 폐지에 대한 사회적 인식이 강화될 수 있다. 따라서 공기업을 비롯한 공공기관은 사회적 관계 속에서 존립의 근거를 확인할 필요가 있으며, 사회적 신뢰를 바탕으로 경영을 도모할 수 있는 마인드가 필요하다.

3 공기업의 상부 지배구조

1) 공기업의 외부 지배구조

(1) 공기업 외부 지배구조의 개념

외부 지배구조는 외부 규율을 통해 공기업을 감시·감독하는 방식을 의미하는데, 가장 대표적인 외부 규율기제는 정부 규제라 할 수 있다. 외부 규율기제로서 정부 규제가 필요한 이유는 다음과 같다.

첫째, 공기업의 실질적 소유자는 국민이고, 공적 소유의 기초 위에서 국민생활에 필수적인 공공서비스를 제공하고 있기 때문에 공적 소유 기반 하에서 서비스의 공공성이 제대로 이행되고 있는지를 국민의 관점에서 파악할 필요가 있다.

둘째, 공기업이 제공하는 재화나 서비스는 국민 생활에 필수불가결하고, 국민경제에 미치는 영향이 크기 때문에 경영활동에 대한 공적 규제가 필요하다.

셋째, 주인인 국민의 입장에서 대리인인 공기업 관리자가 제대로 업무를 이행하고 있는지를 파악할 필요가 있다. 대리인의 도덕적 해이 현상을 방지하고, 민주적 절차 및 원리에 의한 공기업 운영의 적정성을 고려할 필요가 있다.

넷째, 공기업은 독점적 성격이 강하고 정부가 절대 주주로서 법적·제도적 역할을 수행하고 있기 때문에 공기업에 대한 적정 규제가 이행되고 있는지를 공익적 관점에서 살펴보는 것이 필요하다.

(2) 외부 지배구조의 유형

공기업에 대한 정부 규제는 일반적 규제와 개별적 규제로 구분해 볼 수 있다.

일반적 규제는 보편적 지휘감독권을 의미하며, 법령에 전반적인 업무에 대해 지도 및 감독권을 행사할 수 있는 경우를 의미한다. 반면에 개별적 규제는 세부적인 경영관리 요소(인사, 조직, 재무예산 등)에 대한 통제권을 행사하는 것을 의미한다. 개별적 규제는 법령에 규정된 세부 규제사항이므로 이행 강제력이 있지만, 법령에 규정된 사항이 아닌 경우에는 규제하기 어려운 측면이 있다. 따라서 개별적 규제 이외에 일반적 규제 조항을 명시하는 경우가 많은데, 이는 개별적으로 규제하기 어려운 사항을 일반적 규제 조항으로 보충하는 경향이 있다. 일반적 규제는 공기업에 대한 주무부처 및 지방자치단체의 지도감독권으로 행사된다. 일반적 규제는 통제의 범위가 구체화되어 있지 않으므로 통제 범위가 광범위한 특징을 지니고 있으나, 일반적 규제는 공기업에 대한 자율적 경영을 훼손하지 않는 수준에서 이루어질 필요가 있다.

2) 공기업의 내부 지배구조

(1) 공기업 내부 지배구조의 개념

내부 지배구조는 공기업의 내부 조직을 통해 기관장 및 공기업 내부 경영관리 상황을 감시·감독하는 방식을 의미하는데, 가장 대표적인 내부 조직기제는 이사회라 할 수 있다. 공기업의 실질적 법적 인격체는 이사회라 할 수 있는데, 이사회에서 공기업의 경영에 대한 의사결정이 이루어지게 된다.

이사회는 정부가 직접경영하는 형태(국가의 정부기업, 지방의 지방직영기업)에서는 존재하지 않으며, 정부로부터 독립된 형태(중앙정부의 공기업 및 준정부기관, 지방정부의 지방공사 및 지방공단)에서 존재한다. 직접경영하는 형태는 법률적으로 공무원의 신분을 갖기 때문에 이사회가 존재하지 않는 반면에, 간접경영형태는 독립된 법인체이므로 이사회라는 최고 의사결정기구가 존재한다.

(2) 내부 지배구조로서의 이사회와 경영성과

공기업 내부 지배구조로서의 이사회 구성과 재무성과 간에는 크게 두 가지 상반된 연구 결과가 존재한다. 하나는 이사회는 기업의 재무성과에 직접적인 결정요인이 되지 않는다는 주장이고(Korac-Kakabadse, Kakabadse & Kouzmin, 2001; Kesner & Johnson, 1990), 다른 하나는 이사회 구성과 기업의 재무성과 간에는 유의미한 상관성이 있다는 주장이다(Ezzamel & Watson, 1993; Pearce & Zhara, 1992; Baysinger & Hoskisson, 1990; Kaplan & Reishus, 1990; Hill & Snell, 1988; Cochran, Wood & Jones, 1985). 그러나 대부분의 연구는 상관성을 실증하고 있다.[2)]

이사회는 공기업의 내부 지배구조를 결정하는 중요한 제도로서 경영성과와 다음과

---

2) 이사회의 구성과 재무성과 간의 상관성을 측정하는 변수들은 크게 측정 가능한 인구통계학적 변수(성, 연령, 인종 등)와 지식, 교육, 가치 등과 같은 비가측적인 변수로 대별해서 사용된다(Timmerman, 2000; Kilduff, et al., 2000; Pelled, 1996; Maznevski, 1994). 그러나 대부분의 연구들에서는 비가측적인 변수보다는 인구통계학적 변수와 규모, 사외이사(민간인) 비율, 참여 비율 등이 사용되고 있다(Kesner, 1987; Cochran, Wood & Jones, 1985).

같은 관계에 있기 때문에 운영의 적정화를 모색하는 것이 중요하다.

첫째, 이사회의 규모와 재무성과 간의 상관성이 존재하는가이다. 일반적으로 대부분의 연구에서 이사회의 최적 규모에 대한 논의보다는 이사회 구성원 총수와 기업의 재정성과와의 관계에 초점을 두어 분석하는 것이 보편적이다. 최적의 이사회 규모를 도출한다는 것이 현실적으로 어렵고 보편화된 측정기법에 한계가 있기 때문이다. 그러나 조직의 규모가 클수록 소규모 조직에 비해 상대적으로 경영주도권 확보를 위한 경쟁이 치열하지 않으며, 추가적인 재무성과를 위한 동기부여도 상대적으로 낮다. 따라서 이사회의 규모가 크면 클수록 공기업의 재무성과와 역(−)의 상관성을 지닌다(Cochran, Wood & Jones, 1985).

둘째, 이사회의 구성원 중에서 사내이사의 비율과 사외이사의 비율이 재무성과에 영향을 미치는가에 대한 분석이다. 일반적으로 사내이사의 비율이 높을수록 재무성과에 긍정적인 효과를 준다는 연구(Baysinger & Hoskisson, 1990; Kesner, 1987; Cochran, Wood & Jones, 1985)와 사외이사의 비율이 높을수록 재무성과에 긍정적인 효과를 준다는 주장(Ezzamel & Watson, 1993; Kaplan & Reishus, 1990)이 대립되고 있다. 그러나 사외이사는 그들의 지위가 위협받지 않고, 최고 의사결정자로부터 자유로울 수 있어 조직을 통제하는 데 좀 더 효과적이라고 믿어지고 있으며(김성훈·박철순, 2000), 사외이사 비율은 이사회의 독립성을 제고하여 주주의 이익을 보호하기 때문에 경영성과와 정(+)의 관계에 있다(Pearce & Zhara, 1992; Hill & Snell, 1988). 특히 사외이사가 소수일 경우 이사회에서의 실질적 영향력 부재로 기업의 주요 전략적 의사결정에서 배제되기가 쉽고 기업 내부의 주요 정보를 획득할 수 있는 가능성이 적은 반면, 사외이사가 다수를 차지하는 경우 사외이사가 실질적인 권한을 가지고 의사결정에 참여할 수 있으며, 의사결정에 필요한 정보 요구 등 정보부족 해소가 실질적으로 가능할 수 있다(이동기·조영곤, 2001). 아울러 사외이사가 다수를 형성할 때 공기업 관리의 독립성과 책임성을 확보할 수 있으며(Bacon & Brown, 1977: 91), 기업 가치를 증대시키는 데 긍정적인 역할을 수행한다(Fernandez & Arrondo, 2005; Rosenstein & Wyatt, 1990).

셋째, 이사회의 여성 비율이 높을수록 공기업의 재무성과와 상관성이 존재하는가의 여부이다. 일반적으로 여성의 참여가 높을수록 이사회 구성원의 다양성이 보장되고, 다양성의 증가는 재무성과와 긍정적인 상관성을 지니며, 사회적 책임성을 증대시키는 경향이 있다(Mattis, 2000; Siciliano, 1996). 그러나 여성의 참여가 직접적인 재무성과와 연결되는 것이 아니지만, 이사회의 통합 및 다양한 의견수렴으로 재무성과를 향상시킬 수 있다(Maznevski, 1994).[3]

넷째, 이사회 구성원의 직접 참여 여부에 따라 재무성과에 영향을 끼칠 수 있다는 점이다. 일반적으로 이사회의 구성원이 직접 참여하여 의사결정하는 것은 기업의 재무성과에 긍정적인 영향을 미친다는 것이다(Dulewicz & Herbert, 2004).[4] 또한 이사의 직접적 의사결정에의 참여는 이사로 하여금 의사결정과정에 능동적으로 몰입할 수 있는 여지가 있다는 것이다(Van den Berghe & Levrau, 2004). 따라서 이사 참여 비율이 높을수록 공기업의 재무성과와 정(+)의 상관성을 지닌다고 할 수 있다.

제2절 국가공기업의 지배구조

1 국가공기업의 하부 지배구조

1) 시장형 공기업의 소유 및 자본구조

시장형 공기업의 자본구조를 살펴보면 인천국제공항공사, 한국공항공사, 한국석유공사는 정부가 100%의 출자 지분을 갖고 있으며, 한국전력공사는 전력산업구조개편촉진에 관한 법률에 의거 6개 발전회사의 지분 100%를 소유하고 있고, 한국가스공사와 한국지역난방공사에도 일정한 지분을 보유하고 있다.

---

3) 미국 100대 기업의 지배구조에 대한 연구에서 97개의 기업이 적어도 1명의 여성 이사를 보유하고 있다는 연구 결과(Catalyst, 1995)는 이러한 기본적 가설을 입증하는 것이라 할 수 있다.

4) 134개 기업에 대해 1997년부터 1999년까지 3년 동안의 분석에서 이사회 구성원의 직접적 참여는 재무성과(총자산수익률: ROA)에 긍정적인 영향을 미친다는 것이다(Dulewicz & Herbert, 2004).

[그림 4-2] 시장형 공기업의 출자 지분 구조

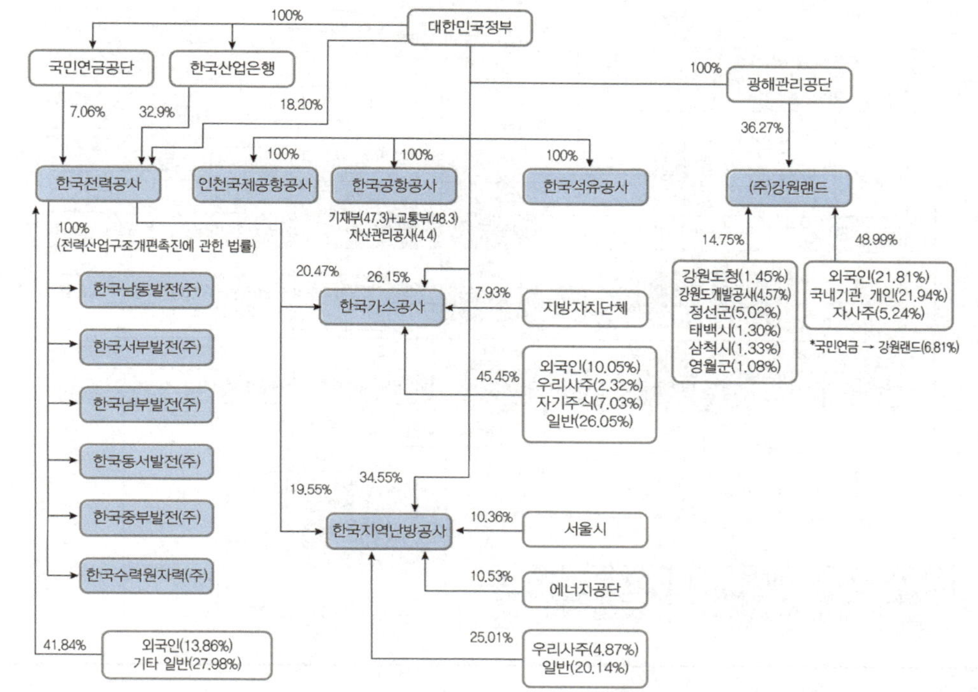

자료: 2023년 9월 말 기준으로 작성되었음(각 기관 홈페이지 경영공시 참조). 4개 항만공사는 기타공공기관으로 전환(2023.1.1).

2) 준시장형 공기업의 소유 및 자본구조

준시장형 공기업의 자본구조를 한국철도공사, 한국조폐공사, 한국방송광고진흥공사, 대한석탄공사, 해양환경공단은 정부가 100% 지분을 보유하고 있으며, (주)한국가스기술공사와 한전KDN은 시장형 공기업인 한국가스공사와 한국전력공사가 지분을 100% 보유하고 있다. 준시장형에 포함된 나머지 기관들은 다양한 이해관계자들이 지분에 참여하고 있는데, 금융권과 지방자치단체, 우리 사주, 일반 투자자 등이 포함되어 있다. 또한 준정부기관 형태인 한국관광공사의 출자회사인 그랜드코리아레저(GKL)에는 외국인도 지분을 참여하고 있다.

[그림 4-3] 준시장형 공기업의 출자 지분 구조

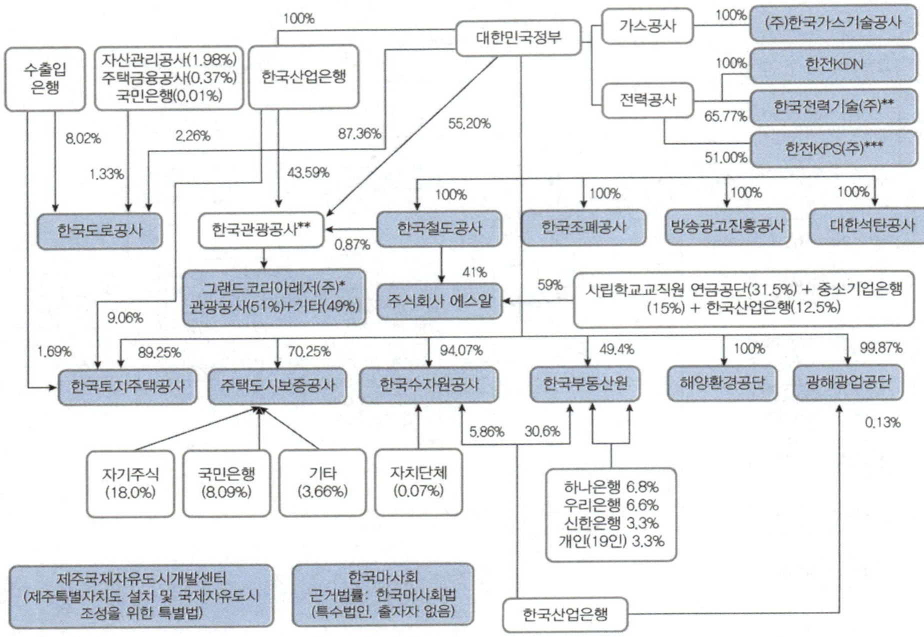

* GKL: 국민연금공단(9.25%) + 외국인(5.01%) + 기타(34.74%).
** 한국전력기술(주): 전력공사(65.77%), 원자력연구원(2.06%), 기타(32.17%).
*** 한전KPS(주): 전력공사(51%), 국민연금관리공단(12.21%), 우리사주(0.80%), 일반투자자(35.99%).
자료: 2023년 9월 기준으로 작성되었음(각 기관 홈페이지 경영공시 참조).

특히 제주국제자유도시개발센터는 제주특별자치도 설치 및 국제자유도시 조성을 위한 특별법에 의해 설립되어 출자 지분 구조를 갖고 있지 않으며, 한국마사회도 한국마사회법에 따라 출자자가 없는 특수 법인 형태로 운영되고 있다.

3) 준정부기관의 소유 및 자본구조

준정부기관은 기금관리형과 위탁집행형으로 구분되는데, 대부분의 기관들이 출자 형태보다는 특수법인 형태로 운영되고 있다.

[그림 4-4] 준정부기관(기금관리형)의 출자 지분 구조

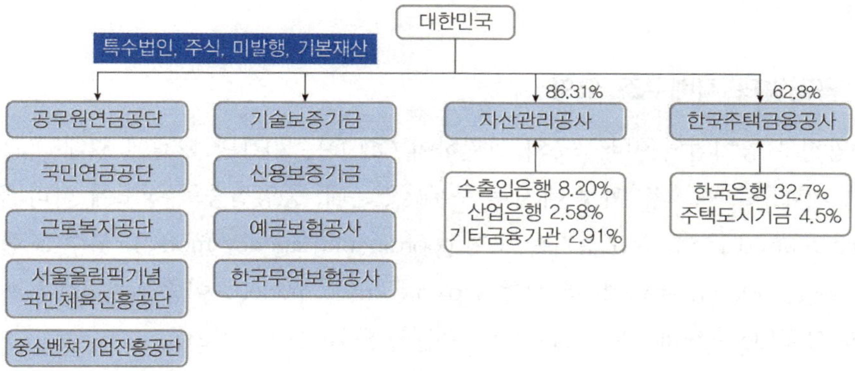

자료: 2023년 9월 기준으로 작성되었음(각 기관 홈페이지 경영공시 참조).
사립학교교직원연금공단, 언론진흥재단은 기타공공기관으로 지정(2023.1.1).

[그림 4-5] 준정부기관(위탁집행형)의 출자 지분 구조

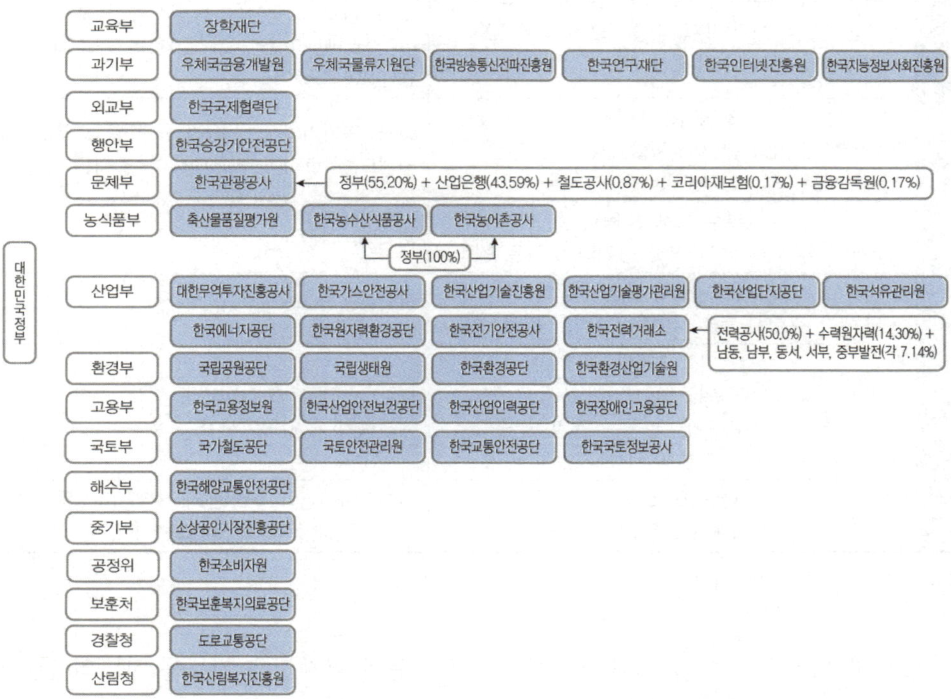

자료: 2023년 9월 기준으로 작성되었음(각 기관 홈페이지 경영공시 참조).

2 국가공기업의 외부 지배구조

1) 공기업의 지배구조 모형

중앙정부 공기업의 지배구조와 관련하여 OECD는 2021년 12월에 52개 국가를 조사하여 지배구조 모형을 여섯 가지로 구분하였는데, 중앙집중화 정도에 따라 집중화 모형(centralised model), 조정기관 모형(coordinating agency model), 복수 트랙 모형(twin track model), 분리 트랙 모형(separate track model), 이중 모형(dual model), 분산화 모형(decentralised model)으로 구분하였다(OECD, 2021).

〈표 4-1〉 공기업의 지배구조 모형

	모형	국가
집중화	〈집중화 모형〉 • 특정 1개 정부부처에서 모든 공기업 관리 • 재정, 경영, 성과모니터링 등 모든 업무 감독 • 임원 선임에 대한 기준을 제시	오스트리아, 칠레, 중국, 콜롬비아, 핀란드, 프랑스, 그리스, 헝가리, 이탈리아, 러시아, 이스라엘, 한국, 네덜란드, 뉴질랜드, 페루, 노르웨이, 슬로베니아, 남아프리카공화국, 스페인, 스웨덴, 아이슬란드
↑	〈조정기관 모형〉 • 다양한 공기업 관련 부처를 조정하는 기관 • 다른 업무보다 성과모니터링에 초점	영국, 불가리아, 코스타리카, 인도, 모로코, 아일랜드, 라트비아, 리투아니아, 필리핀, 폴란드
	〈복수 트랙 모형〉 • 2개의 정부부처에서 산하 공기업 소유권 행사	벨기에, 터키
↓	〈분리 트랙 모형〉 • 부처, 지주회사 등이 각각 공기업을 분리 관리	카자흐스탄, 말레이시아
분산화	〈이중 모형〉 • 2개 부처 또는 상위급 공기업이 소유권 행사 • 1개 부처는 재무, 다른 부처는 경영 담당 • 2개 부처가 서로 다른 이사를 개별적 임명	호주, 브라질, 크로아티아, 체코, 루마니아, 에스토니아, 인도네시아, 스위스
	〈분산화 모형〉 • 다수의 정부부처에서 소유권 행사	사우디아라비아, 아르헨티나, 캐나다, 독일, 덴마크, 일본, 멕시코, 우크라이나, 튀니지

자료: OECD(2021.12)에서 재구성.

집중화 모형은 공기업에 대한 정부의 소유기능과 규제정책 기능을 하나의 관리부처에서 통합 관리되고, 소유기능을 일관성 있고 통합적으로 수행하며, 총괄적 재무보고를 추구한다. 집중화 모형은 공기업에 대한 관리 감독기능 및 소유기능을 통합 관리한다는 측면에서 일원화된 운영을 도모할 수 있으며, 이중 모형이나 분산화 모형에서처럼 정부와 공기업 간의 복잡한 지배구조를 제어할 수 있다. 그러나 권한이 지나치게 비대화될 수 있는 단점이 있다.

조정기관 모형은 다양한 부처별 공기업에 대한 조정 업무를 수행하는 기관을 통해 경영상의 자문 역할을 수행하는 형태이며, 경영성과 모니터링을 가장 중요한 업무로 설정한다. 조정기관의 역할이 강하면 집중화 모형으로 근접하게 되며, 조정기관의 역할이 제한적이고 주무부처 자율성이 보장될수록 분산화 모형에 근접하게 된다.

복수 트랙 모형은 집중화 모형에서 파생된 형태로서 기본적인 지배구조 모형은 유사하지만, 공기업 유형을 두 개로 구분하고, 두 개의 개별적인 공기업 그룹을 두 개의 다른 정부기관이 관리하는 형태이다.

분리 트랙 모형은 정부가 소유하고 있는 공기업, 지주회사, 민영화 기관, 또는 유사한 기관이 각각 별도의 공기업 그룹을 소유하는 형태이다.

이중 모형은 공기업에 대한 감독이 주무부처와 공기업을 통합 관리하는 부처로 이원화되어 있는 형태이다. 즉, 공기업 전체에 대해서는 특정 부처가 통합 관리하고, 개별 공기업에 대해서는 해당 주무부처가 관리 감독하는 형태이다. 공기업을 통합 관리하는 부처는 공기업 이사회의 구성 및 임명, 총괄적 지휘 · 감독 등의 업무를 수행하게 되며, 주무부처는 개별 공기업이 수행하는 사업과 관련된 산업정책적 관리 감독을 담당하게 된다.

분산화 모형은 공기업에 대한 감독이 주무부처별로 통제 관리되는 형태이다. 즉, 개별 공기업의 주무부처가 개별적으로 관리하는 형태이다. 분산화 모형이 채택되는 가장 큰 이유는 주무부처별로 적극적인 산업정책을 집행할 필요가 있거나 규제정책 기능 또는 산업정책 기능과 소유권 기능을 분리하기 어려운 경우에 채택된다. 그러나 분산화 모형은 공기업에 대한 감독이 개별 주무부처에 의해 이루어지기 때문에 국가정책의 통일성을 기하기 어려우며, 주무부처의 공기업에 대한 감독이 과도하게 이루어질 가능성이 높다.

우리의 경우 공기업에 대한 총괄적 소유권을 기획재정부가 담당하고 있으며, 임원 선임 기준 등 주요 경영과정에 대한 지휘감독권을 행사하고 있다. 다만, 주무부처는 개별 공기업이 수행하는 사업과 관련된 정책을 담당하고 있으나, 소유권 및 경영권의 총괄 기능은 기획재정부가 담당하고 있다.

정부는 공기업에 대한 실체적 출자자로서의 역할을 담당한다. 따라서 정부와 공기업은 매우 밀접한 관계를 지닐 수밖에 없지만, 정부의 지나친 관여는 공기업의 자율성을 제약하고 효율성을 저하시킬 수 있으며, 정부의 무관심한 방임은 공기업의 독점에서 파생되는 비효율성을 노정시킬 수 있다.

일반적으로 공공기관의 유형에 따라 정부의 규제 정도가 다르게 나타나고 있는데, 기타공공기관이나 준정부기관에 비해 공기업에 대한 정부 규제의 내용 및 빈도가 상대적으로 더 강하게 나타나고 있다.

〈표 4-2〉 공공기관 유형별 정부의 규제수단

구분	공기업		준정부기관	기타 공공기관
	시장형	준시장형		
통합공시	○	○	○	○
고객만족도조사	○	○	○	○
기능조정 등	○	○	○	○
공공기관 혁신	○	○	○	○
이사회 구성	15인 이내	15인 이내	15인 이내	×
이사회 의장	선임비상임이사	기관장 (자산 2조 원 이상: 선임비상임이사)	기관장	×
감사위원회	○	자산 2조 원 이상 기관만 적용	×	×
선임비상임이사	○	○	○	×
상임이사정수	1/2 미만	1/2 미만	대규모기관: 1/2 미만 소규모기관: 2/3 미만	×
임기	기관장: 3년, 이사·감사: 2년			×
연임	1년 단위			×
기관장과의 경영계약	○	○	○	×
임원 보수 기준	○	○	○	×
감사·감사위원에 대한 직무수행 평가	○	○	○	×
예산안 확정	이사회 의결		주무장관 승인	×
경영실적평가 예산지침, 감사 기준	○	○	○	×

자료: 기획재정부 내부자료.

2) 중앙집중화 정도에 따른 외부 지배구조

(1) 기획재정부

정부부처 중에서 기획재정부는 국가공기업 및 준정부기관, 그리고 기타공공기관에 대한 총괄적 통제기능을 수행하고 있다. 특히 공공기관의 운영에 관한 법률에 의거하여 기획재정부는 공기업 전체에 대한 소유 및 지휘 · 감독 기능을 발휘하고 있으며, 공기업에 대한 출자 당사자로서 실체적 소유기능을 갖고 있다. 즉, 기획재정부는 공공기관의 신설 및 지정, 공기업의 이사회 관련 규정, 임직원의 보수 및 후생복리제도, 경영평가, 경영공시, 예 · 결산 등에 대한 총괄적 지도감독권을 발휘하고 있다.

(2) 공공기관운영위원회

공공기관운영위원회는 기획재정부 장관이 위원장이 되며, 위원은 정부 측 위원과 민간 측 위원으로 구분된다. 공공기관운영위원회는 공공기관의 운영에 관한 사항을 총괄 심의 · 의결하는 기능을 갖고 있다.

〈표 4-3〉 공공기관운영위원회의 구성

<table>
<tr><th colspan="3">구분</th><th>구성</th></tr>
<tr><td colspan="3">위원장</td><td>기획재정부 장관</td></tr>
<tr><td rowspan="3">위원</td><td colspan="2">정부위원</td><td>1. 국무조정실의 차관급 공무원으로서 국무조정실장이 지명하는 공무원 1인
2. 대통령령이 정하는 관계 행정기관의 차관 · 차장 또는 이에 상당하는 공무원
1) 기획재정부 장관이 지명하는 기획재정부 차관 1명
2) 행정안전부 차관
3) 국민권익위원회 위원장이 지명하는 차관급 공무원 1명
4) 인사혁신처장
3. 제2호에 해당하지 아니하는 주무기관의 차관 · 차장 또는 이에 상당하는 공무원</td></tr>
<tr><td rowspan="2">민간위원</td><td>구성</td><td>공공기관의 운영과 경영관리에 관하여 학식과 경험이 풍부하고 중립적인 사람으로서 법조계 · 경제계 · 언론계 · 학계 및 노동계 등 다양한 분야에서 기획재정부 장관의 추천으로 대통령이 위촉하는 11인 이내의 사람
1) 대학 또는 공인된 연구기관에서 부교수 또는 이에 상당하는 직에 5년 이상 근무자
2) 판사 · 검사 또는 변호사의 직에 10년 이상 근무한 경력이 있는 자
3) 법 및 이 영에 공공기관, 자본시장과 금융투자업에 관한 법률 제9조 제15항 제3호에 따른 주권상장법인에서 20년 이상 근무한 자로서 임원의 직에 3년 이상 재직한 자
4) 공인회계사 자격을 가지고 제3호에 열거된 기관의 감사 · 회계 부문에서 10년 이상 종사한 경력이 있는 자
5) 고위공무원단 소속 공무원 또는 정무직 공무원의 직에 근무한 자
6) 그 밖에 제1호부터 제5호까지의 기준에 상당하다고 인정되는 자</td></tr>
<tr><td>임기</td><td>3년(연임 가능)</td></tr>
</table>

자료: 공공기관의 운영에 관한 법률 제9조, 제10조 및 동법 시행령 제11조에서 재구성.

〈표 4-4〉 공공기관운영위원회의 기능

1. 공기업 · 준정부기관과 기타공공기관의 지정, 지정해제와 변경지정
2. 공공기관의 신설 심사
3. 공공기관의 경영공시
4. 공시의무 등의 위반에 대한 인사상 조치 등
5. 공공기관의 기능조정 등
6. 공공기관의 혁신지원 등
7. 시장형 공기업과 준시장형 공기업의 선임비상임이사 임명
8. 공기업 · 준정부기관의 임원 임명 등
9. 보수지침
10. 공기업 · 준정부기관의 임원에 대한 해임이나 해임 건의 등
11. 비상임이사 · 감사에 대한 직무수행실적 평가 등
12. 공기업 · 준정부기관의 경영실적 평가 등
13. 공기업 · 준정부기관의 경영지침
14. 공기업 · 준정부기관에 대한 감독의 적정성 여부의 점검과 개선
15. 채용비위 행위자 명단의 공개
16. 채용비위 관련자 합격 취소
17. 그 밖에 공공기관의 운영과 관련하여 대통령령이 정하는 사항 – 기타공공기관 지정 및 연구개발을 목적으로 하는 기관 지정 여부 – 통합공시의 항목, 기준 및 절차 등에 관한 사항 – 국민에게 직접 서비스를 제공하는 공공기관의 범위에 관한 사항 – 기능조정 등의 대상에서 제외되는 기관의 지정에 관한 사항 – 경영실적 평가의 의뢰에 관한 사항 – 공기업 · 준정부기관 경영평가단의 운영에 관한 사항 – 인사감사의 수행에 필요한 사항 – [별표1] 제3호 다목에 따른 실질적인 수입액 여부 결정에 관한 사항

자료: 공공기관의 운영에 관한 법률 제8조 및 동법 시행령 제10조.

(3) 주무기관

주무기관은 공기업에 대한 업무를 실질적으로 관리 감독하는 중앙행정기관을 의미한다. 예를 들어, 한국가스공사, 한국석유공사, 한국전력공사 등은 주무기관이 산업통상자원부이며, 인체국제공항공사 등의 주무기관은 국토교통부이다. 주무기관은 기획재정부와 달리 소속 공공기관에 대한 주무 정책과 사업을 지휘 · 감독한다.

3 국가공기업의 내부 지배구조: 이사회

1) 공기업 및 준정부기관의 임원

공기업 및 준정부기관 임원은 기관장, 이사, 감사를 의미하며, 감사위원회를 두는 경우에는 감사를 두지 않을 수 있다(공공기관의 운영에 관한 법률 제24조).

(1) 임원추천위원회

공공기관의 운영에 관한 법률 제29조 및 동법 시행령 제23조에서는 공기업과 준정부기관의 임원 후보자를 추천하고, 기관장 후보자와의 계약안에 관한 사항의 협의 등을 수행하기 위하여 공기업·준정부기관에 임원추천위원회를 설치하도록 규정하고 있다.

〈표 4-5〉 임원추천위원회의 구성과 운영

구분		내용
역할		임원 후보자 추천하고, 기관장 후보자와의 계약안에 관한 사항 협의
시기		임원 임기 만료, 기타 사유로 임원을 새로이 선임할 필요가 있는 경우
구성	비율	비상임이사(1/2 이상)+이사회 선임 위원(1/2 미만)
		이사회가 선임하는 위원은 법조계·경제계·언론계·학계 및 노동계 등 다양한 분야에서 학식과 경험이 풍부한 사람 중에서 선임하여야 하며, 당해 공기업·준정부기관 구성원의 의견을 대변할 수 있는 사람 1명 포함
	정수	5~15명(이사회 의결)
	제한	공기업·준정부기관의 임직원과 공무원
	가능	공기업·준정부기관의 비상임이사, 교육공무원법에 따른 교원과 그 준정부기관의 주무기관 소속 공무원
위원장		임원추천위원회 위원인 공기업·준정부기관의 비상임이사 중에서 호선으로 선출
		임원추천위원회 구성 당시 비상임이사가 없는 공기업·준정부기관은 이사회가 선임한 외부위원으로 임원추천위원회를 구성하며, 위원장은 외부위원 중 호선으로 선출
의결		재적위원 과반수의 찬성으로 의결
의뢰		임원추천위원회는 임원후보의 모집·조사 등의 업무를 전문기관에 의뢰
제척 등		임원추천위원회의 구성 및 위원의 제척·기피·회피제도 등 임원추천위원회의 운영과 임원의 선임 등에 관하여 필요한 사항은 공기업·준정부기관의 정관 또는 내규로 규정
회의록		임원추천위원회 회의의 심의·의결 내용 등이 기록된 회의록을 작성·보존하고 공개

(2) 기관장

공기업의 장은 임원추천위원회가 복수로 추천하여 공공기관운영위원회의 심의·의결을 거친 사람 중에서 주무기관의 장의 제청으로 대통령이 임명한다. 다만, 기관 규모가 대통령령이 정하는 기준 이하(총수입액이 1천억 원 미만이거나 직원 정원이 500명 미만인 공기업)인 공기업의 장은 임원추천위원회가 복수로 추천하여 공공기관운영위원회의 심의·의결을 거친 사람 중에서 주무기관의 장이 임명한다(공공기관의 운영에 관한 법률 제25조 제1항).

(3) 상임이사

공기업의 상임이사는 공기업의 장이 임명한다. 다만, 감사위원회의 감사위원이 되는 상임이사(상임감사위원)는 기관의 규모(총수입액이 1천억 원, 직원 정원이 500명 기준)에 따라 대통령 또는 기획재정부 장관이 임명한다(공공기관의 운영에 관한 법률 제25조 제2항).

공기업 상임이사의 정수는 기관장을 포함한 이사 정수의 2분의 1 미만으로 한다. 다만, 공기업으로 지정될 당시 상임이사의 정수가 기관장을 포함한 이사 정수의 2분의 1 이상인 경우 임원의 임기가 보장되는 동안에는 상임이사의 정수는 기관장을 포함한 이사 정수의 2분의 1 이상으로 할 수 있다(공공기관의 운영에 관한 법률 제24조 제3항).

(4) 비상임이사 및 선임비상임이사

공기업의 비상임이사는 임원추천위원회가 복수로 추천하는 경영에 관한 학식과 경험이 풍부한 사람(국·공립학교의 교원이 아닌 공무원은 제외) 중에서 공공기관운영위원회의 심의·의결을 거쳐 기획재정부 장관이 임명한다. 또한 비상임이사에는 3년 이상 재직한 해당 기관 소속 근로자 중에서 근로자 대표(근로자의 과반수로 조직된 노동조합이 있는 경우 그 노동조합의 대표자)의 추천이나 근로자 과반수의 동의를 받은 사람 1명(노동이사)을 포함해야 한다(공공기관의 운영에 관한 법률 제25조 제3항).

공기업 및 준정부기관에는 선임비상임이사 1인을 두는데, 선임비상임이사는 비상임이사 중에서 호선(互選)한다. 다만, 시장형 공기업과 자산규모가 2조 원 이상인 준시장형 공기업의 선임비상임이사는 비상임이사 중에서 기획재정부 장관이 공공기관운영위원회의 심의·의결을 거쳐 임명한다(공공기관의 운영에 관한 법률 제21조).

[그림 4-6] 공기업 임원의 임명 절차

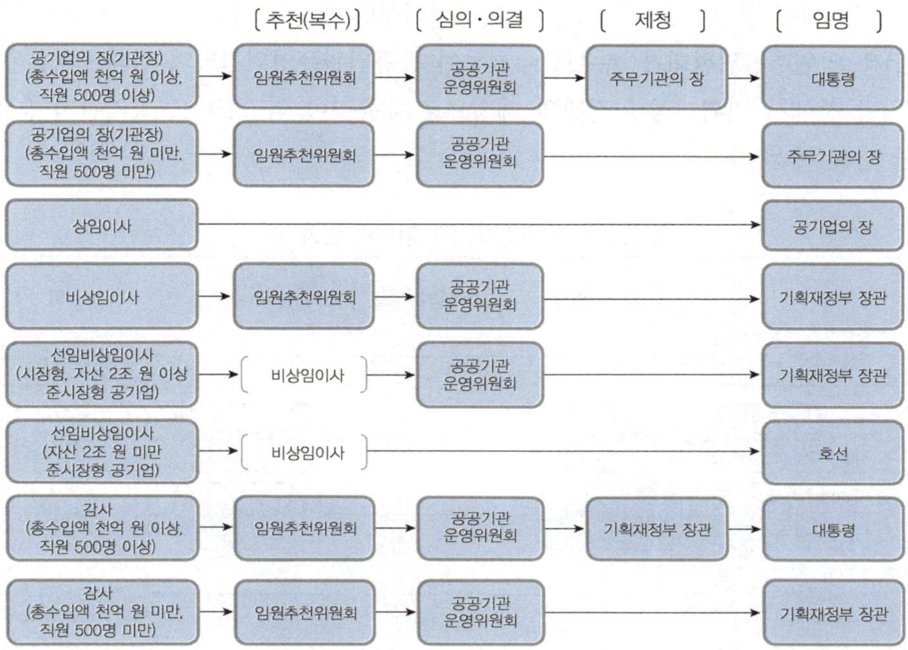

(5) 준정부기관의 임원

준정부기관의 장은 임원추천위원회가 복수로 추천한 사람 중에서 주무기관의 장이 임명하는데, 위탁집행형(총수입액이 1천억 원, 직원 정원이 500명 이상)과 기금관리형(자산 규모 1조 원, 직원 정원 500명 이상)은 임원추천위원회가 복수로 추천한 사람 중에서 주무기관의 장의 제청으로 대통령이 임명한다.

준정부기관의 상임이사는 주무기관의 장이 임명하며, 비상임이사는 주무기관이 임명하되 위탁집행형(총수입액이 1천억 원, 직원 정원이 500명 이상)과 기금관리형(자산 규모 1조 원, 직원 정원 500명 이상)은 임원추천위원회가 복수로 추천한 사람 중에서 주무기관의 장이 임명한다. 이 경우 3년 이상 재직한 해당 기관 소속 근로자 중에서 근로자대표의 추천이나 근로자 과반수의 동의를 받은 사람 1명을 포함하여야 한다.

준정부기관의 감사는 임원추천위원회가 복수로 추천하여 공공기관운영위원회의 심의, 의결을 거친 사람 중에서 기획재정부 장관이 임명하되, 위탁집행형(총수입액이 1천억 원, 직원 정원이 500명 이상)과 기금관리형(자산 규모 1조 원, 직원 정원 500명 이상)은 임원추천위원회가 복수로 추천하여 공공기관운영위원회의 심의·의결을 거친 사람 중에서 기획재정부 장관의 제청으로 대통령이 임명한다(공공기관의 운영에 관한 법률 제26조).

[그림 4-7] 준정부기관 임원의 임명 절차

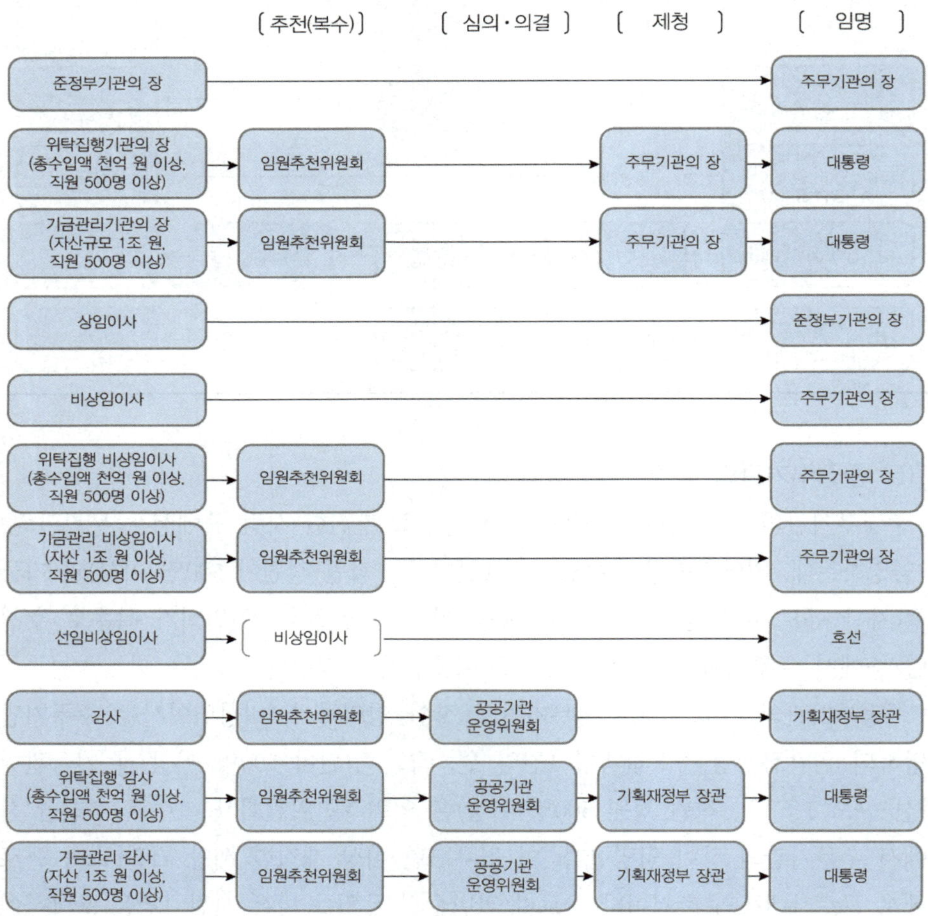

2) 공기업 · 준정부기관 이사회의 구성 및 기능

(1) 이사회의 구성 및 기능

공기업 및 준정부기관의 이사회는 기관장을 포함하여 15인 이내의 이사로 구성되는데, 시장형 공기업과 자산 규모가 2조 원 이상인 준시장형 공기업의 이사회 의장은 선임비상임이사가 되며, 자산 규모가 2조 원 미만인 준시장형 공기업과 준정부기관의 이사회 의장은 기관장이 된다.[5]

공기업 및 준정부기관에는 이사회를 설치하여 운영하는데, 이사회는 심의 · 기능

〈표 4-6〉 이사회의 구성

<table>
<tr><th>구분</th><th colspan="2">내용(공공기관의 운영에 관한 법률 제18조, 제19조)</th></tr>
<tr><td>구성</td><td colspan="2">• 기관장을 포함한 15인 이내의 이사로 구성
• 15인을 초과하는 예외 규정
– 주주총회나 출자자총회 등 사원총회가 있는 공기업 · 준정부기관 중 다른 법률에 따라 지역이나 직종별 기관의 연합으로 설립된 공기업 · 준정부기관
– 공기업 · 준정부기관으로 지정될 당시 이사 정수가 15인을 초과하는 경우. 다만, 지정될 당시 재직 이사의 임기가 보장되는 기간 내에 한정
– 지정 당시 비상임이사가 없는 공기업은 지정 후 3월 이내에 비상임이사 2인 이상을 선임하여야 하는데, 이에 따라 15인을 초과하는 경우</td></tr>
<tr><td rowspan="4">의장</td><td>시장형 공기업</td><td rowspan="2">선임비상임이사(다만, 시장형 공기업 또는 준시장형 공기업으로 지정될 당시 비상임이사가 없는 경우에는 비상임이사가 선임되기 전까지 이사회 의장은 시장형 공기업 또는 준시장형 공기업 지정 당시의 법령에서 정한 자)</td></tr>
<tr><td>준시장형 공기업
(자산 규모 2조 원 이상)</td></tr>
<tr><td>준시장형 공기업
(자산 규모 2조 원 미만)</td><td rowspan="2">기관장(다만, 다른 법률에서 기관장과 이사회 의장의 겸임을 금지하는 경우에는 그 법률의 규정에 따름)</td></tr>
<tr><td>준정부기관</td></tr>
<tr><td>직무대행</td><td colspan="2">정관으로 정하는 바에 따라 비상임이사 중 1명이 그 직무를 대행</td></tr>
<tr><td rowspan="4">회의
(제19조)</td><td>소집권자</td><td>이사회 의장, 재적이사 1/3 이상의 요구</td></tr>
<tr><td>의결정족수</td><td>재적이사 과반수의 찬성</td></tr>
<tr><td>제척 등</td><td>이사회의 안건과 특별한 이해관계가 있는 기관장이나 이사는 그 안건의 의결에 참여할 수 없는데, 의결에 참여하지 못하는 이사 등은 재적이사 수에 포함되지 않음</td></tr>
<tr><td>감사의 의견진술</td><td>감사는 이사회에 출석하여 의견을 진술할 수 있음</td></tr>
</table>

5) 미국 뉴욕 주의 뉴욕전력공사(New York Power Authority)의 이사회는 7인으로 구성되는데, 상원의 동의로 주지사가 임명한다. 또한 사장은 이사회에 의해 임명되는데, 상원에 의해 인가된다(NYPA 홈페이지).

〈표 4-7〉 공기업 및 준정부기관 이사회의 기능(공공기관의 운영에 관한 법률 제17조)

1. 경영목표, 예산, 운영계획 및 중장기 재무관리계획 2. 예비비의 사용과 예산의 이월 3. 결산 4. 기본재산의 취득과 처분 5. 장기차입금의 차입 및 사채의 발행과 그 상환 계획 6. 생산 제품과 서비스의 판매가격 7. 잉여금의 처분 8. 다른 기업체 등에 대한 출자·출연 9. 다른 기업체 등에 대한 채무보증. 다만, 다른 법률에 따라 보증업무를 수행하는 공기업·준정부기관의 경우 그 사업수행을 위한 채무보증은 제외 10. 정관의 변경 11. 내규의 제정과 변경 12. 임원의 보수 13. 공기업·준정부기관의 장이 필요하다고 인정하여 이사회의 심의·의결을 요청하는 사항 14. 그 밖에 이사회가 특히 필요하다고 인정하는 사항
〈공기업 및 준정부기관의 장의 이사회 보고사항〉 ① 국정감사, 회계감사, 감사원이 실시한 감사에서 지적된 사항과 그에 대한 조치 계획 및 실적 ② 공기업·준정부기관의 단체협약 결과와 그에 따른 예산소요 추계(단체협약 체결에 한정) ③ 그 밖에 이사회가 기관장에게 보고하도록 요구하는 사항

을 담당한다. 특히 경영목표와 예산, 운영계획, 재무관리계획, 사채의 발행, 잉여금의 처분 등과 같은 재무관리적 사항과, 임원의 보수와 정관의 변경 등과 같은 경영관리적 사항을 심의·의결하는 기능을 갖고 있다. 또한 공기업 및 준정부기관의 장은 국정감사, 회계감사, 감사원 감사 지적사항 및 조치계획과, 단체협약 체결에 따른 결과와 예산 소요 추계 내용을 이사회에 보고해야 한다.

(2) 이사회 구성원 간의 관계

이사회는 기관장, 이사 등으로 구성되며, 감사는 이사회에 의견을 진술할 수 있다. 이러한 관계를 정리하면 다음과 같다(공공기관의 운영에 관한 법률 제22조).

첫째, 이사회는 기관장이 법령이나 정관을 위반하는 행위를 하거나 그 직무를 게을리하는 등 기관장으로서의 직무수행에 현저한 지장이 있다고 판단되는 경우 이사회의 의결을 거쳐 주무기관의 장에게 그 기관장을 해임하거나 해임을 건의하도록 요청할 수 있다.

둘째, 비상임이사는 필요할 경우 비상임이사 2인 이상의 연서로 공기업·준정부기관의 운영과 관련하여 감사(監事)나 감사위원회에 특정사안에 대한 감사(監査)를 요청할 수 있다. 이 경우 감사나 감사위원회는 특별한 사정이 없는 한 이에 응하여야 한다. 즉, 비상임이사는 단순히 이사회의 거수기로서의 역할이 아니라 주요 안건을 심의·의결하는 기능이 부여되어 있으며, 경영 상황에 대한 감사를 요청할 수 있으므로 공기업 및 준정부기관에 대한 감시자로의 역할을 제고하고 있다.

셋째, 비상임이사는 기관장에게 이사로서의 업무수행에 필요한 자료를 요구할 수 있다. 이 경우 기관장은 특별한 사정이 없는 한 이에 응하여야 한다. 즉, 비상임이사는 외부 민간 전문가로 구성되므로 공기업의 내부 운영과 관련된 사항에 대해 정확한 정보를 알기 어렵다. 따라서 공기업 내부관리와 관련된 경영정보를 숙지하여 주요 안건을 심의·의결해야 하는 비상임이사에게 올바른 정보 제공으로 합리적인 의사결정을 도모할 수 있도록 해 주는 것이 필요하다.

3) 외국의 이사 임명 체계

외국의 공기업 이사 임명 체계를 살펴보면 정부 검증 시스템을 구축한 국가, 소유권 기관이 이사를 선임하는 국가, 이사회가 기관장을 임명하는 국가 등으로 구분되는데, 대부분의 국가에서 소유권을 갖고 있는 정부 기관이 이사를 선임함으로써 소유권 중심의 지배구조를 보유하고 있다.

〈표 4-8〉 국가별 공기업 이사 선임 방법

구분	국가
정부 검증(심사)	이스라엘, 뉴질랜드, 스웨덴, 벨기에, 터키, 호주, 브라질, 캐나다, 우크라이나
소유권 기관 이사 선임 관여	오스트리아, 칠레, 중국, 콜롬비아, 핀란드, 그리스, 헝가리, 아이슬란드, 이스라엘, 이탈리아, 한국, 네덜란드, 뉴질랜드, 노르웨이, 페루, 스웨덴, 불가리아, 코스타리카, 라트비아, 리투아니아, 모로코, 필리핀, 영국, 벨기에, 터키, 호주, 브라질, 체코, 에스토니아, 루마니아, 스위스, 아르헨티나, 캐나다, 독일
이사회가 CEO 임명	오스트리아, 칠레, 핀란드, 그리스, 뉴질랜드, 노르웨이, 페루, 스웨덴, 라트비아, 체코, 루마니아, 스위스, 아르헨티나, 독일, 일본, 멕시코, 폴란드

자료: OECD(2012.12)에서 재구성.

<표 4-9> 외국의 공기업 이사회 구성

	독립적 이사	정부출신 이사	근로자대표 이사	이사회 최대 / 최소	이사회 구성의 다양성 규정
아르헨티나		○	○	12 / 3	
호주	○ (이사회 전체)	X	X	20 / 3	
오스트리아	○ (대부분)	○ (소유권 비례)	○ (1/3)		33% 여성할당제
벨기에	○	○	X		33% 여성할당제
브라질	○ (25% 독립)	○ (과반수 이상)	○	11 / 7	
불가리아	○(최소1/3)	○	X	5 / 3	
캐나다	○	○	X	12 / 9	
칠레	일반 관행 (의무 아님)		일부	7 / 3	여성 목표 (최소 40%, 최대 60%)
중국	○	X	해당없음	19 / 5	
콜롬비아	○ (25% 이상)				30% 여성할당제
코스타리카	일반 관행			9 / 5	305 여성할당제
체코	○ (과반수 이상)	○ (소유권 비례)	○ (1/3)		
덴마크	○ (거의 모두)	X	○ (1/3)	– / 3	동일한 성별균형 목표 (40% / 60%)
핀란드	○ (거의 모두)	○	○ (최소 1/5)	10 / 3	40% 여성할당제
프랑스	○ (1/3)	○ (소유 범위에 따라)	○ (1/3)	18 / 9	40% 여성할당제
독일	○ (거의 모두)	○ (최대 2명)	○ (1/3~50%)		30% 여성할당제
그리스	○ (최소 2명)	○	○ (1명)	– / 3	
헝가리	○	○	○	7 / 3	
아이슬란드			X		동일 성별균형(40% / 60%)
인도	○(1/3)	○	X		
아일랜드			○(1/3)		40% 여성할당제
이스라엘		○	○	12 / 5	50% 여성할당제
이탈리아		X	X	5 / 3	40% 여성할당제
일본		X	X		
한국	○	○	○	15 / –	
라트비아	○(절반)	금지되지 않음	X	7 / 3	
말레이시아	공식요건 없음	○	X		30% 목표할당제
모로코	○	○	X		

멕시코	X	○ (과반수 이상)	○ (일부)	15 / 5	
네덜란드	○	X	○(1/3)		30% 여성할당제
뉴질랜드	○ (거의 모두)	X	X	9 / 2	
노르웨이	○ (과반수 이상)	X	○ (최대 1/3)		성별균등대표제 (남/여 약 40%)
페루	○	○	○	7 / 3	
폴란드	○	○	○	– / 3~5	
포르투갈			○		30% 여성할당제
슬로바키아	○ (과반수 이상)	○ (소유권 비례)	○ (50%)		
슬로베니아			○ (1/4~50%)	– / 3	40% 여성할당제
남아공	○	○			30% 여성할당제
스페인	50%	○	○ (2~3명)	15 / –	
스웨덴	○ (90%)	X	○ (2명~50%)	9 / 3	성별균등 대표제 (40% 목표)
스위스	○	○		9 / 5	30% 목표할당제
터키	X	○	X	– / 6	
영국	○(과반수 이상)	○(비상임 1명)	X		
미국			X		

자료: OECD(2012.12)에서 재구성.

아울러 외국의 공기업 이사회에 대한 평가체계를 비교하면 소유기관에 의한 하향식 평가, 공식적 평가 절차의 규정화, 이사회 성과 및 이사 자체평가, 외부 전문가에 의한 평가, 이사 선임에 이사회 평가 결과를 반영하는지에 대한 유무가 국가별로 상이함을 알 수 있다.

정부 조직에 가까운 공기업을 운영하는 국가들은 소유권 기관이 기관 설립 목적 측면에서 이사회 전체를 평가하는 하향식 접근법을 채택하고 있으며, 이사회 평가 기준은 정량적 평가(참석률, 위원회 참여율 등)와 정성적 평가(이사회의 집단 성과에 대한 기여 등) 모두를 활용하고 있다. 특히 부처별로 공기업을 관리하는 국가에서는 해당 부처가 평가를 수행한다.

스웨덴의 경우는 국가 소유권 정책에 따라 매년 이사회 평가를 수행하고 있으며, 외부 전문가를 활용하여 평가를 실시하고 있다. 또한 스위스의 경우는 이사들이 자발적으로 교육을 수행하고, 정기적으로 이사회의 기능을 검토하며, 검토 결과를 이사회 의장에 제공한다. 그러나 우리의 경우는 이사회에 대한 평가시스템을 갖고 있지 않으며, 공식적인 평가 절차를 수립하고 있지도 않지만, 이사 선임에 있어 평가 결과를 비공식적으로 반영하고 있을 뿐이다.

〈표 4-10〉 국가별 공기업 이사회 평가체계 현황

구분	국가
소유기관에 의한 하향식 평가	체코·호주·에스토니아·영국(임의 규정), 칠레·헝가리·폴란드(연례 평가), 카자흐스탄, 라트비아, 네덜란드, 노르웨이, 스웨덴, 스위스
공식적 평가 절차 수립	브라질, 캐나다(구속력은 없음), 칠레, 체코, 덴마크(임의 규정), 핀란드, 그리스, 이스라엘, 카자흐스탄, 멕시코(일부), 네덜란드, 노르웨이, 슬로베니아, 스웨덴
이사회의 성과 이사 자체평가	공식: 벨기에, 브라질, 칠레, 뉴질랜드, 네덜란드, 슬로베니아, 체코, 덴마크, 핀란드, 그리스, 이스라엘, 라트비아, 리투아니아, 포르투갈, 스웨덴, 콜롬비아·아르헨티나·러시아는 상장공기업만 적용 비공식: 캐나다, 노르웨이, 스위스, 영국
외부 전문가 평가	칠레, 체코, 핀란드, 멕시코(일부), 네덜란드, 스웨덴, 영국(필요시)
이사 선임에 평가 결과 반영	공식: 칠레, 체코, 덴마크, 에스토니아, 헝가리, 네덜란드, 뉴질랜드, 스웨덴, 노르웨이, 포르투갈, 슬로베니아 비공식: 캐나다, 한국, 리투아니아, 폴란드, 스위스, 영국

자료: OECD(2012.12)에서 재구성.

4 국가공기업의 내부 지배구조: 감사(監事)와 감사위원회

1) 감사기구의 유형과 역할

(1) 감사기구의 유형

감사기구는 크게 내부 감사기구와 외부 감사기구로 구분된다. 내부 감사기구는 감사 또는 감사위원회라는 명칭으로 구성되어 있으며, 외부 감사기구는 회계법인, 감사원, 주무부처, 기획재정부 등 기관 외부에 존재하는 기구를 의미한다.

내부 감사기구로서의 감사는 공식적이고 정당한 권한을 가진 독립적인 위치에서 감사대상이 되는 기관과 그 소속 직원들이 수행하는 제반활동의 잘못을 검사하여 적절한 조치를 요구하기 때문에 감사활동의 핵심은 전문성과 독립성의 확보라고 할 수 있다(윤태범, 2014: 185). 특히 기관장은 그 공기업・준정부기관의 이익과 자신의 이익이 상반되는 사항에 대하여는 공기업・준정부기관을 대표하지 못하는데, 이 경우 감사 또는 감사위원회가 공기업・준정부기관을 대표한다(공공기관의 운영에 관한 법률 제32조 제2항).

공공기관의 내부감사는 상근하는지의 여부에 따라 상임감사와 비상임감사로 구분되는데, 상임감사는 내부 직원과 마찬가지로 상시 출근하여 내부 감사활동을 수행하지만, 비상임감사는 비정기적으로 출근하여 내부 감사활동을 수행한다. 그러나 비상임감사가 존재하는 기관도 상임감사가 존재하는 기관의 경우와 마찬가지로 내부 감사와 관련된 업무는 내부 직원들로 구성된 감사조직(예: 감사관실, 감사과 등)에서 수행하는 형태를 취한다.

또한 공공기관의 내부감사 및 감사위원회는 1인의 감사로 구성할 것인가, 2인 이상의 합의제 형태로 구성할 것인가의 여부에 따라 단독제와 합의제로 구분할 수 있다. 일반적으로 내부감사는 1인으로 구성되는 것이 보편적이지만, 1인 감사의 한계로는 독단적 의사결정의 폐해, 전문성이 결여된 1인 감사의 업무적 한계, 1인 감사의 감사 업무 분야 방대함, 내부 감사직원에 대한 인사권 제약, 단기적 임기로 인한 지속적 감사활동의 보장 한계 등이 지적되고 있다. 이러한 1인 감사 체계의 문제점을 보완하기 위해 나타난 제도가 감사위원회 제도이다.

〈표 4-11〉 공공기관 감사 및 감사위원회의 구성 형태(2022년 말 기준)

<table>
<tr><th colspan="2" rowspan="2"></th><th colspan="2">합의제 여부</th></tr>
<tr><th>합의제</th><th>단독제</th></tr>
<tr><td rowspan="2">상임 여부</td><td>상임</td><td>① 시장형 공기업
② 자산규모 2조 원 이상인 준시장형 공기업
③ 다른 법령에 따른 자산 2조 원 미만 준시장형 공기업
(공기업 22개 기관 운영)</td><td>공기업 감사(①, ② 제외)
준정부기관 감사

(준시장형 12, 준정부기관 34)</td></tr>
<tr><td>비상임</td><td>현행 공공기관에는 존재하지 않음</td><td>중앙 공공기관 62
– 준시장형 2
– 기금관리 1
– 위탁집행 59
지방공사, 지방공단 대부분</td></tr>
</table>

(2) 감사의 선임 기준 및 역할

현행 법률에 의한 감사의 선임 기준은 업무 수행에 필요한 학식과 경험이 풍부하고, 능력을 갖춘 사람을 감사 후보자의 조건으로 제시하고 있는데(동법 제30조), 일반적이고 추상적인 기준만을 제시하고 있으므로 보다 구체적인 선임 기준이 필요하다.[6)]

전문성이 결여된 감사의 임명은 비효율적인 경영성과와 직결될 수 있으므로 감사 선임 기준을 명확히 규정하고, 전문성과 독립성을 갖춘 감사를 확보하는 것은 공공기관의 성과에 매우 중요하다. 특히 감사기구의 독립성 및 전문성은 기관의 경영성과를 결정하는 데 매우 중요한 요소로 강조되고 있는데, 대부분의 연구에 의하면 내부감사의 독립성과 성과 간에는 정비례 관계가 존재한다(Vicknair et al., 1993; Beasley et al., 1999; 유승원, 2009 재인용).[7)]

2) 감사

(1) 공기업 감사의 임명

공기업의 감사는 임원추천위원회가 복수로 추천하여 공공기관운영위원회의 심의·의결을 거친 사람 중에서 기획재정부 장관의 제청으로 대통령이 임명한다. 다만, 기관 규모가 대통령령이 정하는 기준 이하(총수입액이 1천억 원 미만이거나 직원 정원이 500명 미만인 공기업)인 공기업의 감사는 임원추천위원회가 복수로 추천하여 공공기관운영위원회의 심의·의결을 거친 사람 중에서 기획재정부 장관이 임명한다(동법 제25조).

(2) 준정부기관 감사의 임명

준정부기관의 감사는 임원추천위원회가 복수로 추천하여 공공기관운영위원회의 심의·의결을 거친 사람 중에서 기획재정부 장관이 임명한다. 다만, 기관 규모가 대

6) 공기업·준정부기관의 상임감사 및 감사위원에 대해 기획재정부 장관은 직무수행실적을 평가할 수 있다(공공기관의 운영에 관한 법률 제36조)

7) 24개 공공기관을 대상으로 재무전문성을 보유한 내부감사인이 있는 공공기관과 그렇지 않은 공공기관을 비교한 결과 전문성 보유 공공기관의 ROA가 약 4% 높은 것으로 분석되었다(유승원, 2009). 또한 2007년부터 상임감사 직무수행실적 평가가 시행됨에 따라 공기업 상임감사 직무수행실적 평가를 분석한 연구 결과에 따르면 공기업 내부감사에 대한 직무성과평가의 도입이 공기업의 이익조정을 억제하여 회계 투명성을 제고하였으며, 내부감사 직무성과평가의 실시는 공기업 내부 감사활동을 촉진시켜 직무성과평가 도입의 목적인 책임성 확보와 내부 견제시스템의 활성화를 도모하였다(신상훈·김선미, 2015: 1-25).

통령령이 정하는 기준 이상[8]이거나 업무내용의 특수성을 감안하여 대통령령으로 정하는 준정부기관의 감사는 임원추천위원회가 복수로 추천하여 공공기관운영위원회의 심의・의결을 거친 사람 중에서 기획재정부 장관의 제청으로 대통령이 임명한다(동법 제26조).

(3) 감사의 임기 및 역할

감사의 임기는 2년이며, 1년을 단위로 연임될 수 있다(동법 제28조). 공공기관 기관장의 임기가 3년인데 비해, 감사의 임기는 2년으로 하고 있다.

공기업 및 준정부기관의 감사는 이사회와 분리되어 중립적인 위치에서 감사활동을 수행함으로써 내부통제의 기능을 수행한다. 즉, 감사는 기획재정부 장관이 정하는 감사 기준(공기업・준정부기관 감사 기준)에 따라 공기업・준정부기관의 업무와 회계를 감사하고, 그 의견을 이사회에 제출한다. 이 경우 감사원은 기획재정부 장관에게 감사 기준에 관하여 의견을 제시할 수 있다(동법 제32조).

감사는 이사회에 출석하여 의견을 진술할 수 있지만(동법 제19조 제4항), 의결권을 갖고 있지 않다.

3) 감사위원회

(1) 시장형 공기업과 자산규모 2조 원 이상인 준시장형 공기업

시장형 공기업과 자산규모가 2조 원 이상인 준시장형 공기업에는 감사를 갈음하여 이사회에 감사위원회를 설치하여야 하며, 자산규모가 2조 원 미만인 준시장형 공기업과 준정부기관은 다른 법률의 규정에 따라 감사위원회를 설치할 수 있다(공공기관의 운영에 관한 법률 제20조 제2항, 제3항).

감사위원회의 감사위원이 되는 상임이사(상임감사위원)는 임원추천위원회가 복수로 추천하여 공공기관운영위원회의 심의・의결을 거친 사람 중에서 기획재정부 장관의 제청으로 대통령이 임명한다. 다만, 총수입액이 1천억 원 미만이거나 직원 정원이 500명 미만인 공기업의 상임감사위원은 임원추천위원회가 복수로 추천하여 공공기관운영위원회의 심의・의결을 거친 사람 중에서 기획재정부 장관이 임명한다(동법 제

---

8) 위탁집행형 준정부기관 중에서 총수입액이 1천억 원 이상이고 직원 정원이 500명 이상, 기금관리형 준정부기관 중에서 자산 규모(위탁관리하는 기금자산을 포함한다)가 1조 원 이상이고 직원 정원이 500명 이상인 경우를 의미한다(동법 시행령 제22조).

25조 제2항).

(2) 준정부기관의 상임감사위원

준정부기관의 감사는 임원추천위원회가 복수로 추천하여 공공기관운영위원회의 심의·의결을 거친 사람 중에서 기획재정부 장관이 임명한다. 다만, 기관규모가 대통령령이 정하는 기준 이상이거나 업무내용의 특수성을 감안하여 대통령령으로 정하는 준정부기관의 감사는 임원추천위원회가 복수로 추천하여 공공기관운영위원회의 심의·의결을 거친 사람 중에서 기획재정부 장관의 제청으로 대통령이 임명한다(동법 제26조).

(3) 감사위원회의 임기 및 권한

감사위원회는 이사회 내의 위원회로서 복수의 이사진으로 구성된 감사기구를 의미하는데, 감사위원은 이사회의 지명에 의하여 이사로서의 직책 외에 감사위원회 위원(임기 1년, 1년 단위 연임)으로서의 직책을 공유하게 된다. 특히 감사위원은 업무와 회계에 대한 감사를 실시하고, 그 결과를 이사회에 보고하지만, 이사회의 하부기관이라는 점에서 독립성에는 한계가 있다.

감사위원회는 위원 중 1명 이상은 대통령령으로 정하는 회계 또는 재무전문가이어야 하며, 감사위원회의 대표는 사외이사이어야 한다.

제3절 지방공기업의 지배구조

1 지방공기업의 소유구조 및 외부 지배구조

1) 지방공기업의 소유 및 자본구조

지방공기업은 크게 지방직영기업, 지방공사, 지방공단으로 구분되는데, 지방직영기업은 지방자치단체의 소속 부서로서 공무원의 신분을 갖기 때문에 출자 및 소유,

자본구조의 개념이 존재하지 않는다. 반면에 간접경영형태인 지방공사와 지방공단은 지방자치단체가 출자한 독립된 법인체이므로, 소유 및 자본구조가 지방직영기업과 상이하다. 이를 구체적으로 살펴보면 다음과 같다.

첫째, 지방직영기업은 지방자치단체의 조직으로서 특별회계로 처리되며, 출자의 개념이 존재하지 않는다. 따라서 민간부문과 같은 이사회 조직이 부재하며, 지방자치단체의 공무원에 의해 업무가 처리된다. 또한 지방직영기업의 일차적인 책임은 지방직영기업의 관리자에 있지만, 최종적인 책임은 지방자치단체의 장에게 있다.

둘째, 지방공사는 지방자치단체의 출자 비율에 따라 전액 출자한 지방공사와 지방자치단체가 50% 이상 출자한 지방공사로 구분되는데, 지방공사는 수익적 사업을 수행하는 형태이므로 민간부문과의 합자가 가능하다. 그러나 민간부문과의 합자도 50% 미만으로 설정되어 있으므로, 절대적 소유권은 지방자치단체에게 있다. 따라서 지방공사는 자신의 이름으로 재원을 조달하고, 조달된 재원을 자신의 책임 하에 운영하며, 손익금의 자기 처분이 인정된다. 또한 지방공사는 단독으로 다른 법인에 출자할 수 있는데, 직전연도 말 지방공사 자본금의 10% 이내에서 다른 법인에 대한 출자가 가능하다(지방공기업법 제54조, 동법 시행령 제47조의2). 지방공사가 단독으로 다른 법인에 출자하는 형태는 지방공사의 자회사라 할 수 있으며, 상법상의 주식회사 형태로 운영된다.

셋째, 지방공단은 지방자치단체가 전액 출자한 경영형태로 민간부문과의 합자가 불가능하며, 지방자치단체의 업무를 대행하는 기관이다. 따라서 지방공단은 지방자치단체로부터 위탁대행 수수료를 받아 운영되며, 수익금이 발생하면 지방자치단체에 반납하므로 최종 회계는 0이 된다. 따라서 지방공단은 손익금의 자기처분이 인정되지 않는 구조를 지니고 있다.

넷째, 지방출자기관은 지방자치단체가 출자금의 10% 이상을 출자한 형태로서, 지방공기업법이 아니라 지방자치단체 출자·출연기관의 운영에 관한 법률에 의해 규율되는데, 자본구조상으로 지방자치단체가 50% 이상의 출자 지분을 갖는 경우도 있고, 민간부문의 지분이 50% 이상인 경우도 존재한다. 즉, 지방자치단체가 자본금의 전액을 출자하거나 50% 이상인 경우도 있는데, 이런 출자 구조는 지방공사와 차이가 없다. 또한 지방자치단체는 지방자치단체 외의 자(외국인 및 외국법인을 포함)와 공동 출자할 수 있다.

다섯째, 지방출연기관은 지방자치단체의 출연으로 운영되는 형태이며, 민법 또는 공익법인의 설립·운영에 관한 법률에 따른 재단법인 형태로 운영된다. 지방출연기관은 출자의 개념보다는 재단법인 형태로서, 지방자치단체로부터 출연금을 통해 공익적 사업을 수행하는 형태이다.

결국 지방공공기관은 지방공기업법에 따른 지방직영기업, 지방공사, 지방공단과, 지방자치단체 출자·출연기관의 운영에 관한 법률에 따른 지방출자기관 및 지방출연기관으로 구분되는데, 지방직영기업은 정부 조직이므로 별도 법률체계로 전환될 필요가 있으며, 중앙정부의 공공기관 운영에 관한 법률처럼 나머지 기관 유형을 하나의 법률로 통합하여 관리할 필요가 있다.

〈표 4-12〉 지방자치단체 출자 비중에 따른 적용 법률 및 특징

법률	유형	자치단체 출자	비고
지방 공기업법	지방직영기업	출자 개념 없음(자치단체 조직)	당연적용사업
	지방공사	지방자치단체 50% 이상 출자	자본금 10% 내 타 법인 출자 가능
	지방공단	지방자치단체 100% 출자	민간 출자 불가
지방 출자 출연법	지방출자기관	지방자치단체 10% 이상 출자	상법상의 주식회사 형태
	지방출연기관	지방자치단체 출연	민법, 공익법인의 설립·운영에 관한 법률에 따른 재단법인

2) 지방공기업의 외부 지배구조

지방공기업의 효과적인 지배구조를 구축하기 위해서는 지방공기업에 대한 외부통제가 합리적으로 구축되어야 한다.

(1) 지방공기업 외부통제의 본질

지방공기업 통제의 필요성은 생산관계기초로서의 공공성에서 기인한다. 지역주민이 소유자이고 주체이므로 소유자로서의 시민이 지방공기업을 통제하는 것은 필요하다(Sullivan, 1990: 422-423; Savas, 1987: 47-49; 大島國雄, 1976: 95). 또한 지방자치단체는 시민의 세금으로 지방공기업에 출자하는데, 민간기업처럼 출자한 만큼의 통제는 인정된다(Corbett, 1965: 185; Galbraith, 1964: 91-92; Robson, 1962: 477). 아울러 지방공기업의 목적 자체가 공익성을 띠고 있으므로, 공익성이 제대로 잘 구현되었는

지를 확인하기 위해서라도 통제의 필요성은 인정된다(Sadique, 1976: 36).[9]

지방공기업에 대한 자율과 통제정책의 가장 큰 변화는 1999년의 지방공기업법 개정이라 할 수 있다. 1995년 지방자치가 본격화됨에 따라 지방의 자율성을 보장하기 위한 중앙통제완화 정책이 제도화되었는데, 지방공기업에 대한 행정안전부의 통제에도 커다란 변화가 있었다. 즉, 지방공사 및 지방공단 설립 및 정관변경 인가권을 지방자치단체로 이양하였으며, 지방공기업의 자율성을 보장하기 위하여 지방공사 및 지방공단의 예산편성에 대한 지방자치단체의 사전승인제도를 폐지하였다. 다만, 경영 결과에 대한 엄격한 책임을 부여하기 위하여 행정안전부의 경영평가권을 강화하였고, 부실 지방공기업에 대한 경영진단 및 경영개선명령을 강화하였다.

1999년 지방공기업법 제5차 개정으로 지방자치단체의 지방공사·지방공단 설립이 자유화되었고, 많은 사전 통제장치가 사후관리제도로 이행되었지만, 지방공기업의 남설과 도덕적 해이, 부채 및 경영성과의 악화는 오히려 가중되었다.[10] 이러한 일련의 흐름 속에서 지방공기업에 대한 공적 통제의 필요성은 자율성 부과 못지않게 중요하게 부각되고 있다.

(2) 지방공기업 외부통제의 필요성 및 유형

공기업은 지나친 실무 간섭과 정치적 동기가 부여된 소유권 간섭에 시달릴 수 있으며, 이는 기업운영에 있어 불분명한 임무의 경계, 책임감의 소홀 및 능률 저하로 이어질 수 있다. 반면에 지나치게 소극적이거나 냉담한 정부의 소유권 행사로 인한 관리 감독의 부족은 공기업과 그 경영진이 해당 공기업과 궁극적 주주인 일반 국민들의 이익을 대변해야 하는 유인을 약화시킬 수 있으며, 기업 내부자들의 이기적인 행동을 부추길 수 있다(OECD, 2015). 따라서 공기업에 대한 통제의 필요성은 어느 정도 인정되며, 효과적인 통제로 공기업이 추구하는 본래의 목적을 제대로 이행할 수 있도록 유도하는 것이 중요하다.

지방공기업은 지방자치단체가 공적 목적을 수행하기 위해 경영하는 기업이라고

---

9) 지방공기업 통제의 내용은 원구환(2016)의 내용에서 발췌하였다.

10) 1998년까지 지방공기업 설립에 대한 사전승인제도가 존재하였던 시기의 지방공기업 성과와, 1999년 자율설립제도 도입 이후의 지방공기업 성과를 비교하면, 사전승인제도 하에서 지방공기업의 평균 영업수지 비율은 94%로 나타난데 비해, 자율설립제도 하에서는 63.46%로 나타났으며, 당기순이익은 1,256,158천 원에서 −252,314천 원으로 악화되었다(행정안전부 내부자료).

할 수 있는데, 공공성과 기업성을 동시에 추구해야 하는 역설적 경영체라 할 수 있다. 지방공기업에 대한 통제가 제대로 이행되고 있는지를 확인하기 위해서는 다음과 같은 사항을 고려할 필요가 있다.

첫째, 왜 지방공기업에 대한 통제가 필요한가에 대한 여부이다. 지방공기업은 공적 소유를 바탕으로 목적 자체가 공익적이며, 제공하는 서비스가 공적 가치를 지니고 있으므로 공적 규제가 필요하다는 입장이다(大島國雄, 1976: 95). 지방공기업법 제1조도 지방공기업의 목적으로 '지방자치의 발전과 주민의 복리증진'을 규정하고 있으므로, 목적으로서의 공공성이 제대로 실현되고 있는지를 확인하는 것이 중요하다.

둘째, 통제의 필요성을 내적 요인에서 찾을 것인가, 외적 요인에서 찾을 것인가의 문제이다. 일반적으로 지방공기업의 도덕적 해이에 따른 통제의 필요성은 외부통제를 강조하는 대리인 이론(agency theory)과 내부통제를 강조하는 청지기 이론(stewardship theory)으로 구분해 볼 수 있다. 그러나 청지기 이론의 내적 통제 방안은 내적 가치에 대한 일체감 형성을 강조하면서 구체적인 방안보다는 학습 및 교육의 중요성을 강조하고 있어 실용적 통제 방안으로서의 한계성을 지니고 있다. 구체적인 통제 방안이 미흡한 상태에서 청지기적 정신만을 강조해서는 효과적인 지방공기업 통제를 모색하기 어렵기 때문에 외부통제에 대한 필요성을 보완하는 것이 필요하다.

셋째, 외부적·실용적 통제를 효과적으로 살펴보기 위해서는 통제의 내용에 대한 검토가 필요하다. 일반적으로 통제의 내용은 일반적 통제와 개별적 통제로 구분된다(윤세창, 1981: 299-301). 일반적 통제는 지방공기업 업무의 일반적 정책사항에 대한 것이며, 지방공기업의 일상 업무나 구체적인 지시에 대한 것은 아니다. 그러나 일반적 통제는 구체적인 통제권을 갖고 있지 못하기 때문에 주무부 장관(행정안전부)은 설득이라는 비공식적 과정에 의존하게 되고, 이 과정에서 갈등이 발생하므로 정부는 주무부 장관(행정안전부)이 지방공기업에 관여할 수 있는 법을 제정하여 통제하려고 한다. 또한 지방공기업의 통제를 일반적 통제로 국한시킬 경우 그 추상성으로 인해 지방공기업을 효과적으로 관리하기 어렵고, 정부의 목표와 지방공기업의 목표를 일치시켜 구체화할 수 없는 문제점이 발생한다(Cassese, 1981: 150-151). 따라서 구체적인 개별적 통제의 필요성이 제기되는 것이다. 특히 개별적 통제는 지방공기업의 세부 경영요소별로 통제의 정도가 달라지는데, 보통 통제의 필요성이 강할수록 명령, 결정, 승인, 인·허가 등의 방식을 채택하게 되고, 정책적 방향성을 통일하기 위해서는 조정권이나 지침제시 등의 방식이 사용된다.

넷째, 소유구조의 공공성에서 비롯되는 통제 정도를 살펴보기 위해서는 지방공기업에 대한 정부의 통제 유형을 구분해야 한다. 그 이유는 소유주체로서의 지역주민을 대리하는 정부의 위치가 중요하기 때문이다. 일반적으로 정부의 통제 유형은 삼권분립 원칙에 따라 입법, 사법, 행정적 통제로 구분(一瀨智司 等, 1977: 24-30; 이상규, 1992: 356-359; 석종현, 1992: 387)되지만, 행정적 통제가 보편적이다. 그 이유는 소유구조 및 목적의 공공성과 관련된 법적 규정이 행정통제로 구체화된다는 점이며, 입법부와 사법부에 의한 통제는 주로 사전적 혹은 사후적 통제가 주종을 이루기 때문에 지방공기업 내부의 공적 규제 측면을 살펴보기 위해서는 행정통제가 필요하다(원구환, 2000: 133-151 재인용).

결국 지방공기업에 대한 외부 지배구조는 공적 목표 이행 여부와 효율적 내부 경영관리를 위해 필요성이 인정되며, 다양한 외부 이해관계자들이 지방공기업의 지배구조에 관여하게 된다.

(3) 지방공기업에 대한 제도적 · 행정적 외부통제

지방공기업에 대한 외부통제는 크게 주무부처로서의 행정안전부 장관에 의한 통제와 지방공기업 설립 및 출자자로서의 지방자치단체에 의한 통제로 구분된다. 통제의 유형은 일반적 통제와 개별적 통제가 모두 도입되어 있으며, 일반적 통제는 행정안전부와 지방자치단체의 지휘 · 감독 권한을 법으로 규정하고 있다.

우선 지방공기업 유형 중에서 지방공사 · 지방공단에 대한 행정안전부 장관의 개별적 통제는 지방공사 및 지방공단 설립 협의권, 예 · 결산 공통 기준 작성 통보, 사채발행 및 외국차관에 대한 승인, 업무 · 회계 · 재산에 대한 검사 및 보고명령, 경영평가, 경영진단, 경영개선명령 등으로 규정되어 있다. 또한 일반적 통제로 지방공기업에 대한 지도, 조언, 권고를 할 수 있도록 규정하고 있다. 지방공기업법상에 규정되어 있는 행정안전부 장관의 통제는 지방공기업의 설립 · 운영과 관련하여 매우 밀접한 연관성을 지니고 있으며, 재무 및 경영평가와 관련된 사항을 통제하고 있음을 알 수 있다. 아울러 행정안전부 장관은 경영평가, 경영진단 결과 및 경영개선을 위한 조치, 해산 요구 등을 명기한 지방공기업보고서를 매년 경영진단 및 경영개선 조치 실시 후 3개월 이내에 국회 소관 상임위원회에 제출하도록 규정되어 있다.

〈표 4-13〉 지방공기업에 대한 행정안전부 장관의 개별적 통제

경영형태	통제 내용	근거
전체 지방 공기업	• 지방공기업에 대한 지도・조언・권고(일반적 통제), 자료제출 요구	법 제78조 ⑤(령 제78조)
	• 지방공기업에 대한 경영평가권(자치단체장에 위임 가능)	법 제78조 ①
	• 지방공기업 경영평가를 위한 고객명부 관련 자료 제출 요청	법 제78조 ③
	• 지방공기업 CEO에 대한 업무성과평가	법 제78조 ④
	• 지방공기업 경영평가 결과에 따른 경영진단	법 제78조의2 ②
	• 경영진단반의 구성 및 운영(외부전문기관 위탁)	령 제71조 ①
	• 지방공기업 경영진단에 따른 임원해임, 조직개편 등 경영개선 명령	법 제78조의2 ③
	• 부실 지방공기업에 대한 해산 요구	법 제78조의3 ①
	• 지방공기업평가원 이사장 승인	법 제78조의4 ⑥
	• 지방공기업평가원에 대한 지도・감독 및 자료제출 명령	법 제78조의4 ⑨
	• 지방공기업 계정과목 구분 및 작성 통보	규칙 제6조
지방 공사 지방 공단	• 공사, 공단 설립타당성 세부절차 및 검토 기준	령 제47조 ①
	• 지방공사, 지방공단 설립에 대한 협의권	법 제49조 ①
	• 설립타당성 검토기관 지정 고시	법 제49조 ④
	• 공사 및 공단의 인사운영에 관한 공통 기준 통보	법 제63조의5
	• 공사, 공단 사장(이사장)의 상위 평가 및 하위 평가의 범위와 현저히 상승하거나 하락된 경우에 해당하는지 여부에 관한 판단 기준	령 제56조의2 ③
	• 신규 투자사업 타당성 검토기관 지정	법 제65조의3 ②
	• 공사 및 공단의 예산 및 결산에 관한 공통 기준 통보	법 제66조의2 ①
	• 기준 초과하는 공사채 발행에 대한 사전승인	법 제68조 ③
	• 공사, 공단의 업무・회계・재산에 대한 검사 및 보고명령권	법 제73조 ②
	• 사업의 실명 관리 및 공개	령 제58조의3 ③
행정안전부 장관의 국회 보고사항 지방공기업 경영평가, 경영진단 결과 및 경영개선을 위한 조치, 해산 요구 등을 명기한 지방공기업보고서를 매년 경영진단 및 경영개선 조치 실시 후 3개월 이내에 국회 소관 상임위원회에 제출		법 제78조의7

* 법은 지방공기업법을 의미하며, 령은 지방공기업법 시행령을 의미함.
자료: 원구환(2000)의 내용을 지방공기업법 개정에 따라 수정・보완하였음.

지방공사 및 지방공단에 대한 행정안전부 장관의 통제 이외에 상급 지방자치단체장에 의한 통제가 이루어지고 있는데, 시・도지사의 경우 관할 구역 내의 기초 지방자치단체의 지방공기업에 대해 일반적 통제를 인정하고 있다(지방공기업법 제78조 제5항). 그러나 상급 지방자치단체장의 일반적 통제는 인정하고 있으나, 실질적이고 구체적인 개별적 통제는 시・도지사에 의해서 이루어지기보다는 해당 지방자치단체의 장에 의해 구현되고 있다.

아울러 지방공기업법에서는 지방자치단체장이 행정안전부 장관에게 보고해야 할

〈표 4-14〉 자치단체장이 행정안전부 장관에게 보고하는 사항

경영형태	보고 내용	근거
지방공사 지방공단	• (평가 위임에 따른) 경영평가 결과보고	법 제78조의2 ①
	• 지방공사 · 지방공단 설립사항, 지방공사 · 지방공단 공동설립사항, 지방공사 · 지방공단 정관변경사항, 지방공사 · 지방공단 사장(이사장)과 감사 임면사항, 경영개선조치 결과, 기타 지방공사 또는 지방공단의 청산 · 민영화 등의 중요 변동사항	령 제78조 ②, ③
	• 경영개선 조치 결과	령 제78조 ②

* 법은 지방공기업법을 의미하며, 령은 지방공기업법 시행령을 의미함.
자료: 원구환(2000)의 내용을 지방공기업법 개정에 따라 수정 · 보완하였음.

〈표 4-15〉 지방공기업에 대한 지방자치단체의 장의 개별적 통제

경영형태		통제 내용	근거
전체		• 공사와 공단의 상호 조직전환에 대한 승인(지방의회 의결)	법 제80조 ②
		• 법 임의적용사업에 대한 계정과목의 구분 결정권	령 제11조 ① 단서
간접경영	조직	• 공사 및 공단의 지사 및 출장소 설치 승인	법 제52조 ②
		• 공사의 지방자치단체 외의 다른 법인에 대한 출자 승인	법 제54조 ①
		• 공사 및 공단의 정관변경에 대한 승인	법 제56조 ③
		• 공사, 공단의 업무에 대한 감독권(일반적 통제)	법 제73조 ①
	인사	• 공사, 공단 임원의 신속한 모집을 위한 모집기간 단축 승인	령 제56조의4 ①
		• 공사 및 공단의 사장(이사장), 감사에 대한 임면	법 제58조 ②
		• 공사 및 공단의 사장(이사장) 연임	법 제58조 ④
		• 공사 및 공단의 사장(이사장) 해임	법 제58조 ⑤
		• 공사 및 공단의 민간 비상임이사 임면	법 제58조 ⑦
		• 공사 및 공단의 사장과의 경영성과계약	법 제58조의2 ①
		• 공사 및 공단 임원 임기만료자의 후임자 임명 시까지 직무수행	법 제59조 ①
		• 공사 및 공단 임원의 겸직 허가	법 제61조 ①
		• 징계 또는 징계부가금 미부과에 따른 부과 요청	법 제63조의6 ④
		• 공사, 공단에 대한 공무원 파견 및 겸임권	법 제75조의3
	재무	• 공사, 공단의 예산에 관한 결산승인권	법 제66조 ②
		• 행정안전부의 예산편성 공통 기준 내의 예산편성지침(7월 말) 통보	령 제60조 ②
		• 예 · 결산 공통 기준 범위 내에서의 예산 및 결산의 제출 · 운영	법 제66조의2 ①
		• 공사, 공단의 사업계획 및 예산에 대한 시정 명령	령 제58조 ③
		• 사채 발행 및 외국 차관에 대한 승인	법 제68조 ①
		• 공사와 공공기관의 합병에 대한 승인	법 제75조의6 ②
		• 공단의 사업 수익자에 대한 비용부담 승인권	법 제77조
		• 공사의 대행사업 제3자 시행에 대한 승인	령 제63조 ⑤

* 법은 지방공기업법을 의미하며, 령은 지방공기업법 시행령을 의미함.
자료: 원구환(2000)의 내용을 지방공기업법 개정에 따라 수정 · 보완하였음.

사항을 규정하고 있는데, 설립, 정관변경, 관리자 및 감사 임면 사항, 경영개선 조치 결과, 기타 중요 변동사항을 보고토록 규정하고 있다.

다음으로 지방공기업 유형 중에서 지방공사 및 지방공단에 대한 지방자치단체장

〈표 4-16〉 지방자치단체 출자·출연기관의 운영에 관한 법률에 따른 지도·감독범위

	자치단체 50% 미만 출자기관	
	A형	B형
• 행정안전부 장관의 출자·출연기관 지정·고시(§5)	○	○
• 출자·출연기관 운영심의위원회 설치하여 주요사항 심의·의결(§6)		
– 제7조 제1항에 따른 출자·출연기관의 설립·운영의 타당성 등	○	○
– 제9조 제4항에 따른 출자·출연기관의 임원에 대한 해임 또는 해임 요구	○	×
– 제29조 제1항 제3호에 따른 경영실적 평가 제외 대상기관의 선정	○	○
– 제30조 제1항 및 제2항에 따른 경영진단 대상기관의 선정	○	○
– 제30조 제3항 각 호에 따른 경영진단 결과 필요한 조치	○	○
– 제30조 제4항에 따른 조치 제외기관의 선정	○	○
• 출자·출연기관 설립·운영의 타당성 검토와 설립 전 협의(§7)	○	○
• 정관을 작정하여 미리 자치단체장과 협의(변경의 경우도 같음)(§8)	○	○
• 임원의 존치(기관장·이사·감사), 임명, 해임, 손해상 청구 등(§9)	○	×
• 지방자치단체 장과 기관장의 성과계약(§11)	○	×
• 직원의 채용(§12)	○	×
• 임직원 교육(§13)	○	○
• 임직원 보수(§14)	○	×
• 조직과 정원 등의 운영(§15)	○	×
• 예산 편성(§18): 자치단체 장에게 보고된 예산에 대한 시정 명령	○	×
• 자치단체와 동일한 회계연도 적용(§16)	○	×
• 회계처리 원칙(일반경쟁 계약 등)(§17)	○	×
• 결산(§19): 매 회계연도 종료 후 3개월 이내에 결산서 작성하여 자치단체장에게 제출	○	×
• 재정 지원(§20): 출자금·출연금·보조금 교부	○	○
• 대행사업 비용 부담(§21)	○	○
• 검사·보고 등(§26): 매 3년 업무·회계·재산사항 필수 검사	○	×

※ A형: 자치단체 50% 미만 출자기관으로 자치단체 최대 지분 보유, 지분 분산도(分散度)로 보아 주주권 등의 행사에 따른 기관 지배 가능한 경우, 자치단체가 법령, 조례 또는 정관에 따라 해당 기관의 기관장 또는 이사회 구성원의 과반수의 임명(승인·제청 등을 포함한다)에 관여하는 경우, 지방자치단체가 법령, 조례 또는 정관에 따라 해당 기관의 예산 또는 사업계획을 승인하는 경우.

B형: 자치단체 50% 미만 출자기관으로 A형에 속하지 않는 기관.

자료: 지방공기업평가원(2016). 『특수목적법인 출자타당성 검토보고서』.

의 개별적 통제는 경영관리 요소별로 다양하게 규정되어 있다. 즉, 지방자치단체장에 의한 지방공사 및 지방공단 통제 내용은 정관변경 인가, 사장 · 이사장 · 감사 · 비사임이사 임면, 예산성립 및 변경 보고, 결산 보고 및 인가, 사채발행 승인, 업무 감독, 업무 · 회계 · 재산 검사 및 보고명령, 공무원 파견 등으로 나타나고 있다. 또한 지방공사 및 지방공단의 최고관리자는 중장기 재무관리계획, 예산 성립, 신규 사업 타당성 등 업무 상황을 자치단체장에게 보고해야 한다.

(4) 지방자치단체 출자 · 출연기관에 대한 외부통제

지방자치단체 출자기관과 출연기관에 대한 외부통제는 지방자치단체의 출자비율에 따라 상이한데, 이를 요약하면 〈표 4-16〉과 같다.

2 지방공기업의 내부 지배구조

1) 지방직영기업

(1) 관리자제도

지방직영기업은 지방자치단체가 자신의 조직으로 직접경영하는 형태이므로, 지방공무원제도를 그대로 준용하고 있다. 따라서 지방직영기업은 특별히 이사회가 존재하지 않고, 공무원이 직접 사업과 관리를 담당하고 있는데, 지방직영기업 관리자제도를 구체적으로 살펴보면 다음과 같다.

첫째, 지방직영기업을 관리하기 위하여 사업마다 관리자를 설치하도록 규정하고 있다. 즉, 지방공기업법 제7조 제1항에서는 "지방자치단체는 지방직영기업의 업무를 관리 · 집행하게 하기 위하여 사업마다 관리자를 둔다. 다만, 조례로 정하는 바에 따라 성질이 같거나 유사한 둘 이상의 사업에 대하여는 관리자를 1명만 둘 수 있다"고 규정하고 있다. 지방직영기업은 상 · 하수도, 공영개발사업이 주류를 이루고 있는데, 상수도 관리자, 하수도 관리자, 공영개발사업 관리자를 설치해야 한다. 그러나 상 · 하수도의 경우는 유사한 사업이므로 상수도와 하수도를 통합하여 상 · 하수도 관리자 1인을 설치할 수 있다.

둘째, 지방직영기업 관리자는 해당 지방자치단체의 공무원으로서 지방직영기업의 경영에 관하여 지식과 경험이 풍부한 사람 중에서 지방자치단체의 장이 임명한다(지방공기업법 제7조 제2항).

셋째, 지방직영기업 관리자는 임기제로 할 수 있다. 즉, 지방직영기업의 관리자를 임기제로 하는 경우 그 임기는 2년으로 하되, 경영성과에 따라 연임하게 할 수 있다. 다만, 경영성과가 우수한 경우로서 본인이 원하는 경우에는 임기 중에도 전보 또는 승진하게 할 수 있다(동법 시행령 제3조 제1항).

그러나 지방직영기업 관리자는 지방공무원의 신분을 갖고 있으며, 순환보직에 의해 운영되는 것이 기본원칙이므로 임기제를 채택하는 것은 실효성이 낮으며, 실제 임기제를 채택하고 있는 지방자치단체가 거의 없다. 또한 임기제를 하더라도 경영성과가 우수한 경우로서 본인이 원하는 경우에는 임기 중에도 전보 또는 승진하게 할 수 있는데, 경영성과가 우수한 직원이 타 부서로 전보 또는 승진하게 하는 것 또한 지방직영기업의 전문성을 훼손할 개연성이 있다.

(2) 관리자의 권한 및 위임

관리자의 주요 업무는 ① 지방직영기업에 관한 조례안 및 규칙안을 작성하여 지방자치단체의 장에게 제출하는 사항, ② 지방직영기업의 사업운영계획 및 예산안을 작성하여 지방자치단체의 장에게 제출하는 사항, ③ 결산을 작성하여 지방자치단체의 장에게 제출하는 사항, ④ 지방직영기업의 자산을 취득・관리・처분하는 사항, ⑤ 계약을 체결하는 사항, ⑥ 요금이나 그 밖의 사용료 또는 수수료를 징수하는 사항, ⑦ 예산 내의 지출을 하는 경우 현금이 부족할 때에 일시 차입을 하는 사항과 그 밖에 예산집행에 관한 사항, ⑧ 출납이나 그 밖의 회계 사무에 관한 사항, ⑨ 증명서 및 공문서류를 보관하는 사항, ⑩ 지방직영기업의 조직 및 인사(人事) 운영에 관한 사항, 그 밖에 법령이나 해당 지방자치단체의 조례 또는 규칙에 따라 관리자의 권한에 속하는 사항 등이다(지방공기업법 제9조).

지방직영기업 관리자는 지방직영기업의 업무를 관리・집행하는 권한을 갖고 있으나, ① 예산안을 의회에 제출하는 사항, ② 결산을 의회의 승인에 부치는 사항, ③ 의회의 의결이 필요한 사항으로서 그 의안을 의회에 제출하는 사항, ④ 사기나 그 밖의 부정한 방법으로 사용료・수수료 또는 분담금의 징수를 면한 자에 대하여는 그 징수를 면한 금액의 5배 이내의 과태료를, 공공시설을 부정 사용한 자에 대하여는 50만 원 이하의 과태료를 부과하는 규정을 조례로 정하는 사항은 지방직영기업 관리자의 권한이 아니다.

예산 및 결산, 의회 의결이 필요한 사항, 조례로 정하는 사항은 집행기관의 장인 지방자치단체의 장이 최종 책임을 지도록 되어 있으므로, 지방직영기업 관리자가 아니라 지방자치단체의 장의 권한이다. 따라서 지방직영기업 관리자는 지방직영기업에 해당하는 업무를 관리 · 집행할 수 있으나, 대외적으로 지방의회를 상대로 하는 업무는 지방자치단체장의 권한이다.

그러나 관리자가 부득이한 사유로 업무를 수행할 수 없을 때에는 해당 지방자치단체의 규칙이 정하는 바에 따라 해당 지방직영기업에 종사하는 상위 서열의 공무원이 그 업무를 대행한다. 관리자는 그 권한의 일부를 해당 지방직영기업에 종사하는 공무원, 지방자치단체의 기관 또는 지방자치단체가 경영하는 다른 지방직영기업의 관리자에게 위임하거나 위탁할 수 있다. 다만, 지방자치단체의 기관 또는 지방자치단체가 경영하는 다른 지방직영기업의 관리자에게 위탁할 때에는 미리 지방자치단체의 장의 승인을 받아야 한다(동법 제12조).

(3) 관리자와 지방자치단체장과의 관계

지방직영기업 관리자는 지방직영기업의 업무를 총괄하지만, 지방공무원으로서 인사권자인 지방자치단체장의 지휘 · 감독을 받는다. 즉, 지방자치단체의 장은 ① 지방직영기업 경영의 기본계획에 관한 사항, ② 지방직영기업의 업무 집행에 관한 사항 중 해당 지방자치단체의 주민복리에 중대한 영향이 있다고 인정되는 사항, ③ 지방직영기업의 업무와 다른 업무 사이에 필요한 조정에 관한 사항에 대하여 지방직영기업 관리자를 지휘 · 감독한다.

따라서 지방직영기업의 실질적 집행 및 관리업무는 관리자가 담당하지만, 최종적인 행정책임은 지방자치단체 집행기관의 책임자인 지방자치단체장에게 귀속된다. 특히 지방자치단체장의 지방공기업에 대한 지휘 · 감독의 범위가 세 가지 사항에 한정되어 있다 하더라도 전반적인 최종 책임은 지방자치단체장에게 귀속되므로 지휘 · 감독의 범위는 포괄적이라 할 수 있다.

(4) 기업직원

지방직영기업에 종사하는 공무원에 대해 지방공기업법에서는 기업직원이라는 용어를 사용하고 있다. 지방직영기업에 종사하는 직원들은 공무원들임에도 불구하고, 지방공기업법에 기업직원이라고 규정한 것은 일반행정과는 다른 형태로 운영되는 지방직영기업 직원들의 전문성을 제고하기 위함이다.

지방직영기업의 경우는 상·하수도, 공영개발사업이 주류를 이루고 있기 때문에 특정 분야의 전문성이 요구되는데, 지방공기업법에서는 지방직영기업 운영을 전문화하기 위해 지방공무원법에서 정하는 바에 따라 지방직영기업 소속 공무원에 대한 전문 직렬을 둘 수 있도록 규정하고 있다(동법 제10조의2). 일례로, 지방공무원 임용령 [별표 1]에 의하면 행정직군, 행정직렬, 기업행정직류 이외에 기능직군, 시설직렬, 수도토목직류 등이 정급되어 있는데, 수도사업의 전문성 제고를 위해 행정직렬 이외에 전문 직렬을 설치하고 있다.

(5) 기업관리규정

지방직영기업 관리자는 법령, 조례 또는 규칙에 위반되지 아니하는 범위에서 지방직영기업 업무에 관한 기업관리규정을 제정할 수 있다(동법 제11조). 기업관리규정은 지방직영기업 관리자가 해당 업무에 대한 세부 규정을 마련하는 것으로, 상위 법령에 위반되지 않을 때 가능하다. 기업관리규정을 지방공기업법에 명시적으로 규정한 것은 업무의 전문성과 효율적 운영을 도모하기 위함이다.

2) 지방공사 및 지방공단

(1) 임원추천위원회

지방공사, 지방공단의 기관장은 임원추천위원회의 추천을 통해 지방자치단체의 장이 임명하는데, 임원추천위원회는 지방자치단체장, 지방의회, 지방공사·지방공단 이사회에서 각각 2 : 3 : 2로 추천하여 7명으로 구성되며, 지방공사·지방공단을 최초로 설립한 때에는 지방자치단체장과 지방의회가 각각 4 : 3으로 추천한다. 따라서 지방자치단체의 장의 추천인 수가 2인에 불과하지만, 지방공사·지방공단의 이사회 구성원들이 지방자치단체의 장에 반하는 의사결정을 하기 어려운 실정이다. 또한 신설 지방공기업의 임원추천위원회는 지방자치단체의 장의 추천 비율이 과반수를 넘고 있다. 결국 지방자치단체장의 임원추천위원회 구성 비율이 과반수를 넘고 있으며, 지방의회의 경우도 지방자치단체의 장과 동일한 정당 소속 의원들이 추천될 경우 지방의회의 견제력은 상대적으로 낮을 수밖에 없다.

(2) 임원의 선임 및 인사청문회

지방공사 및 지방공단의 임원은 사장을 포함한 이사(상임이사와 비상임이사로 구분) 및 감사로 구성되며, 그 수는 정관으로 정한다(이하 지방공기업법 제58조 참조).

[그림 4-8] 지방공기업법에 의한 지방공기업 임원 선임 절차

임원추천위원회 설치	ㅇ기존 공기업: 지방공사 및 지방공단에 임원추천위원회 설치 ㅇ신설 공기업: 해당 지방자치단체에 임원추천위원회 설치
↓	
공개모집계획 수립 (기본원칙)	ㅇ지방공사 및 지방공단의 임원 선임을 위한 공개모집계획 수립(해당 지방공기업) –계획: 위원회 구성 및 운영, 공개모집 공고, 지원서 접수, 추천대상자 결정 등을 포함 ㅇ임원추천위원회는 임원 후보의 모집, 조사 등의 업무를 전문기관에 대행시킬 수 있음
↓	
임원추천위원회 구성	ㅇ소속 임원의 임기 만료 2개월 전에 임원추천위원회 구성 ㅇ기타 결원 등의 사유로 새로 임원을 임명하고자 할 경우에는 지체없이 구성 ㅇ구성: 7인(단체장 추천 2인, 지방의회 추천 3인, 해당 지방공기업 이사회 추천 2인) –다만, 신규 설립 시에는 자치단체장 추천 4인, 지방의회 추천 3인 ㅇ자격: 경영전문가, 경제 관련 단체 임원, 4급 이상 공무원으로 퇴직한 자, 공인회계사, 공기업 경영에 관한 지식과 경험이 있다고 인정되는 자 –결격: 지방공사 및 지방공단의 임직원(비상임이사 제외), 자치단체 공무원, 지방의원 ㅇ위원장: 위원 중에서 호선(위원장은 추천위원회를 대표하고, 회의를 주재) ㅇ기한: 임원추천위원회는 추천한 자가 임원에 임용되는 때까지 존속 ㅇ임무: 심사 기준에 따라 임원후보자 심사, 자치단체장에서 추천 ㅇ운영: 위원장이 회의 소집(재적위원 과반수의 출석과 출석위원 과반수의 찬성 의결) ㅇ간사: 공사 및 공단의 인사업무를 담당하는 팀장(과장)급 이상(회의록 관리, 기타)
↓	
제1차 위원회 개최	ㅇ모집방법, 임원후보 심사기준안 결정을 위한 임원추천위원회 개최 ㅇ담당 직무, 직무수행요건, 심사항목별 세부심사 기준 등을 결정
↓	
후보자 모집 공고	ㅇ공고기간: 15일 이상(신속한 채용 필요시: 7일 이상) ㅇ공고매체: 자치단체, 지방공사 및 지방공단의 홈페이지, 지방공기업 경영정보 포털사이트 1개 이상의 전국을 보급지역으로 하는 일간신문 또는 해당 지역 일간신문 ㅇ공고내용: 임용예정직위, 선발인원, 응모자격, 직무수행요건, 임용계약 및 보수, 지원서 접수, 시험방법, 합격자 결정 및 발표에 관한 사항 ㅇ재공고: 2배수에 미달하거나 적격자 없을 경우 최초 모집절차에 따라 재공고
↓	
지원서 접수	ㅇ접수기간: 15일 이상(인터넷 접수, 필요시 방문접수, Fax 또는 우편 등) ㅇ제출서류: 지원서, 직무수행계획서, 자기소개서, 학력 및 경력증명서, 자격증, 기타
↓	
제2~4차 위원회 개최	ㅇ서류심사, 면접심사, 추천대상자 결정
↓	
추천 및 임명	ㅇ2인 이상을 추천(적임자 임명) ㅇ사장, 감사, 비상임이사 임명: 지방자치단체의 장 ㅇ상임이사 임명: 공사, 공단의 사장(이사장)

특히 사장을 포함한 상임이사의 정수는 이사 정수의 100분의 50 미만으로 한다(동법 시행령 제55조). 사장, 이사, 감사의 임기는 3년이며, 1년 단위로 연임할 수 있다(동법 제59조).

사장과 감사(조례 또는 정관이 정하는 바에 따라 당연히 감사로 선임되는 사람은 제외)는 임원추천위원회가 추천한 지방공기업의 경영에 관한 전문적인 식견과 능력이 있는 사람 중에서 지방자치단체장이 임명한다.

다만, 지방자치법 제47조의2에 따라 인사청문회[11]를 실시하는 경우에는 임원추천위원회의 추천 절차를 생략할 수 있다. 또한 지방자치단체의 장은 사장의 경영성과에 따라 임기 중에 해임하거나 임기가 끝나더라도 임원추천위원회의 심의를 거쳐 연임시킬 수 있다(동법 제58조).

이사(조례 또는 정관으로 정하는 바에 따라 당연히 이사로 선임되는 사람은 제외)는 임원추천위원회가 추천한 사람 중에서 임명하되, 상임이사는 사장이 임면하고 비상임이사는 지방자치단체의 장이 임면한다.

또한 2개 이상의 지방자치단체가 지방공사와 지방공단을 공동으로 설립한 광역지방공사 및 광역지방공단의 사장 및 감사를 비롯한 임원은 지방자치단체 간의 규약으로 정한다.

(3) 이사회

지방공사 및 지방공단의 업무에 관한 중요 사항을 의결하기 위하여 공사에 이사회를 두는데, 이사회는 사장을 포함한 이사로 구성한다. 또한 이사회의 권한과 운영에 필요한 사항은 정관으로 정한다(지방공기업법 제62조). 이사회의 권한을 지방공사 및 지방공단의 정관으로 규정한 것은 지방자치단체의 특성과 지방공사, 지방공단의 사업별 차이 등을 반영한 것으로 파악될 수 있으나, 정관으로 규정함에 따라 법률적 실질 권한이 다소 제약될 수 있다. 따라서 지방공기업법에 지방공사 및 지방공단의 이사회 관련 권한 내용을 예시하는 방안도 고려할 필요가 있다.

일례로, 서울주택도시공사의 이사회 기능(이사회운영규정 제7조)을 살펴보면 기본사업계획, 예산 및 결산, 정관의 변경, 중요한 규정의 제정, 개정 및 폐지, 기본재산

---

11) 인사청문회 대상자는 지방자치단체의 장이 지방의회에 요청할 수 있는데, 대상은 지방공사, 지방공단, 지방출자기관, 지방출연기관의 기관장이다.

의 취득 및 처분, 장기차입금의 차입 및 사채의 발행과 그 상환계획, 일시차입금 한도 변경에 관한 사항, 외국 차관도입 및 그 상환에 관한 사항, 중요한 재산의 취득·처분 및 임대차에 관한 사항, 중요한 대행사업의 수탁, 위탁 및 재위탁 시행에 관한 사항, 잉여금의 처분 및 결손처분에 관한 사항, 중요한 소송 및 화해에 관한 사항, 사장과의 경영계약에 관한 사항, 임원추천위원회 위원 추천에 관한 사항, 신규투자사업에 관한 사항, 그 밖에 이사회가 특히 필요하다고 인정하는 사항 등을 의결하도록 규정하고 있다.

지방공사 및 지방공단의 임원 중 감사는 이사회에 참여하여 의견을 진술할 수 있으나, 의결에는 참여할 수 없다.

제 5 장

공기업의 조직인사관리

제1절 공기업 조직인사관리의 본질

1 공기업 조직관리의 본질

1) 조직의 구성요소

조직현상에 포함된 무수히 많은 변수와 그들 간의 관계는 복잡하게 얽혀 있으며, 조직의 영역(공적 영역, 혹은 사적 영역) 내지 조직의 환경에 따라 같은 변수들이라 할지라도 변수 간의 상관관계는 또 다른 의미를 지닐 수밖에 없다.

일반적으로 맥킨지 7S 모델은 조직의 내부를 ① 공유가치, ② 전략, ③ 기술, ④ 조직구조, ⑤ 운영체계, ⑥ 구성원, ⑦ 조직문화의 일곱 가지로 파악하고 있는데(Peters & Waterman, 2004: 11),[1] 조직구조 및 기능은 공공기관의 내적 골격을 형성하는 개념으로서 인사관리의 요소와 밀접한 연관성을 지니고 있다.

조직구조[2]의 문제는 조직이론의 전통적인 주제로서 조직이론 연구자들뿐만 아니라 조직실무자들의 많은 관심을 끌어온 연구 주제로서 조직구조 변수에 대한 논의는 구조적 차원(structural dimension)과 구조화 차원(structuring dimension)으로 대별[3]되는데, 보편적으로 조직구조 설계를 위한 변수로는 복잡성, 공식화, 집권(분권)화 등이 제시되고 있다. 특히 조직구조는 구조적 측면만이 아니라 조직기능 및 인사관리 세부요소와 밀접한 연관성을 지니고 있다.

---

1) 이외에도 목적, 구조, 보상, 도구(helpful mechanism), 관계성(relationships), 그리고 이를 조정할 수 있는 리더십 등으로 구성된다는 견해도 있으며(Weisbord, 1978: 9), 또한 기존의 조직구조와 관리수단에 대한 분석의 한계를 극복하기 위해 조직문화라는 종합적 개념을 도입하여 조직을 진단한 사례연구들이 증가하고 있다(주효진 · 김옥일 · 박광국, 2007: 41-59).

2) 조직구조를 구성하는 변수와 변수 간의 상관관계에 대해서는 원구환(2004a: 118-137)에서 발췌하였다.

3) 달톤(D. R. Dalton) 등은 조직구조 변수들을 구조적 차원(structural dimension)과 구조화 차원(structuring dimension)으로 구분하고, 구조적 차원에는 통제의 범위(span of control), 수평 및 수직적 계층제(flat/tall hierarchy), 생산직 대비 관리직 비율(administrative intensity) 등이 포함되고, 구조화 차원에는 복잡성, 공식화, 집권화 등의 변수가 포함된다고 주장하였다.

[그림 5-1] 맥킨지 7S 모델

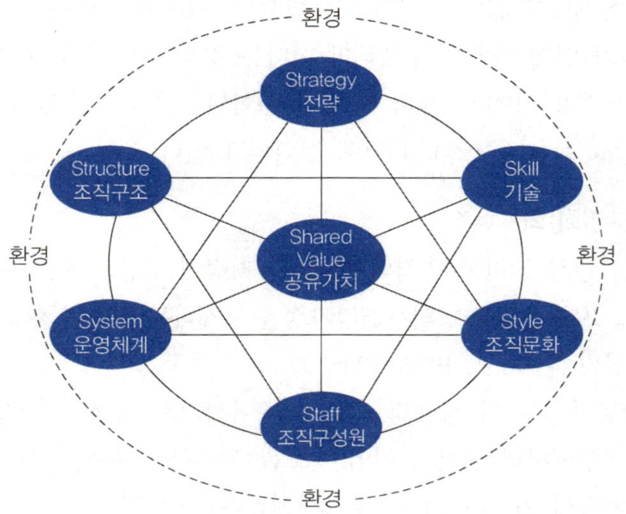

자료: Peters & Waterman(2004: 11).

(1) 복잡성의 개념

조직구조를 설계하는 데 있어 복잡성이라는 변수는 분화의 정도를 의미하는 것으로 이해되는데(Price & Mueller, 1986: 100-105), 학자들마다 정의하는 관점에 차이가 있다. 즉, 직위의 수나 조직단위 수 등에 초점을 맞추는 입장(Blau & Schoenherr, 1971: 6; Gibson, Ivancevich & Donnelly, 1991: 462), 직업분야의 수나 교육훈련기간의 길이 등과 같은 전문화에 초점을 맞추는 입장(Hage, 1965: 294; Zaltman, 1973: 134-135) 등으로 대별된다.

복잡성을 직무의 전문화, 세분화, 분업 및 부문화 등과 같이 단위부서 간의 횡적 분화 정도를 나타내는 수평적 분화, 조직의 계층화 정도를 나타내는 수직적 분화, 그리고 지리적 공간단위에서의 장소적 분화 등으로 세분화하는 경우도 있다(Hall, 1991: 52-63).[4]

4) 분화를 수평적, 수직적, 장소적 분화 이외에 기능적 분화를 포함하기도 한다(김태수, 1999: 32-33). 또한 복잡성의 개념을 혼돈(chaos)과 결합하여 chaoplexity(chaos+complexity의 합성어)라는 개념으로 접근하는 시각도 있다(최창현, 1999: 19-38).

(2) 공식화의 개념

조직구조를 설계함에 있어 공식화라는 변수는 표준화의 정도를 의미하는데, 조직이 어떤 일을 누가 언제 어떻게 수행해야 한다는 것을 어느 정도나 공식적으로 규정하느냐의 여부(오석홍, 1999: 386), 혹은 문서화된 규칙의 정도(Blau & Mckinley, 1979: 200-219; Stevenson, 1993: 145)로 정의되고 있다.

(3) 집권화(분권화)의 개념

집권화란 의사결정 권한이 조직의 어느 한 지점에 집중되어 있는 정도를 의미하는데(Pugh et al., 1968: 72-79), 의사결정과정을 통제하는 정도가 바로 집권화의 측정 기준이 된다(박경원 · 김희선, 1998: 108-109).

집권화의 개념과 더불어 상대적 관점에서 이해되는 개념이 분권화의 개념인데, 분권화는 조직 내부에서의 권한의 위임 정도를 의미하는 수직적 분권화와 의사결정이 이루어지는 계층이 아니라 의사결정과정에 참여하는 정도 등을 고려하는 수평적 분권화로 대별된다(Mintzberg, 1983: 95). 집권화(분권화)의 개념은 조직의 계층적 구조와 의사결정의 집중성을 설명하는 조직변수이다.

(4) 조직구조 설계변수 간의 상관관계

우선 복잡성과 공식화 간의 상관관계이다. 조직구조를 설계하고 이해하는 데 있어 복잡성과 공식화의 상관성을 분석한 연구 결과는 상반된 입장으로 대별되는데, 복잡성과 공식화의 상관관계가 높은 연구 결과(Pugh et al., 1967: 65-105; Hinnings & Lee, 1971: 83-93; Child, 1972: 163-167; Grinyer & Yasi-Ardekani, 1980: 412), 복잡성과 공식화의 상관관계가 낮은 연구 결과(Hage, 1965: 289- 320)가 존재한다. 일반적으로 복잡성과 공식화는 상관관계가 높다는 것이 보편적인데, 분화될수록 문서화된 규칙이 강화되는 경향이 있다.

다음으로 복잡성과 집권(분권)화 간의 상관관계이다. 조직구조를 설계하고 이해하는 데 있어 복잡성과 집권화의 상관성을 분석한 연구 결과는 대체적으로 강한 부(−)의 상관관계(Hage & Aiken, 1967: 72-91; Child, 1972: 163-177; Grinyer & Yasi-Ardekani, 1980: 412)를 갖는 것이 보편적이다. 즉, 복잡성이라는 변수는 집권화보다는 분권화와 관련이 있다는 것이 일반적인 결론이다.

끝으로 공식화와 집권(분권)화 간의 상관관계이다. 조직구조를 설계하고 이해하는 데 있어 공식화와 집권(분권)화의 상관성을 분석한 연구 결과는 대체적으로 명확한 상관성을 규명하고 있지 못하다(Pugh et al., 1967: 65-105; Donald, Child & Aldrich, 1975: 453-460). 집권화와 공식화는 강한 부정의 상관관계를 지닌다는 연구 결과(Child, 1972: 163-177; Hage, 1965), 즉, 공식화의 정도가 높은 조직이 분권화된다는 연구 결과(Blau, 1970: 160)가 존재한다. 반면에 전문가들로 구성되는 조직의 경우에는 낮은 공식화와 분권화의 관계를 예측하는 연구 결과(Schneider, 1987: 437-452; Grinyer & Yasai-Ardekani, 1980: 405-421)도 존재한다. 특히 양자 간에 아무런 관계가 없다는 경험적 연구(Pugh et al., 1969)도 존재한다.

2) 공기업 조직구조 형태

공기업의 조직구조 형태를 구분하는 데 있어 우선적으로 고려되는 변수가 의결기능과 집행기능이 구분되어 있는가의 여부와, 기능의 책임성이 1인에 집중되어 있는가의 여부에 따라 구분해 볼 수 있으며, 의결기능에 대한 참여 형태와 최고 책임자의 임명을 어떻게 하는가에 따라 구분해 볼 수 있다.

(1) 단일기관제와 이중기관제

의결기능과 집행기능이 분리되어 있는지와 통합되어 있는지의 여부이다. 의결기능과 집행기능이 통합되어 있으면 단일기관제라 칭하며, 의결기능과 집행기능이 분리되어 있으면 이중기관제라고 한다. 의결기능은 주로 이사회에서 담당하며, 집행기능은 이사회에 의해 임명된 임원에 의해 수행된다. 또한 이중기관제의 경우 의결기관인 이사회에 참여하는 이사가 집행기구의 책임을 맡지 않는 것이 일반적이며, 단일기관제의 경우는 집행기구의 책임자인 임원이 이사회의 의결도 책임지는 형태라 할 수 있다. 일반적으로 대부분의 조직은 의결기능과 집행기능이 분리되어 있는 특징을 지니고 있는데, 이사회라는 의결기능이 존재하고, 임원이 집행기능을 책임지는 형태를 취하는 것이 보통이다.[5)]

---

5) 유럽의 경우 기업의 이사회는 일원적 이사회(경영, 감독기능 통합)과 이원적 이사회(경영, 감독기능 분리)로 구분되는데, 일원적 이사회가 보편적이나 유럽연합 규정(EU regulation)에 따라 유럽 주식회사(European public limited-liability companies; Societas Europaea)는 2개의 이사회 구조 중 선택 가능하다. 일원적 이사회 보유국가는 11개 국가(벨기에, 키프로스, 그리스, 아이슬란드, 아일랜드, 리히텐슈타인, 말타, 노르웨이, 스페인, 스웨덴, 영국)이며, 이원적 이사회 보유국가는 6개 국가(오스트리아, 에스토니아, 독일, 라트비아, 폴란드, 슬로바키아)이다. 또한 일

(2) 단독제와 합의제

단독제와 합의제의 구분은 의사결정 권한이 1인에 집중되어 있는가의 여부에 따라 결정된다. 단독제는 의사결정 권한이 이사장이나 사장 등 1인에 의해 결정되는 형태인데 비해, 합의제는 의사결정 권한이 이사 등으로 구성된 이사회에 의해 이루어지는 형태를 의미한다.

단독제는 1인의 사장이 모든 경영활동을 책임지는 형태이지만, 사장의 보좌기관으로 부사장, 본부장(상임이사) 등을 설치 운영할 수 있다. 규모가 클수록 1인의 사장 체제보다는 사장을 보좌하는 하위 기관이 설치되는 특성을 지닌다. 단독제는 신속한 의사결정과 명령 지휘계통의 일원화를 통해 일관성 있는 운영을 도모할 수 있으나, 모든 경영부문에서 탁월한 1인을 선택하기 어렵고 독단적 의사결정으로 인한 폐해를 예방하기 어렵다.

합의제는 2인 이상의 복수책임제 형태를 지니는 조직구조 형태로서 일반적으로 이사회라는 기구를 통해 의사결정이 이루어진다. 이사회에 참여하는 이사의 수는 조직의 규모에 따라 다를 수 있지만, 참여하는 이사 모두 동등한 책임과 권한을 지니며, 모든 의사결정은 다수결의 원리에 의한다. 합의제는 다양한 이해관계자의 의견을 수렴하고, 전문가에 의한 집단적 의사결정을 도모함으로써 특정인에 의한 독단적 의사결정을 예방할 수 있으며, 민주적 의사절차의 준수를 통한 의사결정의 합리성을 도모할 수 있는 이점이 있다. 그러나 다수의 의견을 수렴하는 과정에서 시간과 비용이 과다하게 소요될 수 있으며, 결정이 최적안이 되기보다는 타협안이 될 수 있고, 다수의 결정자로 인해 책임소재를 규명하기가 명확하지 않은 단점이 있다.

(3) 임명제, 이익대표제, 절충제

조직의 최고관리자를 정부가 임명하는 임명제, 최고관리조직을 이해관계자의 대표(소비자, 노동자, 경영자 대표 등)로 구성하는 이익대표제로 구분해 볼 수 있다. 또한 절충제는 임명제와 이익대표제를 혼합한 형태로서 정부가 다양한 이해관계자와 협의하거나 추천을 통해 적격의 인사를 최고관리자나 최고관리조직에 임명하는 형태를 취한다.

원적 혹은 이원적 이사회 선택 가능국가는 불가리아, 크로아티아, 체코, 덴마크, 핀란드, 프랑스, 헝가리, 이탈리아, 리투아니아, 룩셈부르크, 네덜란드, 포르투갈, 루마니아 등 14개 국가이다(임희영, 2017: 1-9).

이익대표제는 다수의 이해관계자가 의사결정에 참여하는 형태를 지니기 때문에 합의제 기구에 적합한 조직형태라 할 수 있다. 그러나 단독제 구조에서도 최고관리자를 다양한 이해관계자의 추천 및 협의를 통해 정부가 임명하는 구조를 채택할 수도 있다.

(4) 기능위원회와 정책위원회

조직의 구성형태를 논의함에 있어 이사회의 구성원이 특정 부서의 장을 겸하고 있느냐에 따라 기능위원회형(functional board type)과 정책위원회형(policy board type)으로 구분된다(Robson, 1962: 223-226).

기능위원회형은 이사회 구성원 전원이 상임(full time)으로 특정 부서의 장을 겸하고 있는 경우를 의미하며, 이사가 집행기능을 수행하는 형태이다. 반면에 정책위원회형은 이사회 구성원 중 일부는 상임이고, 일부는 비상임으로서 모든 이사가 특정 부서의 장을 겸하지 않은 경우를 의미한다.

(5) 분권관리조직

조직 내적 관점에서 권한이 최고관리조직에 집중되어 있는지의 여부에 따라 최고관리조직과 분권관리조직으로 구분해 볼 수 있다.

분권관리조직은 조직규모의 확대와 전문화의 필요성에서 비롯되는데, 업무분화를 통한 효율적 운영을 도모하기 위해 분화될 업무별로 권한을 이양하여 조직의 목표달성을 도모하는 형태다. 분권관리조직은 전문화된 업무분야별 효율성을 제고할 수 있고, 권한의 이양에 따른 책임성을 강화할 수 있으며, 조직 내 민주주의를 도모할 수 있는 이점이 있으나, 분권에 따른 통합성이 결여될 수 있다.

일반적으로 조직은 단일사업을 수행하는 조직과 여러 개의 사업을 수행하는 조직으로 구분해 볼 수 있는데, 단일사업형의 경우는 지역별 분권관리방식을 채택하고, 다각사업형의 경우는 사업별 분권관리방식을 채택한다.

국가공기업은 대부분 단일사업을 수행하기 때문에 사업을 지역적으로 구분하여 관리하는 지역별 분권관리조직을 채택하며, 지방공기업은 지역 내에서 단일사업이나 여러 가지 사업을 수행하는 조직체이므로 지역별 분권관리방식을 채택하기는 어렵고, 다각사업일 경우에는 사업별 분권관리방식을 채택하는 경향이 강하다.

2 공기업 인사관리의 본질

1) 공기업 임용조건

공기업의 임용과 관련된 조건에는 능력조건(소극적 조건)과 자격조건(적극적 조건)이 있다. 능력조건은 공기업의 임용조건에서 제외되어야 하는 것으로 흔히 결격사유를 의미한다. 반면에 자격조건은 공기업의 임용과 관련하여 적극적으로 지니고 있어야 하는 조건을 의미한다.

능력조건은 공기업의 임용과 관련하여 제외되어야 할 조건으로 법령에 의해 명확하게 규정되는 특성을 지니고 있다. 따라서 능력조건에 해당하는 경우 공기업의 임용에서 당연 퇴직되는 것으로 이해된다.

자격조건은 공기업의 임용과 관련하여 적극적으로 갖추어야 할 조건을 의미하므로, 법령에 의해 명확하게 규정되기보다는 보편적인 관점에서 포괄적으로 정의되는 경우가 많다. 특히 공기업의 인사는 전문성에 의한 채용과 공정한 관리를 도모해야 하므로, 단순히 결격사유 이외에 공기업에 종사하면서 지녀야 할 적극적 가치나 자격조건을 지니고 있어야 한다. 그러나 적극적 가치나 자격조건을 법령에 명확하게 규정하기 어렵기 때문에 보편적인 가치를 제시하는 경우가 많다.

적극적 조건으로 행정적 안목(flair), 활력, 책임감, 기업적 마인드, 공공관계의 중요성 인식, 정부관료 및 정치인과의 협동력을 주장하는 경우도 있으며(Hanson, 1963: 454), 경영자적 능력 및 경험, 공공정신의 소유 등을 주장하는 경우(占部都美, 1969: 147)도 있다. 일반적으로 적극적 조건으로는 공기업 경영 및 그 밖에 관련 분야에 관한 학식과 경험이 풍부한 자를 적극적 조건으로 명시한다.

2) 인력의 특성과 성과 간의 관계

공기업 인력의 특성과 성과에 대해서는 많은 연구가 진행되어 왔다. 특히 인구통계학적 특성과 관련하여 임원의 연령, 성격, 교육, 가족배경, 정치적 성향, 전직, 근무경력, 비전 등이 기업 성과에 미치는 영향에 대해 많은 연구가 시도되었다(Hornaday & Abound, 1971: 141-153; Carland et al., 1984: 354-359; Herron & Robinson, 1993: 281-294; Sexton & Bowman, 1985: 129-140).

첫째, 연령이 젊을수록 도전지향적이며, 연령이 많을수록 위험회피적 경영전략을 추구한다는 점이다(임성준 · 정형철, 2001; Carlson & Karlsson, 1970; Hambrick & Mason, 1984; Birley & Norbum, 1988; Hitt & Tyler, 1991).

둘째, 교육과 관련하여 전문적인 교육이 기업의 혁신적 성과와 정(+)의 상관관계가 있음을 증명하는 연구 결과가 존재한다(백윤정 · 정진철 · 최순권, 2002; Hambrick & Mason, 1984; Wiersema & Bantel, 1993).

셋째, 관리자의 전문적 경험과 지식은 매출액 증가에 정(+)의 영향을 미치며, 기업 성과에 긍정적인 역할을 초래한다(Hambrick & Mason, 1984).

넷째, 공기업 종사자의 심리적 특성인 성취욕구가 강하면 강할수록 조직의 성과에 긍정적인 효과를 미친다는 연구 결과가 있다(Sexton & Bowman, 1985).

다섯째, 공기업 종사자의 비전에 대한 명확한 인식은 조직의 성과에 긍정적인 효과를 미친다는 것이다(Herron & Robinson, 1993).

따라서 공기업 인사관리를 효과적으로 도모하기 위해서는 성과와 연계될 수 있는 특성분석과 더불어 전문적 인사의 채용과 관리가 필요하며, 조직 내적 측면에서 공기업 조직구성원들의 역량을 지속적으로 발전시킬 필요가 있다.

3) 공기업의 보수

(1) 보수의 개념

일반적으로 보수는 금전적 보상의 관점과 노동경제학적 관점으로 구분된다. 금전적 보상의 관점에서 보수는 비금전적 보상(내재적 보상)과 금전적 보상(외재적 보상) 중에서 금전적 보상에 해당한다. 금전적 보수는 직접 관리와 간접 관리로 구분되는데, 직접 관리는 임금론에 기초한 직접적 급여 형식의 봉급 관리이고, 간접 관리는 복지후생 차원에서 간접적 급여 형식의 각종 수당관리이다.

또한 노동경제학적인 시각에서의 보수는 노동을 제공한 자에게 지불하는 노동력의 대가, 즉 임금의 개념으로 이해되며, 이는 고용자가 피고용자에게 지불하는 것이다(강성철 외, 2005: 429).

(2) 공기업 보수(근속급 → 성과급 → 직무급)

기본급인 봉급은 보수의 기본(base)이 되는 것으로 각종 수당과 연금 및 실비 변상 등을 산정하는 기준이고, 모든 조직구성원에게 지급된다. 보수체계를 구성하는 원칙은 생활보장의 원칙과 노동대가의 원칙을 들 수 있다. 생활보장의 원칙을 존중할 경우 생계비(cost of living)와 연공(seniority)을 기준으로 보수가 결정되는데, 근속급(연공급)이 해당한다. 또한 노동대가의 원칙을 중시할 경우에는 직무(job)와 능력(ability) 및 성과(performance)를 기준으로 보수가 결정되는데, 노동(괴로움과 난이도별 업무)의 가치에 따른 직무급, 노동력(업무 습득도, 지식 기술 습득도 및 수행 능력)의 가치에 따른 능력급(직능급), 노동성과(업적)에 따른 성과급 등으로 분류할 수 있다(강성철 외, 2005: 436-437).

〈표 5-1〉 개별 보수체계의 결정 원칙

원칙	목적	형태	비고
생활보장의 원칙	생계비 보장	연공(근속급)	기본급 결정
노동대가의 원칙	노동(업무)의 가치에 상응	직무(직무급)	
	노동력(능력)의 가치에 상응	능력(직능급)	
	노동성과(업적)의 가치에 상응	성과(성과급)	상여금 결정

자료: 강성철 외(2005: 436).

공기업의 임금 구조는 근속급에서 성과급으로, 그리고 직무급으로 전환되고 있는 추세이다. 특히 근속급은 임금 결정 기준이 개인의 능력이나 조직에 대한 기여 및 실적보다는 근무한 기한에 따라 결정되므로 성과지향적 보수체계가 할 수 없다. 성과급은 노동성과에 상응하는 보수체계이나 지나친 성과지향성으로 인해 공기업의 공공적 가치를 훼손할 수 있다. 따라서 현행 공기업의 임금 구조는 노동 업무의 가치에 상응하는 직무급 체계로 전환하고 있다.

첫째, 근속급은 연공(seniority)과 같은 인적 기준에 의한 임금 형태로서 속인급 혹은 연공급이라고 하며, 근속연수에 따라 기준급이 높아진다. 근속급은 직선형, 오목형, 볼록형, 혼합 포물선형 등 네 가지 유형이 존재한다.[6)]

---

6) 직선형은 정액 승급 형태이며, 오목형은 체증 승급 형태로서 근속연수가 많으면 인상폭이 커진다. 또한 볼록형은 체감 승급 형태로서 근속연수가 많을수록 인상액이 점차 감소하는 것으로 육체적 능력이 요구되는 현장 위주의 직무에서 활용된다. 혼합 포물선형은 S자형 승급 형태로서 오목형과 볼록형의 혼합 형태인데, 연령에 따른 인간의 능력 변화를 반영하고 있고 중간 계층의 근로 의욕을 증대시켜 주는 효과로 인해 실제로 가장 많이 활용된다(강성철 외, 2005: 437).

[그림 5-2] 근속급(연공급)의 형태

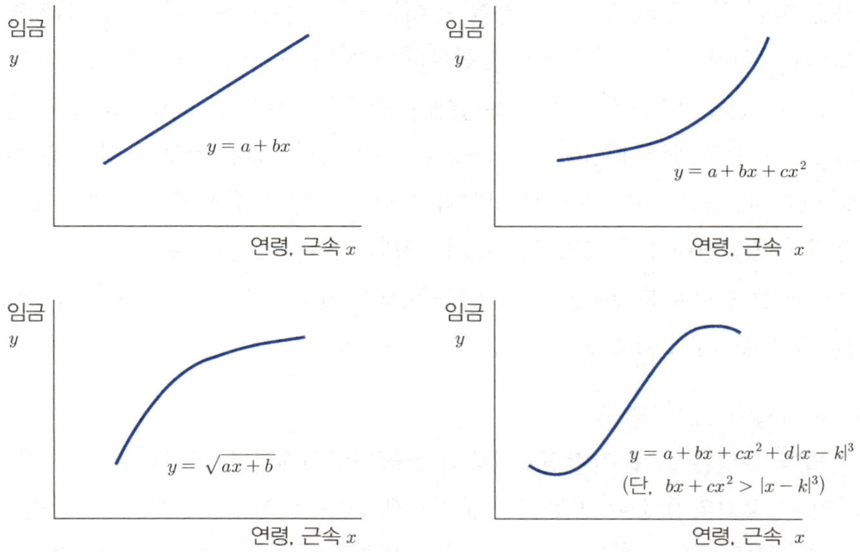

자료: 강성철 외(2005: 438).

둘째, 직무급은 개개인이 맡고 있는 직무(job)가 지니는 상대적 가치를 평가하여 임금을 결정하는 방식(job-based pay)으로서 선진국에서 많이 채택하고 있다. 직무의 곤란도(괴로움과 어려운 정도), 책임도 등의 직무가치를 상대적으로 분석 · 평가하여 그 결과에 따라 보수를 결정한다. 근속연수, 학력, 연령 등에 상관없이 동일 직무에 대한 동일 보수(equal pay for equal work) 원칙에 근거한 속직급 형태이다. 직무급 제도가 정착되기 위해서는 직무가 표준화되고 객관화되어야 하므로 직무분석과 직무평가가 전제되어야 한다.

셋째, 직능급은 직무수행 능력(지식과 능력의 숙련도)을 기준으로 직원이 직무를 수행하는 데 요구되는 능력을 기준으로 보수를 결정한다. 연공급의 단점을 개선하기 위하여 일본 등에서 발전된 대안적인 형태로서, 연공급의 속인적 요소(사람에 대한 임금)와 직무급의 속직적 요소(일에 대한 임금)을 결합한 형태이다. 근무성적평정 등을 활용하여 직무수행 능력을 평가하고, 이에 따라 보수가 결정되므로 능력급이라고도 하며, 직무를 전제로 한 사람에 대한 보수형태이다. 그러나 직능에 대한 분류와 평가가 제대로 이루어져야 한다.

넷째, 성과급은 개인이나 집단이 수행한 성과나 능률에 대한 평가를 실시하여 보수를 차등 지급하는 형태로서 생산성을 높이는 것이 주된 목적이며, 업적급 또는 능률급이라고도 한다. 개인 성과급의 유형은 직선형의 단순 계산식, 단계형의 복률식, 할증형 등이 있고, 집단 성과급의 유형에는 스캔론 플랜(Scanlon Plan), 러커 플랜(Rucker Plan), 이윤배분계획(profit sharing plan) 등이 있다. 스캔론 플랜은 직원 참여와 상여금 지급을 통하여 생산성 향상과 심리적 보상을 동시에 추구하는 형태이며, 러커 플랜은 총인건비에서 차지하는 부가가치의 비율을 기준으로 보너스를 지급하는 형태이다. 또한 이윤배분계획은 노사 양측의 합의에 의하여 얻어진 수익을 배분하는 제도이다(강성철 외, 2005: 442).

(3) 공기업의 보수 결정

공기업의 유형은 크게 직접경영형태와 간접경영형태로 구분되는데, 직접경영형태(정부기업, 지방직영기업)는 공무원 신분이므로 보수의 결정도 정부에 의해 결정된다. 반면에 간접경영형태는 정부로부터 독립된 법인체(공기업, 준정부기관, 기타공공기관, 지방공사, 지방공단, 지방출자기관, 지방출연기관)이므로 보수에 대한 결정은 이사회에서 이루어진다. 그러나 간접경영형태의 보수 결정은 정부의 보수 관련 예산지침에 따라 결정되므로 이사회가 완전히 독립적으로 결정한다고 보기는 어렵다. 특히 임원의 보수 기준을 정하는 이사회에는 이해관계가 있는 임원은 참여할 수 없다.

4) 공기업의 균형인사

공기업은 민간부문과는 달리 사회적 균형인사정책을 추진하고 있는데, 이를 살펴보면 다음과 같다.

첫째, 청년고용촉진 특별법에 의하면 정원의 3%를 청년으로 고용토록 규정하고 있으며, 국가공기업과 지방공기업의 경영평가에 반영하고 있다.

둘째, 장애인고용촉진 및 직업재활법에 의하면 정원의 3.8% 이상을 장애인으로 고용토록 규정하고 있으며, 이를 충족하지 못할 경우에는 장애인 고용부담금을 납부토록 하고 있다. 장애인고용은 청년고용과 마찬가지로 공기업의 경영평가에 반영하고 있다.

셋째, 국가유공자 등 예우 및 지원에 관한 법률에 의하면 취업지원 실시기관은 전체 고용 인원의 3% 이상 8% 이하의 범위에서 취업지원 대상자를 우선 고용하도록 규정하고 있다. 특히 국가공기업과 지방공기업(지방공사 및 지방공단)은 고용 비율을 9%까지 확대할 수 있다.

넷째, 남녀고용평등과 일·가정 양립 지원에 관한 법률에 의하면 고용노동부 장관은 공기업의 직종별 여성근로자의 비율이 산업별, 규모별로 고용 기준에 미달하는 사업주에 대해서는 차별적 고용관행 및 제도 개선을 위한 적극적 고용개선조치 시행계획을 수립하여 제출할 것을 요구할 수 있으며, 이 경우 공기업은 시행계획을 제출해야 한다.

〈표 5-2〉 각종 법령에서 규정하고 있는 인사채용 규정

유형	법률명	의무고용 비율
청년고용 (15~34세)	청년고용촉진 특별법 제5조 – 공기업, 준정부기관, 기타공공기관(정원 30명 이상) – 정원이 30명 이상인 지방공사 및 지방공단	정원의 3% (경영평가 반영)
장애인	장애인고용촉진 및 직업재활법 제28조의2 – 중앙정부 공공기관: 공기업, 준정부기관, 기타공공기관 – 지방정부 공공기관: 지방공사, 지방공단, 출자기관, 출연기관 – 2021년(3.4%), 2022~2023년(3.6%), 2024년 이후(3.8%)	미충족의 경우 장애인 고용부담금 납부 (평가 반영)
취업보호대상자	국가유공자 등 예우 및 지원에 관한 법률 제33조의2 – 3% 이상~8% 이하 우선 고용	공공기관 (9% 이상 확대)
기능인재	공기업 기능인재추천채용제 운영규정	평가 반영
여성	남녀고용평등과 일·가정 양립 지원에 관한 법률 제17조의3 〈여성 근로자의 고용 기준에 미달에 하는 사업〉 ① 여성 근로자의 고용 비율이 해당 사업이 속한 산업별 전(全) 직종 여성 근로자의 고용 비율 평균의 70%에 미달하는 사업. 다만, 여성 근로자의 고용 비율이 50% 이상인 사업은 제외 ② 여성 관리자의 고용 비율이 해당 사업이 속한 산업별 여성 관리자의 고용 비율 평균의 70%에 미달하는 사업	중앙 공공기관 지방공사, 공단 (고용 기준 미달: 적극적 고용개선 조치 시행계획 제출)
다문화	다문화가족지원법, 재한외국인처우기본법	의무 비율 없음
탈북자	북한이탈주민의 보호 및 정착지원에 관한 법률(북한이탈주민법) 제18조의2, 동법 시행령 제37조의2	평가 반영 (임의규정)
고령자	저출산·고령사회기본법 제11조	의무 비율 없음
지역인재	혁신도시 조성 및 발전에 관한 특별법 제29조의2	매년 공개

제2절 국가공기업의 조직인사관리

1 국가공기업의 조직관리

1) 국가공기업의 조직구조 형태

국가공기업의 조직구조는 직접경영형태와 간접경영형태로 구분된다.

직접경영형태인 정부기업의 대표적인 조직은 우정사업본부가 해당되는데, 우정사업본부의 책임자는 1명으로 단독제 형태를 취하고, 정부에 의해 임명되는 임명제를 취하고 있다. 또한 의결기능과 집행기능이 상호 분리되어 있지 않고, 통합된 단일기관제 형태를 취하고 있다. 아울러 정부기업형태에는 이사회가 존재하지 않으므로 기능위원회형과 정책위원회형의 구분은 해당 사항이 존재하지 않는다. 특히 우정사업이라는 단일사업형태를 취하고 있기 때문에 분권관리조직은 지역별 분권관리방식을 취하고 있다.[7)]

간접경영형태는 이사회라는 의결기구와 집행기능의 책임자인 기관장이 별도로 분리되어 있는 이중기관제 형태를 취하고 있다. 즉, 이사회라는 합의제 기구가 존재하고 있지만, 집행기능을 책임지고 있는 기관장과 상임이사가 이사회의 일부로 참여하고 있기 때문에 완전한 의미에서의 이중기관제 형태를 취하고 있지 않다. 또한 이사회의 구성원과 기관장 모두 정부가 임명하는 임명제를 취하고 있으며, 이사회의 구성원 일부는 상임이고, 일부는 비상임으로서 정책위원회형을 취하고 있다. 아울러 대부분의 공공기관은 단일사업형태를 취하고 있으므로 분권관리조직은 지역별 분권관리

---

7) 우정사업의 체계적, 효율적 운영에 관한 중요사항을 심의하기 위하여 우정사업운영위원회를 구성·운영하고 있는데, 위원은 위원장 1인을 포함한 12인 이내로 구성된다. 위원장(임기 2년)은 과학기술정보통신부 장관의 제청으로 대통령이 위촉하며, 민간위원(8인, 임기 2년)은 과학기술정보통신부 장관이 위촉하고, 정부위원(3)은 기획재정부, 행정안전부, 과학기술정보통신부 장관이 지명하는 고위공무원으로 구성된다. 우정사업운영위원회는 우정사업경영합리화 기본계획과 연차별 시행계획 수립 및 변경에 관한 사항, 우정사업의 재정계획, 요금 및 수수료 조정, 출자 등에 관한 사항 등을 심의한다(우정사업 운영에 관한 특례법 제4조 및 제5조, 동법 시행령 제3조).

방식을 취하고 있다.

2) 국가공기업 조직관리의 원칙

(1) 조직 및 정원관리의 원칙

공기업・준정부기관의 조직 및 정원관리에 관한 기본원칙은 기획재정부의 공기업・준정부기관의 경영에 관한 지침(2023.4.25) 제3조에 규정되어 있다.

첫째, 공기업・준정부기관의 조직은 다른 공공기관의 조직과 기능상의 중복이 없어야 하며, 종합적이고 체계적으로 편성되어야 한다.

둘째, 공기업・준정부기관은 조직과 정원을 그 업무의 성질과 양에 따라 업무수행을 위한 적정규모로 유지하여야 하며, 원칙적으로 정원과 현원을 일치시키기 위해 노력해야 한다.

셋째, 공기업・준정부기관은 기능과 업무량이 변경되는 경우 그에 따라 기관의 조직과 정원을 조정하여야 한다.

넷째, 군입대 휴직자 및 6개월 이상 육아휴직자에 대해서는 현원 계상 시 제외하고 결원 보충이 가능하며, 산전 후 휴가에 이어 3개월 이상의 육아 휴직 시에도 결원 보충할 수 있다(산전 후 휴가와 육아휴직을 연속하여 사용하는 경우에는 산전 후 휴가일부터 후임자 보충 가능). 다만, 이로 인해 발생하는 초과 현원은 3년 이내에 해소하여야 한다.

다섯째, 벤처기업육성에 관한 특별조치법에 따라 6개월 이상 휴직한 자는 현원 계상시 제외하고, 결원 보충하되 초과 현원은 3년 이내에 해소해야 한다.

여섯째, 장애인고용촉진 및 직업재활법에 따른 중증장애인은 정원을 초과하여 채용할 수 있는데, 이로 인한 초과 현원은 3년 이내에 해소하여야 한다.

특히 기획재정부 장관이 지정하는 공기업・준정부기관은 조직진단을 수행한 후 그 결과를 기획재정부 장관에게 제출해야 한다(동 지침 제6조의3).

(2) 중기인력운영계획 수립과 증원의 절차

공기업・준정부기관은 기관장의 중장기 경영목표, 업무소요 변화 등을 고려하여 매년 당해 연도를 포함한 3년 단위 중기인력운영계획을 수립하여 2월 말까지 기획재정부 장관에게 제출해야 한다. 특히 공기업・준정부기관은 이사회 의결을 거쳐 다음

연도 정원조정안(기존 인력의 재배치계획 포함)을 매년 5월까지 수립하고, 주무기관의 장을 거쳐 기획재정부 장관과 협의해야 한다(지침 제6조).

〈표 5-3〉 공공기관 총 인력규모(현원 기준)

유형		2018	2019	2020	2021	2022
공기업	시장형	60,645	62,899	64,207	64,661	65,177
	준시장형	72,772	77,901	79,721	79,500	79,868
	소계	133,417	140,800	143,928	144,161	145,045
준정부기관	기금관리형	26,033	27,381	27,724	28,528	28,760
	위탁집행형	72,811	78,300	80,068	82,746	83,599
	소계	98,844	105,681	107,792	111,274	112,359
기타공공기관		123,571	142,380	153,016	156,138	158,477
합계		355,832	388,861	404,736	411,573	415,881

자료: 공공기관 경영정보시스템(www.alio.go.kr).

(3) 별도정원, 한시정원, 탄력정원

공기업·준정부기관은 기능과 업무량의 변경되는 경우에 대응하여 별도정원, 한시정원, 탄력정원제도를 운영하고 있다(지침 제3조의2, 제7조, 제8조).

첫째, 공기업·준정부기관은 특정 목적 달성을 위한 정원이 따로 있는 것으로 보고 결원을 보충할 수 있는 별도정원을 둘 수 있는데, 그 필요성이 인정되는 경우에는

〈표 5-4〉 공공기관 총 별도정원규모(현원 기준)

유형		2018	2019	2020	2021	2022
공기업	시장형	1,698	1,648	1,288	1,401	1,766
	준시장형	2,698	3,020	3,116	2,796	2,760
	소계	4,396	4,668	4,404	4,197	4,526
준정부기관	기금관리형	603	599	615	600	608
	위탁집행형	2,694	2,608	2,164	2,184	2,074
	소계	3,297	3,207	2,779	2,784	2,682
기타공공기관		1,292	1,378	1,368	1,804	1,917
합계		8,985	9,253	8,551	8,785	9,122

자료: 공공기관 경영정보시스템(www.alio.go.kr).

기획재정부 장관과 협의해야 한다. 별도정원은 임금피크제를 운영하는 경우, 벤처기업 설립을 위해 사내벤처팀을 운영하는 경우인데, 그 사유가 소멸된 때에는 해당 별도정원은 폐지되며 1년 이내에 해소해야 한다.

둘째, 기획재정부 장관은 공기업·준정부기관이 존속기한이 정해진 사업 또는 한시적으로 발생하는 수요(휴직·파견 기간 등이 1년 이상인 경우)에 대응하기 위해 한시정원을 지정할 수 있도록 규정하고 있다. 존속기한이 경과한 한시정원은 자동으로 폐지하고, 한시정원의 폐지로 인해 발생한 초과 현원은 2년 이내에 해소해야 한다.

셋째, 공기업·준정부기관은 총인건비 범위 내에서 노사협의 등을 통해 공공서비스의 품질 향상 및 좋은 일자리 창출을 위해 필요한 경우 기관이 자율적으로 탄력정원을 운영할 수 있는데, 주무기관의 장과 협의를 거쳐 조정하고, 그 결과를 기획재정부 장관에게 통보해야 한다. 탄력정원은 공기업·준정부기관 예산편성지침 및 예산집행지침의 정원에 포함되지 않는다.

(4) 출자기관 등의 운영

공기업·준정부기관이 출연·출자에 관한 약정을 맺고자 하는 경우에는 사전 협의를 해야 하는데, 사전 협의는 연 2회 실시하되, 전년도 10월 말과 당해 연도 4월 말까지 요청하는 것을 원칙으로 한다(시급한 경우 수시로 가능). 또한 공기업·준정부기관은 출자기관의 관리 현황과 경영성과 등을 주무기관의 장 및 기획재정부 장관에게 매년 4월 말까지 보고해야 한다(지침 제4조).

공기업·준정부기관은 ① 다른 법인의 지분을 10% 이상 취득하고자 할 경우(중소기업 금융지원의 경우에 한하여 20% 이상 지분을 취득하고자 할 경우), ② 다른 법인에 30억 원 이상 출자하고자 할 경우, ③ 출자회사가 금융기관으로부터 차입을 하고자 할 때 채무보증 행위를 하려는 경우 이사회의 심의·의결을 거쳐 출자 여부를 결정하여야 한다.

공기업·준정부기관은 자회사와 독점규제 및 공정거래법상의 “대규모 내부거래”에 해당하는 내부거래를 하고자 할 경우 이사회의 심의·의결을 거쳐 결정해야 하며, 퇴직 임직원이 출자회사 등에 취업하고자 할 경우에는 외부인사가 참여하는 심사위원회를 구성하여 심의·의결해야 한다.

(5) 기능 및 업무의 외부위탁

공기업·준정부기관은 해당 기관의 기능이나 업무를 외부에 위탁할 경우 원칙적으로 공모에 의한 일반경쟁을 거치고, 수탁기관 선정 시의 과정 및 결과를 공개하는 등 투명성과 공정성을 확보해야 한다(지침 제5조).

2 국가공기업의 인사관리

1) 인사관리의 기본원칙과 인력운영계획 수립

(1) 인사관리의 기본원칙

공기업·준정부기관의 인사운영 기본원칙에 관해서는 기획재정부의 공기업·준정부기관의 경영에 관한 지침(2023.4.25) 제3장에 규정되어 있다.

첫째, 공기업·준정부기관의 장은 임직원의 임면, 승진, 전보 등을 법령, 정관, 자체 규정, 지침이 정하는 바에 따라 공정하고 투명하게 운영해야 한다.

둘째, 직원의 업무성과를 객관적으로 측정할 수 있는 성과관리체계를 구축·운영하여 책임경영체제가 정착되도록 노력해야 한다.

셋째, 국가유공자·장애인·여성·지방인재·이공계 전공자·저소득층·북한이탈주민·다문화가족 등에 대한 사회형평적 인력 활용을 도모해야 한다.

넷째, 임직원의 직무수행 능력 향상과 자기개발 기회가 확대되도록 다양한 교육프로그램 운영과 교육훈련 예산의 확보 등을 위해 노력해야 한다.

(2) 임금피크제를 통한 신규 채용 목표 설정

공기업·준정부기관은 전 직원[8]을 대상으로 임금피크제를 운영하여 청년 일자리 창출에 적극 노력해야 하는데, ① 정년연장기관(정년연장으로 인한 퇴직연장자 증가분), ② 정년보장기관(정년 도래 1년 전 인원의 증가분)에 따라 매년 신규 채용 목표를 설정해야 한다. 신규 채용 인원의 인건비는 임금피크제 절감 재원을 통해 충당하

---

8) 급여수준이 최저 임금의 150% 수준 이하인 직원 등 급여수준이 매우 낮은 경우에는 임금피크제 적용을 제외할 수 있다(지침 제10조).

는 것을 원칙으로 하며, 총인건비 인상률 한도 범위 내에서 임금피크제와 관련하여 설정한 신규채용 목표 인원의 인건비가 충당되도록 설계해야 한다. 목표 초과달성 인원에 해당하는 인건비의 일정 부분은 총인건비 인상률 예외로 허용하고, 미달 인원에 해당하는 인건비는 총인건비에서 차감한다.

매년 설정하는 임금피크제 관련 신규채용 규모만큼 별도정원으로 반영하며, 별도정원은 별도직군 정원으로 반영하거나 초임 직급 정원으로 반영한다.

(3) 개방형 계약직, 전문직위, 인사교류

공기업·준정부기관은 전문성을 강화하고 기관 간 협업을 위해 개방형 계약제, 전문직위, 인사교류 제도를 운영하고 있다(지침 제12조~제13조의2).

첫째, 공기업·준정부기관은 전문성과 경쟁력 제고를 위해 본부 간부직 직위의 일정 비율을 민간 등에 개방하는 개방형 계약직을 운영하는데, 개방형 계약직으로 채용된 자는 임기 2년의 성과계약을 기관장과 체결하고, 기관장은 성과평가 결과에 따라 계약 기간 연장, 상급 개방형 계약직으로의 승진 임용 등을 할 수 있다. 개방형 계약직을 채용하는 경우 기관 내부와 외부를 대상으로 하되, 기관 외부의 경험이 필요한 직위에 대해서는 외부에서만 적격자를 선발해야 한다.

둘째, 공기업·준정부기관은 전문성과 업무 연속성을 확보하기 위하여 동일 직위에 장기간 근무할 필요성이 있고, 정책기획, 재무, 법무, 감사 등 전문성이 요구되는 직위를 전문직위로 선정하여 운영할 수 있다. 전문직위에 보직된 자는 일정기간 동안 다른 직위로의 전보가 제한된다.

셋째, 공기업·준정부기관은 기관 간 상호 협업과 소속 직원의 능력발전을 위하여 타 공공기관과 인사교류할 수 있다. 교류기간은 1년으로 하되 당사자가 희망하는 경우 연장할 수 있으며, 특정인이 장기간 교류대상자로 선정되지 않도록 해야 한다.

2) 임원의 인사

(1) 임원의 능력조건(소극적 조건)

능력조건(소극적 조건)은 임원이 되어서는 안 되는 결격사유에 해당하는 것을 의미하는데, 공공기관의 운영에 관한 법률 제34조에 결격사유를 명시하고 있다. 특히 임원이 다음의 어느 하나에 해당하게 되거나 임명 당시 그에 해당한 자로 밝혀졌을 때에는 당연히 퇴직하며, 퇴직한 임원이 퇴직 전에 관여한 행위는 그 효력을 잃지 아니한다.

첫째, 국가공무원법 제33조 각 호의 어느 하나에 해당하는 사람인데, ① 피성년후견인, ② 파산선고를 받고 복권되지 아니한 자, ③ 금고 이상의 실형을 선고받고 그 집행이 종료되거나 집행을 받지 아니하기로 확정된 후 5년이 지나지 아니한 자, ④ 금고 이상의 형을 선고받고 그 집행유예 기간이 끝난 날부터 2년이 지나지 아니한 자, ⑤ 금고 이상의 형의 선고유예를 받은 경우에 그 선고유예 기간 중에 있는 자, ⑥ 법원의 판결 또는 다른 법률에 따라 자격이 상실되거나 정지된 자, ⑦ 공무원으로 재직기간 중 직무와 관련하여 형법 제355조 및 제356조에 규정된 죄를 범한 자로서 300만 원 이상의 벌금형을 선고받고 그 형이 확정된 후 2년이 지나지 아니한 자, ⑧ 성폭력범죄, 음란물 관련 범죄, 스토킹 범죄에 해당하는 죄를 범한 사람으로서 100만 원 이상의 벌금형을 선고받고 그 형이 확정된 후 3년이 지나지 아니한 자, ⑨ 미성년자에 대한 성폭력범죄, 아동 · 청소년대상 범죄를 저질러 파면 · 해임되거나 형 또는 치료감호를 선고받아 그 형 또는 치료감호가 확정된 자(집행유예를 선고받은 후 그 집행유예기간이 경과한 자 포함), ⑩ 징계로 파면처분을 받은 때부터 5년이 지나지 아니한 자, ⑪ 징계로 해임처분을 받은 때부터 3년이 지나지 아니한 자의 어느 하나에 해당하는 자는 공공기관의 임원이 될 수 없다.

둘째, 이사회는 기관장이 법령이나 정관을 위반하는 행위를 하거나 그 직무를 게을리하는 등 기관장으로서의 직무수행에 현저한 지장이 있다고 판단되는 경우 이사회의 의결을 거쳐 주무기관의 장에게 그 기관장을 해임하거나 해임을 건의하도록 요청할 수 있는데(공운법 제22조), 해임 요청으로 해임된 후 3년이 경과하지 않은 사람은 결격사유가 된다.

셋째, 기획재정부 장관 또는 주무기관의 장이 공기업 · 준정부기관의 장을 실적평가에 따라 해임한 후 3년이 경과하지 않은 사람은 결격사유가 된다.

넷째, 기획재정부 장관은 비상임이사(준정부기관의 비상임이사는 제외) 및 감사(상임감사위원을 포함)가 의무와 책임을 다하지 않거나 직무를 이행하지 아니하거나 게을리한 경우 운영위원회의 심의 · 의결을 거쳐 비상임이사 및 감사를 해임하거나 그 임명권자에게 해임을 건의할 수 있고, 그 공기업 · 준정부기관으로 하여금 손해배상을 청구하도록 요구할 수 있는데(공운법 제35조 제2항), 해임건의 후 해임되어 3년

이 경과하지 않은 사람은 결격사유에 해당한다.

다섯째, 기획재정부 장관은 직무수행실적 평가 결과 그 실적이 저조한 비상임이사와 감사 또는 감사위원회 감사위원에 대하여 운영위원회의 심의 · 의결을 거쳐 해임하거나 그 임명권자에게 해임을 건의할 수 있는데(공운법 제36조 제2항), 해임건의 후 해임되어 3년이 경과하지 않은 사람은 결격사유에 해당한다.

여섯째, 공기업 · 준정부기관이 계약의 이행에 관한 보고서, 경영실적보고서 및 그 첨부서류를 제출하지 아니하거나 거짓으로 작성 · 제출한 경우에는 기획재정부 장관은 운영위원회의 심의 · 의결을 거쳐 경영실적 평가 결과와 성과급을 수정하고, 해당 기관에 대하여 주의 · 경고 등의 조치를 취하거나 주무기관의 장 또는 기관장에게 관련자에 대한 인사상의 조치 등을 취하도록 요청하여야 한다. 이 경우 기획재정부 장관은 감사 또는 감사위원회 감사위원이 관련 직무를 이행하지 아니하거나 게을리하였다면 운영위원회의 심의 · 의결을 거쳐 해당 감사 또는 감사위원회 감사위원을 해임하거나 그 임명권자에게 해임을 건의할 수 있는데, 해임건의 후 해임되어 3년이 경과하지 않은 사람은 결격사유에 해당한다.

〈표 5-5〉 임원 직위별 자격요건 고려사항(지침 제33조)

임원 직위	자격요건
기관장	가. 최고 경영자로서의 리더십과 비전 제시 능력 나. 해당 분야와 관련한 지식과 경험 다. 조직관리 및 경영능력 라. 청렴성과 도덕성 등 건전한 윤리의식 마. 기타 기관의 특성과 여건을 반영하여 특별히 요구되는 고유역량
상임이사	가. 해당 분야와 관련한 지식과 경험 나. 리더십과 조직관리능력 다. 청렴성과 도덕성 등 건전한 윤리의식 라. 기타 기관의 특성과 여건을 반영하여 특별히 요구되는 고유역량
비상임이사	가. 경영에 대한 지식과 경험 나. 청렴성과 도덕성 등 건전한 윤리의식 다. 기타 기관의 특성과 여건을 반영하여 특별히 요구되는 고유역량
감사	가. 조직운영 및 경영에 대한 감시 능력 나. 청렴성과 도덕성 등 건전한 윤리의식 다. 해당 분야의 업무 이해도 라. 기타 기관의 특성과 여건을 반영하여 특별히 요구되는 고유역량

(2) 임원의 자격조건(적극적 조건)

공기업·준정부기관의 장은 당해 기관의 임원 직위에 대해 기관 특성을 감안하여 직위별 역할과 책임을 명확히 하여야 하며, 직위별 직무수행요건을 설정하여 운영하여야 한다.

(3) 임원선임의 원칙

공기업·준정부기관은 해당 기관의 임원 직위에 대해 직위별 직무수행요건에 적합한 능력과 자질을 갖춘 사람이 선임될 수 있도록 객관적인 절차와 기준에 따라 임원을 선임해야 한다.

공기업·준정부기관은 장애인, 지역인재, 여성, 청년 등이 임원 직위에 선임되는데 제도적, 사실적 어려움이 없도록 해야 하며, 임원 구성 시에 다양한 전문성이 조화될 수 있도록 노력해야 한다. 특히 국가유공자를 합리적 범위에서 우대하는 내부 규정을 둘 수 있고, 임원의 여성 비율이 임원 정수의 20% 이상이 되도록 노력해야 한다(지침 제42조의2).

(4) 의원면직 제한 및 의원면직 사전 예고

임명권자 또는 임명제청권자는 비위와 관련하여 조사 또는 수사 중인 공기업·준정부기관의 임원 등에 대하여 의원면직을 제한할 수 있다(지침 제46조).

공기업·준정부기관 임원이 임기 중 개인적 사유로 사직을 하고자 할 때에는 부득이한 경우를 제외하고는 사직 희망일로부터 2개월 이전에 임명권자 또는 임명제청권자에게 사직원을 제출하여야 한다. 특히 임명권자 또는 임명제청권자가 사직원을 제출받은 때에는 지체 없이 후임자 선임 절차를 진행하여 임원 직위에 공석이 발생하지 않도록 노력하여야 한다(지침 제47조).

또한 공기업·준정부기관의 장은 퇴직공무원을 공기업·준정부기관의 임원에 임명하고자 하는 경우, 퇴직일로부터 6월 이상 경과한 이후 임명하는 것을 원칙으로 한다. 다만, ① 주주총회나 출자자총회 등 사원총회의 의결절차에 의하여 선임되는 경우, ② 공개모집 등 경쟁방식에 의하여 선임되는 경우, ③ 정부업무의 이관·위탁, 기관 업무 특성 등으로 해당 분야 퇴직공무원을 선임하는 것이 필요하다고 인정되는 경우는 예외로 한다(지침 제45조).

(5) 노동이사의 임명과 운영

공기업·준정부기관의 노동이사는 이사회 정원 내에서 새로 선임하거나 기준 이사를 대체하여 임명하되, 해당 기관에 3년 이상 재직 중인 근로자여야 한다. 노동이사는 노동조합의 조합원, 노사협의회 위원, 고충처리위원 등의 직위를 탈퇴하거나 사임해야 한다. 노동이사는 비상임이사로의 권한을 지닌다(지침 제47조의4).

3) 직원의 인사

(1) 인사위원회의 설치·운영

공기업·준정부기관의 장은 소속 직원의 채용과 승진·징계 등 인사운영의 공정성과 투명성을 확보하기 위하여 인사위원회 또는 이에 준하는 심의·의결 기구를 설치·운영하여야 한다. 특히 공기업·준정부기관의 장은 인사위원회를 구성함에 있어 관련 전문가 등 외부위원을 포함하도록 하여야 하며, 인사위원회를 구성·운영함에 있어 이해관계가 있거나 기타 공정한 심사를 기대하기 어려운 자를 제외하여야 한다(지침 제14조).

(2) 채용계획 수립과 직원채용 원칙

공기업·준정부기관의 장은 직원 채용 절차와 방법 등에 관한 사항을 사전에 규정하고, 구체적인 채용 절차와 방법을 공개해야 하며, 공개경쟁채용시험에 의해 채용하는 것을 원칙으로 하며, 응시자의 공평한 기회 보장을 위해 성별·신체조건·용모·학력·연령 등에 대한 불합리한 제한을 두어서는 안 된다. 특히 직원 채용의 경우 한국사 능력을 전형요소에 반영하여 역사 인식을 제고해야 한다.

또한 부정합격자에 대해 합격을 취소할 수 있는 근거를 내부 규정에 마련하고, 부정 합격 시 합격이 취소될 수 있음을 내용으로 하는 확인서를 제출받아야 한다. 아울러 채용 비위로 인한 피해자를 파악하여 적극적으로 구제하는 방안을 마련해야 한다(지침 제16조).

(3) 보직관리의 원칙

공기업·준정부기관은 보직을 부여함에 있어 해당 직원의 전공·전문성·경력·본인 희망 등을 고려해야 하며, 경력개발제도를 도입·운영할 수 있고, 당해 직위에 대한 사내공모·개방형 임용 등을 실시하여 능력 중심의 인사운영이 되도록 노력하여야 한다. 보직관리 기본원칙은 다음과 같다(지침 제20조~제21조의2).

첫째, 공기업·준정부기관의 장은 원칙적으로 소속 직원의 승진·전보 등에 관한 인사운영 방향·기준을 정하여 미리 공지하고, 정기인사를 실시하는 경우 그 인사 기준 등을 미리 공지하여야 한다.

둘째, 공기업·준정부기관의 장은 근무성적평정, 서열명부 등 업무성과지표 및 징계 관련 참고자료 등을 활용하여 객관적이고 공정하게 승진과 전보 등에 대한 인사를 하여야 한다.

셋째, 공기업·준정부기관은 불합리한 규제를 개선하는 등 공공의 이익을 위해 창의성과 전문성을 바탕으로 적극적으로 업무를 처리한 직원을 인사위원회의 심의를 거쳐 적극행정 우수 직원으로 선발할 수 있다(인사우대 조치 가능).

넷째, 공기업·준정부기관은 창의적인 업무개선, 대규모 예산절감, 대규모 정책사업의 성공적 완수 등 업무성과가 우수한 직원에 대해서는 특별승진을 실시할 수 있다. 특히 특별승진의 경우에는 구체적인 승진 인원과 승진요건 등에 대하여 인사위원회 등의 심의·의결을 거쳐 사전에 전 직원에게 공지하여야 한다.

(4) 승진의 제한

공기업·준정부기관의 장은 징계처분요구 및 징계의결요구 중이거나 징계처분이 진행 중인 직원에 대하여는 승진심사 대상에서 제외하여야 한다(지침 제22조).

징계처분의 집행이 완료된 직원에 대하여는 ① 강등·정직(18개월), ② 감봉(12개월), ③ 견책(6개월) 기간(금품 및 향응 수수, 공금의 횡령·유용, 성폭력, 성희롱 및 성매매에 따른 징계처분의 경우에는 각각 6개월을 더한 기간) 동안 승진을 제한한다. 다만, 해당 기관이 규정에서 정한 기간보다 승진 제한 기간을 더 늘려서 적용하고자 하는 경우에는 해당 기관의 자체 기준을 적용할 수 있다.

(5) 포상의 제한 및 징계

공기업·준정부기관의 장은 직원 등이 ① 징계 또는 불문경고처분을 받은 사람, ② 징계 절차 진행 중인 사람 또는 형사사건으로 기소 중인 사람, ③ 재직 중 벌금형 이상의 형사처벌을 받은 사람, ④ 수사 중이거나 감사 관련 기관에서 감사 진행과정에서 문제 소지가 있다고 판단되는 사람 중 어느 하나에 해당하는 때에는 포상을 제한하는 규정을 두어야 한다(지침 제25조).

또한 공기업·준정부기관의 장은 소속 직원이 ① 법령을 위반한 경우, ② 직무상 의무를 위반하거나 직무를 태만히 한 때, ③ 금품비위, 성범죄, 채용비위, 음주운전 등 직무 내외를 불문하고 그 체면 또는 위신을 손상하는 행위를 한 때, ④ 공무원행동강령에 반하는 행위를 한 경우, ⑤ 소극행정 등에 해당하는 경우에는 징계 처분하는 규정을 두어야 한다(지침 제26조).

(6) 감사원 조사와의 관계

감사원에서 조사 중인 사건에 대하여는 조사개시 통보를 받은 날부터 징계 의결의 요구나 그 밖의 징계 절차를 진행하지 못한다. 또한 검찰·경찰, 그 밖의 수사기관에서 수사 중인 사건에 대하여는 수사개시 통보를 받은 날부터 징계 의결의 요구나 그 밖의 징계 절차를 진행하지 아니할 수 있다(지침 제28조).

(7) 징계의 감경

공기업·준정부기관에 설치된 인사위원회 등은 징계의결이 요구된 사람에게 ① 중앙행정기관 또는 지방자치단체의 장의 표창 이상 공적, ② 기관장 표창(부장급 이상의 관리직은 제외)을 받은 공적, ③ 인사위원회 등이 마련한 별도 기준에 따라 객관적으로 인정하는 공적의 어느 하나에 해당하는 공적이 있는 경우에는 징계를 감경할 수 있다(지침 제29조).

그러나 징계 감경 시 동일한 공적으로 중복하여 감경할 수 없고, 징계권자는 인사위원회 등 결정에 관여해서는 안 된다. 특히 ① 금품 및 향응 수수, 공금의 횡령·유용 등 비위 관련 징계 후 5년이 넘지 아니한 자, ② 성폭력범죄의 처벌 등에 관한 특례법에 따른 성폭력범죄, ③ 성매매알선 등 행위의 처벌에 관한 법률에 따른 성매매, ④ 국가인권위원회법에 따른 성희롱 및 도로교통법에 따른 음주운전의 어느 하나에 해당하는 경우에는 감경할 수 없다.

(8) 의원면직의 제한

공기업·준정부기관의 장은 직원 등이 ① 비위와 관련하여 조사 또는 수사 중인 때, ② 감사 관련 기관에서 감사 결과 중징계 처분을 요구하거나 인사위원회 등에 중징계 의결 요구 중인 때의 어느 하나에 해당하는 때에는 의원면직을 제한하는 규정을 두어야 하는데, 해당 기관은 부패방지 및 국민권익위원회의 설치와 운영에 관한 법률

제82조에 따라 비위면직자의 취업제한을 적용받는 기관에 한한다(지침 제31조).

(9) 인사정보 공개 및 인사고충 창구 운영

공기업·준정부기관의 장은 인사정보를 공개할 수 있는 범위와 기준을 사전에 설정하고 직원이 공개를 요청하는 경우 이를 공개해야 한다(지침 제29조).

4) 임직원의 복무

(1) 임원의 직무

기관장은 공기업·준정부기관을 대표하고 업무를 총괄하며, 임기 중 공기업·준정부기관의 경영성과에 대하여 책임을 진다. 기관장은 공기업·준정부기관의 이익과 자신의 이익이 상반되는 사항에 대하여는 공기업·준정부기관을 대표하지 못하고, 감사 또는 감사위원회가 공기업·준정부기관을 대표한다.

기관장이 부득이한 사유로 직무를 수행할 수 없을 때에는 정관에서 정하는 바에 따라 상임이사 중 1인이 직무를 대행하고, 상임이사가 없거나 직무를 대행할 수 없을 때에는 정관이 정하는 임원이 그 직무를 대행한다(공운법 제32조).

(2) 임원의 책임

공공기관의 운영에 관한 법률 제35조 제1항에서는 상법 제382조의3(이사의 충실의무), 제382조의4(이사의 비밀유지의무), 제399조(회사에 대한 책임), 제400조(회사에 대한 책임의 면제) 및 제401조(제3자에 대한 책임)의 규정은 공기업·준정부기관의 이사에 관하여 각각 이를 준용하고, 상법 제414조(감사의 책임) 및 제415조(준용규정)의 규정 중 회사에 대한 책임의 면제에 관한 사항은 공기업·준정부기관의 감사(감사위원회의 감사위원을 포함)에 관하여 이를 준용한다.

공기업의 임원은 일반적으로 공공조직에 준하는 복무 규율을 준수해야 하며, 공기업도 기업인 이상 상법상의 복무 규율에 대해서도 준수해야 할 의무가 있다.

첫째, 직무 충실의 의무가 있다. 즉, 임원은 법령과 정관의 규정에 따라 회사를 위하여 그 직무를 충실하게 수행하여야 한다(상법 제382조의3).

둘째, 비밀 유지의 의무가 있다. 즉, 임원은 재임 중 뿐 아니라 퇴임 후에도 직무상 알게 된 회사의 영업상 비밀을 누설하여서는 안 된다(상법 제382조의4).

셋째, 손해배상 책임이 있다. 즉, 임원은 고의 또는 과실로 법령 또는 정관에 위반한 행위를 하거나 그 임무를 게을리한 경우에는 그 이사는 회사에 대하여 연대하여 손해를 배상할 책임이 있다(상법 제399조). 그러나 임원의 손해배상 책임은 주주 전원의 동의로 면제할 수 있다(상법 제400조).

넷째, 제3자에 대한 책임이 부과된다. 즉, 임원이 고의 또는 중대한 과실로 그 임무를 게을리한 때에는 그 이사는 제3자에 대하여 연대하여 손해를 배상할 책임이 있다(상법 제401조).

이러한 상법상의 복무 규율 이외에 공공기관의 운영에 관한 법률에서도 임원에 관한 책임 규정을 명시하고 있다. 즉, 이사회의 기관장에 대한 책임 규정(공운법 제22조), 기획재정부 장관의 비상임이사, 감사(상임감사위원 포함)에 대한 책임 규정(공운법 제35조 제2항, 제36조 제2항), 주무기관의 장의 기관장, 상임이사(상임감사위원 제외), 준정부기관의 비상임이사에 대한 책임 규정(공운법 제35조 제3항)을 두고 있는데, 직무를 이행하지 아니하거나 게을리한 경우 임원을 해임하거나 해임을 건의할 수 있고, 공기업·준정부기관으로 하여금 손해배상을 청구할 수 있도록 요구할 수 있다.

(3) 임직원의 겸직 제한

공기업·준정부기관의 상임임원과 직원은 그 직무 외의 영리를 목적으로 하는 업무[9]에 종사하지 못한다. 그러나 공기업·준정부기관의 상임임원이 그 임명권자나 제청권자의 허가를 받은 경우와 공기업·준정부기관의 직원이 기관장의 허가를 받은 경우 비영리 목적의 업무를 겸할 수 있다(공운법 제37조).

(4) 임직원의 공무원 의제

정부기업을 제외한 공기업·준정부기관의 구성원은 공무원이 아니지만, 적정하고 합리적인 운영을 꾀하기 위하여 형법상 뇌물죄의 적용에 있어서는 공공기관의 임원 및 직원(과장대리급 이상의 직원)은 공무원으로 간주한다.

9) 영리를 목적으로 하는 업무의 범위는 공운법 시행령 제25조에 의거 공무원 복무규정 제25조를 준용하는데, ① 공무원이 상업, 공업, 금융업 또는 그 밖의 영리적인 업무를 스스로 경영하여 영리를 추구함이 뚜렷한 업무, ② 공무원이 상업, 공업, 금융업 또는 그 밖에 영리를 목적으로 하는 사기업체(私企業體)의 이사·감사 업무를 집행하는 무한책임사원·지배인·발기인 또는 그 밖의 임원이 되는 것, ③ 공무원 본인의 직무와 관련 있는 타인의 기업에 대한 투자, ④ 그 밖에 계속적으로 재산상 이득을 목적으로 하는 업무에 종사함으로써 공무원의 직무 능률을 떨어뜨리거나, 공무에 대하여 부당한 영향을 끼치거나, 국가의 이익과 상반되는 이익을 취득하거나, 정부에 불명예스러운 영향을 끼칠 우려가 있는 경우에는 그 업무에 종사할 수 없다.

즉, 공공기관의 임직원, 운영위원회의 위원과 임원추천위원회의 위원으로서 공무원이 아닌 사람은 형법 제129조(수뢰, 사전수뢰), 제130조(제3자 뇌물 제공), 제132조(수뢰 후 부정 처사, 사후 수뢰), 제132조(알선수뢰)의 적용에 있어서는 이를 공무원으로 본다(공운법 제53조).

제3절 지방공기업의 조직인사관리

1 지방공기업의 조직관리

1) 지방공기업의 조직구조 형태

지방공기업의 조직구조는 직접경영형태와 간접경영형태로 구분되는데, 경영형태별 조직구조의 형태를 살펴보면 다음과 같다.

우선 직접경영형태인 지방직영기업은 지방자치단체마다 상이한 조직형태로 되어 있으나, 일반적으로 광역은 본부, 기초자치단체는 과 형태로 운영된다. 따라서 지방직영기업의 관리자는 1명으로 단독제 형태를 취하고 있으며, 정부에 의해 임명되는 임명제를 취하고 있다. 또한 의결기능과 집행기능이 상호 분리되어 있지 않고, 통합된 단일기관제 형태를 취하고 있다. 아울러 지방직영기업 형태에는 이사회가 존재하지 않으므로 기능위원회형과 정책위원회형의 구분은 해당사항이 존재하지 않는다. 특히 지방직영기업은 상·하수도, 공영개발이 주된 업무인데, 상·하수도를 하나의 조직하에 관리하는 경우 사업별 분권관리방식을 채택하는 경향이 강하며, 하나의 단일사업형은 지역적 한계로 인해 분권관리방식을 채택하는 경향이 드물다.

다음으로 간접경영형태는 지방공사, 지방공단, 지방출자기관, 지방출연기관 등으로 구분되는데, 대부분의 조직이 이사회라는 의결기구와 기관장이 별도로 존재하면서 의결기능과 집행기능이 분리되어 있는 이중기관제 형태를 취하고 있다. 즉, 이사회라는 합의제 기구가 존재하고 있어 외형적으로는 이중기관형태를 취하고 있다. 그러나 집행기능을 책임지고 있는 기관장과 상임이사가 이사회의 일부로 참여하고 있기 때문에 완전한 의미에서의 이중기관제 형태를 취하고 있지 않다. 또한 이사회의 구성원과 기관장 모두 정부가 임명하는 임명제를 취하고 있으며, 이사회의 구성원 일부는 상임이고, 일부는 비상임으로서 정책위원회 형태를 취하고 있다.

2) 지방공사 및 지방공단의 조직설계 원칙

(1) 조직설계 원칙

지방공사 및 지방공단의 조직을 설치하기 위한 기본원칙은 다음과 같다.[10)]

첫째, 유사 성격 팀 간 업무조정 등 사장(이사장) 아래 최상위 실무조직이 필요한 경우 정원이 51명 이상인 경우에 한하여 '본부'[11)] 설치가 가능하다. 아울러 복수 본부 설치는 특별한 사유가 없는 한 정원이 151명 이상이며 이질적인 복수사업을 수행하는 경우에 한하여 설치한다.

둘째, 상임이사는 가급적 본부장에 보하여 최고실무자 역할을 부여하고, 본부장은 사장과 경영성과계약을 체결하고, 경영성과 평가 결과에 따라 보수책정 및 인사에 반영한다.

셋째, 특정 업무(홍보, 기획, 감사 등)는 본부에 속하지 않고 사장 직속으로 설치가 가능하고, 상임감사를 두는 경우에는 상임감사 산하에 감사부서를 설치한다.

넷째, 업무의 규모 및 소속 인력 등을 고려하여 본부 또는 팀급의 사업소 설치가 가능하며, 내부조직 및 운영방법은 본부 또는 팀 운영방식으로 활용한다.

(2) 최고관리조직의 설계 기준

최고관리조직의 설계와 관련된 기준은 다음과 같다.

첫째, 사장을 포함한 상임이사의 정수는 이사정수의 50/100 미만으로 책정하되, 사장, 감사 및 이사(당연직이사 제외)는 임원 공모 절차에 따라 임명한다.

둘째, 상임이사(사장 및 이사장 제외)의 정수는 정관상 인원으로 하되, 현원이 정원에 미달 시 현원을 기준으로 적용한다. 또한 예산으로 운영되는 비전임 계약직 · 일

---

10) 조직설계, 최고관리조직 등에 대해서는 행정안전부(2022.11.24)의 『지방공기업 인사 · 조직 운영기준』의 내용을 발췌하였다.

11) '본부'는 '처 · 실 · 부' 등 명칭에 관계없이 유사 성격의 수개의 부서(팀 또는 과) 간 업무조정, 총괄기능 등을 수행하는 최상위 실무조직을 의미한다.

용(상용)인부 등은 정원에 미포함되며, 기간제 근로자를 무기계약근로자로 전환하여 정원이 증가한 경우 사업내용이 종전과 변동이 없는 경우에는 종전의 상임이사 기준으로 적용한다. 아울러 상임고문은 정관상 직제로 운영할 수 없다.

〈표 5-6〉 상임이사 설치 기준

구분	상임이사 기준				
정원 기준	50명 이하	51~150명	151~300명	301~2,000명	2,001명 이상
소요인력	–	1명	2명	3명	4명

셋째, 비상임이사는 이사 정수의 50% 이상을 비상임이사로 임명해야 하며, 비상임이사 중 당연직이사는 비상임이사의 1/3 이하로 운영(공무원 등 당연직이사는 2명 이내로 제한)[12)]해야 한다.

넷째, 상임감사는 정원이 500명 이상이거나, 최근 3년 간 예산 및 연평균 매출액이 1,000억 원 이상인 경우에 한해 설치할 수 있으며, 지방자치단체장이 임면한다.

다섯째, 비상임감사는 외부전문가로 임명하거나 지방자치단체 공무원(감사부서의 장은 제외)이 겸임할 수 있다. 지방공사 및 지방공단 내 비상임감사의 수는 1인으로 제한한다.

여섯째, 이사회 구성 및 운영과 관련하여 이사회는 사장과 이사(상임, 비상임)로 구성되며, 이사회 의장은 당연직 비상임이사를 제외한 비상임이사 중에서 선임하되 전체 이사회 의결을 통해 선임하며, 의장의 신분과 관련된 사항은 감사가 소집하고 그 의장이 된다. 특히 이사회는 분기 1회 이상 개최를 원칙으로 하고, 서면회의는 최소화해야 한다. 또한 비상임이사에 대한 정기적인 업무보고, 이사회 안건의 사전 설명, 각종 요구 자료의 충실 제공 등 업무수행을 지원해야 하며, 비상임이사에 대해서는 보수를 지급하지 않으나, 회의참석 수당 이외 이사활동에 필요한 실비, 수당 등에 대해서는 자체 경비지급 기준에 따라 월정액으로 지급 가능하다. 다만, 자기 소관 사무(소속 기관 사무 포함)와 관련하여 당연직 비상임 이사로 임명된 공무원은 회의 참석 수당이나 월정액 지급대상에서 제외한다. 아울러 이사회 의사록은 지방공기업 통

---

12) 예를 들면, A공사의 임원의 정수가 5명(사장 1, 상임이사 4)의 경우 비상임이사 정수는 6명 이상이 되어야 하며, 비상임이사 정수에는 사외이사 4명 이상, 당연직이사는 2명 이내로 운영하여야 한다.

합경영공시 업무 매뉴얼에 따라 공시하고 홈페이지에도 공개하여야 한다.

(3) 부서단위 인력산정의 기준

부서단위의 인력산정과 관련된 기준은 다음과 같다.

첫째, 부서단위 인력산정은 기본인력(법정인력 포함)+사업(추가)인력으로 구성한다. 기본인력은 부서 운영을 위한 최소 인력(4명 기준)을 의미하며, 법정인력은 전기, 기계, 고압가스 등 필수자격증 소지자를 의미한다. 또한 사업인력은 사업량에 따라 사업수행을 위한 필요 최소인력을 의미한다.

둘째, 기관별 건전경영 실현을 위한 최소인력 유지를 위해 지원부서 인력 비율은 정원 30% 이내, 관리직(팀장 또는 과장급 이상 임직원) 비율은 정원의 20% 이내에서 관리한다.

셋째, 시설관리공단의 경우 관리·사무직과 현업직(기술직, 기능직, 상용인부 등)의 비율을 2:8 수준으로 관리한다.

넷째, 설립타당성 검토에서 제시된 인력보다 증원되는 사례가 없도록 인력관리를 도모해야 한다.

(4) 지방출자·출연기관의 조직인사 기준

지방출자·출연 기관의 조직 및 인사운영에 관한 기준은 지방공기업에 비해 세부적이지 않고, 일반적인 수준에서 기준을 제시하고 있다. 즉, 행정안전부는 지방출자·출연기관 인사조직지침(2022.11.24)을 규정하고 있는데, 이를 구체적으로 살펴보면 다음과 같다.

첫째, 지방출자·출연기관의 하부 조직은 기능상의 중복이 없도록 하며, 종합적·체계적으로 편성해야 한다.

둘째, 기관의 기능과 사무를 효율적으로 수행할 수 있도록 적정 규모의 조직과 정원을 운영해야 하는데, 직급별 정원은 합리적인 체계를 이룰 수 있도록 하며, 상위직 위주로 편성되지 않도록 해야 한다.

셋째, 조직과 정원에 관한 내부 규정에는 조직별·직급별 정원을 명확하게 나타내야 하며, 기능과 업무량이 변경될 경우에는 그에 따라 조직과 정원을 조정해야 한다.

넷째, 지방출자·출연기관의 정원과 현원은 일치하도록 운영해야 한다

2 지방공기업의 인사관리

1) 공정하고 투명한 임직원 채용

행정안전부는 지방공사 및 지방공단의 공정하고 투명한 임직원 채용 기준으로 다음과 같은 사항을 규정하고 있다.

첫째, 당연직 임원을 제외한 임원에 대해서는 임명 절차가 공정하고 투명하게 운영될 수 있도록 임원추천위원회를 운영해야 하며, 공개모집 방법에 의하되, 특별한 사유가 없는 한 2인 이상을 임명권자에게 추천해야 한다. 임원추천위원회는 해당 지방공사·지방공단에 설치하고, 이사회에서 운영한다. 임원의 임기종료에도 불구하고, 임명권자는 임원이 연임 기준[13]에 해당될 경우 임원추천위원회의 심의를 거쳐 연임(임기 1년)시킬 수 있다.

둘째, 지방자치단체 인력해소 수단으로 공기업 인사를 활용해서는 안 된다. 지방공기업 설립 시 경력경쟁시험으로 채용하는 비율은 총 정원의 20% 이내로 유지(팀장급 이상은 당해 직위·직급 정원의 30% 이내로 제한)해야 하며, 업무의 연속성 유지를 위해 불가피한 경우에만 경력경쟁시험으로 채용할 수 있다. 특히 업무위탁 시 해당 업무 담당자의 경우는 경력경쟁시험으로 채용하는 비율에서 제외하되, 지방자치단체 인력감축계획을 수립하여 시행한다.

셋째, 퇴직 공무원[14]의 본부장 이상으로의 임명은 원칙적으로 퇴직일로부터 6월이 경과한 이후 임용 가능하다. 다만, 순수한 공모절차 등 경쟁방식에 의하여 임명되는 경우는 예외로 할 수 있다.

넷째, 지방자치단체 공무원 파견[15]은 정원의 5% 이내에서 한시적으로 운영한다.

---

13) 사장(이사장)은 지방공기업법 제58조 제4항에 의한 연임사유에 해당될 경우 지방자치단체장이 임원추천위원회의 심의를 거쳐 연임시킬 수 있으나, 사장을 제외한 감사, 이사에 대한 연임 기준은 현행 지방공기업법령에서 명확한 규정을 두고 있지 않음에 따라 사장의 경우를 준용하여 임명권자가 당해자의 업무성과 실적, 경영평가 결과 등을 고려하여 임원추천위원회의 심의를 거쳐 연임 여부를 결정한다.

14) 비리 면직된 공무원은 퇴직일로부터 5년 간 공공기관으로 취업 제한(부패방지법 제82조).

15) 지방공무원법 제30조의4 및 지방공무원 임용령 제27조의2의 규정에 따라야 하며, 소속 공무원을 공사·공단의 비상임 및 직원 이외 상근임원(사장, 대표이사, 상임이사, 상임감사)으로 파견 또는 겸임은 원칙적으로 금지한다.

다섯째, 직원채용 시 균형인사를 활성화해야 한다. 즉, 사업별 특성에 맞는 여성 채용목표 설정·운영 및 채용·승진 등 양성평등 실현을 위한 방안을 강구해야 하며, 장애인 등 사회적 약자 채용 확대를 위하여 사업별 특성에 맞는 직종·직무의 발굴, 직장 근무환경 개선 및 차별대우 방지 방안을 모색해야 한다. 아울러 지방대학 출신자의 채용을 확대하는 방안 강구 및 지방대 총장 등에 의한 추천채용제도, 고졸자 등 기능인재추천채용제를 활성화하도록 노력해야 한다.

지방공기업의 임직원은 공정하고 투명하게 임용되어야 하는데, 임용과정을 요약하면 [그림 5-3]과 같다.

[그림 5-3] 지방공기업 임직원의 임용 절차

임원 선임 절차	직원 채용 절차
1. 공개모집계획 수립	1. 시험계획 수립 – 선발인원, 시험방법 등
⇩	⇩
2. 임원추천위원회 구성 – 임기개시 2개월 전, 7인	2. 시험공고 – 시험기일 10~20일 전, 홈페이지, 신문 등 – 선발인원, 시험과목, 시험방법, 응시자격 등
⇩	⇩
3. 제1차 임원추천위원회 개최 – 모집방법, 임원후보 심사 기준안 결정	3. 응시원서 접수 – 접수기간 5일 이상
⇩	⇩
4. 후보자 모집공고 – 15일 이상 인터넷, 신문 등	4. 시험위원 임명 – 시험출제, 채점, 면접시험 등 2명 이상 – 외부전문가 임명으로 공정성 확보
⇩	⇩
5. 지원서 접수 – 접수기간 15일 이상	5. 시험실시 – 필기·면접·실기·서류전형
⇩	⇩
6. 제2~4차 임원추천위원회 개최 – 서류심사, 면접심사, 추천대상자 결정	6. 합격자 결정 – 합격자 결정 및 통보
⇩	⇩
7. 임원후보자 추천 및 임명 – 2명 이상 추천자 중 적임자 임명	7. 채용 – 신체검사 등 채용서류 구비 및 임용

자료: 행정안전부(2022.11.24). 『지방공기업 인사·조직 운영기준』.

2) 성과중심의 인력관리

행정안전부는 지방공사 및 지방공단의 성과중심의 인력운영 기준으로 다음과 같은 사항을 규정하고 있다.

첫째, 정기적인 조직 및 인력진단을 실시해야 한다. 영기준(zero-base)에서 공기업의 조직·인력규모를 판단하고, 비대화를 억제해야 하며, 핵심 임무와 관계없는 부대사업의 정비 등은 아웃소싱을 통해 효율적 인력운영을 도모해야 한다.

둘째, 정원의 과다 산정, 정원 외의 편법적 인력운영실태 등을 분석·조정해야 한다. 조직진단을 실시할 경우 당해 공기업 주관 조직진단은 조직 또는 정원 조정이 필요한 경우에 실시하고, 지방자치단체 주관 조직 및 인력진단은 3년 주기로 실시한다. 특히 조직진단 결과에 따라 기능개편, 업무프로세스 개선, 불필요한 인력을 감축하는 등 조직·인력 운영 효율화를 도모해야 한다.

셋째, 조직과 인력은 필요 최소한도로 운영하되, 업무의 성질과 업무량을 분석하여 적정 규모를 유지하고, 원칙적으로 정원과 현원은 일치시켜 운영한다. 특히 군입대 휴직자 및 6개월 이상 육아휴직자(출산휴가와 연계하여 3개월 이상 육아휴직자 포함)는 정원이 따로 있는 것으로 보고 결원을 보충할 수 있다.

넷째, 업무폐지 등으로 기능이 축소된 경우에는 관련 인력을 감축하고, 업무량 변동에 따른 기구 신설이나 확대, 인력 증원 소요가 발생하는 경우 업무효율화 등을 통해 자체 기능조정 또는 인력재배치로 해소한다. 특히 임금인상 등 처우개선이나 상위직 증원을 목적으로 하는 새로운 직급의 신설이나 유사 직급 운영은 금지하며, 각종 안전사고 예방활동과 유사시 현장대응력 강화를 위해 안전 관련 업무를 총괄할 수 있는 직위를 선정하여 안전책임관으로 지정·운영한다.

3) 임원의 임기

(1) 지방직영기업 관리자의 임기제

관리자는 대통령령으로 정하는 바에 따라 해당 지방자치단체의 공무원으로서 지방직영기업의 경영에 관하여 지식과 경험이 풍부한 사람 중에서 지방자치단체의 장이 임명하며, 임기제로 할 수 있다(지방공기업법 제7조). 지방직영기업의 관리자를 임기제로 하는 경우 그 임기는 2년으로 하되, 경영성과에 따라 연임하게 할 수 있다. 다만, 경영성과가 우수한 경우로서 본인이 원하는 경우에는 임기 중에도 전보 또는 승진하게 할 수 있다. 특히 관리자를 임기제로 할 수 있는 지방직영기업의 범위는 사업의 규모 등을 고려하여 당해 지방자치단체의 조례로 정한다(동법 시행령 제3조).

지방직영기업의 관리자는 공무원 신분으로 신분이 보장되는데, 임기제로 할 수 있는 규정을 둔 것은 순환보직에 따른 업무단절을 극복하고 전문적·지속적 운영을 도모하기 위함이다. 그러나 임기 중이라도 전보 또는 승진할 수 있도록 한 것은 업무의 영속을 확보하기 어려운 측면을 규정한 것이라 할 수 있다. 또한 지방자치단체가 자율적으로 임기제를 적용할 수 있도록 규정하고 있으나, 실질적으로 운영되고 있지 못하다.

(2) 지방공사, 지방공단 임원의 임기

지방공기업법 제59조에 의하면 지방공사 및 지방공단 임원의 임기를 규정하고 있다. 즉, 지방공사의 사장 및 지방공단의 이사장, 지방공사 및 지방공단의 이사 및 감사의 임기는 3년으로 한다. 그러나 지방자치단체의 장은 임기가 만료된 임원으로 하여금 그 후임자가 임명될 때까지 그 직무를 행하게 할 수 있는데, 연임을 위하여 재임명에 관한 절차가 진행 중인 경우, 후임자가 임명될 때까지 직무대행이 반드시 필요하다고 지방자치단체의 장이 인정하는 경우에는 임기가 종료되더라도 후임자가 임명될 때까지 직무를 수행할 수 있다.

또한 지방공사의 사장, 지방공단의 이사장, 지방공사 및 지방공단의 이사와 감사는 1년 단위로 연임할 수 있다.

(3) 임원의 시차임기제

임원의 임기가 3년으로 규정된 상태이므로 임원의 임기가 종료되면 새로운 임원을 선임해야 하는데, 이 과정에서 모든 임원이 한꺼번에 새롭게 선임될 수 있다. 즉, 한번에 전체 임원이 변경됨으로써 업무의 공백이 발생할 수 있다. 따라서 이러한 문제점을 해결하기 위한 방안으로 시차임기제(staggering term system)를 고려할 수 있다. 시차임기제는 임원의 임기를 중복되게 하여 한번에 모든 임원이 변경되는 것을 방지하고 업무의 지속성과 영속성을 보장하기 위한 제도라 할 수 있다.

4) 지방공기업 임직원의 복무

(1) 임원의 능력조건(소극적 조건)

능력조건은 결격사유를 의미하는데, 지방직영기업의 임원은 공무원의 신분이므로 임원의 능력조건은 지방공무원법상의 조건을 충족해야 한다. 즉, 지방공무원법 제31조의 결격사유(국가공무원법과 동일)에 해당되면 임원으로서의 임용 자격이 없다.

또한 지방공기업법 제60조에서는 지방공사 및 지방공단 임원의 결격사유로 미성년자, 지방공무원법 제31조 해당자, 해임된 후 3년이 지나지 아니한 사람, 지방공기업법을 위반하여 벌금형을 선고받고 2년이 지나지 아니한 사람은 임원이 될 수 없도록 규정하고 있다.

지방공사 및 지방공단의 임원이 결격사유 어느 하나에 해당하게 되거나 임명 당시 그에 해당하였음이 판명되었을 때에는 당연히 퇴직한다. 또한 퇴직한 임원의 퇴직 전에 관여한 행위는 그 효력을 잃지 아니한다.

(2) 형법에 의한 복무규정

지방직영기업을 제외한 지방공사나 지방공단의 구성원은 공무원의 신분을 갖지 않는 것이 원칙이나, 지방공기업의 적정하고 합리적인 운영을 꾀하기 위하여 형법상 뇌물죄의 적용에 있어서는 이들 지방공사나 지방공단의 임원 및 직원은 공무원으로 본다(지방공기업법 제83조). 이때 적용되는 형법은 제129조 내지 제132조인데, 이를 살펴보면 다음과 같다.

첫째, 형법 제129조(수뢰, 사전수뢰)로 ① 공무원 또는 중재인이 그 직무에 관하여 뇌물을 수수, 요구 또는 약속한 때에는 5년 이하의 징역 또는 10년 이하의 자격정지에 처한다. ② 공무원 또는 중재인이 될 자가 그 담당할 직무에 관하여 청탁을 받고, 뇌물을 수수, 요구 또는 약속한 후 공무원 또는 중재인이 된 때에는 3년 이하의 징역 또는 7년 이하의 자격정지에 처한다.

둘째, 제130조(제3자 뇌물 제공)로 공무원 또는 중재인이 그 직무에 관하여 부정한 청탁을 받고 제3자에게 뇌물을 공여하게 하거나 공여를 요구 또는 약속한 때에는 5년 이하의 징역 또는 10년 이하의 자격정지에 처한다.

셋째, 제131조(수뢰 후 부정처사, 사후수뢰)로 ① 공무원 또는 중재인이 제129조와 제130조의 죄를 범하여 부정한 행위를 한 때에는 1년 이상의 유기징역에 처한다.

② 공무원 또는 중재인이 그 직무상 부정한 행위를 한 후 뇌물을 수수, 요구 또는 약속하거나 제3자에게 이를 공여하게 하거나 공여를 요구 또는 약속한 때에도 전항의 형(刑)과 같다. ③ 공무원 또는 중재인이었던 자가 그 재직 중에 청탁을 받고 직무상 부정한 행위를 한 후 뇌물을 수수, 요구 또는 약속한 때에는 5년 이하의 징역 또는 10년 이하의 자격정지에 처한다. ④ 전 제3항의 경우에는 10년 이하의 자격정지를 병과할 수 있다.

넷째, 제132조(알선수뢰)로 공무원이 그 지위를 이용하여 다른 공무원의 직무에 속한 사항의 알선에 관하여 뇌물을 수수, 요구 또는 약속한 때에는 3년 이하의 징역 또는 7년 이하의 자격정지에 처한다.

일본의 경우도 특별법에서 지방공기업 임원 및 직원의 형법, 기타의 벌칙의 적용에서는 법령에 의해 공무에 종사하는 직원으로 간주하게 되어 있다(일본 지방공영기업법 제20조).

(3) 임직원의 겸업 금지

지방공기업 임직원의 업무에 대한 전념 여부는 해당 지방공기업의 성과에 커다란 영향을 미친다. 따라서 지방공사, 지방공단의 임직원은 그 직무 외에 영리를 목적으로 하는 업무에 종사하지 못하며, 임원은 지방자치단체의 장의 허가 없이 직원은 사장의 허가 없이 다른 직무를 겸할 수 없다. 다만, 상근(常勤)이 아닌 임원은 그러하지 아니하다(지방공기업법 제61조). 또한 지방공사나 지방공단의 임직원이나 그 직에 있던 자는 그 직무에 관하여 지득한 비밀을 누설하거나 도용해서는 안 되는 것이 기본 원칙이다.

(4) 공무원의 파견 · 겸임

지방자치단체의 장은 지방공사 및 지방공단이 수행하는 사업의 지원을 위하여 필요한 경우에는 그 소속 공무원을 공사에 파견하거나 겸임하게 할 수 있다(지방공기업법 제75조의3). 또한 지방공사, 지방공단에 파견된 공무원이나 겸임하는 공무원에 대하여 각 지방공기업이 정한 지급 기준에 따라 업무수당을 지급할 수 있다(동법 시행령 제65조).

(5) 권한의 위탁

지방자치단체의 장은 지방공사 및 지방공단의 목적 수행을 위하여 필요한 경우에는 지방공기업법에 의한 권한의 일부를 조례가 정하는 바에 의하여 지방공사・지방공단의 사장 및 이사장에게 위탁할 수 있다(지방공기업법 제75조의4).

(6) 임원에 대한 벌칙

지방공사나 지방공단의 임원(감사는 제외)이 다음과 같이 예산・결산에 관한 규정을 위반한 때에는 500만 원 이하의 벌금에 처한다(지방공기업법 제81조).

첫째, 지방공사나 지방공단의 기관장은 매 사업연도의 사업계획 및 예산을 당해 사업연도 시작되기 전까지 편성하여 이사회의 의결로 확정(예산확정 후 생긴 불가피한 사유로 예산을 변경하는 경우도 이사회의 의결로 확정)해야 하며, 예산이 성립 또는 변경된 때에는 지체 없이 지방자치단체의 장에게 보고해야 한다.

둘째, 지방공사나 지방공단의 사장 및 이사장은 결산 완료 후 결산서를 작성하여 대통령령이 정하는 서류 및 지방자치단체의 장이 지정하는 공인회계사의 회계감사 보고서를 첨부하여 지체 없이 지방자치단체의 장에게 보고하여 승인을 얻어야 한다.

(7) 임직원에 대한 과태료 부과

행정안전부 장관은 공사의 업무, 회계 및 재산에 관한 사항을 검사할 수 있으며, 공사에 필요한 보고를 명할 수 있다(지방공기업법 제73조 제2항). 그러나 정당한 이유 없이 검사를 거부, 방해 또는 기피한 자는 200만 원 이하의 과태료에 처하는데, 과태료는 대통령령으로 정하는 바에 따라 행정안전부 장관이 부과・징수한다(동법 시행령 제79조 및 [별표 2]).

(8) 징계부가금

지방공사, 지방공단의 기관장은 소속 임직원에 대한 징계 의결을 요하는 경우 그 징계 사유가 금품 및 향응 수수, 공금 횡령, 유용인 경우에는 해당 징계 이외에 금품 및 향응 수수액, 공금의 횡령액의 5배 내의 징계부가금을 부과할 수 있다. 징계부가금 부과는 사유가 발생한 날부터 3년(금품 및 향응 수수, 공금의 횡령・유용의 경우 5년)이 지나면 하지 못한다(지방공기업법 제63조의6).

3 지방공공기관의 인사청문회

지방공공기관의 기관장을 임명하는 과정에서 임원추천위원회를 통해 인사 검증을 하고 있으나, 임원추천위원회의 기능이 미약한 상태에서 지방자치단체장의 의견이 과도하게 반영될 수밖에 없는 것이 현실이다. 이에 따라 능력과 자질을 겸비한 유능한 인재의 임명으로 지방공기업 경영의 합리성을 도모하고, 지방공기업의 비효율성을 제거하기 위한 방안으로 인사청문회제도가 대두되고 있다.

지방자치법 제47조의2에서는 지방자치단체의 장이 지방공사의 사장, 지방공단의 이사장, 지방출자기관 및 지방출연기관의 기관장에 대해 지방의회에 인사청문회를 요청할 수 있도록 규정하고 있는데, 지방공기업법에서는 인사청문회와 관련된 규정을 구체화하고 있지 않다.

인사청문회에 대한 논쟁은 이해관계자마다 다소 상이한 반응을 나타나고 있는데, 인사청문회의 찬・반논쟁에 대해서 정리하면 다음과 같다.

1) 인사청문회 도입 찬성론

지방자치에 있어 인사청문회의 도입 필요성에 대해서는 견제와 균형, 합리적 인사, 후보자의 정당성 확보, 주민 참여 및 권리 향상, 인사청문회의 공개에 따른 투명성 확보 등에서 많은 논의가 이루어지고 있는데(임영덕・신가은, 2012: 362-365; 성시영・홍준형, 2012: 353; 조진만・최준영・유광종, 2012: 186; Tompkins, 1995), 인사청문회 도입을 찬성하는 논거는 다음과 같다.

첫째, 지방자치단체장의 측근 인사, 낙하산 인사, 보은 인사, 무능 인사, 회전문 인사, 코드 인사 등의 인사권 전횡을 인사청문회로 견제할 필요가 있다.

둘째, 정실인사, 보은인사 등 단체장의 인사권 남용을 막고, 후보자의 능력과 자질을 사전 검증함으로써 지방공공기관의 경영합리화를 도모할 수 있다. 즉, 사후 인사 검증보다는 사전 검증을 통해 전문가를 선발하는 것이 중요하다.

셋째, 지방공사 및 지방공단 최고관리자의 인사청문회 도입을 통해 시민들의 알 권리를 충족시킬 수 있다는 점이며, 시민의 통제를 통해 지방공사 및 지방공단 최고관리자의 역선택을 억제할 수 있다는 점이다.

2) 인사청문회 도입 반대론

지방공공기관 인사청문회를 도입하는 데 반대하는 논거는 다음과 같다.

첫째, 상위법이 부재하다는 점이다. 전북도의회가 2004년 의원 발의로 '전라북도 공기업 사장 등의 임명에 관한 인사청문회조례'를 제정했지만 전북도지사의 무효 확인 소송 결과 대법원에서 패소하였다.

둘째, 현행 지방자치단체 조례로 지방자치단체장의 임명·위촉권을 제약할 수 없다는 점이다. 즉, 지방공기업법 제58조 제2항은 "사장과 감사는 대통령령이 정하는 바에 따라 지방자치단체장이 임면한다"고 명시하고 있는데, 조례로 인사청문회 규정을 제정한다할지라도 지방공기업법의 지방자치단체장 임명권에 저촉될 수밖에 없다.

셋째, 국회의원과는 달리 지방의회 의원의 경우 면책특권이 부재한데, 지방공공기관의 인사청문회를 실시하는 과정에 지방의회 의원과 최고관리자 후보자 간의 면책 범위에 대한 논쟁이 초래될 수 있다. 특히 지방공사 및 지방공단의 최고관리자 후보자에 대한 도덕성 검증을 위해서는 개인정보에 접근할 수 있는 권한이 있어야 하는데, 현행 법률 체계에서는 개인정보에 접근할 수 있는 권한이 취약하고, 청문회 과정에서 개인정보에 대한 책임 논쟁이 발생할 수 있다.

넷째, 중앙정부의 공공기관에 인사청문회를 도입하고 있지 않은 상태에서 지방공공기관에 인사청문회를 도입하는 것은 제도적인 한계가 있다.

다섯째, 기존 제도로 충분히 인사 검증이 가능하다는 점이다. 즉, 지방공기업법에 따라 지방공사 및 지방공단의 최고관리자를 임명하는 과정에서 임원추천위원회의 추천에 따라 임명하기 때문에 임원추천위원회를 활용하면 충분히 인사 검증이 가능하다는 점이다.

여섯째, 인사청문회는 지방의회에서 주도하게 되는데, 만약에 지방의회에 예산과 조례 등의 심의권에 인사권까지 부여할 경우 지방의회의 권력이 비대화될 수 있다는 점이다.

제 6 장

공기업의 노사관계

PUBLIC ENTERPRISE

제1절 노사관계의 본질

1 노사관계의 관점과 제도

일반적으로 노동문제는 크게 대립적 시각과 협동적 시각으로 구분하여 살펴볼 수 있다. 흔히 노사관계를 논의함에 있어 대립적 시각에서 노동자와 사용자가 갈등하는 관계에 있는 것으로 보는 전통적 시각이 지배적이지만, 오늘날에 와서는 이러한 전통적 시각에서 탈피하여 노동자와 경영자와의 관계를 협동적 시각에서 고찰하려는 경향이 강하다. 특히 개념적인 측면에서도 갈등관계를 전제로 하는 노동자와 사용자의 개념(노사관계)보다는 협조관계를 전제로 하는 노동자와 경영자와의 관계, 즉 노경관계로 이해하려는 시각도 존재한다. 우선 총괄적인 시각에서 노사관계에 대한 기본틀은 〈표 6-1〉과 같다(안용식 · 원구환, 2001).

공공기관의 노사관계도 이러한 기준에 따라 대립적 시각과 협동적 시각으로 구분하여 볼 수 있다. 대립적 시각은 주로 노동3권과 관련하여 공공기관에도 노동조합의

〈표 6-1〉 노사관계를 보는 시각

<table>
<tr><th>시각</th><th colspan="2">주요 제도</th><th>비고</th></tr>
<tr><td>대립적 시각</td><td colspan="2">노동조합제도</td><td>노동3권과 제약</td></tr>
<tr><td rowspan="9">협동적 시각</td><td rowspan="2">자본참가</td><td>종업원지주제도</td><td>우리 사주</td></tr>
<tr><td>노동주제도</td><td>노동주의 개념</td></tr>
<tr><td rowspan="2">이익참가</td><td>Scanlon Plan</td><td>suggestion + bonus</td></tr>
<tr><td>Rucker Plan</td><td>부가가치 분배</td></tr>
<tr><td rowspan="5">경영참가</td><td>노동자대표제</td><td>panel system</td></tr>
<tr><td>공동관리제</td><td>이익대표적 구성</td></tr>
<tr><td>노동자관리제</td><td>경영자 = 노동자</td></tr>
<tr><td>노사협의회제</td><td>노사공동의 협의 · 의결</td></tr>
<tr><td>노동이사제</td><td>노동자 대표의 이사회 참여</td></tr>
</table>

자료: 안용식 · 원구환(2001).

활동을 인정할 것인가 하는 문제로 귀결되는데, 일반적으로는 사기업과 동일한 노동3권을 보장받을 수 없는 것으로 이해되었다. 즉, 공공기관은 소유의 공적 성격과 제공하는 서비스의 공공적 성격 때문에 노동문제에 관하여는 사기업과 다른 특수성을 지니고 있기 때문이며, 공공기관이 제공하는 서비스가 공공복리를 위한 직무이기 때문이다(김철수, 1981: 447; 권영성, 1981: 518). 그러나 정부부문의 공무원도 노동관계를 기본권으로서 인정받게 됨에 따라 공공기관의 종사자에 대해서도 노동권이 인정되고 있다. 공공기관의 노동자에 대한 노동3권은 사기업과 동일한 수준은 아니지만, 기본권으로서의 결사의 자유와 교섭의 권한을 부여하고 있다.

반면에 협동적 시각에서는 공공기관이 공적 성격이 강하므로 시민 주체의 입장에서 경영하는 것이 바람직하며, 조직의 구성원이자 시민에 대한 서비스 전달자인 노동자를 기업 경영에 적극 참여시킴으로써 조직 내 민주주의를 발전시키고, 경영의 능률화를 꾀하려는 입장이다. 노동관계를 대립적 시각보다는 공동체의 관점에서 상호 협력하고, 상생 발전을 도모하는 존재로 인식하고 있다.

2 대립적 시각에서의 노사관계

1) 정부부문의 노동3권 법률체계

노동자의 단결권, 단체교섭권, 단체행동권으로 구성되는 노동3권은 자연법이 요구하는 권리로서 승인되어 세계 각국이 한결같이 보장하고 있는 추세이다. 우선 단결권이란 근로자가 작업환경의 유지 · 개선을 실현시키기 위하여 자주적으로 단체를 조직할 수 있는 권리를 의미하며, 단체교섭권이란 근로자가 작업환경의 유지 · 개선을 위하여 근로자 단체의 이름으로 사용자 또는 사용자 단체와 자주적으로 교섭할 수 있는 권리를 의미한다. 또한 단체행동권이란 근로자가 작업환경의 유지 · 개선을 관철시키기 위하여 집단적으로 시위행동을 함으로써 업무의 정상적인 운영을 저해할 수 있는 권리를 말한다(허영, 1990: 484-488). 이러한 노동3권과 관련된 법 규정을 살펴보면 다음과 같다.

(1) 헌법

우리나라 헌법은 근로의 권리만이 아니라 취업 중에 있는 근로자의 생활을 보호하기 위하여 제33조 제1항에서 "근로자는 근로조건의 향상을 위하여 자주적인 단결권, 단체교섭권 및 단체행동권을 가진다"라고 하여 근로자의 노동3권을 보장하고 있다. 또한 제2항에서는 "공무원인 근로자는 법률이 정하는 자에 한하여 단결권, 단체교섭권 및 단체행동권을 가진다"라고 하여 일정한 범위의 공무원에 한하여 노동3권을 인정하고 있다. 그러나 제3항에서는 "법률이 정하는 주요 방위산업체에 종사하는 근로자의 단체행동권은 법률이 정하는 바에 의하여 이를 제한하거나 인정하지 아니할 수 있다"라고 규정하고 있으며, 제37조 제2항에서는 "근로자의 노동3권도 국가안전보장, 질서 유지, 공공복리를 위하여 필요한 때에는 법률로서 제한할 수 있다"고 규정하였다.

그러나 여기서 문제가 되는 것은 헌법 제37조 제2항에 의해 근로자의 노동3권이 제한될 수 있는가의 여부이다. 이 점에 대해서는 긍정설과 부정설로 구분되는데, 제한할 수 있다고 보는 긍정설이 다수설로 되어 있다(김철수, 1988: 487; 권영성, 1992: 558). 다만, 제한하는 경우에도 노동3권의 본질적 내용은 침해될 수 없다고 본다. 자칫 과잉금지의 원칙을 어긴 지나친 제한은 이들 권리의 본질적 내용을 침해할 가능성이 크다고 볼 수 있는데, 예컨대 노동조합의 조직을 금지하거나 노동조합의 내부 인사문제에 대해 국가가 간섭하는 행위, 단체교섭 과정에 국가권력이 부당하게 간섭하여 단체교섭의 자율성을 침해하는 행위, 쟁의행위를 심히 제한하는 법률을 제정하는 행위 등이 그 예라 할 것이다(허영, 1990: 491).

(2) 국가공무원법 및 지방공무원법

헌법 제33조 제2항은 공무원인 근로자의 노동3권에 대해서는 법률로 위임하고 있다. 즉, 국가공무원법 제66조 제1항과 지방공무원법 제58조 제1항에서는 "공무원은 노동운동, 기타 공무 이외의 일을 위한 집단적 행동을 하여서는 아니된다. 다만, 사실상 노무에 종사하는 공무원은 예외로 한다"라고 규정하여 일정 범위의 공무원에 대해서만 그 노동3권을 인정하고 있음을 알 수 있다. 사실상 노무에 종사하는 국가공무원과 지방공무원은 대통령령과 조례로 정한다(국가공무원법 제66조 제2항, 지방공무원법 제58조 제2항).

(3) 공무원복무규정 및 조례

사실상 노무에 종사하는 공무원에 대해서는 국가공무원법 및 지방공무원법에 따라 대통령령과 조례로 위임되어 있다.

국가공무원과 관련하여 대통령령인 공무원복무규정 제28조는 사실상 노무에 종사하는 공무원의 구체적 범위를 정하고 있다. 즉, 사실상 노무에 종사하는 공무원이란 과학기술정보통신부 소속 현업기관의 작업 현장에서 노무에 종사하는 우정직공무원(우정직공무원의 정원을 대체하여 임용된 일반임기제공무원 및 시간선택제 일반임기제 공무원을 포함)이다. 그러나 사실상 노무에 종사하는 공무원이지만, ① 서무, 인사 및 기밀업무에 종사하는 공무원, ② 경리 및 물품 출납사무에 종사하는 공무원, ③ 노무자 감독사무에 종사하는 공무원, ④ 보안업무규정에 의한 국가보안시설의 경비업무에 종사하는 공무원, ⑤ 승용자동차 및 구급차의 운전에 종사하는 공무원은 노동운동, 기타 공무 이외의 일을 위한 집단적 행동을 하여서는 아니된다.

지방공무원 중에서 사실상 노무에 종사하는 공무원에 대해서는 조례로 규정하도록 되어 있으나, 지방자치단체에서 구체적으로 조례를 제정한 사례는 없다.

(4) 공무원의 노동조합 설립 및 운영 등에 관한 법률

이 법에서 "공무원"이라 함은 국가공무원법 제2조 및 지방공무원법 제2조에서 규정하고 있는 공무원을 말한다. 다만, 국가공무원법 제66조 제1항 단서 및 지방공무원법 제58조 제1항 단서의 규정에 의한 사실상 노무에 종사하는 공무원과 교원의 노동조합설립 및 운영 등에 관한 법률의 적용을 받는 교원인 공무원을 제외한다(제2조). 이 법에 의한 공무원의 노동조합의 조직 및 가입과 노동조합과 관련된 정당한 활동에 대하여는 국가공무원법 제66조 제1항 본문 및 지방공무원법 제58조 제1항 본문의 규정을 적용하지 아니한다(제3조).

공공부문 근로자의 경우 두 가지 유형으로 구분되는데, 국가공무원법 및 지방공무원법에서 규정하고 있는 사실상 노무에 종사하는 공무원과, 공무원의 노동조합 설립 및 운영 등에 관한 법률에 의해 규정하고 있는 공무원으로 구분된다. 즉, 국가공무원법에 따른 사실상 노무에 종사하는 공무원은 우정직공무원에 한정되며, 지방공무원법에 따른 사실상 노무에 종사하는 공무원은 규정만 있고, 실체가 존재하지 않는다.

공공부문의 노동관계는 공무원의 노동조합 설립 및 운영 등에 관한 법률에 의해

〈표 6-2〉 공무원 노동조합의 가입 범위

구분	내용
가입 범위	1. 일반직공무원 2. 특정직공무원 중 외무영사직렬·외교정보기술직렬 외무공무원, 소방공무원 및 교육공무원(교원 제외) 3. 별정직공무원 4. 제1~3호 어느 하나에 해당하는 공무원이었던 사람으로 노동조합 규약으로 정하는 사람
가입 불가능	1. 다른 공무원에 대하여 지휘·감독권을 행사하거나 다른 공무원의 업무를 총괄하는 업무에 종사하는 공무원 2. 인사·보수 또는 노동관계의 조정·감독 등 노동조합의 조합원 지위를 가지고 수행하기에 적절하지 아니한 업무에 종사하는 공무원 3. 교정·수사 등 공공의 안녕과 국가안전보장에 관한 업무에 종사하는 공무원

자료: 공무원의 노동조합 설립 및 운영 등에 관한 법률 제6조.

규율되지만, 우정직공무원에 해당하는 법률 체계가 별도로 존재한다. 따라서 공무원의 노동운동과 관련하여 하나의 통합 법률체계로 전환될 필요가 있다.

2) 공공부문의 노동3권 법률체계

중앙정부의 정부기업이나 지방정부의 지방직영기업 근로자는 공무원의 신분을 갖고 있는 데 비해, 중앙정부와 지방정부의 공공기관은 공무원의 신분을 갖고 있지 않다. 따라서 정부부문 이외의 공공기관 근로자에 대한 노동관계는 노동조합 및 노동관계조정법에 의해 규율되는데, 관련 규정을 살펴보면 다음과 같다.

첫째, 공익사업에 있어서의 노동쟁의의 조정은 우선적으로 취급하여 신속히 처리하도록 규정하고 있다.

둘째, 공익사업의 조정 기간은 일반사업에 비해 5일이 더 길다. 즉, 노동위원회에 조정신청을 한 날로부터 15일이 경과하지 아니하면 쟁의행위를 할 수 없다.

셋째, 필수공익사업은 일반사업과 달리 직권강제중재가 허용된다. 공익사업의 노동쟁의의 조정을 위하여 노동위원회에 특별조정위원회를 두는데, 특별조정위원회에서 중재의 필요성을 권고하면 노동위원회의 위원장이 중재결정을 내리게 된다. 중재에 회부된 때에는 그 날로부터 15일 간 쟁의행위를 할 수 없다.

넷째, 필수공익사업에 대해서는 필수유지업무를 운영토록 규정하고 있는데, 필수유지업무는 필수공익사업의 업무 중 그 업무가 정지되거나 폐지되는 경우 공중의 생

〈표 6-3〉 노동조합 및 노동관계조정법에 의한 공익사업 특례조항

구분	주요 내용	근거
기본 원칙	• 국가, 지방자치단체, 국공영기업체, 방위산업체 및 공익사업에 있어서의 노동쟁의 조정은 우선적으로 취급하고 신속히 처리하여야 한다.	제51조
공익 사업	• 공중의 일상생활과의 밀접성과 국민경제에 미치는 영향이 큰 사업 – 정기노선여객운수사업 및 항공운수사업 – 수도사업, 전기사업, 가스사업, 석유정제사업 및 공급사업 – 공중위생, 의료사업 및 혈액공급사업 – 은행 및 조폐사업 – 방송 및 통신사업	제71조 제1항
필수 공익 사업	• 공익사업으로서 업무정지·폐지가 공중의 일상생활을 현저히 위태롭게 하거나 국민경제를 현저히 저해하고, 업무대체가 용이하지 않는 사업 – 철도사업, 도시철도사업 및 항공운수사업 – 수도사업, 전기사업, 가스사업, 석유정제사업 및 석유공급 사업 – 병원사업 및 혈액공급사업 – 한국은행사업 – 통신사업	제71조 제2항
특별 조정 위원회	• 공익사업 노동쟁의 조정을 위해 노동위원회에 특별조정위원회 설치 – 특별조정위원(3인): 노동위원회의 공익을 대표하는 위원 중에서 노동조합과 사용자가 순차적으로 배제하고 남은 4인 내지 6인 중에서 노동위원회의 위원장이 지명(합의로 노동위원이 아닌 자 추대 가능)	제72조
필수유지 업무 쟁위제한	• 필수유지업무[1]: 필수공익사업의 업무 중 공중의 생명·건강 또는 신체의 안전이나 공중의 일상생활을 현저히 위태롭게 하는 업무 • 필수유지업무의 정당한 유지·운영을 정지·폐지 또는 방해하는 쟁의행위 금지	제42조의2
조정	• 노동위원회는 관계 당사자의 일방이 노동쟁의 조정 신청시 즉시 개시 • 조정기한: 공익사업(15일), 일반사업(10일) • 조정기간 연장: 당사자 간의 합의 연장, 공익사업(15일), 일반사업(10일)	제53조 제54조
중재	• 관계 당사자 쌍방이, 관계 당사자 일방이 단체협약에 의하여 중재 신청 • 중재에 회부된 때에는 그날부터 15일 간 쟁의행위 금지	제62조 제63조
긴급조정	• 공익사업에 대한 고용노동부 장관의 긴급조정의 결정 • 기준: 공익사업, 대규모, 특별한 성질, 국민경제 및 일상생활에의 위험성 • 긴급조정이 결정 공표되면 쟁의행위를 금지하고 30일 간 쟁의행위 금지	제76조 제77조

1) 필수유지업무는 노동조합 및 노동관계조정법 시행령 [별표 1]에 규정되어 있는데, ① 철도사업과 도시철도사업의 필수유지업무(차량 운전, 차량 운전의 관제 업무, 전기시설 및 설비 유지 업무, 통신시설 유지관리 업무 등), ② 수도사업의 필수유지업무(취수, 정수, 가압, 배수시설의 운영 업무, 수도시설의 통합시스템 업무, 수도시설의 긴급 복구 업무 등), ③ 전기사업의 필수유지업무(발전설비의 운전 및 점검, 송배전 부문의 필수유지업무 등), ④ 가스사업의 필수유지업무(천연가스의 인수, 제조, 저장 및 공급 업무 등) 등이 규정되어 있다.

명 · 건강 또는 신체의 안전이나 공중의 일상생활을 현저히 위태롭게 하는 업무로서, 필수유지업무의 정당한 유지 · 운영을 정지 · 폐지 또는 방해하는 행위는 쟁의행위로서 이를 행할 수 없다.

다섯째, 공익사업에 대해서는 긴급조정이 인정되고 있다. 즉, 고용노동부 장관은 쟁의행위가 공익사업에 관한 것이거나 그 규모가 크거나 그 성질이 특별한 것으로서, 현저히 국민경제를 해하거나 국민의 일상생활을 위태롭게 할 위험성이 현저한 때에는 긴급조정의 결정을 할 수 있다. 고용노동부 장관이 중앙노동위원회의 의견을 듣고 긴급조정 결정을 한 때에는 지체 없이 공표하고, 조정이 불가능할 경우에는 공익위원의 의견을 들어 긴급조정 결정 통고를 받은 날로부터 15일 이내에 중재 여부를 결정해야 한다. 긴급조정 결정이 공표된 때에는 관계 당사자는 즉시 쟁의행위를 중지하여야 하며, 공표일로부터 30일이 경과하지 않으면 쟁의행위를 할 수 없다. 긴급조정안이 관계 당사자에 의해 수락되거나 또는 중재결정이 내려지면 조정안과 중재결정은 단체협약과 동일한 효력을 갖는다.

3) 대립적 시각에서의 노사관리제도

(1) 노동조합 가입 제도

노동자가 노동조합에 가입하는 방법은 크게 세 가지로 구분된다.

첫째, 오픈 숍(open shop) 제도이다. 즉, 노동조합의 가입과 탈퇴가 자유로운 제도로서 고용된 노동자는 노동조합에 가입할지의 여부를 스스로 결정할 수 있으며, 노동자의 의무적 노동조합 가입이 고용조건이 아닌 제도를 의미한다.

둘째, 클로즈드 숍(closed shop) 제도로서 오픈 숍의 반대되는 개념이다. 사용자가 노동자를 고용함에 있어 노동조합에 가입한 사람 중에서만 고용해야 하며, 노동조합을 탈퇴한 노조원은 해고되는 제도이다.

셋째, 유니온 숍(union shop) 제도이다. 클로즈드 숍(closed shop)과 오픈 숍(open shop)의 중간 형태로 사용자는 노동조합 가입 유무에 관계없이 채용할 수 있지만, 고용된 노동자는 일정한 기간 내에 반드시 노동조합에 가입해야 하며, 가입하지 않으면 해고된다. 단일노조 제도 하에서는 유니온 숍이 노조 가입을 강제하는 폐해가 있었으나, 복수노조 제도 하에서는 노조 가입을 강제할 수 없다. 즉, 기존 노조가 노조에 가입하지 않았다는 이유로 노조원을 해고해도 해고된 노동자들이 노조를 다시 만들 수 있기 때문이다. 유니온 숍 제도는 클로즈드 숍에 포함되지만, 채용 시의 차이를 기준으로 구별된다.

우리의 경우 오픈 숍 제도를 근간으로 하지만, 예외적으로 유니온 숍 제도를 인정하고 있다. 즉, 노동조합 및 노동관계법 제81조에서는 근로자가 어느 노동조합에 가입하지 아니할 것 또는 탈퇴할 것을 고용조건으로 하거나 특정한 노동조합의 조합원이 될 것을 고용조건으로 하는 행위를 부당노동 행위로 간주하고 있다. 다만, 노동조합이 당해 사업장에 종사하는 근로자의 3분의 2 이상을 대표하고 있을 때에는 근로자가 그 노동조합의 조합원이 될 것을 고용조건으로 하는 단체협약의 체결은 예외로 하며, 이 경우 사용자는 근로자가 그 노동조합에서 제명된 것 또는 그 노동조합을 탈퇴하여 새로 노동조합을 조직하거나 다른 노동조합에 가입한 것을 이유로 근로자에게 신분상 불이익한 행위를 할 수 없다.[2)]

(2) 복수노조

복수노조(multiple labor union)는 한 사업장 내에 2개 이상의 노조가 존재하는 것을 의미하는데, 기존 노조에 대한 불만자에게 결사의 자유를 보장해 주지만, 노노 간의 갈등과 사용자와 노동자 간의 협상력 분할을 조장하기도 한다. 2010년 7월 1일부터 노조 전임자에 대한 임금지급이 금지(타임오프제로 대체)되었고, 2011년 7월 1일부터 복수노조의 설립이 가능하게 되었다.

(3) 근로기준시간 면제(time-off)제도

노동조합 전임자는 단체협약으로 정하거나 사용자의 동의가 있는 경우에는 사용자 또는 노동조합으로부터 급여를 지급받으면서 근로계약 소정의 근로를 제공하지 아니하고 노동조합의 업무에만 종사할 수 있으며(노동조합 및 노동관계조정법 제24조 제1항), 사용자로부터 급여를 지급받는 근로자(근로시간면제자)는 근로시간 면제 한도를 초과하지 아니하는 범위에서 임금의 손실 없이 사용자와의 협의·교섭, 고충처리, 산업안전활동 등 법률에서 정하는 업무와 건전한 노사관계 발전을 위한 노동조합의 유지·관리업무를 할 수 있다(동법 제24조).

---

2) 교원의 노동조합 설립 및 운영 등에 관한 법률 제14조 제2항과 공무원의 노동조합 설립 및 운영 등에 관한 법률 제17조 제3항에서는 단서 규정을 인정하고 있지 않다(유니온 숍 부정).

〈표 6-4〉 근로시간 면제 한도(2013.7.1~)

<table>
<tr><th>조합원 규모*</th><th>연간 시간 한도</th><th>사용가능 인원</th></tr>
<tr><td>99명 이하</td><td>최대 2,000시간 이내</td><td rowspan="10">* 조합원 수 300명 미만의 구간: 파트타임으로 사용할 경우 그 인원은 풀타임으로 사용할 수 있는 인원의 3배를 초과할 수 없다.
* 조합원 수 300명 이상의 구간: 파트타임으로 사용할 경우 그 인원은 풀타임으로 사용할 수 있는 인원의 2배를 초과할 수 없다.</td></tr>
<tr><td>100명~199명</td><td>최대 3,000시간 이내</td></tr>
<tr><td>200명~299명</td><td>최대 4,000시간 이내</td></tr>
<tr><td>300명~499명</td><td>최대 5,000시간 이내</td></tr>
<tr><td>500명~999명</td><td>최대 6,000시간 이내</td></tr>
<tr><td>1,000명~2,999명</td><td>최대 10,000시간 이내</td></tr>
<tr><td>3,000명~4,999명</td><td>최대 14,000시간 이내</td></tr>
<tr><td>5,000명~9,999명</td><td>최대 22,000시간 이내</td></tr>
<tr><td>10,000명~14,999명</td><td>최대 28,000시간 이내</td></tr>
<tr><td>15,000명 이상</td><td>최대 36,000시간 이내</td></tr>
</table>

* 조합원 규모: '사업 또는 사업장'의 전체 조합원 수(단체협약 체결일 또는 사용자 동의한 날짜 기준).
자료: 고용노동부 고시(제2013-31호).

3 협동적 시각에서의 노사관계

1) 노동자 경영참가제도의 본질

일반적으로 단체교섭에 의해 노동자의 경제적 지위를 향상시키는 데는 한계가 있고, 또 그것에 의해 노동자의 인격적 자유가 전적으로 보장되지는 않는다. 특히 노사관계를 대립적 시각에서 갈등하는 존재로 인식하는 것 자체가 문제가 되면서 노사관계를 협력적 시각에서 보려는 노력이 강화되고 있다.

기업경제 생활에서 노동자의 인격적 자유와 경제적 지위의 향상을 목적으로 노동자의 경영참가가 이루어지고 있다. 노동자는 오랫동안의 노동생활을 통해 스스로 경영자적인 훈련을 쌓게 되고, 민주화 의식이 높아지면서 노동자의 경영참가는 자연스럽게 요청되고 있다. 즉, 노동자의 경영참가는 노동자가 경영에 직접 또는 적극적으로 참여함으로써 노동자가 경영권의 내부에 들어가 기업에서의 노동자 지배를 지향하려는 것이다(山本政一, 1969: 159; 山本政一, 1982: 17).

이러한 노동자의 경영참가제도는 단체교섭제도와 구별된다. 경영참가제도는 이해공동관계에 있는 사항을 보다 효율적으로 해결하려는 참여적 기능을 지니는 반면에,

단체교섭제도는 이해대립 관계에 있는 사항을 보다 유리한 조건으로 타결하려는 교섭기능을 갖고 있다. 특히 공공기관에서는 노동자가 기업의 궁극적인 소유 주체의 일부이므로 경영참가는 공공기관 노동자에게 소유 주체로서의 참가라는 새로운 의미가 가미된다. 공공기관이 진정 국민 전체를 위해 운영될 수 있도록 노동자가 국민의 입장에서 감독할 필요가 있다.

2) 노동자 경영참가제도의 찬반론

(1) 노동자의 경영참가에 대한 반대론

노동자의 경영참가를 반대하는 입장은 첫째, 공공기관에서 노동자의 경영참가는 정부의 책임 및 의회의 지배우월성을 침해하게 된다는 것이다. 즉, 정부가 이사회를 임명하고 정부에 대해 책임을 지게 하지 못한다면, 정부는 공공기관의 능률적 경영에 관하여 시민의 대표자인 의회에 대해 책임을 질 수 없게 된다. 만약 이사의 일부가 노동조합에 대해 책임을 진다면, 정부는 경영의 비합리성을 시정하려해도 경영책임을 추궁하고 파면할 수 없게 된다는 것이다. 둘째, 노동자 대표가 이사회에 참가하고 경영자로서의 부분적 책임을 경우 노동자 대표는 노동조합과 경영자라는 2인의 주인에 봉사하게 된다는 것이다. 즉, 한편으로는 경영자로서의 경영실적의 향상에 노력해야 하고, 다른 한편으로는 노동조건의 개선을 위해 노동자 대표로서 경영자와 투쟁을 해야 한다. 셋째, 노동자 대표의 참가를 인정한다면 소비자, 그 밖에 이익집단의 참가를 인정해야 하며, 이럴 경우 각 이익집단 상호 간의 이해가 대립되어 경영은 혼란해지고 능률은 저하된다.

(2) 노동자의 경영참가에 대한 찬성론

노동자의 경영참가를 찬성하는 입장은 첫째, 노동자의 경영참가를 통해 산업자치를 달성하고, 노동자의 민주적 욕구를 충족시킬 수 있다. 둘째, 노동자 대표의 경영참가를 인정하지 않는 상태에서 보수적・반동적인 정부가 성립할 경우 노동자의 이익은 부당하게 침해될 수 있다. 셋째, 이사회는 경영기관이 아니라 관리기관의 성격이 강하므로 이사회에 노동자 대표가 참가한다 하더라도 경영의 능률이 저하되는 것은 아니다. 넷째, 노동조합의 대표는 노동조합에서의 경영자적 훈련에 의하여 기업의 경영에서도 유능한 경영자가 될 수 있다. 다섯째, 노동자는 직접 기업의 생산에 종사하므로 소비자, 그 밖의 이익집단보다 기업에 가장 큰 이해관계를 갖고 있다는 것이다.

3) 노동자 경영참가제도의 유형

일반적으로 협동적 노사관계의 유형을 총칭하여 노동자의 경영참가제도라 하는데, 자본참가, 이익참가, 경영참가 등 세 가지로 대별해 볼 수 있다.

첫째, 자본참가는 종업원들로 하여금 자본의 출자자로서 기업경영에 참여시키는 제도로서 종업원지주제도[3]와 노동주제도가 있다.

둘째, 이익참가는 경영의 능률 증진에 노동자가 적극 참가하고 협력한 대가로서, 기업이 임금, 원료비, 이자, 감가상각 등을 계산한 뒤 이윤의 일부를 임금 이외의 형태로 노동자에게 분배하는 방식으로 스캔론 플랜(Scanlon Plan)은 대표적인 방식이다(Yoder, Heneman & Turnbull, 1958: 16-78; McGregor, 1960: 110-123).[4]

셋째, 경영참가는 노동자가 의사결정과정에 참여할 수 있는 방식으로 참여 정도에 따라 노동자대표제, 공동관리제, 노동자관리제, 노사협의회제, 노동자이사제 등이 존재한다(안용식 · 원구환, 2001).

(1) 노동자대표제

노동자대표제(labor representation)는 노동조합이 경영자에 임명되어야 할 사람을 지명하고, 정부가 그 지명자 중에서 경영자를 임명하는 방법이다. 노동자대표제에서는 정부가 경영자를 임명함에 있어 후보자명부제(panel system)를 이용하는데, 후보자명부제란 영국 노동당의 국유기업에서 유래되었다. 즉, 정부가 이사회의 이사를 임명할 때 국유기업의 경영자연맹, 노동조합, 소비자단체, 지방자치단체, 기타 단체 등

---

3) 우리사주제도는 근로자로 하여금 우리사주조합을 통하여 해당 우리사주조합이 설립된 주식회사의 주식을 취득 · 보유하게 함으로써 근로자의 경제 · 사회적 지위 향상과 노사협력 증진을 도모함을 목적으로 한다(근로복지기본법 제32조).

4) 스캔론 플랜은 집단 제안제도와 보너스 제도를 연계하는 시스템으로 종업원 참여를 전제로 작업 능률 향상과 비용 절감을 도모하여 매출액이 증대할 경우 노동비용을 제품생산액으로 나눈 부분을 성과급으로 배분한다. 또한 러커 플랜(Rucker Plan)은 제품생산액에는 재료 및 에너지 등 경기변동에 민감한 요소가 포함되어 있으므로, 판매액에서 종업원의 노동과 관계 없는 경기변동 요소(재료, 에너지, 간접비용 등)를 제외한 부가가치를 기준으로 성과급을 지급한다. 스캔론 플랜과 러커 플랜은 참여형 집단성과배분제도라고 할 수 있으며, 이익증대가 목표가 아니라 생산비 절감 및 생산성 향상을 목표로 하고 있다는 점에서 공통점이다. 다만, 성과급 배분 기준에서 러커 플랜은 경기변동에 민감한 요소를 제외하고 부가가치 배분을 중시한다.

과 협의하며, 이들 단체는 이사에 임명되어야 할 후보자 명부를 작성하고 이를 정부에 제출한다. 정부는 이 후보자 명부 중에서 적정한 이사를 임명하는 방식이다. 경영자가 정부에 의해 임명되므로 경영자는 정부 및 의회에 대해 책임을 지게 되며, 경영에 노동자 대표를 참여시킬 수 있는 이점이 있다. 그러나 노동조합이 지명한 후보자가 정부에 의해 임명되었을 경우 그 후보자는 정부에 대해 책임을 지기 때문에 노동조합과 괴리될 수 있다.

(2) 공동관리제

공동관리제(joint control)는 기업경영에 이해관계를 가진 노동자, 소비자, 경영자 및 정부대표가 기업을 공동관리하는 제도이다. 이 제도는 제1차 세계대전 직후의 여러 사회론자(Otto Bauer, Karl Kautsky, Otto Neurath)들이 주장하였고, 제2차 세계대전 이후에는 프랑스의 모흐(L. Jules Moch)에 의해 제창되었다. 이 제도는 노동자의 경영참가만이 아니라 소비자의 이익까지도 보호하려는 이상적인 형태였으나, 국민의 대표기관인 의회의 통제장치가 결여됨으로써 진정한 공공기관의 주인인 국민의 의사가 배제될 수 있다.

(3) 노동자관리제

노동자관리제(worker's control)란 기업의 경영자(이사회)가 모두 노동조합에 의해 임명되고 경영자는 노동조합에 대해 책임을 지며, 노동조합은 언제라도 경영자를 파면할 수 있는 제도를 의미한다. 이러한 유형은 신디칼리즘(syndicalism)에 기초한 것으로 고전적 참여민주주의 이론가들의 이상이 실현될 개연성을 지니고 있었으나(Pateman, 1970: 101-102), 경영의 비효율성이 초래되고 생산성이 저하되는 등 여러 가지 문제를 지니고 있었다. 즉, 노동자관리제는 다음과 같은 문제점으로 인해 실패하고 말았다(占部都美, 1969: 169).

첫째, 기업의 생산과정과 노동자의 근무를 지휘하는 경영자가 노동자의 임의에 의해 파면되므로 노동 규율을 유지하기 어려웠으며, 경영은 비능률화되었다. 둘째, 노동자가 선출한 대표는 관리자로서 필요한 지식과 경험을 결여하고 있었으며, 경영자가 된 후 노동귀족화하는 문제점을 드러냈다. 셋째, 노동자관리제에서의 경영자는 노동조합에 대해서만 책임을 지므로 국가의 경제계획성 내지 공공성을 경영에 반영하지 못하였다. 넷째, 노동자들의 참여에 따른 대표성과 전문성의 결여 문제와 노동자에 의한 관리가 이루어짐에도 불구하고, 현실적으로 노동자들의 파업이 빈번하였다(Abrahamsson, 1977: 218-219).

(4) 노사협의회제

노사협의회제도는 기업의 성장, 발전과 근로자의 근로생활의 질 향상이라는 두 가지 목적을 달성하기 위하여 노사 당사자들이 대화의 장에 모여 토론과 협의를 하고 공동의사결정을 도모하는 노사문제 해결 프로그램이다. 노사협의회제는 소극적으로 보고·통보하는 단계에서부터 합의에 이르는 공동결정까지 다양한 단계와 수준이 있지만, 근본적으로는 참여와 협조를 통한 생산성 향상과 근로자의 근로생활을 질적으로 향상시키는 데 목적이 있다. 특히 노사협의회제도는 조직적 대화의 한 방법이며, 협의를 통해 기업민주화를 실현하는 제도다.

(5) 노동이사제

노동이사제(board-level employee representation)는 의사결정기구인 이사회를 구성함에 있어 노동자 대표 1명을 사외이사로 선임하여 주요 안건을 심의·의결토록 하는 제도로서, 노사 간의 대립적 시각보다는 노사 간의 협력을 도모함으로써 경영효율성을 제고하는 제도이다. 우리의 경우 노동이사제는 2022년 1월 11일 공공기관의 운영에 관한 법률이 개정되어 8월 4일부터 시행되었다.

특히 유럽연합 국가들은 노동자의 이사회 참여 권리를 법으로 규정하고 있는데, 공공기관만이 아니라 민간부문에서도 노동자의 이사회 참여를 보장하고 있다.

유럽연합 각 국가의 노동자 이사회 참여는 그 적용범위 및 구성 비율 등에서 차이를 보이는데, 유럽경제지역 31개국 중 19개 국가가 공공기관 내 감독이사회 등에 근로자가 참여할 수 있도록 그 권리를 보장하고 있다. 특히 체코, 그리스, 아일랜드, 폴란드, 포르투갈, 스페인 등 6개 국가는 노동자의 이사회 참여를 공공기관에 한정하고 있다. 노동이사제를 폭넓게 인정하고 있는 국가는 독일, 프랑스, 스웨덴, 오스트리아, 핀란드 등이 대표적인데, 법제도적으로 노동자의 경영참여를 인정하고 있다. 반면에 폴란드, 체코, 포르투갈 등은 공기업에 한정하여 노동자의 경영참여를 인정하고 있으며, 영국, 이탈리아, 벨기에 등은 상대적으로 노동이사제를 적극적으로 수용하고 있지 않다(임희영, 2017: 4).

〈표 6-5〉 유럽연합 주요 국가의 근로자 이사회 참여 관련 규정

국가명	관련 규정(법률, 단체협약 등)
오스트리아	• 1965 주식법(1965 Stock Act) • 1974 노동법(1974 Labour Constitution Act) • 1974 감독이사회 근로자 대표에 관한 훈령(Directive on Employee Representation on Supervisory Boards)
핀란드	• 행정 업무 근로자 대표에 관한 1990 법(1990 Act on Personnel Representation in the Administration of Undertakings)
프랑스	• 1946 법령(1946 decree) • 공공부문 민주화에 관한 법(1983 Law on the democratisation of the public sector) • 1986 훈령 등
독일	• 1951 석탄, 철강산업 공동결정법(1951 Coal, Iron and Steel Industry Co-Determination Act) • 1952 노동자대표법(1952 Works Constitution Act) • 1976 공동결정법(1976 Co-Determination Act) • 민간부문에서는 그 외 다수의 공동협약조항들이 존재
아일랜드	• 1977/1988 (공기업) 근로자 참여법[Worker Participation (State Enterprise) Acts of 1977 and 1988]
룩셈부르크	• 1915 회사법(1915 Companies Act) 등
네덜란드	• 1971 구조법(Structure Law) 등
노르웨이	• 1976 회사법(1976 Companies Act) • 1980 재단법(Foundations Act) 등
포르투갈	• 포르투갈 헌법 • 1979 근로자위원회에 관한 법(Law on Workers' Committees) 등
스웨덴	• 1987 Act on Board Representation for Private Sector Employees(original legislation dates from 1973)

출처: Eurofound, Board-level employee representation in Europe(https://www.eurofound.europa.eu).
자료: 임희영(2017: 3)에서 재인용.

노동자의 경영참가가 강한 국가와 그렇지 않은 국가 간의 성과 비교[5]에 관한 연구가 많지만, 대체적으로 노동자의 경영참가가 강한 국가일수록 일부 국가 경제지표(노동생산성, 고용률 등)에서 상대적으로 나은 결과가 나타나고 있다. 그러나 노동자의 경영참가가 강할수록 경제성과가 우수하다는 것을 일반화하기에는 한계가 있으며, 국가별 상황과 역사적 맥락에 따라 상이한 결과가 나타날 수 있다.

5) 유럽 노동자 경영참가제도의 성과와 관련하여 경영참가가 강한 국가(스웨덴, 핀란드, 덴마크, 오스트리아, 네덜란드, 독일, 프랑스 등)는 약한 국가(영국, 이탈리아, 아일랜드, 리투아니아 등)에 비해 1인당 GDP, 1인당 노동생산성, 고용률, 국내 총연구개발비가 상대적으로 높은 것으로 분석되었다(EPI Backgroud Report, 한겨레 신문 2017년 2월 14일 기사 재인용).

〈표 6-6〉 유럽의 노동이사제 현황

구분	현황(2015년 기준)
폭넓은 참여 국가(13)	노르웨이, 스웨덴, 핀란드, 프랑스, 덴마크, 오스트리아, 슬로바키아, 슬로베니아, 헝가리, 세르비아, 루마니아, 네덜란드, 독일
제한적 참여 국가(6)	스페인, 폴란드, 체코, 아일랜드, 그리스, 포르투갈
참여하지 않거나 아주 제한적인 국가(12)	영국, 라트비아, 리투아니아, 에스토니아, 루마니아, 불가리아, 아이슬란드, 이탈리아, 리히텐슈타인, 몰타, 키프러스, 벨기에

자료: Aline Conchon(유럽노동조합연구소 연구원) 자료를 Business Watch(2017.2.17)에서 재인용.

제2절 공기업의 노사관계

1 공기업 노사관계의 유형

공기업 노사관계의 유형을 공기업 경영형태와 연계하여 살펴보면 다음과 같다. 우선 국가의 간접경영형태와 지방의 간접경영형태에 대한 대립적 노사관계는 노동조합 및 노동관계조정법에 의해 규율되고 있으며, 협동적 노사관계는 근로자의 참여 및 협력증진에 관한 법률에 의해 규율되고 있다.

그러나 국가 및 지방의 직접경영형태의 공기업에 대한 대립적 노사관계는 2개의 법률에 의해 규율되고 있는데, 하나는 국가(지방)공무원법이고, 다른 하나는 공무원의 노동조합설립 및 운영 등에 관한 법률이다. 즉, 정부기업 및 지방직영기업 근로자는 공무원인데, 공무원의 노동조합설립 및 운영 등에 관한 법률에 의해 단결권(노동조합 결성), 단체교섭권 등 노동 2권을 보장받고 있다. 그러나 정부기업 중 사실상 노무에 종사하는 우정직공무원은 국가공무원법에 따라 노동 3권을 보장받고 있다. 따라서 과학기술정보통신부 우정사업본부에 종사하는 근로자는 2개의 법률이 공존하고 있어 노동조합 제도의 법제도 개선이 필요하다.

<표 6-7> 공기업 노사관계의 유형

구분		대립적 시각	협동적 시각
중앙정부	직접경영 (정부기업)	국가공무원법 제66조(사실상 노무 종사자) – 과기정통부 우정사업본부(공무원복무규정) – 노동3권 보장	공무원직장협의회의 설립 · 운영에 관한 법률 (공무원직장협의회)
		공무원의 노동조합설립 및 운영 등에 관한 법률 – 6급 이하의 일반직 공무원 등 – 노동2권 보장	
	간접경영 (공공기관)	노동조합 및 노동관계조정법 – 노동3권 보장(공익사업 특례 적용)	근로자의 참여 및 협력증진에 관한 법률 (노사협의회)
지방정부	직접경영 (지방직영기업)	지방공무원법 제58조(사실상 노무 종사자) – 조례로 규정된 사항 없음	공무원직장협의회의 설립 · 운영에 관한 법률 (공무원직장협의회)
		공무원의 노동조합설립 및 운영 등에 관한 법률 – 6급 이하의 일반직 공무원 등 – 노동2권 보장	
	간접경영 (지방공사 · 공단) (출자 · 출연기관)	노동조합 및 노동관계노정법 – 노동3권 보장(공익사업 특례 적용)	근로자의 참여 및 협력증진에 관한 법률 (노사협의회)

2 대립적 시각에서의 공기업 노사관계

1) 직접경영형태의 노동조합제도

국가공무원법 제66조 제1항과 지방공무원법 제58조 제1항의 사실상 노무에 종사하는 공무원과 공무원의 노동조합설립 및 운영 등에 관한 법률 제6조에 의한 공무원으로 구분된다. 즉, 정부기업 중에서 과학기술정보통신부 소속의 현업기관(현행 우정사업의 경우)의 사실상 노무에 종사하는 자는 노동3권을 갖고 있으며, 일반직 공무원 등은 노동2권을 갖는다(제11조).

지방직영기업의 경우는 사실상 노무에 종사하는 자를 조례로 제정하도록 되어 있지만, 조례로 제정된 경우는 없다. 또한 지방직영기업의 상 · 하수도, 공영개발사업에 종사하는 공무원의 경우에는 공무원의 노동조합설립 및 운영 등에 관한 법률에 의해 노동조합을 설립하고 단체교섭을 할 수 있으나, 단체행동권은 갖고 있지 못하다.

2) 간접경영형태의 노동조합제도

중앙정부의 공공기관인 공기업(시장형, 준시장형), 준정부기관(기금관리형, 위탁집행형), 기타공공기관, 지방정부의 공공기관인 지방공사, 지방공단, 지방자치단체 출자・출연기관은 정부의 조직으로부터 독립된 법인체이므로, 민간기업체에서의 노동자와 마찬가지로 노동3권이 모두 인정된다. 그러나 민간기업에서와 같이 노동3권이 모두 인정된다 할지라도 노동조합 및 노동관계조정법에서 규정한 공익사업의 특례에 따라 노동3권 중 단체행동권을 행사하기란 어렵다. 특히 도시철도, 전기, 가스, 수도의 경우는 필수공익사업에 포함되기 때문에 일반사업에 비해 조정 전치 기간도 길며, 중재가 허용된다.

중앙정부와 지방정부 공공기관의 노조 설립 및 운영 현황을 살펴보면 단일노조를 구성하는 있는 기관과 복수노조를 구성하고 있는 기관들이 혼재해 있으며, 복수노조의 경우에도 3개 이상의 노조를 설립하여 운영하고 있는 기관도 있다.[6]

3 협동적 시각에서의 공기업 노사관계

협동적 시각에서 채택하고 있는 노동자의 경영참가 유형은 다양하지만, 우리나라에서 채택하고 있는 제도는 노사협의회라 할 수 있다. 노사협의회는 공기업의 간접경영방식에서 채택되고 있으며, 직접경영방식의 경우에도 협의체적 기구로서 공무원직장협의회를 구성할 수 있다.

1) 직접경영형태의 공무원직장협의회

직접경영형태(정부기업, 지방직영기업)는 공무원 신분이므로 공무원직장협의회의 설립・운영에 관한 법률에 따라 공무원직장협의회를 구성하여 근무환경 개선, 업무능률 향상, 고충처리 등을 모색할 수 있다. 공무원직장협의회는 기관 단위로 설립하되, 하나의 기관에는 하나의 공무원직장협의회만을 설립할 수 있다(동법 제2조).

공무원직장협의회는 협동적 시각에서 근로자의 의견을 수렴하기 위한 제도이지

6) 중앙 공공기관은 알리오시스템(www.alio.go.kr), 지방은 클린아이(www.cleaneye.go.kr) 참조.

만, 실질적 기능이 협의기능에 한정되어 있고, 의결권이 없으므로 제도의 실효성이 크지 못하다. 정부기업과 지방직영기업의 공무원직장협의회는 근무환경 개선, 업무능률 향상, 일·가정 양립, 성희롱 등에 대한 협의기능만을 갖고 있다.

〈표 6-8〉 공무원직장협의회

구분	내용
가입 범위 (제3조)	① 일반직공무원 ② 특정직공무원(외무영사직렬·외교정보기술직렬 외무공무원, 경찰, 소방공무원) ③ 별정직공무원
가입 불가능	① 지휘·감독권을 행사하거나 다른 공무원의 업무를 총괄하는 공무원 ② 인사, 예산, 경리, 물품출납, 비서, 기밀, 보안, 경비 및 이와 유사한 업무 공무원
기능 (제5조)	① 해당 기관 고유의 근무환경 개선에 관한 사항 ② 업무능률 향상에 관한 사항 ③ 소속 공무원의 공무와 관련된 일반적 고충에 관한 사항 ④ 소속 공무원의 모성보호 및 일과 가정생활의 양립을 지원하기 위한 사항 ⑤ 기관 내 성희롱, 괴롭힘 예방 등에 관한 사항 등

2) 간접경영형태의 노사협의회

(1) 노사협의회의 의의

노사협의회 제도는 노동자들이 경영에 참여함으로써 근로조건에 관해서뿐 아니라 경영 전반에 관하여 사용자와 협의하는 것을 내용으로 한다. 노사협의회 제도가 요청되는 이유는, 첫째는 노사관계의 근대화라는 사회구조 개혁의 측면이고, 둘째는 경영합리화에 의한 생산성 향상이다. 전자의 사회구조적 측면은 고도의 민주화를, 후자의 생산성 향상은 합리주의 사상을 기초로 하고 있다. 그러므로 노사협의회제의 의의는 그 본질상 사용자의 배타적 경영권에 대해 생산활동에서의 노동자들로 하여금 경영에의 참여를 인정하는 데 있다(김형배, 1990: 562). 그러나 노사협의회는 경영에의 직접적 참가와는 달리 간접 참가를 의미한다. 즉, 의사결정에 대한 참가보다는 노동조건, 능률개선 등에 대하여 노사 쌍방이 협의함으로써, 경영의 민주성과 능률성을 향상시키려는 데 목적이 있다. 따라서 노사협의회는 근로자와 사용자가 일정한 사항에 관하여 협의·의결하고, 근로자들이 경영에 간접적으로 참여하여 협조를 바탕으로 노사 간의 협동적 관계를 수립한다는 점에서 대립관계를 전제로 하는 노동조합과는 성격이 다르다.

사기업과 비교하여 공공기관에서 노사협의회가 한층 중요성을 갖는데, 그 이유는 첫째, 능률의 향상에 의한 성과를 시민 전체에 환원시킬 필요가 있다는 것, 둘째, 노사 간의 모든 문제를 합리적・평화적으로 해결함으로써, 공공서비스를 지속적으로 원활하게 시민에 제공할 필요가 있다는 것, 셋째, 공공기관이 새로운 시대에 대처하는 새로운 형태의 기업으로서, 적극적으로 경영 내의 민주주의를 철저하게 하는 것이 바람직하는 것, 넷째, 노동자가 궁극적인 소유 주체의 일부로서, 그 경영에 적극적으로 발언할 필요가 있다는 것 등이다.

(2) 노사협의회의 구성

노사협의회란 근로자와 사용자가 참여와 협력을 통해 근로자의 복지증진과 기업의 건전한 발전을 도모하기 위하여 구성하는 협의기구다(근로자참여 및 협력증진에 관한 법률 제3조). 특히 노동조합과 관련된 규정은 노사협의회와 무관하므로 노사협의회와 노동조합의 활동은 별개의 노사관계 제도다(동법 제5조).

노사협의회는 근로조건의 결정권이 있는 사업 또는 사업장 단위로 설치되어야 하며, 상시 30인 미만인 근로자를 사용하는 사업 또는 사업장은 설치하지 않아도 된다(동법 제4조). 노사협의회의 설치를 정당한 사유 없이 거부하거나 방해하는 경우 1,000만 원 이하의 벌칙이 적용된다(동법 제30조).

노사협의회는 근로자와 사용자를 대표하는 같은 수의 위원으로 구성하되, 노사동수로 3~10인의 위원으로 구성된다(동법 제6조 제1항). 사용자를 대표하는 위원은 해당 사업이나 사업장의 대표자와 그 대표자가 위촉하는 자로 하며, 근로자를 대표하는 위원은 근로자가 선출하되, 근로자의 과반수로 조직된 노동조합이 있는 경우에는 노동조합의 대표자와 그 노동조합이 위촉하는 자로 한다(동법 제6조 제2항). 근로자의 과반수로 구성된 노동조합이 조직되어 있지 아니한 사업 또는 사업장의 근로자위원은 근로자의 직접・비밀・무기명투표로 선출한다. 다만, 사업 또는 사업장의 특수성으로 인하여 부득이하다고 인정되는 경우에는 작업 부서별로 근로자 수에 비례하여 근로자위원을 선출할 근로자를 선출하고, 위원선거인 과반수의 직접・비밀・무기명투표로 근로자위원을 선출할 수 있다(동법 시행령 제3조).

(3) 노사협의회의 운영

노사협의회에는 의장을 두며, 의장은 위원 중에서 호선한다. 이 경우 근로자위원과 사용자위원 중 각 1인을 공동의장으로 할 수 있다(동법 제7조). 위원의 임기는 3년으로 연임이 가능하다(동법 제8조). 노사협의회는 3개월마다 정기적으로 회의를 개최하며, 노사협의회는 필요에 따라 임시회의를 개최할 수 있다(동법 제12조). 회의소집은 의장이 하며(동법 제13조), 의사정족수는 근로자위원과 사용자위원의 각 과반수의 출석으로 개최하고 의결정족수는 출석위원 2/3 이상의 찬성으로 하도록 규정하고 있다(동법 제15조).

(4) 노사협의회의 권한

노사협의회의 권한은 크게 협의, 의결, 보고사항으로 구분해 볼 수 있다.

① 노사협의회의 협의사항

노사협의회의 협의사항은 ① 생산성 향상과 성과배분, ② 근로자의 채용·배치 및 교육훈련, ③ 근로자의 고충처리, ④ 안전·보건, 기타 작업환경 개선과 근로자의 건강 증진, ⑤ 인사·노무관리의 제도개선, ⑥ 경영상 또는 기술상의 사정으로 인한 인력의 배치전환, 재훈련, 해고 등 고용조정의 일반원칙, ⑦ 작업 및 휴게시간의 운용, ⑧ 임금의 지불방법, 체계, 구조 등의 제도 개선, ⑨ 신기계 기술의 도입 또는 작업공정의 개선, ⑩ 작업수칙의 제정 또는 개정, ⑪ 종업원지주제, 기타 근로자의 재산형성에 관한 지원, ⑫ 직무 발명 등과 관련하여 해당 근로자에 대한 보상에 관한 사항, ⑬ 근로자의 복지증진, ⑭ 사업장 내 근로자 감시 설비의 설치, ⑮ 여성근로자의 모성보호 및 일과 가정생활의 양립을 지원하기 위한 사항, ⑯ 직장 내 성희롱 및 고객 등에 의한 성희롱 예방에 관한 사항, ⑰ 그 밖의 노사협조에 관한 사항 등은 협의사항이다(동법 제20조 제1항). 그러나 이러한 협의사항에 대해 의결도 가능하도록 규정하고 있지만(동법 제20조 제2항), 협의이지 합의가 아닌 점은 한계로 지적된다.

② 노사협의회의 의결사항

노사협의회 의결사항은 ① 근로자의 교육훈련 및 능력개발 기본계획의 수립, ② 복지시설의 설치와 관리, ③ 사내근로복지기금의 설치, ④ 고충처리위원회에서 의결되지 아니한 사항, ⑤ 각종 노사공동위원회의 설치 등이다(동법 제21조).

③ 노사협의회의 보고사항

노사협의회에의 보고사항은 ① 경영계획 전반 및 실적에 관한 사항, ② 분기별 생산계획 및 실적에 관한 사항, ③ 인력계획에 관한 사항, ④ 기업의 경제적·재정적 상황 등이다(동법 제22조).

(5) 노사협의회의 문제점

노사협의회의 문제점으로 가장 부각되는 것은 권한에 관한 문제이다. 즉, 노사협의회의 권한은 크게 협의, 의결, 보고사항으로 구분해 볼 수 있지만, 그 권한은 상대적으로 약하다고 볼 수 있다. 협의사항과 보고사항 이외에 노사 간의 의결사항을 규정하고 있다는 것은 노사협의회의 권한을 강화시킨 것이라 할 수 있지만, 실제 의결해야 할 내용은 근로조건 등과 같은 미시적인 것들에 국한되어 있다. 따라서 노동자의 경영참가는 직접적이고 적극적인 참여가 아니라 간접적이고 소극적인 참여에 머무르고 있다는 점이다.

다음으로 노사협의회의 운영상의 문제점을 들 수 있다. 즉, 근로자위원과 사용자위원을 일률적으로 3인 이상 10인 이내로 하고 있어 근로자들의 의견을 충분히 반영할 수 있는 대표성을 갖추기 어렵다는 것이다. 따라서 근로자들의 의견을 충분히 반영하기 위해서는 근로자 대표의 수를 종업원 수에 비례하여 정하는 것과 사업장 내의 각 부서 및 각 직급의 근로자들을 골고루 대표할 수 있는 세부적 규정을 마련하는 것이 필요하다. 또한 노사협의회의 의사정족수 및 의결정족수를 근로자위원과 사용자위원의 각 과반수 이상의 출석과 출석위원 2/3 이상의 찬성으로 하도록 규정함으로써, 일반적 의사정족수 및 의결정족수보다 엄격히 규정되고 있다.

3) 간접경영형태의 노동이사제

중앙정부의 공공기관은 공공기관의 운영에 관한 법률 제25조 제3항에 따라 공기업·준정부기관은 3년 이상 재직한 해당 기관 소속 근로자 중에서 근로자대표(근로자의 과반수로 조직된 노동조합이 있는 경우 그 노동조합의 대표자)의 추천이나 근로자 과반수의 동의를 받은 1명을 비상임이사로 포함해야 한다.

노동이사 임명을 위하여 근로자의 과반수로 조직된 노동조합이 있는 경우 근로자대표는 2명의 임원 후보자를 임원추천위원회에 추천해야 하며, 근로자의 과반수로 조직된 노동조합이 없는 경우 근로자의 직접·비밀·무기명투표로 재적근로자 과반수의 동의를 얻은 2명의 임원 후보자를 선출하여 임원추천위원회에 추천해야 한다. 다만, 임원 후보자 선출에 입후보하려는 자는 해당 기관의 근로자 5% 이상의 추천을 받아야 한다(공기업·준정부기관의 경영에 관한 지침 제47조의5). 노동이사의 임기는 2년이며, 1년 단위로 연임될 수 있다(법 제28조).

노동이사로 임명되는 사람이 노동조합의 조합원이거나 노사협의회의 근로자 위원 또는 고충처리위원회의 위원 등 근로자의 이익을 대표하는 직에 있을 경우에는 그 직을 탈퇴하거나 사임해야 한다(동 지침 제47조의4). 이러한 규정은 근로자대표가 노동이사가 되면 임원(비상임이사)의 신분으로서 의사결정과정에 참여하기 때문이다.

협동적 시각에서 지방정부의 공공기관은 노동이사제가 도입되어 있지 않으며, 노사협의회만을 운영하고 있다.

제 7 장

공기업의 독립채산제

제1절 공기업 독립채산제의 본질

1 공기업 독립채산제의 의의

1) 독립채산제의 개념

일반적으로 공기업은 독립채산제로 운영되는 것을 원칙으로 한다. 독립채산제란 정부의 소유 하에 있는 기업이 재정적 · 자금적인 면에서 소유 주체인 정부로부터 독립해서 기업 스스로의 책임으로 기업을 운영하는 것이라 할 수 있다. 따라서 독립채산제를 채택하고 있는 공기업에서는 기업운영에 필요한 자금을 재정자금에서 찾는 것이 아니라 자신의 노력에 의해 조달하고, 기업 자신의 수입에 의해 지출을 보전할 수 있는 경영을 해야 한다(山本秀雄, 1986: 99).[1)]

공기업은 본질적으로 기업으로서의 성격을 가진 것으로 계속적으로 상품을 생산하는 조직체로서의 특질을 갖고 있다. 따라서 공기업은 단순한 공공사업이나 영조물(營造物)과는 다르며, 경영의 자주성을 확립하고, 기업적 · 능률적 운영을 도모해야 할 필요가 있다. 즉, 공기업은 국가나 지방자치단체로부터 독립한 자주적 경영체로서(자주성), 자신의 활동에 따른 지출을 자신의 수입으로 행하며(수지균형성), 국민경제의 발전에 따른 확대 재생산의 재원을 자력으로 획득하고(수익성), 보상제도를 내부에 채택함으로써 조직구성원에게 자극을 주고(물적 자극성), 자신의 책임으로(책임성), 경영의 능률화를 도모(가치합리성)할 필요가 있다. 즉, 자주성, 수지균형성, 수익성, 물적 자극성, 책임성, 가치합리성은 공기업의 기본적 경영방식이라 할 수 있는데, 자주성, 책임성 및 물적 자극성을 중심원리로 하는 분권관리와 수지균형성, 수익성 및 가치합리성을 중심원리로 하는 재무관리를 유기적으로 결합한 것이다. 요약하면 공기업의 독립채산제는 분권적 재무관리방식이라 할 수 있다.

독립채산제란 공기업이 재정으로부터 원조를 받지 않고, 스스로 재생산활동을 하는 것이기 때문에 무엇보다도 기업 자신의 수입으로 지출을 보전할 수 있는 경영을

---

1) 독립채산제의 개념 및 유래에 대해서는 안용식 · 원구환(2001)의 제7장을 발췌 · 수정하였다.

하여야 한다. 그러나 공기업의 사업내용을 보면 사회정책적인 요청으로 인해 아무리 효율적으로 운영해도 수지적합이 곤란한 경우가 있다. 즉, 사업이 갖는 공공성의 정도에 따라 채산문제와 밀접한 관련이 있는데, 공공성이 강한 만큼 사업운영에 대한 여러 가지 사회적·경제적 규제도 강해지므로, 공공성이 강해질수록 채산성을 맞추기 어렵다. 특히 수입에 따른 지출의 보전을 원칙으로 한 독립채산제를 따를 경우 공기업은 재정자금의 보조를 받을 수 없기 때문에 설비자금 확장을 포함한 자금조달을 위해 현실적인 이윤생산을 도모해야 하나, 이는 공공성이라는 이념 및 정책기조에 의해 일정한 규제를 받는 것이 사실이다.

2) 독립채산제의 유래

독립채산제의 유래는 재정위기 타개책의 일환으로 거론되었다는 점과 서비스의 본질적 성격이 다른 공기업행정과 일반행정을 통합 관리함에 따른 재정관리의 비효율성에서 유래되었다(Ostrom & Ostrom, 1977: 12; Savas, 1982: 34; Browning & Browning, 1983: 23; 竹中龍雄, 1968: 176-192; 竹中龍雄·北 久一, 1970: 66-76).

(1) 정부 재정역할의 증대와 재정위기

자본주의 국가에서의 공기업의 독립채산제는 역사적으로 제2차 세계대전 이후 정부 재정역할의 증대와 재정상태의 악화를 배경으로 적용되었으며, 자본주의의 역사적 발전단계에서의 재정정책과 불가분의 관계를 갖고 있다(寺尾晃洋, 1971: 289). 즉, 자본주의 경제의 모순이 깊어짐에 따라 경제사회생활 발전에 공적 기관의 개입이 강해지고 행정서비스 분야의 확대에 따른 재정자금의 증대가 불가피해짐에 따라 재정상태의 악화를 초래하였다. 이에 따라 재정악화의 모순을 시민에게 맡겨 행정서비스의 유료화, 즉 수익자부담원칙을 추진하였다.

(2) 일반행정과의 분리 필요성

공기업의 경영능률을 증진시키기 위하여 일반 권력행정과 경영행정인 공기업을 구별할 필요를 인정하고, 공기업을 일반행정으로부터 독립화하여 양 재정의 건전성을 유지해야 한다는 주장이 제기되었다(大島國雄, 1982: 136). 특히 일반행정은 집단소비성과 배제불가능성의 공공재를 공급하는 것이지만, 공기업은 집단소비성과 배제가능성의 요금재를 공급하는 것이므로, 일반행정과 공기업을 분리하는 것이 타당하다는 것이다. 즉, 일반행정과 공기업이 제공하는 재화나 서비스의 성격이 상이하므로 동일한 기준으로 통합 관리하는 것은 바람직하지 않다는 것이며, 공기업 특성에 맞는 독립적 운영이 필요하다는 점이 부각되었다.

(3) 공기업 독립회계의 필요성

재화나 서비스의 특성에서 비롯된 개념적 차이 이외에 일반행정과 공기업 간의 재정관계에서도 독립화가 필요하게 되었다. 즉, 수익자부담에 따른 공기업의 이익이 일반회계로 전입됨으로써, 공기업 이익이 본래적 목적에 활용되지 못하는 문제가 발생하였으며, 반대로 공기업의 적자를 일반회계로 보전하면서 일반회계의 적자 문제와 공기업의 안일한 경영이 문제가 되었다.

제1차 세계대전을 즈음하여 주로 유럽의 자본주의 국가에서 공기업 특별회계의 필요성이 제기되었다. 즉, 전쟁으로 정부의 재정이 어려워지면서 공기업의 수익적 경영이 행해짐과 동시에, 수익적 경영으로부터 파생된 이윤을 일반회계에 전입하는 경우가 많아지게 되었다. 이에 따라 공기업 실체의 유지와 공정한 서비스의 확보가 곤란하게 되었고, 공기업의 수익적 경영으로부터 획득된 일정한 이윤을 재투자하지 못하는 문제점이 발생하게 되었다. 이러한 상황 하에서 공기업에 대한 부당한 재정적 압박을 방지할 것이 제창되었고, 정확하고도 합리적인 경제계산을 바탕으로 공기업 특별회계제도의 도입이 요청되게 되었다.

한편으로 공기업의 초기에는 많은 적자를 실현하였으며, 적자를 일반회계에서 보전하였다. 그러나 국가의 재정적 위기 상황에서 일반회계 자체도 수지의 균형이 어려워지면서 공기업의 재정적 독립화가 요청되었다. 또한 공공기업 적자에 대한 일반회계의 보전은 공기업의 안일한 경영 자세를 유발하였으며, 적자가 발생해도 일반회계로 보전 받을 수 있다는 생각이 지배적이었다. 따라서 정부의 일반회계와 공기업 회계 간의 재정적 독립성을 확보하고, 경영에 대한 책임성을 확보할 수 있는 장치로서 독립채산제가 나타나게 되었다.

(4) 국유기업의 생산성 확보

독립채산제라는 용어는 러시아어의 호즈라스초트(Khozraschet)의 역어로 경제계산제도 혹은 경영계산제라고도 한다. 즉, 독립채산제라는 용어는 소련에서 비롯된 것으로 1917년 10월 혁명 직후인 1921년 12월 신경제정책(NEP)의 채택에서 유래되었다. 혁명 후 국가 통제 하에서 산업의 생산성이 급속히 저하됨에 따라 신경제정책을 추진하였고, 신경제정책에 의해 국영기업의 생산성 향상을 위해 독립채산제가 도입되었다(Friedmann, 1954: 374-409).

소련에서 독립채산제를 채택하게 된 배경은 역사적 볼 때, 전시 공산주의 단계에서 이루어졌던 국가에서의 무상적 재원배분이 전후의 물자 부족에 따라 현실적으로 불가능해지고, 그 때문에 중공업 등 특정 부문의 기업을 제외한 많은 기업은 국가에서의 보급이 끊어지고, 스스로 시장과의 관계를 밀접히 하면서 경비절약을 도모하고 지출을 보전할 뿐 아니라 이윤획득을 실현할 수밖에 없었다는 사실에서 독립채산제가 도입되었다(山本秀雄 編, 1986: 102).

이와 같이 소련에서 독립채산제를 채택하게 된 직접적인 원인으로는 국영기업에 대해 기업 스스로가 운영에 관한 책임을 지게 하고, 이것에 의해 자금의 낭비와 고정자본의 결손을 저지하는 데 있었지만, 간접적인 원인으로는 다음과 같은 사정이 있었다(竹中龍雄, 1968: 180-181). 즉, 첫째, 공업을 중심으로 가능한 한 최대한의 확대 재생산을 모색하고, 둘째, 과거의 자본주의적 요소가 경영 담당자에게 잔존하고 있었지만 이들을 전면 배척하는 것은 사실상 불가능하였으므로, 일정한 제한 하에서 공기업 경영에 이들을 이용하는 방침이 취해졌다. 셋째, 가능한 한 최대한의 확대 재생산을 행하기 위해서는 모든 설비, 원료, 자재 등을 합리적으로 이용하지 않으면 안 되는데, 이를 위해서는 개개 기업의 경제 계산을 정확하고 엄밀하게 할 필요가 있었다.

(5) 공기업 자체의 독립적 경영의 필요성

독립채산제의 도입은 국가재정의 위기라는 재정적인 면이 직접적 계기가 되었으나, 공기업 자체적으로도 독립채산제를 채택하려는 노력이 있었다. 즉, 공적 소유 하에 있는 기업의 효율적 운영을 위해 그 필요성이 인정되었다. 공적 소유로 인해 생기는 여러 가지 공적 규제나 통제, 혹은 정치적 개입이나 관료제적 운영에 따라 생기는 불합리나 비효율을 배제하고 효율적인 사업운영을 하기 위해서는 공기업에 대해 일정한 자주적 경영활동을 보장하는 것이 불가피하고, 자주성의 일환으로 재정적 독립성을 유지하는 것이 필요했다.

2 공기업 독립채산제의 기본원리

독립채산제는 공기업에서의 재정상의 자주성, 재정상 자본・자금의 조달・운용의 자립성, 자본적 및 경상적 수지의 적합, 자립채산을 의미하며(一瀨智司, 1969: 4), 국가 재정의존으로부터 탈각(寺尾晃洋, 1971: 76)이라 하기도 한다. 또한 수지의 독립과 수지의 대응 내지 균형에 의해 기업의 자주성을 확보하고, 공기업의 합리적 요소를 도입하려는 재무관리방식이라고도 한다(占部都美, 1969: 193). 따라서 독립채산제는 수지균형의 원칙, 자본의 자기조달, 이익금의 자기처분이라는 세 가지 요건에 의해 성립된다.[2)]

1) 수지균형의 원칙

공기업 독립채산제의 첫 번째 원칙은 수지균형의 원칙(self-sustainment, self-supporting)이다. 즉, 공기업은 민간기업처럼 수익을 극대화하는 것이 목표가 아니라 수익과 지출의 적정한 균형을 유지하는 것이 중요하다. 공기업 자체의 목적이 수익을 극대화하는 것이 아니므로 수익을 지출 수준에서 유지한다.

수지균형의 원칙이란 기업이 필요로 하는 지출은 모두 자기의 수입에 의해 충당해야 한다는 원칙이며, 지출을 충당하기에 충분한 수입을 얻도록 가격요금이 결정되므로 이 원칙은 공기업의 가격요금 결정의 정책원리를 이루고 있다. 지출은 모두 자기의 영업수입에 의해 충당되므로 정부예산에 의존할 필요가 없으며, 공기업의 재정상 독립이 확보된다. 즉, 공기업은 재무회계를 수립할 때 정부나 의회의 부당한 간섭을 받지 않으며, 재무관리는 예산의 구속을 받지 않으므로 자주적이고 신축성 있는 경영이 가능해진다(占部都美, 1969: 217).

그러나 수지균형의 원칙을 적용함에 있어서는 다음 사항을 고려해야 한다.

첫째, 수입은 매년도의 현금수입을 의미하고, 지출은 당해 연도의 실제 현금지출로 이해하는 것은 문제가 있다. 즉, 수지균형의 원칙은 단지 영업수지의 균형만을 뜻하는 것이 아니다. 수입으로 충당되어야 할 비용항목에는 영업비용만이 아니라 감가상각비, 적립금, 준비금도 포함되어 있어야 한다. 또한 비용도 단기적인 비용에 한정

2) 독립채산제의 기본원리에 대해서는 안용식・원구환(2001)의 제7장을 발췌・수정하였다.

하지 않고 장기적 비용까지 포함되어야 공기업의 수지균형도 장기에 걸쳐 이루어질 수 있다.

둘째, 수지균형의 원칙에 따르면 공기업의 재정적 자주성은 유지될 수 있으나, 무조건적인 적용은 여러 가지 폐단을 낳게 된다. 즉, 만일 수입이 지출을 보상하는 데 불충분하여 무조건 가격요금을 인상하면, 이용자는 부당하게 과중한 부담을 지게 될 뿐 아니라 공기업에서 요구되는 공적 서비스의 저하를 가져오게 되고, 공기업에서의 높은 가격요금은 경제 인플레이션을 초래하게 된다(山本政一, 1969: 94). 이 때문에 공기업의 가격요금에 대한 공적 통제가 필요하다.

셋째, 수지균형의 원칙은 경제계획성의 면에서 제약된다. 즉, 건설 보조 또는 적자 보전의 형태로 공기업은 국가재정에 의존하게 되고, 그 결과 공기업의 재정에 대한 정부의 지배와 간섭이 강화되어 자주성이 상실된다. 예를 들어, 저물가정책에 의해 가격요금이 낮게 책정되는 경우, 건설산업의 건설단계에서 채산성이 곤란한 경우, 비채산적 공공사업을 동시에 담당하는 경우, 기초산업의 재건에 국가의 보조를 필요로 하는 경우 등을 들 수 있다(占部都美, 1969: 219-220).

[그림 7-1] 공기업과 사기업의 수익 차이

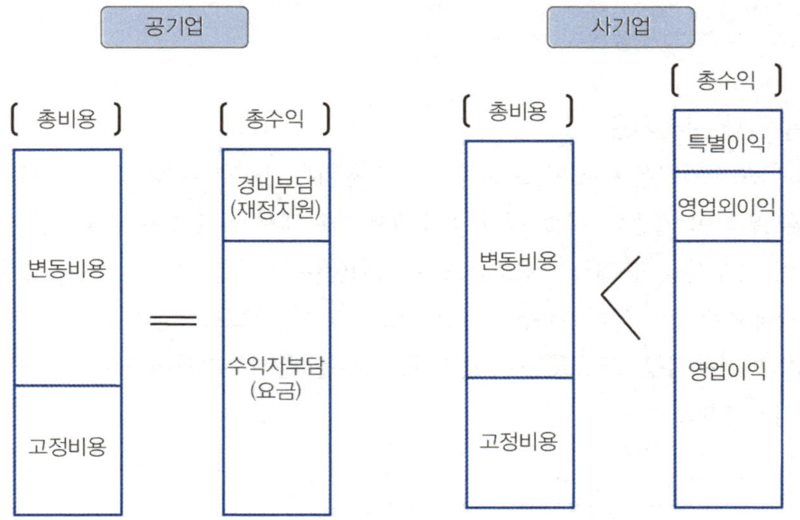

따라서 수지균형의 원칙은 총비용을 총수익과 균형을 유지하는 것이지만, 총비용에 해당하는 부분을 수익자부담으로 전가할 경우 국민의 부담이 가중되므로 수익자부담을 완화하고, 부족분을 경비부담으로 이해하는 것이 필요하다. 즉, 공공적 통제로 인해 수지균형을 유지하기 어려운 경우가 발생하게 되면, 공적 규제에 해당하는 재정지원이 필요하다는 점이다.

실제 공공기관에 대한 정부의 재정지원 현황을 살펴보면 위탁사업을 주로 담당하는 준정부기관이 가장 많은 비중을 차지하고 있으며, 자체 사업을 담당하는 공기업의 비중은 상대적으로 낮은 수준이다.3)

〈표 7-1〉 공공기관에 대한 정부순지원

(단위: 억 원)

유형		2018년	2019년	2020년	2021년	2022년
공기업	시장형	925	539	1,715	2,610	1,144
	준시장형	37,839	53,410	58,930	75,431	78,218
준정부기관	기금관리형	276,483	290,338	369,919	383,130	402,116
	위탁집행형	268,854	289,964	341,757	373,969	435,639
기타공공기관		106,098	122,844	172,474	163,356	168,019
합계		690,201	757,098	945,797	998,499	1,085,139

* 2018~2021년까지는 결산, 2022년은 예산 기준.
자료: 공공기관 경영정보시스템(www.alio.go.kr).

(1) 수지차 보전기관

수지차 보전기관은 수지차 보전방식이 적용되는 공공기관을 의미하는데, 정부 예산 절감을 위하여 기관의 지출 예산 총액에서 기관에서 발생하는 자체수입 예산을 차감한 나머지 부분을 출연금·보조금으로 지원받는 기관을 의미한다. 수지차 보전기관은 문화체육관광부 산하 기관이 가장 많고, 그 다음으로는 환경부, 교육부, 산업통상자원부, 보건복지부, 고용노동부 순인데, 대부분 준정부기관이거나 기타공공기관으로 분류되고 있다.

3) 위탁집행형 준정부기관에서는 국민건강보험공단이 가장 많은 비중(2022년 기준 13조 589억 원)을 차지하고 있으며, 기금관리형 준정부기관에서는 국민연금공단이 가장 많은 비중(2022년 기준 31조 4,700억 원)을 차지하고 있다(www.alio.go.kr).

〈표 7-2〉 부처별 수지차 보전기관 현황

(단위: 개)

부처명	수지차 보전기관명
문화체육관광부(8)	게임물관리위원회, 영상물등급위원회, 한국영상자료원, 한국저작권위원회, 한국콘텐츠진흥원, 국립박물관문화재단, 국민체육진흥공단, 예술의 전당
환경부(6)	국립공원공단, 한국환경공단, 한국환경산업기술원, 국립생태원, 국립낙동강생물자원관, 국립호남권생물자원관
교육부(5)	동북아역사재단, 국가평생교육진흥원, 한국고전번역원, 한국학중앙연구원, 한국교육학술정보원
산업통상자원부(5)	한국에너지공단, 한국가스안전공사, 한국광해광업공단, 대한무역투자진흥공사, 전략물자관리원
보건복지부(5)	한국보건복지인재원, 한국의료분쟁조정중재원, 재단법인 의료기관평가인증원, 재단법인 한국장기조직기증원, 재단법인 한국공공조직은행
고용노동부(5)	학교법인한국폴리텍, 한국기술교육대학교, 한국산업인력공단, 한국잡월드, 한국고용노동교육원
국토교통부(4)	한국교통안전공단, 국토안전관리원, 국가철도공단, 항공안전기술원
과기정통부(3)	한국인터넷진흥원, 정보통신산업진흥원, 한국지능정보사회진흥원
해양수산부(3)	국립해양생물자원관, 한국해양교통안전공단, 한국해양수산연수원
법무부(2)	대한법률구조공단, 한국법무보호복지공단
공정거래위원회(2)	한국공정거래조정원, 한국소비자원
외교부(2)	재외동포재단, 한국국제협력단
국가보훈부(1)	독립기념관
국방부(1)	전쟁기념사업회
경찰청(1)	도로교통공단
문화재청(1)	한국문화재재단
농촌진흥청(1)	한국농업기술진흥원
산림청(1)	한국임업진흥원
중소벤처기업부(1)	중소기업기술정보진흥원
여성가족부(1)	한국양성평등교육진흥원

자료: 국회예산정책처(2023a). 『2023 대한민국 공공기관』.

(2) 손실보전 공공기관

손실보전 공공기관이란 기관 설립 근거법에 이익적립금으로 공공기관의 손실을 보전할 수 없을 때 그 부족액을 보전하거나 보전할 수 있도록 법적 근거 조항이 있는 기관을 의미한다.

손실보전 공공기관은 다시 의무적 손실보전 공공기관과 임의적 손실보전 공공기관으로 구분되는데, 의무적 손실보전 공공기관은 법 조항이 강제 규정으로 되어 있는 기관이고, 임의적 손실보전 공공기관은 "~할 수 있다"라고 임의적으로 규정한 기관이다.

〈표 7-3〉 손실보전 공공기관 현황

(단위: 개)

유형	공공기관 명칭
의무적 손실보전	기술보증기금, 신용보증기금, 중소벤처기업진흥공단, 한국무역보험공사, 한국주택금융공사, 한국토지주택공사, 중소기업은행, 한국산업은행, 한국수출입은행 등 9개 기관
임의적 손실보전	대한무역투자진흥공사, 대한석탄공사, 주택도시보증공사, 한국광해광업공단, 한국장학재단, 한국해양진흥공사 등 6개 기관

자료: 국회예산정책처(2023a). 『2023 대한민국 공공기관』.

2) 자본의 자기조달 관칙

(1) 중앙정부 공공기관의 자본조달

독립채산제에서는 영업계정수지와 자본계정수지의 양자에 관하여 수지균형의 원칙이 적용된다. 따라서 영업수지는 그 연도의 영업지출을 보상하는 것만이 아니라 자본지출을 충당할 수 있어야 한다. 그러나 만약 영업지출뿐만 아니라 장기적인 자본지출도 그 연도의 영업수입으로 충당할 때에는 거액의 건설비가 지출되는 연도의 소비자 또는 이용자는 부당하게 과중한 부담을 지게 된다. 이러한 문제를 해결하기 위해서는 장기자본이나 추가자본은 이를 각 연도의 가격요금으로 충당하지 않고 채권발행에 의해 투자시장으로부터 자기조달(self-financing)하고, 그 원리(元利)를 각 연도의 영업수입으로 상환해 나가는 방식을 채택해야 한다(占部都美, 1969: 222).

채권 발행에 의해 조달된 자금은 원칙적으로 설비자금으로 충당되며, 설비의 보전・개수나 건설에 충당하도록 되어 있다. 대개 공기업에서는 정부가 필요하다고 인정할 때에는 정부로부터 추가자본을 받을 수 있고, 또한 정부로부터 대부를 받을 수 있으며, 차입금에 의한 자금 조달방법도 인정되고 있다. 그러나 공기업의 경영이 정부의 재정자금에 의존하게 될 때에는 공기업 자체의 경영능률이 저하되고, 재정상의 자주성을 상실하게 되어 정부기업화할 우려가 있다. 따라서 재정상의 자주성을 확보하고 능률화를 꾀하는 것이 공기업에서 선결과제인 이상 정부의 재정자금에 의존하는 것은 가급적 피해야 한다.

국가공기업의 채권발행에 대해서는 개별 설립법에 근거하고 있는데, 일례로 한국수자원공사법 제13조에 따르면 한국수자원공사는 이사회의 의결을 거쳐 자본금과 적립금의 합계액의 2배를 초과하지 아니하는 범위에서 사채(社債)를 발행할 수 있으며, 한국수자원공사가 사채를 발행하는 경우 국가는 사채의 원리금 상환을 보증할 수 있도록 규정하고 있다.

공기업 기관 중에서 13개 기관이 설립법 및 정관에 사채 발행한도를 규정하고 있다. 대부분이 자본금과 적립금을 합한 금액의 1~5배 정도를 규정하고 있으며, 한국전력공사는 긴급한 경우 6배까지 가능하도록 규정되어 있다.

〈표 7-4〉 공기업의 사채 발행 한도 규정

주무부처	기관명	근거법	사채 발행 한도
산자부	한국전력공사	한국전력공사법 제16조	자본금 + 적립금의 2배 (긴급: 6배, 2027년까지 5배)
	한국가스공사	한국가스공사법 제14조	자본금 + 적립금의 5배
	한국석유공사	한국석유공사법 제12조	자본금 + 적립금의 2배
	한국광해광업공단	한국광해광업공단법 제11조	자본금 + 적립금의 2배
	한국지역난방공사	집단에너지사업법, 정관 제56조	자본금 + 적립금의 4배
	대한석탄공사	대한석탄공사법 제13조	자본금 + 적립금의 1배
국토부	한국토지주택공사	한국토지주택공사법 제10조	자본금 + 적립금의 5배
	한국도로공사	한국도로공사법 제15조	자본금 + 적립금의 4배
	한국철도공사	한국철도공사법 제11조	자본금 + 적립금의 5배
	인천국제공항공사	인천국제공항공사법 제14조	자본금 + 적립금의 4배
	한국공항공사	한국공항공사법 제13조	자본금 + 적립금의 4배
	한국부동산원	한국부동산원법 제15조	자본금 + 적립금의 2배
환경부	한국수자원공사	한국수자원공사법 제13조	자본금 + 적립금의 2배

(2) 지방정부 공공기관의 자본조달

지방직영기업의 경우 지방공기업법 제19조의 규정에 의거하여 경상적인 운전자금(運轉資金)에 충당하기 위하여 필요한 경우, 회전기금의 재원에 충당하기 위하여 필요한 경우, 건설 또는 개량비에 충당하거나 유사사업의 매수자금으로 필요한 경우에는 지방직영기업의 특별회계의 부담으로 지방채를 발행할 수 있으며, 광역자치단체와 인구 100만 명 이상의 대도시는 지방공기업법에 규정된 사업의 투자재원 확보와 지역개발을 위한 기금조성을 위하여 의회의 승인을 받아 지방채를 발행할 수 있다.

또한 지방공사와 지방공단도 지방공기업법 제68조에 의거하여 채권을 발행할 수 있다. 즉, 지방공사(지방공단)는 지방자치단체의 장의 승인을 얻어 사채를 발행하거나 외국차관을 할 수 있다. 지방자치단체의 장은 지방공사가 발행하는 사채가 대통령령으로 정하는 기준을 초과하는 경우에는 승인을 하기 전에 미리 행정안전부 장관의 승인을 받아야 한다.[4] 그러나 지방공단의 경우는 지방자치단체로부터 위탁대행된 업무를 처리하고 위탁대행 수수료를 받는 구조이므로 공단채의 발행은 거의 없다고 볼 수 있다.

3) 이익금의 자기처분 원칙

이익금의 자기처분이란 이익금이 생겼을 경우 이를 국고에 납입하지 않고, 원칙적으로 기업 자신의 목적을 위해 이익금을 자주적으로 자기처분할 수 있는 원칙을 말한다(山本政一, 1982: 36; 山本政一, 1969: 9; 占部都美, 1969: 224). 재정상의 자주성이 부여되지 않은 정부기업에서는 결손이 국가재정의 부담이 되는 대신 발생한 이익금은 모두 국고에 납부된다. 반면에 독립채산제를 채택하는 공기업에서는 이익금의 자기처분 원칙이 인정된다. 이로 인해 경영자 및 노동자의 경영성과에 대한 경제적 관심을 자극할 뿐 아니라 유보된 축적기금을 생산과정의 기계화에 재투자함으로써 생산의 합리화가 촉진된다(占部都美, 1969: 224-225). 공기업 유형별 이익금의 자기처분은 다음과 같다.

(1) 국가의 직접경영형태: 정부기업

국가의 직접경영형태 공기업은 우정사업이 대표적인데, 우정사업과 관련된 이익금의 처분원칙은 우정사업 운영에 관한 특례법에 규정되어 있다.

우편사업특별회계 및 우체국예금특별회계는 정부기업예산법 제21조에 따라 매 회계연도의 결산 결과 이익이 생긴 경우에는 적립금 및 잉여금으로 적립하고, 결손이 생긴 경우에는 적립금 및 잉여금 중에서 결손을 정리한다. 다만, 필요하다고 인정할

---

4) 도시철도의 건설 및 운영 또는 주택건설사업 등을 목적으로 설립된 공사가 발행하는 채권에 대하여 「자본시장과 금융투자업에 관한 법률」을 적용할 때에는 같은 법 제4조 제3항에 따른 특수채 증권으로 본다.

때에는 국무회의의 심의를 거쳐 대통령의 승인을 받아 결산의 결과 생긴 적립금 및 잉여금의 전부 또는 일부를 일반회계에 전입할 수 있다.

(2) 국가의 간접경영형태: 공기업

시장형 공기업은 개별 법률에 근거하여 이익금의 처분 순서를 규정하고 있는데, 예로 한국가스공사의 경우는 이월손실금 보전, 이익준비금 적립, 사고보상적립금 적립, 이익배당, 사업확장적립금, 기타 임의적립금, 이월 이익잉여금의 순서로 처리토록 규정되어 있다. 또한 한국공항공사는 이월손실금 보전, 이익준비금 적립, 이익배당, 사업확장적립금, 임의적립금, 이월의 순서로 처리하고 있다.

〈표 7-5〉 시장형 공기업의 이익처분 순서

기관	이월손실금 보전	이익준비금 적립	사고보상 적립금 적립	이익배당 (국고납입)	사업확장 적립금	임의 적립금	이월 (기타)
한국가스공사	①	②	③	④	⑤	⑥	⑦
한국석유공사	①	②		(④)	③		
한국전력공사	①	②		③	④	⑤*	⑥
한국지역난방공사	①	②		④	③		⑤
한국중부발전 등		①	② 법정적립금	③		④	(⑤)
(주)강원랜드		①	② 법정적립금	③		④	(⑤)
인천국제공항공사	①	② 법정적립금		③		④	(⑤)
한국공항공사	①	②		③	④	⑤	⑥

* 한국전력공사: 주주총회의 의결을 거쳐 처리. ⑤는 배당평균적립금 적립
* 한국중부발전(주) 등 인천국제공항공사: ⑤ 기타의 이익잉여금처분액

준시장형 공기업도 개별 법률에 근거하여 이익금의 처분 순서를 규정하고 있는데, 한국조폐공사의 경우는 이월손실금 보전, 이익준비금 적립(자본금의 1/2에 달할 때까지 이익금의 1/10 이상을 적립), 국고에의 납입, 기획재정부 장관의 승인을 받은 경우 특정 목적을 위한 적립의 순으로 처분하도록 규정되어 있다. 또한 결손금이 발생한 경우에는 특정 목적을 위한 적립금으로 보전, 이익준비금으로 보전, 다음 연도로의 이월의 순으로 규정하고 있다.

〈표 7-6〉 준시장형 공기업의 이익처분 순서

기관	이월 손실금 보전	이익준비금 적립	사고보상 적립금 적립	이익배당 (국고납입)	사업 확장 적립금	임의 (특별) 적립금	이월 (기타)
한국조폐공사	①	②		(③)		(④)	
GKL		①	② 법정준비금	③		⑤	(⑥)
한국마사회	①	②			③	(④)	
한국가스기술공사	①	② 준비금	③ 법정적립금	④		⑤	⑥
대한석탄공사	①	②		④	③		
한국광해광업공단	①	②		(④)	③		
한국전력기술(주)	①	②	③ 법정적립금	④		⑤	(⑥)
한전KDN(주)	①	②					(③)
한전KPS(주)	①	② 준비금	③ 법정적립금	④	⑤*	⑥	⑦
한국수자원공사	①	②		④	③		
JDC	①					②	②
주택도시보증공사	①	②	③ 법정적립금	④		⑤	(⑥)
한국도로공사	①	②		③	④		
한국부동산원		①	②	③			
한국철도공사	①	②		(④)	③		
LH	①	②	④ 토지은행적립금	(⑤)	③		
SRT		①	② 법정적립금	③ 배당금		④	(⑤)
해양환경공단	①						
방송광고진흥공사	①	②		(③)		④ 준비금	

* GKL: ④ 공익목적 지원, ⑥ 기타의 이익잉여금 처분액
* 한전KPS(주): ⑤ 배당평균적립금
* 주택도시보증공사: ⑥ 기타의 이익잉여금처분액
* 한국부동산원: ④ 상임이사 상여금, ⑤ 퇴직위로기금, ⑥ 기타 준비금, ⑦ 이월
* SRT: ⑤ 기타의 이익잉여금 처분액
* 해양환경공단: ② 운영비 및 사업자금(필요시 적립금 예치)

공기업의 이익금 처리 규정에 의하면 대부분 마지막으로 배분되는 것이 국고 납입 및 이익배당인데, 공기업의 정부배당 현황을 살펴보면 〈표 7-7〉과 같다.

공기업 중에서는 한국토지주택공사가 가장 많은 배당을 하고 있으며, 기타 공공기관 중에는 한국산업은행이 가장 많은 배당을 하고 있다.

〈표 7-7〉 공공기관의 정부배당 현황

(단위: 억 원)

		2017	2018	2019	2020	2021
공기업	한국토지주택공사	4,681	3,325	3,920	5,845	7,441
	인천국제공항공사	4,725	3,755	3,994	0	0
	주택도시보증공사	1,025	1,229	707	616	621
	한국전력공사	923	0	0	1,421	0
	한국공항공사	679	344	404	0	0
	한국도로공사	388	260	334	120	134
	한국가스공사	0	328	92	0	659
	한국지역난방공사	113	0	0	39	32
	한국조폐공사	41	37	39	0	0
	한국부동산원	19	18	13	10	16
	대한석탄공사	0	0	0	0	0
	한국철도공사	0	0	0	0	0
	한국광해광업공단	0	0	0	0	0
	한국석유공사	0	0	0	0	0
	한국수자원공사	0	0	0	0	0
	한국방송광고진흥공사	0	0	0	0	0
준정부기관	한국주택금융공사	572	565	0	425	451
	한국자산관리공사	91	45	139	142	159
	한국농어촌공사	94	0	165	9	130
	대한무역투자진흥공사	0	43	11	25	15
	한국농수산식품유통공사	23	29	13	2	4
기타공공기관	한국관광공사	23	0	0	0	0
	한국산업은행	1,471	1,449	1,120	2,096	8,331
	중소기업은행	2,067	1,872	1,662	2,208	3,701
	한국수출입은행	395	415	724	277	1,315
	한국투자공사	267	262	367	580	1,176
	부산항만공사	221	143	201	238	183
	울산항만공사	115	95	107	77	119
	인천항만공사	50	56	21	213	0
	88관광개발주식회사	0.1	0.5	0	0.2	0
	여수광양항만공사	0	0	0	0	0
	새만금개발공사	–	–	0	0	0
	한국해외인프라도시개발지원공사	–	–	0	0	0
	한국해양진흥공사	–	–	0	0	0
합계		17,983	14,371	14,033	14,343	24,487

자료: 기획재정부(각 연도). 『월간 재정동향』에서 재구성.

(3) 지방의 직접경영형태: 지방직영기업

지방공기업법 제37조에서는 지방직영기업의 이익금 처분원칙을 규정하고 있는데, 이익금의 처분 순서를 결손금의 보전, 이익적립금으로의 적립, 감채적립금 또는 건설개량 적립금으로의 적립, 일반회계에의 납부 등을 규정하고 있다. 특히 이익금의 마지막 처분 순서가 일반회계로 납부하는 것인데, 지방직영기업 사업에 재투자할 수 있는 여건을 마련해 주는 것을 고려할 필요가 있다.

또한 감채적립금으로 지방채를 상환하는 경우에는 당해 감채적립금액에 상당하는 금액을 자본금에 전입하여야 하며, 건설개량적립금으로 지방직영기업의 건설 또는 개량을 행한 경우에는 당해 건설개량적립금액에 상당하는 금액을 자본금에 전입하여야 한다(동법 시행령 제40조).

아울러 해당 사업연도에 손실이 생긴 경우에 전 사업연도로부터 이월된 이익금이 있으면 그 이익금으로 결손금을 보전하고, 이익금으로도 보전하지 못한 결손금은 이월한다. 다만, 자본잉여금[5]이 있는 경우로서 해당 의회의 승인을 받은 때에는 자본잉여금으로 보전할 수 있다(동법 시행령 제39조).

(4) 지방의 간접경영형태: 지방공사, 지방공단

지방공사의 이익금 처분 순서는 지방공기업법 제67조에 따라 ① 전 사업연도로부터 이월된 결손금이 있으면 결손금을 보전하고, 그 다음으로 ② 대통령령[6]으로 정하는 바에 따라 이익준비금으로 적립하며, ③ 대통령령으로 정하는 바에 따라 감채적립금(공사의 사채를 상환하는 목적 외에는 사용할 수 없음)으로 적립하고, 마지막으로는 ④ 이익을 배당하거나 정관으로 정하는 바에 따라 적립하도록 규정하고 있다. 반면에 결손이 발생한 경우에는 우선 ④의 적립금으로 보전하고, 그 적립금으로도 보전하지 못한 결손금은 ②의 이익준비금으로 보전하거나 이월하도록 규정하고 있다.

지방공사의 경우 이익금의 마지막 처분이 이익을 배당하거나 정관에 따라 적립하

---

5) 자본잉여금으로 적립하여야 할 자금으로 취득한 자산이 멸실되거나 이를 양도 · 철거 또는 폐기함에 있어서 손실이 발생한 때에는 자본잉여금으로 그 손실을 보전할 수 있는데, 이에 해당하는 자본잉여금은 제외한다(동법 시행령 제39조).

6) 지방공사는 이월결손금을 보전하고 남은 이익금의 1/10 이상을 자본금의 2분의 1에 달할 때까지 이익준비금으로 적립하여야 하고, 이익준비금으로 적립하고 남은 이익금의 5/10 이상을 감채적립금으로 적립하여야 한다. 다만, 매 회계연도의 말일을 기준으로 공사채 미상환 잔액이 없는 경우에는 감채적립금을 적립하지 아니할 수 있다(지방공기업법 시행령 제61조).

는 것인데, 이익배당은 대부분 지방공사의 출자자인 지방자치단체에 귀속된다. 따라서 대리인적 주주인 지방자치단체 이외에 실질적 주주인 시민들에게 이익을 배당할 수 있는 이익잉여금 재투자 방안을 모색할 필요가 있으며, 이를 통해 지역경제 활성화를 도모할 필요가 있다.

반면에 지방공단의 경우는 지방자치단체의 위탁대행기관으로서의 성격을 지니고 있으며, 필요한 경비를 지방자치단체로부터 받고, 수익이 발생하면, 정산하여 지방자치단체에 납부하기 때문에 지방공단의 경우에는 이익금의 자기처분 원칙이 인정되지 않는다. 즉, 지방공단의 경우는 재무관리 측면에서도 대행적인 성격을 지니고 있으므로, 지방공사의 재무관리와는 상이한 구조를 지니고 있다.

〈표 7-8〉 지방공기업의 이익금 처분 순서

구분	이익금(결손금)의 처분 순서	비고
지방직영 기업	〈이익금의 처리〉 1. 전 사업연도로부터 이월된 결손금의 보전 2. 결손금을 보전하고 남는 금액의 10분의 1 이상의 금액을 자본금의 2분의 1에 달할 때까지 이익적립금으로 적립(결손금 보전에만 사용) 3. 적립하고 남는 금액은 조례로 정하는 바에 따라 감채(減債)적립금(지방채 상환에만 사용) 또는 건설개량적립금(건설개량 목적으로만 사용)으로 적립하거나 출자한 회계 또는 일반회계에 납부금 또는 전출금으로 지출	법 제37조
	〈결손금의 처리〉 1. 이익금으로 보전 2. 다음 연도에 이월(다만, 자본잉여금이 있는 경우로서 당해 지방의회의 승인을 얻은 때에는 자본잉여금으로 이를 보전할 수 있음)	법 제38조
지방공사	〈이익금의 처리〉 1. 전 사업연도로부터 이월된 결손금이 있으면 결손금을 보전 2. 대통령령으로 정하는 바에 따라 이익준비금으로 적립 3. 대통령령으로 정하는 바에 따라 감채적립금으로 적립 4. 이익을 배당하거나 정관으로 정하는 바에 따라 적립 〈결손금의 처리〉 1. 결손금을 적립금으로 보전 2. 적립금으로도 보전하지 못한 결손금은 이익준비금으로 보전하거나 이월	법 제67조
지방공단	이익금의 자기처분이 불인정	

제2절 공기업 독립채산제의 한계와 개선방향

1 공기업의 공공성과 독립채산제

1) 공공성 측면에서의 한계

공기업의 여러 가지 문제를 고찰하는 경우 가장 중요한 것은 공기업이 어떠한 사회적 역할을 수행하고 있으며, 사회적 재생산 과정을 위해 어떠한 사회적 기능을 수행하고 있는가를 파악하는 일일 것이다. 전기, 가스, 수도, 도로, 교통, 지하철 등은 일종의 생활 관련 공기업으로서 사업 목적이나 성격 그 자체가 국민생활에 불가피한 것이고 직접 공동이용에 제공되는 것으로 본래적 의미에서의 공공성을 갖고, 그런 까닭에 사업이 공적 소유 하에 놓여 있다고 볼 수 있는 사업이다. 특히 사회적 공동소비수단으로서의 성격을 지니는 전기, 가스, 수도는 노동력 재생산의 일반적 조건이고 자본주의 사회의 유지·존속의 기초 조건이 된다(宮本憲一, 1980: 73-74).[7]

공기업의 사업은 사회적 형평의 실현이나 사회적 약자의 보호가 요청되는 분야로 거대한 시설 및 설비, 그리고 이에 따른 자금이 요구되므로 단순히 수익자부담의 원칙으로 그 비용을 부담시킬 수는 없다. 따라서 본래적 의미의 독립채산제를 적용하는 것은 적절하지 않고, 사업의 특수성이나 사회적 여건을 고려하여 독립채산제의 적용을 탄력적으로 운영하여 경영의 효율화를 도모해야 한다.

2) 공공성과 독립채산제의 조화

공기업 사업이 독립채산제원칙에 따라 특별회계를 설치하여 일반회계로부터 분리하여 계리되고 있는 이유는 공기업 사업이 일반행정활동과 구별되기 때문이다. 즉, 공기업 사업을 통해 제공되는 서비스는 개인별 서비스 혜택의 귀속 여부를 파악할 수 있으며, 서비스의 수혜 정도가 시민마다 다르고 시민 모두가 평균적으로 서비스를 소

7) 독립채산제의 개선방향에 대해서는 원구환(1999: 141-158), 안용식·원구환(2001)의 제7장을 발췌·수정하였다.

비하는 것이 아니기 때문이다. 따라서 수익자부담에 의한 독립채산제의 적용이 필요한 사업영역이다.

그러나 공기업 사업은 민간기업처럼 채산성만을 중시할 수 없는 공적 서비스라 할 수 있으며, 소방용수 공급사무, 지하철요금 등에 독립채산제를 적용하기란 쉬운 일이 아니다. 따라서 공기업 사업이 지니고 있는 공공성과 독립채산제와의 조화를 위해서는 다음과 같은 사항들을 고려해야 한다.

(1) 독립채산제 적용 시점의 고려

공기업 사업의 독립채산제를 적용함에 있어 무조건적으로 독립채산제를 적용할 것이 아니라 당해 공기업이 정부 재정으로부터 독립해서 채산을 맞출 수 있는 조건이 갖추어져 있는지의 여부, 자본수지를 포함한 채산성을 제1법칙으로 운영할 필요가 있는지의 여부를 판단할 수 있는 선행단계가 필요하다. 특히 전기, 상·하수도, 지하철에 독립채산제를 적용함에 있어 사업 초기부터 독립채산제를 적용한다는 것은 불가능하다. 이는 거대한 공적 자금을 수익자부담이라는 명목 하에 지나친 개인적 부담을 유발할 수 있으며, 공공기관의 존립 의미를 크게 훼손시키는 것이라 할 수 있다. 결국 막대한 자금이 소요되는 사업 초기부터 독립채산제를 적용하기보다는 안정화된 이후에의 적용이 필요하다.

(2) 공공성 측면에서의 경비부담

공기업 사업의 운영은 조세에 의해 이루어지는 것이 아니라 수익자부담의 원칙에 따라 서비스의 대가로 받은 요금에 의해 이루어지는 것으로, 원칙적으로 공기업 사업의 경비는 당해 기업의 수입으로 충당해야 한다. 그러나 대부분의 공기업 사업은 채산성이 맞지 않더라도 공공적 필요에 의해 사업을 행하지 않으면 안 되는 사업이므로, 수익자부담원칙을 엄격하게 적용하기 어렵다. 따라서 경비의 성질상 자체 수입으로 충당하는 것이 어려운 경비에 대해서는 정부가 경비를 부담해야 한다. 이는 사무의 성질 또는 사업 실시에 의한 공공적 이익의 책임 귀속에 따른 정부의 몫이라 할 수 있다. 외국의 사례를 보면 국가가 채권을 보증해 주는 국가, 채권 만기에 대한 특혜를 제공하는 국가, 재무관리와 관련된 목표 수익률을 시행하는 국가 등이 존재하는데, 공기업 특성에 맞는 지원이 필요하다.

〈표 7-9〉 국가별 공기업의 자금조달 방식 규정

구분	국가
국가의 채권보증	아르헨티나, 브라질, 캐나다, 칠레, 코스타리카, 독일, 그리스, 인도, 인도네시아, 이스라엘, 일본, 카자흐스탄, 한국, 라트비아, 말레이시아, 멕시코, 네덜란드, 페루, 폴란드, 슬로베니아, 남아공, 튀니지, 우크라이나
채권 만기 특혜 제공	캐나다, 칠레, 에스토니아, 인도, 인도네시아, 아일랜드, 이스라엘, 이탈리아, 카자흐스탄, 말레이시아, 멕시코, 네덜란드, 남아공, 스웨덴, 튀니지, 우크라이나
부채조달 특혜 차단	호주, 에스토니아, 페루, 스위스, 영국
목표 수익률 시행	호주, 칠레, 에스토니아, 한국, 리투아니아, 네덜란드, 뉴질랜드, 노르웨이, 페루, 스웨덴, 스위스, 영국
배당 지침 및 목표 시행	호주, 핀란드, 아일랜드, 이스라엘, 라트비아, 리투아니아, 네덜란드, 뉴질랜드, 노르웨이, 페루, 폴란드, 스웨덴, 스위스, 우크라이나, 영국

자료: OECD(2022.12)에서 재구성.

(3) 공공성 확보를 위한 수익자부담

공기업이 갖는 목적으로서의 공공성을 확보하기 위해서는 수익자부담을 명확히 할 필요가 있다. 현행 공공요금은 영업비용 외에 자본비용을 더하여 계산하되, 공정보수방식을 우선적으로 적용하고 그것이 곤란한 경우에는 원가적상방식을 취하도록 되어 있다. 공정보수방식을 우선적으로 적용하도록 한 것은 어느 정도의 자금을 유보함으로써 기업으로서의 경영 기반을 강화하고, 기업의 자주적인 경영합리화 의욕을 환기시키는 데 있다. 그러나 공정보수방식은 요금기저에 공정보수율(rate of return)을 곱하여 산정하는 데, 공정보수율의 합리적 선택이 중요하다. 특히 공정보수율을 정부가 규제함으로써 손실이 발생한 부분에 대해서는 공적 부담의 원칙에 따라 정부가 부담하는 것이 바람직하다.

2 공기업의 자주성과 독립채산제

1) 자주성 측면에서의 한계

일반적으로 공기업은 엄격한 공적 규제나 관리 하에 놓이게 되는데, 이런 상황에서는 공기업의 재정적 독립을 위해 필요한 조건이 주어지지 않은 채로 재정에서의 분리만이 이루어지기 때문에 독립채산제는 왜곡된 폐해를 초래하게 된다. 즉, 공기업은 독립채산제로 인해 한편으로는 자주적 자금조달의 의무를 부여받으면서, 다른 한편으로는 채권 발행에 대한 통제나 차입금에 대한 통제로 인해 사실상 자금조달의 자주적 권한을 박탈당하게 된다. 또한 인사나 사업계획 등 기업운영에 근간이 되는 부분에서도 자주적으로 결정할 수 있는 권한이 제약받고 있기 때문에 자주성이 보장되지 못한 독립채산제는 자주적 공기업 운영을 방해할 수 있으며, 공기업의 관료주의적 운영이나 무사안일주의, 그리고 그것에 의한 비능률적인 공기업 운영을 초래할 수 있다.

따라서 독립채산제의 도입으로 공기업 운영의 효율화를 도모하기 위해서는 공기업에 일정한 자주성을 보장할 필요가 있으며, 사업이 갖는 고도의 공공성으로 인해 요구되는 최소한의 공공적 규제 이외에는 공기업의 자주성을 보장해 주어야 한다. 특히 독립채산제의 의미를 재무관리적 관점에서만 파악하기보다는 자율경영과 관련된 측면에서도 보장될 필요가 있다. 즉, 독립채산제라는 용어를 분할해서 이해한다면 '독립'과 '채산'이라는 의미를 동시에 함축하고 있다. 독립의 개념은 정부로부터 독립된 의미로 파악하여 자주성을 부여하는 방향으로 설정하되, 자주성의 범위에는 재무관리만이 아니라 조직, 인사, 정보관리 등 다양한 경영관리 요소가 함축될 필요가 있다.

자주성은 정부의 지도·감독 및 개입과 대립적인 의미를 지니기도 하는데, 정부의 개입은 정책적 관점에서 공공기관의 총괄적 운영 방향과 연계될 필요가 있으며, 큰 틀 내에서의 방향성이 정립되면 세부적 운영 방안은 공공기관의 자율성에 맡기는 것이 타당하다. 지나친 정부의 개입은 혁신적 경영을 어렵게 하고, 감독에 따른 행정관리 비용과 시간의 낭비를 초래할 수 있다.

2) 자주성과 독립채산제의 조화

자주성의 관점에서 공공기관의 독립채산제를 유지하기 위해서는 다음과 같은 사항을 고려해야 한다.

첫째, 관료 조직적 특성을 탈피할 수 있는 조직구성의 자주성이 부여될 필요가 있다. 공기업 조직 및 인사관리와 관련하여 기본적인 가이드라인만 형성하고, 세부적인 운영세칙은 공기업에서 자율적으로 도모하되, 자율에 따른 책임을 부과하는 방식을 고려할 필요가 있다. 특히 공공기관의 유형별로 차별화된 접근이 필요하며, 공공기관별로도 특성에 맞는 운영 기준을 보장해 줄 필요가 있다. 특히 공공기관에 탄력정원,

한시정원, 별도정원 등과 같은 규정이 존재한다는 것 자체가 공공기관별 특성을 고려해야 함을 의미한다.

둘째, 재무관리에 관한 규정들이 시행령이나 시행규칙 등에 의해 일률적으로 규정되거나 상급 관청의 지침에 크게 의존하고 있는 것이 많기 때문에 기업적 특성을 살리기가 어렵다. 계정의 과목구분 결정, 설비자산의 순가액 등의 산출방법과 투자보수율의 기준 결정, 매 사업연도의 예산편성 기본지침의 통보, 업무 · 회계 및 재산에 관한 사항의 검사 및 명령 등은 대표적인 예이다. 상급 관청의 규정은 정책적 수준에서 이루어질 필요가 있으며, 구체적이고 세부적인 사항은 당해 공기업에서 자율적으로 제정할 수 있는 근거를 마련해 주어야 한다.

셋째, 사후적 평가체계를 강화하되 경영상의 자율성을 보장해 주는 것이 필요하다. 경영상의 세부적 통제가 강해질수록 공기업의 자주적 운영은 어려워지는데, 이러한 상황에서 독립채산제를 적용한다면 일반회계적 비효율성을 공공기관의 회계로 떠넘길 수 있다. 따라서 경영상의 세부적 통제와 독립채산제는 반비례적으로 적용될 필요가 있다.

PUBLIC ENTERPRISE

제 8 장

공기업의 요금

제1절 공기업 요금의 본질

1 공공요금의 개념

1) 공공요금의 개념과 특성

공공요금이란 공익사업(public utilities)에서 제공되는 산출물의 가격을 의미하며, 공적 혹은 사회적으로 미치는 파급효과 및 영향력이 크다. 공익사업은 공중의 일상생활과 밀접한 관련이 있거나 국민경제에 미치는 영향이 큰 사업으로 업무의 정지 또는 폐지가 공중의 일상생활을 현저히 위태롭게 하거나 국민경제를 현저히 저해하고, 그 업무의 대체가 용이하지 아니한 사업을 의미한다(노동조합 및 노동관계조정법 제71조 제1항). 특히 전기, 가스, 수도 등은 대표적인 공익사업으로 국민의 생활과 산업에 필수적인 재화나 서비스이다.

공공요금은 민간재의 가격이나 요금과는 근본적으로 다른 특성을 지니고 있는데, 공기업의 요금도 공공요금으로서 다음과 같은 특성을 지니고 있다.

첫째, 공익사업을 수행하는 공기업의 요금을 어떻게 결정하는가에 따라 국민생활과 국가 산업에 미치는 영향력이 매우 크다고 할 수 있다. 일반적으로 공기업의 요금을 높게 책정하면 국민들은 일상생활에서 높은 비용을 부담할 수밖에 없으며, 산업의 경우에도 높은 요금을 부과하면 생산비용이 증대되어 국내 및 국제적 가격경쟁력의 저하를 가져올 수 있다. 즉, 공기업의 요금은 국민경제에 미치는 영향력이 크므로 사회 전체적 관점에서 결정될 필요가 있다.

둘째, 노동조합 및 노동관계조정법 제71조 제2항에서는 철도사업, 도시철도사업 및 항공운수사업, 수도사업, 전기사업, 가스사업, 석유정제사업 및 석유공급사업, 병원사업 및 혈액공급사업, 한국은행사업, 통신사업 등을 공익사업 중에서도 중요한 필수공익사업으로 예시하고 있는데, 대부분 공기업에 의해 운영되고 있다. 따라서 공기업의 요금은 여러 분야의 공익사업과 연계되어 있으므로, 다양한 사업구조에 따라 요금결정과정 및 요금체계가 상이하다.

셋째, 공익사업적 특성에 따른 정부의 개입이 불가피하다. 공익사업은 생산 측면에서 국가의 사회경제발전에 기여할 뿐 아니라 소비측면에서 국민생활에 필수적인 서비스이므로 정부는 공익사업에 개입할 수밖에 없다. 또한 공익사업은 초기 투자자본의 거대화와 막대한 고정비용의 발생으로 자연독점적 성향을 지니며, 불완전경쟁을 띠게 된다. 불완전경쟁 상태에서 발생할 수 있는 시장실패를 완화하고, 소비자의 비탄력성을 보완하기 위해서는 정부의 통제가 어느 정도 인정된다. 따라서 공기업의 요금은 법률에 근거하여 결정되며, 정부의 정책목표에 의해 직접 통제되는 경향이 강하다.

넷째, 공공요금은 시장경제 원리보다는 정부정책 원리가 더 중요하게 작용한다. 특히 공익사업은 독점적 성격이 강하고, 대체성이 희박하며, 수요의 가격탄력성이 극히 작기 때문에 민간부문의 요금결정 원리가 적용되기 어렵다. 민간부문은 발생된 비용이 재화나 서비스의 가격에 반영되는 구조를 지니고 있지만, 공익사업은 국민생활편의 및 국가산업 기반적 요소를 지니고 있기 때문에 발생된 모든 비용을 요금결정에 반영하기 어렵다. 또한 국가정책 및 사회복지적 관점에서 무상 공급하거나 저렴한 비용으로 공급해야 하는 구조를 지니고 있다.

다섯째, 공공요금에서는 영리주의가 인정되지 않는다. 즉, 공공요금의 결정원칙은 최대 이윤을 보장하는 것이 아니라 원가 수준을 보상하는 수준에서 적정이윤을 도모하는 경향이 강하다. 공공요금의 결정 기준은 매출액 극대화가 아니라 국민생활의 편의성 제고이므로 원가보상주의에 근거한다. 공공요금을 통해 많은 이익을 창출하는 것은 오히려 사회적으로 바람직하지 않은 측면이 있으므로, 공익사업 혜택자에 대해서는 원가 수준만을 부담케 하고(수익자부담), 나머지 차액은 정부가 재정지원을 도모하는 구조를 지니고 있다(경비부담).

2) 공공요금의 유형

공공요금은 크게 중앙공공요금과 지방공공요금으로 대별되는데, 요금결정 주체가 중앙정부인가, 지방정부인가의 여부에 따라 구분된다. 공공요금 중 전기, 도시가스, 철도, 도로, 상수도 요금은 5대 요금으로 분류되기도 하는데, 모두 공기업이 담당하고 있으며, 국민생활에 지대한 영향을 미치고 있다.

특히 수도요금은 중앙공공요금과 지방공공요금으로 구분되는데, 한국수자원공사가 공급하는 광역상수도를 바탕으로 지방자치단체가 이용자에게 공급하는 방식을 취

〈표 8-1〉 공공요금의 주체 및 유형

<table>
<tr><th colspan="2">요금결정 주체</th><th>공공요금의 내용</th></tr>
<tr><td rowspan="4">중앙공공요금(11종)
중앙정부 관리 · 결정</td><td>산업통상자원부</td><td>전기료, 도시가스(도매)</td></tr>
<tr><td>과학기술정보통신부</td><td>우편료</td></tr>
<tr><td>국토교통부</td><td>열차료, 시외버스료, 고속버스료, 도로 통행료, 국제항공요금(인가노선), 상수도(광역, 댐용수)</td></tr>
<tr><td>방송통신위원회</td><td>통신료, 유료방송수신료</td></tr>
<tr><td rowspan="2">지방공공요금(11종)
자치단체 관리 · 결정</td><td>자치단체 직접운영</td><td>지하철료, 상수도료(소매), 하수도료, 쓰레기봉투료</td></tr>
<tr><td>민간운영 또는
자치단체 승인</td><td>도시가스료(소매), 시내버스료, 택시료, 정화조 청소료, 문화시설 입장료, 공연예술 관람료, 고교납입금</td></tr>
</table>

자료: 기획재정부 및 조세재정연구원 내부자료.

하고 있다. 즉, 광역상수도는 단일요금제를 채택하고 있으며, 지방상수도는 지방자치단체별로 공급되므로 요금이 상이하다. 광역상수도 요금을 단일요금제로 설정한 것은 모든 지역에 차별 없이 균질의 상수도를 공급하기 위함이다.

3) 공기업 요금의 결정 기준

공기업의 경영이념은 공공성과 기업성을 조화하는 것인데, 공기업의 요금정책도 공공성과 기업성을 양립시키는 방안을 모색하는 것이 필요하다. 즉, 공기업의 요금정책도 공공 규제 하에서 적정 이윤을 확보하고, 생산성 향상을 도모할 수 있는 수준에서 결정되어야 한다.

공기업의 요금결정방식은 민간부문과 같이 소요되는 비용 전체를 고려하고, 비용을 단위당 가격으로 전환하여 요금을 결정하게 된다. 그러나 민간부문은 총비용을 가급적 단기간에 회수하려고 하며, 최대 이윤을 통한 재투자 및 시장의 가격 상황을 고려하는 데 비해, 공기업의 요금은 장기간에 걸친 자본투자 및 총비용을 장기간에 걸쳐 회수하고, 적정 이윤 보장을 통한 공기업의 존속 가능한 수준과 정부의 공공정책을 고려하여 결정된다. 따라서 공기업의 요금결정은 공적 규제 하에서 최대 이윤이 아닌 적정 이윤을 보장하는 수준에서 결정된다.

공기업의 공공성은 우선적으로 추진해야 할 목적으로서의 당위성을 지니고 있지만, 수단으로서의 기업성에 대한 고려도 필요하다. 즉, 공기업도 기업인 이상 기업과 같은 생산성 향상을 도모해야 하는데, 공익성이라는 미명 하에 비효율적 비용의 발생을 공기업의 요금에 산입하는 것은 바람직하지 않다. 즉, 공기업도 민간기업처럼 조직 내부에서 발생되는 비용을 최소화하여 생산비용을 낮추려는 혁신적 노력이 지속적으로 이루어져야 한다. 특히 정부의 재정지원이 존재하는 상황에서 조직 내부에서 발생되는 모든 비용을 요금결정과정에 그대로 반영하면, 공기업 조직 내부의 비효율적 비용이 국민부담으로 전가될 수 있다.

따라서 공기업의 요금은 기업적 방식에 따라 공급에 소요되는 비용을 혁신적 노력을 통해 최소화하고, 국민이 양질의 서비스를 저렴하게 이용할 수 있도록 유도하는 수준에서 결정되어야 한다. 양질의 서비스를 비싸게 이용토록 한다면 누구나 균등하게 향유해야 할 공익서비스에 대한 역진적 문제점을 야기할 수 있으며, 저질의 서비스를 싸게 공급하는 것은 국민생활 편의 및 산업 기반 확대 차원에서 바람직하지 않다. 양질의 서비스를 적정 가격에 공급하되, 부족한 재원은 공적인 관점에서 정부가 부담하고, 공기업은 비용 최소화를 위한 혁신적 노력을 지속적으로 추진하는 것이 공기업 요금의 결정 기준이라 할 수 있다.

2 공기업 요금결정기구와 수익자부담원칙

1) 공기업 요금결정기구

(1) 요금결정기구의 형태

공기업의 요금결정 형태는 입법부에 의한 결정, 행정부에 의한 결정, 전문위원회에 의한 결정, 그리고 공기업 자체적으로 결정하는 방식으로 구분된다.

첫째, 입법부에 의해 결정하는 방식이다. 공기업의 요금은 공공요금으로서 사회적 영향력과 파급효과가 크므로, 국민의 대표기관인 의회에서 결정하는 방식이다. 설립법이나 특별법 등을 통해 공기업 요금결정 절차나 원칙을 규정한다. 입법부에 의한 결정은 국민의 입장에서 민주적으로 결정될 수 있는 장점이 있으나, 경제적 관점보다는 정치적 관점에 치우칠 가능성이 높다.

둘째, 행정부에 의해 결정하는 방식이다. 행정부에 의한 결정은 주무부처 및 기획재정부에 의한 결정, 그리고 지방자치단체에서 결정하는 것을 의미한다. 주무부처 및 기획재정부, 지방자치단체에서 결정하는 방식은 정치적 영향력은 상대적으로 낮지만, 정부가 일방적으로 결정하는 문제점을 지니고 있다. 입법부에 의한 결정보다 전문성을 확보할 수 있는 이점이 있으나, 관료제의 폐쇄적 의사결정 구조로 인해 민주성을 약화시킬 수 있다.

셋째, 전문위원회에 의해 결정하는 방식인데, 입법부나 행정부가 아닌 제3의 독립적 위원회에서 합의제에 의해 공기업의 요금을 결정하는 방식이다. 정치적 영향력을 배제하고, 요금산정에 필요한 비용의 계산에 합리성을 제고할 수 있으며, 제3자적 관점에서 자주적으로 요금을 결정할 수 있다. 그러나 전문위원회 구성 자체의 타당성을 확보하지 못하고 특정 이해집단에 포획될 수 있으며, 다양한 이해관계자의 합의에 의한 최선의 결정보다 차선의 결정이 이루어질 수 있다.

넷째, 공기업 자체적으로 결정하는 방식인데, 정부로부터 독립된 법인체인 공기업이 스스로 요금을 결정하는 방식이다. 공기업의 자율성을 보장하고 채산성을 유지할 수 있는 요금결정을 스스로 도모한다는 점에서 합리적이라 할 수 있으나, 공기업은 독점적 성격을 지니는 재화나 서비스를 공급하기 때문에 공기업이 제공하는 재화나 서비스의 비용을 정확하게 인지하지 못할 경우 공기업 내부의 비효율적 비용까지 공공요금으로 전이되어 국민에게 부담을 전가할 수 있다. 특히 국민적 관점에서 실질적 요금통제가 이루어지지 못할 가능성이 높다.

(2) 우리의 공기업 요금결정기구

국가공기업의 경우 크게 직영경영형태인 정부기업과 간접경영형태인 공공기관으로 구분되는데, 직접경영형태는 정부의 직접적인 통제 하에서 요금이 결정되는 구조를 지니고 있으며(예: 우편요금), 간접경영형태도 법률에 근거하여 주무부처 및 기획재정부의 통제에 의해 결정되고 있다. 즉, 물가안정에 관한 법률 제4조 제1항에서는 주무부 장관은 다른 법률에서 정하는 바에 따라 결정 · 승인 · 인가 또는 허가하는 사업이나 물품의 가격 또는 요금(공공요금)을 정하거나 변경하려는 경우에는 미리 기획재정부 장관과 협의하여야 하며, 기획재정부 장관과 협의하여야 하는 공공요금의 산정원칙, 산정기간 및 산정방법 등에 대하여는 대통령령으로 정하도록 규정하고 있다. 따라서 국가공기업의 경우는 법률의 근거에 따라 행정부에 의한 결정이 이루어지는 구조를 지니고 있다.

또한 지방공기업의 경우도 크게 직접경영형태인 지방직영기업과 간접경영형태인 지방공사와 지방공단으로 구분되는데, 지방공기업은 지방의회에서 승인된 조례에 의해 요금을 징수하도록 규정되어 있다. 지방공기업법 제22조 및 동법 시행령 제18조에서는 지방직영기업의 요금은 조례로 정하는 바에 따라 요금을 징수할 수 있으며, 영업비용 및 자본비용을 고려하여 결정하도록 규정하고 있다. 그러나 지방공사 및 지방공단의 요금에 대해서는 지방공기업법에 특별한 규정을 두고 있지 않으나, 지방공단의 수수료 등은 지방의회의 승인을 받아야 하며, 지방공사의 판매대금 및 이용료 등은 개별 사업 관련 법률이나 지방자치단체 및 지방의회의 승인을 받아 요금을 징수하고 있다.

따라서 우리의 경우 입법부에 의한 요금결정은 법률 제정과 관련된 권한으로 한정되며, 국가공기업의 요금은 의회의 승인 없이 주무부처와 기획재정부와의 협의를 통해 결정된다. 반면에 지방직영기업의 요금은 지방의회의 조례로 요금을 징수해야 하며, 지방공사와 지방공단은 개별 법률 및 지방의회의 통제를 받고 있다.

2) 수익자부담원칙의 정당성

일반적으로 집단소비성과 비배제성을 지닌 공공재의 공급에 필요한 재원은 조세에 의하지만, 집단소비성과 배제성을 지닌 요금재의 공급에 필요한 재원은 요금에 의해 조달된다. 공기업에 소요되는 재원을 조세가 아닌 요금에 의해 조달하는 것은 다음과 같은 이유 때문이다.

(1) 요금재로서의 타당성

일반행정과 공기업을 분리하는 가장 큰 이유는 재화나 서비스의 성격이 다르기 때문이다. 즉, 공공재를 공급하는 일반행정과 요금재를 공급하는 공기업은 집단소비성이라는 측면에서 공통점을 지니고 있지만, 배제가능성의 유무에서는 차이가 존재한다. 즉, 공공재로 표현되는 국방, 소방, 경찰 등의 서비스는 개인별로 누가 얼마만큼을 소비했는지를 확인하기 어려우나, 요금재로 표현되는 전기, 가스, 수도 등의 서비스는 개인별로 누가 얼마만큼을 소비했는지를 확인할 수 있다. 즉, 공공재는 개인별 혜택의 양을 측정하기 어렵지만, 요금재는 개인별 소비량을 측정하는 것이 어렵지 않다. 예를 들어, 계량기를 통해 전기, 수도의 소비량을 측정할 수 있다.

따라서 공공재에 대해서는 개인별로 요금을 부과하여 이용한 양만큼 대가를 지불토록 하는 것이 불가능하며, 누가 경찰, 국방, 소방 서비스를 얼마만큼 이용했는지를 측정하기 어렵다. 특히 국방, 경찰, 소방과 같은 서비스는 국민이면 누구나 균질의 서비스 혜택을 받아야 하는 것이므로, 지불 대가의 크기에 따라 서비스의 혜택이 달라지면 곤란하다. 조세를 통해 국민이면 누구에게나 똑같은 서비스를 제공하는 것이 합리적이다. 그러나 공기업으로 제공되는 재화나 서비스는 누가 얼마만큼의 서비스를 이용했는지를 알 수 있기 때문에 많이 이용한 사람이 많이 부담하고, 적게 이용한 사람은 적게 대가를 지불하는 것이 타당하다.

(2) 자원의 효율적 배분

공기업으로 제공되는 재화나 서비스는 특정 개인에 대한 편익과 편익에 따른 부담 간의 관계가 명확하게 설정된다. 공공재의 경우는 편익과 부담 간의 관계가 불명확한 데 비해, 요금재의 경우는 양자의 관계가 명확하다는 점이다. 즉, 공공재의 경우는 내가 지불한 조세부담액과 정부로부터 받은 서비스 혜택 간의 인과관계가 명확하게 성립되지 않는 데 비해, 요금재의 경우는 내가 지불한 부담액과 받은 혜택 간의 관계가 명확하다.

만약 공기업에 소요되는 비용을 조세에 의존하여 공공재와 같이 균질적으로 재화나 서비스를 공급할 경우 공기업 서비스 이용자들은 자신의 부담액보다 과잉 소비하려는 경향이 나타날 수 있으며, 정부의 입장에서도 공기업에 소요되는 비용을 조세를 통해 균질적으로 공급함으로써, 다른 행정서비스 공급에 사용되어야 할 재원을 공기업에 사용하게 되는 기회비용 유발을 초래할 수 있다. 즉, 공기업 재원조달에 수익자부담원칙이 적용되지 않는다면 이용자가 자신의 부담보다 과도한 편익을 추구하게 되며, 개인의 소비를 증가시켜 공기업의 재화나 서비스를 공급하는 데 소요되는 재원의 낭비를 초래할 수 있다.

그러나 공기업에 소요되는 재원을 요금에 의존할 경우 자신의 부담액과 편익 간의 관계를 명확하게 인식하게 되어 자신이 부담할 수 있는 능력만큼만 이용하게 된다. 따라서 공기업 서비스 이용자가 자신의 부담과 편익 간의 관계를 시장의 가격원리에 준하여 인식함으로써 합리적 소비를 도모할 수 있으며, 자원의 효율적 · 합리적 배분을 초래할 수 있다.

(3) 합리적 소비선택과 수요 통제

공기업으로 제공되는 재화나 서비스를 조세에 의해 공급할 경우 자신의 부담을 초과하는 소비를 하는 경향이 있으며, 지나친 수요 팽창으로 자원의 비효율적 배분이 이루어지기 쉽다. 조세에 의한 공기업 서비스 제공은 초과 소비를 유발하며, 수요 과다로 인한 공급과잉은 다시 납세자의 부담으로 귀착된다.

그러나 공기업으로 제공되는 재화나 서비스에 수익자부담원칙이 적용되면 편익과 부담 간의 인과관계가 성립되므로 이용자의 입장에서는 자신의 수준에 맞는 합리적 소비를 선택하게 되며, 소비자의 관점에서 스스로 수요를 통제할 수 있는 이점이 있다. 또한 이용자의 합리적 선택과 수요 통제로 공기업의 입장에서는 과잉 투자나 공급보다 사회적으로 합리적이고 적정한 공급을 모색할 수 있다.

(4) 서비스 이용계층의 차별성

공기업으로 제공되는 재화나 서비스는 공익사업적 성격을 띠고 있으며, 국민생활에 필수적인 요소임에는 틀림이 없다. 그러나 공기업으로 제공되는 재화나 서비스를 모든 계층이 일상적으로 매일 활용하는 것은 아닐 수 있다. 예를 들어, 지하철이나 철도와 같은 서비스는 국민생활에 필요한 공공서비스이지만, 모든 사람이 매일 이용하는 것은 아니다. 자동차나 버스를 이용하는 사람이 있을 수 있으며, 특정 시간이나 요일에만 이용할 수도 있다.

따라서 지하철, 철도와 같이 공기업으로 제공되는 서비스는 모든 국민이 보편적으로 이용하는 것이 아니므로, 전체 국민의 세금으로 서비스를 제공하는 것은 논리적으로 타당하지 않다. 또한 지하철, 철도와 같은 서비스를 조세에 의해 공급할 경우 이용자들은 적은 부담으로 많은 이용을 모색할 수 있으며, 지하철, 철도를 이용하지 않는 사람은 자신의 부담과 편익 간의 관계를 일치시킬 수 없다. 특히 지하철, 철도를 이용하지 않는 사람이 자신의 세금을 도로 확충에 사용하도록 요구한다면 부담과 편익 간의 불균형 현상이 나타날 수 있으며, 특정 개인에게는 오히려 불이익을 초래할 수 있다. 결국 공기업으로 제공되는 재화나 서비스의 이용계층이 한정되어 있는 상황에서 국민 전체의 세금으로 서비스를 제공하는 것은 타당하지 않으므로, 수익자부담원칙에 따라 서비스를 이용하는 계층에만 비용을 부담케 하는 것이 공평하다.

(5) 재원 확보의 용이

조세를 통해 재원을 조달하는 것은 조세법률주의에 따라 법률의 개정이 선행되어야 하며, 국민의 조세저항도 극복해야 한다. 반면에 요금을 통해 재원을 조달하는 것은 국민 전체에 대한 부담으로 전가되지 않으며, 상대적으로 조세에 비해 요금의 개정이 쉽다. 특히 공기업이 제공하는 재화나 서비스를 이용하지 않는 사람의 경우는 요금 인상에 대해 별반 관심이 없다.

또한 정부나 공기업의 입장에서도 조세를 인상하는 것보다 요금을 인상하는 것이 내용이나 절차적 측면에서 용이할 수 있으며, 수익자부담 적용을 통해 추가적인 재정 확보를 도모할 수 있다. 특히 요금 인상을 통해 재원을 확보할 경우 조세에서 배분되는 공기업 재정지원을 완화할 수 있는 이점이 있다. 요금수입을 통해 재원을 조달할 경우 요금수입만큼 정부 재정지원 규모가 축소될 수 있으며, 축소된 재정지원 규모는 다른 공익적 활동에 활용될 수 있다.

제2절 공기업 요금의 결정이론

1 비용과 편익(효용)의 기초 개념

1) 비용(cost)의 개념

일반적으로 기업은 비용을 들여 제품을 생산·판매하여 수익을 얻는데, 비용은 고정비용과 가변비용으로 구분된다. 고정비용(fixed cost)은 생산량에 관계없이 일정하게 소요되는 비용(예: 임대료 등)을 의미하며, 가변비용(variable cost)은 생산량의 변화에 따라 비례적으로 소요되는 비용(예: 임금, 재료비 등)을 의미한다. 따라서 총비용(TC) = 고정비용(FC) + 가변비용(VC)으로 성립된다.

실례로, 〈표 8-2〉는 생산량의 변화에 따라 고정비용과 가변비용이 변화되는 것을 나타내고 있는데, 이를 바탕으로 비용의 특성을 살펴보면 다음과 같다.

〈표 8-2〉 생산량 변화에 따른 비용의 변화 사례

생산량(Q)	0	1	2	3	4	5	6	7	8	9	10
고정비용(FC)	50	50	50	50	50	50	50	50	50	50	50
가변비용(AC)	0	30	55	75	105	155	225	315	425	555	705
총비용(TC)	50	80	105	125	155	205	275	365	475	605	755
한계비용(MC)		30	25	20	30	50	70	90	110	130	150
평균고정비용(AFC)		50.0	25.0	16.7	12.5	10.0	8.3	7.1	6.3	5.6	5.0
평균가변비용(AVC)		30.0	27.5	25.0	26.3	31.0	37.5	45.0	53.1	61.7	70.5
평균비용(AC)		80.0	52.5	41.7	38.8	41.0	45.8	52.1	59.4	67.2	75.5

[그림 8-1] 고정비용, 가변비용, 총비용의 특성

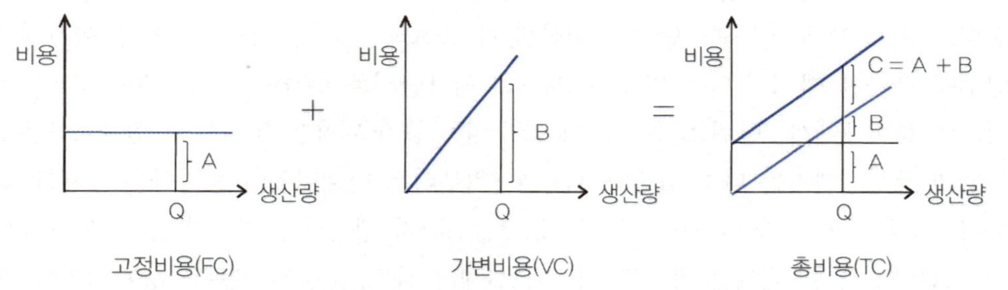

첫째, 고정비용은 생산량에 관계없이 일정한 비용이 소요되는 것을 의미하므로, 이를 그래프로 표시하면 직선으로 표시되며, 가변비용은 생산량의 증가에 따라 비례적으로 변화하므로 우상향하는 선으로 표시된다. 따라서 고정비용과 가변비용을 더한 총비용은 우상향하는 형태로 표시된다.

둘째, 고정비용과 가변비용을 각각 생산량으로 나누면 평균고정비용(average fixed cost: AFC), 평균가변비용(average variable cost: AVC)이 되며, 이를 합치면 평균비용(average cost: AC)이 된다. 평균고정비용은 비용이 일정한 상태에서 증가되는 생산량으로 나누면 우하향하는 곡선이 되며, 평균가변비용은 일정 지점까지 다소 감소하다가 일정 지점 이후부터는 비용이 증가하는 형태로 나타낸다. 따라서 평균비용은 전반적으로 증가하는 형태로 나타난다. 특히 평균비용은 평균고정비용과 평균가변비용을 합한 형태이므로 평균가변비용보다 높은 위치에서 증가하는 형태로 나타난다.

[그림 8-2] 평균고정비용, 평균가변비용, 평균비용의 특성

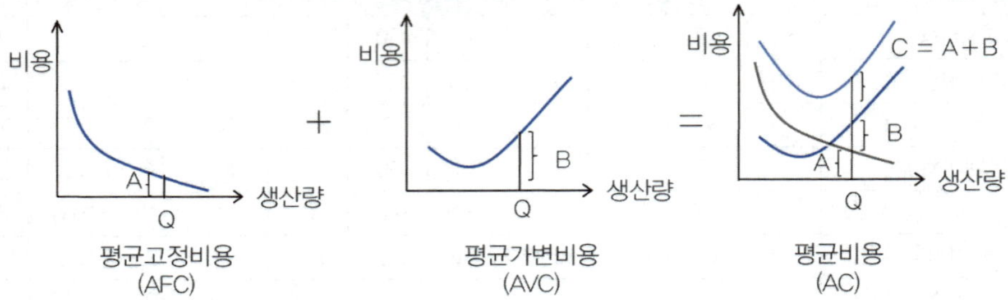

셋째, 한계비용(marginal cost)은 생산량을 1단위 추가할 때 소요되는 비용을 의미한다. 〈표 8-2〉에 의하면 1단위를 생산할 때 소요되는 가변비용이 30이며, 여기에 1단위를 추가할 때 소요되는 비용은 25, 또다시 1단위를 추가할 때 소요되는 20이 된다. 즉, 총비용에서 1단위를 추가할 때 소요되는 증가 비용을 의미한다. 한계비용은 3단위의 생산량까지는 다소 감소하지만, 4단위부터는 한계비용이 증가하는 추세를 갖는다. 예를 들어, 기업의 생산가능한도는 3단위까지 생산하는 것이지만, 이를 초과하여 생산하고자 할 때에는 공장도 새로 증설해야 하고, 고용과 재료도 증가시켜야 하기 때문이다. 결국 한계비용은 일정 수준까지 감소하다가 전반적으로 증가하는 특성을 지니고 있다.

넷째, 한계비용(MC)과 평균비용(AC)의 특성을 살펴보면 모두 일정 지점까지 감소하다가 증가하는데, 일정 지점까지 한계비용은 평균비용에 미달하지만 일정 지점을 지나고 나서는 오히려 한계비용이 평균비용을 상회한다. 또한 한계비용곡선과 평균비

[그림 8-3] 한계비용과 평균비용의 특성

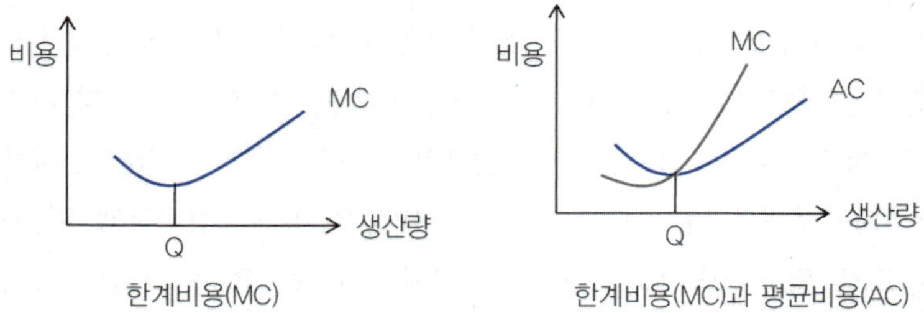

용곡선은 접하게 되는데, 한계비용곡선은 평균비용곡선의 가장 낮은 지점을 통과한다. 따라서 단기적으로는 한계비용이 평균비용에 비해 낮지만, 장기적으로는 한계비용이 평균비용보다 커지는 특성을 지니고 있다.

2) 편익, 효용의 개념

일반적으로 기업은 비용을 들여 제품을 생산하고 판매활동을 통해 이득을 얻게 되는데, 이를 통칭하여 편익(benefit) 또는 효용(utility)이라 할 수 있다.

예를 들어, 한 사람이 목이 마른 상태에서 물 1잔을 마신다고 가정하고, 물 1잔을 마신 효용이 10단위라고 가정해 보자. 그리고 물 1잔을 먹고 난 다음에 또 1잔을 먹는다면, 처음 물 1잔보다 효용이 줄어들 수밖에 없다. 따라서 물 1잔을 먹을 때마다 느끼는 효용은 점차 줄어들 수밖에 없다. 우리는 이를 한계효용 체감의 법칙이라 한다. 그러나 물 5잔을 먹은 다음에는 더 이상 물을 마실 여력이 없는 상태가 된다고 가정하면, 물 5잔을 먹을 때 효용이 가장 낮아지고(MU=0), 여기에 물 1잔을 추가하여 6잔을 먹으면 오히려 효용이 감소한다.

한편 물 1잔의 효용이 10이고, 물 1잔을 먹고 난 다음의 물 1잔의 효용은 7로 감소했지만, 전체 효용은 17로 증가하게 된다. 특히 물을 지속적으로 먹으면 총효용은 증가한다. 그러나 한계효용이 0인 지점을 정점으로 총효용은 감소한다. 결국 한계효용이 0이 되는 지점에서 총효용이 극대화된다.

[그림 8-4] 한계비용과 총효용의 특성

재 화	한계효용(MU)	총효용(TU)
재화1	10	10
재화2	7	17
재화3	4	21
재화4	2	23
재화5	0	23
재화6	−2	21

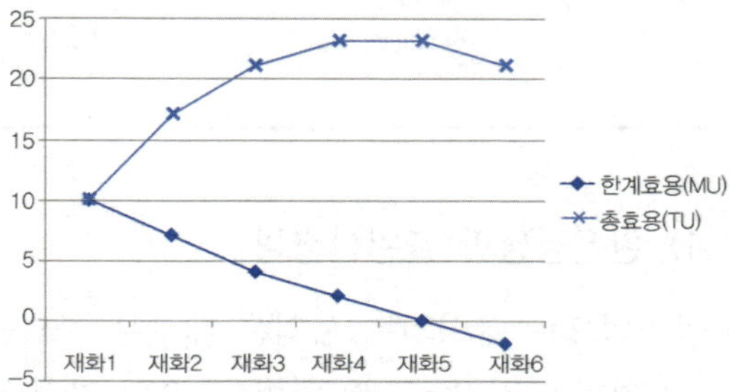

3) 비용과 편익(효용)의 관계

총비용(TC)과 총편익(TB)과의 관계와 한계비용(MC)과 한계편익(MB) 간의 관계를 정리하면 [그림 8-5]와 같다. 즉, 한계비용(MC)과 한계편익(MB)이 일치하는 수준에서 생산량(Q*)을 결정할 때 총편익(TB)과 총비용(TC)의 차이가 가장 커지고 편익이 극대화된다. 그러나 생산량을 Q_1까지 증가시킬 경우 총비용과 총편익의 차이가 0인 데 비해, 한계비용이 한계편익을 초과하여 손실이 발생하게 된다. 따라서 MB=MC인 Q*에서 생산량을 결정하면, TB가 극대화된다. 그러나 TB=TC인 Q_1까지 생산량을 증가시키면 △ABC만큼의 손실이 발생한다.

[그림 8-5] 비용과 편익의 관계

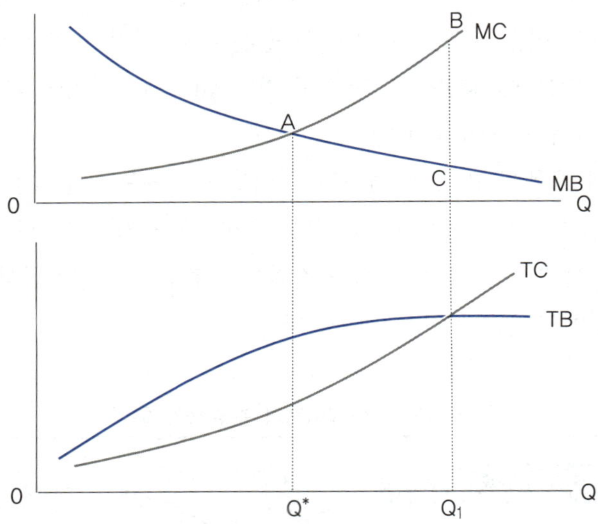

4) 완전경쟁과 불완전경쟁

공기업으로 운영되는 사업은 대부분 자연독점적 성격을 지니고 있다. 독점 상태는 1개 기업이 시장을 지배하며, 수요의 가격탄력성이 매우 작은 특성을 지니고 있으며, 시장진입 장벽이 강하고, 비용이 체감한다.

〈표 8-3〉 완전경쟁과 불완전경쟁의 차이

구분	완전경쟁	불완전경쟁	
		과점	독점
기업 수	무수	소수	1개
시장지배력	없음	강함	매우 강함
수요의 가격탄력성	$\varepsilon_p > 1$ (수평선)	$\varepsilon_p < 1$	$\varepsilon_p < 1$ (과점보다 더 가파른 기울기)
시장진입	자유로움	진입제한	진입장벽 강함
비용	비용체증	비용체감	
가격결정	경쟁가격	독과점 가격	

2 요금수준의 결정(요금 총액 결정)

공기업의 요금수준을 결정한다는 것은 공기업이 공급하는 제품 및 서비스의 총비용을 결정하는 것을 의미한다. 제품 및 서비스 공급에 소요된 총비용을 알아야 회수해야 할 금액이 얼마인지를 알 수 있기 때문이다. 따라서 이하에서 논의되는 요금수준의 결정방식은 총비용의 결정방식과 유사한 의미를 지니고 있다.

1) 총괄원가방식

공익사업 영역의 공기업에서 채택된 요금결정원칙은 이른바 원가보상주의(cost compensation principle)이며 수지균형주의인데(山本政一, 1969: 108), 이는 공익사업 기업이 일반적으로 채택하고 있는 요금결정방식으로 사업수행에 필요한 원가를 기초로 하여 그 원가를 보상하는 수익을 요금결정의 산정 기준으로 하는 것이다(一瀨智司 · 大島國雄 · 肥後和夫, 1977: 131). 여기서 이른바 총괄원가란 영업비, 감가상각비, 제 세금 등 공익사업의 운영에 필요한 일체의 비용을 집계한 것에 사채이자, 차입금 이자까지 합한 총액을 의미한다(北久一, 1961: 79).[1)]

총괄원가방식(total cost principle, full cost principle)은 소요된 원가만큼은 보장함으로써 최소한의 기업성을 유지하기 위한 방안이고, 소요된 모든 원가를 요금결정

1) 요금수준의 결정에 대해서는 안용식 · 원구환(2001) 제8장의 내용을 전면 수정하였다.

에 반영함으로써 적자를 내지 않으며, 요금구조가 단순하고 쉽게 이해할 수 있지만, 다음과 같은 문제점을 지니고 있다.

첫째, 공급자 위주의 관점에서 요금을 결정하는 방식이다. 즉, 공기업의 제품 및 서비스를 생산하는 데 소요되는 원가를 그대로 더하여 계산하기 때문에 소비자의 입장보다는 공급자의 입장에서 요금을 결정하게 된다. 수요의 가격탄력성이 작은 재화를 공급함에 있어 소비자 선택이 제한적일 수밖에 없으며, 소요된 원가에 대한 검증이 소비자 입장에서 충실하게 이행되지 못할 수 있다.

둘째, 경영효율을 자극하지 못한다. 총괄원가방식은 발생된 원가를 그대로 요금결정에 반영하기 때문에 비용절감에 대한 동기부여가 약하다. 따라서 공급자의 비효율적 비용까지도 소비자에게 전가될 수 있다.

셋째, 자본비용에 대한 고려가 미흡하다. 공기업은 대규모 자본이 소요되는데, 타인자본으로 자본을 조달하는 것이 일반적이다. 타인자본은 상환의무가 전제되는데, 상환과정에서 원금 이외에 지급이자에 대한 부담이 클 수 있다. 총괄원가방식은 타인자본의 조달과 관련된 자본이자를 지급함에 있어 발생된 지급이자를 그대로 더하는 방식이므로, 자본비용을 낮추려는 동기부여가 미약하다. 또한 이자를 요금 구조에 반영하는 원가로만 인식하여 소비자 부담을 가중시킨다.

넷째, 경영 인센티브가 결여되어 있다. 총괄원가방식은 사업수행에 필요한 원가를 기초로 하여 원가를 보상하는 수준에서 요금이 결정되기 때문에 수익과 관련된 요소를 고려하고 있지 못하다. 단순히 원가 수준만을 보상하기 때문에 수익 실현이 어려울 수도 있으나, 제품 및 서비스 생산에 소요되는 원가 이외에 기업 내부의 모든 원가까지도 고려한다면 수익 실현이 과다할 수도 있다. 또한 총괄원가방식은 소요된 원가만을 고려하기 때문에 수익이 실현된다면 증대된 수익만큼 요금 인하 효과를 반영하지 못할 수 있다. 즉, 소요된 원가(비용)만을 고려하고 수익증대에 따른 비용 감소를 고려하지 않을 수 있다.

2) 공정보수방식

공정보수방식(fair return principle)은 총괄원가방식이 갖고 있는 문제점을 보완하고 세대 간 소비자의 요금부담을 균형적으로 도모하려는 방식이다.[2] 즉, 총괄원가방

---

2) 이 원칙이 나타난 단서가 된 것은 1898년 철도운임에 관하여 미국 연방법원이 내린 스미스 대

[그림 8-6] 건설비용과 운영비용의 합리적 배분

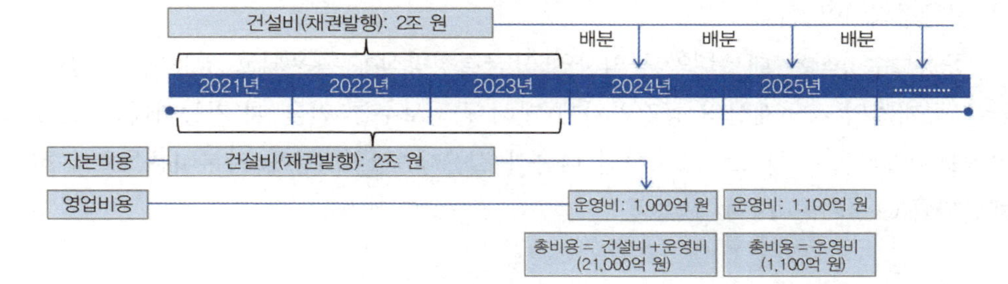

식은 단지 원가 보상에 그쳐 경영의 능률성을 자극하지 못하는 문제점을 지니고 있기 때문에 공기업의 요금구조에서 경영능률을 자극할 수 있는 방안이 필요하다는 점이다. 또한 총괄원가방식은 소요된 원가만을 반영하기 때문에 공기업과 같은 거대자본이 장기간에 걸쳐 나타나는 재원조달 및 배분구조에 적합하지 않다는 점이다. 즉, 공기업으로서의 장기적 존속가능성 여부를 요금구조에 반영하는 것이 필요하다.

일례로, 다음과 같은 상황을 가정해 보자. 3개년에 걸쳐 총 2조 원의 건설비용이 소요되는 지하철 건설사업이 있는데, 건설이 완료되면 1년 동안의 운영비가 1,000억 원이 소요(매년 10%씩 운영비 증가)된다고 가정해 보자. 2024년부터 사업을 운영하는데, 2024년에 모든 비용(건설비와 운영비)을 요금결정구조에 반영한다면 2조 1천억 원을 회수해야 하지만, 2025년에는 운영비(1,100억 원)만 회수하면 된다. 따라서 2024년의 요금구조는 매우 비싸지만, 2025년부터는 매우 싼 요금구조를 갖게 되어 세대간의 부담이 공평하지 못하게 된다.

결국 거대자본을 채권발행을 통해 조달할 경우 자본비용을 적정하게 배분하는 것이 공기업의 장기적 존속가능성을 결정하는 중요한 요소가 된다. 공기업이 본래의 목적인 공공의 경제적 이익증대를 꾀하기 위해서는 공기업 스스로가 기업성을 지키고 사회발전과 보조를 맞추어 나가야 한다. 공기업이 적정한 이익 수준에서 공익사업을

에임즈(Smith v. Ames) 사건의 판결이었다. 이 소송은 유니온 퍼시픽(Union Pacific) 회사를 중심으로 네브라스카 주의 각 철도회사 주주에 의해 네브라스카 주가 시행한 물가운임의 상한에 관한 법률에 반대하여 일어난 것으로, 운임의 합리성에 관한 계산의 근거가 되는 것은 공중의 편익을 위해 제공되는 사업재산이 공정가치이어야 한다는 것이었다(一瀨智司 · 大島國雄 · 肥後和夫, 1977: 133).

지속적으로 유지·발전시키기 위해서는 거대자본 투자에 대한 적정하고 공정한 회수가 뒷받침되어야 한다.

공정보수방식은 대부분의 공익사업 요금결정방식에 활용되고 있는데, 적정한 요금은 공기업의 사업재산의 공정가치에 대해 공정보수를 얻을 때 가능하다는 것이다. 공정보수방식을 수식으로 표시하면 다음과 같은데, 영업비용과 자본비용을 고려하여 계산된다(Clemens, 1950: 127).[3]

$$R = E + (V-D) \times r$$

R은 공익사업 기업이 전 수요자로부터 획득해야 할 총수익(total revenue)이다. E는 감가상각비 및 제세를 포함한 영업비(operating expenses)이다. V는 건설 당초의 사업재산의 공정가치(fair value)이며, D는 당해 재산의 소모액(depreciation)이고, (V−D)를 요금기저(rate base)라 하며, r은 사업재산에 대해 허용될 보수율(rate of return)이다. 따라서 총수익은 영업비에 사업재산의 공정보수를 더한 것으로, 총수익을 판매량으로 나누면 요금단가가 산출된다.

공정보수방식에서 공정보수란 공기업의 존속을 위해 용인되어야 할 회수금액이라 할 수 있으며, 투자된 사업재산에 대해 공기업이 취할 수 있는 공정한 가치의 몫이라 할 수 있다. 일반적으로 공정보수율이 높으면 요금수준은 상승하는 경향이 있으며, 공정보수율이 낮으면 요금수준은 하락하게 된다. 따라서 최적의 공정보수율을 결정하는 것이 중요한데, 공정보수를 통해 최대 이윤은 아니지만 기업으로 존속가능한 수준까지 채산성을 확보할 수 있으며,[4] 공정보수율의 결정에 따라 비용절감 등과 같은 경

---

3) 일본은 1965년 국유철도의 운임결정을 위해 자본코스트 방식을 주장하였는데, 공기업의 요금은 공기업의 유지발전을 도모하고, 협의의 경영원가를 보상하는 것 외에 공기업의 합리적 경영에 필요한 공공적 필요잉여(자본코스트)를 포함한 광의의 원가를 보상해야 한다고 주장하였다(大島國雄, 1976: 176). '총수입＝영업비용＋자본비용'의 구조를 지니고 있다. 자본비용＝지불이자＋자본코스트[{(이자부담＋자본)×총자본코스트율}-이자 및 채무취급액].

4) 롭슨(W. A. Robson)은 공기업이 단기적인 수지균형원칙으로부터 보다 장기적인 독립채산원칙을 취해야 하는데, 이를 위해서는 공기업이 잉여(surplus)를 창출하는 일에 반대해서는 안 된다고 한다. 또한 공기업의 잉여는 공기업에 유보되어 서비스와 상품 질의 개선, 연구개발투자, 가격 인하, 노동조건의 개선 등에 사용되어야 한다고 주장하고 있다(Robson, 1960: 282-283; Florence & Walker, 1952: 197-198; Lewis, 1949; 竹中龍雄, 1963: 212).

영효율성을 자극할 수 있다.

또한 공정보수방식에 의하면 애버취-존슨 효과(Averch and Johnson effect: A-J 효과)가 발생할 수 있다. A-J 효과란 전통적인 보수율 규제 하의 기업은 비규제 경쟁 기업에 비하여 자본집약적 투자 또는 자본집약적 생산방법을 선호함에 따라 발생하는 왜곡된 자원배분 현상에 의한 비효율적인 효과를 의미한다(이성우, 2006: 193). 즉, 전기, 통신 등 전통적으로 요금규제를 받는 산업에서 공급자들이 시설투자를 불필요하게 확대함으로써, 이윤을 늘리려는 유인이 존재한다는 것이다. 공정보수방식의 산식을 살펴보면 요금기저에 공정보수율을 곱하여 계산하는데, 요금기저가 높아지면 요금이 인상되는 효과를 갖게 된다. 요금기저가 높아진다는 것은 지속적으로 사업재산에 대한 투자를 확대한다는 의미인데, 공익산업을 담당하는 공기업이 사업재산(자본재) 구입을 증대하면 요금기저가 높아지게 되고, 요금이 인상되어 공기업은 이윤을 증대시킬 수 있다. 따라서 공익사업을 수행하는 공기업들은 불필요하더라도 자본재와 같은 시설투자를 증대시켜 이윤을 증대시키려는 성향이 존재한다는 것이다. 즉, A-J 효과는 과잉투자를 통한 이윤증대라는 비효율적 효과를 의미하는데, 산식 자체가 A-J 효과를 반영하고 있다는 점이다.[5)]

3) 한계원가가격방식

(1) 한계원가가격방식의 개념

공익사업 요금결정에 있어 총비용 내지 평균원가에 의하지 않고 한계원가에 의해야 한다는 주장은 1938년 미국의 호텔링(H. Hotelling)에 의해 제기된 이래 많은 학자들이 주장하고 있다(Hotelling, 1938; Turvey, 1979).

한계원가가격론을 주장하는 사람들은 자원의 이용에 있어서는 [그림 8-7]에서 볼 수 있듯이 일정한 가격 P에서 평균원가에 의할 때에는 OA만큼 공급되지만, 한계원가에 의할 때에는 OB만큼 공급되어 AB만큼 공급이 증가하므로 자원의 효율적 이용이 촉진되고 가격 신축성을 확보할 수 있다고 한다.

---

5) 공급자가 투자한 자본에 대한 적정한 대가가 보장되지 않기 때문에 오히려 과소투자가 발생하는 경우를 '역 A-J 효과(reverse A-J effect)'라 부른다. 손상균 · 박준호 · 이진식(2017)의 연구에 의하면 방위산업분야는 투하자본에 대한 보상원가가 낮게 인정되므로, 역 A-J 효과로 인하여 전체의 투하자본 규모가 과소상태에 있는 것으로 추정하였다.

[그림 8-7]

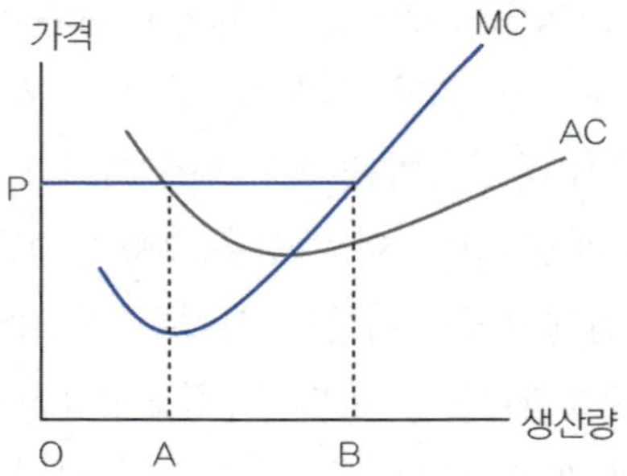

[그림 8-8]

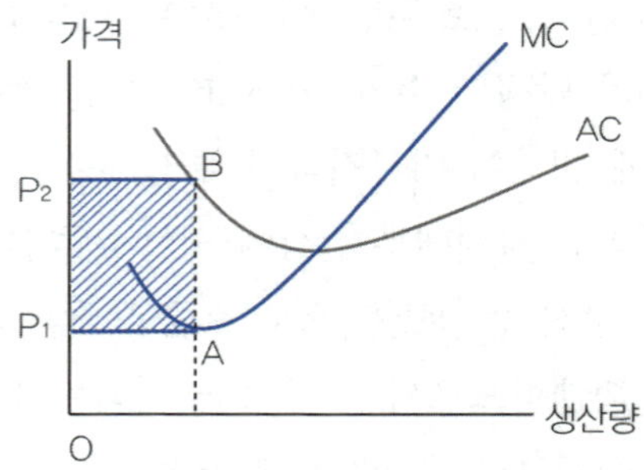

그러나 한계원가로 요금을 결정하는 경우에는 손실이 발생한다. 즉, 평균원가와 한계원가의 관계는 [그림 8-8]과 같이 나타낼 수 있다. 여기서 평균원가에 의해 가격을 결정하면 OP_2 이상에서 결정하게 되어 손실은 발생하지 않지만, 한계원가에 근거하여 가격을 결정하게 되면 OP_1 이상이 되므로 ▨ $P_1 P_2BA$의 손실이 나타나게 된다. 따라서 한계원가론자들은 한계원가로 인해 생기는 손실은 일반 대중의 과세에 의해 충당되는 보조금으로 보상되어야 한다고 주장한다.

일반적으로 공익사업은 비용체감산업이므로 한계원가가격론을 적용하면 손실이 발생하여 사업이 장기적으로 유지되기 어렵다. 즉, 비용체감산업이란 [그림 8-9]와 같이 어떤 산업이 규모의 경제가 나타날 때를 말하는데, 이는 생산규모를 확대해 생산량을 증가해 감에 따라 평균원가가 체감하는 산업을 말한다. 이는 대체적으로 대규모 산업에서 나타나는데, 이런 경우에는 한계원가가 평균원가보다 낮아서 한계원가가격을 적용할 경우 손실이 발생하게 된다. 따라서 손실이 발생하게 되는 부분에 대해서는 외부(정부 등)로부터 보전이 필요하며, 보전이 없을 때에는 공기업은 적자를 면치 못하므로 한계원가가격은 수용하기 어렵다(大島國雄, 1976: 179; 一瀨智司 · 大島國雄 · 肥後和夫, 1977: 64).

또한 한계원가가격을 단기적인 개념으로 이해할 경우에는 한계원가의 비안정성문제가 나타난다. 즉, 어떤 산출량이 공장시설용량으로 생산할 수 있는 최고 산출량 이하인 경우, 서비스의 한계원가는 평균원가의 일부분에 지나지 않는다. 그러나 산출량이 공장시설의 현존용량으로 충분히 공급할 수 있는 한도를 초과하면, 한계원가는 평균원가의 몇 배로 뛰어 오른다.

[그림 8-9]

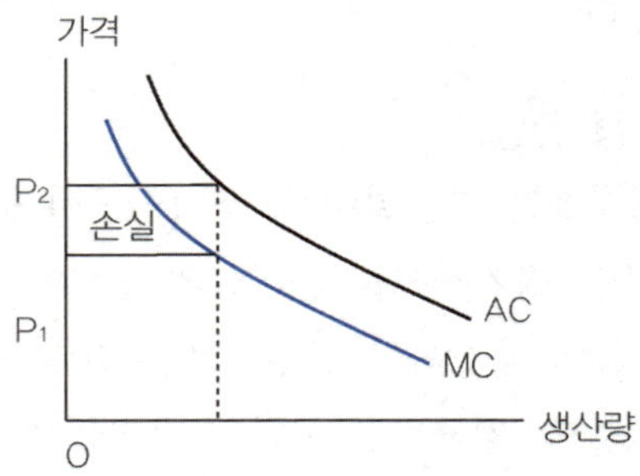

[그림 8-10]

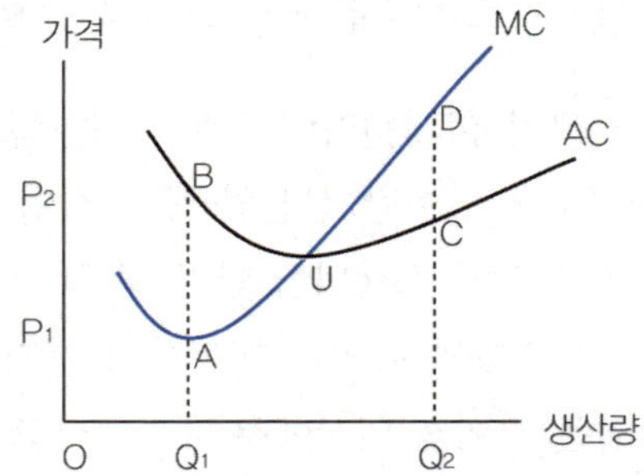

[그림 8-10]에서 보는 바와 같이 공장시설용량에 따른 최고 산출량은 평균원가곡선의 최하점, 즉 U점이다. U점 이하, Q_1에서 생산될 때에는 평균원가가 한계원가를 AB만큼 초과하므로, 한계원가는 평균원가의 일부분에 지나지 않고, U점 이상, Q_2에서 생산될 때에는 한계원가가 평균원가를 CD만큼 초과하게 된다. 따라서 한계원가가격의 입장을 취하게 되면 최고 산출량보다 낮은 생산량일 때는 별 문제가 없으나, 최고 산출량의 한도를 넘어서 생산할 때에는 실질적으로 한계원가가 평균원가보다 훨씬 상회하므로 한계원가가격을 채택하는 의미를 잃게 된다(Bonbright, 1961: 323).

본브라이트(James C. Bonbright)는 단기한계원가의 적자 문제를 보완하기 위해 장기 한계가격이론을 주장하고 있다. 즉, 공기업 요금은 상당히 장기에 걸쳐 지속될 요금이어야 한다는 전제 하에, 요금은 상대적으로 안정되고 계속성이 있어야 한다는 것이다. 그러므로 이때 요금통제의 기준이 되는 한계원가는 단기간에 있어서 평균원가의 일부분밖에 되지 않는 수준에서부터 바로 평균원가의 몇 배로 상승하게 되는, 단기적인 의미에서의 한계원가보다는 오히려 정상적이고 지속성 있는 한계원가이어야 한다는 것이다(Bonbright, 1961: 400-401).

여기서 한계원가를 장기와 단기로 구별하는 것은 어떤 의미에서는 편의적인 것이지만, 적어도 다음과 같은 점을 고려한 것이다. 즉, 단기에 있어서는 산출량의 증가가 일시적인 것이어서 현재의 공장시설 이용률을 증가시킴으로써 변화에 대처할 수 있을 때를 상정한다. 한편 장기란 산출량의 증가에 제한이 없을 때, 즉 공장시설용량 그 자체를 변화시킴으로써 변화에 대응해 나갈 때를 상정한다. 따라서 장기 한계원가는 실질적으로는 장기 평균원가에 가까운 개념이다. 이렇게 보면 장기 한계원가가격은 평균원가가격 내지 원가보상주의와 멀지 않은 개념이 되므로, 장기 한계원가가격에 있어서는 보조금의 문제가 그다지 중요하지 않다.

(2) 장기 한계원가의 적용: 개발형과 사양형 산업

개발형 산업이란 신산업 등과 같이 개발 초기에는 자본설비비, 조사연구비 등 초기 비용이 많이 소요되어 단기 평균비용이 높지만, 장기적으로는 기술의 진보에 따른 대규모 설비화의 이익이 현저하여 장기 평균비용이 체감하는 산업을 의미한다. 이러한 사업은 사회적 입장에서 유익하다고 판단되는 한, 평균비용 이하의 가격을 설정하여 수요를 증대시켜야 한다. 그러나 평균비용 이하의 가격결정은 적자를 초래할 수밖에 없다. 따라서 개발형 산업의 가격결정은 장기 한계원가방식의 논리에 따르는 것이 바람직하다.

사양형 산업이란 석탄사업 등과 같이 장기 평균비용이 증가하고, 수요의 증가율도 낮은 산업을 의미한다. 사양형 산업에 장기 평균비용을 적용하여 가격을 결정하면 산출량이 증대되어 비효율적인 생산관계를 초래한다.

공익사업 분야에서 개발형 산업과 사양형 산업이 상호 대체산업인 경우에는 별개의 가격정책을 추진하기보다는 상호 연계하여 가격정책을 추진하는 것이 바람직하다. 즉, 두 산업 모두 장기 평균비용에 의하여 가격을 결정하면, 장기 한계비용에 의한 가격결정보다 개발형 산업의 산출량의 적어지며, 사양형 산업의 산출량은 커진다. 그러나 장기 한계비용에 가까운 가격을 두 산업에 채택하는 경우에는 개발형 산업의 산출량은 증대되고, 사양형 산업의 산출량은 억제된다.

4) 가격상한규제방식

전통적 공공요금결정이론(theory of public utility rates)은 불완전경쟁에서 발생하는 독점기업의 초과이윤을 억제하기 위한 수준에서 비용 중심의 경제적 효율성보다는 기업이 손실을 입지 않도록 하는 수준에서 결정하려는 성향이 강하였다(Bonbirght, 1961: 26-41). 그러나 공기업의 생산적 효율성을 자극하고, 자율적 책임경영을 도모할 수 있는 요금결정방식이 새롭게 제기되고 있다.

(1) 개념 및 산정방식

공기업의 민영화와 관련하여 요금결정방식으로 부각되고 있는 가격상한규제방식

(price-cap regulation)은 가격기준규제방식(price-based regulation)으로 통용된다. 즉, 1984년 영국의 British Telecom(BT)의 전기통신 요금결정, 1989년 미국의 AT&T 등에 적용되면서 공기업의 민영화에 따른 합리적 요금규제방식으로 활용가치가 인정되고 있다. 비용 중심의 개념이 아니라 가격 중심의 구조로 전환하면서 경쟁적 시장 환경에 적응할 수 있도록 유도하는 방식이다. 가격상한규제방식은 기존 방식의 문제점, 즉 비용의 소비자 전가 문제, 비효율성 제거를 위한 내적 동기부여 부재 등을 시정하고, 경쟁구조 하에서 생산효율성 증대에 초점을 맞춘 요금결정방식이다.

가격상한규제방식은 가격변동률에 대한 상한을 부여하고 상한의 범위 내에서 자율적으로 가격을 결정하는 방식이다. 즉, 가격은 규제하지만, 이윤은 규제하지 않는 방식으로 미래지향적 규제방식이다. 가격상한규제방식은 '*RPI-X*'로 측정되는데, RPI(Retail Price Index)는 소매물가지수 인상률을 의미하며, X는 경영효율지수를 의미한다. 즉, 가격인상률을 소매물가지수 인상률에서 X% 효율개선율을 차감하여 제한하는 가격규제방식이다. 따라서 공공요금인상률<물가인상률의 구조를 지닌다.

X는 생산성 변화 조정요인으로서 X만큼의 생산성 향상이나 비용절감을 성취하지 못하는 경우의 위험은 피규제기업의 부담이지만, X를 초과하는 생산성 향상이나 비용절감에서 발생하는 초과수익은 기업의 몫으로 돌아간다. 만일 X=0이면 생산성 향상에서 발생하는 모든 이익을 피규제기업이 보유하는 경우이고, X>0이면 그 일부가 소비자에게 실질적인 요금 인하의 형태로 환원되는 경우이다. X를 설정하는 데 있어서 규제기관의 관점에서 중요한 것은 피규제기업으로 하여금 최소 비용으로 생산하게 할 수 있는 X를 정해야 하는 동시에, 비용조차 보전할 수 없을 만큼 높게 설정되어서는 안 된다. 지나치게 높거나 지나치게 낮게 설정될 규제위험(regulatory risk)이 존재한다(에너지경제원, 2004: 22-23). 가격상한규제방식에서는 X를 어떻게 결정하는가에 따라 이윤의 규제 폭이 상이하게 나타나게 된다.

가격상한규제방식은 공정보수방식에 비해 규제부담이 낮으며, 요금결정이 간편하고, 생산성 제고 및 혁신유인을 증대시킬 수 있는 장점이 있다(Littlechild, 1983). 특히 공정보수방식은 독점구조를 전제로 한 방식인데 비해, 가격상한규제방식은 경쟁구조를 전제로 한다는 점에서 큰 차이가 존재하는데, 이를 구분하면 〈표 8-4〉와 같다.

〈표 8-4〉 공정보수방식과 가격상한규제방식의 비교

구분	공정보수방식	가격상한규제방식
기본가정	독점 구조	경쟁 구조
주요 목적	소비자 보호	자율적 효율성 제고
관심 국가	미국	영국
소비자잉여	극대화(최저 가격)	최저 수준 보장
생산자잉여	비용 중심의 최저수준 허용	가격 중심의 극대화(최저 비용)
보상	투입된 자본에 대한 보상	비용절감 혹은 생산성 제고
규제 비용	규제비용 과다	규제비용 최소화(자율적 효율 행동유인)
핵심 산식	요금기저, 투자보수율의 결정	초기 가격 및 X값의 설정

(2) 장점

가격상한규제방식의 장점은 다음과 같다.

첫째, 가격 변동의 상한에 대해서만 규제하고, 기관의 노력으로 원가절감을 도모한 경우에는 비용절감의 혜택을 기관에 부여함으로써, 기관의 비용절감 노력만큼 이윤을 확보할 수 있는 장점이 있다.

둘째, 비용절감 효과가 기관에 귀속되기 때문에 기관의 입장에서는 비용절감과 경영효율화에 대한 동기부여를 극대화할 수 있다. 특히 가격은 규제하지만, 이윤은 규제하지 않기 때문에 혁신적 동기부여를 모색할 수 있다.

셋째, 과도한 투자로 인한 대가를 투자보수를 통하여 얻을 수 없으므로, 기관의 자본집약화 가능성을 줄일 수 있다(A-J 효과 제거).

넷째, 소매물가지수(RPI)보다 낮은 요금인상률(RPI-X)을 갖기 때문에 이용자에게는 실질적 요금 인하 혜택을, 기관에는 비용절감에 대한 동기부여를 강화할 수 있다.

다섯째, 공공요금 규제와 관련된 행정비용을 절감할 수 있다. 가격상한규제방식은 원가에 대한 규제보다는 가격에 대한 규제만을 도모하기 때문에 원가정보 획득 및 관리비용이 절감될 수 있으며, 일정 기간 동안 규제기관의 개입 필요성이 줄어들게 되고, 그에 따른 규제비용이 절감될 수 있다. 특히 규제기관의 지나친 개입에 의한 자의성과 비경제적 영향력을 줄일 수 있다.

(3) 단점

가격상한규제방식의 단점은 다음과 같다.

첫째, 경쟁상황을 가정하므로 독점적 상황에서 적용하기 어렵고, 가격상한 범위를 결정함에 있어 경제적 요소보다는 비경제적 요소(정치적 결정, 이익집단의 로비 등)에 의해 좌우될 경우 가격상한규제방식의 의미가 상실될 수 있다.

셋째, 초기 가격(initial price)에서 가격변동률의 상한 범위를 결정하기 때문에 초기 가격이 지나치게 과다하게 설정될 경우 요금의 왜곡현상이 발생할 수 있다. 또한 가격상한규제 기간 초기에는 예상하지 못한 외생비용(exogenous cost)이 발생한 경우 이용자나 기관에게 의도하지 않은 손실을 초래할 수 있다.

넷째, 바스켓(basket)의 구성에 따라 한계가 노정될 수 있다. 바스켓은 동일한 가격상한지수를 적용하는 서비스들의 묶음을 의미하는데, 하나의 바스켓에 단일 가격상한지수를 적용하면 요금구조를 원가에 충실하도록 바꿀 수 있으나, 서로 상이한 서비스가 바스켓에 있을 경우 상호 보조나 약탈적 가격 설정이 가능해 경쟁에 악영향을 끼칠 수 있다. 예를 들면, 전력요금의 경우 주택용, 교육용, 산업용 등 전력서비스별로 비용구조가 상이하고, 원가회수율이 다른 상황에서 단일 가격상한지수를 적용하면 상호 보조가 발생하게 되고 요금구조가 왜곡될 수 있다.

다섯째, 비용절감에 대한 동기부여가 극대화되는 과정에서 혁신을 통한 비용절감보다는 서비스의 품질을 저하시킬 수 있는 상쇄효과가 존재한다. 특히 경쟁이 미미한 상황에서는 품질에 대한 규제가 필요하다. 그러나 경쟁이 활성화되면 품질저하는 사업의 경쟁력을 약화시키고, 시장에서의 도태를 초래할 수 있으므로 기관의 입장에서는 비용절감과 품질개선에 대한 동기부여가 필요하다.

여섯째, 가격상한규제방식은 원가보다는 가격에 초점을 맞추기 때문에 요금이 원가와 괴리될 수 있으며, 기관 중심의 비용 절감을 초래할 수 있다.

일곱째, 생산성 증가율 요소(X-factor, productivity change)를 결정함에 있어 여러 가지 요소들이 반영될 수 있으나, 단기적 변동에 의존할 경우 장기적 성장 잠재력을 훼손할 수 있다. 특히 생산성 증가율 요소는 미래지향적 예측치이므로 정치적 고려로부터 자유로워야 하며, 장기적으로 전체 산업 생산성 증가율에 기초해야 한다.

3 요금체계의 결정(개별요금 결정)

요금체계란 서비스의 이용자나 소비자로부터 받아들여야 할 요금의 총액을 서비스 소비자에게 각각 부과하는 개별요금을 결정하는 것이다. 따라서 이하에서는 이러한 요금체계의 결정 기준과 요금부과방식에 대해 살펴보기로 한다.6)

1) 요금체계의 결정 기준

요금체계의 결정 기준으로는 크게 경제적 관점에서의 기준과 사회정책적 관점에서의 기준으로 나누어 살펴볼 수 있다. 경제적 관점에서의 기준으로는 다시 서비스 원가주의, 서비스 가치주의, 경쟁가격주의로 세분할 수 있으며, 사회정책적 관점에서의 기준으로는 부담력주의와 사회복지 확산주의로 나누어 볼 수 있다. 이를 구체적으로 설명하면 다음과 같다(〈표 8-5〉 참조).

〈표 8-5〉 공기업 요금체계의 결정 기준

관점	기준	기본 전제	특징	단점
경제적 관점	서비스 원가주의 서비스 가치주의 경쟁가격주의	시장경제 원리	하한설정 상한설정 가상경쟁	원가계산의 어려움 계량화 문제 현실성 문제
사회적 관점	부담력주의 사회복지 확산주의	사회정책 원리	부담능력 복지확산	관리 및 심리적 문제 적자보전의 문제

(1) 서비스 원가주의

서비스 원가주의(cost of service principle)는 공기업의 요금결정에 있어서 가장 광범위하게 인정되는 기준이다(Bonbrignt, 1961: 67-68). 즉, 서비스 이용자가 부담할 요금을 그 서비스의 생산 공급에 소요된 원가를 기준으로 결정하는 방법으로서, 여기서 원가란 사업운영에 필요한 모든 비용과 사업확장에 소요되는 추가 자본을 유지할 수 있는 이윤을 포함하는 총괄원칙이기 때문에 회계학상의 원가 개념과 구별된다(경제기획원, 1989: 78-79). 이와 같이 이 원칙은 원가 개념을 중시하기 때문에 원가 이

6) 요금체계의 결정에 대해서는 안용식 · 원구환(2001) 제8장의 내용을 발췌 · 수정하였다.

하로 서비스를 공급하는 것은 불가능하다. 따라서 이 원칙은 공익사업 요금을 결정함에 있어 하한선을 설정해 주는 특징을 가지고 있다. 이 원칙은 공기업이 제공하는 서비스도 일반 사기업이 제공하는 서비스와 마찬가지로 그 공급에 상응한 대가를 받아야 하며, 소비자도 서비스 제공에 대한 비용을 지불함으로써 생산자가 지속적으로 서비스를 공급하도록 유도해야 한다는 점을 기본 전제로 하고 있다. 그러나 이 원칙은 원가계산이 어려운 분야에서는 적용에 현실적인 어려움이 있다.

(2) 서비스 가치주의

서비스가치주의(value of service principle)는 서비스를 제공하는 데 따른 비용보다는 서비스의 가치를 기준으로 요금을 결정하는 방식이다. 즉, 서비스 제공을 받는 이용자나 소비자의 수요의 정도에 의존하여 요금을 결정하며, 소비자는 제공받는 서비스에 대해 자기가 인정하는 가치 이상으로 가격을 지불하려 하지 않을 것이므로, 서비스 가치주의는 요금결정의 상한선을 설정하는 특징이 있다.

(3) 경쟁가격주의

경쟁가격주의(competitive price principle)는 시장기구에 의한 요금결정방식으로 공익기업이 경쟁적인 상태에 있다고 가정하여 요금을 결정하는 방식이다. 그러나 독점성을 지닌 공익사업에 경쟁원리를 도입한다는 것은 현실적으로 매우 어렵다고 할 수 있다.

(4) 부담력주의

차별요금제의 주요 근거가 되는 부담력주의(ability to pay principle)는 이용자의 부담능력을 고려하여 요금을 부과하고자 하는 조세원칙에서 채용된 개념이다. 즉, 공기업이 제공하는 서비스는 공공성을 지니고 있으므로, 부담능력이 없다고 하여 서비스의 혜택으로부터 배제될 수 없다는 기본 전제 하에 소득 차이에 따라 개인적 차별요금을 책정하는 사회정책적 배려에서 유래된 것이다. 그러나 차별요금을 부과하기 위해서는 개인 간 소득격차를 명확히 규명할 수 있어야 할 뿐 아니라 차별요금 부과에 따른 행정관리상의 문제가 발생하며, 아울러 개인적으로 차별을 받을 경우 저소득층이 갖는 심리적 문제가 나타날 수 있다.

(5) 사회복지 확산주의

사회복지 확산주의(diffusion of community benefits principle)는 서비스의 원가 또는 가치보다는 서비스 이용으로 얻게 될 사회 전체적인 가치를 고려하여 시민 전체의 복리를 증진시킬 수 있도록 요금을 책정하는 방식이다. 이 원칙의 근저에는 비록 서비스가 원가 이하로 제공된다 할지라도 서비스 혜택을 보다 많은 사람들이 제공받는다면 사회 전체의 측면에서 볼 때는 바람직한 일이며, 서비스 원가주의에서는 피할 수 없는 사회적 비용(social cost)을 피할 수 있다는 것이다. 그러나 이는 시민 전체의 이익을 계량화하기 어렵고, 적자 발생에 따른 보전 문제가 존재한다.

2) 요금부과방식

공기업의 요금구성(rate structure)은 일반적으로 단일요금, 복수요금 또는 차별요금 등으로 구분된다. 대부분의 공기업은 단일요금제를 취하는 것이 원칙이나, 자연독점적인 성격을 띠는 경우 복수요금제나 차별요금제를 취하는 경우도 적지 않다.

(1) 단일요금제

단일요금제는 전체 판매량에 대하여 같은 가격을 설정하는 것인데 반해, 복수요금제는 그렇지 않다. 복수요금제란 수요량에 따라 지불되는 요금 이외에 수요량에 관계없는 고정요금을 부과함으로써 수입을 올리는 방식이다. 이 방식을 취하면 전 요금이 수요량에 비례하여 배분되는 단일요금제의 경우와는 달리 일정한 수요를 초과하여 추가 수요를 할 때 지불되는 요금이 적어도 된다. 이로 인해 수요가 촉진되고 공급이 증가하여 잉여설비 능력을 유효하게 활용할 수 있다(山本政一, 1982: 50-51).

(2) 복수요금제

복수요금제 중 가장 간단한 이부요금제(two-part tariff)에 의해 그 원리를 설명하면 다음 [그림 8-11]과 같은데, 이는 주로 공급자측에서 제기되는 요금부과방식이다.

이부요금제는 P=MC에서 균형 거래량을 정하고, 독점기업은 이윤을 극대화하기 위하여 소비자잉여 만큼을 기본 요금(가입비, 연회비 등)으로 부과하므로 소비자잉여는 0이 되고, 생산자잉여는 극대화된다. 즉, [그림 8-11]의 왼쪽 그림에서 보는 바와 같이 소비자잉여(P_0PA)를 기본 요금으로 부과하고, OP_0AQ_0는 사용요금으로 부과되므로 생산자잉여가 극대화된다.

[그림 8-11] 이부요금제의 기본원리

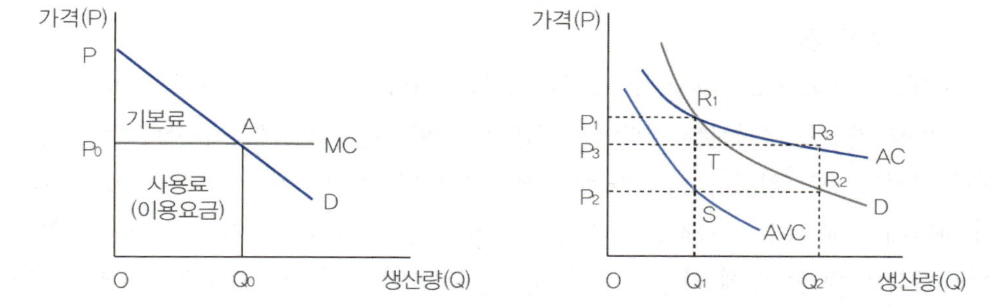

오른쪽 그림에서 D곡선은 수요곡선, AC곡선은 평균원가곡선, AVC곡선은 평균가변원가곡선이다. 지금 단일의 요금으로 평균원가를 충당하고자 한다면 OP_1의 요금을 필요로 한다. 이때의 산출량은 OQ_1이 된다. 그런데 코스트를 고정비와 가변비로 구분하고, 이에 따라 비용을 조달하는 이부요금제를 취할 경우 소비량의 변화에 따라 변동하는 변동가격을 OQ_1을 생산할 때의 가변비용 OP_2와 같게 하면(OQ_1일 때 평균원가 OP_1은 가변비용 OP_2와 고정비용 P_1P_2로 구성된다), 수요량은 OQ_2까지 증대하고 산출량을 이상적 산출량에 가깝게 할 수 있다(평균원가곡선이 하향하고 있기 때문). 이 경우 변동가격 이외에 고정가격으로서 □ $P_1P_2SR_1$에 해당하는 것을 소비자로부터 징수하면 소비자가 지불하는 평균가격은 단일 평균원가가격, 즉 단일요금을 과하는 경우보다 적어지고,7) 소비자는 R_1SR_2에 해당하는 소비자잉여를 더 얻게 된다.

여기서 생산량의 증대에 따라 손실이 발생하게 되면 문제가 된다. 그런데 이 경우 Q_2의 산출량을 생산하는 데 필요한 총원가는 □ $OP_3R_3Q_2$가 되는데, 이 면적이 □ $P_1P_2SR_1$ + □ $P_2OQ_2R_2$보다 좁으면 적자가 생기지 않는다.8) 따라서 복수요금제는 대부분의 공익사업 기업에서 채택되고 있고, 공기업에서도 일부 적용되고 있다. 복수요금제는 그 본질에 있어서 평균원가주의에 한계원가주의를 가미한 것이라 할 수 있는데, 고정비에 대해서는 평균원가주의를, 가변비에 대해서는 한계원가주의를 적용하였다

7) 총비용은 고정비와 가변비로 구성된다. 이때 고정비는 생산량의 수준에 상관없이 일정하게 지출되는 비용이므로, OQ_1을 생산할 때나 OQ_2를 생산할 때나 같다. 따라서 생산량을 OQ_1에서 OQ_2로 증가시키면 총평균비용은 감소한다.

8) 이것은 단지 평균원가의 생산량에 따른 탄력성이 1보다 작은 경우에 한 한다. 그럴 경우 □ $P_1R_1TP_3$의 면적이 TR_3R_2S보다 좁게 되어 적자가 생기지 않는다.

고 할 수 있다(加藤寬, 1966: 176-180).

(3) 차별요금제

차별요금제(discriminatory price)는 똑같은 재화나 서비스에 대해 소비자들에게 각각 다른 가격을 부과하는 제도이다. 차별요금제는 복수요금제와 유사한 것 같이 보이나 실제로는 그 원리가 전혀 다르다. 복수요금제는 한계원가의 차이에 따른 공급측의 차이에 의해 복수의 가격을 설정하는 것인데 반해, 차별요금제는 복수요금제와 같이 공급측의 원가요인에 의해 요금에 차이를 두는 것이 아니라 수요측의 요인에 의해 요금에 차이를 두는 것이다(Clemens, 1950: 252-273). 즉, 차별요금제에서 요금의 차별화는 수요의 탄력성에 역비례적으로 행해지거나 수요자의 지불능력, 또는 소비자잉여의 크기에 따라서 이루어지는 데 어느 쪽이든 수요자측의 요인에 영향을 받는다.9)

차별요금이 성립하기 위해서는 첫째, 시장이 독점 또는 준독점의 상태에 있을 것, 둘째, 한 번 판매된 상품 또는 서비스가 가격이 낮은 지역에서 보다 높은 지역으로 전매되지 않고, 또한 구매자가 가격이 높은 지역에서 가격이 낮은 지역으로 이전하지 않을 것, 셋째, 시장이 수요의 가격탄력성을 달리하는 두 개 이상의 시장으로 분리될 수 있을 것 등이 필요한 전제조건이다(北久一, 1961: 170).

차별요금은 피구(A. C. Pigou)에 의하면 제1급, 제2급, 제3급으로 분류되는데, 이를 구체적으로 살펴보면 다음과 같다.

제1급 차별(완전차별)은 각각의 수요자에게 서로 다른 가격을 부과하는 것이다. 제1급 차별은 수요자의 소비행태를 완벽하게 파악하였을 때 가능하며, 재화를 1단위씩 나누어 각각의 소비자에게 다른 가격을 부과하는 것을 의미한다. 예를 들어, 인터넷 경매 사이트에서 공급자가 물건을 한 단위씩 경매에 부쳐 최고가를 제시한 소비자에게 상품을 판매하는 방식이다. 1단위마다 가격이 다르기 때문에 [그림 8-12]의 왼쪽 그림과 같은 빗금친 부분이 모두 생산자잉여로 귀결되므로 소비자잉여는 0이다.

제2급 차별(수량차별)은 각 소비자의 수요량을 몇 개의 구획으로 분할하여 각 구획에 따라 다른 가격을 부과하는 것이다. 제2급 차별은 소비자의 적정 구간, 사용량

9) 차별요금제의 변형으로 요일별(평일, 주말 또는 휴일), 시간별(낮 또는 저녁 시간대), 수량별, 지역별, 계절별 차별요금제 등이 존재한다. 계절별 차등요금제가 적용되는 대표적인 사업은 도시가스 분야이다. 동절기 때 천연가스 수급관리를 위해 동절기(12~3월), 기타(4~5월, 10~11월), 하절기(6~9월)로 나누어 도매공급비용을 적용하는 제도로 2020년 9월부터 도입되었다.

[그림 8-12] 제1급 차별과 제2급 차별

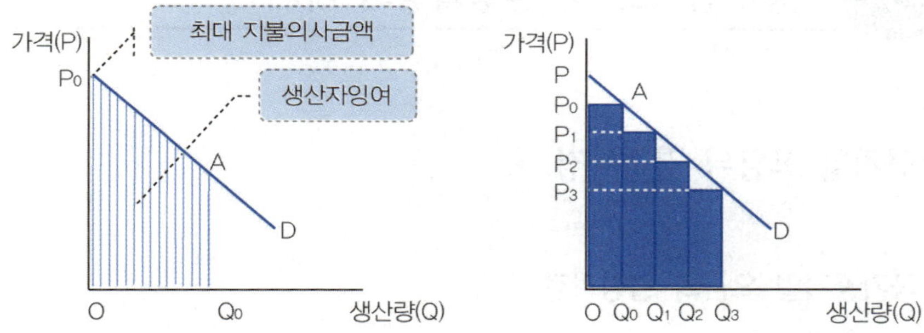

의 정도에 따라 가격을 부과하는 방식인데, [그림 8-12]의 오른쪽 그림에서 보는 바와 같이 OQ_0 구간에는 OP_0의 가격을 부과하고, Q_0Q_1 구간에는 OP_1의 가격을 부과하는 방식이다. 따라서 제2급 차별은 제1급 차별과는 달리 P_0PA만큼의 소비자잉여가 발생한다.

제3급 차별(시장차별)은 소비자를 특성에 따라 구분하여 다른 가격을 부과하는 방식인데, 상품의 단위(제1급 차별)나, 적정 구간(제2급 차별)에 따라 구분하는 것이 아니라 소비자를 구분짓는다는 점에서 차이가 존재한다. 즉, 장소나 고객을 세분화한다. 예를 들어, 저소득층과 고득층을 구분하여 고소득층에 비해 저소득층에 낮은 가격을 부과하거나, 시장을 두 개의 시장으로 분할(예: 국내시장과 해외시장)하여 각 시장에 각기 다른 가격을 부과하는 것이다.

예를 들어, 국내시장과 해외시장의 자동차 가격 차이가 발생하는 이유는 생산원가의 차이나 시장규모, 가격경쟁력에서 유래된다. 즉, 원자재를 수입하여 자동차를 생산하는 경우 수입에 소요되는 비용(운송비, 통관비 등)이 발생하는 데 비해, 해외에서 생산하여 판매하는 경우 수입에 소요되는 비용을 줄일 수 있다. 또한 시장규모가 국내보다 큰 해외시장에서 저렴한 가격으로 경쟁력을 유지하면 보다 많은 구매를 통해 수익을 증대시킬 수 있다. 제3급 차별은 부담력주의에 근거하여 시장과 소비자의 특성에 따라 서로 다른 가격요금을 부과하는 것을 의미한다.

제3절 공기업 요금의 결정과정과 사례

1 공기업 요금의 결정과정

1) 국가공기업 요금의 결정과정

(1) 국가공기업 요금의 결정원칙

국가공기업의 요금결정원칙은 물가안정에 관한 법률 및 동법 시행령에 근거하고 있다. 즉, 공공서비스의 제공에 드는 총괄원가를 보상하는 수준에서 결정하도록 규정하고 있는데, 총괄원가는 공공서비스를 제공하는 자가 성실하고 능률적으로 경영한다는 전제 하에 해당 공공서비스를 제공하는 데에 드는 적정원가와 해당 공공서비스의 제공에 사용되는 자산에 대한 적정투자보수를 더한 금액으로 하되, 적정원가, 적정투자보수 등의 산정에 필요한 세부 기준은 기획재정부 장관이 정하고, 주무부 장관은 이에 따라 개별 공공요금의 산정 기준을 정하도록 규정하고 있다. 그러나 주무부 장관이 다른 산정방식에 따른 것이 합리적이라고 인정하는 경우에는 기획재정부 장관과 협의하여 그 산정방식에 따를 수 있도록 규정하고 있다(동법 시행령 제6조).

국가공기업의 요금결정과 관련된 기본 특징을 살펴보면 다음과 같다.

첫째, 공공요금의 결정과 관련된 기본원칙은 총괄원가 보상주의를 채택하고 있는데, 기본 전제조건으로 공공서비스를 제공하는 자가 성실하고 능률적으로 경영해야 함을 규정하고 있다. 즉, 총괄원가를 모두 보상할 경우 공급자 위주의 요금결정이 될 수 있으며, 공급자의 비효율적 비용까지 소비자에게 전가될 수 있기 때문이다.

둘째, 총괄원가에 기반한 적정원가 이외에 자산에 대한 적정투자보수를 요금결정에 반영하고 있는데, 적정투자보수를 어느 정도 수준에서 결정할 것인가에 따라 요금의 고저가 결정된다. 즉, 적정투자보수율을 높게 책정하면 공공요금은 인상될 수밖에 없으며, 적정투자보수율이 낮게 책정되면 공공요금은 낮아지고 공기업의 입장에서는 적자가 실현될 수밖에 없다. 따라서 적정한 투자보수율을 합리적으로 결정할 필요가 있는데, 이에 대한 세부 기준은 기획재정부가 마련하도록 규정하고 있다.

셋째, 주무부 장관은 공공요금의 산정기준을 정해야 하는데, 이 경우 기획재정부 장관과 미리 협의해야 한다. 즉, 공공요금의 산정에 필요한 세부 기준은 기획재정부 장관이 정하는 '공공요금 산정 기준'에 규정되어 있는데, 공공요금 산정 기준의 적용을 받고 있는 전기, 가스, 수도, 철도, 도로 등 다섯 가지 공공요금은 각각 개별 법률에 따라 주무부 장관의 결정·승인·인가 또는 허가를 받아야 한다. 예를 들어, 전기요금의 경우, 전기사업법 제16조에서 전기요금과 그 밖의 공급조건에 관한 약관을 작성하여 산업통상자원부 장관의 인가를 받아야 한다고 규정하고 있다. 이에 따라 산업통상자원부 장관은 '공공요금 산정 기준'의 기준을 적용하되 전기요금의 특성을 고려하여 '전기요금 산정 기준'을 고시하고 있다. 이에 따라 한국전력공사는 '전기공급약관'에서 전기를 공급할 때의 요금 및 기타 공급조건을 규정하고 있는데, 동 약관은 전기사업법 제16조에 의거 전기위원회의 심의를 거쳐 산업통상자원부 장관의 인가를 받아야 하며, 약관 변경 시에도 동일한 과정을 거친다(국회예산처, 2016: 6-7).

〈표 8-6〉 개별 공공요금의 산정 기준

요금 종류	공공요금 산정 기준	관련 근거	관련법	최종결정권자 & 방식
전기요금	전기요금 산정 기준	산업통상자원부 고시	전기사업법 제16조	산업통상자원부 장관 인가
천연가스 공급가격	천연가스 공급가격 산정 기준	산업통상자원부 고시	도시가스사업법 제20조	산업통상자원부 장관 승인
철도운임	철도운임 산정 기준	국토교통부 훈령	철도사업법 제9조	국토교통부 장관 상한 지정·고시 철도사업자 결정·신고
고속도로 통행요금	고속도로 통행요금 산정 기준	국토교통부 고시	유료도로법 제16조	국토교통부 장관 결정
광역상수도 요금	수돗물요금 산정 지침	환경부 고시	수도법 제38조	환경부 장관 승인

자료: 국회예산정책처(2016: 7)의 자료를 바탕으로 재구성.

(2) 국가공기업 요금의 결정과정

국가공기업의 요금결정과정은 다음 [그림 8-13]과 같이 요약할 수 있다. 즉, 공기업에서 요금과 관련된 조정을 주무부처에 요청하게 되면, 주무부처는 요금심의위원회의 심의를 거쳐 기획재정부와 협의를 하게 되고, 주무부처는 기획재정부와의 협의를 바탕으로 해당 공기업에 요금 조정을 인가 또는 승인하게 된다.

[그림 8-13] 국가공기업 요금의 결정과정

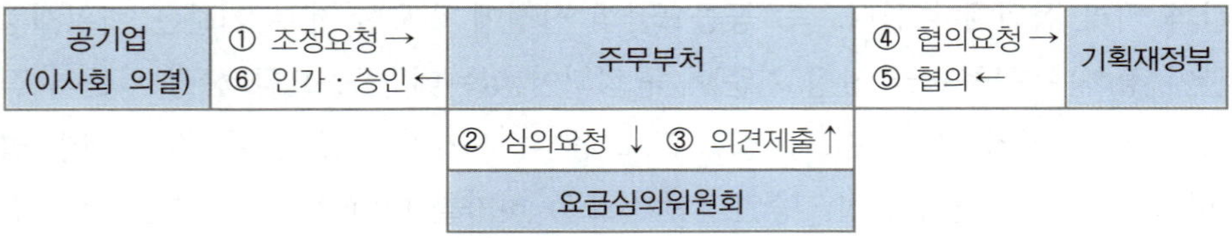

(3) 국가공기업 요금결정과정의 문제점과 개선방안

공공요금 결정과정의 문제점과 개선방안을 살펴보면 다음과 같다.

첫째, 공공요금의 조정안이 해당 공기업 중심으로 결정될 가능성이 높다. 즉, 공공요금의 조정안을 작성할 때 공공기관이 주도하는데, 원가산정에 따른 세부 규정이 불명확하기 때문에 원가에 어떤 비용이 반영되었는지를 명확하게 이해하기 어렵다. 특히 원가 정보와 관련하여 기관 우위적 지위가 인정되고 있는 상황에서 공공기관의 원가 산정에 대한 불신[10]이 발생할 수 있다. 따라서 기관 중심의 원가 산정을 합리적으로 도모하기 위해서는 무엇보다 원가의 투명한 공개가 선행되어야 하며, 공공요금 산정용 재무제표의 작성과 경영공시, 그리고 경영평가와 연계하는 방안을 고려할 필요가 있다.

둘째, 주무부처의 요금심의위원회의 구성과 역할에 문제가 발생할 수 있다. 즉, 요금심의위원회는 당연직과 위촉직으로 구성되는데, 당연직은 주무부처의 고위 공무원과 공공기관의 임원으로 구성되며, 위촉직은 외부 전문가 및 이해관계자로 구성된다. 특히 당연직 위원이 기관 중심적으로 요금을 인식할 경우 소비자의 입장이 반영되기 어렵다. 또한 요금심의위원회가 독립적인 요금조정안을 제안할 수 있는 권한이 없으며, 요금심의 과정에서 현장실사와 같은 원가 검증보다는 주로 서면을 통한 심의가 대부분이므로 요금심의위원회의 역할은 단순히 자문 또는 심의 수준에 한정될 수

10) 한국가스공사의 경우 가스요금 동결 및 LNG 가격 상승에도 불구하고, 한국가스공사가 적정 영업이익과 당기순이익을 유지할 수 있는 것은, 동 원료비 손실로 인한 매출원가를 취소 후 대신 자산으로 인식하는 원료비 미수금 회계처리에 따른 것이다. 한국가스공사의 민수용 원료비 미수금은 2022년 8조 5,856억 원(이자 1,362억 원), 2023년 12조 2,435억 원(이자 3,899억 원)까지 증가하였는데, 산업통상자원부와 한국가스공사는 향후 국민이 가스요금으로 내게 될 원료비미수금 이자 비용 금액 및 산정 방법을 공개하여 가스요금의 투명성을 제고할 필요가 있다(국회예산정책처, 2023b: 140).

밖에 없다. 따라서 요금심의위원회 구성에 있어 당연직 위원의 위촉을 가급적 제한하고 객관적 외부 전문가를 확충하고, 요금심의위원회의 심의 방식을 현장실사와 연계할 필요가 있다. 특히 장기적으로는 정부로부터 독립된 공공요금규제위원회를 설립하는 방안도 고려할 필요가 있다.

셋째, 주무부처와 기획재정부의 협의과정에서도 문제가 발생할 수 있다. 주무부처와 기획재정부가 공공요금 조정안에 대해 협의하는 과정에서 명확한 원칙이나 세부기준이 규정되어 있지 않다. 단순히 협의권만을 인정하고 있어 무엇을 어떻게 협의할 것이며, 협의가 이루어지지 못할 경우에 대한 구체적인 규정이 없다. 총괄원가에 포함된 세부 비용항목을 협의할 것인지, 전체적인 요금 인상안을 협의할 것인지, 협의는 누가 어떻게 할 것인지, 협의기간은 어느 정도 설정할 것인지 등에 대한 구체적인 규정이 없다. 또한 협의과정에서 주무부처와 기획재정부의 정보 비대칭성이 발생할 수 있는데, 주무부처는 공기업 입장에서의 재무안정성에 초점을 두는 반면에, 기획재정부는 물가관리에 중점을 둘 경우 협의 자체가 불가능해질 수 있다. 따라서 공공요금 협의과정과 관련된 세부 운영 매뉴얼을 작성하여 협의과정에 대한 공정성과 객관성을 확보할 필요가 있다.

넷째, 공공요금 조정안에 대한 인가 및 승인과정에서도 문제가 발생할 수 있다. 공기업 요금에 대한 최종 결정(인가, 승인)은 주무부처에 의해 이루어지는데, 최종 의사결정이 정부 중심적 시각에 한정되어 있다. 공공요금이 국민경제에 미치는 효과가 큰 상황에서 국회의 의결을 거칠 필요는 없는지를 검토해 볼 필요가 있다. 공기업의 실질적 소유주인 국민이 공공요금의 의사결정과정에 직접 참여하는 것이 현실적으로 어려운 상황에서 국민 관점에서 공공요금을 결정할 수 있는 방안은 없는지를 고려할 필요가 있다.

2) 지방공기업 요금의 결정과정

지방공기업법 제22조에서는 지방직영기업의 요금결정원칙을 규정하고 있으나, 지방공사나 지방공단의 요금결정에 대해서는 따로 규정하고 있지 않다. 지방공단은 지방자치단체의 공공시설물을 위탁대행하는 기관이므로 조례로 결정된 수수료 및 사용료를 적용하며, 지방공사도 조례로 결정된 요금체계를 따른다.

지방공기업법에서는 지방직영기업의 요금에 대한 결정원칙을 규정하고 있는데,

지방직영기업의 급부에 대하여 조례로 정하는 바에 따라 요금을 징수할 수 있도록 규정하고 있다. 특히 요금결정의 원칙으로 요금은 적정하여야 하고, 지역 간 요금수준의 형평을 도모하여야 하며, 급부의 원가를 보상하면서 기업으로서 계속성을 유지할 수 있도록 결정되도록 규정하고 있다. 따라서 지방직영기업의 요금결정 기준은 최대 이윤이 아닌 적정 이윤, 지역 간 형평성, 원가보상주의, 기업 계속성을 전제로 하고 있다. 적정 이윤, 지역 간 형평성은 공공성의 관점에서 강조되는 원칙이며, 원가보상주의와 기업 계속성은 기업성의 관점에서 강조되는 원칙이다.

또한 지방직영기업의 요금 산정방식(동법 시행령 제18조)은 영업비용에 당해 지방직영기업의 자본비용을 가산하여 산정하는데, 자본비용은 자기자본에 적정투자보수율을 곱한 금액에 지급이자를 더하여 산정한다. 이 경우 적정투자보수율과 지급이자의 산정방법은 행정안전부 장관이 정하도록 규정하고 있다. 따라서 지방직영기업의 요금은 조례로 결정되므로 지방자치단체의 자율적 판단에 따르지만, 세부적인 산정방식은 행정안전부 장관이 결정하도록 되어 있다. 세부적인 산정방식을 행정안전부가 결정하는 이유는 지역 간 요금의 형평성을 보장하기 위함이지만, 지역적 특성이 반영될 수 있는 세부 기준을 결정할 필요가 있다.[11)]

$$\text{지방직영기업 요금} = \text{영업비용} + \text{자본비용}$$
$$\text{자본비용} = (\text{자기자본} \times \text{적정투자보수율}) + \text{지급이자}$$

지방공기업의 요금은 행정안전부와 지방자치단체에서 결정하는 형태를 취하고 있다. 즉, 행정안전부에서는 대략적인 방향만을 제시하고 지방자치단체의 지방물가대책위원회 또는 소비자정책심의위원회에서 개정안에 대한 사전심의를 한 후 지방의회의 의결을 거쳐 조례를 제·개정하고 공포함으로써 결정된다. 지방공기업의 요금은 국가공기업의 요금결정과는 달리 지방의회의 제도적 관여가 보장되어 있는데, 지방의회에서 조례를 제·개정함으로써 지방공공요금을 결정할 수 있다.

---

11) 지방상수도 총괄원가를 결정함에 있어 행정안전부는 적정투자보수율을 2022년 결산 기준으로 4.76%로 유지하고 있다. 지역마다 총괄원가가 상이함에도 불구하고, 적정투자보수율을 지역마다 동일하게 유지하는 것은 지역 간 요금수준의 형평성을 도모하기 위함이다,

2 공기업 요금의 사례

1) 전기요금

전기요금을 결정하는 프로세스는 다음과 같다(한국전력공사 내부자료).

첫째, 한국전력공사에서 전기요금 조정 및 개편안을 이사회의 의결로 결정한다. 전기요금 산정 원칙은 물가안정에 관한 법률 시행령 제6조 및 전기요금 산정 기준 제8조에 근거하여 해당 사업의 제공에 드는 총괄원가를 보상하는 수준에서 결정된다. 전기요금 산정방식은 다음과 같다.

전기요금(총괄원가) = 적정원가(영업비용 + 적정법인세비용) + 적정투자보수(요금기저 × 적정투자보수율)

요금기저 = 순설비가액 + 건설 중인 자산(자기자금분) + 운전자금
적정투자보수율 = 자기자본보수율(A) + 타인자본보수율(B)
자기자본보수율(A): 기대투자수익률(CAPM) × 자기자본 구성비
타인자본보수율(B): 세후차입금 가중평균이자율 × 타인자본 구성비

둘째, 한국전력공사는 이사회에서 의결된 전기요금 조정 및 개편안을 전기사업법 제16조 제1항에 근거하여 산업통상자원부에 개정안 인가를 신청한다.

셋째, 산업통상자원부는 전기요금 및 소비자보호 전문위원회의 자문을 구한다. 전기요금 및 소비자보호 전문위원회는 전기위원회의 의사결정에 대한 자문기구로서 위원장 1인과 13인의 위원으로 구성되어 있다. 위원회에는 소비자단체 대표, 학계, 변호사 등 외부 민간전문가로 구성되어 있으며, 한국전력공사의 본부장 1인과 산업통상자원부 국장 1명도 참여하고 있다.

넷째, 산업통상자원부는 한국전력공사의 전기요금 조정 및 개편안을 기획재정부와 협의한다(물가안정에 관한 법률 제4조). 특히 기획재정부는 원가산정의 적절성, 소비자 부담, 국민경제적 효과 등에 대한 전문가 자문을 시행할 수 있다.

다섯째, 기획재정부와의 협의 후 산업통상자원부 내의 전기위원회의 심의·의결을 거치게 되며(전기사업법 제16조), 의결된 내용을 한국전력공사에 통보하고, 한국전력공사는 전기요금 조정 및 개편사항을 공고·시행한다. 전기위원회는 전기사업의

[그림 8-14] 전기요금의 조정 절차

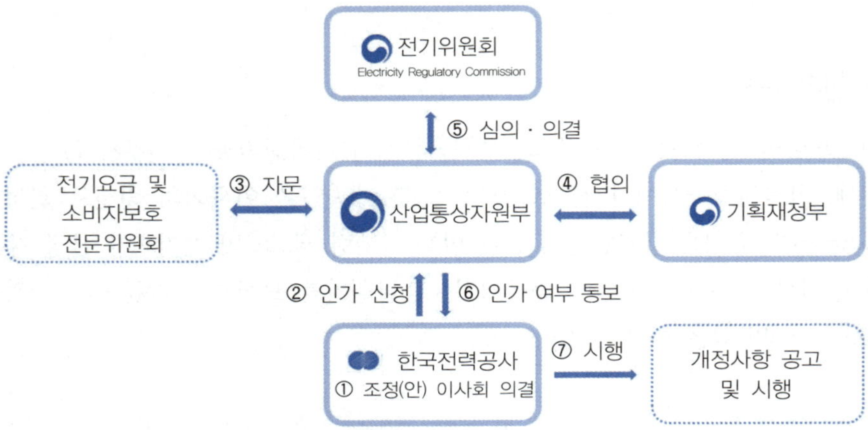

자료: 한국전력공사 내부자료.

공정한 경쟁 환경 조성 및 전기 사용자의 권익 보호에 관한 사항을 심의하고, 전기사업과 관련된 분쟁의 재정 해결을 위해 구성되며, 위원장 1인, 상임위원 1인(산업통상자원부 에너지자원실장), 비상임위원 7인(외부 민간전문가)으로 구성된다.

전기요금제도의 주요 특징을 살펴보면 전력요금은 이부요금제를 근간으로 하고 있으며, 전기요금체계를 6개 용도별로 차등요금제를 부과하고 있다. 즉, 전력요금을 주택용, 일반용, 산업용, 교육용, 농사용, 가로등으로 구분하여 차등 요금을 부과하고 있다. 또한 미국과 일본처럼 동 · 하계 최대 수요전력 연동 기본요금 부과제도를 도입하고 있으며, 계절별 · 시간대별 차등요금제, 주택용 누진요금체계를 구축하고 있다.

또한 사회복지확산적 관점에서 대가족 및 생명 유지 장치 요금제와 복지할인요금제를 적용하고 있다. 기후환경요금제를 통해 기존 전력량 요금에 포함되어 있는 깨끗하고 안전한 에너지를 위해 소요되는 기후환경비용을 별도로 구분함으로써, 비용 인식과 해당 비용의 투명성 제고를 모색하고 있다. 또한 장애인, 상이유공자, 독립유공자, 기초생활수급자, 차상위계층, 대가족, 3자녀 이상, 생명유지장치, 출산가구, 사회복지시설 등 사회적 보호가 필요한 고객의 요금 부담을 경감시키는 복지할인 요금제를 채택하고 있다.

〈표 8-7〉 전기요금제도의 주요 특징

구분	내용
이부요금제	기본요금(설비요금) + 전력량요금
용도별 차등요금제	주택용, 일반용, 산업용, 교육용, 농사용, 가로등 등 6개 분야로 구분
동·하계 최대수요전력 연동 기본요금 부과	검침 당월을 포함한 직전 12개월 중 7~9월분, 12~2월분 및 당월분 중 가장 큰 최대수요전력으로 연간 기본요금을 연동 적용(미국, 일본)
계절별·시간대별 차등요금제	전력소비가 급증하는 계절(여름철, 겨울철)과 시간대(최대 부하)에는 높은 요금을 적용하고, 상대적으로 전력소비가 적은 계절(봄·가을철)과 시간대(경부하, 중간부하)에는 낮은 요금을 적용하는 제도
주택용 요금 누진제	200kWh 단위로 3단계, 최저와 최고 간의 누진율은 2.7배 (예) 기타 계절에 월 300kWh를 사용한 가정 (200kWh×120원/kWh) + (100kWh×214.6원/kWh) = 45,460원
대가족 및 생명유지장치 요금제	5인 이상, 3자녀 이상 가구, 생명 유지 장치 사용 고객의 주택용 누진제로 인한 과도한 요금부담 경감(월 전기요금 30% 할인)
기후환경요금제 (원가연계형 요금제)	기존 전력량요금에 포함되어 있는 깨끗하고 안전한 에너지를 위해 소요되는 기후환경비용을 별도로 구분함으로써 해당 비용 투명성 제고 [신재생에너지 의무공급제도 이행 비용 7.7원/kWh(RPS) + 배출권거래제도 이행 비용 1.1원/kWh(ETS) + 석탄발전 감축 비용 0.2원/kWh]
복지할인 요금제	사회적 보호가 필요한 고객의 요금 부담 경감(장애인, 상이유공자, 독립유공자, 기초생활수급자, 차상위계층, 대가족, 3자녀 이상, 생명 유지 장치, 출산가구, 사회복지시설)

자료: 한국전력공사 홈페이지(2023.10.1)에서 재구성.

2) 수도요금

수도법에 따른 수도는 일반수도, 공업용수도, 전용수도로 구분되며, 일반수도는 다시 광역상수도, 지방상수도, 마을상수도로 구분된다. 수도사업의 인가권자는 수도의 유형에 따라 상이하다.[12)]

12) 수도법 제17조에 따르면 ① 지방자치단체가 설치하는 광역상수도 및 지방상수도와 지방자치단체가 설치하는 광역상수도 외의 광역상수도: 환경부 장관, ② 도 또는 특별자치도의 관할구역에서 지방자치단체가 설치하는 시설용량 1일 1만 톤 이하인 광역상수도 및 지방상수도: (환경부 장관과 사전 협의) 도지사 또는 특별자치도지사, ③ 특별시, 광역시 또는 특별자치시의 관할구역에서 지방자치단체가 설치하는 시설용량 1일 10만 톤 이하인 광역상수도 및 지방상수도: 특별시장, 광역시장 또는 특별자치시장, ④ 마을상수도: 특별시장·광역시장·특별자치시장·특별자치도지사·시장·군수(광역시의 군수는 제외).

〈표 8-8〉 수도법에 따른 수도의 구분

구분		개념	인가(운영)권가
일반 수도 (제17조)	광역상수도	국가, 지자체, 수자원공사, 환경부 장관이 인정하는 자가 2 이상의 지자체에 원수나 정수를 공급	환경부 장관 (한국수자원공사)
	지방상수도	지자체가 관할 지역주민, 인근 지자체 또는 주민에게 원수나 정수를 공급	환경부, 지자체장 (지방자치단체)
	마을상수도	100명 이상 2,500명 이내의 급수인구에게 정수를 공급(1일 공급량이 20m^3 이상 500m^3 미만)	지방자치단체장 (지방자치단체)
공업용수도(제49조)		공업용에 맞게 처리하여 공급하는 수도	1일 1만 톤 이상: 환경부 1일 1만 톤 미만: 시도지사
전용 수도 (제52조)	전용상수도	100명 이상의 자가용의 수도 100명 이상 5천 명 이내의 급수인구 공급	지방자치단체장 (설치자)
	전용공업용수도	공업용에 맞게 처리하여 사용하는 수도	
소규모 급수시설(제55조)		급수인구 100명 미만 1일 공급량 20m^3 미만	지방자치단체장 (기초자치단체)

광역상수도에 대한 인가권자는 환경부 장관이지만, 실질적 운영은 한국수자원공사가 담당하고 있다. 광역상수도 요금은 '수돗물요금 산정 지침'에 따라 결정되는데, 전국 단일요금제를 채택하고 있다. 광역상수도 요금은 수돗물을 공급하는 데 소요되는 취득원가 기준에 의한 총괄원가를 보상하는 수준에서 결정되며, 총괄원가는 성실하고 능률적인 경영 하에서 수돗물을 공급하는 데 소요되는 적정원가에다 수도사업에 공여하고 있는 진실하고 유효한 자산에 대한 적정투자보수를 가산한 금액으로 결정한다(지침 제2조).

지방상수도는 지방자치단체가 지방직영기업으로 운영하는데, 지방상수도 요금은 조례로 정하며, 모든 지방자치단체별로 상이하다. 지방상수도 요금이 지역별로 차이가 나는 이유는 취수원의 존재와 근접성, 취수지역과 공급지역 간의 거리에 따른 수도관 설치·유지 비용, 정수처리 비용 등에서 비롯된다.

지방공기업법 제22조 및 동법 시행령 제18조에 따르면 지방상수도 요금은 영업비용에 자본비용을 더하여 계산하며, 자본비용은 지급이자와 자기자본보수를 더하여 계산한다. 현행 지방상수도 요금의 총괄원가 구성 및 산정방식은 다음과 같은데, 행정안전부 장관이 결정하는 적정투자보수율은 2010~2011년에는 6.0, 2012~2022년에는 4.76을 사용하였다[행정안전부(2010~2022). 『지방공기업결산 및 경영분석』에서 재구성].

상수도 총괄원가 = 영업비용 + 자본비용 + 영업외비용 − 기타영업수익 − 영업외수익

영업비용 = 인력운영비 + 동력비 + 약품비 + 원정수구입비 + 수선교체비 + 감가상각비 + 민간위탁비
+ 연구개발비 + 경상이전 + 일반운영비 + 퇴직급여충당금전입금 + 기타 영업비용
자본비용 = 타인자본비용(지급이자) + 자기자본보수(= 요금기저 × 자기자본비율 × 적정투자보수율)
요금기저 = 순가동설비자산 + 건설 중인 자산 + 운전자금

또한 지방상수도 요금은 광역상수도 요금과는 달리 지역별로 차이가 존재하는데, 지방상수도 요금은 도시지역일수록 낮으며, 농촌지역일수록 상대적으로 높은 역진적 성격을 지니고 있다.[13)]

〈표 8-9〉 지방자치단체별 상수도 요금

자치단체		m^3당 요금(원/m^3)	m^3당 원가(원/m^3)	요금현실화율(%)
특별시 광역시	서울	522.10	743.39	70.23
	부산	830.79	961.38	86.42
	대구	615.92	765.64	80.45
	인천	643.98	842.80	76.41
	광주	654.83	739.55	88.54
	대전	531.81	621.12	85.62
	울산	827.05	1,028.55	80.41
	세종	848.61	1,078.27	78.70
강원도	홍천군	1,478.83	3,334.88	44.34
	영월군	1,104.13	4,545.82	24.29
	평창군	1,383.34	6,796.75	20.35
	고성군	1,468.78	3,353.50	43.80
충청북도	단양군	1,852.55	3,269.69	56.66

자료: 행정안전부(2022). 『지방공기업결산 및 경영분석』에서 재구성.

또한 외국의 상수도 요금과 비교할 때 우리의 상수도 요금은 상대적으로 저렴한 것으로 나타나고 있는데, 물에 대한 보편적 서비스 제공을 우선적으로 고려하는 경향이 다른 국가에 비해 강하다고 볼 수 있다.[14)]

13) 65세 이상인 자, 장애인, 국민기초생활보장법에 따른 수급권자 및 차상위계층, 자치단체가 요금 할인이 필요하다고 인정하여 조례로 정하는 자는 요금을 할인해 줄 수 있다(수도법 제38조).

〈표 8-10〉 주요 국가별 수도요금 현황

(단위: 원/m³)

구분	한국	일본	중국	미국	영국	독일	덴마크
수도요금	721	1,275	469	2,616	3,098	3,566	4,009
비교(배)	1.0	1.8	0.7	3.6	4.3	4.9	5.6

* 기준환율(2022.6.30): 1USD = 1,301.5KRW
자료: Global Water Intelligence(2022년), 환경부(2022). 『상수도통계』.

3) 고속도로 통행료

고속도로의 통행료는 유료도로법에 근간하여 결정되며, 고속도로 건설 및 유지관리에 소요되는 재원을 도로 이용자로부터 통행요금을 징수하여 운영하는 '수익자부담원칙', 통행요금 수준 결정에 있어서 건설유지비 총액을 회수하는 '원가회수주의', 전국 고속도로를 하나의 노선으로 간주하여 통행요금을 수납하는 '통합채산주의'를 적용하고 있다.15)

(1) 고속도로 통행요금

1980년 1월 4일 유료도로법 개정 이후 한국도로공사는 이부요금제를 도입하여 기본요금과 주행거리에 km당 요금 단가를 곱한 주행요금을 더한 값으로 통행요금을 책정하고 있다. 즉, 고속도로 통행요금은 기본요금과 주행요금으로 구분되는데, 고정비용은 기본요금으로, 변동비용은 주행요금으로 부과되고 있다. 즉, 건설비와 같은 고정비용은 기본요금으로 전환하여 이동 차량에 균등하게 부과되며, 유지 관리비, 영업 운영비, 일반 관리비 등과 같은 변동비용은 주행한 거리에 따라 차등 부과되는 이중의 구조를 갖고 있다.16)

---

14) 영국은 민영화된 수도기업을 규제하기 위해 Ofwat(Office of water services)을 설립하여 수도사업에 대한 사업면허와 허가권을 갖고 있다. Ofwat는 수도요금에 대해 기존의 가격상한규제 방식(RPI−X 방식) 대신에 RPI±K(조정지수)를 사용하고 있다. 조정지수(K)=PO−X+Q±V±S로 계산된다. PO는 과거 설정한 미래 효율성을 초과한 성과분, X는 미래 효율성, Q는 품질수준, V는 공급의 안정성, S는 서비스 수준의 향상을 의미한다(이종정, 2013: 108).

15) 고속도로 통행요금과 관련해서는 임용택 · 이창훈 · 백승걸(2010)의 자료를 인용하였다.

16) 한국도로공사의 고속도로 요금체계는 기본요금(폐쇄식 900원, 개방식 720원)에 주행거리(km)당 차종에 따른 요율을 곱해 산정되며, 화물차 심야 할인, 출퇴근 할인, AEBS 버스 할인, 전기 및 수소차 할인, 주말(공휴일) 할증 제도 등이 있다.

[그림 8-15] 고속도로 통행요금

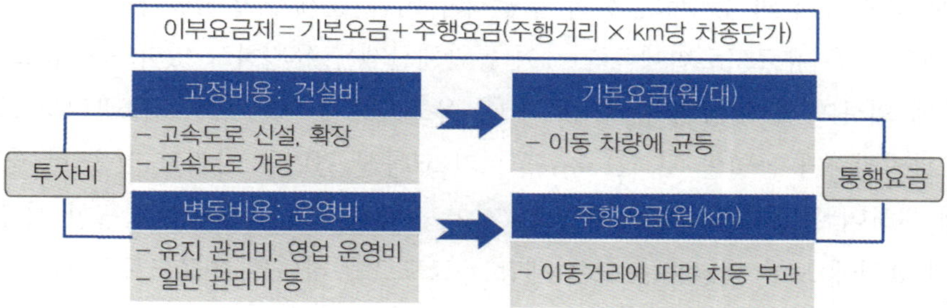

자료: 임용택 · 이창훈 · 백승걸(2010: 51).

(2) 독립채산제와 통합채산제

독립채산제란 고속도로의 각 노선이 그 해당 노선의 이용자에 의해 투자금의 회수가 이루어져야 하므로 각각의 노선을 개별적으로 보고 통행요금을 책정하여 징수하는 것을 의미한다. 교통수요가 많은 노선의 경우 투자금의 회수가 빠르게 완료됨으로써 노선의 무료화 개방이 빠르게 이루어지지만, 적자 노선의 경우 노선의 무료화 개방이 더욱 늦어질 수 있다. 또한 무료화 개방이 된 노선에 대해 교통수요가 집중될 가능성이 높아짐에 따라 해당 노선의 경우 심각한 교통체증을 유발할 수 있으며, 그에 따라 도로의 유지관리비가 증가할 수 있다.

통합채산제란 고속도로는 전국적 또는 지역적으로 하나의 도로망으로 구성되어 있으므로, 투자비 회수에 대해서도 각 노선을 개별적으로 파악하기보다는 각 노선을 하나의 도로망으로 보고 통합 징수하는 것을 의미한다. 고속도로를 하나의 도로망으로 판단하여 각각의 도로망에 통행요금을 징수함으로써 일관성 및 일체성을 갖게 되며, 고속도로 간 건설비용 및 시기가 상이함에 따라 노선별 통행요금 차이로 발생하는 도로 이용자의 혼란 및 차별적 요금부담 문제를 방지할 수 있다. 또한 노선에 따라 교통수요가 적은 노선(적자 노선)의 경우에 투자비를 회수하는 데 오랜 시간이 소요됨으로써 추가 도로건설 및 유지보수에 어려움이 있는데, 이를 다른 노선의 수익금으로 대체할 수 있으며, 지역 간 형평성을 도모할 수 있는 장점이 있다. 그러나 통합채산제는 기존 노선과 신설 노선을 하나의 도로망으로 보기 때문에 도로건설 투자비용이 회수된 기존 노선에 대한 무료 개방화를 지연시킬 수 있다. 또한 각 노선마다 교통수요의 차이가 존재하여 수익금이 달라지는데, 교통수요가 많은 노선이 교통수요가 적은 적자 노선의 통행요금까지 부담해야 하는 문제가 발생한다.

우리의 경우 유료도로법에 근거하여 통합채산제를 유지하고 있다. 즉, 유료도로법 제18조에 의하면 둘 이상의 유료도로가 ① 유료도로에 대한 유료도로관리청 또는 유료도로관리권자가 동일할 것, ② 유료도로가 교통상 관련을 가지고 있을 것, ③ 유료도로에 대하여 통행료를 통합하여 받는 것이 적당하다고 인정되는 특별한 사유가 있을 것의 요건에 모두 해당하는 경우 해당 유료도로를 하나의 유료도로로 하여 통행료를 받을 수 있다. 또한 유료도로법 제21조 제4항에 의하면 한국도로공사가 유료도로 관리권자로 설정되어 있는 유료도로(고속국도만 해당)의 경우 그 통행료와 부가통행료를 낼 의무가 있는 자가 이를 내지 아니하면 한국도로공사는 국토교통부 장관의 승인을 받아 징수할 수 있다.

4) 서울시 지하철 요금

서울시 지하철 요금은 서울교통공사 설립 및 운영에 관한 조례 제21조에 규정되어 있다. 즉, 서울교통공사는 운임을 징수하기 위한 세부적인 징수방법, 그 밖에 필요한 사항은 시장의 승인을 받아 별도의 규정으로 정할 수 있으며, 운임을 결정하거나 변경하는 때에는 시장이 정하는 범위에서 운임을 정하여 시장에게 신고하여야 한다. 따라서 서울시 지하철 요금은 서울교통공사가 시장의 승인을 받아 결정하는 구조를 지니고 있다.

지하철 운임은 수도권 전철 전 구간을 일원화하여 거리비례제로 책정되는데(최단거리 기준), 우선 일반 어른인 경우 기본운임(10km 이내)은 1,400원이며, 추가 운임은 10~50km 이내는 5km까지마다 100원 추가되고, 50km 초과할 때는 8km까지마다 100원 추가된다(2023년 10월 7일부터 조정).

지방자치단체의 지하철 요금과 관련하여 우대정책으로 무임수송정책을 추진하고 있다. 즉, 도시철도 무임수송정책은 노인복지법, 장애인복지법, 국가유공자 등 예우 및 지원에 관한 법률, 독립유공자 예우에 관한 법률, 5·18 민주유공자 예우에 관한 법률에 의거하여 운영되고 있는데, 65세 이상 노인, 장애인, 국가유공자, 독립유공자, 5·18 민주유공자에 대해서는 사회복지정책적 차원에서 비용 지불 없이 지하철을 이용할 수 있다. 그러나 지하철과 관련된 무임수송정책은 지하철공사의 재정적자를 더

〈표 8-11〉 서울시 지하철 이용거리별 요금

이용거리	선·후불 교통카드			1회용 교통카드	
	어른	청소년	어린이	어른 (청소년 포함)	어린이
10km까지	1,400	800	500	1,500	500
15km까지	1,500	880	550	1,600	550
20km까지	1,600	960	600	1,700	600
25km까지	1,700	1,040	660	1,800	660
30km까지	1,800	1,120	700	1,900	700
35km까지	1,900	1,200	750	2,000	750
40km까지	2,000	1,280	800	2,100	800
45km까지	2,100	1,360	850	2,200	850
50km까지	2,200	1,440	900	2,300	900
58km까지	2,300	1,520	950	2,400	950
66km까지	2,400	1,600	1,000	2,500	1,000
74km까지	2,500	1,680	1,050	2,600	1,050
82km까지	2,600	1,760	1,100	2,700	1,100
90km까지	2,700	1,840	1,150	2,800	1,150
98km까지	2,800	1,920	1,200	2,900	1,200
106km까지	2,900	2,000	1,250	3,000	1,250
114km까지	3,000	2,080	1,300	3,100	1,300
122km까지	3,100	2,160	1,350	3,200	1,350
130km까지	3,200	2,240	1,400	3,300	1,400
138km까지	3,300	2,320	1,450	3,400	1,450
146km까지	3,400	2,400	1,500	3,500	1,500
154km까지	3,500	2,480	1,550	3,600	1,550
162km까지	3,600	2,560	1,600	3,700	1,600
170km까지	3,700	2,640	1,650	3,800	1,650
178km까지	3,800	2,720	1,700	3,900	1,700

자료: 서울교통공사 홈페이지(www.seoulmetro.co.kr)에서 발췌.

욱 가중시키고 있다.

철도에 대한 무임수송정책은 국가가 법률로 시행하는 제도인데, 무임수송 정책에 대한 재정지원은 국가공기업이 운영하는 한국철도공사에는 적용되고 지방공기업인 도시철도공사에는 적용되지 않는다. 즉, 한국철도공사의 경우, 2003년 철도산업발전기본법 제정을 통해 매년 무임수송손실분의 일정액을 국비로 지원받지만, 지방공기업인 지하철공사의 무임손실분은 지방자치단체의 몫으로 전가하고 있다.

노인복지법 제26조에 의하면 65세 이상 노인에 대한 무임 손실 지원 주체로 국가 또는 지방자치단체를 명시하고 있는 데 비해, 장애인복지법에서는 무임 운영정책의 주체만을 언급하고 있다. 또한 국가유공자 등 예우 및 지원에 관한 법률 제66조, 독립유공자 예우에 관한 법률 제22조에서는 국가유공자와 독립유공자에 대한 보조금 지급 주체로 정부 또는 국가라고 명시하고 있다. 아울러 5·18 민주유공자 예우에 관한 법률 제58조에 의하면 보조금의 지급 주체로 국가 또는 지방자치단체를 규정하고 있다. 따라서 국가유공자 및 독립유공자의 무임 손실에 대해서는 정부가 지원하는 것이 법률적 규정에 부합한다.

〈표 8-12〉 지하철공사의 재무현황

구분	요금 현실화율(%)	부채(백만 원)				무임손실액 (백만 원)
		소계	건설부채	운영부채	이자	
전체	41.34	3,706,595	324,833	3,646,878	59,392	471,762
서울	50.20	3,658,217	0	3,598,826	59,391	278,438
부산	26.84	1,264	0	1,264	0	109,034
대구	30.21	3,416	266,933	74	0	45,927
인천	30.37	119	57,900	60	1	24,022
광주	18.32	46,608	0	46,608	0	6,389
대전	34.71	43	0	43	0	7,952

자료: 행정안전부(2022). 『지방공기업결산 및 경영분석』에서 재구성.

PUBLIC ENTERPRISE

제 9 장

공기업의 과세와 재무관리

제1절 공기업과 과세

1 공기업 과세의 필요성

공적 재화나 서비스를 제공하는 공기업에 대해 과세를 하는 것이 타당한 것인가에 대한 논쟁은 다음과 같이 정리할 수 있다.[1)]

1) 과세 부정론

공기업에 대한 과세를 부정하는 입장은 다음과 같이 정리할 수 있다.

첫째, 공기업은 공공부문의 일환으로 권력적 행정작용을 전제로 하고 있기 때문에 당연히 과세를 하지 않는 것이 바람직하다는 점이다.

둘째, 공기업에 조세가 부과된다면 공기업은 부과된 조세만큼을 비용으로 전가하여 최종적 조세부담이 소비자인 국민에게 귀착될 수 있다. 따라서 공공서비스를 제공하는 공기업에 대해 과세를 부과하는 것은 타당하지 않다는 점이다.

셋째, 공기업은 민간기업처럼 영리추구를 목적으로 하지 않는 공적 기관이므로 과세를 하는 것은 부적당하다. 특히 정부가 공기업에 대한 요금규제를 수행하고 있는 상황에서 과세를 하게 되면 이중의 재정적 부담을 지게 된다는 점이다.

2) 과제 긍정론

공기업에 대한 과세를 긍정하는 입장은 다음과 같이 정리할 수 있다.

첫째, 공기업은 정부로부터 독립된 별개의 법인체이며, 정부조직과 분리된 형태를 지니고 있으므로 과세가 필요하다는 점이다.

둘째, 공기업도 기업인 이상 수익자부담원칙이 적용될 수밖에 없고, 수익자부담으로 얻은 이익에 대해서는 과세가 필요하다. 정부와 별개의 독립된 법인체이므로 획득된 재원에 대해서는 과세하는 것이 타당하다는 점이다.

---

1) 공기업 과세와 관련해서는 원구환(2017a: 1-21)을 수정 · 발췌하였다.

셋째, 공기업도 기업적 효율성을 제고하려면 민간기업과 같은 생산적 노력이 전제되어야 하는데, 공기업에 과세를 하면 과세된 부분만큼 효율성을 제고하기 위한 동기부여를 도모할 수 있다. 과세를 하지 않으면 공기업 내부에서 발생하는 비효율성을 공공성이라는 미명 하에 덮어버리려는 개연성을 높일 수 있다.

3) 절충론

공기업의 경영형태를 직접경영형태(정부조직형태)와 간접경영형태(독립된 법인체)로 구분하고, 직접경영형태에 대해서는 과세 부정을, 간접경영형태에 대해서는 과세를 긍정하는 입장이다. 즉, 중앙정부의 정부기업이나 지방자치단체의 지방직영기업은 특별회계로 처리되고, 공익적 기능을 수행하는 정부조직이므로 과세는 타당하지 않다. 반면에 중앙정부의 공기업(시장형, 준시장형), 준정부기관, 기타공공기관, 그리고 지방자치단체의 지방공사, 지방공단은 모두 정부로부터 독립된 법인체이므로 법인세 등에 대한 과세를 인정하는 입장이다.[2)]

2 공기업 과세에 따른 조세귀착과 초과부담

1) 공기업 재화의 비탄력성과 조세귀착

과세의 실제적 부담이 반드시 법적으로 납세의무가 있는 사람에게 부과되는 것은 아니다. 즉, 조세는 다른 사람에게 이전될 수 있는데 이를 조세전가(shifting)라 하며, 조세부담이 최종적으로 어떤 사람에게 낙착되는 것을 귀착(incidence)이라 한다.

(1) 완전비탄력성과 조세귀착

수요와 공급의 가격탄력성이 완전비탄력적인 경우에 공급자와 소비자 간의 조세귀착은 어떻게 결정되는가? 비탄력적 재화에 대한 조세귀착은 행위를 변화시키지 않으려는 자가 더 많은 부담을 하게 된다.[3)]

---

2) 2022년 결산 기준으로 LH 5,653억 원, 한국수력원자력 1,095억 원, 한국수자원공사 692억 원, 한국도로공사 278억 원을 법인세로 납부하였다(각 기관 손익계산서 참조).

3) 소비자가 공급자보다 더 많은 행위변화를 시도한다면 수요탄력적이 되므로 공급자가 더 많은

[그림 9-1] 완전비탄력적 상황에서의 조세부담

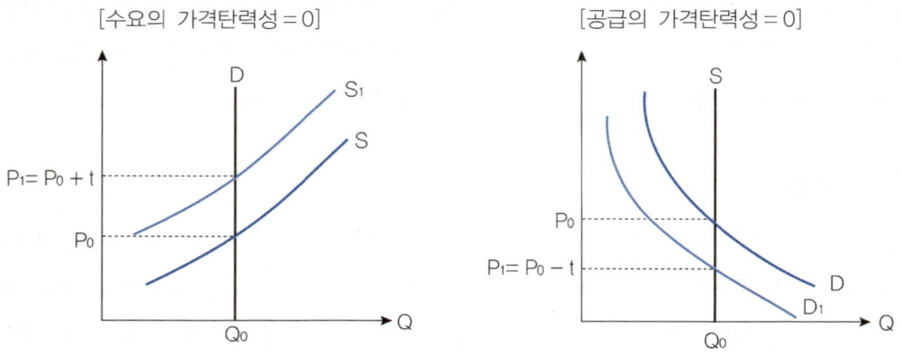

수요의 가격탄력성이 완전비탄력적일 경우(가격에 관계없이 똑같은 양을 소비), 세금이 부과되면 소비자가 부담해야 할 가격은 세금만큼 올라가게 되고, P_1-P_0 만큼을 전적으로 소비자가 부담하게 된다.

반면에 공급의 가격탄력성이 완전비탄력적일 경우(가격에 관계없이 똑같은 양이 공급), 세금이 부과되면 수요곡선은 세금만큼 하락, 즉 P_0에서 P_0-tax로 떨어진다. 공급자는 행위변화를 시도하지 않았기 때문에 공급자가 전적으로 세금을 부담하게 된다. 즉, P_0-P_1 만큼을 전적으로 공급자가 부담하게 된다.

결국 수요의 가격탄력성이 0이면 전적으로 소비자가 부담하며, 공급의 가격탄력성이 0이면 전적으로 공급자가 부담하게 된다.

(2) 비탄력성과 조세귀착

수요와 공급의 가격탄력성이 완전비탄력적이지 않고 비탄력적인 경우에 공급자와 소비자 간의 조세 귀착은 어떻게 결정되는가?

수요의 가격탄력성이 비탄력적이라는 것은 가격변화량에 비해 수요변화량이 상대적으로 작다는 의미이므로, 공급자에 비해 소비자가 부담해야 할 부분이 상대적으로 많아지게 된다. 즉, 수요의 가격탄력성이 작은 경우 수요량의 변화가 크지 않기 때문에 공급자의 행위가 상대적으로 더 크게 변화될 수 있다. 따라서 공급자는 세금($P_1=$

세금을 부담하게 되며, 반대의 경우는 공급탄력적이 되므로 소비자가 더 많은 세금을 부담한다.

P_0+t)이 부과됨에 따라 생산량을 감소($Q_0 \rightarrow Q_1$)시키는데, Q_1 지점에서 공급자의 조세부담은 P_0-P_2이고, 소비자의 조세부담은 P_1-P_0이다. 따라서 수요의 가격탄력성이 비탄력적일 경우에는 소비자의 부담이 상대적으로 공급자에 비해 크다.

공급의 가격탄력성이 비탄력적이라는 것은 가격변화량에 비해 공급변화량이 상대적으로 작다는 의미이므로, 소비자에 비해 공급자가 부담해야 할 부분이 상대적으로 많아지게 된다. 즉, 공급의 가격탄력성이 작은 경우 공급량의 변화가 크지 않기 때문에 소비자의 행위가 상대적으로 더 크게 변화될 수 있다. 따라서 공급자는 세금($P_1=P_0+t$)이 부과됨에 따라 생산량을 감소($Q_0 \rightarrow Q_1$)시키는데, Q_1 지점에서 공급자의 조세부담은 P_0-P_2이고, 소비자의 조세부담은 P_1-P_0이다. 따라서 공급의 가격탄력성이 비탄력적일 경우에는 공급자의 부담이 상대적으로 소비자에 비해 크다.

결국 수요의 가격탄력성이 비탄력적이면 세금 부담은 소비자>공급자의 구조를 지니며, 공급의 가격탄력성이 비탄력적이면 세금 부담은 공급자>소비자의 구조를 지니게 된다.

[그림 9-2] 비탄력적 상황에서의 조세부담

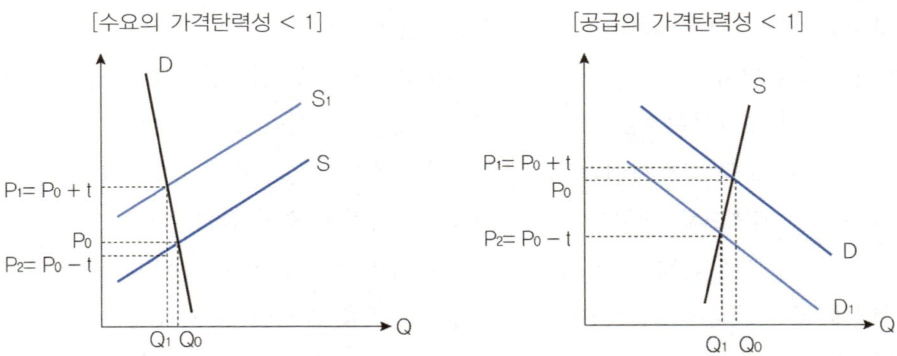

2) 공기업 과세와 초과부담

일반적으로 초과부담(excess burden)이란 조세로 인해 발생되는 사회 전체의 후생 손실에서 조세부담을 공제한 것으로 이해된다. 조세가 부과되면 소비자나 공급자 모두 행동을 변화시키게 되는데, 이 과정에서 소비자와 공급자는 조세부담 이외에 초과적으로 부담하는 부문이 발생하게 된다. 소비자와 공급자의 조세부담은 개별적인 차원에서는 손실을 유발할 수 있지만, 소비자와 공급자의 부담이 정부로 이전되는 것에 불과하므로, 사회 전체적으로는 손실이 발생했다고 볼 수 없다. 그러나 조세부과로 인한 소비자와 공급자의 조세부담액 이외에 사회 전체적으로 발생하는 비효율성 비용을 초과부담이라고 한다. 조세부과에 따라 민간부문의 자원배분 왜곡현상이 발생하는 것 이외에 징수관리에 소요되는 시간과 비용, 납세자 협력을 위한 비용 등은 사회 전체적인 후생 손실이라고 할 수 있다.

따라서 초과부담의 개념은 자원배분의 효율성이라는 차원에서 중요한 의미를 지니는 개념인 데 비해, 조세귀착은 공평성의 차원에서 중요한 의미를 지니는 개념이다. 조세부과는 가격을 변화시켜 민간부문의 의사결정을 교란하고, 자원배분을 왜곡하여 초과부담을 발생시키기 때문에 조세는 자원배분의 효율성 측면에서 초과부담의 발생을 최소화해야 한다.

(1) 비용증가산업에서의 조세 초과부담 분석

완전경쟁시장(비용증가산업)에서 가격과 생산량은 수요곡선과 공급곡선이 일치하는 균형점, 즉 A지점에서 형성되며, 이때 가격과 생산량은 각각 P_0와 Q_0이다. 이 경우 소비자 부담액은 OP_0AQ_0이며, 소비자잉여는 P_0PA이다.

이러한 상황에서 정부가 T 만큼의 조세를 부과하기로 결정했다고 가정하자. 공급자는 T 만큼의 조세부담으로 인해 공급곡선(S)을 변화시켜 S_1으로 이동시키며, 생산량을 Q_0에서 Q_1으로 감소시킨다. 생산량의 감소에 따라 균형점은 B로 이동하게 되며, 소비자는 P_1의 가격으로 재화를 구매하게 되고, 가격이 오른 만큼 소비량도 줄어들게 된다. 따라서 조세부과에 따른 소비자잉여는 P_0PA에서 P_1PB로 감소하게 된다.

반면에 공급자의 경우는 소비자에게 P_1의 가격을 받지만, 여기에는 조세(T)가 포함되어 있다. 조세귀착에서 분석한 바와 같이 조세부담은 P_2P_1BC인데, 이 중 P_0P_1BE는 소비자 부담이고, P_2P_0EC는 공급자 부담이 된다(소비자와 공급자의 부담 크기는 수요와 공급의 탄력성에 따라 달라짐).

조세부과에 따라 소비자는 소비자잉여가 줄고 조세부담이 증가하였고, 공급자도 조세부담이 증가하였다. 그러나 조세부담은 민간부문에서 정부부문으로 이전된 것이므로, 사회 전체적으로 볼 때 순손실이라고 할 수 없다. 따라서 삼각형 ABC는 정부가 조세를 부과함으로써 발생하게 된 사회적 순손실이라고 할 수 있는데, 조세로 야기된 후생의 손실을 초과부담(excess burden)이라고 한다.

조세부과로 인한 사회 전체의 부담은 P_2P_1BAC 면적으로 조세 징수액 면적 P_2P_1BC보다 크다. 조세부과로 인한 실제의 부담이 조세 징수액보다 더 크게 발생하는 이유는 조세부과가 비효율성을 유발하는 원인으로 작용한다는 데서 찾을 수 있다. 조세를 부과하면 가격이 변화하게 되고, 이로 인해 미시경제학적으로 경제주체들의 선택이 교란(distortions)되는 결과가 빚어진다. 가격은 자원의 희소성에 대한 신호를 전달하는 기능을 하는데, 조세부과로 인해 가격이 변화하면 그 신호 전달기능이 왜곡되기 때문이다. 삼각형 ABC 만큼의 부담은 조세 부과가 비효율성을 일으키기 때문에 공급자와 소비자가 추가적으로 지게 되는 부담이라고 말할 수 있다.

이런 뜻에서 이 부분을 가리켜 조세 부과로 인한 초과부담(excess burden)이라고 부른다. 이 초과부담을 조세의 사중손실(deadweight loss)이라고도 부르는데, 이 이름에는 조세부과로 인한 효율성의 상실을 나타낸다는 의미가 담겨져 있다. 이에 비해 초과부담이라는 이름에는 경제주체들이 납부하는 세금 이외에 추가적으로 지는 부담이라는 의미가 더 강하게 내포되어 있다. 그러나 미시경제학에서 이 두 이름 중 어떤 것으로 부르든 아무 상관이 없을 정도로 함께 섞어 쓰고 있다.

[그림 9-3] 조세의 초과부담(비용증가산업의 경우)

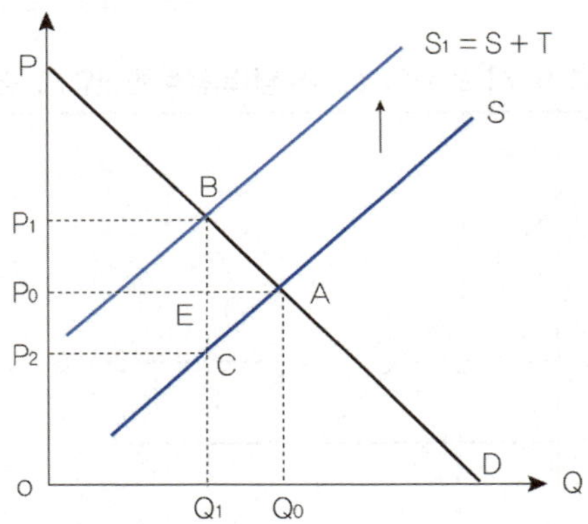

(2) 비용불변사업에서의 조세 초과부담 분석

비용증가산업에서 조세의 초과부담은 소비자와 공급자 모두에게 발생한다. 그러나 비용불변산업의 경우 조세부담은 소비자의 몫으로 귀착되는 경향이 있다.

비용불변산업의 경우는 생산량에 관계없이 가격이 일정한 경우, 즉 수평선을 형성하게 된다. 즉, 비용불변산업에서 가격과 생산량은 수요곡선과 공급곡선이 일치하는 균형점, 즉 A지점에서 형성되며, 이때 가격과 생산량은 각각 P_0와 Q_0이다. 이 경우 소비자 부담액은 OP_0AQ_0이며, 소비자잉여는 P_0PA이다.

이러한 상황에서 정부가 T 만큼의 조세를 부과했다고 가정하자. 공급자는 T 만큼의 조세부담으로 인해 공급곡선(S)을 변화시켜 S_1으로 이동시키며, 생산량을 Q_0에서 Q_1으로 감소시킨다. 생산량의 감소에 따라 새로운 균형점은 B로 이동하게 되며, 소비자는 P_1의 가격으로 재화를 구매하게 되고, 가격이 오른 만큼 소비량도 줄어들게 된다. 따라서 조세부과에 따른 소비자잉여는 P_0PA에서 P_1PB로 감소하게 된다.

과세 이전의 영역은 $OPAQ_0$이며, 이 영역 중에서 P_0PA는 소비자잉여, OP_0AQ_0는 공급자 판매액에 해당하는 부분이었다. 그러나 과세 이후의 영역은 $OPBQ_1$으로 변경되었으며, 이 영역 중에서 P_1PB는 소비자잉여, P_0P_1BC는 조세부담, OP_0CQ_1은 공급자 판매액에 해당하는 부분이다. 따라서 과세로 인해 Q_1BAQ_0 부문이 손실되었는데, 이 면적 중에서 Q_1CAQ_0 부문은 소비자가 감수해야 할 후생의 손실은 아니다. 생산량이 Q_0에서 Q_1으로 감소됨으로써, 여기에 사용된 자원은 타 산업으로 이동되어 타 산업

[그림 9-4] 조세의 초과부담(비용불변산업의 경우)

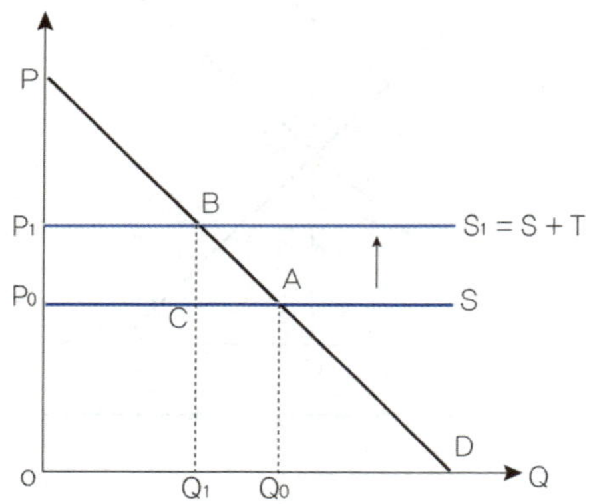

을 증가시키게 된다. 결국 소비자는 과세에 따른 생산량의 감소로 Q_1BAQ_0 면적만큼 손실을 보지만, 타 재화의 생산증가로 인해 Q_1CAQ_0 면적만큼 이득을 얻게 된다. 따라서 사회 전체적으로 볼 때 과세로 인한 초과부담은 삼각형 ABC가 된다.

3) 조세귀착과 조세 초과부담 간의 관계

최적 과세는 세율을 어떻게 구성하면 조세로 인해 발생한 초과부담을 극소화시킬 수 있는가의 문제이다. 일반적으로 다른 여건들이 일정하다고 가정할 경우 조세는 수요와 공급이 비탄력적인 재화에 부과하는 것이 효율성의 측면에서 더 바람직하다. 즉, 수요의 가격탄력성에 반비례하도록 하는 것이 효율적인데, 이를 흔히 램지의 역탄력성의 법칙(Ramsey's inverse elasticity rule)이라 한다(Ramsey, 1927: 47-61).

탄력성이 높다는 것은 세율 변화에 따른 조세 징수량이 크게 변화하는 것을 의미하는데, 세율을 올리면 세금을 내지 않으려고 해당 경제활동을 기피함으로써 징수되는 세금이 감소하는 것을 의미한다. 또한 탄력성이 낮다는 것은 세율 변화에 따른 조세 징수량이 크게 변화하지 않는 것을 의미하는데, 세율을 올려도 세율을 받아들일 수밖에 없어서 세금이 많이 걷히는 것을 의미한다. 탄력성이 높다는 것은 세금을 기피할 가능성이 높다는 것이며, 탄력성이 낮다는 것은 세금을 기피할 가능성이 낮다는 것과 동일한 의미이기도 하다. 따라서 탄력성이 높은 부문의 세율은 낮게, 탄력성이 낮은 부문의 세율은 높게 유지하는 것이 역탄력성의 법칙이다.

그러나 수요가 비탄력적인 재화나 서비스는 공공재나 생활필수적 재화에 해당하는 경우가 많은데, 초과부담 규모 축소라는 효율성의 차원에서 생활필수재에 조세를 부과하게 되면 저소득층에게 상대적으로 과중한 조세부담을 지우게 되는 역진적 문제가 발생하게 된다.

따라서 조세는 공평성 차원에서의 귀착 문제와 효율성 차원에서의 초과부담 문제를 동시에 고려해야 한다. 특히 수요와 공급이 비탄력적인 재화의 경우 조세귀착과 초과부담 간에는 상충관계(trade-off)가 형성되고 있다. 특히 비용불변사업의 경우 조세 부담은 소비자의 몫으로 귀착되는 경향이 강하고, 비용증가산업의 경우에는 조세의 초과부담은 소비자와 공급자 모두에게 발생하게 된다. 따라서 공기업와 소비자 간의 관계를 사업별로 인식하고, 효율성과 공평성의 관점에서 사회후생을 극대화할 수 있는 최적 과세 구조를 모색해야 한다.

3 외국의 공기업 조세 제도

국가별 공기업의 조세 제도 현황을 살펴보면 크게 세 가지 형태로 구분되는데, 민간기업과 동일한 과세 기준을 적용하는 국가, 민간기업과 유사한 과세 기준을 적용하는 국가, 다른 과세 기준을 적용하거나 면제해 주는 국가로 구분해 볼 수 있다.

민간기업과 동일한 과세 기준을 적용하는 국가는 한국, 일본, 독일, 호주, 스페인, 스웨덴이 대표적이며, 민간기업과 유사한 과세 기준을 적용하고 있는 국가는 오스트리아, 캐나다, 중국, 스위스 등이 대표적이다. 반면에 공기업에 대해서는 민간기업과 다른 과세 기준을 적용하거나 면제해 주는 국가는 아르헨티나, 인도, 멕시코, 폴란드 등이 대표적이다. 그러나 한 국가 내에서도 공기업의 특성상 2개 이상의 기준을 적용하는 국가도 있다.

〈표 9-1〉 국가별 공기업 조세 제도 현황

구분	국가
민간기업과 동일한 과세 기준 적용	아르헨티나, 호주, 브라질, 불가리아, 체코, 덴마크, 에스토니아, 핀란드, 독일, 그리스, 헝가리, 아일랜드, 이스라엘, 이탈리아, 일본, 한국, 라트비아, 멕시코, 네덜란드, 뉴질랜드, 노르웨이, 페루, 슬로바키아, 슬로베니아, 스페인, 스웨덴
민간기업과 유사한 과세 기준 적용	오스트리아, 캐나다, 칠레, 중국, 코스타리카, 크로아티아, 아이슬란드, 카자흐스탄, 리투아니아, 폴란드, 포르투갈, 남아프리카공화국, 스위스, 우크라이나
다른 과세 기준 적용 또는 면제	아르헨티나, 브라질, 캐나다, 칠레, 중국, 콜롬비아, 아이슬란드, 인도, 인도네시아, 카자흐스탄, 리투아니아, 멕시코, 폴란드, 러시아, 사우디아라비아, 남아프리카공화국, 스위스, 튀니지, 우크라이나, 영국, 미국

자료: OECD(2022.12)에서 재구성.

우리의 경우도 중앙정부의 공공기관을 지방으로 이전한 경우 한시적으로 지방세 제한특례법에 의거하여 지방세를 2019년 말까지 감면하였다. 즉, 지방자치단체는 국가공기업에 대해 취득세, 재산세, 등록면허세 등의 지방세를 감면해 준 반면에, 지방공기업은 국세인 법인세 감면 혜택을 받지 못하여 지방공기업과 국가공기업 간의 세제 감면 형평성에 문제가 있었다. 국세 감면이 아닌 지방세 감면은 지방재정의 건전화에 역행하는 조치였다.

제2절 공기업의 예산과정

1 국가공기업의 예산과정

1) 직접경영방식(정부기업)의 예산 운영

(1) 우정사업의 예산

정부기업은 정부조직형태로 운영되므로 예산과정 또한 정부의 예산과정과 동일하게 운영되는데, 회계연도는 매년 1월 1일부터 12월 31일까지이다.

정부기업의 대표적인 사례로는 우정사업을 예로 들 수 있는데, 우정사업의 회계는 우편사업특별회계(우편사업과 부대사업), 우체국예금특별회계(우편환, 우편대체, 우체국예금 및 그 부대사업) 및 우체국보험특별회계(우체국보험과 부대사업)로 구분된다(우정사업 운영에 관한 특례법 제9조).

정부의 예산과정과 동일한 과정을 거치지만, 기획재정부 장관은 국가재정법에 따른 예산안편성지침을 작성할 때에는 과학기술정보통신부 장관의 의견을 들어 우정사업의 기업적 특수성을 반영하여야 한다(동법 제12조).

우편사업특별회계의 세입은 우편사업수익 및 수탁영업수익, 다른 회계로부터의 전입금 등을 규정하고 있으며, 해당 세입을 우편사업 관리와 운영, 다른 회계로의 전출금 등에 지출하고 있다.

〈표 9-2〉 우편사업특별회계 예산(특례법 제11조)

세입	세출
1. 우편사업수익 및 수탁영업수익	1. 우편사업의 관리와 운영에 필요한 경비
2. 다른 회계로부터의 전입금	2. 우편사업의 기계화 및 전산화와 우체국사의 신축 등에 필요한 사업비
3. 출자 등에 의한 재산수입	3. 다른 회계로의 전출금
4. 요금감면 부담제공자로부터의 비용부담금	4. 위탁사업의 시행 경비
5. 차입금	5. 차입금의 상환금 및 이자
6. 전년도 이월금	6. 그 밖에 우편사업과 관련된 지출
7. 그 밖에 우편사업과 관련된 수입금	

우체국예금특별회계의 세입은 우체국예금사업수익 및 수탁 영업수익, 다른 회계로부터의 전입금 등으로 구성되며, 해당 세입을 우체국예금사업 관리와 운영, 다른 회계로의 전출금 등으로 사용하고 있다.

〈표 9-3〉 우체국예금특별회계 예산(특례법 제11조의2)

세입	세출
1. 우체국예금사업수익 및 수탁영업수익 2. 다른 회계로부터의 전입금 3. 출자 등에 의한 재산수입 4. 요금감면 부담제공자로부터의 비용부담금 5. 차입금 6. 전년도 이월금 7. 그 밖에 우체국예금사업과 관련된 수입금	1. 우체국예금사업의 관리와 운영에 필요한 경비 2. 우체국예금사업의 자동화·전산화 및 우체국예금사업과 관련된 우체국사의 신축 등에 필요한 사업비 3. 다른 회계로의 전출금 4. 위탁사업의 시행 경비 5. 차입금의 상환금 및 이자 6. 그 밖에 우체국예금사업과 관련된 지출

(2) 우정사업 예산의 특례

우정사업 예산과 관련된 특례 규정을 살펴보면 다음과 같다.

첫째, 과학기술정보통신부 장관이 국내·외 소포우편에 관한 요금, 국제 특급 우편요금 및 우편환 요금을 결정할 때에는 기획재정부장관과의 협의를 거치지 않아도 되며, 우정서비스의 이용에 관한 수수료를 우정사업운영위원회의 심의를 거쳐 정할 수 있다(동법 제15조의2 및 제16조).

둘째, 과학기술정보통신부 장관은 우편사업특별회계, 우체국예금특별회계 또는 우체국보험특별회계의 세출예산 각각의 총액 범위에서 각 과목 상호 간에 이용(移用)하거나 전용(轉用)할 수 있다(동법 제13조).

셋째, 우정사업총괄기관의 장은 우편사업특별회계예산 또는 우체국예금특별회계 예산 중 부득이한 사유로 해당 회계연도에 지출하지 못한 경상적 성격의 경비를 대통령령으로 정하는 범위에서 과학기술정보통신부 장관의 승인을 받아 다음 회계연도로 이월하여 사용할 수 있다. 또한 우정사업총괄기관의 장은 우체국보험특별회계에서 지급할 의무가 있는 금액으로서 해당 회계연도의 출납정리기한까지 지출되지 아니한 세출예산에 대하여는 과학기술정보통신부 장관의 승인을 받아 다음 회계연도에 이월하여 사용할 수 있다(동법 제13조의2).

넷째, 우정사업총괄기관의 장은 우편사업특별회계, 우체국예금특별회계 또는 우체국보험특별회계의 초과수입금을 사용하려면 그 이유와 금액을 구체적으로 밝힌 조서를 작성하여 과학기술정보통신부 장관의 승인을 받아야 한다. 과학기술정보통신부 장관이 이용, 전용, 이월, 초과수입금의 사용을 승인하였을 때에는 기획재정부 장관과 감사원에 통보하여야 한다(동법 제13조~제14조).

다섯째, 우편사업특별회계 및 우체국예금특별회계는 정부기업예산법 제21조에 따라 매 회계연도의 결산 결과 이익이 생긴 경우에는 이익잉여금으로 적립하고, 결손이 생긴 경우에는 이익잉여금 중에서 결손을 정리한다. 다만, 과학기술정보통신부 장관은 우정사업을 효율적으로 운영하기 위하여 필요한 경우에는 다른 법률에도 불구하고, 이익이 생긴 특별회계의 이익금을 다른 특별회계의 결손을 보전하기 위하여 위원회의 심의를 거쳐 전출할 수 있다. 특히 우정사업총괄기관의 장은 위원회의 심의를 거쳐 이익잉여금의 일부를 우정사업의 기계화·자동화를 위한 투자재원, 우정사업의 활성화를 위한 직접 경비로서 우정사업운영위원회가 인정하는 사업에 대한 재원으로 사용할 수 있다(동법 제14조의2, 동법 시행령 제12조의2).

2) 간접경영방식(공기업, 준정부기관)의 예산과정

공기업·준정부기관의 회계연도는 정부의 회계연도와 같은데(공공기관의 운영에 관한 법률 제38조), 회계연도는 매년 1월 1일부터 12월 31일까지이다.

(1) 중장기 재무관리계획의 수립

중장기 재무관리계획은 2012년에 공공기관의 재정 건전성을 도모하기 위해 도입되었는데, 모든 공공기관에 해당하는 것은 아니다. 즉, 공공기관의 유형 중에서 ① 자산규모 2조 원 이상이거나 설립 근거 법률에 정부의 손실보전 조항이 있는 공기업·준정부기관, ② 그 밖에 자산·부채규모 등을 고려하여 대통령령으로 정하는 기준에 해당하는 공기업·준정부기관의 기관장은 매년 해당 연도를 포함한 5회계연도 이상의 중장기 재무관리계획을 수립하고, 이사회의 의결을 거쳐 확정한 후 6월 30일까지 기획재정부 장관과 주무기관의 장에게 제출하여야 한다(공공기관의 운영에 관한 법률 제39조의2 제1항).

중장기 재무관리계획에 포함되어야 할 내용은 ① 경영목표, ② 사업계획 및 투자방향, ③ 재무 전망과 근거 및 관리계획, ④ 부채의 증감에 대한 전망과 근거 및 관리

〈표 9-4〉 2022~2026년 공공기관 중장기 재무관리계획 대상 기관

기준	공기업 (19)	준정부기관 (16)	기타공공기관 (2)
자산 2조 원 이상 (37)	한국토지주택공사, 한국전력공사, 한국도로공사, 한국수력원자력, 한국가스공사, 한국수자원공사, 한국철도공사, 한국석유공사, 인천국제공항공사, 한국공항공사, 한국남동발전(주), 한국남부발전(주), 한국동서발전(주), 한국서부발전(주), 한국중부발전(주), 강원랜드, 주택도시보증공사, 한국지역난방공사, 한국광해광업공단	공무원연금공단, 국민체육진흥공단, 기술보증기금, 사립학교교직원연금공단, 신용보증기금, 예금보험공사, 중소벤처기업진흥공단, 한국무역보험공사, 한국자산관리공사, 한국주택금융공사, 국민건강보험공단, 한국농어촌공사, 국가철도공단, 한국산업단지공단, 한국장학재단, 서민금융진흥원	부산항만공사 인천항만공사
손실보전 조항 (2)	대한석탄공사	대한무역투자진흥공사	

자료: 기획재정부(2022.8.31). 『'22~'26년 공공기관 중장기 재무관리계획 수립(별첨)』.

계획 등이 포함된 부채관리계획, ⑤ 전년도 중장기 재무관리계획 대비 변동사항, 변동요인 및 관리계획 등에 대한 평가 · 분석, ⑥ 그 밖에 대통령령으로 정하는 사항 등이다(동법 제39조의2).

(2) 경영목표의 수립

공공기관의 기관장은 사업내용과 경영환경, 이사회가 제시하는 구체적 경영목표와 성과급 등에 관한 사항 등을 고려하여 다음 연도를 포함한 5회계연도 이상의 중장기 경영목표를 설정하고, 이사회의 의결을 거쳐 확정한 후 매년 10월 31일까지 기획재정부 장관과 주무기관의 장에게 제출하여야 한다. 특히 기관장이 수립된 경영목표를 변경하는 경우에는 이사회 의결을 거쳐 확정한 후 지체 없이 기획재정부 장관과 주무기관의 장에게 제출하여야 하며, 공기업 · 준정부기관의 경영환경 · 경제여건 및 국가정책방향 등을 고려하여 기획재정부 장관은 공기업의 장에게, 주무기관의 장은 준정부기관의 장에게 각각 경영목표의 변경을 요구할 수 있다(동법 제46조).

(3) 경영지침 통보

예산편성지침은 공공기관의 운영에 관한 법률 제50조(경영지침)에 근거해 공공기관운영위원회의 심의 · 의결을 거쳐 정해지는데, 기획재정부 장관은 예산과 자금 운

영에 관한 사항에 대한 지침을 정하고, 이를 공기업·준정부기관 및 주무기관의 장에게 통보해야 한다. 지침은 공기업·준정부기관에는 직접 적용되며, 기타공공기관은 준용할 수 있다(동법 제50조).

(4) 예산편성

기관장은 경영목표와 기획재정부의 경영지침에 따라 다음 회계연도의 예산안을 편성하고, 다음 회계연도 개시 전까지 그 공기업·준정부기관의 이사회에 제출하여야 한다(동법 제40조 제2항).

공기업·준정부기관의 예산은 예산총칙, 추정손익계산서, 추정대차대조표와 자금계획서로 구분하여 편성하는데(동법 제40조 제1항), 예산의 유형은 정부 예산과는 달리 민간부문과 유사하다.

또한 기관장은 신규 투자사업 및 자본출자에 대한 예산을 편성하기 위하여 대통령령으로 정하는 바에 따라 미리 예비타당성조사를 실시하여야 한다. 다만, 예비타당성조사 대상에서 제외되는 경우가 존재하는데(동법 제40조 제3항), 예비타당성조사 면제 사업의 사유에 대해서는 지체 없이 국회 소관 상임위원회에 보고해야 한다.

〈표 9-5〉 예비타당성조사 제외 대상

1. 정부예산이 지원되는 사업 중 국가재정법 제38조에 따라 예비타당성조사를 실시하는 사업
2. 남북교류협력에 관계되거나 국가 간 협약·조약에 따라 추진하는 사업
3. 도로 유지보수, 노후 상수도 개량 등 기존 시설의 효용 증진을 위한 단순개량 및 유지보수 사업
4. 재난 및 안전관리 기본법 제3조 제1호에 따른 재난복구 지원, 시설 안정성 확보, 보건·식품 안전 문제 등으로 시급한 추진이 필요한 사업
5. 재난예방을 위하여 시급한 추진이 필요한 사업으로서 국회 소관 상임위원회의 동의를 받은 사업
6. 법령에 따라 추진하여야 하는 사업
7. 지역균형발전, 긴급한 경제적·사회적 상황 대응 등을 위하여 국가 정책적으로 추진이 필요한 사업으로서 ① 사업 목적 및 규모, 추진방안 등 구체적인 사업계획이 수립된 사업, ② 국가 정책적으로 추진이 필요하여 국무회의를 거쳐 확정된 사업

(5) 예산안 확정

공기업·준정부기관의 기관장이 편성·제출한 예산안은 이사회의 의결로 확정된다. 다만, 다른 법률에서 공기업·준정부기관의 예산에 관하여 주주총회나 출자자총회 등 사원총회의 의결이나 기금운용심의회의 의결 등 별도의 절차[4]를 거치도록 한

경우에는 이사회 의결 후 이를 거쳐 확정하고, 준정부기관의 예산에 관하여 주무기관의 장의 승인을 거쳐 확정하도록 한 경우에는 이사회 의결을 거친 후 주무기관의 장의 승인을 얻어야 한다(동법 제40조 제4항).

또한 기관장은 예산이 확정된 후 경영목표가 변경되거나 그 밖의 불가피한 사유로 인하여 예산을 변경하고자 하는 경우에는 변경된 예산안을 작성하여 이사회에 제출해야 하며, 변경 제출된 예산안은 이사회의 의결로 확정된다. 공기업・준정부기관은 예산이 확정되거나 변경된 경우 지체 없이 기획재정부 장관, 주무기관의 장 및 감사원장에게 그 내용을 보고해야 하며, 국회 소관 상임위원회에 그 내용을 제출해야 한다(동법 제40조 제5항 내지 제7항).

(6) 준예산

공기업・준정부기관은 천재지변 그 밖의 부득이한 사유로 회계연도 개시 전까지 그 공기업・준정부기관의 예산이 확정되지 아니한 경우에는 전 회계연도의 예산에 준하여 예산(준예산)을 편성하여 운용할 수 있다. 준예산은 그 회계연도의 예산이 확정된 경우에는 그 효력을 잃으며, 준예산에 따라 집행된 예산은 이를 그 회계연도의 예산에 따라 집행된 것으로 본다(동법 제41조).

(7) 운영계획의 수립

공기업・준정부기관은 예산이 확정되는 경우 지체 없이 이사회의 의결을 거쳐 그 회계연도의 예산에 따른 운영계획을 수립해야 하며, 확정된 예산을 변경한 경우에는 지체 없이 이사회의 의결을 거쳐 수립된 운영계획을 변경해야 한다. 또한 운영계획을 기획재정부 장관(공기업의 경우에 한함)과 주무기관의 장에게 예산이 확정된 후 2월 이내에 제출하여야 한다(동법 제42조).

(8) 결산서의 제출

공기업・준정부기관은 회계연도가 종료된 때에는 지체 없이 그 회계연도의 결산서를 작성하고, 감사원규칙이 정하는 바에 따라 ① 공인회계사법 제23조에 따른 회계법인, ② 주식회사의 외부감사에 관한 법률에 따른 감사반 중에서 선임한 회계감사인

---

4) 기금관리형 준정부기관은 이사회와 분리된 기금운용에 관한 심의기구(기금운용심의회)를 설치하여야 한다.

의 회계감사를 받아야 한다. 이 경우 공기업·준정부기관은 매 회계연도 종료 후 감사원규칙으로 정하는 기간 내에 회계감사인에게 결산서를 제출하여야 한다(동법 제43조 제1항).

공기업은 기획재정부 장관에게, 준정부기관은 주무기관의 장에게 다음 연도 2월 말일까지 재무제표(회계감사인의 감사의견서 포함)와 그 부속서류, 기타 결산내용을 명확하게 하기 위한 서류를 제출하고, 3월 말일까지 승인을 받아 결산을 확정해야 한다. 다만, 주주총회나 출자자총회 등 사원총회가 있는 공기업·준정부기관의 경우에는 사원총회에서 결산을 의결·확정한다(동법 제43조 제2항).

기획재정부 장관과 주무기관의 장은 매년 5월 10일까지 확정된 공기업·준정부기관의 결산서와 관련 서류를 감사원에 제출해야 하며, 결산서 등을 제출받은 감사원은 공기업·준정부기관 중 국가 또는 자치단체가 자본금의 1/2 이상을 출자한 법인의 회계와 감사원규칙으로 정하는 공기업·준정부기관의 결산서 등을 검사하고, 그 결과를 7월 31일까지 기획재정부 장관에게 제출해야 한다(동법 제43조 제3항, 제4항). 또한 기획재정부 장관은 감사원의 검사 결과를 첨부하여 국무회의에 보고하고, 8월 20일까지 국회에 제출해야 한다(동법 제43조 제6항).

[그림 9-5] 공기업·준정부기관의 예·결산과정

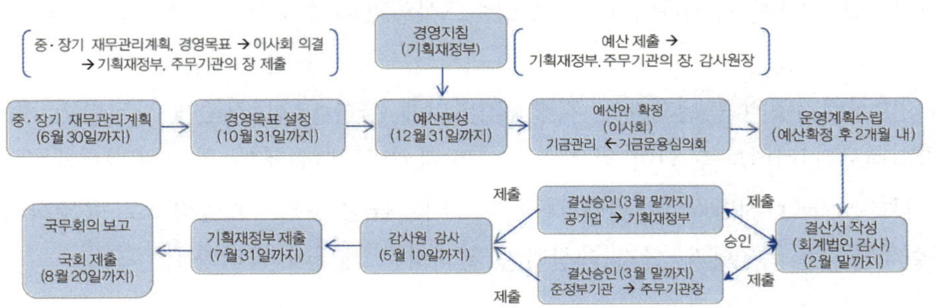

그러나 공공기관의 결산과정은 정부의 결산과정과 상이하다. 정부 결산은 5월 31일까지 모든 과정이 완료되는 데 비해, 공공기관의 결산과정은 8월 20일에 완료되므로 정부 결산과 공공기관의 결산이 별도로 운영되고 있으며, 국회에서 통합적 결산 심의가 이루어지고 있지 못하다.

[그림 9-6] 공공기관과 정부결산과정의 차이

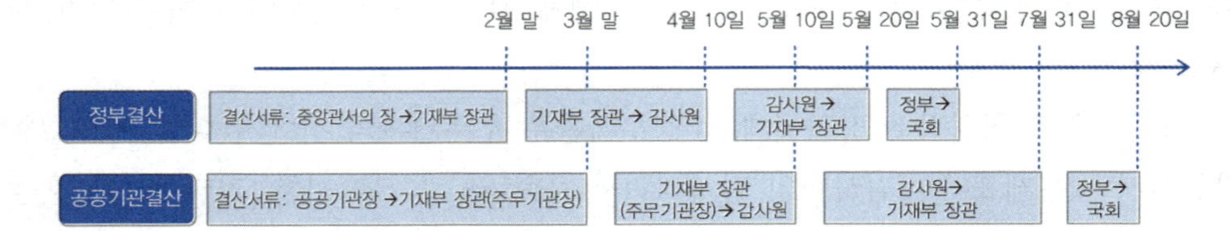

2 지방공기업의 예산과정

1) 직접경영방식(지방직영기업)의 예산과정

지방직영기업의 사업연도는 매년 1월 1일부터 12월 31일까지이다(지방공기업법 제15조, 지방자치법 제140조). 특히 지방자치단체는 지방직영기업으로 운영되는 사업마다 특별회계를 설치해야 하며, 둘 이상의 사업에 대하여 관리자를 1명만 두는 경우에는 둘 이상의 사업에 대해 하나의 특별회계를 둘 수 있다(지방공기업법 제13조). 즉, 지방직영기업으로 운영되는 사업은 상수도, 하수도, 공영개발사업 등인데, 각 사업마다 특별회계를 설치해야 하지만, 상수도사업과 하수도사업을 하나의 특별회계로 관리할 수 있다.

지방직영기업의 특별회계는 지방공기업법에 정한 규정 기준에 도달하면 당연히 특별회계로 처리하도록 되어 있으므로, 지방자치법 제141조에 의한 특별회계 설치와는 다르다. 또한 지방직영기업에 해당하는 사업을 자주적·효율적으로 운영하기 위해 설치한다는 측면에서 단지 예산만을 분리하는 개념이 아니다.

(1) 예산편성 기본지침 공지

지방자치단체의 장은 지방자치단체의 일반회계 및 다른 특별회계의 예산편성지침과 구분하여 지방직영기업의 예산편성 기본지침을 행정안전부 장관이 정하는 기준에 따라 매년 작성하여 전년도 7월 31일까지 지방직영기업에 알려야 한다(지방공기업법 제23조 제3항).

(2) 독립채산제와 경비부담

지방직영기업은 독립채산제가 적용된다. 즉, 지방직영기업의 특별회계에서 해당 기업의 경비는 해당 기업의 수입으로 충당하여야 한다(지방공기업법 제14조). 그러나 채산성이 맞지 않더라도 공익적 관점에서 사업을 수행해야 하거나, 애당초 채산을 맞추는 것 자체가 곤란한 경우가 있다. 지방직영기업은 공공성이라는 측면에서 공익적 손실분에 대해서는 정부가 재정을 보전해 줄 필요가 있다.

〈표 9-6〉 일반회계 등이 부담해야 할 경비

1. 각 사업에 공통적으로 적용되는 경비
가. 공공의 목적을 위한 무상공급에 소요되는 경비
나. 공공의 필요에 의하여 요금 등의 공급가격이 발생원가 이하로 책정되거나 발생원가 이하로 유지됨에 따른 발생원가와 공급가격과의 차액
다. 지역개발 등에 따른 선행투자에 소요되는 기본경비, 선행투자에 의한 시설의 유지비, 선행투자에 소요되는 외부차입금에 대한 원리금 상환액
2. 당해 사업에만 적용되는 경비
가. 궤도사업: 당해 궤도사업용 차량 외의 차량통행으로 인한 궤도의 유지 · 수선 및 개량에 소요되는 경비와 교통 혼잡의 완화 등을 위한 궤도의 철거에 소요되는 경비
나. 하수도사업: 빗물처리시설의 설치 및 유지에 소요되는 경비
다. 주택사업 및 토지개발사업: 공사 완공 후 관리기관에의 인계 또는 분양완료 시까지 소요되는 기본경비
라. 임의적용사업 중에서 지방직영기업이 경영하는 사업: 경비의 성질상 당해 지방직영기업의 수입으로 충당하는 것이 부적당한 경비, 당해 지방직영기업의 성질상 그 경영에 수반한 수입만으로 충당하는 것이 객관적으로 곤란하다고 인정되는 경비로서 당해 사업별로 조례가 정하는 경비

첫째, 경비의 성질상 지방직영기업의 수입으로 충당하는 것이 적당하지 아니한 경비와, 지방직영기업의 성질상 그 경영으로 생기는 수입만으로 충당하는 것이 객관적으로 곤란하다고 인정되는 경비에 대해서는 해당 지방자치단체의 일반회계나 다른 특별회계가 부담금이나 그 밖의 방법으로 부담하도록 규정하고 있다(동법 제14조 제1항). 지방자치단체의 일반회계나 다른 특별회계가 부담금 기타의 방법(예: 업무용 토지의 무상교부)에 의하여 부담하여야 할 지방직영기업의 경비는 지방공기업법 시행령 제5조에 규정되어 있는데, 지방직영기업 관리자가 지방자치단체의 장에게 9월 15일까지 재정 부담을 요구하면, 지방자치단체의 장은 다음 연도 예산에 반영하거나 요금을 조정하는 등 적절한 조치를 강구해야 한다(동법 시행규칙 제4조). 부담금은 일

정한 자금을 무상 교부하는 것으로서 교부를 받은 기업은 반환을 요하지 않는다.

둘째, 지방직영기업의 특별회계는 재해복구 또는 그 밖의 특별한 사유로 인하여 필요한 경우에는 예산에서 정하는 바에 따라 해당 지방자치단체의 일반회계나 다른 특별회계로부터 재정적 지원을 받을 수 있다(동법 제14조 제2항). 재정적 지원의 이유는 '재해 복구 기타 특별한 사유에 의해 필요한 때'인 데, 재해에 준하는 요인에 의해 소요경비를 충당하는 것이 부적당한 경우를 의미한다.

셋째, 지방자치단체의 일반회계나 다른 특별회계는 지방직영기업의 특별회계에 필요한 출자(出資)를 할 수 있으며, 지방직영기업의 특별회계는 이익 상황을 고려하여 예산으로 전년도 이익금의 일부를 출자한 회계에 납부할 수 있다. 납부금은 자기자본에 대한 보수로서의 성격을 갖는 것이며, 그 성격상 정액이 아니라 이익의 상황에 따라 이익처분으로 납부하는 것이다. 단년도 결산 결과 흑자라 해도 누적 결손이 있는 경우에는 납부금을 납부할 필요가 없으며, 납부금의 납부는 지방공기업법 제37조 제1항의 규정에 의해 결손보전, 이익적립금 적립, 감채적립금 또는 건설개량적립금으로 적립한 후 이루어진다. 또한 주택 및 토지개발사업과 관련된 지방직영기업의 특별회계는 재해복구, 사회간접자본시설의 건설, 그 밖에 대통령령으로 정하는 사유(다른 지방직영기업에의 경비지원, 재정확충을 목적으로 하는 수익사업에의 사용)가 있는 경우에는 예산으로 전년도 이익금의 일부를 지방자치단체의 일반회계로 전출할 수 있다(동법 제17조).

넷째, 지방자치단체의 일반회계나 다른 특별회계는 예산에서 정하는 바에 따라 지방직영기업의 특별회계에 장기대부를 할 수 있으며, 장기대부를 받은 경우에는 대부한 회계에 적정한 이자를 지급하여야 한다(동법 제18조). 장기대부를 받은 경우 상환기간, 상환방법, 이율 등에 대해서는 일반회계와 기업회계와의 협의에 의해 정해지게 되는데, 장기대부의 사유가 지방직영기업에 있다기보다는 오히려 지방자치단체에 있고, 또한 장기대부를 받아서 이루어야 할 사업이 공익적인 사업이므로, 기업의 이자 부담이 경감될 수 있도록 시중금리보다 낮게 책정될 필요가 있다. 즉, 대부를 하는 일반회계가 이자의 상당 부문을 부담함으로써 장기대부의 효과성을 높여야 한다. 이자 지불 시기에 대해서는 양 회계 간의 협의에 의해 적어도 연 1회 이상의 지불기일을 정하는 것이 적당하다.

다섯째, 국가는 지방공기업의 원활한 경영을 위하여 필요한 경우에는 지방자치단체에 대하여 지방자치단체가 출자할 자본금이나 그 밖에 필요한 경비의 일부를 보조할 수 있다(동법 제79조). 지방직영기업은 주민의 일상생활에 불가피한 재화나 서비스를 제공하거나, 혹은 산업진흥을 위한 기반정비 등 중요한 역할을 하며 재화나 서비스의 제공이 공공적 이익의 확보 관점에서 일정한 책임이 있는 경우 지방직영기업에 대해 국가가 국고를 지원하는 것은 당연하다. 이는 지방공사・지방공단의 경우에도 마찬가지로 적용된다.5)

(3) 예산편성

지방직영기업의 관리자는 합리적인 원가 기준에 따라 경비를 산정하여 예산에 계상(計上)하여 지방자치단체의 장에게 제출하여야 하며, 예산의 수입과 지출은 연도 중의 기업의 재정집행 상황에 비추어 합리적으로 계상되어야 한다(동법 제23조).

지방직영기업의 예산은 그 사업의 운영계획과 기능에 따라 구분해야 하며(동법 제24조), 지방직영기업의 예산은 예산총칙과 해당 지방직영기업의 사업운영계획에 따라 작성하되, ① 해당 사업연도의 수익・비용에 관한 수익적(收益的) 수입과 지출에 관한 예정(사업예산), ② 해당 사업연도의 자산・부채・자본의 신규 증감액에 관한 자본적 수입과 지출에 관한 예정(자본예산), ③ 사업예산 및 자본예산과 관련된 자금의 운영계획이 포함되어야 한다(동법 제25조).

(4) 예산의 제출(법 제26조)

지방자치단체의 장은 지방직영기업의 관리자가 작성한 예산안을 조정하여 사업연도가 시작되기 전에 의회에 제출하여 의결을 받아야 하며, 지방자치단체의 장이 관리자가 작성한 예산안을 수정할 때에는 관리자의 의견을 들어야 한다.

지방직영기업 관리자가 제출한 예산안에 대해 지방자치단체의 장은 시・도는 회계연도 시작 50일 전까지, 시・군 및 자치구는 회계연도 시작 40일 전까지 지방의회에 제출하여야 한다(지방자치법 제142조 제1항).

---

5) 일본의 경우 국가는 시설의 건설에 거액의 자금을 필요로 하는 상・하수도 사업, 지하철 사업 등의 건설투자, 특수의료나 구급의료 등과 같은 병원사업과 오지의 버스운행과 같은 교통사업의 운영비, 이자부담을 경감시키기 위한 기업채 이자에 대해 국고를 지원하고 있다(北神智・山中昭榮, 1986: 174).

(5) 지방의회의 예산승인

지방직영기업은 일반회계와는 달리 특별회계로 처리되는 특성을 지니고 있을 뿐 지방자치단체의 조직 형태로 운영되기 때문에 지방직영기업의 특별회계예산은 지방의회의 의결을 거쳐 집행되어야 한다. 지방의회의 의결을 거치지 않은 지방직영기업 특별회계는 무효이다. 제출된 예산안에 대해 시·도의회에서는 회계연도 시작 15일 전까지, 시·군 및 자치구의회에서는 회계연도 시작 10일 전까지 의결하여야 한다(지방자치법 제142조 제2항).

(6) 예산의 이송, 보고, 고시

지방의회의 의장은 예산안이 의결되면 3일 이내에 지방자치단체의 장에게 이송하여야 하며, 지방자치단체의 장은 예산을 이송받으면 지체 없이 시·도에서는 행정안전부 장관에게, 시·군 및 자치구에서는 시·도지사에게 각각 보고하고, 그 내용을 고시하여야 한다(지방자치법 제149조).

(7) 예산의 집행

지방직영기업 관리자는 해당 연도의 예산에 따라 업무를 집행하여야 하며, 재고자산 구매, 공사의 도급 등 자금의 지출과 직접 관련되는 지출은 해당 연도의 사업예산 및 자본예산을 기초로 작성된 자금운영계획에 따라 집행하여야 한다. 자금의 지출과 직접 관련되는 예산을 집행할 때에는 대통령령[6]으로 정하는 바에 따라 예산통제계정을 설정하여야 한다(동법 제28조).

(8) 결산

지방직영기업 관리자는 매 사업연도의 말일을 기준으로 모든 장부를 마감하여 결산을 해야 한다. 즉, 관리자는 매 사업연도가 끝난 후 2개월 이내에 지방직영기업의 결산서를 작성하여 이를 해당 연도의 사업보고서와 대통령령으로 정하는 서류[7]와 함

6) 사업예산 중 직접 현금의 지급을 수반하는 경비의 지급과 재고자산구매 및 자본예산 중 직접 현금의 지급을 수반하는 경비의 지급은 예산통제계정 및 자금운영계획에 따라 자금집행을 통제하여야 한다(동법 시행령 제23조).

7) 대차대조표, 손익계산서, 이익잉여금처분계산서 또는 결손금처리계산서, 자금운영계산서 또는 현금흐름표, 회전기금을 둔 경우에는 그 운용상황서, 결산부속명세서를 의미한다. 결산부속명세서는 수익비용명세서, 비유동자산명세서, 재고자산명세서, 지방채명세서, 예산전용조서, 예비비사용조서, 예산이월액조서, 계속비집행조서, 계속비정산보고서(계속비에 관련된 계속연도

께 지방자치단체의 장에게 제출하여야 한다. 지방자치단체의 장은 결산서 및 사업보고서와 그 밖의 서류에 공인회계사의 회계감사 보고서를 첨부하여 다음 연도 의회에 제출하여 승인을 받아야 한다(동법 제35조).

(9) 회계처리상황의 보고

지방직영기업 관리자는 매월 말일을 기준으로 시산표(試算表), 자금운용보고서 및 해당 기업의 회계처리 상황을 명확히 하는 데에 필요한 서류를 작성하여 다음 달 20일까지 해당 지방자치단체의 장에게 제출하여야 한다(동법 제36조).

이상과 같이 지방직영기업의 예산편성 절차를 요약하면 [그림 9-7]과 같다.

[그림 9-7] 지방직영기업의 예산편성 절차

예산안 작성	→	예산안 조정	→	예산안 제출 (→ 의회)	→	예산확정	→	보고	→	고시
관리자		자치단체장		자치단체장 • 시·도: 11.11까지 (회계연도개시 50일 전) • 시·군: 11.21까지 (회계연도 개시 40일 전)		지방의회 의결 • 시·도: 12.16 한 (회계연도 개시 15일 전) • 시·군: 12.21 한 (회계연도 개시 10일 전)		자치단체장 (시·도→ 행안부) (시·군·구→ 시·도지사)		자치단체장 • 이송: 의결 후 3일 이내 (의회→ 지자체장) • 고시: 이송 즉시

2) 지방공사, 지방공단의 예산과정

지방공사, 지방공단의 사업연도는 지방자치단체의 일반회계의 회계연도에 따르는데(지방공기업법 제64조), 회계연도는 매년 1월 1일부터 12월 31일까지이다.

(1) 중장기 재무관리계획의 수립

자산·부채규모 등을 고려하여 대통령령[8]으로 정하는 기준에 해당하는 공사의

또는 그 이월된 연도가 끝난 경우에 한함), 채무부담행위집행조서, 전년도이월액사용조서, 미수액조서, 미지급액조서, 불납결손액조서, 세입·세출외 현금현재액조서, 성질별 세출결산명세서, 기타 필요한 명세서를 의미한다(지방공기업법 시행령 제36조).

8) 중장기 재무관리계획을 수립해야 하는 기관은 ① 직전 회계연도 말일을 기준으로 부채 규모가 3천억 원 이상인 공사, ② 직전 회계연도 말일을 기준으로 부채비율이 100분의 200 이상인 공사, ③ 직전 회계연도 말일을 기준으로 부채가 자산보다 큰 공사(동법 시행령 제57조의7).

사장은 매년 해당 연도를 포함한 5회계연도 이상의 중장기 재무관리계획을 수립하고, 이사회의 의결을 거쳐 확정한 후 9월 30일까지 지방자치단체의 장과 의회에 제출하여야 한다(동법 시행령 제57조의7).

중장기 재무관리계획에는 ① 5회계연도 이상의 중장기 경영목표, ② 사업계획 및 투자방향, ③ 재무 전망과 근거 및 관리계획, ④ 부채의 증감에 대한 전망과 근거 및 관리계획 등이 포함된 부채관리계획, ⑤ 전년도 중장기 재무관리계획 대비 변동사항, 변동요인 및 관리계획 등에 대한 평가·분석 등이 포함되어야 한다(법 제64조의3).

(2) 예·결산 공통 기준 통보

행정안전부 장관은 공사의 예산 및 결산에 공통적으로 적용하여야 할 사항에 관한 기준을 작성하여 통보할 수 있으며, 공사의 예산 및 결산의 제출·운영에 필요한 사항은 행정안전부 장관이 통보한 공통 기준의 범위에서 지방자치단체의 장이 정한다(법 제66조의2).

(3) 예산편성

지방공사의 사장 및 지방공단의 이사장은 매 사업연도의 사업계획 및 예산을 해당 사업연도가 시작되기 전까지 편성해야 하며, 편성된 예산은 이사회의 의결로 확정된다. 예산이 확정된 후에 불가피한 사유로 예산을 변경하는 경우에도 또한 같다. 또한 지방공사의 사장 및 지방공단의 이사장은 예산이 성립되거나 변경되었을 때에는 지체 없이 지방자치단체의 장에게 보고해야 한다(법 제65조).

(4) 이사회 의결

지방공사 및 지방공단의 예산은 지방자치단체로부터 독립된 예산이므로 지방의회의 의결을 거칠 필요가 없다. 지방공사 및 지방공단의 예산은 이사회의 의결로 확정된다.

[그림 9-8] 지방공사·지방공단의 예산편성 절차

예산안 작성	→	사업계획 및 예산안 송부	→	예산확정	→	보고
• 공사의 사장		• 공사의 사장 → 각 이사 • 이사회개최 30일 전까지		• 이사회 의결		• 공사의 사장 → 단체장[9]

(5) 준예산 및 예산의 집행

지방공사 및 지방공단의 예산이 이사회의 의결로 확정되면 예산배정을 통해 예산을 집행하게 된다. 그러나 지방공사 및 지방공단이 부득이한 사유로 회계연도가 시작되기 전까지 예산이 확정되지 못한 경우에는 전년도 예산에 준하여 예산을 집행하여야 하며, 집행된 예산은 해당 연도의 예산이 성립되면 그 성립된 예산에 따라 집행된 것으로 본다(동법 제65조의2).

(6) 결산

지방공사 및 지방공단은 매 사업연도의 결산을 해당 사업연도가 끝난 후 2개월 이내에 완료하여야 하며, 결산 완료 후 결산서를 작성하여 대통령령으로 정하는 서류(지방직영기업의 제출 서류와 동일) 및 지방자치단체의 장이 지정하는 공인회계사의 회계감사보고서를 첨부하여 지체 없이 지방자치단체의 장에게 보고하여 승인을 받아야 한다(법 제66조).

제3절 공기업의 회계와 재무분석

1 공기업의 회계

1) 회계의 의미와 일반 원칙

일반적으로 회계란 경제적 정보(거래)를 인식·측정하고 기록해 그 결과를 정보 이용자에게 전달하는 과정이며, 정보 이용자가 합리적인 의사결정을 도모하는 것을 목적으로 한다. 전통적 회계의 관점에서는 재무제표의 작성과 보고에 초점을 맞췄으

9) 지방자치단체의 장은 보고된 예산이 법령에 위반되거나 현저하게 부당하다고 인정되는 경우 시정명령을 내릴 수 있으며, 시정명령을 받은 공사의 사장은 특별한 사유가 없는 한 지체 없이 예산을 수정하여 이사회의 재의결을 받아야 한다. 부당한 사례에는 예산지침 위배, 자치단체의 승인을 받지 않은 인력의 증가, 급여의 인상, 수당항목 신설 등이다.

나, 현대적 회계의 관점에서는 정보 이용자의 의사결정에 유용한 정보를 제공하는 것을 강조한다(원구환, 2014: 474).

회계의 처리는 정보 이용자에게 유용한 정보를 제공하고 국민의 세금 가치를 실현하는 과정이므로 객관적이고 공정하게 보고되어야 하는데, 국가 회계 기준에 관한 규칙 제4조에서는 국가의 회계 처리는 복식부기 · 발생주의 방식으로 하며, 다음과 같은 원칙에 따라 이뤄져야 한다고 규정하고 있다(원구환, 2014: 477).

첫째, 신뢰성의 원칙으로 회계처리는 신뢰할 수 있도록 객관적인 자료와 증거에 따라 공정하게 이뤄져야 한다.

둘째, 명료성의 원칙으로 재무제표의 양식, 과목 및 회계 용어는 이해하기 쉽도록 간단명료하게 표시해야 한다.

셋째, 충분성의 원칙으로 중요한 회계 방침, 회계 처리 기준, 과목 및 금액에 관해서는 그 내용을 재무제표에 충분히 표시해야 한다.

넷째, 일관성의 원칙으로 회계에 관한 기준 및 추정(推定)은 기간별 비교가 가능하도록 기간마다 계속해 적용하고 정당한 사유 없이 변경해서는 아니 된다.

다섯째, 회계 처리와 재무제표 작성을 위한 계정 과목과 금액은 그 중요성에 따라 실용적인 방법으로 결정해야 한다.

여섯째, 실질 우선의 원칙으로 회계 처리는 거래 사실과 경제적 실질을 반영할 수 있어야 한다.

2) 현금주의와 발생주의

회계 처리에서 경제적 · 재무적 거래나 사건을 인식하게 되는 시점에 따라 현금주의와 발생주의로 구분한다(원구환, 2014: 479-480).

현금주의(cash basis)는 현금의 수입과 지출이 일어날 때 거래로 인식해 회계 처리하는 것으로 현금이 유입되면 수입으로, 현금이 유출되면 지출로 인식된다. 즉, 재화와 서비스를 제공했다 하더라도 현금으로 회수가 되지 않는 동안은 수익으로 계상하지 않으며, 재화와 서비스를 제공받았다 하더라도 현금으로 지급되기 전에는 비용으로 계상하지 않는다. 현금의 유입과 유출 시점에서만 회계 처리를 하기 때문에 자산 및 부채에 대한 평가 정보가 미흡하며, 감가상각비나 회수 불가능한 채권의 대손충당을 인식하지 못하는 문제점이 발생한다.

발생주의(accrual basis)는 현금의 수수와 관계없이 거래가 발생된 시점에서 인식하는 것으로, 현금의 유입과 유출이 이뤄지기 전이라도 거래 발생 시점에 따라 인식하고 기록하는 것을 의미한다. 미수수익, 미지급금, 선수수익, 선급비용 등은 대표적인 예다. 현금 유입 및 유출이 없다 하더라도 실제 거래가 발생한 시점에서 회계 처리되기 때문에 미지급 비용 등 경과성 비용을 기록할 수 있으며, 실제 가치로 자산과 부채를 표시할 수 있다. 더욱이 신용제도가 발달한 현대에는 매매 거래의 시점과 그 현금 결제의 시점과는 기간적으로 차이가 나는 경우가 많다. 따라서 현금의 수지에만 주목하는 경우에는 수익과 비용을 동일한 기간 내에서 대응시키는 것이 곤란하며, 또한 자산 가치의 감소를 정확히 파악할 수가 없다.

또한 발생주의에 의할 경우 '기간 계산'이 중시되어 그 결과 현금 지출이 있어도 그것이 모두 그 연도의 비용이 되는 것은 아니다. 현금 지출의 결과인 비용 중 그 연도의 수익 획득에 유용하다고 생각되는 부분이 그 연도의 비용으로 인정되며, 익년도 이후의 수익에 대응하는 부분(지출의 효과가 익년도 이후에 지속하는 것)은 자산으로 연기된다. 기업 회계에서는 이를 비용 배분의 원칙 또는 비용 수익 대응의 원칙이라 한다. 아울러 발생주의 회계에서는 예산도 수익적 수지와 자본적 수지의 두 가지를 원칙으로 하여 건설 개량을 위해 투하되는 자본(지출액)은 일단 자본적 수지로 수입했다가, 익년도 이후에 수익적 수지에 비용(감가상각비)으로 배분하게 된다. 예를 들어, 고가의 기계를 구입해 이를 장기간에 걸쳐 사용하는 경우에는 일정한 연도에서 수익을 얻기 위해 사용하는 비율을 그 연도의 비용(감가상각비)으로 처리하고, 현금을 지출해 구입한 연도의 비용으로 하지 않는다. 비용이란 수익을 획득하기 위해 잃는 지출(대가)이므로, 이 기계가 사용되는 내용 연수에 따라 감가를 회수하는 것이다(안용식 · 원구환, 2001).

〈표 9-7〉 현금주의와 발생주의의 차이점

구분	현금주의	발생주의
선급비용 선수수익	비용 인식 수익 인식	자산 인식 부채 인식
감가상각, 대손상각	인식 않음	비용 인식

발생주의 도입에 따른 효과로는 첫째, 모든 재정거래를 자산, 부채의 증감, 수익과 비용의 발생 관점에서 유기적으로 기록함으로써, 정보 이용자가 정부의 재정 상태와 운영 결과를 종합적으로 파악할 수 있다. 둘째, 민간기업과 같이 결산 자료를 바탕으로 재무분석이 가능해지며, 재정 운용의 투명성과 책임성을 제고할 수 있다. 셋째, 국제 표준의 회계 기준 준수가 가능하다.

3) 단식부기와 복식부기

거래를 장부에 기록하는 방식에 따라 단식부기와 복식부기로 구분한다(원구환, 2014: 480-481).

단식부기(single entry book-keeping)는 발생된 거래를 한쪽 측면에만 기록하는 방식으로 전통적인 정부 회계에서 사용되는 방식이다. 따라서 수입과 지출의 결과만을 기록하기 때문에 산출정보가 부정확하고 누락될 소지가 있다. 예를 들어, 건물 등 자산 취득을 위한 현금지출액만 기록될 경우 자산의 변동 상황을 이해하기 어렵다.

복식부기(double entry book-keeping)는 발생된 거래를 둘 이상의 계정, 즉 차변(왼쪽)과 대변(오른쪽)에 이중 기록하는 방식을 의미한다. 즉, 경제적 거래나 사건이 발생하면 자산・부채, 수익・비용의 변동을 서로 연계시켜 동시에 기록 관리하는 방식이다. 따라서 복식부기에는 모든 거래가 차변과 대변으로 이중 기록되며(거래의 이중성), 차변 금액과 대변 금액이 항상 일치하도록 기록되어야 한다(대차 평균의 원리). 단식부기와 달리 복식부기는 거래의 이중성을 전제로 하고 있기 때문에 회계 처리의 자기검증을 강화할 수 있는 이점이 있으며, 재정정보의 신뢰성을 제고할 수 있다.

4) 재무제표

4대 재무제표는 기업의 재무상태를 표시하는 대차대조표, 경영성과를 표시하는 손익계산서, 자본의 변동을 표시하는 이익잉여금처분계산서, 현금흐름의 내용을 표시하는 현금흐름표를 의미한다. 특히 대차대조표와 손익계산서는 양대 재무제표라 할 수 있다.

(1) 대차대조표

대차대조표(balance sheet)는 자산, 부채, 자본을 사용해 기업의 재무상태를 표시하는 것으로, 시점 개념의 스톡(stock)정보를 제공한다. 즉, 회계연도 초 또는 말과 같은 일정 시점에서의 재무상태에 관한 정보인데, 시점 간의 스톡정보를 비교하면 자산, 부채, 자본 등과 같은 재무상태의 변동 상황을 파악할 수 있다(원구환, 2014: 488).

대차대조표는 자산, 부채, 자본으로 구성되며 T자형을 중심으로 차변(왼쪽)에는 자산을, 대변(오른쪽)에는 부채와 자본을 표시한다. 자산의 합계와 부채 및 자본의 합계는 같아야 한다(자산=부채+자본). 이러한 대차대조표는 생산을 위한 투자활동과 그에 소요되는 투자자금의 조달활동에 관한 정보를 담고 있다(원구환, 2014: 489).

자산은 기업이 소유하고 있는 유・무형의 모든 경제적 가치를 의미하는데, 쉽게 표현하면 팔면 돈이 되는 것을 의미한다. 기업이 재화나 서비스를 제공하기 위해서는 인간의 노동이나 원재료만이 아니라 토지, 건물, 설비 등이 필요하게 되는데, 이러한 자산을 활용하여 재화나 서비스가 공급된다. 따라서 재화나 서비스의 공급으로 자산 자체의 가치가 감소하게 되며, 가치 감소로 재화나 서비스가 산출된다. 자산은 유동자산과 비유동자산으로 구분되며, 유동자산은 다시 당좌자산(현금, 예수금)과 재고자산(상품, 제품 등)으로 구분된다. 또한 비유동자산은 유형자산(토지, 건물, 기계장치, 차량 등), 무형자산(영업권, 산업재산권 등), 투자자산(투자유가증권, 출자금, 장기대부금 등)으로 구분된다.

부채는 내 재산이 아닌 남의 재산으로 타인에게 갚아야 할 빚이라 할 수 있는데, 유동부채와 비유동부채로 구분한다. 유동부채는 단기적 채무를 의미하며, 비유동부채는 장기적 채무를 의미한다. 타인의 경제적 가치를 활용하여 높은 경제적 성과를 도출하면 긍정적이지만, 그렇지 못할 경우에는 큰 재정적 부담으로 이어지고, 파산에 이르게 될 수 있다.

자본은 자기 스스로 조달하는 재원으로 자본금과 잉여금으로 구분된다. 잉여금은 영업활동을 통한 이익잉여금과 자본거래를 통한 자본잉여금으로 구분된다.

대차대조표는 다음 [그림 9-9]와 같이 표시되는데, 예시된 대차대조표를 갖는 기업은 재무상태가 좋은 기업이라 할 수 없다. 즉, 예시된 기업은 1,000원의 경제적 가치(자산)를 갖고 있는데, 내 돈(자본)은 200원에 불과하고, 남의 돈(부채)이 800원이다. 따라서 예시된 기업은 부채비율이 400%에 이르고 있는데, 일반적으로 남의 돈(부채) 대비 내 돈(자본)은 100% 이하가 적정하다. 특히 남의 돈(부채)의 경우도 당장 갚아야 할 유동부채가 600원인데, 현재 갖고 있는 현금은 300원에 불과하다. 만약 지금 당장 600원을 갚아야 한다면, 내 돈 300원 이외에 비유동자산을 팔아서 갚아야 한다.

따라서 예시된 기업은 부채비율이 높아 불안정한 재무구조를 갖고 있을 뿐만 아니라 유동성(단기적 현금 동원 능력)의 위기에 처할 수 있다.

[그림 9-9] 대차대조표 양식(예시)

구분	항목	금액	구분	항목	금액
자산	1. 유동자산	300	부채	1. 유동부채	600
	1) 현금	250		2. 비유동부채	200
	2) 유동금융자산	50		부채 합계 =	800
	2. 비유동자산	700	자본	1. 자본금	100
	1) 유형자산	500		2. 잉여금	100
	2) 고정자산	100		1) 이익잉여금	60
	3) 투자자산	100		2) 자본잉여금	40
				자본 합계 =	200
자산 합계 =		1,000	부채 및 자본 합계 =		1,000

대차대조표는 기업의 재무상태를 한번에 파악할 수 있는 이점이 있는데, 다음과 같은 네 가지 상황을 가정해 보자.

Ⅰ유형은 전년도에 비해 당해 연도 자산이 감소되었는데, 자기자본보다는 타인자본의 규모가 전년도에 비해 커진 것을 알 수 있다. 즉, 경제적 가치가 하락하였으며, 타인자본이 자기자본보다 상대적으로 증가하여 자본의 외부 의존도가 심화된 것이라 할 수 있다.

Ⅱ유형은 Ⅰ유형과 반대되는 현상으로 자산이 전년도에 비해 증가되었는데, 타인자본보다는 자기자본의 증대로 자산의 규모가 증대된 것으로 나타나고 있다. 기업의 입장에서는 가장 건실한 재무상태를 나타내는 것이라 할 수 있다.

Ⅲ유형은 전년도에 비해 경제적 가치가 감소하였다는 점에서는 Ⅰ유형과 동일하지만, Ⅰ유형과 차이가 나는 점은 자본은 동일한 상태에서 부채의 감소로 자산의 규모가 감소된 것으로 나타나고 있다. 타인자본에 대한 의존도가 줄어들었다는 점에서는 긍정적이지만, 타인자본의 적극적 활용을 통한 공격적 투자가 미흡했다는 것을 알 수 있다.

Ⅳ유형은 Ⅱ유형과 마찬가지로 자산이 전년도에 비해 증가하였으나, 자본보다는 부채의 증가로 자산의 규모가 증대된 것으로 나타나고 있다. 따라서 타인 자본에 대한 의존도가 전년도에 비해 심화되었음을 알 수 있다.

[그림 9-10] 대차대조표의 예제

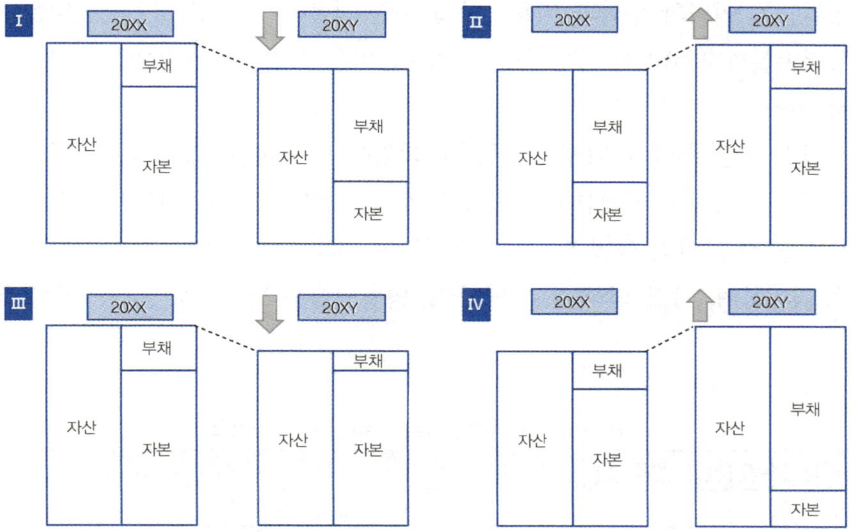

(2) 손익계산서

대차대조표가 기업의 재무상태를 표시하는 스톡(stock)의 개념인 데 비해, 손익계산서(profit and loss statement)는 수익과 비용으로 기업의 경영성과를 표시하는 플로(flow)의 개념을 갖고 있다. 즉, 수익과 비용을 차감하여 흑자와 적자를 표시하는데, 수익은 영업이익, 영업외이익, 특별이익으로 구분되며, 비용은 영업비용, 영업외비용, 특별손실로 구분된다.

[그림 9-11] 손익계산서의 구조

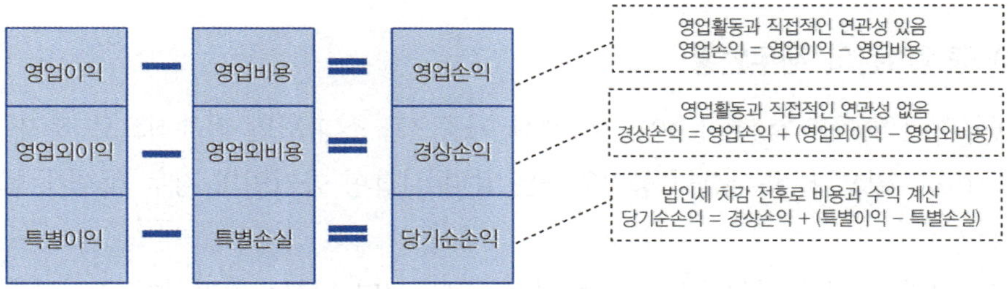

영업손익은 영업활동과 직접적 연관성이 있는 수익과 비용으로 측정되며, 경상손익은 영업활동 이외의 수익과 비용까지 고려한 개념이다. 또한 당기순손익은 특별이익과 특별손실까지 고려한 개념인데, 당기순손익을 측정하기에 앞서 법인세 차감 전 당기순손익을 측정한다.

손익계산서는 손익이 발생한 원인과 과정을 이해하는 데 도움을 주는데, 〈표 9-8〉과 같은 다양한 손익계산서를 가정해 볼 수 있다. 가정1의 경우는 영업이익이 발생하고 있을 뿐 아니라 영업외이익도 발생하여 전체적인 성과가 흑자로 나타나고 있는 것을 의미하며, 가정4의 경우는 영업 및 영업외활동 모두에서 손실이 발생한 경우이다.

〈표 9-8〉 손익계산서상의 다양한 시나리오

구분	영업손익	경상손익	당기순손익	결과
가정1	+	+	+	영업으로도 이익, 영업외로도 이익 → 흑자
가정2	+	+	−	특별손실(예: 환차손)에 의한 적자
가정3	+	−	−	영업상 이익이나, 영업외비용과 특별손실 발생으로 적자
가정4	−	−	−	영업으로도 손실, 영업외로도 손실 → 적자
가정5	+	−	+	영업외비용이 영업이익을 초과, 특별이익 발생으로 흑자
가정6	−	+	+	영업손실 발생, 영업외이익과 특별이익 발생으로 흑자
가정7	−	−	+	특별이익이 영업손실과 경상손실을 상쇄
가정8	−	+	−	영업손실을 영업외이익이 상쇄, 특별손실 발생으로 적자

2 공기업의 재무분석

1) 공공기관의 재무현황

공공기관의 유형별 당기순이익을 결산 기준으로 살펴보면 전체적으로 흑자 기조를 유지하고 있으나, 준시장형 공기업과는 달리 시장형 공기업의 경우 적자가 심화되고 있다.

공공기관의 재무현황을 살펴보면 자산 규모 측면에서는 공기업이 준정부기관에 비해 상대적으로 크다는 것을 알 수 있으며, 공기업 중에서도 시장형 공기업이 준시

〈표 9-9〉 공공기관의 당기순이익 현황

(단위: 억 원)

유형		2017	2018	2019	2020	2021
공기업	시장형	14,141	△4,091	△10,951	△11,933	△52,645
	준시장형	28,396	23,838	23,841	4,937	34,234
	소계	42,538	19,747	12,890	△6,996	△18,411
준정부기관	기금관리형	23,798	26,597	24,759	16,079	27,887
	위탁집행형	4,265	△39,562	△30,028	16,150	41,722
	소계	28,062	△12,965	△5,269	32,229	69,609
기타공공기관		1,189	△730	39	26,510	56,425
합계		71,788	6,052	7,660	51,743	107,623

자료: 공공기관 경영정보시스템(www.alio.go.kr).

장형 공기업에 비해 자산 규모가 상대적으로 크다.

부채 측면에서 공기업이 준정부기관에 비해 부채 규모와 비율이 상대적으로 높고, 시장형 공기업이 준시장형 공기업에 비해 부채 규모가 크다. 다만, 기금관리형과 기타공공기관은 부채비율이 100% 이하를 유지하고 있다(〈표 9-10〉 참조).

2) 다양한 재무비율지표

기업들은 다양한 재무비율을 활용하여 기업의 성과를 측정하고 미래를 예측하는 데 활용하고 있는데, 다양한 재무비율지표를 살펴보면 다음과 같다.

첫 번째로 유동성비율은 기업의 지급능력을 판단하는 지표로 유동비율과 당좌비율은 대표적인 지표로 인식되고 있다(한국은행, 2010). 유동비율은 단기채무에 충당할 수 있는 유동성자산이 얼마나 되는가를 나타내는 지표로 은행가비율(banker's ratio)이라고도 하는데, 비율이 높을수록 기업의 단기지급능력은 양호한 것이다. 또한 당좌비율은 유동자산 중 현금화하는 속도가 늦고 현금화의 불확실성이 높은 재고자산 등을 제외시킨 당좌자산을 유동부채에 대응시킴으로써, 단기채무에 대한 기업의 지급능력을 파악하는 데 사용한다. 따라서 당좌비율을 신속비율이라고도 하며, 그 비율이 높을수록 양호한 것으로 평가된다. 그러나 유동성을 높인다는 것은 화폐성 자산을 보유한다는 것을 의미하는데, 이는 기회비용을 발생시켜 다른 수익성 자산에 투자함으로써 얻을 수 있는 이익을 포기하게 된다(지청, 1986: 456-457).

〈표 9-10〉 공공기관의 재무현황

(단위: 억 원)

<table>
<tr><th colspan="3">유형</th><th>2017</th><th>2018</th><th>2019</th><th>2020</th><th>2021</th></tr>
<tr><td rowspan="9">공기업</td><td rowspan="3">시장형</td><td>자산</td><td>2,738,187</td><td>2,790,594</td><td>2,922,336</td><td>2,932,951</td><td>3,120,199</td></tr>
<tr><td>부채</td><td>1,667,501</td><td>1,744,765</td><td>1,898,157</td><td>1,923,174</td><td>2,163,994</td></tr>
<tr><td>자본</td><td>1,070,686</td><td>1,045,829</td><td>1,024,179</td><td>1,009,777</td><td>956,205</td></tr>
<tr><td rowspan="3">준시장형</td><td>자산</td><td>2,967,824</td><td>3,018,397</td><td>3,095,716</td><td>3,239,692</td><td>3,459,430</td></tr>
<tr><td>부채</td><td>1,976,313</td><td>1,970,594</td><td>1,986,708</td><td>2,058,865</td><td>2,177,908</td></tr>
<tr><td>자본</td><td>991,511</td><td>1,047,803</td><td>1,109,008</td><td>1,180,827</td><td>1,281,522</td></tr>
<tr><td rowspan="3">소계</td><td>자산</td><td>5,706,011</td><td>5,808,991</td><td>6,018,052</td><td>6,172,643</td><td>6,579,629</td></tr>
<tr><td>부채</td><td>3,643,813</td><td>3,715,359</td><td>3,884,865</td><td>3,982,039</td><td>4,341,302</td></tr>
<tr><td>자본</td><td>2,062,198</td><td>2,093,632</td><td>2,133,187</td><td>2,190,604</td><td>2,238,327</td></tr>
<tr><td rowspan="9">준정부
기관</td><td rowspan="3">기금관리형</td><td>자산</td><td>1,130,737</td><td>1,159,574</td><td>1,254,433</td><td>1,403,761</td><td>1,569,621</td></tr>
<tr><td>부채</td><td>608,641</td><td>578,378</td><td>577,713</td><td>601,935</td><td>627,716</td></tr>
<tr><td>자본</td><td>522,096</td><td>581,196</td><td>676,720</td><td>801,826</td><td>941,905</td></tr>
<tr><td rowspan="3">위탁집행형</td><td>자산</td><td>924,051</td><td>920,509</td><td>913,175</td><td>939,715</td><td>985,369</td></tr>
<tr><td>부채</td><td>568,845</td><td>599,954</td><td>641,493</td><td>651,649</td><td>654,413</td></tr>
<tr><td>자본</td><td>355,206</td><td>320,555</td><td>271,682</td><td>288,066</td><td>330,956</td></tr>
<tr><td rowspan="3">소계</td><td>자산</td><td>2,054,788</td><td>2,080,083</td><td>2,167,608</td><td>2,343,476</td><td>2,554,990</td></tr>
<tr><td>부채</td><td>1,177,486</td><td>1,178,331</td><td>1,219,206</td><td>1,253,585</td><td>1,282,130</td></tr>
<tr><td>자본</td><td>877,302</td><td>901,752</td><td>948,402</td><td>1,089,891</td><td>1,272,860</td></tr>
<tr><td colspan="2" rowspan="3">기타공공기관</td><td>자산</td><td>308,581</td><td>359,178</td><td>389,031</td><td>459,743</td><td>555,147</td></tr>
<tr><td>부채</td><td>110,844</td><td>117,353</td><td>142,493</td><td>176,241</td><td>206,167</td></tr>
<tr><td>자본</td><td>197,737</td><td>241,825</td><td>246,538</td><td>283,502</td><td>348,980</td></tr>
<tr><td colspan="2" rowspan="3">합계</td><td>자산</td><td>8,069,380</td><td>8,248,251</td><td>8,574,691</td><td>8,975,862</td><td>9,689,766</td></tr>
<tr><td>부채</td><td>4,932,144</td><td>5,011,044</td><td>5,246,564</td><td>5,411,865</td><td>5,829,599</td></tr>
<tr><td>자본</td><td>3,137,236</td><td>3,237,207</td><td>3,328,127</td><td>3,563,997</td><td>3,860,167</td></tr>
</table>

자료: 공공기관 경영정보시스템(www.alio.go.kr)

두 번째로 안정성비율로서 부채비율과 고정장기적합률은 대표적인 지표인데, 부채비율은 타인자본과 자기자본 간의 관계를 나타내는 재무지표로 보통 100% 이하를 표준비율로 보고 있다. 또한 고정장기적합률은 설비에 소요되는 자금을 자기자본에 의해 조달되어야 함을 나타내는 지표이다. 즉, 투자금액이 크고, 회수·회전속도가 느린 고정자산의 투하자금은 상환기간이 없는 자기자본에 의해 투하되는 것이 바람직하며, 설사 거액의 설비투자 자금을 타인자본으로 충당하더라도 비교적 안정성이 높은 장기부채로 조달하는 것이 바람직하다는 것이다.

세 번째로 수익성비율로서 기업에서 가장 많은 관심을 갖는 지표인데, 기업의 2대 재무제표라 할 수 있는 손익계산서상의 매출액 수익성과 대차대조표상의 자본 수익성으로 구분해 볼 수 있다. 수익성비율은 높을수록 양호한 지표인데, 총자본이익률과 자기자본이익률은 기업의 체계적 위험을 예측하는 데 있어 매우 유용한 변수임이 입증되었다(Beaver & Manegold, 1975: 184-237).

네 번째로 활동성비율로서 회전율(turnover ratio)로 표시되는 이 비율은 기업에 투하된 자본이 얼마나 활발하게 운용되었는가를 나타내는 지표이다. 기업은 수익증대를 목적으로 투입된 자본을 끊임없이 회전시키는데, 이에 따른 성과는 매출액으로 표시된다. 따라서 회전율을 측정하는 기본항목은 매출액이며, 활동성은 매출액과 자산・부채・자본항목에 대한 회전배수로 측정된다.

〈표 9-11〉 다양한 재무비율 지표

재무비율	측정변수	산식	비고
유동성	유동비율 당좌비율	유동자산 / 유동부채 당좌자산 / 유동부채	높을수록 양호
안정성	부채비율 고정장기적합률	타인자본 / 자기자본 고정자산 + 투자와 기타자산 / 자기자본 + 고정부채	낮을수록 양호
수익성	매출액순이익률 자기자본순이익률 자기자본경상이익률 총자본경상이익률	당기순이익 / 매출액 당기순이익 / 자기자본 경상이익 / 자기자본 경상이익 / 총자본	높을수록 양호
활동성	총자본회전율 자기자본회전율 매출채권회전율 유동자산회전율 고정자산회전율	매출액 / 총자본 매출액 / 자기자본 매출액 / 매출채권 매출액 / 유동자산 매출액 / 고정자산	높을수록 활동적
생산성	인건비 대 매출액비율 총자본 투자효율	매출액 / 인건비 부가가치 / 총자본	높을수록 양호
성장성	매출액증가율 총자산증가율 자기자본증가율 자기자본순이익증가율	당기 / 전기 매출액 당기 / 전기 총자산 당기 / 전기 자기자본 당기 / 전기 자기자본순이익	높을수록 양호

다섯 번째로 생산성비율을 예시할 수 있다. 생산성에 관한 지표는 경영합리화의 척도라고 할 수 있으며, 생산성 향상으로 얻은 성과에 대한 분배 기준이 된다. 이런 생산성비율로는 크게 노동생산성과 자본생산성으로 구분되는데, 노동생산성비율(인건비 대 매출액비율)이라는 업무처리 효율성 지표와 자본생산성(총자본투자효율) 지표가 대표적이다.

마지막으로 성장성비율을 예시할 수 있다. 성장성비율로는 수많은 재무비율 간의 당기와 전기의 증가비율로 표시할 수 있는데, 모든 재무비율 지표를 당기와 전기로 구분하여 측정할 수 있다.

3) ROE 분석

(1) ROE 분석의 의의

ROE(Return On Equity)는 기업의 수익창출활동을 위해 사용된 투자자금에 대한 수익성을 측정하는 척도로써, 기업의 경영성과를 총체적으로 측정하기 위한 지표로 널리 이용되고 있는 재무비율이다. 보통 ROE는 당기순이익을 자기자본으로 나눈 비율로서 측정되는데, 투자한 자본이 당해 연도에 벌어들인 가치의 증식분을 의미한다. ROE의 계산은 다음과 같다.[10]

$$\text{ROE} = \frac{\text{당기순이익}}{\text{자기자본}} = \frac{\text{당기순이익}}{\text{매출액}} \times \frac{\text{매출액}}{\text{총자산}} \times \frac{\text{총자산}}{\text{자기자본}}$$

$$\text{ROE} = \text{매출액순이익률} \times \text{총자산회전율} \times \text{재무레버리지}$$

$$\text{ROE} = \text{총자산수익률(ROA)} \times \text{재무레버리지}$$

이 식에 의하면 ROE는 세 가지 재무비율로 구성된다고 볼 수 있는데, 이는 경영자가 ROE를 통제하기 위하여 사용할 수 있는 수단이 세 가지가 존재한다는 것을 의미한다. 즉, 경영자가 ROE라는 재무성과 지표를 높이기 위해서는 첫째, 매출액순이익을 크게 하고, 둘째, 자산을 보다 활발하게 사용해야 하며, 셋째, 타인자본을 통한 레버리지 효과를 증대시켜야 한다.

---

10) ROE 분석은 원구환(1997a: 147-170)에서 발췌하였다.

(2) ROE 구성요소 1: 매출액순이익률

ROE를 결정하는 첫 번째 요소는 매출액순이익률이다. 이는 손익계산서에서 측정될 수 있는 것으로 당기순이익을 매출액으로 나눈 값을 의미하는데, 이를 통해서 비용의 효율성(cost efficiency)을 측정할 수 있다. 따라서 경영자는 매출액순이익률이 커지도록 경영을 도모해야 한다. 이러한 매출액순이익률을 통해 기업의 매출액에 영향을 주는 가격정책, 인건비 수준에 영향을 주는 임금정책, 재료비 수준에 영향을 주는 구매정책, 이자비용 수준에 영향을 주는 자본조달정책 등을 파악할 수 있다.

(3) ROE 구성요소 2: 총자산회전율

ROE를 결정하는 두 번째 요소는 총자산회전율이다. 총자산회전율은 손익계산서와 대차대조표의 차변을 동시에 고려해서 측정되는 것으로 매출액을 총자산으로 나눈 값이다. 즉, 총자산회전율은 총자산이 1년 동안 몇 번 회전하였는가를 나타내는 비율로서 기업에 투하한 총자산의 운영 효율을 총괄적으로 표시하는 지표이다. 총자산회전율이 높다는 것은 자산을 활발하게 이용하고 있다는 의미인데, 이를 통해 자본투자의 효율성(assets investment efficiency)을 측정할 수 있다(중소기업진흥공단, 1995: 329-345; Chen & Shimerda, 1981). 이러한 총자산회전율을 통해 현금보유량, 매출채권 수준을 결정하는 신용정책, 재고자산 수준을 결정하는 재고관리정책 등을 파악할 수 있다.

(4) ROE 구성요소 3: 재무레버리지

ROE를 결정하는 세 번째 요소는 재무레버리지이다. 재무레버리지비율은 대차대조표 항목 간의 관계를 설명하는 정태비율로서 자본구조의 건전성과 자산의 고정화 정도를 측정하는 지표이다. 보통 레버리지는 재무레버리지(financial leverage), 영업레버리지(operating leverage), 시간레버리지(time leverage) 등으로 구분되는데, 고정적인 비용이나 대가를 지불하고 추가적인 자산이나 자금을 획득함으로써 추가적인 효과를 얻는 것을 의미한다(Weston, 1996: 74). 따라서 재무레버리지란 자본을 조달할 때 자기자본 이외에 추가적인 타인자본, 즉 부채를 조달하여 자기자본에 대한 수익률을 높이는 것을 의미하며 보통 부채의 개념과 유사한 뜻으로 사용한다. 만약 부채로 추가적인 자본을 조달하였을 경우에 부채의 자본비용 또는 이자율이 부채로 조달된 자금을 투자하여 얻게 되는 수익률보다 작을 경우에 자기자본이익률이 증가하는 효과를 가져와 레버리지효과를 얻게 된다(정한규, 1994; 김원기, 1997: 368).

이러한 의미를 지니는 재무레버리지는 총자산을 자기자본으로 나누어 계산하는데, 기업이 타인자본을 많이 사용할수록 재무레버리지는 증가한다. 재무레버리지는 (1+부채비율)로 이해할 수 있는데(송영출, 1995: 158), 재무레버리지를 통해 자본조달(financing)면에서 부채의존도를 측정할 수 있다. 즉, 재무레버리지를 통해 타인자본의존도를 결정하는 자본조달정책을 파악할 수 있다.

일반적으로 경영자들이 매출액순이익률이나 자산회전율은 가능하면 높이려고 노력을 하지만 재무레버리지는 반드시 그렇지 않다. 재무레버리지를 높이면 ROE가 증대되는 효과가 있지만, 반면에 위험이 증대된다는 부정적인 측면도 존재한다. 즉, 부채를 사용하면 저렴한 이자율로 자본을 조달해서 이익을 많이 남긴다는 좋은 측면이 있는 반면에, 파산위험이 증대된다는 나쁜 측면도 있다.

(5) 세 구성요소 간의 상반관계

ROE를 구성하는 세 구성요소 간에는 상반관계(trade-off)가 존재한다.

우선 매출액순이익률과 자산회전율의 관계이다. 매출액순이익률 자체만을 대상으로 기업의 경영성과를 비교하기보다는 자산회전율과 결부시켜 평가하는 것이 보다 바람직하다. 즉, 경영성과의 평가에서 수익성과 활동성의 양면을 동시에 고려하는 측정수단이 총자산수익률(Return On Assets: ROA)이다. ROA는 매출액순이익률과 자산회전율을 곱한 것으로서 총자산에 대한 수익성을 측정하는 지표인데, 매출액순이익률과 자산회전율은 대체로 역의 관계를 지닌다. 즉, 매출액순이익률이 높은 기업은 자산회전율이 낮고, 매출액순이익률이 낮은 기업은 자산회전율이 높은 경향을 보인다. 예를 들어, 고가격정책을 사용하면 마진이 높아지는 데 반해 활동성은 저하되며, 반대로 저가격정책을 사용하면 마진이 낮아지는 데 반해 활동성은 증가한다. 따라서 매출액순이익률과 자산회전율은 역의 관계가 성립된다. 그러나 원가절감의 결과 매출액순이익률이 높아지는 경우에는 동시에 총자산회전율도 높아질 수 있으므로, ROE 증가에 두 가지 요인이 모두 긍정적인 영향(장영광, 1996: 147)을 미칠 수 있다.

다음으로 재무레버리지가 증가했을 경우 다른 두 구성요소에 변함이 없다면 ROE는 증가하겠지만, 실제로는 그렇지 않다. 즉, 부채레버리지가 증가하게 되면 이자비용 등이 증가하므로 매출액순이익률이 하락할 뿐 아니라 총자산 규모도 커지게 되므로,

총자산회전율이 하락하게 된다. 따라서 기업의 효율적 경영을 위해서는 타인자본에 대한 의존도를 적정한 수준에서 유지할 수 있어야 한다. 즉, 부채관리의 필요성이 중요하다. 일반적으로 타인자본 의존도가 높은 기업은 낮은 기업에 비해 불경기 시에는 손실이 커지나, 호경기 시에는 높은 수익을 향유할 수 있다(심병구 외, 1993: 21; 지청 · 장하성, 1996: 367-368).

일례로, 〈표 9-12〉와 같은 ROE 분석 결과가 있다고 가정해 보자. 매출액순이익률, 총자산회전율, 그리고 재무레버리지에서 있어서 연도별 편차가 그리 심한 편은 아니지만, 해마다 ROE가 떨어지고 있다. 이는 주로 총자산회전율과 관련된 것으로 자본투자의 효율성이 떨어지는 데서 기인하고 있다.

〈표 9-12〉 ROE 분석의 예제

연도	매출액순이익률	총자산회전율	재무레버리지	ROE
t	9.0	0.50	2.05	9.23
t+1	9.2	0.26	1.95	4.66
t+2	6.3	0.28	1.75	3.09
t+3	9.4	0.19	1.76	3.14
평균	8.5	0.31	1.88	5.03
분산	0.37	1.00	0.16	1.22

(6) ROE 분석의 한계

ROE는 기업의 경영성과를 측정하는 데 있어 유용한 지표임에는 틀림이 없지만, 다음과 같은 문제점을 지니고 있다.

첫째, ROE는 현재의 재무자료를 이용해서 계산되므로 기업의 미래상황에 대하여는 충분한 정보를 제공하지 못한다. 특히 공기업의 사업은 투하자본이 많이 소요되고 자본의 회임기간이 길어서 새로운 서비스가 본격적으로 생산되어서 매출될 때까지 ROE는 매우 낮은 값을 가질 수밖에 없다. 따라서 공기업의 경영자의 능력을 ROE 값에만 의존해서 평가한다면, 경영자는 대규모 자본이 소요되는 투자보다는 당장 눈앞의 이익만을 챙기는 근시안적인 의사결정을 할 수 있다.

둘째, ROE는 위험에 대한 요소를 충분히 고려하지 못한다. ROE는 위험이라는 요소를 고려하지 않고 수익성만으로 경영성과를 측정하므로, 사업계획에 대한 평가나 경영자의 능력측정 시에 문제를 일으킬 수 있다. 즉, ROE는 수익성과 위험이 서로 교환관계(trade-off)에 있다는 점을 무시하고 있다.

셋째, ROE는 회계자료를 근간으로 하는 분석이므로, 수익성을 결정짓는 질적인 측면이나 전략적 측면이 충분히 반영되지 않을 가능성이 있다.

4) 부가가치 생산성

(1) 부가가치 생산성의 개념

일반적으로 부가가치란 성과의 측정치로서 일정 기간 동안에 조직이나 종업원의 노력에 의해 창출된 부(wealth)로 정의(Morley, 1978: 2; U.K. Accounting Standards Steering Committee, 1975: 49)되거나 조직이 생산활동을 통하여 일정 기간 동안 생산물에 새로 부가한 가치로 정의된다(한국기술가치평가협회, 2002; 한국생산성본부, 2010). 또한 타 조직으로부터 구입한 생산물에 노동과 자본을 투입하여 창출한 제품의 증식된 가치(한국은행, 2010; Mcnett, Lane, Maznevski, Mendenhall & O'connell, 2005: 342), 또는 조직의 매출액에서 외부구입가치(원재료비, 구입부품비, 연료비, 소모품비 등)를 차감한 잔액으로 측정된 가치를 의미한다(Ruggles & Ruggles, 1975: 50; Hendricksen, 1982: 149).[11]

부가가치는 회사의 이익을 주주에게 귀속되는 순이익(net income)에 국한하지 않고 광범위한 이해관계자에게 귀속되는 이익을 측정하는 것인데, 이런 부가가치는 창출(value added created) 측면과 분배(value added applied) 측면에서 측정할 수 있다(한국은행, 2010: 55).[12] 조직의 경영성과를 부가가치 생산성으로 측정하는 목적은 생산요소의 최적 결합을 통한 생산성 향상에 있으며, 또한 조직의 이해관계자에게 그들의 투입 기여도에 따라 적정한 성과배분 기준을 마련하는 데 있다. 특히 조직의 부가가치는 조직 자체가 창출한 가치로서 분배의 측면에서 살펴보면 대부분의 조직의 이해관계자들에게 분배되는데, 조직 내에 유보된 적립금이나 주주에 대한 배당금, 임직원에 대한 인건비, 토지에 대한 지대, 채권자에 대한 이자, 정부에 대한 세금 등으로 분배된다. 따라서 부가가치는 손익 개념과는 구분된다.[13]

---

11) 부가가치 생산성에 대해서는 원구환(2011: 115-145)의 내용을 발췌하였다.

12) 부가가치 창출지표로는 부가가치생산성, 부가가치생산성 증가율, 부가가치율, 자본집약도, 노동장비율, 자본생산성, 설비투자효율 등의 지표가 대표적이며, 부가가치 분배지표로는 노동분배율, 자본분배율 등이 대표적인 지표라 할 수 있다(한국생산성본부, 2010).

13) 미국 100대 은행을 대상으로 각종 성과지표를 회귀분석한 연구 결과에 의하면 부가가치의 개

(2) 부가가치의 측정 지표

부가가치와 관련된 재무지표는 노동과 자본의 투입에 따른 창출 지표와 창출된 성과의 분배에 초점을 맞추는 것이 일반적이다.

기업은 노동과 자본의 투입에 의해 일정한 매출을 도모하게 되는데, 부가가치가 높을수록 공기업의 사회적 공헌도는 높아지게 된다. 개별적 이익의 공헌이 아니라 사회적 공헌도를 의미하는 부가가치는 창출적 측면에서 노동과 자본의 함수로 구현된다. 즉, 부가가치 노동생산성은 노동력의 효율적 이용을 통한 부가가치의 창출을 의미하며, 부가가치 자본생산성은 자본의 효율적 이용을 통한 부가가치의 창출을 의미한다. 또한 매출에서 비용을 차감하면 이익이 되는데, 매출액 대비 부가가치가 높을수록 그만큼 분배해야 할 양적 가치가 증대되었음을 의미한다. 부가가치는 사회적 공헌도를 의미하고, 경제사회에서 차지하는 중요도를 알려주는 지표라는 측면에서 공공기관을 이해하는 데 유용한 지표이다.

또한 분배와 관련하여 아무리 자본에 의해 현대 시설이나 기술혁신이 잘 이루어진다고 하여도 이를 운영하는 인적 자원 측면에서 자본과의 협력이 필수적이다. 따라서 자본과 노동의 협력적 시스템을 통해 노동분배율과 자본분배율을 극대화할 수 있는데, 노동분배율과 자본분배율이 기업의 내적 분배 효율성을 의미한다면 사회분배율

〈표 9-13〉 부가가치 관련 지표

구분	지표	산식	특징
창출	부가가치	부가가치 측정*	높을수록 조직의 사회적 공헌
	부가가치노동생산성	= 부가가치 / 종업원수	높을수록 노동력이 효율적 이용
	부가가치자본생산성	= 부가가치 / 총자본	높을수록 자본이 효율적 이용
	부가가치율	= 부가가치 / 매출액	높을수록 분배할 가치가 증대
분배	노동분배율	= 인건비 / 부가가치	높을수록 노동집약적 조직
	자본분배율	= 영업이익 / 부가가치	높을수록 분배할 몫이 증가
	사회분배율	= 조세공과 / 부가가치	높을수록 정부에 기여

* 부가가치 = 영업잉여(영업손익 + 대손상각비 − 금융비용) + 인건비 + 이자비용 + 조세공과 + 감가상각비.

념이 ROE, ROA, MVA, 당기순이익의 개념보다 우수한 성과지표라고 한다(Uyemura, Kentor & Pettit, 1996: 94-113). 또한 부가가치는 투자수익률의 예측지표로 사용될 수 있다는 연구 결과가 존재한다(양동우, 1998).

은 조세공과 등을 통해 사회 및 정부에 기여한 외적 효율성을 의미하게 된다. 부가가치의 창출과 분배에 관한 정보는 임금정책, 경제정책, 분배정책, 조세정책 등에 활용할 수 있다(Morley, 1978: 623).

(3) 부가가치 생산성 측정의 사례

부가가치 생산성 측정 사례를 통해 부가가치 및 관련 지표의 의미를 구체적으로 살펴보면 다음과 같다.

우선 A공사의 경우 부가가치 노동생산성 측면에서 매년 하락하고 있으나, 부가가치 자본생산성과 부가가치율은 증가하고 있다. 따라서 A공사가 부가가치 창출 측면에서 크게 성장하고 있음을 나타내고 있다. 그러나 분배적 측면에서는 자본분배율이 하락하고 있으며, 노동분배율도 t+1년에 증가하였다가 다시 감소 추세로 전환되었다. 사회분배율도 상대적으로 하락하고 있다. 결국 A공사는 창출적인 측면에서는 부가가치 생산에 기여하고 있으나, 분배적 측면에서는 다소 감소하고 있으며, 특히 자본분배율이 지속적으로 하락하고 있다.

〈표 9-14〉 부가가치 생산성의 사례

구분	A공사			B공사		
	t	t+1	t+2	t	t+1	t+2
부가가치노동생산성(원)	196,218	170,486	115,163	30,817	33,700	36,117
부가가치자본생산성	0.040	0.030	1.220	0.078	0.044	0.043
부가가치율	0.170	1.860	28.720	0.457	0.499	0.525
노동분배율	−1.101	0.199	0.003	0.899	0.546	12.370
자본분배율	1.953	0.353	0.014	−0.341	−0.190	−40.371
사회분배율	0.004	0.013	0.002	0.023	0.001	0.011

다음으로 B공사의 경우 부가가치 노동생산성과 부가가치율은 해마다 증가하고 있는 데 비해, 부가가치 자본생산성은 해마다 감소하고 있다. 따라서 부가가치 창출적 측면에서 B공사는 노동력을 효율적으로 이용하고 분배할 가치가 증대하였지만, 자본이 효율적으로 이용되고 있지 못하다. 또한 분배적 측면에서 B공사는 t+2년에 전년 대비 노동분배율이 급격히 상승한 데 비해, 자본분배율은 급격히 하락하는 현상을 보여주고 있다.

3 공기업의 이익유연화

이익유연화(income smoothing)란 이익평준화라고도 하며, 보고하는 순이익의 변동을 감소시키려는 노력 또는 그 현상을 의미한다. 기업이 이익을 유연화하는 이유는 첫째, 장기적으로 조세를 절감할 수 있으며, 둘째, 경영자의 개인적인 효용을 극대화시키는 도구로 활용될 수 있고, 셋째, 기업가치에 대한 평가를 높이기 위하여 이용되며, 넷째, 이해관계자들로 하여금 기업의 파산가능성에 대한 평가를 감소시킬 수 있다(박미희 · 최국현, 2013: 420).

이익유연화는 대체적으로 부정적인 시각이 강했다. 즉, 이익유연화는 이익과 관련된 정보를 왜곡시키고, 회계정보의 유용성을 훼손시키며, 이익조작과 유사하다는 것이다. 그러나 최근에는 이익유연화와 관련하여 이익유연화 수치가 높은 기업일수록 미래 이익정보력을 개선시켜 신용평가기관의 신용등급이 높아진다는 연구(양동훈 외, 2007), 이익유연화 수준이 높을수록 보고이익의 미래이익에 대한 예측력이 향상된다는 연구(송인만 · 이용호, 1997) 등이 존재한다.

공기업의 경우 공공성과 기업성을 동시에 조화시켜야 하는 역설경영적 입장에 있다. 즉, 공공성의 관점에서는 낮은 가격에 양질의 서비스를 제공하는 것이 중요하지만, 적자를 실현하게 되므로 대외적으로 적자를 적게 보이려는 성향을 갖게 된다. 반면에 기업성의 관점에서는 이익실현을 도모하지만, 과도한 이익은 국민들의 관점에서 비판의 소지가 된다. 따라서 공기업은 이익을 적정 수준에서 조정하려는 동기를 갖게 되는데, 이를 공기업의 이익유연화 현상이라고 한다. 공기업의 이익유연화와 관련된 연구를 살펴보면 다음과 같이 정리할 수 있다.

첫째, 부채비율이 높은 공기업일수록 이익을 상향 조정하려는 가능성이 높다(현진권 · 이은상, 2002). 공기업의 부채 원인은 여러 가지 차원에서 접근할 수 있으나, 거대 자본투자에 따른 자본회수기간이 낮고, 요금이 원가에 미치지 못하기 때문이다. 투자 및 운영에 따른 부채 증가는 대외적으로 공기업의 미흡한 성과로 인식되며, 이에 대한 국민들의 비판이 높을수록 이익 조정에 대한 동기부여가 증가할 수 있다.

둘째, 운영적자에 대한 손실보전이 없는 공기업일수록 적자의 재무보고를 흑자로 보이도록 조정하고자 하는 경향이 있다(윤성만 · 이강영, 2012). 운영적자가 발생하는 공기업에 대해 정부가 손실만큼 재정을 지원해 줄 경우 공기업의 입장에서는 굳이 이익을 조정할 필요가 없다. 그러나 운영적자가 발생하는 공기업일수록 사회적 관심도가 높기 때문에 적자 재무보고를 흑자로 조정하려는 경향이 강할 수 있다.

셋째, 공기업의 임원일수록 자기이익의 극대화를 위해 이익을 조정하려는 성향이 있다(이수연 외, 2009). 공기업 기관장과 감사의 경우 임기 동안 자신의 이익을 극대화하려는 성향이 강할 수 있다. 이익극대화 성향이 강할수록 이익유연화에 대한 동기부여는 그만큼 강해질 수 있다.

넷째, 공기업 경영평가 결과를 잘 받기 위해서는 이익을 조정하려는 성향이 강하다(이중호 · 이호영, 2006). 공기업과 기관장은 매년 시행되는 경영평가 결과에 따라 성과급을 차등지급받고, 연임 등 인사관리의 기초 자료로 활용되기 때문에 이익 조정을 통해 평가 결과를 좋게 받으려는 성향이 강해질 수밖에 없다.

다섯째, 시장형 공기업일수록 준시장형 공기업에 비해 이익유연화에 대한 동기부여가 높다는 것이다. 공기업의 규모가 큰 시장형 공기업은 준시장형 공기업보다 대외적인 활동으로 인해 사회적으로 주목의 대상이 될 수 있으며, 정부 및 국민의 감시가 증가하게 되어 이익의 변동성을 줄이려는 동기가 발생함으로써, 이익유연화 정도를 높일 유인이 있다(박미희 · 최국현, 2013: 425-426).

여섯째, 상장된 공기업은 상장되지 않은 공기업보다 이익유연화 정도가 낮다. 공기업의 경우 이익조정으로 얻는 혜택보다 이익조정이 발각되었을 때 기업 명성 추락과 신뢰성 악화 등으로 부담해야 할 비용이 크다. 따라서 상장된 공기업은 기업의 이해관계자들이 회계정보의 품질에 대하여 높은 요구를 할 것이고, 제도적 감시의 증가와 외부감사의 품질이 높아질 것이라는 측면에서 상장되지 않은 공기업보다 이익유연화 정도가 낮을 것이다(박미희 · 최국현, 2013: 426).

일곱째, 민영화 예정인 공기업은 그렇지 않은 공기업보다 이익유연화 정도가 낮다는 것이다. 즉, 공기업이 민영화가 예정되면 찬 · 반 논란을 불러일으켜 각종 이해관계자들의 관심이 증폭된다. 이에 회계정보에 대한 높은 품질이 요구될 것이므로, 이익유연화 정도가 낮아진다(박미희 · 최국현, 2013: 426).

PUBLIC ENTERPRISE

제 10 장

공기업의 경영평가

제1절 공기업 경영평가의 본질

1 성과관리와 경영평가

1) 성과관리의 본질

(1) 성과관리의 기본 목적

발전주체로서의 공공부문에 대한 역할 및 성장은 1970년대 이후 복지국가의 성장과 맥을 같이하였으나(Musgrave, 1983: 50), 정부의 독점적 역할에 따른 폐쇄적 성향으로 시민가치 창출을 위한 내재적 도전을 배제해 왔다(Brooke, 1989: 83-84). 또한 시장실패에 따른 정부개입과 그에 따른 정부실패, 그리고 관료제의 지나친 비대화로 인한 행정과 시민과의 관계 모순은 공공부문의 새로운 역할 재조정과 시민본위의 행정개혁을 요구하게 되었다(Smith & Huntsman, 1997: 309-318).[1)]

공공부문의 성과관리 목적은 비효율성을 제거하고, 국민의 관점에서 공적 서비스를 효율적·효과적으로 제공하고 있는지를 파악·환류함으로써, 공공부문의 지속적 관리를 도모하는 데 있다. 공공부문에서의 성과관리 도입은 무엇보다 독점적 관료제의 비효율성을 타파하고, 공적 가치의 실질적 구현이라는 긍정적 효과를 기대할 수 있다는 점에서 공공관리의 주요 제도로 정착되고 있다.

성과관리와 관련하여 우선적으로 고려해야 할 사항은 조직의 미션 및 비전을 확인하고, 조직의 중장기적 전략을 도출하는 것이 필요하다. 공공부문은 민간부문과 달리 공적 목적을 갖고 있는데, 공적 목적 수행을 위해서는 지속적으로 설립 목적을 확인하는 노력이 필요하다. 설립 목적이 왜곡되거나 조직구성원에 각인되지 못하여 그릇된 방향을 설정하면, 그 피해는 국민으로 귀착되기 때문이다. 따라서 공공부문이 미션 및 비전, 전략목표, 성과목표를 정교하게 구축하는 것은 조직 존립의 정당성을 담보할 수 있는 가장 기초적인 개념이다.

---

1) 성과관리의 이론적 논거에 대해서는 원구환(2010: 23-48), 원구환(2014: 제8장), 원구환(2010b), 원구환(2017b: 507-536)의 내용을 수정·발췌하였다.

또한 공공부문의 성과관리를 위해서는 미션, 비전, 전략목표, 성과목표를 제대로 이행할 수 있는 성과지표를 구축하는 것이 매우 중요하다. 성과지표는 조직의 설립 목적과 조직구성원의 목표 달성을 위한 제반 노력이 상호 연계될 수 있도록 유도하는 매개체라 할 수 있다. 좋은 전략목표와 성과목표가 설정되었다할지라도 이를 제대로 달성했는지에 대한 여부를 확인할 수 있는 측정가능하고 현실적합한 도구가 필요하다.

아울러 공공부문의 성과관리는 투입, 변환, 산출, 결과, 환류 등의 단계적 과정을 거치는데, 성과관리는 과정의 효율적 이행을 통한 결과중심적 제도라 할 수 있다. 특히 결과가 당초 성과목표에 미흡할 경우에는 지속적인 개선을 통해 성과목표에 접근하도록 총체적으로 노력하는 것이 성과관리의 핵심적 내용이다.

(2) 성과관리의 개념

성과관리란 일반적으로 조직의 비전, 전략, 목표와 연관하여 개념 정의하는 경우가 많다. 즉, 성과관리를 개인의 업무수행과 조직목표 달성에 초점을 맞추어 조직의 성공에 체계적으로 기여하는 시스템으로 이해되고 있으며(Pollitt, 2001), 신공공관리의 등장 이후 공공부문에 있어 성과관리의 개념은 기존의 관리체계가 투입중심의 공급자중심 구조에서 벗어나 산출 통제와 같은 결과중심적 방향으로 전환하고 성과측정을 통해 의도한 목표 및 실질적 효과를 도출하는 데 관심을 갖고 있고(Gumm, 1989: 15; Bouckaert, 1992: 30; Hood, 1991: 3-19), 관리과정 전반에 대한 자율성과 책임을 중시하는 경향이 나타나고 있다(McCoy, 1992: 422; Gawthrop, 1984: 47). 우리의 경우도 정부업무평가기본법 제2조는 투입, 과정, 산출, 결과 등과 같은 성과범위와 연계하여 개념 정의하고 있으며, 제4조는 성과관리 과정에 대한 자율책임성과 수요자중심 구조로의 전환을 강조하고 있다.

성과관리의 개념은 성과측정과 성과평가보다 광범위한 개념으로 이해되는데, 성과측정은 사전에 정해진 목표에 대한 진행과정을 평가하기 위해서 지표를 개발하고 지표에 근거하여 성과를 점검하는 과정을 의미한다. 반면에 성과평가는 장기 또는 단기적 목표를 성취해 나가는 과정에서 주기적인 평가를 실시하고 사업성과를 향상시키기 위해 관리자에게 그 결과를 보고하는 것과, 예산과 자원의 활용을 통하여 달성되는 사업의 품질과 결과에 초점을 두면서 실제로 성취한 것이 무엇인가에 대한 해답을 얻는 것을 의미한다. 따라서 성과관리는 성과측정뿐만 아니라 적절한 성과수준의 결정, 성과정보에 관한 보고, 바람직한 수준 대비 현재의 성과수준을 평가하기 위한 정보의 활용 등을 포함한 개념이다(박해육 · 주재복, 2009: 13에서 재인용).

(3) 성과관리의 범위 및 방향

성과관리의 범위 및 방향과 개념적 구분 요소를 정리하여 성과관리 모형을 제시한 학자는 부카르트와 할리건(Bouckaert & Halligan, 2008)이다. 그는 성과관리의 개념적 요소를 성과의 요소에 따른 깊이(depth)와 범위(span)로 구분하여 정의하고 있다. 즉, 성과의 깊이는 성과분석의 틀을 설정하고 자료를 수집 · 분석하는 측정(measuring),[2] 분석 자료의 통합(incorporating), 통합된 자료의 결과개선으로의 활용(using) 등으로 이해되며, 성과의 범위는 성과관리체계를 투입, 과정, 산출, 결과로 이해하는 입장이다. 또한 성과의 깊이와 범위적 요소에 따라 성과관리 모형을 네 가지로 구분하고 있는데, 성과측정에 초점을 맞추지만 분석 자료의 통합과 활용이 연계되지 못하는 성과행정 모형(performance administration), 개별 성과관리는 제대로 이루어지만 전체 체계와 연계되지 못하는 성과의 관리모형(management of performances), 개별 성과관리가 전체 성과관리시스템과 연계되어 있는 성과관리 모형(performance management), 성과관리 모형에 사회적 거버넌스의 개념을 접목하여 활용과 결과를 중시하는 성과거버넌스 모형(performance governance) 등을 제시하고 있다. 부카르트와 할리건(Bouckaert & Halligan, 2008)의 성과관리 개념요소를 종합적으로 정리하면 다음과 같다([그림 10-1] 참조).

우선 성과 범위와 관련하여 학자들의 견해를 종합하면 두 가지로 분류해 볼 수 있는데, 하나는 정책순환(policy cycle)에 의한 전통적 · 수평적 접근법과 수직적 접근법이다. 즉, 전통적 · 수평적 접근법은 투입, 과정, 산출, 결과라는 정책순환을 성과를 측정하는 범위로 이해하는 입장이며, 수직적 접근법은 개인, 조직, 국가라는 단계별로 구분하거나 미시(micro), 중범위(meso), 거시(macro)로 구분하여 공공부문의 성과를 구분하는 접근법이다(이광희 · 임동진, 2009: 11; 윤수재 · 이광희 · 홍재환, 2008). 성과의 범위를 분석함에 있어 수평적 접근법에 따라 투입, 과정, 산출, 결과 등으로 구분하는 것이 보편적인데, 이는 정부업무평가기본법 제2조에서도 채택하고 있다.

---

2) 성과측정은 성과를 개선할 중요한 메커니즘일 뿐 아니라 동시에 부정적 효과를 발생시키기도 하지만(Glaser, 1991), 성과관리 및 평가지표는 자체평가에 효과적인 영향을 미친다(박희봉 · 최상민, 2009).

[그림 10-1] 성과관리체계 이해를 위한 개념적 요소

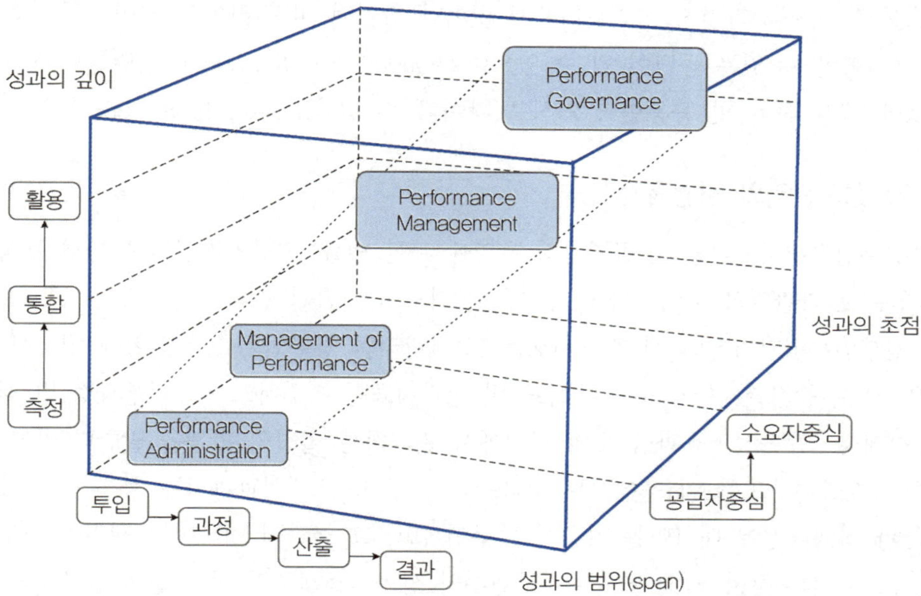

자료: Bouckaert & Halligan(2008)의 개념을 필자가 재구성(원구환, 2017b: 511).

다음으로 성과의 깊이와 관련하여 부카르트와 할리건(Bouckaert & Halligan, 2008)은 측정, 통합, 활용의 개념을 제시하고 있다. 즉, 성과관리체계가 성과지표의 설정 및 자료수집 등 단순 측정에 국한되어 있는지, 측정된 성과지표를 통합하여 적절한 성과관리체계를 구축하고 있는지, 그리고 통합된 성과 정보가 결과개선 및 책임성 확보에 활용되고 있는지를 분석할 필요가 있다. 단순히 측정에 국한되기보다는 측정된 결과의 통합과 활용적 측면을 보다 강화하는 것이 중요하다.

성과의 범위와 깊이 이외에 성과관리체계가 제대로 구축되기 위해서는 공급자중심 시각에서 벗어나 수요자중심 시각에서 관리되어야 한다. 투입중심적·기관 내적 관계모형에서 성과지향적·기관 외적 패러다임으로 전환되어 사회적 가치공유체계를 구축하는 것이 필요하며, 행정기관중심적 성과관리체계에서 성과거버넌스모형으로 전환될 필요가 있다. 성과관리를 위한 주체적 변화는 기존의 정부중심적 시각에서 탈피하여 다양한 이해관계자들의 참여로 귀결되고 있다. 복잡하고 다양한 현대사회의 창의성과 동태성을 확보하기 위해서는 다양한 주체들이 성과관리 과정에 참여할 수

있어야 한다(Stoker, 1998: 39). 특히 성과관리에 있어 시민참여는 정치인들과 정책엘리트들로 하여금 단기적 성과관리에서 벗어나 장기적 비전 하에서 시민사회의 목표를 구체화할 수 있는 동력이 될 수 있으며(Swindell & Kelly, 2000), 시민들로 하여금 시정에 대한 참여 및 공동협력 의식을 부여할 수 있다(Burke, 1968: 288-294).

2) 성과관리와 경영평가

정부업무평가기본법, 공공기관의 운영에 관한 법률, 지방공기업법 등에서 규정하고 있는 성과관리와 경영평가의 개념을 살펴보면 다음과 같다.

정부업무평가기본법 제2조 제6호는 "성과관리란 정부업무를 추진함에 있어서 기관의 임무, 중장기 목표, 연도별 목표 및 성과지표를 수립하고, 그 집행과정 및 결과를 경제성 · 능률성 · 효과성 등의 관점에서 관리하는 일련의 활동을 말한다"라고 규정하고 있으며, 또한 제4조에서는 성과관리의 원칙으로 "성과관리는 정책 등의 계획수립과 집행과정에 대하여는 자율성을 부여하고, 그 결과에 대하여는 책임이 확보될 수 있도록 실시하며, 성과관리는 정부업무의 성과 · 정책품질 및 국민의 만족도가 제고될 수 있도록 실시한다"라고 규정하고 있다.

공공기관의 운영에 관한 법률 제48조 제1항에서는 "기획재정부 장관은 양성평등을 위한 임원 임명 목표제에 관한 연차별 보고서, 기관장의 성과계약의 이행에 관한 보고서, 기관의 경영목표와 경영실적보고서를 기초로 하여 공기업 · 준정부기관의 경영실적을 평가한다"라고 규정하고 있다.

또한 지방공기업법 제78조에서는 "행정안전부 장관은 지방공기업의 경영 기본원칙을 고려하여 지방공기업에 대한 경영평가를 하고, 그 결과에 따라 필요한 조치를 하여야 하며, 경영평가에는 지방공기업의 경영목표의 달성도, 업무의 능률성, 공익성, 고객서비스 등에 관한 평가가 포함되어야 한다"고 규정하고 있다.

그러나 성과관리와 경영평가 간에는 첫째, 성과관리와 달리 경영평가는 사후적 요소가 강하다. 물론 경영평가에서도 기관의 목적, 전략목표, 성과목표 등을 측정하지만, 사후적 평가에 보다 많은 관심을 갖고 있다. 둘째, 성과관리와 달리 경영평가는 단년도적 시각이 강하다. 성과관리와 경영평가 모두 중장기 경영계획을 바탕으로 단계별 성과목표와 성과지표를 측정하고 있지만, 경영평가는 주로 전년도의 실적을 측정한다. 셋째, 성과관리와 달리 경영평가는 보상체계가 상대적으로 강하다.

2 경영평가의 목적 및 필요성

1) 경영평가의 목적

공공기관 경영평가는 자율책임경영체제 구축이라는 기본 전제를 갖고 있다. 공공기관의 실질적 운영에는 자율성을 부여하되, 결과 및 성과에 대해서는 책임소재를 명확히 한다는 의미에서 공공기관의 경영평가제도가 도입되었다고 볼 수 있다. 그러나 공공기관에 대한 세부적 운영까지 규제[3]할 경우 창의적·기업가적 정신, 조직구성원들의 목표에 대한 공유의식과 책임의식을 확보하기 어렵다.

따라서 공공기관의 경영평가는 공공기관 운영의 자율성을 보장하되, 성과에 대해서는 명확한 책임체계를 부여하는 제도이다. 민간부문에서는 수익극대화가 목표이지만, 공공기관에서는 국민생활에 밀접한 필수 생활재를 최적으로 제공하는 것이 목적이므로, 최적 서비스 공급과 관련된 자율성을 부여하되 성과에 대해서는 책임을 부여하는 것이 중요하다. 공공기관 경영평가는 도덕적 해이와 역선택을 방지하고, 대국민 서비스의 양적·질적 제고를 목적으로 도입된 제도다.

2) 경영평가의 필요성

공공기관 경영평가를 실시하는 이유는 다음과 같다.

첫째, 공공기관의 소유와 주체의 관점에서 소유자와 대리인 간의 관계를 파악할 필요가 있다. 공공기관의 실질적 소유자는 국민이지만, 국민을 대리한 정부가 공공기관을 설립하여 공기업의 관리를 지도·감독하고 있다. 따라서 국민의 관점에서 정부가 공공기관을 제대로 설립·관리하고 있는지를 파악할 필요가 있다. 특히 대리인 이론의 관점에서 보면 공공기관의 기관장은 임명 주체와 성과계약을 체결하는 데, 성과

---

3) 대표적인 규제 실패 사례는 영국의 붉은 깃발법(Red Flag Act)을 예시할 수 있다. 이 법은 산업혁명 시대에 자동차가 등장하면서 마차 점유율이 낮아지자 마차업주들이 정부에 로비하여 제정한 법률인데, 자동차는 반드시 3명의 운전사를 태우고, 이 중 한 명은 자동차의 55m 앞을 붉은 깃발을 들고 걸어가며 자동차가 온다는 것을 알려야 했다. 또 자동차가 시 경계를 넘을 때에는 세금을 내야 했으며(마차는 세금을 내지 않았다), 자동차의 최고 속도는 시속 6.4km 이하로 해야 했고, 시가지에서는 시속 3.2km 이하로 다녀야 했다. 결국 자동차 기술은 증기혁명을 일으킨 영국보다 독일이나 프랑스에서 먼저 발달하는 현상이 발생하였다.

계약의 달성 여부를 파악하는 것이 필요하다.

둘째, 공공기관의 목적의 관점에서 본래의 공적 목적을 달성하고 있는지를 파악할 필요가 있는데, 경영평가는 이를 확인할 수 있는 유효한 정책적 도구라고 할 수 있다. 공공기관의 목적은 실질적 공익을 실현하는 과정이므로, 경영평가를 통해 공공기관의 설립 목적을 제대로 이행하고 있는지를 파악할 수 있다.

셋째, 공공기관의 서비스의 관점에서 공공기관이 민간경제를 침해하지 않고, 본연의 공공서비스를 합리적으로 제공하고 있는지를 파악할 수 있다. 예를 들어, 전기, 수도를 공급하는 공공기관이 국민생활 필수재인 전기와 수도 서비스를 국민에게 적정하게 합리적으로 제공하고 있는지를 파악할 필요가 있다.

넷째, 공공기관의 공적 규제의 관점에서 공공기관의 경영관리 기준을 제대로 이행하고 있는지를 경영평가를 통해 파악할 수 있다. 특히 정부는 국가적으로 통용되는 권장정책 및 이행 기준, 법령상 의무·권장사항을 정립하고 있는데, 공공기관이 정부 권장정책을 잘 이행하고 있는지를 파악할 필요가 있다. 국가 및 지방공기업의 정부권장정책 항목에는 청년미취업자 우선 채용, 장애인 의무 고용, 국가유공자 우선 채용, 중소기업 제품(사회적 생산품 및 서비스, 중증장애인 생산품, 녹색제품 등) 우선 구매, 전통시장 온누리 상품권 구매, 온실가스 감축 및 에너지 절약 실적, 재정조기집행 이행실적 등이 포함되어 있다.

다섯째, 공공기관 책임소재의 관점에서 경영평가의 필요성이 인정된다. 공공기관 경영평가를 통해 긍정적인 성과를 도출한 기관에 대해서는 인센티브를 지급하고, 부정적인 성과를 도출한 기관에 대해서는 패널티를 부과하여 책임소재를 명확하게 할 수 있다. 특히 경영평가를 통한 인센티브와 패널티 부과는 대리인의 비대칭성을 해결할 수 있고, 경영개선을 유도할 수 있는 대안이 될 수 있다.

여섯째, 공공기관의 미래지향적 경영체질 개선의 관점에서 경영평가의 필요성이 인정된다. 경영평가는 단순히 과거의 실적만을 측정하는 데 한정하지 않고, 미래의 경영체질을 개선하는 데 목적이 있다. 특히 경영성과가 우수한 기관의 사례를 분석하여 공공기관 개선의 기준점으로 활용할 수 있다. 따라서 경영평가는 과거 실적을 바탕으로 미래의 경영개선을 도모하는 현재진행형적 혁신과정이라 할 수 있다.

3 경영평가의 요소

1) 경영평가 목표 및 기준

경영평가를 실시함에 있어 가장 중요한 것은 경영평가의 목표와 기준을 설정하는 것이다. 즉, 경영평가는 왜 실시하는가에 대한 근본적인 물음에서 시작된다. 경영평가는 단순히 순위를 매기는 평가가 아니라 공공기관이 추구하는 목표가 무엇이고, 목표 달성을 어떤 기준으로 측정할 것인가를 결정해야 한다.

공공기관은 설립 법률 및 조례에 의해 본래의 목적이 규정되어 있으므로, 법적 규정에 의해 규정된 기관 설립 목적이 제대로 경영관리 과정에 구축되어 있는지, 설립 목적에 부응하는 평가 기준이 정립되어 있는지의 여부를 파악해야 한다. 설립 목적, 평가 기준 등이 제대로 구축되어 있지 못한 상태에서는 경영평가를 효과적으로 수행하기 어려우며, 경영평가가 추구하는 목적을 왜곡시킬 수 있다.

공공기관은 법적 규정에 의해 기관장과 성과계약을 맺고 경영체질 개선을 도모하는 입장이므로 대내·외적인 성과가 기관의 설립 목적과 기준에 부합하는지를 사전에 정립해야 한다.

2) 경영평가의 주체

공공기관의 경영평가를 누가 할 것인가의 문제이다. 평가주체는 크게 내부평가와 외부평가로 구분해 볼 수 있다. 내부평가는 기관 내부에서 자체적으로 평가하는 경우를 의미하며, 외부평가는 기관 외부의 전문가에 의해 평가되는 경우를 의미한다. 물론 기관 내부 구성원 일부와 외부 전문가들이 함께 참여하는 평가도 있을 수 있으며, 외부평가의 경우도 외부 전문가 이외에 공무원이 참여하는 혼합형태가 존재할 수 있다.

주체적 관점에서 볼 때 내부평가는 조직 내적 문제점을 파악하기 쉽지만, 평가의 공정성에 문제점이 발생할 수 있다. 반면에 외부평가는 세부적이고 조직 내적 문제점을 완전하게 파악하지 못할 수 있지만, 외부 전문가의 시각에서 기관 내부의 문제점을 도출할 수 있고, 평가의 공정성을 확보할 수 있는 장점이 있다.

경영평가 주체의 문제는 평가의 공정성과 평가 결과의 수용성 여부를 결정할 수 있는 중요한 요소라 할 수 있다. 공공기관의 실질적 주인은 국민이므로 국민이 경영평가의 주체가 되는 것이 가장 바람직하지만, 모든 국민의 평가 참여는 사실상 불가능하다. 따라서 공공기관의 경영평가는 대리 평가가 이루어질 수밖에 없으므로 평가 주체의 전문성(외부 전문가의 경력, 전문역량에 따른 위촉 등)을 확보하고, 국민의 관점에서 평가를 실시해야 한다.

3) 경영평가의 대상

경영평가를 실시함에 있어 어떤 대상을 측정할 것인가의 문제이다. 경영평가의 대상 범위는 설립 목적에 부응하는 경영과정 전반(계획단계, 집행단계, 성과단계, 환류단계)을 측정하는 것이 일반적이다. 또한 모든 조직은 경영관리적 요소(조직, 인사, 노사, 재무관리 등)와 사업적 요소를 동시에 갖고 있으므로, 평가대상은 경영관리와 사업내용을 포함하는 것이 보편적이다. 아울러 성과를 측정함에 있어 산출평가에 초점을 맞출 것인지, 영향평가도 포함할 것인지의 여부를 결정할 필요가 있다. 산출평가는 기관중심적 시각에서 능률성에 기반한 평가인 데 비해, 영향평가는 산출에 따른 이해관계자의 반응과 대응 정도를 측정하는 평가이다. 산출평가는 계량화가 용이하지만, 기관중심의 단순 목표달성 여부만을 측정한다. 반면에 영향평가는 시민의 관점에서 분배적 측면을 고려할 수 있지만, 명확한 시민의 태도나 반응을 파악하기 어려운 단점이 존재한다(Brudney & England, 1982: 132. Freeman & Sherwood, 1970: 8).

4) 경영평가의 기간

평가기간은 단년도평가, 다년도평가 등으로 요약해 볼 수 있는데, 평가기간이 길수록 시간적 경영관리 개선이 필요한 사항이라 할 수 있다. 단년도평가는 일반적으로 1년 단위를 기준으로 평가하는 것으로 즉시 해결해야 할 과제를 중심으로 평가하는 데 비해, 다년도평가는 1년 이상에 걸쳐 평가해야 할 사항이다.

경영평가의 평가대상 시기는 회계연도를 기준으로 설정된다. 회계연도에 따라 예산회계가 이루어지고, 인건비 지급, 재무관리, 주요 사업의 일정이 관리되므로, 단년도 평가는 회계연도에 따르는 것이 상례이다.

경영평가 기간과 관련하여 또 하나 고려해야 할 요소는 경영평가를 매년 할 것인가의 여부이다. 1년 단위로 매년 평가할 경우 당해 연도의 실적을 명확하게 파악할 수 있지만, 평가의 피로도가 가중될 수 있다. 반면에 격년 평가를 실시할 경우 평가의 피로도와 단기적 실적에만 관심을 갖는 문제점을 극복할 수 있지만, 당해 연도 실적에 대한 명확한 책임 부과가 지연되는 문제점이 발생할 수 있다.

5) 경영평가의 방법

공공기관의 경영평가를 어떤 방법으로 실시할 것인가의 문제이다. 경영평가의 방법은 크게 계량평가와 비계량평가로 구분해 볼 수 있다. 계량평가는 명확한 측정산식을 통해 객관적으로 실적을 평가할 수 있는 장점이 있는 데 비해, 객관적 수치 이외에 질적으로 고려해야 할 변수를 반영하지 못하는 문제점이 있다. 특히 사전에 잘못된 측정산식을 전제로 할 경우 평가 결과가 왜곡될 수 있다. 반면에 비계량평가는 양적 요소보다는 질적 요소를 반영할 수 있는 장점이 있으나, 객관적 기준에 의한 평가가 상대적으로 용이하지 않은 측면이 있다.

경영평가의 방법은 전체적인 가중치를 계량평가와 비계량평가에 적절히 배분하여 평가의 공정성을 확보할 필요가 있으며, 평가대상 세부항목의 특성에 따라 평가방법을 모색할 필요가 있다.

6) 경영평가의 지표

경영평가를 실시함에 있어 어떤 도구를 사용하여 측정할 것인가의 문제이다. 평가도구가 효율적이지 못할 경우 평가 결과가 왜곡될 수 있다. 특히 기관의 설립 목적과 전략목표, 성과목표 등은 구체적이지 못하므로, 전략 및 성과목표에 부응하는 세부 성과지표를 구체적으로 작성할 필요가 있다.

공기업의 성과를 평가하기 위한 평가지표의 보편적인 기준을 설정한다는 것은 현실적으로 불가능하지만, 일반적으로 경영평가지표를 설정할 때 지표가 갖추어야 할 구비조건을 살펴보면 다음과 같다(송대희 외, 1987: 58-60).

첫째, 평가지표는 측정가능한 지표(measurability)이어야 한다. 즉, 평가지표는 평가대상을 객관적으로 측정할 수 있어야 한다. 따라서 평가 시 자의성을 배제하기 위해서는 가능한 한 계량지표 위주로 지표를 설정하여야 하나, 계량화가 불가능하거나 질적 평가가 요청되는 경우에는 비계량지표를 설정해야 한다.

둘째, 평가지표는 경영평가를 통하여 개선가능한 지표(improvability)이어야 한다. 경영평가의 목적이 경영개선이라는 면에서 볼 때 평가지표는 해당 분야의 경영개선

가능성을 고려하여 선정되어야 한다. 아무리 좋은 지표라 하더라도 경영개선의 여지가 없는 지표는 지표로서 실익이 없다.

셋째, 평가지표는 관리가능한 지표(controllability)이어야 한다. 경영평가는 공공기관의 실질적이고 관리 가능한 수준에서의 경영노력을 대상으로 측정되어야 한다. 즉, 공공기관이 통제할 수 없는 요인(특히 공공요금의 인상 등)인 경영 외적 요인은 가급적 평가지표로 설정하지 않도록 조정할 필요가 있다.

넷째, 평가지표는 상대적 중요성(relative materiality)이 있어야 한다. 즉, 평가지표 선정대상으로서의 주요 사업이나 경영목표 등은 공공기관에 따라 상이하므로 경영평가지표의 선택은 이들 상호 간의 상대적 중요도에 따라 결정해야 한다. 평가지표의 종류와 수의 적정성 여부는 평가의 목적, 대상 등에 따라 상이한데, 지표관리 및 평가 합목적성 측면에서 볼 때 지표의 종류와 수는 지나치게 많은 것은 바람직하지 않다.

다섯째, 평가지표는 충분성(sufficiency)이 있어야 한다. 평가지표는 공공기관이 달성한 경영성과를 충분히 평가할 수 있도록 지표의 내용이 불투명하거나 지표항목 간의 구분이 모호하지 않도록 하여야 한다. 동일한 경영실적이 상이한 지표로 중복 평가되는 것은 가능한 한 배제시켜야 하며, 동일 구성요소가 상이한 지표에서 상호 반대 방향으로 작용되도록 평가지표가 선정되는 것도 기업의 경영전략의 혼선을 초래하게 되므로 가급적 피하여야 한다.

마지막으로 평가지표는 비교가능한 지표(comparability)이어야 한다. 평가지표는 원칙적으로 계속성을 유지하여 평가 및 경영의 안정성을 확보하고, 연도별 경영성과와 개선 정도를 비교할 수 있어야 한다. 정책변화, 경영환경의 급격한 변동 등으로 특정 평가지표가 오히려 경영개선 노력을 저해한다고 판단되는 경우를 제외하고는 계속성을 유지하는 것이 중요하다.

결국 평가지표는 설립 목적과 전략목표, 성과목표와의 연계 속에서 단기적 시각이 아닌 중장기적 관점에서 설정될 필요가 있으며, 단순 목표 달성과 관련된 지표보다는 기관 본연의 설립 목적을 달성할 수 있도록 설정되어야 한다.

제2절 국가공기업의 경영평가

1 국가공기업 경영평가제도의 역사

국가 공공기관의 경영평가제도는 1984년부터 시작되었다. 1984년 이전에는 주무부처별로 산하 공기업을 평가하는 시스템이었으나, 1984년부터는 공기업을 유형화하여 통합적인 경영평가제도를 도입하였다. 이후 2004년 정부산하기관관리기본법 등의 제정・운영으로 경영평가 대상기관을 확대하였고, 기관장 성과계약 이행실적평가를 도입하여 운영하였다.

국가 공공기관의 경영평가제도는 2007년의 공공기관의 운영에 관한 법률 제정으로 근본적인 변화가 이루어졌다. 기존의 정부투자기관, 정부출자기관, 정부산하기관 등을 공공기관으로 통합하고, 공공기관을 공기업, 준정부기관, 기타공공기관으로 세분화하였다. 또한 경영평가의 대상을 공기업과 준정부기관으로 한정하고, 경영평가 방법 등에 대한 개혁을 추진하였다.

평가 주관부처는 경제기획원 심사평가국에서 재정경제원 예산실, 예산청 예산총괄국, 기획예산위원회 정부개혁실, 기획재정부 재정개혁국, 기획재정부 공공정책국으로 변화되었다.

〈표 10-1〉 국가 공공기관 경영평가제도의 역사적 변천

시기	1962~1984년	1984~1999년	1999~2007년	2007년~
관련법	정부투자기관예산회계법 정부투자기관관리법	정부투자기관관리 기본법	정부투자기관관리기본법 정부산하기관관리기본법	공공기관의 운영에 관한 법률
경영 평가	주무부처에 의한 경영 실적평가제도 도입, 인센티브로서 성과상여금 최초 도입	정부투자기관 경영평가위원회, 경영평가단 등 실질적 경영평가제도 도입(상여금 차등폭 확대)	〈투자기관〉 사장경영계약이행실적평가와 기관평가 〈산하기관〉 경영실적평가 최초 실시 (2005)	평가대상기관 축소 평가지표 차별화 경영평가정보시스템 구축 기관, 기관장평가 통합 (2011)

자료: 윤태범(2011: 17).

2 국가공기업의 경영평가제도

1) 국가 공공기관 경영평가단 및 대상기관

(1) 경영평가단

국가 공공기관의 경영평가단은 매년 신규로 구성되며, 1년 단위로 운영되는 임시 조직적 특성을 지니고 있다. 즉, 기획재정부와 용역계약에 의해 경영평가단을 구성하는데, 경영평가단은 단장, 총괄반, 경영관리 비계량 및 계량, 주요 사업 비계량 및 계량 등으로 구분하여 위원을 선임한다. 경영평가단은 매년 3월부터 12월까지 경영평가를 전담하며, 경영평가와 관련된 중요한 의사결정은 기획재정부 공공기관운영위원회에서 심의 · 의결된다.

(2) 경영평가 대상기관

공공기관의 경영평가 대상기관은 공기업, 준정부기관으로 구분하고 있다.

〈표 10-2〉 공기업 경영평가 대상기관의 구분

유형	유형구분 기준
SOC (8)	법률 제4조 내지 제6조에 따라 지정된 공기업 중 사회기반시설(SOC)에 대한 계획과 건설, 관리 등을 주요 업무로 하는 기관 – 인천국제공항공사, 한국공항공사, 한국도로공사, 한국수자원공사, 한국철도공사, 한국토지주택공사, 제주국제자유도시개발센터, (주)에스알
에너지 (12)	법률 제4조 내지 제6조에 따라 지정된 공기업 중 에너지의 생산, 공급 및 자원개발 등을 주요 업무로 하는 기관 – 한국가스공사, 한국석유공사, 한국전력공사, 한국지역난방공사, 대한석탄공사, 한국광해광업공단, 한국남동발전(주), 한국남부발전(주), 한국동서발전(주), 한국서부발전(주), 한국수력원자력(주), 한국중부발전(주)
산업진흥 서비스 (12)	법률 제4조 내지 제6조에 따라 지정된 공기업 중 특정 분야 산업 진흥 및 대국민 공공서비스 제공을 주요 업무로 하는 기관 – 강원랜드(주), 그랜드코리아레저(주), 주택도시보증공사, (주)한국가스기술공사, 한국마사회, 한국방송광고진흥공사, 한국부동산원, 한국전력기술(주), 한국조폐공사, 한전KDN(주), 한전KPS(주), 해양환경공단

* 밑줄 친 기관은 중장기 재무관리계획 제출 기관임.
자료: 기획재정부(2022.12). 『2023년도 공공기관 경영평가편람』에서 재구성.

〈표 10-3〉 준정부기관 경영평가 대상기관의 구분

유형		유형구분 기준
기금관리형		법률 제4조 내지 제6조에 따라 직원 정원이 50인 이상이고, 국가재정법에 따라 기금을 관리하거나 기금의 관리를 위탁받은 기관 – 공무원연금공단, 국민연금공단, 국민체육진흥공단, 근로복지공단, 기술보증기금, 신용보증기금, 예금보험공사, 중소벤처기업진흥공단, 한국무역보험공사, 한국자산관리공사, 한국주택금융공사
위탁집행형	SOC・안전 (14)	법률 제4조 내지 제6조에 따라 직원 정원이 50인 이상이고, 위탁집행형 준정부기관으로 지정된 기관 중 SOC 및 안전 관련 업무를 주요 업무로 하는 기관 – 국가철도공단, 국토안전관리원, 도로교통공단, 한국가스안전공사, 한국교통안전공단, 한국국토정보공사, 한국농어촌공사, 한국산업안전보건공단, 한국석유관리원, 한국승강기안전공단, 한국원자력환경공단, 한국전기안전공사, 한국전력거래소, 한국해양교통안전공단
	산업진흥 (16)	법률 제4조 내지 제6조에 따라 직원 정원이 50인 이상이고, 위탁집행형 준정부기관으로 지정된 기관 중 특정 산업 진흥을 주요 업무로 하는 기관 – 대한무역투자진흥공사, 소상공인시장진흥공단, 우체국금융개발원, 우체국물류지원단, 한국관광공사, 한국농수산식품유통공사, 한국방송통신전파진흥원, 한국산업기술진흥원, 한국산업기술평가관리원, 한국산업단지공단, 한국산업인력공단, 한국에너지공단, 한국연구재단, 한국인터넷진흥원, 한국지능정보사회진흥원, 한국환경산업기술원
	국민복리 증진 (14)	법률 제4조 내지 제6조에 따라 직원 정원이 50인 이상이고, 위탁집행형 준정부기관으로 지정된 기관 중 국민복리 증진을 위한 대국민 공공서비스 제공을 주요 업무로 하는 기관 – 건강보험심사평가원, 국립공원공단, 국립생태원, 국민건강보험공단, 축산물품질평가원, 한국고용정보원, 한국국제협력단, 한국보훈복지의료공단, 한국사회보장정보원, 한국산림복지진흥원, 한국소비자원, 한국장애인고용공단, 한국장학재단, 한국환경공단

* 밑줄 친 기관은 중장기 재무관리계획 제출 기관임.
자료: 기획재정부(2022.12). 『2023년도 공공기관 경영평가편람』에서 재구성.

2) 국가 공공공기관의 경영평가 과정

(1) 경영목표의 수립(제46조)

기관장은 사업내용과 경영환경, 경영성과 계약 내용 등을 고려하여 다음 연도를 포함한 5회계연도 이상의 중장기 경영목표를 설정하고, 이사회의 의결을 거쳐 매년 10월 31일까지 기획재정부 장관과 주무기관의 장에게 제출해야 한다.

공기업의 경영환경・경제여건 및 국가정책방향 등을 고려하여 기획재정부 장관은 공기업의 장에게, 주무기관의 장은 준정부기관의 장에게 경영목표의 변경을 요구할 수 있으며, 경영목표를 변경하는 경우에는 변경내용을 이사회 의결을 거쳐 확정한 후 지체 없이 기획재정부 장관과 주무기관의 장에게 제출해야 한다.

(2) 경영평가 편람 작성(법 제48조 제5항)

기획재정부 장관은 경영실적 평가의 기준과 방법 및 평가 결과에 따른 조치사항 등을 고려하여 매 회계연도 개시 전까지 경영실적 평가에 관한 편람을 작성하여야 한다(동법 시행령 제27조 제2항).

경영실적의 평가 기준과 방법은 공공기관운영위원회의 심의 · 의결을 거쳐 기획재정부 장관이 정하되, ① 경영목표의 합리성 및 달성 정도, ② 주요 사업의 공익성 및 효율성, ③ 직원의 고용 형태 등 조직 · 인력 운영의 적정성, ④ 중장기 재무관리계획의 이행 등 재무운용의 건전성 및 예산 절감노력, ⑤ 고객만족도 조사 결과, ⑥ 합리적인 성과급 지급제도 운영, ⑦ 그 밖에 공기업 · 준정부기관의 경영에 관련된 사항이 평가에 반영될 수 있도록 정해야 한다.

(3) 경영실적의 보고(제47조)

공기업, 준정부기관은 매년 3월 20일까지 전년도의 경영실적을 기재한 보고서(경영실적보고서, 결산서 첨부)와 기관장이 체결한 계약의 이행에 관한 보고서를 작성하여 기획재정부 장관과 주무기관의 장에게 제출하여야 한다.[4]

경영실적보고서 중 계량지표 관련 실적에 대해서는 해당 계량 실적에 대해 공공기관의 운영에 관한 법률 제43조에 따라 선정된 회계법인 또는 감사(위원회)로 하여금 그 정확성에 대한 확인을 받아 기획재정부에 제출해야 한다.

(4) 경영평가단 구성(법 제48조 제6항)

기획재정부 장관은 경영실적 평가의 효율적인 수행과 경영실적 평가에 관한 전문적 · 기술적인 연구 또는 자문을 위하여 공기업, 준정부기관 경영평가단을 구성 · 운영할 수 있으며, 기획재정부 장관은 필요하다고 인정되는 때에는 공공기관운영위원회의 의결을 거쳐 전문기관에 공기업 · 준정부기관의 경영실적 평가를 의뢰할 수 있다(동법 시행령 제27조 제1항).

경영평가단은 기획재정부 장관이 위촉하는데, ① 공공기관의 운영 및 경영관리에

4) 공기업, 준정부기관으로 지정(변경지정을 제외)된 해에는 적용하지 않는다.

관한 전문지식이 있는 대학의 교수, ② 정부출연연구기관에 소속된 박사학위소지자 및 이에 준하는 자격이 있다고 인정되는 자, ③ 5년 이상의 실무경험이 있는 공인회계사·변호사 및 경영자문업무에 관한 전문가, ④ 그 밖에 공공기관의 운영 및 경영관리에 관한 전문지식과 경험이 풍부하다고 인정되는 자로 수시로 구성할 수 있다(동법 시행령 제28조).[5]

(5) 경영실적 평가(제48조)

기획재정부 장관은 기관장의 계약 이행에 관한 보고서, 경영목표와 경영실적보고서를 기초로 하여 공기업, 준정부기관의 경영실적을 평가한다.[6] 기획재정부 장관은 경영실적의 평가를 위하여 필요한 경우 공기업에 관련 자료의 제출을 요청할 수 있으며, 각 기관은 자료제출 요구에 성실히 응해야 한다.

기획재정부 장관은 경영실적 평가과정 및 평가 결과에 대한 검증 및 관리를 위해 평가단에 회계사 등으로 평가검증단을 구성하고, 평가검증단, 기획재정부, 한국조세재정연구원 공공기관연구센터 등이 참여하는 평가검증위원회를 구성할 수 있다.

각 지표별 평가점수는 지표별 평점에 지표별 가중치를 곱하여 산출하고, 비계량지표와 계량지표 평가점수를 합산하여 기관의 종합평가 결과와 범주별 평가 결과를 산출한다.[7] 기관의 종합평가 결과와 범주별 평가 결과는 6등급으로 구분하며, 등급구간은 기관 경영실적 평가 평균점수 및 표준편차 등을 활용하여 평가 결과 확정 시에 공공기관운영위원회의 심의·의결로 결정한다.

등급구간은 비교평가 등급구간, 기관단위 개별평가 등급구간, 개선도 평가 등급구분으로 구분한다. 비교평가 등급구간은 당해 연도 경영실적 평가점수 및 분포 등을 활용하고, 기관단위 개별평가 등급구간은 기관의 과거 경영실적 평가점수 및 분포 등을 활용하며, 개선도 평가 등급구간은 기관의 경영실적 개선 등을 활용하여 평가 결

---

5) 경영평가단의 업무수행에 소요되는 경비는 예산의 범위에서 이를 지급할 수 있으며, 경영평가단은 부여된 업무가 완료된 때에 해체된 것으로 본다.

6) 공기업, 준정부기관으로 지정(변경지정을 제외)된 해에는 경영실적을 평가하지 않는다. 또한 기획재정부 장관이 공기업, 준정부기관의 경영실적을 평가하는 경우 국가재정법 제82조(기금운용의 평가)의 규정에 따라 기금운용평가를 받는 기관과, 과학기술기본법 제32조(정부출연연구기관 등의 육성) 제3항에 따라 평가를 받는 기관에 대하여는 그 평가 결과를 활용한다.

7) 일부 지표의 점수 산출을 할 수 없는 기관의 경우에는 해당 지표에 대한 배점은 제외하고 합계를 산출하고, 이를 100점으로 환산하여 종합 평가 결과와 범주별 평가 결과를 산출한다.

〈표 10-4〉 공공기관 경영평가 등급체계

등급	수준 정의
탁월 (S)	모든 경영영역에서 체계적인 경영시스템을 갖추고 효과적인 경영활동이 이루어지고 있으며, 매우 높은 성과를 달성하고 있는 수준
우수 (A)	대부분의 경영영역에서 체계적인 경영시스템을 갖추고 효과적인 경영활동이 이루어지고 있으며, 높은 성과를 달성하고 있는 수준
양호 (B)	대부분의 경영영역에서 양호한 경영시스템을 갖추고 있고 양호한 성과를 달성하고 있는 수준
보통 (C)	대부분의 경영영역에서 일반적인 경영시스템을 갖추고 있고 일반적인 경영활동이 이루어지고 있는 수준
미흡 (D)	일부 경영영역에서 일반적인 경영시스템을 갖추고 있지만 성과는 다소 부족한 수준
아주 미흡 (E)	대부분의 경영영역에서 경영시스템이 체계적이지 못하고 경영활동이 효과적으로 이루어지지 않으며, 개선지향적 체계로의 변화 시도가 필요한 수준

자료: 기획재정부(2022.12). 『2023년도 공공기관 경영평가편람』.

과 확정 시에 공공기관운영위원회의 심의·의결로 확정한다.

(6) 평가 결과 보고(법 제48조 제7항)

기획재정부 장관은 공공기관운영위원회의 심의·의결을 거쳐 매년 6월 20일까지 공공기관의 경영실적 평가를 마치고, 그 결과를 국회와 대통령에게 보고한다.

(7) 사후조치(법 제48조 제8항 및 제9항)

기획재정부 장관은 공공기관운영위원회의 심의·의결을 거쳐 평가 결과에 따른 인사상 또는 예산상의 조치에 대한 건의 및 요구, 성과급 지급률 결정 등의 후속조치를 할 수 있다(동법 시행령 제27조 제4항).

첫째, 경영평가 성과급을 지급한다. 경영평가 성과급은 종합 평가 결과에 따라 지급하되 공기업·준정부기관 예산운용지침에 따라 편성된 예산범위 내에서 지급한다. 다만, 당기순손실, 고 부채비율 등 재무위험이 높은 기관은 공공기관운영위원회 심의·의결을 통해 성과급 지급률을 하향 조정할 수 있다.

둘째, 기획재정부 장관은 경영실적 평가 결과에 따라 우수기관에 대해서는 기획재정부 장관 표창 등을 시행할 수 있다. 반면에 기획재정부 장관 또는 주무부처의 장은 경영평가 결과 부진기관 등에 대해서 경영개선계획을 당해 연도 9월까지 제출받아 그 이행상황을 점검하고, 그 결과를 평가에 반영할 수 있다. 또한 기획재정부 장관은 경영실적이 부진한 기관의 기관장, 상임이사에 대하여 공공기관운영위원회의 심의·의결을 거쳐 해임을 건의하거나 요구할 수 있다.8)

셋째, 기관장 성과계약의 이행에 관한 보고서, 경영실적보고서 및 그 첨부서류를 제출하지 아니하거나 거짓으로 작성·제출한 경우에는 기획재정부 장관은 공공기관운영위원회의 심의·의결을 거쳐 경영실적 평가 결과와 성과급을 수정9)하고, 해당 기관에 대하여 주의·경고 등의 조치를 취하거나 주무기관의 장 또는 기관장에게 관련자에 대한 인사상의 조치 등을 취하도록 요청하여야 한다. 이 경우 기획재정부 장관은 감사 또는 감사위원회 감사위원이 관련 직무를 이행하지 아니하거나 게을리하였다면 공공기관운영위원회의 심의·의결을 거쳐 해당 감사(위원회) 감사위원을 해임하거나 임명권자에게 해임을 건의할 수 있다.

넷째, 채용비리, 양성평등 위반, 최저임금 미준수, 고용차별, 조세포탈, 회계부정, 재난사고, 불공정거래 행위 등 공공기관(임직원 포함)의 중대한 사회적 기본 책무 위반 또는 위법 행위가 발생한 경우 기관의 귀책사유 및 책임의 정도를 고려하여 공공기관운영위원회의 심의·의결을 거쳐 평가등급 또는 성과급 지급률을 하향 조정할 수 있다. 반면에 국가경제 기여, 공공복리 증진, 국가이미지 제고 등 사회공헌이 인정되면 평가등급 및 지급률을 상향 조정할 수 있다.

다섯째, 공공기관 운영에 관한 법률 제14조에 의한 기능조정 계획에 대한 이행실적이 부진한 경우, 공공기관운영위원회의 심의·의결을 거쳐 부진 사유 및 정도 등을 고려하여 평가등급 또는 성과급 지급률을 하향 조정할 수 있다.

여섯째, 경영관리 중 2년 이상 연속으로 우수 등급 이상(A^+, A^0)을 받은 지표는 해당 지표에 한해 다음 연도 평가 시 우수 등급 이상(A^+, A^0)을 부여한다.

(8) 연차보고서 작성(법 제49조)

기획재정부 장관은 매년 경영실적보고서와 경영실적 평가 결과를 기초로 하여 공

8) 평가대상 연도 말 기준으로 기관장, 상임이사의 재임기간이 6개월 미만의 경우 해임 건의 대상에서 제외한다. 또한 경영실적이 부진한 기관장, 상임이사가 중대재해 발생에 귀책사유가 있는 경우에는 공공기관운영위원회 심의·의결을 거쳐 임명권자에게 해임을 건의할 수 있는데, 이 경우 재임기간에 따른 예외 규정은 적용하지 아니한다.

9) 관련 지표의 하향 조정(최대 0점), 당초 결정된 경영평가 성과급을 삭감한다.

[그림 10-2] 국가 공공기관의 경영평가 절차

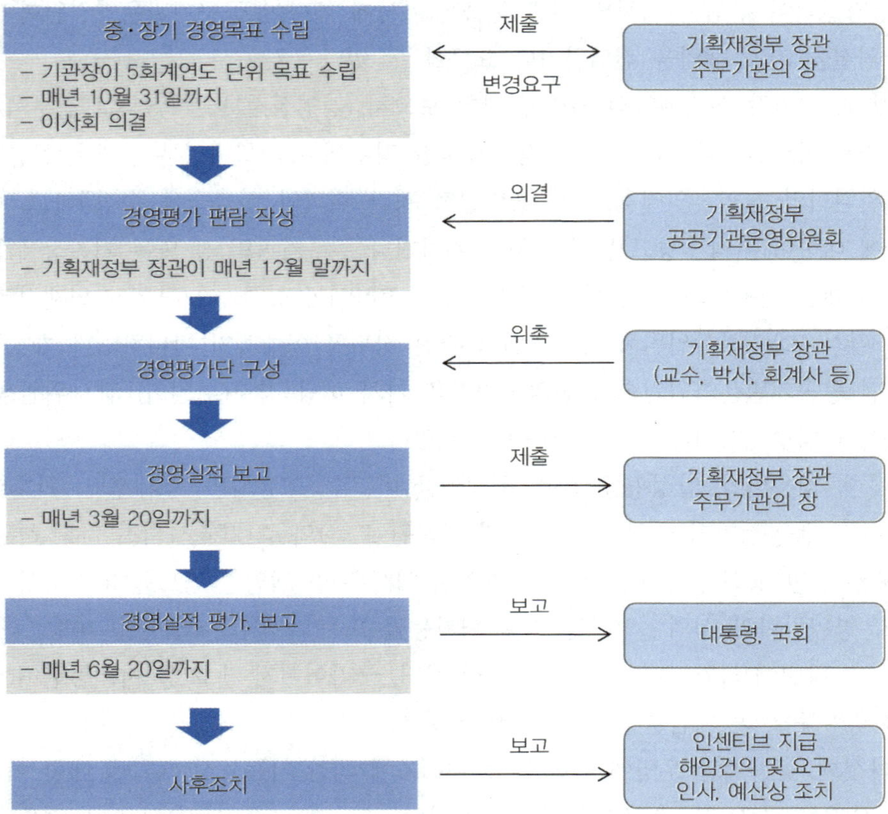

기업, 준정부기관의 경영상황 등에 관한 연차보고서를 작성하고, 이를 공표할 수 있다.

3) 국가 공공기관 경영평가 지표체계

(1) 공공기관 유형별 경영평가지표

평가지표는 평가 대상 공공기관의 경영실적을 체계적이고 종합적으로 평가할 수 있도록 경영관리와 주요 사업의 2개 범주로 구분하여 평가한다.

〈표 10-5〉 공공기관의 경영평가 지표체계

구분		공기업			준정부 (위탁)			준정부 (기금)		
		계	비계량	계량	계	비계량	계량	계	비계량	계량
경영관리	1. 경영전략	9	8	1	9	8	1	9	8	1
	• 리더십	2	2		2	2		2	2	
	• 전략기획 및 경영혁신	5	5		5	5		5	5	
	• 국민소통	2	1	1	2	1	1	2	1	1
	2. 사회적 책임	15	8.5	6.5	12	5.5	6.5	12	5.5	6.5
	• 일자리 및 균등한 기회	5	3	2	3	1	2	3	1	2
	• 안전 및 재난관리	2	1	1	2	1	1	2	1	1
	• 친환경, 탄소중립	1.5	1	0.5	1.5	1	0.5	1.5	1	0.5
	• 상생, 협력 및 지역발전	4	2	2	3	1	2	3	1	2
	• 윤리경영	2.5	1.5	1	2.5	1.5	1	2.5	1.5	1
	3. 재무성과관리	20	3	17	13	2	11	18	3	15
	• 재무예산관리	3	3		2	2		3	3	
	• 재무예산성과	11		11	7		7	11		11
	• 효율성 관리	6		6	4		4	4		4
	4. 조직 및 인적자원관리	4	4		4	4		4	4	
	• 조직 및 인적자원관리 일반	2	2		2	2		2	2	
	• 노사관계	2	2		2	2		2	2	
	5. 보수 및 복리후생관리	7	4	3	7	4	3	7	4	3
	• 보수 및 복리후생	4	4		4	4		4	4	
	• 총인건비관리	3		3	3		3	3		3
	소계	55	27.5	27.5	45	23.5	21.5	50	24.5	25.5
주요사업	주요 사업 계획, 활동, 성과를 종합평가	45	21	24	55	24	31	50	24	26
	소계	45	21	24	55	24	31	50	24	26
〈합계〉		100	48.5	51.5	100	47.5	52.5	100	48.5	51.5
가점	혁신계획 실행 노력과 성과 가점	5	5		5	5		5	5	

자료: 기획재정부(2022.12). 『2023년도 공공기관 경영평가편람』에서 재구성.

(2) 공공기관의 경영공시

경영공시는 공공기관 경영정보 공개시스템(http://www.alio.go.kr)에 통합 공시토록 하고 있으며, 공시의 적정성 여부를 측정하여 경영평가에 반영하고 있다. 즉, 공공기관의 경영 투명성 및 국민감시 기능을 강화하기 위하여 공공기관의 운영에 관한 법률 제11조 및 제12조, 동법 시행령 제15조, 공공기관의 통합공시에 관한 기준에 준거하여 공시 항목은 4개 분야 46개 세부항목으로 구성되어 있으며, 최근 5년 간 주요 경영정보를 국민에게 공시하고 있다.

〈표 10-6〉 공공기관의 경영공시 항목(46)

구분		정기 공시	수시 공시
기관 운영	일반현황	일반현황	내부규정
	인력관리	임직원 수, 임원 현황, 신규채용 현황, 임직원 채용정보, 퇴직임직원 재취업 현황, 징계현황	임원 국외출장 내역
	보수관리	임원 연봉, 직원 평균보수, 기관장 업무추진비	
	복리후생	복리후생비, 기타 복리후생제도 등의 운영현황	
	노동조합	노동조합 관련 현황(가입 정보)	가입 정보 외 정보
	소송, 자문	소송 및 법률자문 현황	
ESG 운영	ESG 현황	ESG경영 현황	
	E(환경)	환경보호	환경법규 위반 현황
	S(사회)	안전관리 및 정보보호, 사회공헌활동, 인권경영, 일 · 가정 양립 지원제도 운영 현황, 동반성장 평가 결과, 장애인고용 현황, 구매실적	
	G(지배구조)	이사회, 자체 감사부서 현황, 청렴도 평가 결과	회의록, 비상임이사
재무 성과	재무성과	요약 재무상태표, 요약 손익계산서, 수입 · 지출 현황, 자본금 및 주주 현황, 장단기 차입금 현황, 감사보고서, 납세 정보 현황	세무확정 내역 조세포탈 현황
	사업 및 투자	주요 사업, 투자집행 내역, 투자 및 출자 · 출연 현황	대규모 거래, 신규투자
	중장기 재무관리	경영부담비용 추계, 중장기 재무관리 계획, 12개 주요 기관의 상세 부채 정보	
대내 · 외 평가	대내 · 외 평가	경영평가 결과, 국회 등 외부 평가, 고객만족도 조사결과	경평 외의 지적사항
	정보공개	계약정보, 연구보고서	

자료: 알리오(http://www.alio.go.kr)에서 재수정.

4) 국가 공공기관의 경영평가방법

평가방법은 크게 계량지표와 비계량지표로 구분되는데, 세부적인 평가방법을 살펴보면 다음과 같다(기획재정부, 공공기관 경영평가편람 참조).

(1) 비계량지표의 평가방법

비계량지표는 C등급(보통)을 기준으로 5개 등급(A~E)으로 구분하고, 각각의 기본등급보다 우수한 성과를 낸 경우 +점수를 부여하여 9등급으로 평가한다. 등급별 평점은 A^+(100점), A^0(90점), B^+(80점), B^0(70점), C(60점), D^+(50점), D^0(40점), E^+(30점), E^0(20점) 등 9등급으로 평가한다. 비계량지표는 9등급에 따라 평가됨에 따라 최고 100점(A^{+})부터 최하 20점(E^{0})까지 부여토록 되어 있다.

〈표 10-7〉 계량지표 평가방법

평가방법	평가방법 개요	비고(적용대상 등)
목표부여(편차)	당해 연도 실적과 최저목표와의 차이를 최고목표와 최저목표의 차이로 나누어 측정하되, 최고·최저목표는 5년 간 표준편차를 활용하여 설정	평가대상 실적치가 5년 이상 축적되고 신뢰할 만한 경우
목표부여	당해 연도 실적과 최저목표와의 차이를 최고목표와 최저목표의 차이로 나누어 측정하되, 최저목표와 최고목표는 기준치에 일정 비율을 감안하여 설정	평가대상 실적치가 3년 미만인 경우 또는 5년 이하 실적치가 있으나 신뢰하기 곤란한 경우
중장기 목표부여	주무부처 중장기 계획 또는 선진국 수준 등을 활용하여 최종 목표를 설정하되, 연도별 목표는 사업수행기간과 최종목표를 활용하여 단위목표를 산출하고 목표부여 방법 등을 준용하여 설정	주무부처 중기계획 등을 통해 관리되고 있거나 선진국 대비 하위 수준인 공공서비스의 신속한 개선이 필요한 경우
글로벌 실적비교	글로벌 우수기업의 실적치, 세계적 수준 등과의 격차, 비중 등을 활용하여 최고목표와 최저목표를 설정하되, 목표부여(편차) 방법 등을 적용	글로벌 우수기업의 실적과 직접 비교하는 지표, 국제공인기관에 의하여 평가·인증되는 국제 기준의 성과지표, 이를 활용·개발된 지표 등의 경우
목표 대 실적	편람에 목표수치를 제시하고 그 달성 여부를 평가	목표부여(편차), 목표부여, 중장기 목표부여, β분포, 추세치 적용 불가한 경우
β분포	최상·최하·직전연도 실적치를 감안, 표준치와 표준편차를 구하고, 실적치가 표준치로부터 어떤 확률 범위 내에 있는지 평가	평가대상 실적치가 5~10년 이하로 축적되고 신뢰할 만한 경우
추세치	회귀분석을 활용, 표준치와 표준편차를 구하고, 실적치가 표준치로부터 어떤 확률 범위 내에 있는지 평가	평가대상 실적치가 10년 이상 축적되고 신뢰할 수 있는 경우

자료: 기획재정부(2023). 『공공기관 경영평가편람』.

(2) 계량지표의 평가방법

계량지표는 개별지표의 특성에 따라 기관별 편람에서 별도로 정한 경우를 제외하고는 다음과 같은 방법 등으로 평가하되, 목표부여(편차) 방법의 적용을 원칙으로 한다. 특히 목표부여(편차) 방법에서 주요 사업의 경우 상향목표의 최고목표는 기준치+2×표준편차(과거 5개년)로 적용하고, 하향목표의 최고목표는 기준치−2×표준편차(과거 5개년)로 적용한다. 그러나 동일한 회계 기준에 의한 5개년 실적치가 없는 경우 동일한 회계 기준에 의한 3~4개년 편차를 적용하며, 기관이 설립된 지 3년 미만의 경우 등 불가피한 경우에 한해 다른 평가방법을 적용할 수 있다.

5) 기관장 평가와 기관 평가의 통합

공공기관 기관장 경영성과협약 이행실적 평가는 기관장의 중장기적 책임경영과 성과중심 경영을 강화하기 위해 기관장의 경영성과협약 이행노력과 성과를 평가하는 제도다. 즉, 공공기관장은 주무기관의 장과 경영성과협약을 체결하여야 하며, 3년 단위의 경영목표와 1년 단위의 경영성과계획서와 실행계획을 작성해야 한다.

2017년도까지 기관장 평가는 별도 수행되었으나, 2018년도 평가부터는 기관장 평가를 기관 평가에 통합하였다(리더십 지표에 반영). 기관장의 경영성과협약은 다음과 같은 과정을 거쳐 결정된다(공공기관의 운영에 관한 법률 제31조).

첫째, 기관장의 임명과 관련하여 이사회는 기관장이 임기 중 달성하여야 할 구체적 경영목표와 성과급 등에 관한 사항이 포함된 계약안을 작성하여 임원추천위원회에 통보하여야 한다(기관장은 계약안을 정하는 이사회 참여 불가).

둘째, 임원추천위원회는 이사회로부터 통보받은 계약안에 대하여 기관장 후보자로 추천하고자 하는 자와 계약 내용과 조건 등을 협의하고, 그 결과를 주무기관의 장에게 통보하여야 한다. 이 경우 임원추천위원회는 기관장 후보자와의 협의를 위하여 필요한 때에는 계약안의 내용이나 조건을 일부 변경할 수 있다.

셋째, 주무기관의 장은 협의된 계약안에 따라 기관장으로 임명되는 사람과 계약을 체결하되, 공기업의 장과 계약을 체결하는 경우 미리 기획재정부 장관과 협의하여야 한다. 또한 기관장과 주무기관의 장은 계약을 체결한 후 불가피한 사정이 발생할 때에는 서로 협의하여 계약의 내용이나 조건을 변경할 수 있다(주무기관의 장은 기획재정부 장관과 사전 협의).

넷째, 주무기관의 장은 지정(변경지정 제외)된 공기업 · 준정부기관의 지정 당시 기관장과 지정 후 3월 이내에 계약을 체결해야 한다.

다섯째, 기획재정부 장관 또는 주무기관의 장은 계약의 이행에 관한 보고서를 기초로 하여, 공기업 · 준정부기관의 장의 실적을 재임 중 1회 이상 평가할 수 있다.

여섯째, 기관장은 해당 기관의 상임이사(상임감사위원은 제외)와 성과계약을 체결하고, 그 이행실적을 평가할 수 있으며, 이행실적을 평가한 결과 실적이 저조한 경우 상임이사를 해임할 수 있다.

6) 상임감사 · 감사위원 직무수행실적 평가

(1) 상임감사 · 감사위원 직무수행실적 평가

상임감사 · 감사위원 직무수행실적 평가는 감사 직무수행의 적정성 및 책임성을 제고하기 위해 직무수행 노력과 성과를 평가하는 제도다. 즉, 기획재정부 장관은 필요할 경우 공기업 · 준정부기관의 감사나 감사위원회 감사위원의 직무수행실적으로 평가할 수 있으며, 기획재정부 장관은 직무수행실적 평가 결과 실적이 저조한 감사 또는 감사위원회 감사위원에 대하여 공공기관운영위원회의 심의 · 의결을 거쳐 해임하거나 임명권자에게 해임을 건의할 수 있다(공공기관의 운영에 관한 법률 제36조).

(2) 평가방법

상임감사 · 감사위원 직무수행실적의 평가 기준과 방법은 공공기관운영위원회의 심의 · 의결을 거쳐 기획재정부 장관이 정한다. 공공기관의 운영에 관한 법률에 따른 '상임감사 · 감사위원 직무수행실적 평가'는 직무수행 노력과 성과를 평가하며, 6등급(S, A, B, C, D, E)으로 평가된다.

평가 대상은 평가대상년도에 재직한 공기업 · 준정부기관의 상임감사 또는 상임감사위원이며, 연 1회 평가를 원칙으로 하고, 기관 경영실적 평가 결과와 감사원 평가 결과 및 국민권익위원회의 평가 결과를 반영하여 평가할 수 있다.

〈표 10-8〉 상임감사, 감사위원의 직무수행실적 평가지표

평가범주	평가지표	가중치		
		계	비계량	계량
감사역량	감사의 전문성 확보	25	25	
	감사의 윤리성 및 독립성 확보	25	25	
	소계	50	50	
직무수행 성과	내부통제 기능 강화	20	20	
	내부감사 운영성과 및 사후관리의 적정성(감사원 평가 결과 반영)	25		25
	기관의 청렴도(권익위 평가 결과 반영)	5		5
	소계	50	20	30
전체 합계		100	70	30

자료: 기획재정부(2023). 『공공기관 경영평가편람』.

제3절 지방공기업의 경영평가

1 지방공기업 경영평가제도의 역사

1969년에 법률 제2101호로 지방공기업법이 제정되었지만, 지방공기업법에 경영평가제도가 도입된 것은 1992년이다. 2016년부터는 광역자치단체와 기초자치단체로 구분하여 평가하던 방식을 전환하여 모든 지방공기업에 대해 지방공기업평가원이 평가를 전담하도록 일원화하였다.

〈표 10-9〉 지방공기업 경영평가제도의 연표

구분	제도 변화 및 주요 내용
1992년	지방공기업법에 경영평가제도 도입(지방자치경영협회에 경영평가 위탁)
1995년	내무부 지방공기업 경영평가규정(경영평가 범위, 방법, 결과조치 등에 관한 세부규정)
1999년	지방공기업 경영평가 강화(지방공사, 지방공단의 평가등급 부여, 성과연봉제 도입)
2001년	상대평가, 계량지표에 목표달성도 이외에 전년 대비 개선도(20%), 고객만족도 반영
2002년	개선도(30%), 고객만족도(감점제), 평가위원 1/3 이상 교체, 70점 미만 마 등급 부여
2005년	전년 대비 개선도(50%), 고객만족도(전문기관 조사), 3년 연속 평가위원 배제
2006년	혁신평가(경영평가의 10% 적용), 사장평가(경영평가의 60% 적용)의 도입
2008년	평가 이원화(광역: 행안부, 기초: 광역 평가), 혁신평가와 경영평가 통합, 서면＋확인평가
2010년	개선도(40%), 현지평가방식 환원, 비계량 9단계 절대평가, 적자 기관 우수 등급 배제
2011년	통합공기업 경영평가 대신 경영컨설팅, 5단계 평가(가, 나, 다, 라, 마), 경영진단 2진 아웃제
2012년	평가시기 단축(7월 말), 평가등급 미흡기관(라, 마) 임원 연봉 동결 및 삭감
2013년	평가시기 단축(6월 말), 지방직영기업 매년 평가, 적자 공사 나 등급 이상 배제
2014년	부채관리 지표 강화, '경영평가위원 위촉 및 운영 등에 관한 규칙' 제정
2016년	경영평가 일원화(행정안전부)
2018년	자율, 협력, 사회통합 중심의 경영평가 체계 개편(사회적 가치 평가지표 강화)
2020년	코로나19 확산에 따른 경영평가지표의 대체(코로나19 대응지표)
2024년	평가지표 개편(3분류 → 2분류: 경영관리, 경영성과), 지역맞춤형 지표 반영

자료: 지방공기업평가원(2015) 및 행정안전부(2023) 보도자료를 중심으로 재구성.

2 지방공기업의 경영평가제도

지방공기업의 경영평가는 지방공기업법 제3차 개정(1992년 12월 8일) 때 도입되어 1993년부터 시행되었으며, 지방공기업법 제5차 개정(1999년 1월 29일)과 동법 시행령 개정(1999년 3월 31일)으로 경영평가가 대폭 강화되었다. 이러한 경영평가는 크게 경영평가 과정과 경영진단 과정으로 구분해 볼 수 있다.

1) 지방공기업 경영평가 기관

행정안전부 장관은 지방공기업의 경영원칙을 고려하여 지방공기업에 대한 경영평가를 하고, 결과에 따른 필요 조치를 해야 한다. 다만, 행정안전부 장관이 필요하다고 인정하는 경우에는 지방자치단체의 장으로 하여금 경영평가를 하게 할 수 있다(지방공기업법 제78조 제1항). 따라서 지방공기업 경영평가의 법적 주체는 행정안전부 장관인데, 행정안전부 장관은 지방공기업 경영평가 업무를 지방공기업법 제78조의4에 따라 지방공기업평가원[10]으로 지정・운영하고 있다.

지방공기업에 대한 평가는 1992년부터 시작되었는데, 2008년까지는 주로 지방공기업평가원의 전신인 한국자치경영협회에서 주관하였다. 그러나 2008년부터 행정안전부(지방공기업평가원)는 광역자치단체가 설립한 지방공기업을 평가하고, 광역자치단체(자체 평가단, 민간위탁 등)는 기초자치단체가 설립한 지방공기업을 평가하도록 평가체계를 개선하였다.

그러나 평가 대상을 광역자치단체와 기초자치단체로 구분하고, 평가기관을 지방공기업평가원과 타 기관(자치단체의 연구원이나 민간업체)으로 이원화하여 운영함에 따른 문제점이 발생하였다. 평가 결과의 비교 불가, 평가 결과 사후조치 미흡, 평가의 관대화 등은 대표적인 문제점으로 지적되었다. 이에 따라 2016년부터는 지방공기업 경영평가를 지방공기업평가원으로 일원화하였다.

---

10) 지방공기업평가원의 전신인 (재)지방자치경영협회는 1992년 4월 2일 지방공기업 전문 경영지도법인으로 설립되었으며, 2000년에는 민법 제32조에 의한 (재)한국자치경영협회로 전환되었고, 2002년 9월 1일에는 (재)한국자치경영평가원으로 명칭을 변경하였다. 이후 2011년 4월 1일 지방공기업법 개정으로 법적 전문 경영지도법인이 되었으며, 명칭도 지방공기업평가원으로 변경하였다.

2) 지방공기업의 경영평가 및 경영진단 과정

(1) 경영평가의 기간

지방공기업에 대한 경영평가는 매년 실시하지만, 지방직영기업에 대해서는 행정안전부 장관이 경영평가 시기를 따로 정할 수 있다(동법 시행령 제68조).

지방직영기업 관리자는 매 사업연도가 끝난 후 2개월 이내에 지방직영기업의 결산서를 작성하여 이를 해당 연도의 사업보고서와 기타 서류와 함께 지방자치단체의 장에게 제출해야 하며, 지방자치단체의 장은 결산서, 사업보고서, 기타 서류에 공인회계사의 회계감사 보고서를 첨부하여 다음 연도 의회에 제출하여 승인을 받아야 한다(지방공기업법 제35조). 지방직영기업의 경영평가는 공인회계사의 회계감사가 종료된 때부터 실시한다(동법 시행령 제68조 제3항).

지방공사와 지방공단은 매 사업연도의 결산을 해당 사업연도가 끝난 후 2개월 이내에 완료해야 하며, 공사는 결산 완료 후 결산서를 작성하여 대통령령으로 정하는 서류 및 지방자치단체의 장이 지정하는 공인회계사의 회계감사보고서를 첨부하여 지체 없이 지방자치단체의 장에게 보고하여 승인을 받아야 한다(지방공기업법 제66조). 지방공사・지방공단에 대한 경영평가는 공인회계사의 회계감사가 종료된 때부터 실시하는데, 회계감사 종료 후 4월 이내에 완료해야 한다(동법 시행령 제68조 제3항).

(2) 경영평가편람 작성・심의

지방공기업 경영평가는 지방공기업평가원에서 경영평가편람을 작성한 후 행정안전부 지방공기업정책위원회에서 편람 및 경영평가 계획을 심의한다. 지방공기업정책위원회[11]는 위원장인 행정안전부 차관을 포함하여 15인 이내로 구성되며, 경영평가와 관련된 사항을 심의한다.

---

11) 위원회의 기능으로 경영평가, 경영진단, 지방공기업에 대한 선진화 추진 사항, 경영컨설팅, 기타 지방공기업 주요 정책에 관련하여 행정안전부 장관이 인정하는 사항 등을 심의한다. 위원회는 위원장(행정안전부 차관)을 포함하여 15인 이내의 위원으로 구성하는데, ① 경영평가와 경영진단에 관한 풍부한 경험을 가진 전문가, ② 5년 이상 실무경험이 있는 공인회계사, ③ 부교수 이상 직위에 있는 사람으로서 공기업 경영 및 그 밖에 관련 분야에 관한 전문지식이 있는 사람 중에서 행정안전부 장관이 위촉(임기는 2년, 한 차례만 연임)하며, 지방공기업에 관한 업무를 담당하는 3급 이상의 공무원 또는 고위공무원단에 속하는 일반직공무원(지방재정정책관)을 행정안전부 장관이 임명한다.

(3) 경영평가단 구성 및 경영평가 실시

지방공기업평가원은 매년 1~3월까지 경영평가단을 구성하고, 평가 대상기관에 경영평가 실시계획을 통보한다. 지방공기업평가단은 4~6월 사이에 경영평가를 실시하고 보고서를 작성하며, 지방공기업평가원이 경영평가 최종보고서를 작성하고 지방공기업정책위원회에 보고・의결되는 과정을 거친다.

지방공기업에 대한 경영평가 권한은 행정안전부 장관에 있지만, 행정안전부 장관은 필요하다고 인정하는 경우에 지방자치단체의 장으로 하여금 경영평가를 하게 할 수 있는데(지방공기업법 제78조 제1항 단서), 지방자치단체의 장이 경영평가를 하였을 때에는 그 평가가 끝난 후 1개월 이내에 경영평가보고서, 재무제표 등을 행정안전부 장관에게 제출하여야 한다(동법 제78조의2 제1항).

지방공기업 경영평가 결과는 경영평가 유형별로 5단계로 평가등급을 부여한다. 즉, 가, 나, 다, 라, 마 등급으로 부여하는데, 가 등급은 90점 이상(10%), 나 등급은 85점 이상(30%), 다 등급은 80점 이상(40%), 라 등급은 75점 이상(15%), 마 등급은 75점 미만(5%)으로 부여한다. 또한 적자가 발생한 지방공사 및 지방공단에 대해서는 원칙적으로 가 등급 부여가 배제되지만, 예외적으로 지방공기업정책위원회의 심의・의결에 따라 변동될 수도 있다.

〈표 10-10〉 지방공기업 경영평가 대상기관 유형

경영평가 유형		구분 기준
직영기업	상수도	지방직영기업 중 수도사업 또는 공업용수도사업을 경영하는 공기업
	하수도	지방직영기업 중 하수도사업을 경영하는 공기업
공사공단	도시철도공사	지방공사 중 궤도사업을 경영하는 공기업
	도시개발공사	지방공사 중 주택건설, 토지개발을 주된 사업으로 경영하는 기업
	특정공사・공단	다른 유형에 속하지 않는 공사・공단 (농수산물공사, 에너지공사, 교통공사, 경륜공단 등)
	관광공사	지방자치단체에서 설립한 지방공사 중 관광진흥, 관광마케팅, 컨벤션센터를 주된 사업으로 경영하는 기업
	시설관리공단	지방공사・공단 중 주차장, 체육시설물 등 지방치단체의 공공시설물 관리・운영 등을 주된 사업으로 경영하는 기업
	환경시설관리공단	지방공사・공단 중 하수처리를 주된 사업으로 경영하는 기업

자료: 행정안전부・지방공기업평가원(2022.12).『2023년도 지방공기업 경영평가편람』.

(4) 평가 결과조치 및 사후관리

행정안전부 장관은 경영평가 결과 시정을 요하거나 개선·보완해야 할 필요가 있다고 인정되는 사항에 대하여는 제도개선, 예산의 우선 지원 등 적절한 대책을 강구하는데, 경영평가 결과는 다음과 같이 활용된다.

첫째, 지방공사 및 지방공단 임직원의 평가급이 차등지급된다. 즉, 최하위 등급을 받은 지방공사 및 지방공단 임직원은 경영평가 평가급을 지급받지 못하며, 최고관리자와 임원은 연봉이 5~10% 삭감된다.

〈표 10-11〉 지방공사 · 지방공단 평가급 지급 기준

[평가급 = 연봉(보수)월액 × 지급률]

평가등급	평가급 지급률			사장 및 임원 연봉 조정
	사장	임원(급)	직원	
가	400~301%	350~251%	200~180%	–
나	300~201%	250~181%	150~131%	–
다	200~100%	180~100%	100~80%	–
라	0%	0%	50~30%	익년도 연봉 동결
마	0%	0%	0%	익년도 연봉 5~10% 삭감

자료: 행정안전부(2023). 『지방공기업 예산편성기준』.

둘째, 인사조치의 자료가 된다. 즉, 행정안전부 장관 또는 자치단체의 장은 경영평가 결과 우수 관리자 또는 직원에 대한 포상 또는 상급기관 발탁·희망부서전보 및 우선승진 등 인사상 특전부여 등의 인센티브를 부여할 수 있고, 임·직원에 대한 징계처분 등의 사항을 당해 지방자치단체의 장 또는 지방공사·지방공단의 사장(이사장)에게 요구할 수 있으며, 요구받은 당해 지방자치단체의 장 또는 지방공사·지방공단의 사장(이사장)은 특별한 사유가 없는 한 지체 없이 조치하고, 결과를 행정안전부 장관 또는 지방자치단체의 장에게 보고해야 한다.

셋째, 경영진단 대상 지방공기업을 선정하는 기초자료가 되거나 지방공기업 경영대상 수상자 선정에 참고자료가 된다.

넷째, 경영평가보고서에 적시된 개선사항은 지방자치단체 및 각 지방공기업에서 향후 업무추진계획에 반영·시행된다.

또한 경영평가 결과가 확정된 이후에 발견되는 허위 또는 중대한 오류에 대해서

는 등급을 조정하며, 이미 지급된 성과급 환수 조치 등이 이루어진다. 특히 비리, 중대한 안전사고 등으로 도덕성 문제가 제기된 기관, 경영평가 관련 금품・향응 제공 등 공정한 평가를 방해한 기관은 원칙적으로 '마' 등급을 부여하고, 부정의 정도를 고려하여 지방공기업정책위원회에서 조정하는데, 책임경영 차원에서 경영진과 직원의 평가등급을 다르게 부여할 수 있다.

〈표 10-12〉 허위실적 발견 시 패널티 부여

고의성 여부	중대성 정도	조치방안
허위 발견 시	중대한 사안	해당지표 0점 처리 / 등급 "마" 부여
	경미한 사안	해당지표 0점 처리 / 등급 1단계 하향 조정
오류 발견 시	중대한 사안	해당지표 0점 처리
	경미한 사안	해당지표 점수 보정

자료: 행정안전부(2022.12). 『2023년도 지방공기업 경영평가편람』.

(5) 지방공기업의 경영진단

행정안전부 장관은 경영평가 결과와 지방자치단체의 장이 제출한 경영평가 결과에 관한 서류를 분석한 결과 특별한 대책이 필요하다고 인정되는 지방공기업에 대하여는 대통령령이 정하는 바에 의하여 따로 경영진단을 실시하고 그 결과를 공개할 수 있다(동법 제78조의2 제2항).

경영평가 결과 ① 3개 사업연도 이상 계속하여 당기 순손실이 발생한 지방공기업, ② 특별한 사유 없이 전년도에 비하여 영업수입이 현저하게 감소한 지방공기업, ③ 경영여건상 사업규모 축소, 법인 청산 또는 민영화 등 경영구조개편이 필요하다고 인정되는 지방공기업, ④ 경영목표 설정이 비합리적인 지방공기업, ⑤ 인력 및 조직관리가 비효율적인 지방공기업, ⑥ 재무구조가 불건전한 지방공기업, ⑦ 기타 행정안전부 장관이 경영진단이 필요하다고 인정하는 지방공기업 등에 대해서는 경영진단을 실시한다(동법 제78조의2, 동법 시행령 제70조).

경영진단 대상기관으로 선정되면 행정안전부 장관은 지방공기업 경영진단반을 구성・운영하거나, 외부 전문기관에 위탁하여 실시할 수 있다.

(6) 경영진단에 따른 경영개선 명령

행정안전부 장관은 경영진단 결과 필요하다고 인정되는 경우에는 지방자치단체의 장, 지방공사의 사장 또는 지방공단의 이사장에게 해당 지방공기업의 임원의 해임, 조직의 개편 등 경영개선을 위하여 필요한 조치를 명할 수 있다(동법 제78조의2 제3항). 즉, 행정안전부 장관은 ① 당해 지방공기업의 임직원에 대한 감봉·해임 등의 인사조치, ② 사업규모의 축소·조직개편 및 인력조정, ③ 법인의 청산 및 민영화, ④ 기타 경영개선을 위하여 필요한 사항 등의 경영개선 명령을 할 수 있다(동법 시행령 제75조).

지방공기업의 기관장에 대한 인사권은 지방자치단체의 장에게 있지만, 경영진단 결과 경영개선 명령을 받은 지방자치단체의 장, 지방공사의 사장 또는 지방공단의 이사장은 특별한 사유가 없는 한 지체 없이 이에 응해야 한다(동법 제78조의2 제4항).

[그림 10-3] 지방공기업 경영평가 과정

과정	시기
지방공기업평가원: 경영평가편람 작성 지방공기업정책위원회: 평가편람 및 경영평가계획 심의	12월~1월
행정안전부: 경영평가실시계획 수립·통보 행정안전부·지방공기업평가원: 경영평가단 구성·교육	1~3월
평가대상기관: 지방공기업 경영실적보고서 작성·제출	~3월 말
경영평가단: 경영평가 실시 및 평가 결과 보고서 작성	4~6월
지방공기업평가원: 이의신청 검토, 현지확인 평가 및 평가보고서 작성완료	6~7월
지방공기업정책위원회: 평가 결과 확정 및 평가등급 심의·의결	7~8월
지방공기업평가원·경영진단반: 경영평가 결과에 따른 경영진단 및 사후조치	9월~

3) 지방공기업 경영평가 지표체계

지방공기업 경영평가지표는 공공성과 효율성(수익성)을 동시에 추구하는 지방공기업의 특성에 맞춰 과정 중심의 경영관리와 결과 중심의 경영성과 지표로 구분되고 있다. 경영관리와 경영성과 지표의 가중치는 균등하게 50 : 50으로 배분되어 있다.

경영관리 지표는 리더십・전략, 경영시스템, 사회적 책임 지표가 포함되어 있는데, 기관 유형에 관계없이 동일한 가중치가 적용된다.

경영성과 지표는 주요 사업 성과, 경영효율 성과, 고객만족 성과, 정책이행 성과 지표가 포함되어 있는데, 기관의 유형에 따라 가중치가 다르지만, 고객만족 성과와 정책이행 성과의 가중치는 유형에 관계없이 동일한 가중치가 적용된다.

〈표 10-13〉 2024년 지방공기업 경영평가 지표체계

대분류	중분류	세분류	배점						
			도시철도	도시개발	광역특정	기초특정	관광공사	시설공단	환경공단
경영관리(50)	리더십・전략(12)	경영층의 리더십	5	5	5	5	5	5	5
		전략 및 혁신	7	7	7	7	7	7	7
	경영시스템(19)	조직인사관리	5	5	5	5	5	5	5
		윤리경영	4	4	4	4	4	4	4
		재무관리	10	10	10	10	10	10	10
	사회적 책임(19)	지역상생・일자리	5	5	5	5	5	5	5
		안전 및 환경	10	10	10	10	10	10	10
		소통 및 참여	4	4	4	4	4	4	4
	소계		50	50	50	50	50	50	50
경영성과(50)	주요 사업 성과	유형별 사업성과	14	14	19	17	17	19	22
	경영효율 성과	경영수지 관련 지표	18	18	13	15	15	13	10
	고객만족 성과	고개만족도	8	8	8	8	8	8	8
	정책이행 성과	정부정책 이행실적	10	10	10	10	10	10	10
	소계		50	50	50	50	50	50	50
합계			100	100	100	100	100	100	100

자료: 행정안전부 보도자료(2022.12). 『2023~2024년도 지방공기업 경영평가편람 개편안 마련』.

4) 지방공기업 경영평가방법

(1) 비계량 평가방법[12)]

정성지표는 9단계 절대평가의 방법으로 평가하되, 평가 대상기관의 조직·인력 규모 등 경영여건을 고려하여 평점을 부여한다. 세부평가내용 각 항목에 가중치가 부여되어 있는 경우에는 세부평가내용 각 항목에 대해서 개별적으로 절대평가의 방법을 적용하여 득점을 구한 후 항목별 득점을 합산하여 평가지표의 총득점을 계산하며, 그렇지 않은 경우에는 세부평가내용 각 항목에 대해서 개별적으로 평가하지 아니하고, 세부평가내용 전체를 대상으로 절대평가를 적용한다.

〈표 10-14〉 비계량 평가등급 구분 및 평점(절대평가)

구분	1등급	2등급	3등급	4등급	5등급	6등급	7등급	8등급	9등급
평점	100점 ~ 90점	90점 미만~ 80점	80점 미만~ 70점	70점 미만~ 60점	60점 미만~ 50점	50점 미만~ 40점	40점 미만~ 30점	30점 미만~ 20점	20점 미만~ 0점

(2) 계량지표 평가방법

계량지표는 과거실적, 추세 등을 고려하여 기준 목표에 따른 달성도를 평가하는 것으로, 원칙적으로 ① 목표 대 실적, ② 목표부여(A), ③ 목표부여(B), ④ 목표부여(편차), ⑤ 단계별평가 방법 중 지표성격에 가장 부합된다고 판단되는 하나의 방법을 선택하여 평가한다.

① 목표 대 실적 평가

목표 대비 실적을 비교하는 방법으로 실적을 목표로 나누어서 측정한다. 특히 목표달성도가 높을수록 경영성적이 좋은 상향지표와 낮을수록 경영성적이 좋은 하향지표로 구분하여 다음과 같이 계산한다.

$$\text{목표달성도}(Y) = \frac{\text{실적}}{\text{목표}}$$

12) 평가방법에 대해서는 행정안전부·지방공기업평가원(2022.12). 『2023년도 지방공기업 경영평가편람』의 내용을 발췌하였다.

목표 대 실적 평가에서 평점의 상·하한치는 각각 100점을 초과하거나 0점에 미달하지 않도록 한다.

상향지표	평점 = 목표달성도(Y)×100점
하향지표	평점 = $\frac{1}{\text{목표달성도}(Y)}$×100점

② 목표부여(A)

목표부여(A) 방법은 해당지표에 부여된 최고·최저목표를 기준으로 다음과 같이 목표달성도를 계산한다.

$$\text{목표달성도}(Y) = \frac{\text{실적} - \text{최저목표}}{\text{최고목표} - \text{최저목표}}$$

평점의 상·하한치는 각각 100점을 초과하거나 0점에 미달하지 않도록 하는데, 평점계산은 다음 산식에 따른다.

$$\text{평점} = \text{목표달성도}(Y) \times 100\text{점}$$

최고·최저목표는 지표성격 등을 고려하여 이론상 최고·최저치, 기준치에 일정률을 곱하여 산출하는 방법, 과거실적을 기준으로 통계분포에 의하는 방법, 경영목표를 감안하는 방법 등을 적용할 수 있다.

상향지표의 경우 최고목표는 기준치×110%, 최저목표는 기준치×50%를 부여하고, 하향지표의 경우 최고목표는 기준치×90%, 최저목표는 기준치×150%를 부여한다(지표 특성에 따라 별도의 목표를 부여할 수 있음). 최고목표와 최저목표는 이론상 가능한 최고치 또는 최저치를 초과할 수 없다.

상향지표	하향지표
최고목표: 기준치 × 110% 최저목표: 기준치 × 50%	최고목표: 기준치 × 90% 최저목표: 기준치 × 150%

③ 목표부여(B)

목표부여(B) 방법에서는 가중치의 60%는 목표달성도를 평가하고, 가중치의 40%는 개선도를 평가한다(지표 특성에 따라 가중치를 달리할 수 있음). 개선도 평가는 기준치 실적에 일정비율을 곱한 값을 목표로 부여한 후 목표부여(A)의 방법으로 평가한다.

평점계산은 다음 산식에 따라 평점을 계산하되, 목표달성도 평점과 개선도 평점은 각각 100점을 초과할 수 없다.

$$\text{평점} = \text{목표달성도 평점} \times 0.6 + \text{개선도 평점} \times 0.4$$

$$\text{목표달성도 평점} = \frac{\text{실적} - \text{최저목표}}{\text{최고목표} - \text{최저목표}} \times 100\text{점}$$

$$\text{개선도 평점} = \frac{\text{실적} - \text{기준치 실적} \times 50\%}{\text{기준치 실적} \times 110\% - \text{기준치 실적} \times 50\%} \times 100\text{점}$$

④ 목표부여(편차)

최고·최저목표를 지표성격 등을 고려하여 기준치에 일정 배수의 표준편차를 가감하여 산출한다. 최고목표와 최저목표는 이론상 가능한 최고치 또는 최저치를 초과할 수 없다.

	상향지표	하향지표
최고목표	기준치 + 1 × 표준편차(과거 5년)	기준치 − 1 × 표준편차(과거 5년)
최저목표	기준치 − 2 × 표준편차(과거 5년)	기준치 + 2 × 표준편차(과거 5년)

⑤ 단계별평가

단계별평가는 평가내용을 수치화·객관화함으로써 계량지표와 같이 평가점수를 명확히 산정할 수 있는 경우, '공기업정책 준수' 등과 같이 그 시행 여부를 기준으로 평가점수를 명확히 부여할 수 있는 경우에 활용한다. 즉, 단계별 평가는 지표별로 발생가능한 실적에 따라 단계를 구분하여 각 단계별로 평가점수를 부여한다.

제4절 공기업 경영평가의 문제점과 개선방안

1 경영평가 체계의 문제점과 개선방안

경영평가를 누가 어떻게 언제 어떤 방법으로 실시할 것인가의 문제는 경영평가체계를 설명하는 데 있어 매우 중요하다. 어느 하나의 요인이라도 합리적으로 구축되지 못하면 경영평가제도 자체의 타당성과 신뢰성에 문제를 야기할 수 있다.

첫째, 경영평가 주체와 관련하여 객관적이고 공정한 평가단을 구축하는 것이 중요하다. 공정한 평가위원을 선임하고, 자의적 해석이나 주관적 판단을 제거할 수 있는 제도적 노력이 강화될 필요가 있다. 평가위원 선임과 관련하여 동일 평가 대상기관을 지속적으로 평가하지 못하도록 하거나, 직무 연관성이 없는 위원을 선임하는 방안도 필요하다. 또한 한 명의 평가위원이 세부평가항목을 단독으로 결정하지 못하도록 하거나, 평가의 근거 이유를 명확히 제시토록 하는 방안도 고려할 필요가 있다.

둘째, 경영평가를 효율적으로 수행하기 위해서는 사전에 명확한 평가목적과 기준을 제시해 주어야 한다. 사전에 평가목적과 기준이 명확히 설정되지 못한다면 평가제도 자체의 목적지향성을 상실할 수 있다. 경영평가를 왜 실시해야 하는지에 대한 근본적인 물음과 연관된 것이므로, 사전에 기관의 목적에 부응하는 평가목표와 기준을 정립해야 한다. 특히 공공기관은 정부정책과 유기적 연계성을 지니고 있으므로 사전에 정부정책 기준을 제시하고, 정부정책 기준의 달성 여부를 평가하는 것이 중요하다. 따라서 경영평가의 방법과 세부사항을 규정한 경영평가편람을 명확하게 작성할 필요가 있다. 그러나 경영평가편람은 사전에 구축되기 때문에 상황 변화를 제대로 반영하지 못하는 문제가 있을 수 있으므로, 모니터링을 통해 수정 보완해 나가는 과정이 필요하다. 다만, 빈번하고 근본적인 편람 수정은 피평가기관의 혼란을 초래할 수 있고 운영의 일관성을 훼손할 수 있으므로, 대외적인 환경 변화를 수용하는 수준에서 최소화할 필요가 있으며, 중복적인 지표는 조정하고, 현실적합성의 여부를 지속적으로 모니터링해야 한다.

[그림 10-4] 포트폴리오 분석에 의한 환류방안

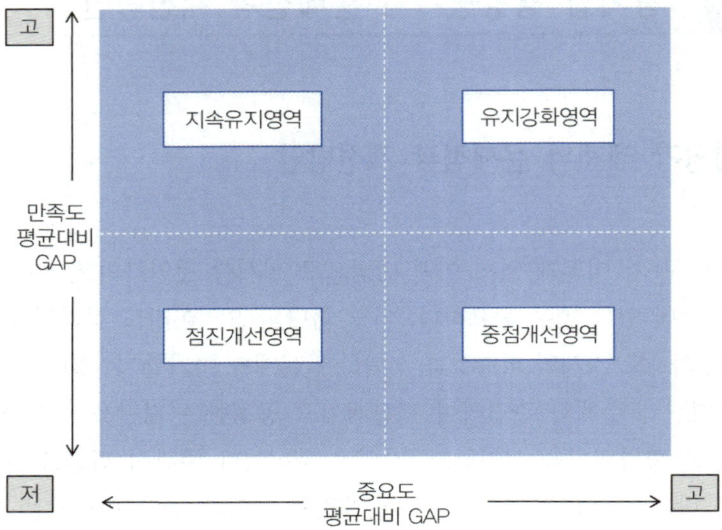

셋째, 경영평가는 과거 실적을 평가하는 시스템이므로, 미래지향적 방향 정립이 어려울 수 있다. 국가공기업이든, 지방공기업이든 과거 1년 간의 실적을 매년 평가하는 시스템이므로, 단년도 중심의 평가가 이루어지고 있어 경영체질 개선을 위한 대안을 제시해 주지 못하는 경향이 있다. 따라서 비계량지표를 통해 개선사항을 도출하는 방안, 경영평가 결과를 차기년도의 평가에 환류하여 점수에 반영하는 방안, 계량지표의 추세치 평가를 강화하여 미래 목표를 설정할 수 있도록 하는 방안을 모색할 필요가 있다. 특히 경영평가 결과를 바탕으로 미래의 경영체질 개선을 위한 영역별 분류를 도모하는 방안도 고려할 필요가 있다.

넷째, 국가 공공기관의 경영평가는 기획재정부에서 담당하고 있으며, 지방공기업의 경영평가는 행정안전부(지방공기업평가원)에서 담당하고 있다. 즉, 중앙정부나 지방정부 모두 외부평가가 경영평가를 주류를 이루고 있는데, 외부평가 이외에 내부평가와 관련하여 이사회 평가 등을 고려할 필요가 있다. 이사회는 공기업의 전반적인 의사결정을 수행하는 중요한 기구이므로, 이사회 구성의 적합성 및 운영성과에 대한 고려가 필요하며, 이를 객관적으로 공개하여 주인의 알 권리를 실현하는 것이 중요하다.

2 경영평가 방법의 문제점과 개선방안

측정된 평가 결과는 조직의 전반적인 운영과정을 점검하고, 사후 인센티브 지급을 위한 기초자료가 될 뿐 아니라 조직의 비전 및 전략목표를 재점검하는 도구가 된다. 그러나 평가지표 설정단계에서부터 전략목표와 무관한 성과지표가 구축되거나, 그릇된 자료 수집으로 측정 자체에 오류가 있을 경우에는 결과측정의 역설이 발생할 수 있다(Adcroft & Willis, 2005; Bohte & Meier, 2000).

〈표 10-15〉 성과 왜곡의 유형

연구자	유형	내용
Smith (1995)	터널효과 (tunnel vision)	여러 가지 다른 성과지표 중 측정이 용이한 성과지표를 선정하려는 경향
	부분 최적화 (suboptimization)	기관 또는 사업 전체의 성과와는 관계없이 자기 자신 또는 자신이 속한 부서의 성과에만 집중하려는 경향
	근시안적 관리 (myopia)	장기적 목표 달성과는 관계없이 단기적인 성과에만 집중
	성과지표 집착 (measure fixation)	바람직한 결과보다는 측정지표 자체에만 집중하려는 경향
	왜곡된 보고 (misrepresentation)	자신들의 성과를 좋게 보이기 위해 잘못 또는 왜곡하여 보고하려는 성향
	왜곡된 해석 (misinterpretation)	축적된 결과를 자신들에게 유리하게 해석하거나 잘못 해석하려는 성향
	경직화 (ossification)	성과지표가 지표로서 효용성이 떨어져도 지속적으로 유지하려는 성향
	전략적 행태 (gaming)	위에서 제시한 내용 이외에 자신들의 전략적 우위를 점하기 위한 의도적인 행태
Hood (2006, 2007)	톱니효과 (ratchet effect)	목표치 달성을 용이하게 하거나 다음 측정기간의 목표치 상한 설정에 대한 부담을 최소화하기 위해 목표치 낮게 설정
	문턱효과 (threshold effect)	설정된 목표치를 최대한 초과 달성하기보다는 최소한의 수준에서 달성하려는 성향
	산출왜곡 (output distortion)	중요하지만 측정되지 않은 업무를 소홀히 하고 측정되는 업무에만 집중하려는 성향

자료: 유승현 · 김주희(2016)에서 재인용(원구환, 2017b: 507-536).

또한 측정된 평가 결과 자료는 성과관리의 전 과정에 활용되므로, 측정된 자료의 신뢰성을 확보하는 것이 중요하다(Barrett & Greene, 2000).

따라서 평가지표 설정단계부터 집행과정, 환류과정 등 모든 과정에서 평가방법의 타당성과 신뢰성을 확보할 필요가 있다. 경영평가 왜곡은 평가계획의 수립, 집행, 환류 등의 모든 과정에서 나타날 수 있다. 경영평가 결과의 왜곡을 사전에 방지하는 노력이 가장 중요하지만, 지속적인 검증을 통해 결과의 왜곡 현상을 방지할 수 있는 제도적 장치를 마련할 필요가 있다.

평가 결과의 왜곡을 막을 수 있는 대안으로는 평가지표의 산식 및 대표성을 정확하게 제시하는 것이 중요하다. 기관이 제시하는 단순 목표를 쉽게 달성하거나, 평가자가 주관적으로 평가하여 목표 달성 여부를 판단하는 것은 결과 왜곡을 초래할 수 있다. 또한 평가지표를 선정함에 있어 경영관리 요소별, 사업별 인원 수, 예산배분액 등을 고려하여 평가지표의 전략적 우선순위를 선정할 필요가 있으며, 그에 상응하는 평가 가중치를 합리적으로 설정할 필요가 있다.

3 경영평가 활용의 문제점과 개선방안

공공기관 경영평가에 있어 가장 중요한 문제는 평가 결과가 단순 측정에 국한되는 경향이 있다는 점이다. 경영평가 결과를 인센티브 및 패널티 부과를 위한 수단으로만 활용한다면 경영평가제도 자체의 수용성이 낮아질 수밖에 없다.

경영평가 결과는 세부평가지표의 합이라 할 수 있는데, 세부평가지표의 결과를 단순히 합산하는 것은 경영평가의 본래적 목적에 부합하지 않을 수 있다. 세부평가지표의 결과를 통합하여 기관의 통합적 개선방안을 도출하는 것이 중요하며, 세부평가지표의 현실 적합성, 세부평가지표 간의 정합성, 세부평가지표의 기관 목적 부합성 등을 지속적으로 수정・검증하여 통합된 정보를 도출하고, 기관의 책임성 확보 및 경영개선을 추진해야 한다.

또한 성과측정, 통합, 활용이 유기적으로 연계되기 위해서는 성과측정 방법의 지속적 검토와 더불어 데이터의 신뢰성에 대한 지속적인 검토가 필요하다. 성과자료의 신뢰성과 측정 방법의 정확성은 통합과 활용을 위해 가장 기초적인 전제조건이라 할 수 있다. 또한 성과측정 자료를 바탕으로 조직인사관리 및 인센티브 등과 같은 경성적 활용 이외에 비전 및 전략 목표와 연계하여 연성적으로 활용할 필요가 있다(원구환, 2017b: 530).

공공기관의 경영평가는 자율책임경영체제를 확보하는 차원에서 도입된 제도이지만, 궁극적인 책임은 국민의 관점에서 살펴보아야 한다. 소유주체로서의 국민이 느끼는 체감도와 경영평가 결과는 정비례의 관계를 가질 필요가 있다.

[그림 10-5] 경영평가지표의 적합성 평가 및 활용13)

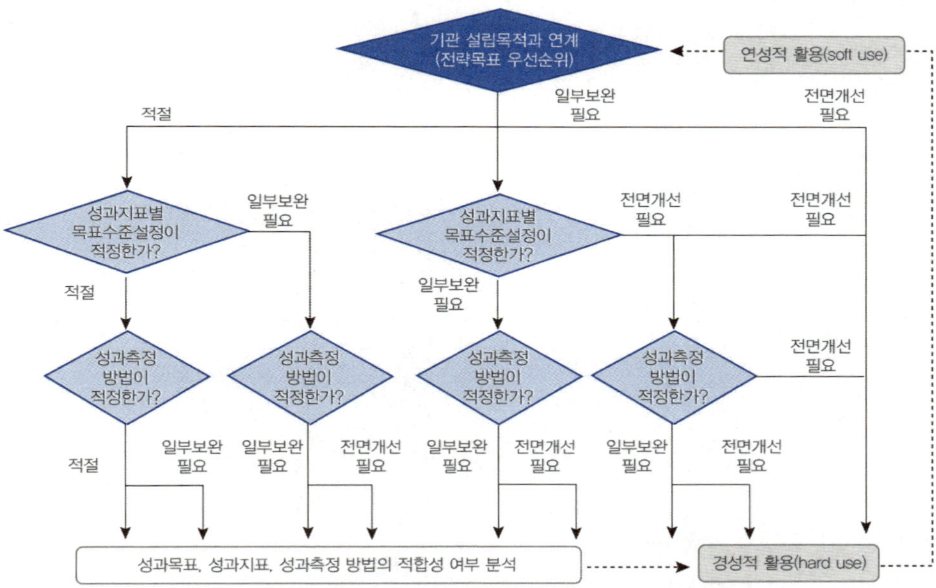

13) 경영평가지표의 적합성 평가 및 활용과 관련된 그림은 2015년도 공기업·준정부기관 경영평가단 총괄반에서 지표체계의 정합성을 분석하기 위해 필자가 사용했던 것이며, 원구환(2017b: 530)을 참조할 것.

PUBLIC ENTERPRISE

제 11 장

공기업의 해체와 민영화

제1절 공기업 민영화의 본질

1 민영화의 개념 및 배경

1) 공기업의 해체

공기업은 사회공공의 복지 증진을 위해 존재하므로 쉽게 해체될 수 없지만, 부여된 경영 목적이 달성되었거나 경영 중 상황의 변화로 인해 그 조직을 해체하는 경우가 있다. 행정법학에서는 이를 공기업의 종료(終了)라 하고 종료 사유에는 공기업의 폐지, 법인의 해산, 기한의 도래 등이 있다(이상규, 1981: 335).[1)]

첫째, 공기업의 폐지이다. 공기업은 사업의 성질상 자유로운 폐지가 허용되지 않는 것이 원칙이나, 정책적 · 재정적 · 경제적 또는 그 밖의 이유로 말미암아 소정의 절차에 따르는 공기업의 폐지가 있을 수 있다. 공공기관의 경우와 같이 법률의 규정에 의해 개설된 공기업의 경우에는 법률에 의하지 않고는 당해 공기업을 폐지할 수 없는 것이 원칙이며, 공기업의 설립에 있어 주무부처의 인가를 받도록 된 경우에는 폐지의 경우도 주무부 장관의 인가를 필요로 한다.

둘째, 법인의 해산이다. 공기업이 법인의 형태로 존재하는 경우에는 당해 법인의 해산에 의해 공기업이 종료된다. 법인의 해산도 공기업의 폐지와 마찬가지로 주무부처의 인가를 요하는 것이 원칙이며, 인가가 필요한 때에 인가를 얻지 아니한 해산은 무효이다. 또한 당해 법인이 직접 법률에 의해 설립된 경우에는 특별한 규정이 있는 경우를 제외하고는 법률의 개폐에 의해서만 법인이 해산된다.

셋째, 기한의 도래이다. 공기업이 일정한 기한부로 설립된 경우에는 기한 도래 시까지 그 기한이 변경되지 않으면 기한의 도래로 공기업은 당연히 종료된다.

(1) 해산

회사의 해산이란 회사의 법인격을 소멸시키는 원인이 되는 법률 사실을 의미한

1) 공기업의 해체와 관련해서는 안용식 · 원구환(2001) 제12장에서 발췌하였다.

다. 즉, 해산은 직접 회사의 소멸 자체를 가져오는 것이 아니고 법인격 소멸의 원인이 된다. 따라서 회사는 해산 후에도 청산의 목적 범위 내에서, 즉 제3자에 대한 법률관계의 종결과 주주에 대한 잔여재산의 분배를 위하여 존속한다. 해산은 ① 존립기간의 만료, 기타 정관으로 정한 사유의 발생, ② 합병·파산, ③ 법원의 해산명령과 소수주주의 청구에 의한 해산판결, ④ 회사의 분할 또는 분할 합병, ⑤ 주주총회의 결의 등의 사유에 의하여 이루어진다(상법 제517조).[2]

(2) 합병

합병이란 두 개 이상의 회사가 법적 절차에 따라 단일회사가 되는 것을 의미한다. 합병의 방법에는 한 회사는 존속하고 다른 회사는 해산하여 해산된 회사의 사원과 재산이 존속회사에 포괄적으로 승계되는 흡수합병과, 모든 회사가 해산하고 새로운 회사가 해산된 회사의 사원 및 재산을 포괄적으로 승계하는 신설합병의 방법이 있다. 즉, 흡수합병은 일부 회사가 소멸되지만, 신설합병은 모든 회사가 소멸한다. 회사는 합병에 의해 청산 절차를 거치지 않고 당연히 소멸한다.

(3) 파산

파산이란 채무자가 자기의 총재산으로 모든 채권자에 대한 채무를 완제할 수 없는 경우에 법원이 채무자의 전 재산을 강제적으로 관리·환가하여 모든 채권자에게 공평하게 배당하는 재판상의 절차를 의미한다. 파산은 국가권력(법원)에 의한 강제성을 지니고 있으며, 채무자의 모든 재산관계를 근본적으로 정리하여 모든 채권의 운명을 마지막으로 결정한다는 점에서 청산의 성질을 가지고 있다.

(4) 청산

청산이란 해산된 회사의 법률관계를 정리하여 그 재산을 처분하는 재판 외의 절차를 의미한다. 회사가 해산한 때에는 합병과 파산의 경우를 제외하고 청산단계에 들어간다. 즉, 회사가 합병한 경우에는 회사의 재산은 존속회사 또는 신설회사에 포괄적으로 승계되므로 청산을 할 필요가 없고, 회사가 파산한 경우에는 파산법에 의한

---

2) 해산과 관련된 다른 개념은 해산명령과 해산판결인데, 해산명령(상법 제176조)은 회사제도가 남용되어 회사가 사회적 임무를 수행하기에 앞서 공익을 해하는 경우에 회사의 법인격을 박탈하는 제도며, 해산판결(상법 제520조)은 회사의 경영상태가 투자자의 이익을 보호할 수 없는 경우에 최후 수단으로 주주 등의 청구에 의해 법원이 회사를 해산하여 청산시키는 제도다.

파산 절차에 따르게 되므로 청산 절차가 필요하지 않게 된다. 청산 방법에는 임의청산과 법정청산이 있는데, 임의청산은 정관 또는 총사원의 동의로, 법정청산은 상법에 따라 청산하는 것을 의미한다. 주식회사의 청산은 법정청산만을 인정하고 있다(청산은 상법 제245조 내지 제267조 참조).

(5) 공기업 해체의 유형

공기업의 해체에는 크게 두 가지 유형이 있다(大島國雄, 1976: 234). 첫째는 해체로 인해 종래 행해지고 있던 서비스의 제공, 즉 사업이 폐지되는 것이다(사업폐지형). 둘째는 해체로 인해 공기업 자체는 없어지지만 종래의 사업은 다른 형태(예: 사기업에의 인계)로 계속(사업계속형)되는 해체이다.

사업폐지형의 해체에서는 해체의 결과 자산이 남아 있지 않은 경우와 상당한 생산적 자산이 남는 경우가 있다. 전자의 경우 이론상 문제가 없지만, 후자의 경우에는 생산적 자산의 매각, 즉 사기업에 불하가 되므로 불하가격을 둘러싼 여러 가지 문제가 발생한다. 일반적으로 불하가격이 낮아 사적 자본에 유리하게 작용하는 경우가 많다(大島國雄, 1976: 235). 공기업의 민영화(民營化)라고 불리는 사업계속형에 있어서는 사업활동이 고수익을 보장하는 경우가 많기 때문에 정부가 고수익사업을 민영화함으로써 사적 자본, 특히 대자본에 유리하게 작용하는 결과가 된다.[3] 이 경우 불하가격은 코스트보다 낮으므로 사적 자본은 이중으로 이익을 보게 된다.[4]

2) 공기업 민영화의 개념

공기업 민영화의 개념은 학자들마다 다양한 의미로 해석되는 경향이 강한데, 국제공공경제학회(CIRIEC)에서 제시한 민영화의 의미를 열거하면 다음과 같다(尾上久雄・廣岡治哉・新田俊三, 1987: 20-22; 안용식・원구환, 2001 재인용).

---

3) 사업계속형의 해체에 대한 예를 들어 보면 영국의 경우 1952년 장거리 도로 수송의 민영화, 1953년 철강의 민영화를 들 수 있다. 이들 고수익의 사업은 노동당정부의 국유화정책이 보수당정부로 옮겨짐과 동시에 민영화되었다. 이 경우 매각가격이 낮았을 뿐만 아니라 사적 자본에 크게 이바지하였다(大島國雄, 1976: 236).

4) 우리나라에서 민영화된 공기업들은 대한항공공사나 한국수산개발공사를 제외하고는 해방 후 일본인 소유였던 귀속사업체를 토대로 한 것이었으며, 비교적 각 부분에서 기반을 닦은 기업체들(유훈, 1976: 243-246)이었기 때문에 불하를 받은 사적 자본은 다른 나라에서와 마찬가지로 이익을 보게 되었다.

공기업 민영화 논의의 쟁점은 소유권(ownership)과 시장구조(market structure)라고 할 수 있는데, 소유권은 공적 소유인가, 사적 소유인가의 여부를 의미하고, 시장구조는 독점상태인가, 경쟁상태인가의 여부를 의미한다. 일반적으로 공기업의 민영화를 주장하는 논자들은 사적 소유와 시장의 경쟁구조가 공적 소유 및 독점구조보다 효율적이라고 주장한다. 따라서 공적 소유 및 독점구조를 갖고 있는 공기업을 사적 소유 및 경쟁구조로 전환할 때 효율성이 증가할 수 있으므로 공기업을 민영화는 것이 필요하다고 주장한다.

그러나 공기업의 민영화를 단순히 소유권 관점에서 정부에서 민간으로, 즉 공적 소유에서 사적 소유로 전이되는 것을 의미한다면, 민간독점의 문제가 발생할 수 있다.[5] 민간독점의 문제는 정부독점의 문제보다 훨씬 더 비효율적일 수 있으며, 민간독점으로 인한 폐해에 대해서 정부가 개입하지 못할 수도 있다.

〈표 11-1〉 공기업 민영화의 다양한 의미(국제공공경제학회)

1. 공유재산(기업 또는 그 일부-부분적 민영화) 또는 개개 자산의 민간인에의 이전(판매)
2. 사법에 의한 법인형태로의 전환(즉, 행정으로부터의 공식적 분리)
3. 민간에로의 개별적·공공적 공급책임의 이전(기능적 민영화)
4. 공기업에도 영리적 경영이라는 의미에서 민간기업 경영방침으로 전환하는 것
5. 공기업 경영자의 당사자 능력 확대
   (확대된 재량권은 일반적으로 민간기업적 목표를 추구하는 방향으로 행사된다고 상정)
6. 법률의 규정이나 정부의 지시로부터의 해방이라는 의미에서의 비관료주의화
   (이때의 비관료주의화란 기업가정신이 활약할 수 있는 장을 만들어내는 것을 의미)
7. 결정, 기획, 실시권의 이양이라는 일반적 의미에서의 비집중화
8. 공기업과 민간기업의 활동조건의 균일화
9. 종래 공공부문이 공급해 온 분야에서 시장(혹은 시장에 유사한 유인체제)을 이용한 경쟁촉진
10. 전통적인 자연독점론으로 옹호되어 왔던 국유독점기업의 해체
11. 임금 및 노동 고용조건을 민간기업과 동등하게 조정하는 것(노동자의 대우의 민영화)
12. 공공서비스의 성질과 범위의 일방적 삭감
    (특히 운수업에서의 공공부문의 비율의 저하 및 공급되는 서비스의 종류 감소)
13. 공적 자원의 민영화
    [공공의 생산수단 및 공공부문에서 개발한 노하우(knowhow)를 민간의 영리기업이 사용]
14. 공적 수입의 민영화(공공자본 및 그것에서의 수입을 민간이 이용 내지 취득하는 것)
15. 민영화 = 비국유화

5) 서비스의 공급을 정부독점에서 민간독점으로 전환하는 것은 서비스의 질적 향상과 비용절감을 위해서도 바람직한 방안이 될 수 없다(Miranda & Lerner, 1995: 193-200).

따라서 공기업 민영화를 소유권을 단순히 공적 소유에서 사적 소유로 이전하는 것으로 이해할 경우 민영화의 본래적 목적 및 장점을 달성할 수 없으므로, 항상 시장구조와 연계해서 논의될 필요가 있다. 정부독점이 갖는 문제를 해결하는 방법은 민간 경쟁을 통해 효율성을 제고하는 것이지, 사적 소유로의 전환만으로는 정부독점의 문제를 해결하기 어렵다. 결국 공기업 민영화는 공적 소유 및 독점구조가 갖는 문제점을 해결하기 위한 방안의 하나로 사적 소유 및 경쟁구조로 전환하는 것이 중요하다.

공기업 민영화를 논의함에 있어 소유권과 시장구조의 개념 이외에 고려되어야 할 또 다른 개념이 자율성이다. 기업 자율성이란 기업경영자가 소유주의 의사와 달리 기업목표와 기업전략을 선택하고 추구할 수 있는 능력을 의미하며, 이를 경영재량이라고도 한다. 일반적으로 공기업의 경제성과는 정치적 통제가 증가할수록 저하되며 (Duch, 1991: 3), 국가로부터 자율성이 증가함으로써 기업의 협상력과 적응력은 증가한다는 것이다(Vernon, 1981: 13). 즉, 기업의 자율성이 높을수록 부당한 정치적 압력으로부터 자유로운 의사결정을 도모하여 효율성을 제고할 수 있다. 따라서 정부는 자율성을 보장하되, 책임성을 유지하는 수준에서 개입할 필요가 있다.

[그림 11-1] 공기업 민영화의 방향

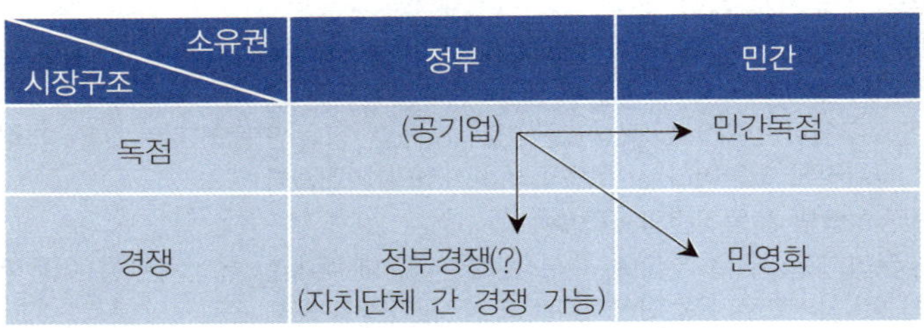

3) 민영화의 배경

공기업의 민영화가 대두하게 된 가장 큰 배경은 공기업의 비효율성이라 할 수 있다. 공공부문은 주인이 없으며, 독점적 구조를 지니고 있고, 정치적 규제와 압력으로 의사결정과정이 복잡하고, 성과 측정이 곤란하여 인센티브 구조를 확립하기 어렵다. 따라서 공공부문은 민간기업처럼 경영효율성을 추구하기 위한 유인이 감소되어 방만한 운영, 근무태만, 무사안일, 사기 저하 등의 문제에 노출될 수 있는데, 이러한 관리상의 비효율을 흔히 X-비효율성(X-inefficiency)[6]이라 한다. X-비효율성을 제거하는 방법은 경영효율성을 제고할 수 있는 유인체계를 확립하는 것인데, 시장경쟁 상황에서 기업들은 조직생존을 위해 혁신과 비용절감을 도모한다. 즉, 공기업의 X-비효율성을 제거하는 방법은 경쟁상황으로 전환하여 효율성을 제고하는 것이다.

공기업 민영화를 주장하는 배경에는 공기업의 비효율성이 전제되어 있다. 즉, 공기업의 독점적 성격과 개인의 창의성과 조직의 성과를 저해하는 경쟁회피적 조직구조 등으로 인해 서비스 혁신을 위한 동기부여가 부족하고, 종업원이나 관리자 모두 이윤추구, 창의성, 조직성과에 대한 관심이 부족하다. 이윤동기 부족과 경쟁회피적 구조는 정부재정의 부담으로 귀결되므로 민영화를 통해 국가 개입을 최소화하고, 시장으로 전환[7]하여 효율성을 제고할 필요가 있다는 것이다.[8]

그러나 민영화의 배경 이면에는 비판적 시각이 존재한다. 즉, 시장실패, 시장의 착취적 성향, 발전도상국에서의 민간부문 미성숙, 민간기업 부패, 국가안보 문제, 필수적 재화의 공급 문제, 재분배적 · 복지적 기능의 약화, 실업 문제 등은 시장의 우수성과는 거리가 멀다는 점이다(Farazmand, 1999: 556-557).

2 민영화 이론

1) 경제적 관점

경제적 · 합리적 관점에서 제기되는 민영화 이론은 인간에 대한 합리성을 근간으로 경제학적 가정과 분석을 활용하여 민영화를 설명하는 접근방식이다. 경제적 관점의 민영화에 대한 논리적 근거는 재산권의 소유에서 비롯되는데, 이러한 소유권을 주

---

6) X-효율성(X-efficiency)은 경제학자 라이벤슈타인(Leibenstein, 1966)이 사용한 용어로 '여분의, 또는 추가적인(extra)'이란 뜻이 포함되어 있다.

7) 공기업 민영화를 전 세계 자본 확산의 전략적 도구로 인식하기도 한다. 즉, 국제기구들은 원조라는 명목 하에 공공부문의 축소, 민간부문의 확대, 규제완화, 시장 확대를 제시하고 있다.

8) 민영화의 원인으로 첫째, 국가 개입에 대한 반감과 사적 소유에 대한 갈망, 둘째, 자유로운 기업활동에 대한 선호, 셋째, 노조 파괴, 좌파적 이념의 배격, 보수적 이념의 확산, 넷째, 공공재산의 매각과 정부운영 방식의 상업화로 적자를 감소하고 시장을 부흥시키려는 의도, 다섯째, 경영상 자율성을 확보하려는 노력 등을 제시하고 있다(Vickers & Wright, 1988: 1-10).

장하는 견해로는 시카고 경제학파가 대표적이라 할 수 있다. 시카고학파는 시장기구에 대한 신뢰와 합리적 경제 운영을 강조하면서, 자유로운 가격기능을 제고하고 정부의 개입보다는 민간의 자유로운 행위를 강조한다.

시카고학파에도 두 가지의 흐름이 있는데, 하나는 재산권 이론이고, 다른 하나는 공공선택 이론이다. 재산권 이론은 사적 소유가 공적 소유보다 훨씬 효율적이라는 가정을 전제로 하는데, 거래비용 이론, 잔여청구권 이론, 대리인 이론 등은 이에 기반하고 있다. 반면에 공공선택 이론은 시장실패보다는 정부개입에 따른 정부실패가 훨씬 더 심각한 문제가 있기 때문에 정부개입을 축소하고 민간의 역할을 강조해야 한다는 점에서 차이가 존재한다.

(1) 재산권 이론

스미스(Adam Smith), 하이에크(Friedrick A. Hayek), 프리드먼(Milton Friedman)을 중심으로 한 재산권 이론은 공적 소유권(public ownership)에 대한 비판적 시각을 갖고 있는데, 이러한 시각은 코스(R. H. Coase)를 중심으로 하는 기업 이론과 재산권 이론(property right theory)에서 구체화되었다.

기업 이론(theory of firms)의 핵심은 기업가가 어떻게 하면 이윤을 극대화할 것인가를 분석하는 데 있다. 즉, 이윤극대화를 위한 합리적인 생산과 투자 행위를 분석하는 이론인데, 수입과 비용의 차액인 이윤의 극대화가 기업의 목적이며 존재이유라는 것이다. 특히 코스는 기업의 존재 이유를 거래비용(transaction cost)에서 찾고 있는데, 거래비용을 줄이고 이익을 극대화하기 위해서는 기업이 필요하다는 것이다. 예를 들어, 자본가가 상품을 판매하여 이윤을 극대화하기 위해서는 재료공급자, 가공자, 운반업자 등과의 거래가 필요하고, 거래가 발생할 때마다 계약을 맺고 감시해야 한다는 것이다. 거래 발생, 계약, 감시, 사후 분쟁 등에 따른 비용을 줄이기 위해서는 기업이 필요하며, 기업은 합리적 행위를 통해 거래비용을 줄이고 이윤극대화를 도모할 수 있는 제도적 방안이라고 주장한다.

결국 코스는 기업의 이윤극대화를 위해서는 시장에서 발생하는 거래비용을 줄이고, 합리적인 계약을 도모하는 것이 중요하다는 기업 이론을 제시하였는데(Coase, 1937: 386-405),[9] 기업 이론의 핵심은 재산권[10] 문제로 귀착된다. 즉, 기업의 효율성

---

9) 코스는 1937년에 발표한 논문으로 54년 후인 1991년에 노벨경제학상을 수상했다.

을 제고하기 위해서는 거래 발생에 따른 자발적 교환수단으로서 계약이 중요하며, 거래비용을 최소화할 수 있는 소유권 구조를 확립해야 한다는 점이다(Fama & Jensen, 1983: 301-325). 재산권 이론은 소유권을 강조하는데, 사적인 재산권이 설정된다면 시장의 불완전성을 극복하고, 효율적인 자원배분이 가능하다는 것이다.

재산권 이론(property theory)은 사적 소유권에 기초한 개인적 동기를 강조하는 이론인데(Furubotn & Richter, 2010; Alchian et al, 1996), 국가가 재산권의 권리를 법제도적으로 제한하면 사적 소유에 기초한 효율적 행위가 약화되므로, 소유권의 주인을 찾아 주고 재산권을 인정해 주어야 효율적 행위가 보장될 수 있다는 것이다. 개인들이 직접 자신의 재산을 소유하고 관리할 때 재산권을 활용하여 이윤을 극대화하려는 동기가 강해지는데, 만약 재산권이 약화되면 자신에 이득에 되지 않는 한 개인들은 재산권을 사용하려는 동기가 희박해진다는 것이다. 따라서 사적 소유는 권리와 보상을 강화시켜 주는 데 반해, 공적 소유는 이들을 약하게 할 뿐이다.[11]

이러한 재산권 이론은 공공선택 이론과 함께 공기업의 효율성과 민영화 문제를 분석하는 중요한 이론적인 기초가 되었다. 재산권 이론가들에 의하면 소유권은 기업의 효율성 혹은 경제 성과에 매우 중요한 변수이고, 소유주의 경제적 이익극대화를 목적으로 사용되는 사유 자산은 주인 없는 공유 자산에 비해 경제적으로 훨씬 효율적이라는 것이다(류상영, 1997: 209).

재산권 이론은 공적 소유의 폐해에 대해 강조하는데, 공적 소유에 기반한 공기업은 사적 소유 자산이 없기 때문에 자산 배분과 관련된 의사결정에 있어 큰 경제적 부담을 지지 않으며, 효율적 의사결정으로 이윤극대화를 도모하려는 의지도 미약하다. 특히 공기업의 실질적 주인으로서의 국민들은 자신들의 납세액이 공기업에 어떻게 활용되고 있는지에 둔감하며, 자신들의 효율적 행위를 통해 공기업을 감시하고자 하는 동기도 부족하다(Hanke, 1987: 49). 따라서 공기업은 국민의 요구에 관심을 갖기

---

10) 재산권이란 개인이 자신의 재산을 사용할 권리로서 정의되며, 이에는 재산을 사용할 권리, 재산의 형태나 내용·위치 등을 변경할 권리, 이러한 권리의 전부 또는 일부를 이전할 권리 등 다양한 권리를 포함하고 있다.

11) 비슬리(Beesley, 1992)는 민간기업은 공기업보다 소비자의 욕구에 보다 더 빨리 대응할 수 있기 때문에 소유는 중요한 요소라고 주장한다. 그리고 페이켈(Pryke, 1982: 68-81)은 공기업의 경제적 성과 부진은 국가 소유에서 기인한다고 결론짓고 있다. 즉, 국가 소유는 상업적 윤리를 파괴하고, 생산과 자본시장의 논리를 무시하게 되며, 공공서비스라는 미명 하에 비이윤적인 활동을 계속하기 때문에 능률성이 저하된다는 것이다.

보다는 각종 수당이나 인건비 인상 등을 통한 개인의 이익 추구를 도모하며, 이로 인해 공기업의 생산비용이 증대하여 사회적으로 손실이 유발되므로, 사유 기업이 공유기업에 비해 더 효율적이라고 주장한다.

결국 공기업의 민영화는 재산권의 주인을 찾아주는 과정이며, 공기업으로 하여금 비용절감 및 성과 향상을 위한 강력한 동기를 부여해 줄 수 있다는 것이다. 공기업은 공적 소유를 바탕으로 하지만, 주인이 없는 기업이고, 재산권을 활용하여 효율성을 제고하려는 동기가 부족한 경영형태이므로 주인을 찾아주고, 주인으로 하여금 재산권을 활용토록 하는 것이 사회경제적으로 필요하다는 것이다. 공적 소유형태보다는 사적 소유형태일수록 효율성 제고를 위한 동기부여가 강하므로, 재산권에 근거한 합리적 운영을 도모하는 것이 중요하다는 것이다.

(2) 거래비용 이론

거래비용 이론의 분석단위는 '거래'에 두고 있는데, 거래비용을 절감하기 위한 제도 구축을 중시한다. 어떤 자본가가 생산활동을 수행함에 있어 모든 활동을 시장에서 계약을 체결하여 수행한다면 계약과 관련된 많은 비용이 소요되게 된다. 매번 계약을 체결하고, 계약이 제대로 이행되고 있는지를 감독해야 하는 비용을 거래비용이라 하는데, 모든 거래관계를 시장에서 계약하는 방식보다 기업을 만들어 내부화한다면 훨씬 더 효율적으로 운영할 수 있다.[12]

시장에서 발생하는 다양한 거래에는 비용이 존재하는데, 거래비용이 존재하는 한 효율적인 자원배분이 이루어지기 어렵다는 것이다. 즉, 시장에서 발생하는 거래비용을 줄이기 위해서는 합리적 행위를 도모할 수 있는 방안이 필요한데, 합리적 행위자들은 다양한 거래비용을 축소하기 위한 기업과 같은 조직을 자발적으로 설립하려는 경향이 강하다는 것이다.

거래비용은 생산비용의 일부인데, 사전적 거래비용과 사후적 거래비용으로 구분된다. 즉, 생산과 관련하여 발생하는 계약의 초안 작성-협상-유지비용 등은 사전적 거래비용에 해당하며, 잘못된 계약 및 가격 설정 등의 사후 재조정, 분쟁 비용, 계약 미이행에 따른 보증비용 등은 사후적 거래비용에 해당한다. 거래비용은 경제 운영에

---

12) 어떤 생산업체가 유통판매 대행자를 통해 제품을 공급하는 방식보다 자신의 계열사인 유통판매회사를 설립하여 시장 거래할 경우 중간업자인 유통판매 대행자에게 지불하는 수수료를 내부화할 수 있다.

서 발생하는 제반 비용을 의미(Williamson, 1985: 15-23)하는데, 이러한 거래비용을 기업으로 내부화한다면, 훨씬 낮은 비용으로 경제활동을 영위할 수 있다는 것이다.

거래비용 이론 관점에서 공기업의 민영화를 보는 시각은 공기업이 갖는 구조적 한계점에서 기인하는데, 공기업은 다양한 시장거래에서 발생하는 거래비용을 축소하려는 동기부여가 결여되어 있다는 점이다. 공기업은 시장에서 발생하는 다양한 거래비용을 내부화하고자 하는 의욕도 부족하고, 합리적 행위를 통해 거래비용을 축소하고자 하는 자발성도 결여되어 있을 뿐 아니라 거래비용을 축소시키기 위해 노력하여도 자신의 성과로 귀결되지 못하는 경향이 강하므로 효율적이지 못하다는 것이다.

(3) 잔여청구권 이론

잔여청구권 이론은 공적 소유권과 사적 소유권의 구분에서 논의를 전개하고 있다. 즉, 공적 소유권 하에서는 정부가 모든 지분을 보유하고 있고, 정부의 규제 하에 경영을 도모하기 때문에 잔여 잉여가 발생하더라도 스스로 처분할 수 있는 권한을 갖고 있지 못하다. 반면에 사적 소유권 하에서는 자본을 출자한 주주가 지분을 보유하고 있고, 주주의 이익 처분이 가능하다. 따라서 잔여 잉여를 처분할 수 있는 사적 소유권 하에서는 이윤을 극대화하려는 경향이 강하지만, 잔여 잉여를 처분하지 못하는 공적 소유권 하에서는 이윤극대화에 대한 동기가 부족하다(Alchian et al, 1996).

사적 소유를 바탕으로 운영되는 민간기업은 잔여 잉여가 소유주인 주주에게 귀속되지만, 공적 소유를 바탕으로 운영되는 공기업은 잔여 잉여가 소유주인 공기업 경영진에 전적으로 귀속되지 않는다. 따라서 공적 소유보다는 사적 소유 구조 하에서 생산성이 배가될 수밖에 없다는 것이며, 공적 소유를 사적 소유 구조로 전환하는 민영화를 통해 효율성을 증대시킬 수 있다는 것이다.

(4) 대리인 이론

대리인 이론(principal-agent theory)의 핵심은 주인과 대리인 간의 정보비대칭성에서 자기중심적 이익추구 행위가 발생한다는 것이다. 즉, 모든 인간은 자신의 이익을 극대화하려는 성향이 있는데, 주인과 계약을 통해 고용된 대리인도 자신의 이익을 추구한다. 주인은 자신의 이익을 극대화해 줄 수 있는 대리인을 고용했지만, 대리인도 자신의 이익을 극대화하기 위해 노력한다. 따라서 주인과 대리인 간의 계약관계에서 정보의 비대칭성으로 역선택과 도덕적 해이의 문제가 발생하며, 대리인은 주주의 이익보다는 자신의 효용을 극대화할 수 있는 전략을 구사한다는 것이다.

대리인 이론에 의하면 공기업의 비능률성은 높은 모니터링 비용(monitoring cost)에서 비롯된다고 보고 있다. 모니터링 비용이 높은 이유는 두 가지 차원, 즉 유권자-정부 주무부서(관료), 주무부서-공기업 관리자 사이에서 다단계적으로 실시되기 때문이다. 공기업에 대한 감시와 통제는 불완전한 정치적 시장을 통해서 발생되기 때문에 모니터링이 쉽지 않으며, 주주(유권자)와 주무부처 사이의 약한 관계 때문에 비능률성이 초래된다는 것이다(Yarrow, 1999; Millward, 1986: 119-144).

대리인 이론에서의 핵심은 대리인 비용을 제거하는 방법을 모색하는 것인데, 공기업의 경우는 국민-정부-공기업 간의 복대리인 문제가 발생하기 때문에 민간부문의 대리인 문제보다 더 복잡한 양상을 보여준다는 것이다. 즉, 공기업은 복잡한 복대리인 관계로 인해 책임소재가 불분명하고, 복대리인 문제와 주인 부재의 문제로 대리인 비용이 높아져 경영효율성이 저하된다는 것이다. 따라서 공기업이 민영화되면 공기업에 대한 정부의 감독비용이 감소되고, 공적 소유로 인한 도덕적 해이 문제도 해결될 수 있다는 것이다.

(5) 공공선택 이론

공공선택 이론(public choice theory)은 시장실패에 의한 정부의 개입이 오히려 정부실패를 초래하는데, 정부실패를 치유하기 위해서는 정부개입을 축소하고 민간의 역할을 강조해야 한다는 이론이다. 즉, 공공선택 이론은 정부실패와 같은 정치적 현상을 미시경제학적 분석단위인 개인의 효용극대화 관점에서 분석하는데, 경제학의 접근방식을 통해 정치제도를 연구하려는 학문분야다(Mueller, 1979: 1).

공공선택 이론의 핵심적인 전제는 인간에 대한 기본적인 가정을 이기적이고 합리적이며 효용극대화를 추구하는 존재로 파악한다. 사익을 추구하는 개인주의의 인간이 자신의 이익을 극대화할 수 있는 최적의 행동을 한다는 전제에서 출발한다. 개인은 시장교환을 통해 자신의 목적을 실현하려고 하는 것과 같이 정치적 시장에서도 개인은 자신의 이익을 증대시키기 위해 정치적 교환(political exchange)에 참여한다는 것이다(Buchanan & Tullock, 1962; 김의섭, 2007: 44-45).

정치적 교환에 참여하는 개인, 행정관료, 시민, 정치가 등은 자신의 효용극대화를 위해 노력하는데, 행정관료는 예산극대화를, 정치가는 득표극대화를, 이익단체는 지대 추구를, 시민은 자신의 효용극대화를 추구한다. 이러한 교환과정에서 정부예산이 팽창하고, 정부실패 현상이 초래된다. 정부실패 현상은 관료의 행태에서 더욱 극명하게 나타나는데, 관료들은 공적 이해보다는 직업 안정, 금전상의 혜택 등 부수적인 사적 이해에 더 많은 관심을 두며, 이로 인해 공익 추구가 아닌 정원 유지나 증대, 예산극대화, 변화에 대한 저항, 바람직하지 않은 투자 등을 초래한다. 따라서 관료들은 환경 변화에 적극적으로 대응하기보다는 오히려 조직을 증대하고, 인력규모를 확대하며, 자원을 늘리는 데 관심을 기울인다. 특히 공공부문은 유권자인 시민, 정치인, 관료들이 자신의 효용을 극대화하려는 공간이므로 팽창될 수밖에 없으며, 공적 소유로 인해 합리적 교환이 이루어지기 어려운 구조를 지니고 있다는 것이다. 공공선택론자들은 공기업과 같은 공적 소유형태의 취약성을 비난하는데(Hardin, 1968), 이와 같이 공공부분의 본래적 취약성은 공기업 민영화를 추진하게 만드는 요인이 된다.

2) 정치적 관점

공기업의 민영화를 정치적 관점에서 강조하는 경향은 경제적 효율성이라는 가치보다는 지배집단(정당)의 이념적 경향성(ideological proclivities)에 근거를 두고 있다. 즉, 정부정책은 집권당의 이념적 성향에 의해 결정되는 경향이 강하므로, 공기업 민영화도 결국 집권당의 이념이나 정책에 의해 결정된다는 것이다(Vernon & Aharoni, 2014; Castles, 2002). 일반적으로 보수적 성향은 민영화를, 진보적 성향은 공기업화를 강조하는 경향이 있다.

정치적 이념은 선거를 통해 집권한 정당의 이념과 밀접한 연관성을 지닐 수밖에 없는데, 집권당의 고유 가치 및 이념이 선거를 통해 정당성을 확보하면 정책 어젠다로 설정되어 실행되는 경향이 강하다. 또한 과거 이념이나 정책으로 인한 비효율성이 사회적 손실을 야기한다면, 당연히 반작용으로 기존의 정책이나 이념을 폐기하는 결정을 할 수도 있다. 기존의 비효율적 정책을 경제적 관점에서 비판할 수도 있지만, 기존의 정책을 뒤엎는 새로운 정책의 도입은 정치적 의사결정과정을 통해 이루어지게 된다. 예를 들어, 프랑스 민영화의 촉진 요인으로 이념을 제시할 수 있는데, 시라크(Jacques Chirac) 정부가 추진한 1986년 공기업의 민영화는 1982년 미테랑(Francois Mitterrand) 정부의 국유화 조치에 따른 반발로 나타난 것이다(Debbasch, Bourdon, Pontier & Ricci, 1982).

정치적 · 전략적 차원에서 추진되는 민영화는 공공부분의 성장을 억제함으로써 유권자의 표를 얻으려는 선거 전략이나, 국가에 대한 지나친 요구를 벗어나려는 정책 의도를 내포하고 있다. 1970년대 들어와 서구 민주주의는 외부로부터 많은 압력을 받았고, 지나친 지출과 빈약한 경제성과에 대한 비난을 받게 되었다. 따라서 공기업이나 공공서비스를 민영화한다는 것은 시장으로의 활기를 다시 불어넣는 것이 되며, 외부의 압력으로부터 회피수단이 되었다.

정치적 차원에서 추진되는 공기업 민영화는 기업을 냉엄한 시장경쟁의 현실로 끌어 들여 노동자 및 노동조합의 정치적 세력을 약화시키려는 정치적 의도를 내포하고 있으며, 공기업의 민영화를 통해서 대중자본주의(popular capitalism)를 실현하려는 것은 주식을 소유한 국민의 증가로 부의 형성에 기여하고자 하는 자본주의적 정책의도를 내포하고 있었다(Starr, 1989: 35-36).

3) 제도적 관점

제도적 관점에서는 민영화를 정치나 사회경제구조에 초점을 두고 설명하고 있는데, 이들은 국가와 사회를 구성하는 제도적 구조(institutional arrangement)를 강조하면서 정책을 다양한 정치행위자들 사이의 상호작용 결과로 인식하며(Richardson, 2002; Freeman, 1996), 공기업 민영화에 대한 정책결정은 제도적 유형(institutional patterns)에 의존하여 결정된다고 보고 있다. 예를 들어, 영국 공기업의 민영화는 다양한 정치행위자들 사이의 상호작용 속에서 파악될 수 있으며, 프랑스는 의사결정을 주도하는 국가에 의해서 결정된다고 이해한다. 또한 오스트리아, 스웨덴, 독일과 같은 조합주의적 성격을 지니는 국가에서는 국가와 정치집단 간의 협상에 의해 민영화가 이루어진다고 볼 수 있다.

더치(Duch, 1991)는 국내 정치구조에 초점을 두어 왜 어떤 국가는 민영화를 결정하는데 다른 국가는 민영화 정책을 취하지 않는가의 이유를 설명하고 있다. 영국, 프랑스, 독일의 정보통신정책을 예로 들면서 영국과 같은 다원주의 국가에서는 민영화가 일어날 가능성이 높으나, 프랑스와 같은 국가주의적(statist) 체제 하에서는 민영화가 쉽게 일어나지 않는다고 보았다.[13] 그리고 조합주의적 구조를 지닌 국가들은 자유

13) 영국과 같은 다원주의 국가에서는 정책결정에 비교적 자유롭게 접근할 수 있는 많은 집단들이 있기 때문에 민영화나 자유화가 용이한 반면에, 프랑스와 같은 국가주의적 체제 하에서는 민영

화에 가장 덜 대응적이라는 것이다.14)

베논(Vernon, 1981)은 경제구조의 산업특성(industry characteristics)이 민영화 과정이나 형태를 결정하는 데 중요한 역할을 한다는 것이다. 정부가 특정 산업에서 공기업을 설립함으로써 누렸던 독점이익은 대부분 사라졌으며, 기술혁신 및 발전에 의해 초래되는 특정 산업구조의 변화는 기존의 국가소유형태를 재평가하도록 만들었다. 계속된 기술의 혁신은 투자를 요구하고, 공기업보다는 민간기업이 투자로부터 더 능률적인 목표를 실현할 수 있기 때문에 민영화는 기술혁신이 높게 일어나는 산업에서 쉽게 나타나며, 경쟁도 촉진되는 경향이 강하다.

3 민영화의 장 · 단점

1) 장점

공기업 민영화 옹호론자들은 공기업의 비효율성을 제거하고, 혁신적이고 생산적인 공기업을 모색하는 최적의 방법은 공적 소유구조를 사적 소유 구조로 전환하고, 시장으로 전환하여 효율성을 제고하는 것이라 주장한다. 공기업의 민영화를 통해 얻을 수 있는 이점은 다음과 같다.

(1) 경쟁을 통한 효율성 제고

공기업 민영화가 갖는 장점 중의 하나가 경쟁을 통한 비용절감이라 할 수 있다. 공공부문은 독점적 특성을 지니고 있으므로 경쟁을 통해 비용을 절감하려는 동기가 부족하며, 비용절감을 통해 성과를 향상시켜도 자신의 노력만큼 배분받지 못하는 구조적 한계를 지니고 있다. 특히 공공부문은 공익성이라는 미명 하에 비효율성을 당연하게 여기는 무사안일적 경영을 도모할 수 있다는 것이다.

반면에 민간기업은 무한 경쟁 속에서 이익을 극대화하는 것이 조직의 생존원리이

화와 자유화가 국가경제에 대한 통제권을 포기해야 하므로 국가주의체제 하에서 정부 정책결정자들은 정책의 주도권을 상실하면서까지 민영화나 자유화를 추진하지 않는다는 것이다.

14) 그 이유는 첫째, 연합세력인 주요 기업이나 노조 등은 자유화로 인한 경쟁 도입이 자신들의 혜택을 축소할 수 있고, 둘째, 경쟁의 증가는 연합세력의 결집력을 위협할 것이기 때문이다.

므로, 비용절감을 통한 원가 경쟁과 고객 확보가 매우 중요하다. 비용절감이나 품질 제고 등을 통한 효율성 증대는 민간기업의 중요한 운영원리이며, 공기업의 독점적 특성으로 인해 비효율성이 나타나고 있으므로, 민간기업으로 전환하여 자유로운 경쟁과 효율성을 제고하는 것이 사회적으로 바람직하는 것이다. 특히 민간 소유의 기업일수록 비교경쟁 우위전략을 추진하게 되며, 내부적 업무처리의 신속성과 전문성도 향상될 수 있다는 것이다.

(2) 작은 정부의 실현

공공부문은 정부 이외에 공기업이 존재하므로 공기업의 규모는 공공부문의 규모에 중요한 영향을 미치게 되는데, 공공부문의 규모가 커질수록 정부의 각종 규제와 재정 투입도 커지게 된다. 특히 공공부문은 민간부문과 달리 조세에 의해 운영되므로 규모의 증대는 재정 증대와 비례하게 되고, 다른 공공 분야에 투입해야 할 자원을 비효율적으로 배분하는 기회비용의 발생을 초래할 수 있다.

따라서 공기업을 민영화할 경우 공공부문의 규모를 줄이고, 각종 규제와 자원 배분의 효율성을 도모할 수 있는 장점이 있다. 또한 각종 인·허가 등과 같은 정부의 규제로 발생하는 지대 추구를 제어할 수 있고, 민간부문의 활성화를 통해 사회 전체적 후생함수를 향상시킬 수 있다.

(3) 소비자 주권의 확보

공기업의 재화와 서비스는 시민들의 일상생활에 필요한 것이지만, 공기업이라는 공급자와 시민이라는 수요자 간에는 일방적인 관계가 성립될 수 있다. 즉, 독점적 서비스 공급자로서의 공기업은 수요자인 시민의 요구에 부응하는 서비스를 공급하기보다는 자신들의 관점에서 서비스를 제공할 수 있다. 수요자인 시민은 단순 소비자일 뿐이지 선택권이 부재하다고 할 수 있다.

그러나 공기업이 민영화될 경우 공기업은 더 이상 독점적 공급자로서의 지위를 갖지 않으며, 타 민간부문과의 경쟁을 전제로 기업을 운영해야 한다. 특히 수요자인 시민들은 공급되는 재화나 서비스를 단순 소비하기보다는 자신들의 요구사항을 제기하게 되며, 자신의 선호에 부합하지 않는 재화나 서비스에 대해서는 기피하거나 대체할 수 있는 선택권을 갖게 된다. 따라서 민영화된 기업으로서는 소비자의 요구에 부응할 수밖에 없으며, 공급일변도의 전략에서 수요자중심의 전략으로 전환하게 된다.

(4) 민간경제의 활성화

대부분의 국가에서 경제성장은 사회적 배분을 위해서라도 필요한 요소 중의 하나이다. 정부 재정의 3대 기능이 자원배분기능, 소득재분배기능, 경제성장 및 안정기능이라 할 수 있는데(Musgrave, 1973), 자원을 효율적으로 배분하여 경제성장 및 안정을 도모하는 기능을 수행하는 것이 중요하다.

민간부문이 활성화되지 못한 국가에서는 공기업을 설립하여 경제성장을 견인할 수 있는 장점도 있으나, 일정한 경제 수준에 도달하면 민간부문이 경제를 주도하는 것이 일반적이다. 민간부문이 공공부문보다 경쟁을 통해 생산성을 증대시킬 수 있는 장점이 있기 때문이다. 따라서 공기업을 민영화할 경우 자본시장을 확대할 수 있으며, 공기업에 행해지던 비효율적인 정부개입을 차단하고, 정부 감독의 사회적 비용을 감소시킬 수 있다.

(5) 정부의 재정적자 감소

정부의 재정원리는 예산균형원리에 따라 세입과 세출규모를 동일하게 유지하는 것이 원칙이지만, 경기부양정책의 일환으로 예산불균형원리에 입각하여 세입보다 세출을 확대하는 정책을 추진하게 된다. 공기업도 정부 재정확대정책에 부응하여 설립되는 경우가 많으며, 한 번 설립되면 영속적인 조직 지위를 갖게 된다. 또한 예산불균형원리에 입각하여 정부 재정확대정책을 추진하면, 민간부문에서 활용되어야 할 자본이 공공부문으로 이전됨에 따라 사회 전체적으로 자본의 효율성이 축소되는 문제점도 초래할 수 있다. 공공부문은 민간부문과는 달리 재화나 서비스를 생산하기보다는 소비하는 성격이 강하므로, 민간부문에서 활성화되어야 할 자본이 공공부문으로 이전하면 그만큼 자본 생산성이 줄어들게 된다. 따라서 공기업을 매각할 경우 정부의 재정적자를 축소할 수 있다.15)

공기업 민영화 성과를 분석한 연구 결과에 의하면 공기업 민영화를 통해 수익성, 생산성, 효율성 지표가 개선된 것으로 나타나고 있으며, 국외 연구에서는 자본투자, 매출액 증가, 부채 감소, 고용 증가 등의 성과가 있는 것으로 분석되었다.

---

15) 1997년 외환위기 이후 4년 간의 공기업 민영화를 통해 약 18조 원(재정수입 9.2조 원)을 확보하여 민영화가 경제위기 극복에 기여하였다(김문수 · 안지영 · 한중호, 2013: 23-27).

〈표 11-2〉 민영화의 긍정 연구 결과

구분	연구진	연구 결과
국내	김현숙(2007)	2000년대 초반 민영화된 7개 공기업을 대상으로 분석한 결과 수익성 및 생산성은 증가하였으나, 고용과 부채비율 감소에는 영향 없음
	민희철(2009)	민영화로 인해 수익성이 유의미하게 개선
	이민정 · 이수연 · 이호영(2009)	2002년 민영화된 KT&G 분석 결과 수익성이 크게 개선되었고, 비용함수 회귀분석에서도 민영화가 진행될수록 비용이 절감
	박정수(2012)	민영화로 성장성보다는 생산성, 수익성, 효율성 지표 개선(1989~2009년)
국외	Krueger(1990)	민영화를 통해 정치적 인맥에 따른 비효율적 운영을 타파
	Meggingson et al.(1994)	1961년부터 1989년까지 주식공모를 통해 민영화된 61개 기업을 대상으로 분석한 결과 민영화된 기업이 수익성, 효율성, 자본투자, 매출액, 부채감소, 배당, 고용 증가
	Boyco et al.(1996)	민영화를 통해 공기업의 과잉 고용문제 해소
	Majumdar(1996)	인도 사례분석 결과 성과는 민간기업, 혼합기업, 공기업 순서로 귀결
	Boubakri(2008)	21개 개발도상국에서 민영화된 79개 기업을 분석한 결과 민영화된 기업이 자본투자, 고용 증가
	Dewenter & Malatesta(2001)	민영화 이후 수익성 증가, 부채비율 감소(다만, 성과향상은 민영화 3년 전부터 발생 → 민영화 정책을 주도한 정부 역할이 중요)

2) 단점

공기업은 국가발전의 중요한 정책적 수단이었고, 경제성장에 기여했음에도 불구하고 1980년대 이후 공기업은 보수적, 신자유주의적 성향에 의해 민영화의 길을 겪게 되었다. 그러나 많은 학자들이 민영화의 부정적 영향에 대해 언급하고 있다(Thayer, 1995; Henry, 1995; Moe, 1996; Wettenhall, 1996).

(1) 민간독점의 폐해

공기업 민영화로 소유 구조 변화만 초래될 경우 정부독점에서 민간독점으로 전환될 수 있다. 정부독점일 경우에는 정부 개입이 가능하지만, 민간독점일 경우에는 정부 개입이 불가능하므로 정부독점일 때보다 상황이 악화될 수도 있다.

또한 국민주 방식에 의해 민영화할 경우 대중자본주의를 확충할 수 있으나, 소액주주의 증가만 있을 뿐 실질적 소유권 변화가 이루어지지 못할 수 있다. 특히 소액주주가 대자본가로 흡수되어 경제력 집중의 문제가 발생할 수 있다. 아울러 민영화된 서비스를 중심으로 규모의 경제가 발생하고, 시장 진입 장벽이 공고화해지면 시장실패가 재발될 가능성이 존재한다.

(2) 국부의 국외 유출

공기업 민영화는 민간자본시장을 확대할 수밖에 없는데, 민영화 과정 속에서 국내 자본만이 아니라 해외 자본도 허용될 수 있다. 즉, 국내 자본의 한계로 인해 경쟁 우위의 해외 민간기업의 참여가 나타날 수 있다. 해외 자본의 참여로 민영화된 공기업의 효율성을 제고한다면 사회적으로 바람직하다고 할 수 있으나, 투기성 해외 자본의 참여는 국부의 국외 유출을 초래할 수 있다.16)

민영화된 공기업이 시장경쟁보다는 소수의 자본가에게 귀속되는 경우 자본가의 입장에서는 서비스의 질적 개선보다는 이익배당에 보다 많은 관심을 가질 수 있으며, 시설투자보다는 주주이익 극대화에 초점을 맞출 수 있다. 특히 민영화된 공기업의 서비스는 생활필수적인 요소가 강하므로, 시설투자보다 이익배당에 대한 관심은 시민의 불만과 서비스 실패로 귀결될 수 있다.

(3) 가격인상

공기업을 민영화하면서 발생할 수 있는 가장 큰 문제점은 요금이나 가격이 인상된다는 점이다. 공기업은 민간부문처럼 이익극대화가 아니라 수지균형의 관점에서 낮은 요금수준을 유지하였다. 낮은 요금에 따른 재정손실은 공익적 관점에서 정부가 경비를 부담하는 것이 기본원칙이었다.

그러나 공기업이 민영화될 경우 낮은 요금정책은 유지되기 어려우며, 기업의 자유로운 가격 경쟁을 유도하게 된다. 따라서 공기업의 민영화는 필연적으로 가격인상을 초래할 수밖에 없으며, 가격인상은 물가 상승을 초래하여 타 산업에 영향을 미칠 수 있다. 공기업의 민영화로 인한 가격인상 사례로는 미국 의료보험 민영화(영화: SiCKO), 볼리비아 상수도 민영화17)를 예시할 수 있다.

---

16) 민영화된 KT의 외국인 지분이 49%를 차지하고 있는 상황에서 2009년 배당 성향은 94.2%까지 이르고 있는데, 이는 투자비의 감소와 투기적 외국 자본에 유출되는 문제를 초래할 수 있다 (2012년 윤호중 국회의원 국정감사 자료집).

17) 볼리비아 제3의 도시이자 만성적 물 부족지역인 코차밤바(Cochabamba)는 물 부족 문제를 해결하기 위해 미시쿠니 강에 댐을 건설하기로 했으나, 경제성이 없고, 재원이 부족하다는 이유로 사업추진이 지지부진했다. 이런 상황에서 세계은행(World Bank)은 볼리비아가 사회기반(SOC)을 확충하려면 자본이 필요하고, 외국계 자본을 도입하기 위해서는 각종 민영화가 필수적이라고 주장했다. 특히 세계은행은 물 산업이 공공영역에 남아있는 한 부패가 만연하고, 식

(4) 알짜만 챙기기와 보편적 서비스 제공 미흡

공기업은 보편적 서비스 제공 의무(universal service)를 부여받고 있는데, 사회적 약자에 대한 고려와 저수익의 저밀도 시민에 대한 서비스 제공을 공익적 차원에서 실시하고 있다. 즉, 공기업은 수익발생이 저조한 도서벽지나 산간오지, 농촌지역 등에서도 누구나 언제 어디서든 서비스를 이용할 수 있도록 해 주어야 할 사회적 책무가 존재한다. 특히 공기업으로 제공되는 서비스는 시민생활에 필수적인 성격을 지니고 있으므로 보편적으로 제공될 수 있어야 하며, 공익적 차원에서 발생하는 적자는 정부의 공적 부담으로 보전하는 정책을 취하게 된다.

그러나 민영화된 공기업에서는 정부의 재정보전이 불가능하므로 수익적 관점에서 접근할 수밖에 없다. 민간기업은 이익을 극대화하는 것이 목표이므로 공익적 관심보다는 이익이 많이 창출되는 것에 관심을 가질 수밖에 없다. 즉, 민영화된 공기업은 이익이 되는 시장에만 참여하려는 성향이 강하며, 수익보다 비용이 더 많이 소요되는 시장에는 재화나 서비스 공급을 포기하게 된다. 고수익, 저비용의 시장에만 관심을 갖는 알짜만 챙기는 현상(cream skimming)[18]은 민영화의 폐해 중의 하나이다.

또한 민간기업은 저수익과 고비용이 예상되는 상황에서는 서비스 공급을 축소하거나 배제하려는 성향이 있는데, 생활필수적인 재화나 서비스가 민영화로 인해 보편적으로 제공되지 못하는 문제가 발생할 수 있다. 즉, 보편적으로 제공되어야 할 서비스가 민간기업의 이익적 고려에 의해 중단되는 문제가 발생할 수 있다.

(5) 고용감축과 파업

민영화된 기업은 효율성 제고를 위해 노동생산성을 높이려고 노력할 것이므로 인력을 감원하게 된다. 감원된 인력만큼 비용(인건비)이 축소되는 장점이 있으나, 인력

수가 제때 공급되지 않을 것이라고 강조했다. 세계은행에서 물 민영화 권고를 받던 볼리비아 정부는 영국과 이탈리아, 미국, 스페인, 그리고 볼리비아의 2개 회사가 참여하는 형태의 컨소시엄 '아구아스델투나리(Aguas del Tunari)'에 물 산업을 민영화하기로 결정한다. 코차밤바는 아구아스델투나리에 수돗물 공급의 독점적 지위를 부여하는 대신 미시쿠니댐 건설을 요구했으며, 컨소시엄은 수익보장과 댐 건설을 위한 자금 확보를 명분으로 수도 공급가격을 35%나 인상했다. 당시 주민들의 월 평균 수입이 100달러에 불과했기 때문에 수도 사용료 월 20달러 부담은 큰 돈이었다. 코차밤바 주민들은 수도 가격 인상에 폭발했고, 살인적인 수도 사용료 인상에 저항하는 대규모 시위가 일어났다. 결국 볼리비아 정부는 2000년 3월 물 산업 민영화를 철회하였다[임채원(2017.2.24). 세계은행의 신자유주의와 코차밤바 물 전쟁, 뉴스토마토].

18) 우유에서 크림을 분리한다는 뜻으로 알짜만 챙기고 이익이 없는 것은 포기하는 것을 의미한다.

감축에 따른 고용불안은 경제안정을 저해하고 사회불안을 초래할 수 있다. 또한 인력 감축에 따른 실업의 증가는 소득의 감소로 이어지며, 소득의 감소는 소비 감소, 생산 축소, 고용 감소로 이어지는 악순환을 초래할 수 있다.

또한 민영화된 기업은 노동운동 측면에서 공익사업에 대한 노동규제보다 상대적으로 유연한 규제를 받게 된다. 생활필수적인 영역에서 노동운동이 격화되어 서비스 중단이 이루어지게 되면, 시민들만 손해를 볼 수 있다. 정책실패의 최종 귀착점이 시민이 될 수 있다.

(6) 민영화 과정의 부패

공기업 민영화는 공적 소유구조를 사적 소유구조로 전환하는 과정이라 할 수 있는데, 소유구조를 전환하기 위한 의사결정과정에서 다양한 비효율성이 나타날 수 있다. 특히 공기업은 독점적 지위를 갖고 있기 때문에 공기업의 소유구조를 이전받고자 하는 주체의 입장에서는 혁신이나 비용절감을 통한 생산성 향상보다는 독점적 지위를 그대로 유지한 상태에서 시장에서의 우위를 확보하기 위해 노력할 수 있다. 또한 공기업 민영화 과정을 주도하는 관료나 정치인들의 입장에서는 사회적인 입장보다는 개인의 효용극대화를 추구할 수 있다.

결국 공기업을 민영화하는 과정에서 정치인과 공기업 인수자 간의 지대추구 행위가 발생할 경우 사회적 손실이 발생할 수 있으며, 민영화 준비 비용으로 재정손실이 발생할 수 있다.

(7) 정치사회적 폐해

민영화를 통해 법과 질서를 유지하고 안정적 환경을 조성하기 위한 억압적 조치들이 강화될 경우 시민 권력의 상실과 빈부격차를 초래할 수 있다. 또한 민영화는 공공부문에 대한 시민참여를 제한하고, 인간의 협력적 가치보다는 상품적 가치만을 증폭시킴으로써 시민착취를 초래할 수 있다. 특히 경쟁의 결과로 빈곤, 실업, 파산, 경기침체 등과 같은 경제적 부산물이 파생될 수 있으며, 민영화를 통한 대외시장에 대한 의존은 국가경제의 손실을 초래하고, 노동력의 악순환적 파급효과를 초래할 수 있다. 아울러 민영화의 경우는 관리기법이나 전문지식에 대한 의존도를 심화시키고, 정보 종속을 초래할 수도 있다.

<표 11-3> 민영화의 부정 연구 결과

구분	연구진	연구 결과
국내	주경태 · 윤성식 (2006)	민영화된 기업의 재무성과 악화(원가, 인건비 등 비용감소보다 가격인상에 관심)
	김문수 · 안지영 · 한중호(2013)	민영화된 공기업의 수익성과 노동집약도에 영향을 미치지 않음(다만, 부채비율은 감소)
국외	Cave & Christensen (1980)	캐나다 사례분석 결과 공기업이 민간기업에 비해 효율성이 낮지 않음
	Shapiro & Willig (1990)	무기산업, 감옥, 통화발행 등의 분야에서는 공기업 형태로 운영하는 것이 더 바람직함
	Vickers & Yarrow (1991)	공기업만이 아니라 민간기업에서도 대리인 문제 발생(다수의 소액주주들이 경영자에 대한 감독비용을 지불하지 않으려는 무임승차의 문제)
	Kole & Mulherin (1997)	공적 소유가 사적 소유에 비해 본질적으로 비효율적이지 않음

4 민영화 이후의 정책방향

독점적 공기업을 민영화할 경우 여러 가지 문제점이 존재하고 있기 때문에 다음과 같은 사항을 고려하여 민영화에 따른 장점을 극대화할 필요가 있다.

1) 경쟁상황평가

민영화 논쟁과 관련하여 소유권보다는 시장구조가 더욱 중요하다는 주장이 존재한다. 즉, 공적 소유이든 민간 소유이든 상관없이 기업이 독과점적 시장구조를 확보하고 있다면 소유권의 법률적 형태는 그 기업의 경제성과와는 별로 상관이 없다는 주장이다. 감시기능을 소홀히 함으로써 초래될 수 있는 공적소유권의 위험은 많은 수의 납세자 · 주주에게 분산될 수 있고, 사유기업의 경우도 소유와 경영이 분리됨으로써 관리자의 관심이 생산성과 이윤증대보다는 편익확대(utility maximization)에 집중될 수 있다(Suleiman & Waterbury, 1990: 6). 따라서 기업의 시장구조가 독점일 때, 그만큼 기업의 효율성이 저하될 수 있다.

민영화의 장점은 무엇보다 경쟁을 통한 효율성 제고라 할 수 있는데, 이를 위해서는 경쟁이 지속적으로 유지될 수 있는 환경을 만들어 주는 것이 필요하다. 공기업의 민영화를 통해 민간 경쟁보다 민간 독점으로 전환될 경우 민영화의 이점을 확보하기 어려우므로, 민간 경쟁이 활성화될 수 있는 유효한 조건을 만들어 주는 것이 필요하다. 즉, 경쟁이 제대로 이루어지고 있는지의 여부를 평가하여 유효한 경쟁상황을 조성해 주는 것이 중요하다.

경쟁상황평가란 시장의 경쟁상황과 관련하여 효과적인 경쟁이 이루어지고 있다고 평가되는 경우 정부는 사전 규제를 철폐하거나 신규 규제를 도입하지 않는 데 비해, 유효한 경쟁이 이루어지지 못한 경우에는 정부가 규제를 통해 경쟁을 유도하는 정책을 활용하는 것을 의미한다.

일례로, 전기통신사업법 제34조는 경쟁상황평가를 규정하고 있는데, 과학기술정보통신부 장관은 전기통신사업의 효율적인 경쟁체제의 구축과 공정한 경쟁 환경의 조성을 위한 경쟁정책을 수립하기 위하여 매년 기간통신사업에 대한 경쟁상황 평가를 실시하도록 규정하고 있다.

결국 공기업을 민영화하기로 결정한 이후에는 독점이 다시 발생하지 않도록 억제하는 것이 필요하며, 그 다음으로는 불공정 경쟁 행위를 근절하고 유효한 경쟁질서를 창출하는 것이 필요하다.

2) 보편적 서비스 제공

공기업을 민영화한 이후에도 지속적으로 고려해야 할 사항이 민영화된 공기업의 서비스가 사회적으로 보편적이어야 하는가의 여부이다. 공기업으로 제공되는 재화나 서비스는 생활필수적이며 국민의 일상생활에서 없어서는 안 될 요소였다면, 민영화되었다고 하더라도 사회적으로 보편적 서비스를 제공해야 하는 것은 당연하다고 볼 수 있다.

또한 민영화된 이후에도 차별 없는 품질 보장이 이루어질 필요가 있다. 민영화된 공기업은 시장경쟁 하에서 수익을 추구하는 성향이 강하므로, 차별 없는 품질 보장이 제대로 이루어지지 못할 가능성이 있다. 민영화된 공기업이 제공하는 재화나 서비스가 모든 사회적 범주(지역, 계층, 연령 등)에서 차별성이 없도록 균등하게 공급될 수 있는 여건을 마련할 필요가 있다. 기업 내부적 측면에서 자율적으로 이루어질 수도 있지만, 법제도적으로 강제해야 할 부분이 있다면 적극 반영할 필요가 있다.

민영화는 경쟁을 통해 생산성 향상을 도모하고자 추진되지만, 생활필수적이고 국민 생활에 절대적인 서비스를 차별적으로 제공해도 된다는 의미가 아니다. 국민이면 누구나 보편적으로 누려야 할 서비스라면, 공급 주체가 민간이든, 공기업이든 균등하게 제공하는 것이 사회적 책무라 할 수 있다. 따라서 공기업 민영화를 통해 보편적 서비스 제공이 어렵게 된다면, 공기업 민영화의 본질적 의미를 훼손하는 것이라 할 수 있다. 공기업 민영화의 여부를 결정하는 것보다 더 중요한 것이 보편적 서비스의 제공이라 할 수 있다.

3) 소비자 주권의 확보

공기업 방식으로 제공되는 재화나 서비스는 수요의 가격탄력성이 작고, 대체불가능한 성격을 지님에 따라 독점적 공급자와 단순 소비자 간의 관계가 성립되었다. 즉, 소비자의 선택권이 보장되지 못함으로써 개인들의 선호가 공급체계에 반영되지 못하는 문제점이 있었다.

그러나 민영화된 공기업은 시장경제 질서에 입각하여 자유로운 경쟁을 전제로 운영되기 때문에 시민을 단순한 소비자로 인식해서는 안 된다. 소비자의 욕구와 선호체계를 시장에 반영하여 가격을 통해 교환할 수 있는 시장중심적 장치를 마련해야 하는데, 이를 위해서는 무엇보다 시장으로의 진입이 자유롭고, 정보 공개가 실현될 수 있어야 한다. 소비자들의 합리적 선택과 주권 회복은 자유로운 시장질서의 보장과 더불어 완전 정보가 전제되어야 한다.

공기업 방식은 독점이라는 구조를 갖고 있는 데 비해 민영화된 시장은 경쟁이라는 구조를 지니며, 소비자의 합리적 선택을 중시한다. 민영화된 공기업은 시장의 무한경쟁에서 소비자와 고객을 만족시켜야 하며, 소비자는 올바른 가치관을 갖고 정보를 잘 활용해 합리적인 의사결정을 할 수 있어야 한다. 공기업을 민영화한다면, 기존 독점구조에서 파생되는 공급자 중심의 서비스 제공 방삭에서 벗어나 소비자의 선택권이 보장될 수 있도록 지원해야 한다. 특히 소비자기본법에서는 소비자의 8대 권리와 책무를 규정하고 있으며, 정부의 책무로 소비자 권리 실현을 지원토록 규정하고 있다.

제2절 공기업 민영화의 유형과 사례

1 민영화 유형

공기업 민영화의 유형은 소유권의 이전 여부에 따라 완전 민영화와 부분 민영화로 구분해 볼 수 있다. 완전 민영화는 공기업에 대한 소유권을 민간으로 이전하는 것을 의미하며, 부분 민영화는 공기업에 대한 소유권은 보유하되 경영 및 운영에 민간을 참여시키는 방법이라 할 수 있다.

1) 완전 민영화(공급 민영화)

완전 민영화는 공기업의 소유권을 정부에서 민간으로 이전하는 것이며, 정부가 공기업에 대해 모든 권한을 민간으로 이양하는 것을 의미한다. 특히 민영화의 유형을 구분하기 위해 서비스의 공급과 서비스 생산의 개념을 분리하고 있는데(Kolderie, 1986: 285-291), 공급은 의사결정자를 의미하고, 생산은 서비스 전달자를 의미한다. 이러한 구분에 의하면 완전 민영화는 공급의 민영화에 해당한다. 공급의 민영화는 서비스 전달만이 아니라 서비스에 대한 공급 결정까지도 민간에서 이행하는 것을 의미한다. 공공서비스 전달체계를 공급과 생산의 개념으로 구분하여 구체적으로 유형화하면 다음과 같다(안용식 · 원구환, 2001: 447).[19]

〈표 11-4〉 공공서비스의 전달체계

		공급	
		정부	민간
생산	정부	Ⅰ	Ⅲ
	민간	Ⅱ	Ⅳ

Ⅰ유형은 정부가 전적으로 서비스 공급과 생산을 결정하는 방식으로, 정부의 직

19) 민영화의 유형에 대해서는 안용식 · 원구환(2001: 446-450)의 내용을 수정 · 보완하였다.

접공급 방식(government service)과 정부간 계약 방식(intergovernmental agree ment)이 이에 속한다.

Ⅱ유형은 서비스 공급에 대한 결정은 정부가 담당하고 실질적인 생산은 민간부문이 담당하게 하는 방법으로, 민간부문과의 계약(contracting out), 허가(franchise), 보조금 지급(grants)과 같은 방식이 있다.

Ⅲ유형은 두 번째 유형과 반대되는 형태로, 민간부문이 공급을 결정하고 정부가 수용하여 서비스를 판매하는 형태(government vending)를 말한다.

Ⅳ유형은 민간부문이 전적으로 서비스 공급과 생산을 결정하는 방식으로, 이용권 지급, 시장 공급, 자원봉사 공급, 자급방식 등이 존재한다(Savas, 1987: 63).

[그림 11-2] 공기업 민영화의 다양한 유형

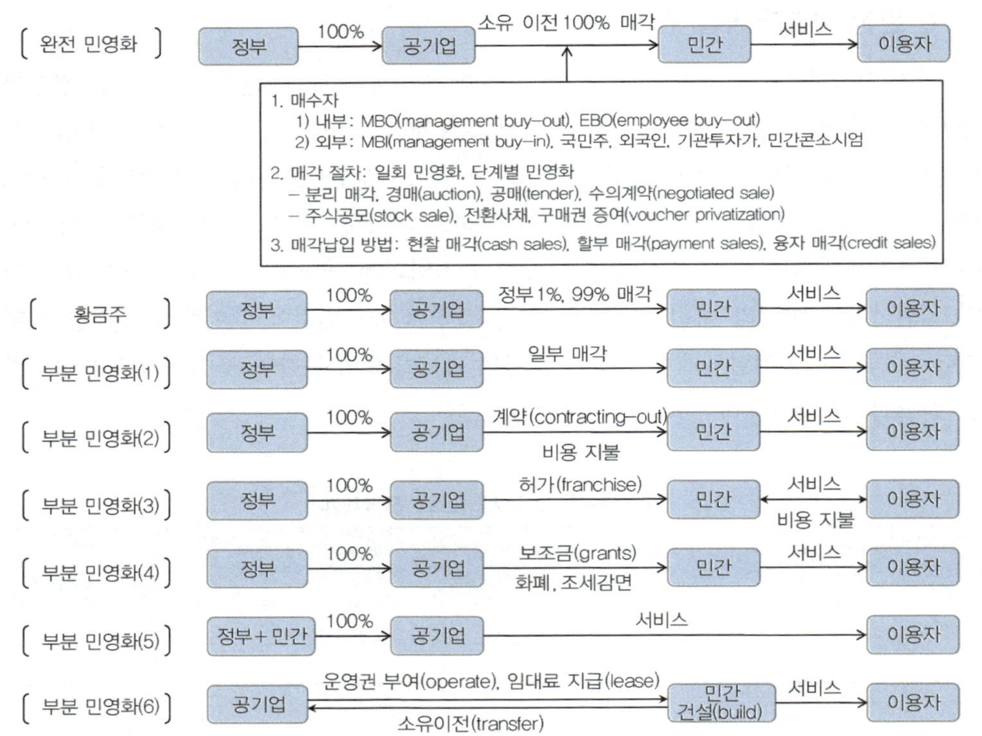

2) 부분 민영화(생산의 민영화)

부분 민영화는 서비스 공급은 공공부문이 결정하고 실질적인 생산은 서비스 수준별로 공공부문 이외에서 담당하는 것으로 다음과 같은 방식이 있다.

(1) 일부 매각

공기업에 대한 정부 지분의 일부를 매각하는 방식으로 소유권의 완전한 이전보다는 부분 이전 형태로 운영되는 방식이다. 공기업에 대한 정부 지분 일부가 매각됨에 따라 매각된 만큼의 민간 지분 참여가 가능하지만, 완전한 소유권이 이전한 형태가 아니므로 정부의 규제는 존재할 수밖에 없다.

일부 매각 방식은 공기업에 대한 완전 민영화를 추진하기 위한 일환이라 할 수 있는데, 정부 지분의 일괄 매각에 따른 자본시장의 혼란을 예방하고, 공기업에 대한 이미지 및 주식 가격 상향을 통해 매각효과를 극대화하기 위한 조치라고 할 수 있다. 일부 매각 방식은 점진적, 단계적 민영화의 한 형태라 할 수 있다.

(2) 계약

계약(contracting out) 방식은 공급결정 및 조정자는 공기업이 담당하고, 실질적인 서비스는 민간부문이 맡는 방식이다. 허가 방식과 다른 점은 비용지불자가 다른데, 계약 방식은 공기업이 비용을 지불하고, 민간부문으로 하여금 서비스를 전달토록 하는 방식이다.

계약 방식의 장점으로는 첫째, 공기업은 계약을 통해 자체 내 부족한 기술을 민간부문으로부터 차용할 수 있으며, 새로운 요구에 적응할 수 있는 신규 프로그램을 실험할 수 있다. 둘째, 공기업의 규모를 축소할 수 있으며, 민간부문과의 경쟁 계약을 통해 독점적 운영 성향을 축소할 수 있다. 셋째, 민간부문과의 계약을 통해 경쟁력을 강화시킬 수 있으며, 공기업의 비능률적 부문을 개선할 수 있다.

반면에 계약 방식의 단점으로는 첫째, 계약을 관리하고 계약자의 성과를 감독하는 데 소요되는 비용이 증대되며, 자질 있는 계약 공급자가 부족할 경우 계약 체결에 따른 역선택과 도덕적 해이 현상이 초래될 수 있다. 둘째, 긴급한 사태가 발생할 경우 공기업의 융통성을 저하시킨다. 셋째, 계약은 계약자에 대한 바람직하지 못한 의존을 증대시킬 수 있으며, 파업과 태업에 이르게 할 가능성이 있다. 넷째, 계약은 성문화된 규정에만 의존하게 함으로써, 공기업의 민간 계약자에 대한 통제와 책임의 사각지대를 형성할 수 있다(Savas, 1982: 89-92).

계약 방식은 소유권이 공기업에 있지만, 서비스 전달을 민간에 맡기는 형태이므로 어떤 서비스를 계약 방식으로 처리할 것인가에 대한 명확한 기준을 갖고 있어야 하며, 계약 내용 및 기준을 합리적으로 규정하고, 계약 미이행에 따른 위험 분담 방식에 대해서도 사전에 명확하게 규정해야 한다.

(3) 허가

허가(franchise) 방식은 공급결정 및 조정자는 공기업이 담당하고, 실질적인 서비스는 민간부문이 맡는 방식이라는 점에서는 계약 방식과 동일하다. 계약 방식과 다른 점은 비용지불자가 다른데, 허가 방식은 민간부문으로 하여금 서비스를 전달토록 하되 비용은 소비자가 민간부문에 지불토록 하는 방식이다.

부분 민영화의 한 형태인 허가 방식은 독점적 허가 방식과 경쟁적 허가 방식으로 구분해 볼 수 있는데, 공기업이 하나의 민간기업에 서비스 전달의 독점권을 부여하는 독점적 허가 방식과 여러 민간부문으로 하여금 서비스를 전달토록 하는 경쟁적 허가 방식이 존재한다(Savas, 1982: 66).

(4) 보조금 지급

정부가 소유하고 있는 공기업이 정부를 대신하여 민간기업에 정부의 보조금(grants)을 제공하는 방식인데, 대개 보조금은 화폐단위로 이루어지나 조세 감면과 같은 특권이 부여되는 경우도 있다. 서민용 주택공급이나 의료사업의 확대를 위해 민간기업에 대해 이루어지는 공기업의 보조금지급은 대표적인 예이다. 이 방식은 특정 재화의 소비가 어려운 소비자를 위해 재화의 가격을 낮춤으로써, 그들을 소비시장으로 유도하기 위한 제도적 장치이다(Savas, 1982: 67).

(5) 합작 투자

합작 투자(joint venture)는 정부와 민간이 공동으로 투자하여 설립한 공기업으로 하여금 공익적 서비스 전달기능을 수행토록 하는 방식이다. 정부부문과 민간부문의 장점을 상호 결합하고, 부족한 자본을 상호 투자함으로써 사업 수행의 시너지 효과를 기대하는 방식이다.

합작 투자는 공사혼합기업적 성격을 지니고 있는데, 설립 초기부터 공동으로 출자하는 형태 이외에 정부부문이 출자하여 운영하고 있는 공기업에 민간의 자본을 끌어들이는 방식과, 민간부문이 출자하여 운영하고 있는 기업에 공기업의 자본을 투입하는 방식으로 구분해 볼 수 있다.

설립 초기부터 공동 출자하는 형태는 신규 사업에 대한 투자에서 주로 나타나는 데 비해 정부부문이 출자·운영하는 공기업에 민간자본을 끌어들이는 경우는 민간자본 및 기법을 활용하여 효율성을 제고하기 위함이다. 또한 민간부문이 출자·운영하는 기업에 정부 자본을 투입하는 경우는 민간부문의 도산이 사회경제적으로 큰 파장을 초래할 수 있을 때, 정부가 민간부문에 참여하여 민간부문의 안정적 운영을 도모하기 위함이다.

(6) 민자유치 방법

민간투자는 공공사업의 주체를 공기업으로만 한정하지 않고 민간이 공공사업에 참여할 수 있는 제도를 의미한다. 공공사업에 대한 민간부문의 자본을 끌어들임으로써 민간에 대해서는 소유권 또는 경영권을 인정하고, 민간이 투자한 만큼의 자본은 공기업의 재원으로 충당하지 않기 때문에 시민의 재정 부담을 완화시킬 수 있는 제도다. 민간투자 방식은 다양한 방식이 존재하는데, 가장 보편적인 방식은 BTO 방식과 BTL 방식이며, BTO, BTL 방식의 순서를 변형한 BOT, BLT 방식도 존재한다. 또한 혼합형(BTL+BTO), 결합형(BTO+다른 방식), 개량운영형 등의 방식이 존재한다.

2 민영화 방법

1) 매수 주체에 따른 분류

(1) 국민주 방법

국민주 방법은 저소득층 소득증대와 주식 인구 저변 확대를 위해 도입된 방식으로 영국의 대중자본주의에 근거한 제도이다. 공기업의 실질적 주인이 국민이므로 국민에게 공기업의 주식을 소유토록 하자는 취지에서 도입된 제도이다.

국민주(people sale) 방법은 일인당 주식 구매량을 제한시켜 가급적 많은 국민이 구매에 참여토록 하고, 시장가격보다 훨씬 낮은 가격으로 매각하는 방법이다(백평선, 2001: 31). 국민주 방식의 목적은 국민에게 주식을 소유시킴으로써 기업의식을 제고하고, 획득한 이익을 분배하여 중하위계층의 소득을 향상시킴으로써 국민경제 발전에 기여하는데 있다.

1988년 4월 포항제철, 1989년 5월 한국전력의 정부 지분을 국민주 방식으로 매각해 모두 9백여만 명에게 국민주를 보급했으나, 한 사람에게 돌아가는 주식이 고작 10~20주에 그쳐 뜻한 바대로 목적을 거두지 못했으며, 오히려 주식이 상장된 뒤 물량 압박으로 증시 침체가 가속화되는 문제가 초래되어 국민주 제도는 폐지되었다(한겨레, 1994.3.26).

〈표 11-5〉 국민주 방식의 사례

구분	포항제철	한국전력
보급시기	1988년 4월	1989년 5월
매각주식 수	3,128만주	1억 2,775만주
1주당 보급가격	15,000원(장기보유자 10,500원)	13,000원(장기보유자 9,100원)
1인당 평균배정 주식 수	9.7주	19.3주
우리사주조합	20.0%(20,000명)	20.0%(32,000명)
중하위소득계층	75.0%(3,101,000명)	78.0%(6,411,000명)
일반청약자	5.0%(101,000명)	2.0%(162,000명)

(2) 황금주 또는 특별 우선주(kiwi share) 방법

민영화 이후 국가 기간산업의 경영권이 외국이나 특정 재벌에 급격히 넘어가는 것을 막기 위하여 단 한 주만 가지고 있더라도 정부에게 특별한 권한을 지닐 수 있도록 상징적 의미를 부여하는 제도로 영국에서 사용되었다(백평선, 2001: 31).[20] 즉, 정부가 민영화된 공기업의 주식을 단 1주라도 갖고 있으면, 의사결정에 관여할 수 있도

20) 영국 BT(British Telecom)의 민영화 과정에 적용된 Golden Share 권한은 ① 특정 내용 서면 동의 권한(동일인 의결권 주식 15% 제한과 BT 사장의 국적 제한 등), ② 특정 정관의 수정(특별한 의결권을 가진 주식의 발행), ③ 이사 선임 권한(정부 관련 사항 투표권을 갖는 2명의 이사 선임 권한), ④ 의결권(주주총회 참석 및 발언권 있음), ⑤ 청산권(회사 청산 시 1파운드 수령 권한)을 갖고 있었다. 그러나 황금주는 BT와 MCI의 합병을 위해 폐지가 건의됨으로써, 1997년 9월에 폐지되었다[A.T. KEARNEY(2001.3). 한국통신 민영화 기본방향].

록 한 방법이다.[21)]

황금주(golden share)는 공기업 민영화 이후에 발생할 수 있는 문제점을 공익적 관점에서 규제하기 위해 도입된 방법으로 일종의 특별 주식이라 할 수 있다. 황금주는 시장에서 자유로운 거래를 목적으로 도입된 것이 아니라 민영화된 공기업에 대한 의사결정에 관여하는 것을 목적으로 도입되었다. 민영화된 공기업이 투기성 자본에 지배되거나 사회후생에 크게 반하는 의사결정을 할 경우 정부 보유 주식이 1주만 있다하더라도 거부권을 행사할 수 있도록 규정하였다.

그러나 황금주는 동등한 주식가치를 인정하는 것이 아니라 차등적 가치를 전제로 하고 있기 때문에 주주평등의 원칙을 저해한다는 비판을 받고 있다.

(3) 안정주주제 방법

기관투자가들에게 일정 비율의 지분을 배정하고, 이들이 일정 기간 동안 이 지분을 그대로 유지하도록 하는 방법으로 프랑스에서 사용되었다(백평선, 2001: 31). 즉, 공기업이 민영화된 후 외국기업 또는 특정 기업에게 인수되는 것을 방지하여 민영화 초기 경영권 안정을 도모하려는 데 목적이 있다. 정부 지분을 인수한 기관투자자들은 일정 기간 지분을 의무적으로 유지해야 한다.[22)]

(4) 외국인에게 매각하는 방법

외국인을 공기업 매각에 참여토록 하되, 제한적으로 허용하거나 해외 DR[23)] 발행 방식으로 참여시키는 방법이다(백평선, 2001: 31). 외국인에게 지분을 매각하는 방법

---

21) 뉴질랜드는 TCNZ(Telecom Corporations of New Zealand)를 민영화하면서 뉴질랜드 정부가 특별 우선주(Kiwi Share)를 보유하고, 외국인의 동일인 지분 한도와 대량 주식 매매에 대한 통제권을 갖도록 해 TCNZ의 소유구조에 대해 정부의 통제기능을 마련했다.

22) 프랑스는 소시에떼 제너랄 은행을 민영화하면서 25.6%를 안정주 비율로 규정하였고, 안정주주(19개 투자자)들은 2년 간 자기소유 주식에 대해 매매, 양도가 불가능하였다.

23) 기업이 자국 주식예탁기관에 주식을 맡겨 두는 대신 해외 증시에 상장해 유통시키는 증권을 주식예탁증서(DR: depositary receipts)라 하는데, 이는 국내 기업이 발행한 주식 그대로 외국시장에 유통시키는 것이 어렵기 때문이다. 즉, 환전의 번거로움, 국가 간 회계방식의 차이, 시차나 언어 또는 외국인 투자자의 주주권 행사 문제가 발생할 수 있기 때문이다. 즉, 해외 투자자의 편익을 위해 기업이 해외에서 발행하는 증권대체증서로서 국내 원주보관기관(한국예탁결제원)에 DR의 원주를 보관하고, 해외 예탁기관이 이를 기초로 발행하는 증서를 의미한다. 발행자의 입장에서는 외국인 주주의 유치를 통한 기업 이미지 제고와 두터운 투자층을 형성할 수 있다(한국예탁결제원 홈페이지: www.ksd.or.kr).

은 선진 기법을 수용하고 대외적 이미지 향상에 기여할 수 있으나, 국부유출에 대한 부정적인 시각이 존재한다. 따라서 외국인에게 지분을 매각하는 방법은 제한적으로 허용되는 경우가 많다.

자본시장과 금융투자업에 관한 법률 제168조에서 규정하고 있는 외국인이란 국내에 6개월 이상 주소 또는 거소를 두지 아니한 개인을 의미하는데, 외국인 또는 외국법인 등에 의한 증권 또는 장내파생상품의 매매, 그 밖의 거래에 관하여 취득한도 등을 제한할 수 있도록 규정하고 있다.

(5) 지분한도 설정 방법

1인 지분의 최대 한도를 제한하는 방법이다(백평선, 2001: 31). 국가 기간사업이 특정인이나 기관, 외국자본에 지배되는 것을 방지하고, 취약한 재무구조를 갖고 있는 국내 산업을 보호할 필요성이 있을 때 활용된다.

(6) 컨소시엄 구성 방법

다수의 기업으로 구성된 컨소시엄(consortium)에 정부 지분을 매각하는 방법이다. 특정 기업에게 지분을 매각할 경우 특혜 시비가 따를 뿐만 아니라 공기업의 정부 지분이 크기 때문에 한 기업이 인수하기 어려울 때 이용될 수 있다(백평선, 2001: 31).

공기업 규모가 매우 커서 단독으로 인수하기 어려울 때 다수의 이해관계자들이 공동으로 일정한 분담을 통해 인수하는 것을 의미한다. 공기업 인수에 있어 무리한 경쟁을 피하고, 투자의 효율화를 도모하기 위해 구성된다.

(7) 내부 경영자 인수(management buy-out: MBO) 방법

공기업을 운영해 오던 기존 경영자층이 공기업을 인수하는 방법이다(백평선, 2001: 31). 공기업 인수는 대부분 외부에 의해 이루어지는 데 비해, 내부 경영자 인수 방법은 기업 내부 경영진에 의해 인수되는 특징을 지니고 있다. 적자 사업이나 한계 기업을 매각할 경우에 사용되는데, 구조조정, 고용안정 등을 목적으로 활용된다.

내부 경영진이 기업을 인수할 경우 가장 어려운 점은 자금을 조달하는 문제인데, 일반적으로는 외부로부터 조달되는 형태를 취하게 된다.

(8) 외부 경영자 인수(management buy-in: MBI) 방법

각종 금융기관 및 새로운 외부 경영자가 공기업을 인수하는 방법이다(백평선,

2001: 31-32). 공기업의 지분을 매각할 때에 기업의 기존 임원만으로 지분매각이 어려운 경우 외부(투자자)에 지분을 매각하는 방법이다.

내부 경영자 인수(MBO)와 외부 경영자 인수(MBI)의 차이점은 MBO는 기존의 내부 경영진에 의한 매수를 의미하며, MBI는 새로운 외부 경영진에 의한 매수를 의미한다. 또한 내부 경영진과 외부 경영진의 통합 인수를 고려할 수도 있다(Buy in management buy-out: BIMBO).

(9) 종업원 인수 방법

종업원 인수(employee buy-out: EBO) 방법은 종업원들이 중심이 되어 공기업을 인수하는 것을 의미한다. MBO나 MBI 방식과 달리 종업원이 공기업을 인수하기 때문에 고용의 안정성을 보장할 수 있는 방법이다.[24]

종업원 인수 방법은 종업원들의 임금 등을 주식으로 전환하거나 개인의 자산을 공동 출자하는 방식이므로, 대규모 공기업의 지분을 인수하는 데는 한계가 있다. 공기업의 사업 중에서 일부 사업을 분리 매각하거나 효율성이 없는 사업 부문을 정리할 때 활용되며, 구조조정이나 파산 위기에 처한 경우에 종업원이 중심이 되어 인수하는 형태라 할 수 있다.

2) 매각 절차에 따른 분류

(1) 분리 매각 방법

사업 부문별, 지역별 또는 노선별 등으로 분리하여 소규모로 매각하는 방식으로 영국과 일본의 철도 민영화 때 사용되었다(백평선, 2001: 30). 일괄매각 방법과 대칭되는 개념으로 한꺼번에 모든 사업이나 지분을 매각하는 것이 아니라 사업이나 조직, 담당 지역의 일부를 매각하는 방법이다. 분리 매각을 통해 공기업의 구조조정이나 자금지원을 용이하게 할 수 있으나, 공기업의 핵심 부문보다는 부실 부문이나 잉여 부문을 매각하는 경향이 있다.

(2) 경매 방법

완전 경쟁입찰 방식으로 공개적으로 가격을 부르고, 최종적으로 최고 가격에 매

---

24) 미국 유나이티드 항공은 1994년 7월 노사 간 합의에 의한 EBO를 통해 종업원 지주회사로 전환하였다.

각하는 방법이다. 대규모 기업을 매각할 때에는 다단계 경매 방식을 이용할 수도 있다. 즉, 제1차 입찰에서는 지불 능력을 위주로 인수 희망 기업 가운데 복수 기업을 선발하고, 제2차 입찰 때에 고용계획이나 투자계획 등 좀더 구체적인 인수 조건을 고려하여 최종 인수자를 선정하는 방법이다(백평선, 2001: 30).

경매(auction)는 경쟁자가 제시하는 가격을 알 수 있어 가격 경쟁을 유발할 수 있으며, 최고가에 매도하기 때문에 고가에 매각할 수 있는 장점이 있다. 특히 경쟁자가 제시하는 가격을 알고 있으므로 공평한 가격으로 매각할 수 있다.

(3) 공매 방법

봉합된 입찰가격을 써 내도록 하여 일정 시기에 함께 개봉하여 최고 가격을 제시한 사람에게 매각하는 방법이다(백평선, 2001: 30). 공매(tender)는 반드시 문서에 의하여 의사표시를 하도록 되어 있어 경쟁자의 제시 가격을 알 수 없고, 비밀이 보장된다는 점에서 경매 방법과 차이가 있다.

공매 방법은 공기업의 매각 체결에 있어 공정성을 보장할 수 있는데, 공매과정에 특정인만을 참여하는 방법은 지명경쟁입찰과, 공고에 의해 많은 사람들이 자유롭게 참여토록 하는 방법은 일반경쟁입찰이 존재한다. 지명경쟁입찰은 자격요건을 갖춘 경우로 한정되는 경향이 있으며, 일반경쟁입찰은 모든 사람에게 기회를 균등하게 부여하기 위한 것이다.

(4) 수의계약 방법

매각할 때 경매(競賣)・입찰(入札) 등의 방법에 의하지 않고, 적당한 상대방을 임의로 선택하여 맺는 계약 방법이다. 수의계약(negotiated sales)은 경쟁계약이 바람직하지 않다고 판단될 때 활용되는데, 경매 및 입찰이 유찰되거나, 특정 기업과의 계약이 필요한 경우에 사용된다(백평선, 2001: 30-31). 수의계약은 공정한 경쟁계약 방법이 아니라 특수한 계약 방법이므로, 선택된 특정 기업에 대한 특혜 시비와 과정의 공평성 문제가 발생할 수 있다.

(5) 주식 공모 방법

공기업이 지분을 매각함에 있어 주식을 증권시장에 상장시켜 매각하는 방법이다. 주식 공모(stock sales)는 특정인에게 한정하기보다는 다양한 이해관계자로부터 주식

을 매입토록 하여 주주 층을 확대하려는 방법이다. 주식 공모는 공기업이 직접 주주를 모집하는 경우와 증권회사로 하여금 주식을 공모하는 방법이 있는데, 보통 후자가 보편적이라 할 수 있다.

(6) 전환사채 방법

유예기간이 지난 다음에 주식시장에 주식으로 전환시켜 매각할 수 있는 방법이다(백평선, 2001: 31). 전환사채는 확정이자를 받는 사채로서의 안정성과 주식의 수익성을 동시에 갖고 있는 주식과 사채의 중간 형태를 취하며, 전환권을 행사하면 사채로서의 기능은 소멸된다. 전환사채는 자금조달을 쉽게 할 수 있는 특수 사채의 일종이며, 주식으로 전환되면 자본금으로 편입된다.

(7) 구매권 증여(voucher or coupon privatization) 방법

기업 소유권을 구매할 수 있는 증서를 모든 국민에게 부여하는 방법이다(백평선, 2001: 31). 바우처 민영화라고도 불리는데, 사회주의 국영기업의 민영화에 활용되었다.[25] 바우처 민영화는 전체 국민들에게 가능한 한 균등하게 국가소유 재산권을 분배하기 위한 방안으로, 실질적 주인인 국민에게 소유권을 돌려주기 위한 이념적 배경이 전제되어 있다.

사유주의 국영기업의 지분을 매입할 수 있는 권리증서인 바우처를 무상 또는 명목적인 가격으로 배분하고, 이를 소지한 국민들은 경매를 통해 국영기업의 지분 매입에 응모할 수 있다. 자본시장 미발달에 따른 문제 해결, 민영화 과정에서부터 시장경제 질서가 작동하도록 하는 민영화 과정의 민영화 등의 장점이 있으나, 주식시장을 전제로 한 개념이고, 국가의 세입원이 되지 못했다는 점에서 한계를 지니고 있다(양종삼, 1999: 44-45).

(8) 형식상 민자화(commercialization) 방법

공기업을 매각하기 위한 법적인 절차로 우선 공사 형태나 주식회사 형태로 전환

---

25) 1990년대 러시아 정부는 전 국민에 액면가 1조 4천억 루블 이상의 공기업 민영화 바우처를 주었는데, 한 장당 액면가가 1만 루블인데 몇 백 루블만 주면 살 수 있어서 인기였다. 그 이유가 1989년 환율이 1달러당 1루블이라 러시아 국민은 심리적으로 몇 백 달러로 1만 달러의 자산을 얻었단 심리를 가졌다. 러시아는 1억 4천 8백만 명의 국민에게 한 장씩 배분된 민영화증서(바우처=주식상환권) 중 1억 4천 4백만 장에 대해 상환을 완료하였는데, 산업 잠재력의 70%를 차지하는 10만 개 이상의 국영기업이 주식회사로 전환되었다(매일경제, 1994.7.6).

시키는 방법이다(백평선, 2001: 32). 과도기적 조치로 공기업을 완전히 민간에 매각한 것이 아니라 공사나 주식회사 형태로 전환하는 방법이다.

공기업의 경영구조개선 및 민영화에 관한 법률 제1조에서는 "국민경제에 중요한 영향을 미치는 공기업에 대하여 전문경영인에 의한 책임경영체제를 도입하여 경영의 효율성을 향상시키며 조속한 민영화를 추진하는 한편, 이를 추진함에 있어 경제력 집중을 방지할 수 있도록 함으로써 건전한 기업문화의 창달과 국민경제의 균형 있는 발전에 이바지함을 목적으로 한다"라고 규정하고 있다. 또한 제2조에서는 적용대상 기업으로 ① 한국담배인삼공사법폐지법률에 의하여 상법에 의한 주식회사로 전환된 한국담배인삼공사, ② 한국전기통신공사법폐지법률에 의하여 상법에 의한 주식회사로 전환된 한국전기통신공사, ③ 한국가스공사법에 의하여 설립된 한국가스공사, ④ 한국중공업주식회사, ⑤ 인천국제공항공사법에 의하여 설립된 인천국제공항공사, ⑥ 한국공항공사법에 의하여 설립된 한국공항공사를 규정하고 있다.

(9) 자발적 민자화(spontaneous privatization) 방법

기업체 자체에서 민자화할 것인지의 여부를 발의하여 정부의 승인을 받아 시행하는 방법으로 헝가리와 폴란드에서 시행되었다(백평선, 2001: 32). 민영화의 방법이 위로부터 결정되기보다는 밑으로부터 추진되는 과정으로 민영화에 따른 노조 등의 반발을 완화할 수 있는 방법이다.

(10) 반환(restitution) 방법

옛 소유자에게 소유권을 돌려주는 방법이다(백평선, 2001: 32). 공기업은 정부가 주도적으로 설립한 경우도 있지만, 민간기업의 지분을 정부가 매입하는 경우도 있으며, 역사적 상황에 의해 정부가 기업을 떠안은 경우도 있다.

(11) 청산 방법

기업을 해체하여 시설, 기자재 등을 분사 매각시키는 방법이다(백평선, 2001: 32). 공기업의 민영화는 공기업으로 운영되던 사업을 민간으로 하여금 운영토록 하는 것인데 비해, 청산(liquidation)은 공기업을 완전 해체하여 사업을 폐지하는 것을 의미한다. 사업목적이 달성된 경우 기업으로 존재할 이유가 없다.

3) 매각대금 납입방법에 따른 분류

매각대금 납입방법은 ① 현금을 받고 매각하는 현찰 매각(cash sales), ② 외상 매각하고 매각 금액을 분할하여 장기간에 걸쳐 납부토록 하는 할부제 매각(monthly payment sales), ③ 현찰 매각 시 자본시장 부담이 크기 때문에 장부상으로만 융자해 주어 현찰 납입한 것으로 간주하고, 원금을 상환할 때까지 이자만 받고 매각하는 융자 매각(credit sales) 방법이 있다(백평선, 2001: 30).

4) 매각 단계에 따른 분류

매각 단계에 따른 민영화 방법은 일회(一回) 민영화와 단계 민영화로 구분할 수 있다. 일회 민영화는 한 번에 모든 지분을 매각하는 민영화 방법으로 신속하게 소유권을 이전할 수 있는 방법이다. 반면에 단계 민영화는 단계별로 지분을 나누어서 민영화하는 방법이다. 일회 민영화는 한 번에 모든 지분을 매각하기 때문에 거대 공기업을 민영화할 경우 자본시장의 경색이 올 수 있다.

단계 민영화의 장점은 첫째, 가격불확실성을 극복할 수 있으며, 부분적인 주식매각으로 시장반응을 보고 계속 매각가격을 조정할 수 있다. 둘째, 자본시장의 불황을 타개하기 위한 정책의 일환으로 단계별 민영화를 통해 자본시장을 활성화할 수 있다. 셋째, 공기업에 대한 경영개선을 도모하고, 공기업의 실질적 가치를 높인 다음에 민영화하여 민영화의 효과를 극대화할 수 있다.

3 한국의 공기업 민영화 사례

1) 역대 정부의 민영화 정책

과거 공기업 민영화는 1968년, 1980년, 1987년, 1993년, 1996년을 전후하여 5차에 걸쳐 시행된 바 있으나 계획에 비해 실적은 저조했다는 것이 일반적인 평가이다. 과거 정부에서 민영화 추진이 부진하였던 이유로는 흔히 협소한 국내증시여건, 경제력 집중문제, 이해당사자 및 해당 공기업의 반발 등이 거론되고 있다.

〈표 11-6〉 시기별 공기업 민영화 추진개요

	제1차('68년)	제2차('80년)	제3차('87년)	제4차('93년)	제5차('96년)	제6차('98년)
추진 체계	해당 주무 부처에서 추진	해당 주무부처에서 추진 (재무부)	경제기획원 *공기업민영화 추진위원회[1]	재정경제원[2] *공기업민영화 추진위원회[1]	재정경제원 *공기업민영화 추진위원회[1]	기획예산처[3] *공기업민영화 추진위원회[4]
추진 실적	항공, 제조, 운수분야의 12개 기업	한일, 신탁, 제일, 조흥 4개 은행	한전, 포철 지분 일부	자회사 중심으로 22개 민영화, 5개 통・폐합	–	8개 기업 자회사 66개 민영화, 통・폐합
매각 방법	경쟁입찰 현물출자	지분분산	국민주	경쟁입찰 지분분산	–	다양화

1) 구성: 경제기획원 차관(위원장), 관계부처 1급 공무원, 민간전문가 등.
2) 경제기획원과 재무부가 재정경제원으로 통합(1995).
3) 기획예산위원회와 예산청이 기획예산처로 통합(1999.5).
4) 구성: 기획예산처 장관(위원장), 관계 부처 차관, 민간전문가 등.
자료: 기획예산처(2002). 『정부개혁백서』.

1961년에서 1983년 사이에 민영화된 공기업은 크게 두 가지 형태로 이루어졌다. 한국기계공업주식회사, 대한해운공사, 대한조선공사 등은 주식 매각과 시중은행에 대한 현물출자의 복합적 방법에 의해 민영화되었으며, 인천중공업주식회사, 대한항공공사, 대한광업제련공사 등은 정부 소유 주식을 한국산업은행 또는 시중은행에 현물 출자하였다가 은행들이 주식을 매각하는 방식으로 민영화를 추진하였다. 1980년대 실

〈표 11-7〉 1961~1983년 사이에 민영화된 공기업

연도	민영화된 공기업
1968	한국기계공업주식회사, 대한통운주식회사, 대한해운공사, 대한항공공사, 대한조폐공사, 인천중공업주식회사, 대한철광개발주식회사
1971	대한염업주식회사, 대한광업제련공사
1972	한국상업은행
1973	한국수산개발공사
1978	한국재보험공사
1981	대한준설공사, 대한석유공사, 한일은행
1982	제일은행, 서울신탁은행
1983	조흥은행

자료: 경제기획원(1988: 66-67). 『공기업백서』에서 재구성.

시된 4개 시중 은행 민영화는 일반 공개경쟁입찰 방식에 따른 주식매각 방식으로 추진되었으며, 대주주에 의한 금융 독점의 폐단을 배제하기 위하여 법인과 개인에 대해 각각 50%씩 나누어 매각하도록 하고, 1인당 매입 한도를 법인은 5%, 개인은 1인당 5천주 이내로 제한하였으며, 상장 후 소유 한도는 8% 이내로 한정하였다(경제기획원, 1988: 67).

1997년 IMF 외환위기와 신자유주의적 패러다임 하에서 집권한 김대중 정부는 공공부문의 비효율과 관료주의적 문제점을 주장하며 민영화를 추진하였다. 김대중 정부는 공기업 중에서 국정교과서, 종합기술금융, 대한송유관공사, 포항제철, 한국중공업,[26] 한국통신, 담배인삼공사 등 8개 기관을 민영화하였고, 적자경영으로 입찰이 계속 유찰된 한국종합화학을 청산하였다. 과거에는 민영화 방식으로 단순지분매각, 국민주 방식 등이 주로 채택되었으나 김대중 정부에서는 금융기법이 고도화된 현실을 반영하여 교환사채(EB)·신주인수권부사채(BW)·해외 DR 발행, 전략적 제휴 체결 등 여러 가지 매각방식이 채택되었다. 김대중 정부의 공기업 민영화 정책은 외환위기 극복과 국가 재정수입의 증대라는 차원에서 추진되었다.

김대중 정부는 공기업민영화추진위원회를 별도로 조직하여 공기업 민영화 정책을 추진하였으며, 경쟁 입찰, 증시 매각, 공모, 해외 매각 등의 방식으로 추진하였다. 특히 포항제철, 한국통신, 담배인삼공사는 소유 분산 방식을 통해 민영화를 추진하였다(〈표 11-8〉 참조).

김대중 정부를 계승한 참여정부(노무현 정부)는 작은 정부에 입각한 공기업 민영화보다는 좋은 정부에 입각한 공기업 혁신 정책을 추진하였다. 특히 참여정부는 기존의 공기업 관련 법률 체계를 공공기관 운영에 관한 법률로 통합 개편하였으며, 공공기관의 범주를 공기업, 준정부기관, 기타공공기관으로 분류하였으며, 기존에 논의되었던 공기업 민영화 방향을 신중하게 접근하고, 민영화보다는 공기업의 혁신을 강조하고 혁신평가를 도입하였다.

김대중 정부에서 한국통신 정부 지분을 매각하여 통신산업 완전 민영화를 도모하였고, 전력산업구조개편촉진에 관한 법률에 따라 발전 부문을 한국전력공사에서 분리

26) 한국중공업의 경우 1997년 매출액 3조 30억 원, 총자산 3조 4천억 원의 거대 공기업이었는데, IMF 외환위기 구조조정 국면이었던 2001년 두산중공업에 단 4,270억 원에 팔렸다[윤호중(2012). 『국정감사 정책자료집』].

후 매각 추진할 예정이었으나, 노무현 정부에서는 전력부문의 배전부문 분할 중단, 가스산업 분할 매각 중단, 철도의 공사와 공단 분할 이후 매각 중단 등을 통해 공기업의 민영화보다는 공기업 내적 혁신을 강화하였다.

〈표 11-8〉 1999~2002년까지의 민영화 성과

대상기업	당초 계획	추진 실적			
		매각방법	매각 수익	완료 시점	인수업체
국정교과서	3년 간 현행 가격·공급량 유지조건 매각	경쟁입찰(86.5%)	460억 원	1998.11	대한교과서
종합기술금융	정부지분, 자사주를 경쟁입찰 매각	증시매각(2.0%)	116억 원	1999.1	(주)미래와사람
대한 송유관공사	한국송유관(주)와 통합, 2000년 실수요자 매각	투자계약서에 의해 기존 주주 인수(36.8%)	1,669억 원	2000.11	기존 주주 (정유4사)
포항제철	정부 산은 지분(26.7%) 1인당 3% 한도로 내외국인 매각	해외 DR(18.5%, 3회) 자사주(8.2%, 3회)	2조 7,801억 원	2010.10	소유분산
한국중공업	지분매각, 완전민영화, 우리사주제 도입	공모(24%) 경쟁입찰(36%)	4,290억 원	2001.2	두산
한국통신	신주 10% 전략적 제휴 직상장 후 해외공모, 우리사주 등 국내 매각	해외매각(44.1%, 3회) 국내매각(29.5%, 2회)	12조 6,999억 원	2002.5	소유분산
담배 인삼공사	2000년까지 정부 및 은행지분 완전매각	해외(39.7%, 3회) 국내(41.9%, 3회)	3조 513억 원	2002.10	소유분산

자료: 한국조세연구원(2007.6). 『공기업 민영화 성과분석: 국민경제적 관점의 효과』.

이명박 정부에서는 기획재정부를 중심으로 공공기관 선진화 방안을 통해 공기업에 대한 민영화, 통합, 폐지, 기능조정, 경쟁도입, 효율화 등을 추진하였다. 특히 이명박 정부는 공공기관의 통·폐합 정책을 추진하였는데, 대한주택공사와 한국토지공사를 통합하여 한국토지주택공사를 설립하였으며, 한국환경자원공사와 환경관리공단을 한국환경공단으로 통합하였다. 또한 근로복지공단과 한국산재의료원을 근로복지공단으로 통합하였고, 국제과학기술협력재단, 한국과학재단, 한국학술진흥재단을 통합하여 한국연구재단을 설치하였다. 아울러 한국청소년수련원과 한국청소년진흥센터를 한국청소년활동진흥원으로 통합하였고, 한국인터넷진흥원의 기능을 통합 조정하였다.

〈표 11-9〉 이명박 정부의 공공기관 통·폐합 현황(2010.2.24)

부처	통합기관명	선진화 전 기관명	완료일
국토부	코레일테크	코레일트랙 + 코레일엔지니어링 + 코레일전기	'09.1월
	코레일네트웍스	코레일개발(주) + 코레일네트웍스(주)	
환경부	한국환경산업기술원	친환경상품진흥원 + 한국환경기술진흥원	'09.4월
문화부	한국콘텐츠진흥원	문화콘텐츠진흥원 + 방송영상산업진흥원 + 게임산업진흥원 (+ 소프트웨어진흥원 디지털사업단 + 문화콘텐츠센터)	'09.5월
지식경제부	에너지기술평가원	에너지자원기술기획평가원 (+ 에너지관리공단 + 한전 + 생산기술연구원)	
	산업기술진흥원	기술거래소 + 부품소재산업진흥원 + 산업기술재단 + 산업기술평가원 + 정보통신연구진흥원(R&D) (+ 디자인진흥원 + 생산기술연구원)	
	산업기술평가관리원		
행안부	한국정보화진흥원	한국정보사회진흥원 + 한국정보문화진흥원	
교과부	한국연구재단	국제과학기술협력재단 + 한국과학재단 + 한국학술진흥재단	'09.6월
방통위	한국인터넷진흥원	정보통신국제협력진흥원 + 인터넷진흥원 + 정보보호진흥원	'09.7월
문화부	한국저작권위원회	저작권위원회 + 컴퓨터프로그램보호위원회	
지식경제부	정보통신산업진흥원	소프트웨어진흥원 + 전자거래진흥원(+ 정보통신연구진흥원)	'09.8월
국토부	한국토지주택공사	대한주택공사 + 한국토지공사	'09.10월
환경부	한국환경공단	한국환경자원공사 + 환경관리공단	'09.12월
노동부	근로복지공단	근로복지공단 + 한국산재의료원	'10.4월
여가부	한국청소년활동진흥원	한국청소년수련원 + 한국청소년진흥센터	'10.8월

자료: 기획재정부 보도자료(2010.2.24).

박근혜 정부에서는 공기업의 정상화를 주창하였는데, 주로 방만경영 개선(기타공공기관 평가 강화, 비리 임직원 퇴직금 제한 등) 및 부채관리 강화(구분회계 제도 도입, 기채 승인 강화, 경영성과협약제)에 역점을 두었다. 또한 공기업을 민영화하기보다는 공기업의 기능조정에 역점을 두어 유사 및 중복기관에 대한 통·폐합을 도모하였으며, 알리오 검색기능 강화로 부실 공시 점검 및 조사를 강화하여 국민의 알 권리 신장을 위해 노력하였다.

문재인 정부는 '사회적 가치 실현을 선도하는 공공기관'을 국정과제로 추진하였는데, 공공기관의 민영화보다는 소득주도 성장에 따른 공공기관의 일자리 창출과 사회적 가치 구현(경영평가 강화)에 초점을 맞추었으며, 사회혁신과 관련된 규정을 공공기관에도 적용함으로써 공기업의 민영화에 대한 논의는 부각되지 않았다. 특히 공공

〈표 11-10〉 박근혜 정부의 공공기관 개혁방향

과제 유형	주요 과제
정보공개 확대	① 알리오 검색기능 강화, ② 부실공시 점검 및 조사 강화
부채관리 강화	① 부채감축 가이드라인 마련, ② 구분회계 제도 도입 · 확대 ③ 기채승인 강화, ④ 자산매각 방안 마련, ⑤ 경영성과협약제 ⑥ 예타사업 투자심의회 운영, ⑦ 사후평가 제도 도입
방만경영 개선	① 방만경영 정상화 가이드라인 마련, ② 경영성과협약제 ③ 강소형기관 평가, ④ 비리 임직원 퇴직금 제한 ⑤ 기타공공기관 평가, ⑥ 기능점검
추진체계	① 정상화 협의회 구성, ② 기관장 워크숍 개최

자료: 기획재정부(2013.12.31). 『공공기관 정상화 대책 실행계획』.

기관 비정규직 종사자의 정규직화에 노력하였으며, 공기업의 윤리, 인권, 지역상생, 재난안전 등 사회적 가치 구현을 중시하였다. 공공부문 혁신을 위해 재정의 지속가능성 및 효율성 제고, 국민밀착형 국고 혁신 추진과 함께, 생산성, 재무 건전성에 기반을 둔 공공기관 운영 효율화를 추진하였다.

윤석열 정부는 공공기관 혁신을 통해 질 높은 대국민 서비스를 제공하는 것을 목표로 공공기관 효율화, 재무 건전성 확보, 민간 혁신 · 성장 지원, 자율 · 책임 · 역량 강화를 공기업 혁신의 주된 과제로 제시하였다. 공공기관 효율화는 공공기관 스스로 인력 효율화, 출자회사 정리 등 추진 시 인센티브를 부여하여 자율혁신을 유도하는 과제이며, 재무 건전성 확보는 재무위험이 높은 기관에 대한 집중관리제 도입 등을 통해 기관별 건전화 계획 수립 및 출자 · 출연 · 자금관리를 강화하는 과제이다. 또한 민간혁신 · 성장 지원은 공공기관 통합기술마켓 고도화, 공공기관의 해외진출을 지원하는 온 · 오프라인 해외협력 지원플랫폼 구축 등을 추진하는 과제이며, 자율 · 책임 · 역량 강화는 공공기관 직무중심 보수, 인사, 조직관리 확산, 공공기관 자체 ESG 역량 강화 및 민간 협력업체 ESG경영지원을 도모하는 과제이다.

2) 한국담배인삼공사

한국담배인삼공사는 1883년 조선 후기 국영 연초제조소 순화국 설립과 1899년 대한제국(고종 36년) 궁내부 내장원 삼정과 설치에서 시작되었다. 1952년 4월에는 전매청으로 개편하여 정부기업형태로 운영되었으며, 1987년에는 한국전매공사로 개편하여 간접경영형태로 전환하였다. 1988년 담배시장이 개방됨에 따라 1989년에는 사명을 한국담배인삼공사로 전환하였으며, 1997년 공기업 경영구조개선 및 민영화에 관한 법률에 따라 상법상의 주식회사로 전환하였다.

〈표 11-11〉 한국담배인삼공사의 연혁

시기	연혁
1883년	조선 후기 국영 연초제조소 순화국 설립
1899년 8월	대한제국(고종 36년) 궁내부 내장원 삼정과 설치
1952년 4월	전매청으로 개편
1978년 8월	정부 출자은행 보유지분 국내 매각 완료
1987년 4월	한국전매공사 창립
1988년 7월	담배시장 개방
1989년 4월	한국담배인삼공사 창립
1997년 10월	'공기업의 경영구조 개선 및 민영화에 관한 법률'에 의해 상법상 주식회사로 전환
1999년 1월	홍삼사업 분리, 자회사 한국인삼공사 출범
1999년 10월	한국증권거래소 상장
2001년 10월	해외증권(GDR, EB) 발행 및 룩셈부르크 증권거래소 상장
2002년 6월	정부 출자은행 보유지분 국내 매각 완료
2002년 10월	민영화 대상 주식 물량 전량 매각(해외 DR 발행 및 자사주 취득)
2002년 12월	임시주주총회의 의결을 통해 한국담배인삼공사에서 주식회사 케이티앤지로 사명 변경(영문명 KT&G Corporation)

자료: http://www.ktng.com/history에서 재구성.

2023년 1월 1일 기준으로 한국담배인삼공사의 지분은 외국인 43.48%, 국내법인 및 개인 31.16%, 자사주 15.3%, 국민연금 7.08%, 우리사주 2.97%의 지분구조를 갖고 있다. 이사회가 경영감독 기능을 효과적으로 수행하고 독립적인 의사결정을 할 수 있도록 사외이사를 다수로 하는 이사회를 구성하여 운영하고 있는데, 사내이사 2명, 사외이사 6명으로 총 8명의 이사로 구성되어 있다(한국담배인삼공사 홈페이지 참조).

3) KT

1981년 12월 한국전기통신공사법 제정으로 설립된 한국전기통신공사는 2005년 5월 정부 주식을 전량 매각함으로써 완전 민영화되었다. 2023년 1월 기준으로 KT의 주주는 외국인(42.63%),[27] 국내 기관 및 개인(41.45%), 국민연금(10.12%), 자사주(1.94%),

우리사주조합(3.86%)로 구성되어 있다.

〈표 11-12〉 KT 민영화 과정

시기	주요 내용
1981.3	한국전기통신공사법 제정(3월), 한국전기통신공사 설립(12월)
1989.12	한국전기통신공사법 개정(민영화) 주식회사체제로 전환
1997.10	한국통신 정부출자기관으로 전환
1998.1	WTO 협정에 따른 한국 통신시장 개방
1998.12	한국통신 주식 증권거래소 상장
1999.5	한국통신 주식예탁증서(DR) 발행 및 해외 증시 상장
2001.6	2차 해외 DR 발행(5,500만 2,000주)
2002.3	정부 소유 KT 주식 국내 매각을 위한 우선협상 대상 주간사 선정
2005.5	정부 주식 전량 매각, KT 완전 민영화

자료: http://www.kt.com에서 재구성(2017.8.1).

외국인 주주가 전체 지분의 49%를 차지하고 있는 상황에서 높은 배당 성향은 투자비의 감소와 투기적 외국 자본에 유출되는 문제를 초래하였다.

〈표 11-13〉 KT 민영화 전후의 배당내역

(단위: 억 원, %)

구분	2001	2002	2003	2004	2005	2006	2007	2008	2009	2010	합계
당기순이익	10,872	19,638	8,301	12,555	9,983	12,334	9,576	4,498	5,165	11,719	104,641
배당성향(%)	20.6	10.8	50.8	50.4	63.8	33.4	42.5	50.3	94.2	50.0	40.6
배당총액	2,240	2,128	4,215	6,332	6,368	4,161	4,073	2,263	4,864	5,862	42,496
외국인배당	836	1,107	2,579	4,178	3,953	2,660	2,510	1,264	2,448	3,083	24,618

자료: 『2012년 윤호중 의원 국정감사 자료집』.

27) 전기통신사업법 제8조 외국 정부 또는 외국인의 주식소유를 49%로 제한하고 있다.

4 영국의 공기업 민영화 사례

1) 영국의 공기업 민영화 정책

영국 보수당 정부는 1979년부터 집권 13년 동안 거의 모든 국영산업 및 공공사업을 민영화였다. 영국 보수당 정부는 민영화에 대한 부정적 시각을 해소하고자 다음과 같은 조치를 취하였다(기획예산위원회 정부개혁실, 1998).

첫째, 민영화된 기업이 따라야 할 전제조건을 법에 규정하였다. 예를 들어, 원거리 또는 오지 주민에게도 최대한 서비스를 제공해야 할 의무(보편적 서비스)를 구체적으로 법제화하였다.

둘째, 경쟁도입으로 고객에게 선택권을 부여하고 가격 인하효과를 도모하고자 하였다. 예를 들면, 독점기업인 영국가스의 경우 생산과 공급을 분리하여 경쟁적 요소를 가미하고, 영국 철도의 경우는 지역별로 운영서비스 경쟁체제를 도입하였다. 또한 물가상승에 대한 우려는 공기업 산출물의 가격인상을 소비자물가지수에 연동시킴으로써 완화하였다.

셋째, 민영화된 기업에 대한 정부의 개입이 가능하도록 정부가 특별한 권한을 갖는 황금주(golden share)라는 특별 주식을 활용하였다. 황금주는 시장에서 거래를 목적으로 도입된 것이 아니라 의사결정에 관여하기 위한 제도였다.

넷째, 기존의 민간기업에 매각하기보다 대규모 국민주 발행을 통해 실직의 불안을 경험하고 있는 종업원, 공무원들에게 긍정적 기회를 제공하고 지지 기반을 확보하고자 하였다.

2) 영국의 철도 민영화 사례

영국 철도 민영화는 1987년 민영화에 대한 보수당 정부의 의견 표명 이후 1993년 12월 철도법 개정을 통해 1997년 3월에 완료되었다. 영국의 철도 민영화는 프랜차이즈 방식으로 추진되었는데, 운영과 인프라로 구분하여 분리되었다.

영국의 철도 민영화의 역사적 흐름은 크게 3단계 과정으로 구분할 수 있는데, 이를 구체적으로 살펴보면 다음과 같다(신기남, 2013).

〈표 11-14〉 영국 민영화 사례

대상기업	연도	특징 및 비고
영국석유(BP)	1979	최초의 민영화, 직접 매각
영국항공(BA)	1981	제조업체 자본의 51.6% 매각
전신전화국(Cable and Wireless)	1981	단계적 매각, 1983년에 추가 매각
방사능화학약품제조회사 (Amersham International)	1982	완전 매각
국립화물컨소시엄 (National Freight Consortium)	1982	기업관리자 및 근로자 대상 매각
영국항만연합(ABP)	1983	매각을 통한 재원조달로 설비투자
영국국영호텔(27개)	1983	철도회사(BR) 소속이었으나 각각 분리 매각
재규어(Jaguar)	1984	
씨링크(Sealink)	1984	
호버크래프트 페리 (Hovercraft Ferry)	1984	매각 당시는 손실 발생, 매입한 새 소유주들은 경영 정상화 후 재매각으로 수익 창출
영국통신(BT)	1984	대규모 매각(주식가치 40억 파운드 가량, 2천 4백만 명의 일반 국민이 매수 참여) 주식신용판매방식 도입 경쟁도입(Mercury) 후 민영화 조정위원회(OFTEL)을 두어 BT 독점권 방지
영국가스공사(BG)	1986	분리 매각이 아닌 전체 매각
버커스 조선소	1986	근로자, 지방은행, 지역주민 컨소시엄이 매수
운송수단생산업체(British Leyland)	'87~'89	순차적 분리 매각
롤스로이스	1987	Clawback 방식에 의한 매각
국립버스회사(National Bus Company)	1987	부문별 매각
영국공항청(British Airport Authority)	1987	점진적 매각, 서로 다른 매수자에게 서로 다른 가격으로 매각
국립전력공사(National Grid)	'90~'91	12개 지역전력공급회사로 분리 후 개별 매각

자료: 기획예산위원회 정부개혁실(1998.4).

첫째, 1단계는 민영화 초기 5년(1990~1994.3) 기간으로 영국 철도는 1980년대의 경제부흥에 의한 소득수준의 향상, 단기 계약에 따른 민영 철도사업자들의 수익 추구, 도로의 혼잡 등으로 인해 민영화 초기 5년 간 여객통행량은 26%, 화물통행량은 34%까지 증가하였다. 그러나 철도 투자의 지속적 확충이 뒷받침되지 못한 상황에서 여객과 화물수송량의 급속한 증가는 오히려 기반 시설의 과도한 부하로 인한 철도시스템 낙후의 원인으로 작용하였다. 이와 같은 상황을 해소하고자 1998년 7월 영국 정부(노동당 정권)는 공공교통의 확충, 도로에서 철도로의 수단 이동, 철도와 타 교통수단과의 통합을 강조하고, SRA(Strategic Rail Authority)를 설립하여 철도산업에서의 전략계획을 수립하였으며, SRA, 레일트랙, 열차운영회사, 기타 민간사업자 사이에서 민관합동체계를 통해 철도의 새로운 출발을 선도하였다.

〈표 11-15〉 영국철도 민영화

시기	주요 내용
1948.1.1	철도 국유화
1987년	보수당 전당대회에서 철도민영화 방침 공식 표명
1988~1992년	민영화 방법, 선로 사용료 등 실행방안에 관한 연구 시행
1992년 7월	철도 민영화 방안 최종 결정
1993년 12월	철도법(Railway Act)안 의회 통과
1994~1997년	프랜차이즈 방식에 의한 민영화 – 1994년 4월: BR 체제 전환(프랜차이즈 계약 시작 등) – 1996년 5월: Railtrack 주식 매각 – 1997년 3월: 프랜차이즈 계약 완료 – 운영: 25개 여객회사와 3개의 화물회사로 분할(프랜차이즈형 입찰운영) – 인프라: Railtrack(기반시설을 소유·관리하는 별도 회사)
1999년 이후	Hatfield 사고 발생(2000.10.17): 시설관리자의 관리 미숙으로 레일 파손(민영화로 인한 시설투자 미흡이 원인으로 알려지면서 이슈가 되었던 사고) – 1997년 9월: Southall 열차 충돌사고(7명 사망) – 1999년 6월: Winsford 열차 충돌사고(31명 부상) – 1999년 10월: Landbroke Grove(Paddington) 열차 충돌사고(31명 사망) – 2000년 10월: Hatfield 열차 탈선사고(4명 사망, 70명 부상) – 2001년 2월: Salby 열차 충돌사고(10명 사망, 80명 부상) – 2002년 5월: Potters Bar 열차 충돌사고(7명 사망, 70명 부상) Railtrack 파산 → 2002년 10월 Network Rail 설립(정부 비영리법인), SRA(전략철도청) 폐지, ORR(Office of Rail Regulator, 철도규제위원회) 설치 * ORR이 5년 주기로 Network Rail의 자금 사용과 효용성을 평가

자료: 영국철도안전조사국(2009) 및 신기남(2013)에서 재구성하였음.

둘째, 2단계는 Hatfield 사고 이전(1994.4~2000.9)으로 여객과 화물의 지속적 증가가 계속됨에 따라 네트워크 용량의 포화, 차량의 노후 등 열차운영의 질적인 하락이 갈수록 심화되었다. 특히 Landbroke Grove에서 열차사고가 발생함에 따라 1999년 6

월부터 운영된 철도전략청(SRA)은 철도에 대한 투자의 필요성을 적극 강조하였다.

셋째, 3단계는 Hatfield 사고 이후(2000.10~) 기간으로 2000년 10월 17일에 발생한 Hatfield역의 열차사고로 Railtrack에 의한 '선로유지보수와 안전성 확보'에 대한 근본적인 의구심이 증폭되었다. 이러한 상황 속에서 Railtrack이 파산함에 따라 2002년 10월 정부 비영리법인 Network Rail을 설립하고, SRA(전략철도청)를 폐지하고, ORR (Office of Rail Regulator, 철도규제위원회)을 설치하여 5년 주기로 Network Rail의 자금 사용과 효용성을 평가하도록 하였다.

영국 철도 민영화로 인해 정부재정 지원 중단 및 투자 감소로 대형 열차사고가 발생함에 따라 오히려 정부재정 부담이 증가하였으며, 민영화 이후 철도사고로 인한 산업재해 건수가 민영화 이전보다 높은 수준을 나타내었다. 또한 민영화 이후 철도요금이 대폭 상승[28]하였는데, 1995년을 100으로 볼 때 장거리 철도운송사업자의 운임은 2010년 207.1로 두 배 이상 상승하였다. 아울러 수익노선에 대한 경쟁적인 집중으로 지방정부 비수익노선의 서비스 악화를 초래하였고, 운행횟수 축소 및 정시성 악화, 소비자 불만이 증가하였다.

---

28) 1994년 민영화 이후 매년 요금이 인상되어 1995년을 100으로 볼 때 2010년 물가는 49.2% 인상된 반면에, 장거리 철도요금은 평균 107.1% 인상되어 물가 대비 두 배 이상 인상되었다. 또한 비규제 요금은 무려 120.5% 인상되었으며, 규제를 받는 요금도 49.6% 인상되어 물가상승률(49.2%)보다 더 높게 인상되었다. 영국 철도 요금은 다른 유럽 철도 선진국과 비교해도 가장 비싸다(신기남, 2013에서 수정 · 발췌).

PUBLIC ENTERPRISE

제 12 장

공기업의 지속가능발전과 ESG

제1절 공기업의 지속가능경영과 ESG

1 지속가능경영의 본질

1) 지속가능경영의 개념

지속가능발전 개념은 1987년 '환경과 개발에 관한 세계위원회(WCED)'가 지속가능한 발전을 정의하면서 본격적으로 대두하였는데, 현재 세대의 발전이 미래 세대의 필요를 제한하지 않는 범위 내에서 추진되어야 함을 강조하면서 지속가능한 발전을 개념 정의하였다. 특히 우리의 지속가능발전기본법 제2조[1]에서는 '지속가능성'을 현재 세대의 필요를 충족시키기 위하여 미래 세대가 사용할 경제 · 사회 · 환경 등의 자원을 낭비하거나 여건을 저하(低下)시키지 아니하고, 서로 조화와 균형을 이루는 것으로 규정하고 있으며, '지속가능발전'을 지속가능성에 기초하여 경제의 성장, 사회의 안정과 통합 및 환경의 보전이 균형을 이루는 발전을 의미하는 것으로 규정하고 있다. 즉, 경제, 사회, 환경 간의 균형적 발전이 지속가능발전으로 이해되고 있다.[2]

따라서 지속가능경영이란 경제적 수익성, 사회적 책임성, 환경적 건전성을 바탕으로 기업이 수행하는 모든 경영활동 과정의 지속가능한 발전을 추구하는 경영 패러다임을 의미하며(남상민, 2009), 주주뿐만 아니라 다양한 이해관계자의 이익을 반영하고, 환경과 사회적 책임을 다하면서 경제적 이익을 추구하는 기업만이 장기적으로 성장 가능하다는 개념이다(Epstein & Roy, 2003: 15). 따라서 지속가능경영은 3대 기반요소(triple bottom line), 즉 경제적, 사회적, 환경적 요소를 기반으로 하여 정의되는데, 기업이 경제적으로 성장 가능하고, 환경적으로 건전하며, 사회적 책임활동이 가능하도록 조화로운 노력을 하는 상황으로 정의될 수 있다(Elkington, 1999: 424; Dylick

---

1) 기후위기 대응을 위한 탄소중립 · 녹색성장 기본법 제3조에서도 탄소중립 사회로의 이행과 녹색성장의 기본원칙으로 "미래세대의 생존을 보장하기 위하여 현재 세대가 져야 할 책임이라는 세대 간 형평성의 원칙과 지속가능발전의 원칙에 입각한다"로 규정하고 있다.

2) 포쉐 외(Faucheux et al., 1996: 74)는 지속가능한 발전을 미래세대에 대한 환경을 중시하며, 세대 내, 세대 간 형평성과 생태학적 평형 상태의 보전이라는 관점에서 이해하고 있다.

& Hockerts, 2002). 또한 지속가능경영은 시계열적으로 단기적인 이익추구보다는 장기적 기업가치의 향상에 초점을 두고 있는데, 장기적으로 진행시킬 수 있는 능력을 포괄적으로 함축하고 있다(Wearing & Neil, 2012).

2) 민간부문의 지속가능경영

(1) 민간부문의 등장배경

세계화, 개방화의 흐름 속에서 기업을 사회적 틀 속에서 이해하려는 경향이 강해지고 있다. 단순히 내적 이익추구만이 아니라 사회적 관계 속에서 윤리적 기준과 의무를 다하고, 사회적 책임경영을 통해 기업의 지속가능성을 모색하고 있다. 즉, 오늘날 기업의 최대 관심은 수익성과 더불어 지속가능성장을 확보하는 것이다. 또한 기업의 경영활동에 있어 경제적 이윤추구만이 아니라 환경적 요소[3]를 고려하는 경향도 증가하고 있다. 즉, 기업이 지속가능성장 여부에 관심을 갖기 시작하면서 단순히 재무적 성과만이 아니라 윤리적, 사회적, 환경적 성과에 관심을 갖기 시작하였다.

유엔책임투자원칙(UN Principle for Responsible Investment: UNPRI)은 사회책임투자 취지에 공감하는 투자기관과 전문 컨설팅사들이 참여한 서명으로, 기존의 재무성과만으로 기업가치를 판단하여 투자했던 것과는 달리 경제, 환경, 사회문제 등에 대한 기업의 대비책까지도 중요한 투자 기준으로 삼는다. 유엔책임투자원칙에 따르면 투자 시 경제적, 환경적, 사회적 요인을 고려하는 것이 충실한 투자이며, 이와 같은 투자가 확대될 경우 사회 공익적인 효과까지 발생시킬 수 있다고 주장한다(민재형 · 하승인 · 김범석, 2015: 715).

경제적 가치를 중시하는 민간기업은 사회적 틀 내에서 기업의 존재 이유를 이해하면서 사회적 · 환경적 가치를 강화하면 경제적 가치를 더욱 증대시킬 수 있다는 관점에서 지속가능경영의 개념이 부각되고 있다. 민간기업은 목적 자체가 경제적 가치이고, 수단적 의미에서의 사회적 · 환경적 가치의 의미가 부각된다는 점에서 공기업의 지속가능경영과 분명한 차이가 존재한다.

---

3) 예를 들어, BMW의 경우 사용한 부품 및 소재가 자동차 폐차 후에도 재활용이 되도록 '해체하기 쉬운 디자인(design for disassembly)'이라는 원칙을 세워 폐차의 재활용률을 93%까지 향상시켰다(정태수 · 김경란 · 김근영, 2012).

(2) 지속가능경영과 기업 성장 간의 관계

지속가능경영과 기업가치 향상과의 관계에 대해서는 많은 연구들이 진행되고 있는데, 연구 및 실증분석의 결과를 요약하면 다음과 같다.

첫째, 지속가능경영 도입 기업과 미도입 기업을 대상으로 지속가능경영 도입 여부가 단기 수익성, 단기 성장성, 장기 기업가치에 미치는 영향을 분석한 결과, 지속가능경영은 단기 수익성(자기자본이익률, 총자산이익률), 단기 성장성(총자산증가율), 장기 기업가치(Tobin's q)에 정(+)의 영향을 주는 것으로 분석되었다(김강, 2012: 95-118). 즉, 지속가능경영 도입 기업은 단기적 재무성과[4]만이 아니라 장기적 재무성과에도 긍정적인 영향을 미치는 것으로 분석되었다.

[그림 12-1] 지속가능경영의 통합적 이론 모형

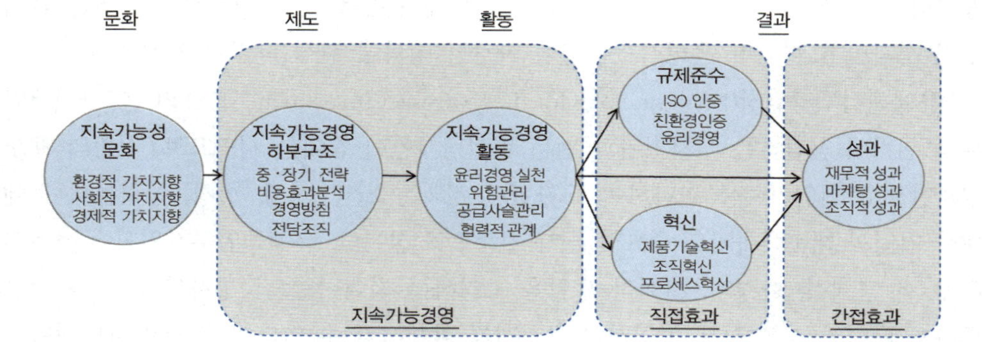

자료: 민순홍 · 박세범 · 김동희 · 유정아(2012: 47).

둘째, 사회공헌활동과 지속가능성보고서를 발간하는 기업은 사회공헌활동만 하는 기업에 비해 재무성과가 우수한 것으로 분석되었으며, 사회공헌활동만 하는 기업은 사회공헌활동도 하지 않고 지속가능보고서를 발간하지 않는 기업에 비해 재무성과가 우수한 것으로 분석되었다(민재형 · 하승인 · 김범석, 2015: 713735). 즉, 지속가능한 경영을 위해서는 사회공헌활동을 지속적으로 추진하고, 경제적, 사회적, 환경적 요소를

4) 지속가능경영활동이 단기 성과에 긍정적인 영향을 준 연구로는 임종옥(2016), 오근혜 · 강승모(2014), 천미림 · 김창수(2011) 등을 예시할 수 있다. 특히 지속가능경영 우수 기업으로 선정된 회사의 주가 상승률이 같은 기간 코스피 수익률보다 높았다(매일경제, 2013.2.18).

통합적으로 고려하는 것이 중요하다.

셋째, 지속가능경영활동과 혁신성과의 관계를 분석한 연구 결과에 의하면 기업들이 추구하는 궁극적 목표인 생존, 성장, 이익 등을 위해 사회적 활동, 경제적 활동, 환경적 활동을 수행해 나간다면 조직 내에서는 자연스럽게 혁신이 나타나고, 혁신 능력이 향상된다는 것이다(윤재창 · 이욱기 · 김동혁, 2015: 115-125). 특히 기업의 사회적 책임을 통한 지속가능한 경영은 장기적으로 기업 이미지 개선을 통해 소비자의 충성도를 확보하고, 유능한 인재영입과 이직률 저하로 생산성 향상에 기여한다는 점이다(Till & Nowark, 2000; Sen & Bhattacharya, 2001; Becker-Olsen & Hill, 2006). 또한 혁신성과 사회적 책임성에 따른 지속가능경영은 네 가지 유형으로 구분할 수 있는데, 지속가능형 기업이 여타 유형의 기업 형태에 비해 기업 신뢰도와 소비자의 구매의도에 통계적으로 유의한 높은 수준을 나타낸 반면, 사업중심형 기업은 낮은 수준이었다(권영철, 2014: 1-15).

〈표 12-1〉 혁신성과 사회적 책임성에 따른 기업유형화

		혁신성	
		저	고
사회적 책임성	저	사업중심형 기업 (pet project)	혁신형 기업 (propaganda)
	고	자선형 기업 (philanthropy)	지속가능형 기업 (partnering)

자료: Keys, T., T. W. Mainght & Kees van der Graaf(2009). Marketing the Most of Corporate Social Responsibility. *Mckinsey Quarterly*. December. 권영철(2014: 2-3)의 내용을 수정.

넷째, 기업의 성과와 지속가능보고서[5] 공시 간의 관계를 분석한 연구 결과에 의하면 재무적 성과가 높은 기업일수록 그렇지 않은 기업보다 지속가능보고서 공시에 적극적이며(안미강 · 고대영, 2014: 230-251), 자발적 공시 기업일수록 이익 지속성이 큰 것으로 분석되었다(김숙연 · 이상철, 2016: 165-184).

5) 기업들은 정보비대칭 상황에서 경제, 환경, 사회적 부문에 우수한 기업은 빈약한 기업들이 쉽게 모방할 수 없는 공시나 지속가능경영보고서를 발간하여 자신들의 고품질을 시장에 알릴 수 있다. 즉, 기업들은 우수한 품질을 차별화하고 역선택 문제를 회피하기 위하여 지속가능경영보고서를 발간하며, 지속가능경영보고서의 발간은 기업의 우수한 품질로 인식되어 기업가치가 높게 평가될 수 있는 것이다(김용현 · 장승욱 · 강지은, 2014).

다섯째, 지속가능경영보고서[6]를 발간하면 정보 불균형을 감소시켜 자기자본비용을 낮추며, 자발적으로 지속가능경영보고서를 공시하면 주가가 상승한다는 연구 결과가 존재한다. 즉, 기업이 자발적으로 지속가능경영보고서를 발간하는 것은 장기적인 관점에서 기업가치에 영향을 주기 위한 적극적 대응 전략이며, 지속가능성에 관심을 갖는 기업은 경제적 활동 이외에 사회적·환경적 활동을 강화하므로 정치적·환경적 소요 비용을 감소시키게 되며, 종업원의 사기 진작으로 생산성, 수익성 등의 이익이 확보될 수 있다(Rodriguez et al., 2006; Clarkson et al., 2013).

3) 공기업의 지속가능경영

(1) 민간기업과 차원이 다른 공기업의 등장배경

공기업의 지속가능경영은 본질적으로 경제적 가치 극대화를 위해 설립된 조직이 아니므로 민간기업의 관점과 다르게 접근되어야 한다. 공기업은 공공적 가치를 우선시하는데, 민간기업과 달리 사회적·환경적 가치를 우선적으로 고려하는 조직체이며, 이를 수단적 의미인 경제적 가치 구현을 통해 실현한다. 즉, 공기업은 태생적으로 사회적 관계 내에서 목적으로서의 사회적 공공가치와 환경 가치를 추구하고, 수단적 의미에서 경제적 가치를 고려한다는 점에서 민간기업과 분명한 차이가 존재한다.

본질적이고 태생적인 관점에서 공공적 가치를 우선시하는 공기업임에도 불구하고, 지속가능경영이 강조되는 이유는 목적 가치로서의 공공가치를 근간으로 하였으나, 제대로 구현되었는지에 대한 반성에서 출발되었다. 즉, 그동안 공기업은 사회적·환경적 가치를 지속가능한 관점에서 제대로 관리하지 못한 측면이 있고, 경영관리의 효율성 제고로 인해 등한시 되었다는 점을 반성하면서 부각되고 있다. 따라서 공기업의 지속가능경영 개념은 민간기업과 차원이 다르며, 접근방법도 상이하다는 점을 인식할 필요가 있다.

---

6) 지속가능(경영)보고서 검증에 사용되는 대표적 기준으로는 국제회계사연맹(International Federation of Accounts: IFAC)의 국제감사·검증기준위원회(International Auditing and Assurance Standards Board: IAASB)에서 제정한 기준(ISAE3000), 영국의 컨설팅업체인 어카운트어빌리티(AccountAbility)가 2008년 ISAE3000에 기준을 추가해 정합성을 확보한 기준(AA1000AS), 산업통상자원부가 대한상의 및 산업정책연구원과 공동으로 GRI 가이드라인을 국내 기업 환경의 특수성을 반영하여 노사관계, 협력업체, 지역사회 이슈 등에 대해 추가 및 보완하여 개발한 기준(지속가능보고가이드라인: BSR), 노르웨이 비영리재단인 DNV(Det Norske Veritas) 인증원의 기준(VeriSustainTM) 등이 있다(민재형·하승인·김범석, 2015: 719).

공기업도 세계사적 패러다임의 변화에 대응해야 하는데, 사회의 틀 내에서 책임의식을 갖고 사회적 가치를 구현함으로써, 공기업으로서의 지속가능 여부를 판단해야 한다. 공기업은 민간부문과는 달리 수익성에 대한 가치 추구가 우선시되지는 않지만, 공적 기반을 바탕으로 한 사회적 가치의 구현은 공공기관의 설립 목적과도 부응하는 것이며, 공기업의 경영생산관계의 기초로서 뿐 아니라 지속가능 여부를 판단하는 중요한 경영요소이다. 즉, 공기업은 사적 대리인이 아니라 사회적 대리인으로서 사회적 가치 구현에 충실해야 하는데, 이는 선택이 아니라 필수 경영요소다. 특히 공기업 중에서도 환경적 요소가 기업적 활동과 밀접한 연관성을 지니고 있는 경우가 많다. 전력, 에너지, 사회기반시설, 환경관리와 관련된 공기업은 환경적 요소를 중요한 경영요소로 설정해야 한다.

지속가능경영(sustainability management)은 단순한 이익추구적 개념에서 벗어나 사회적, 경제적, 환경적 조건을 고려하여 기업의 지속가능 여부를 장기적 관점에서 이해하는 경영활동이라 할 수 있다. 따라서 공기업의 지속가능경영이란 공기업의 경영활동에 영향을 미치는 사회적, 경제적, 환경적 요소를 고려하여 공기업의 장기적 가치를 추구하는 통합적 개념이라 할 수 있다.

(2) 공기업의 지속가능경영보고서

지속가능보고서의 국제적 표준으로는 GRI(Global Reporting Initiative)가 있는데, GRI는 1997년 유엔환경계획(UNEP)의 지원으로 설립된 비영리단체이다. 공기업의 사회공헌활동에 대한 성과를 객관적으로 측정하기 어려운 상황에서 GRI 기준에 따라 작성된 지속가능경영보고서는 기업의 지속가능경영을 위한 노력을 판단할 수 있는 중요한 자료이다.[7]

지속가능경영을 위해 공공기관의 경우 UN Global Compact(UN GC)[8] 서명 의무에

7) GRI는 국제지속가능기준위원회(Global Sustainability Standards Board: GSSB)에 의해 제정되었는데, 세부적인 기준과 원칙은 www.globalreporting.org/standards에서 다운받을 수 있다.

8) 2000년 7월 UN이 발족한 세계 최대 규모의 지속가능성 관련 자발적 이니셔티브로서 인권, 노동규칙, 환경, 반부패 4개 영역의 10대 준수 확대를 골자로 한다. UN GC 운영원칙상 가입일로부터 2년 안에 최초 CoP를 제출해야 하며, 제출하지 않을 경우 불소통(non-communication)으로 분류된다. 첫 CoP 제출 이후, 직전 CoP 제출로부터 1년 내마다 CoP를 제출해야 하는데, 이를 지키지 않을 경우에도 역시 불소통으로 분류된다. 불소통 부여 후 1년 내로 제출하지 않을 경우 제명(expelled)된다(안상아, 2013: 771).

[그림 12-2] GRI의 지속가능경영보고서 표준 공시안

- GRI 101: 기초적 사항(보고서 작성원칙)
- GRI 102: 조직정보(프로필, 전략, 윤리, 거버넌스, 이해관계자 등)
- GRI 103: 관리사항(전략, 조직몰입, 목표, 책임, 자원, 고충처리, 기업 프로젝트 관련 활동 내역)
- GRI 200: 경제적 사항(경제성과, 시장성, 간접경제효과, 조달, 반부패, 경쟁 행위)
- GRI 300: 환경적 사항(자원, 에너지, 용수, 생물다양성, 배출, 폐수 및 폐기물, 규정준수, 공급자 환경평가)
- GRI 400: 사회적 사항(고용, 노사관계, 산업안전보건, 교육훈련, 다양성 및 기회평등, 비차별, 결사 및 교섭단체의 자유, 아동노동, 강제노동, 안전, 내부직원 권리, 인권평가, 지역사회, 공급자 관계, 공공정책, 소비자 보건 및 안전, 마케팅, 소비자 개인정보, 사회경제적 기준 준수)

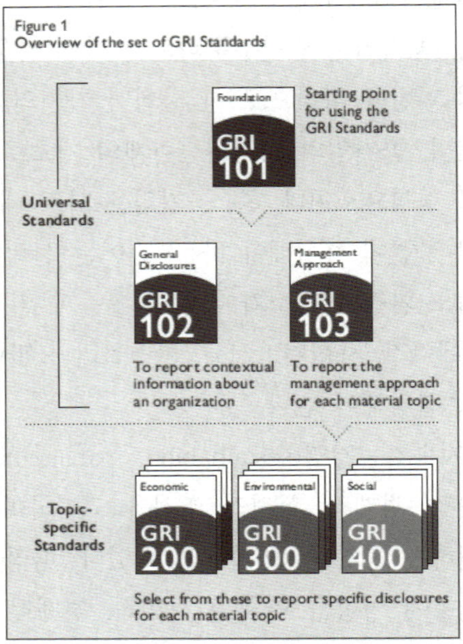

자료: www.globalreporting.org/standards

따른 UN GC(Communication on Progress: CoP) 이행보고서, 지속가능경영보고서, 사회책임경영보고서, 사회공헌활동보고서를 발간하고 있다. UN GC 서명기관은 연 1회 CoP를 제출하여야 하는데, 필수적으로 포함시켜야 할 간단한 분량의 Basic CoP Template만 충족하면 되기 때문에 CoP 보고서를 제목 자체로 하여 발간하는 경우도 있고, 지속가능경영보고서와 같은 다른 양식을 통해 대체하는 경우도 있다. 대다수의 공공기관이 지속가능경영보고서를 통해 CoP를 대체하고 있다(안상아, 2013: 771). 공기업이 지속가능경영보고서를 작성하여 공시하는 것은 다음과 같은 이점이 있다.

첫째, 공기업이 지속가능경영보고서를 작성한다는 의미는 단순히 기업의 지속가능한 수준을 보여주는 것이 아니라 사회적, 경제적, 환경적 역할에 대한 통합적 노력과 열정을 대내·외적으로 표시하는 것이라 할 수 있다.

둘째, 사회경제 및 환경에 대한 통합적 고려를 공기업의 경영가치체계, 성과관리, 감사체계 등에 접목시킴으로써 지속가능한 발전을 모색할 수 있다.

셋째, 제3자 검증을 통한 지속가능경영보고서를 발간함으로써 공기업의 다양한 이해관계자에 대한 올바른 경영정보를 제공할 수 있으며, 공기업에 대한 정보 이용자들이 (비)재무정보뿐만 아니라 사회적 · 환경적 책임과 관련한 다양한 정보를 이용할 수 있는 이점이 있다.

넷째, 공기업의 지속가능경영보고서는 소유주체로서의 국민들에게 공기업의 사회적 · 환경적 책임을 확인하게 해 주는 방안 중의 하나이며, 사회문제를 함께 인식하고 해결하는 동반자로서의 관계를 형성하게 해 줄 수 있다.

다섯째, 공기업의 지속가능경영보고서 발간은 복대리인적 관계에 있는 공기업의 정보비대칭성을 감소시켜 주는 효과가 있으며, 공기업의 지속가능한 발전 모습을 제시하므로 사회경제적 불확실성을 제거할 수 있는 이점이 있다.

2 공기업의 ESG경영

1) ESG경영의 본질

(1) ESG경영의 개념

ESG란 환경(Environmental), 사회(Social), 거버넌스(Governance)의 영문 첫글자를 조합한 단어로서 세 가지의 개념을 통합적으로 고려하여 기업의 가치를 제고하는 것을 의미한다.[9] ESG의 개념은 지속가능경영 차원에서 제기되었던 가치요소를 통합적으로 이해하는 차원에서 등장하였다. 즉, 재무적 가치에 영향을 미칠 수 있는 중요한 비재무적 요인을 통합적으로 고려하려는 개념이다.

기후변화, 탄소중립, 환경오염 및 규제, 생태계 보전 및 생물다양성 등과 같은 환경적 요소들이 기업의 경영환경에 미치는 영향이 증대하였고, 인권 · 윤리, 개인정보보호, 지역사회 관계 속에서 기업도 시민사회의 일원으로 인식되고 사회적 책임활동을 강화해야 할 필요성이 증대되었다. 또한 기업의 지배구조 측면에서도 다양한 이해관계자가 참여할 수 있는 의사결정기구를 마련하고, 윤리 및 인권의 개념을 경영관리

9) ESG 용어는 2004년 UN 글로벌 콤팩트(UNGC)가 발표한 'Who Cares Win'이라는 보고서에서 공식적으로 처음 사용되었다.

요소에 반영함과 동시에 반부패활동을 통해 청렴하고 공정한 사회구성원으로 기여해야 할 필요성이 증대되었다. 특히 기업도 사회의 구성원으로서 자신만의 재무적 가치가 아니라 사회적으로 책임 있는 역할이 강조되고 있다.

환경, 사회, 거버넌스적 관점이 강조되면 기업 내부적으로도 경제적 가치를 향상시킬 수 있는 이점이 있으며, 기업 외부적 측면에서는 투자자의 투자의욕 고취와 성과 향상을, 소비자에게는 만족을 제공할 수 있다. 특히 비재무적 가치인 환경, 사회, 거버넌스적 요소의 반영은 재무적 가치와 연계되어 기업의 지속가능한 성장과 발전을 도모할 수 있다.

(2) ESG경영의 중요성

기업 관점에서 ESG경영의 중요성이 부각되는 이유는 비재무적 요인의 고려가 재무적 가치를 증가시킬 수 있다는 전제인데, 이를 살펴보면 다음과 같다.

첫째, 기업도 사회의 구성원이라는 전제이다. 즉, 기업은 독립적인 개체가 아니라 사회관계 속에서 다양한 이해관계자와 상호 협력하는 존재이며, 공동의 사회 발전에 위해 노력해야 하는 존재이다. 사회 내에서 기업만이 성장하고 다른 이해관계자들의 지속가능성이 부재하다면, 사회적으로 바람직하지 않고 오히려 사회적 비용을 초래할 수 있다.

둘째, 기업과 소비자 간의 변화가 나타나고 있다. 소비자들은 단순히 기업의 제품이나 서비스를 구매하는 것이 아니라 사회적 관계 속에서 구매를 결정하게 된다. 즉, 소비자들은 부정부패, 뇌물, 불공정 거래, 불법 하도급 등과 같은 부정적인 기업(불매운동 등)보다는 사회적 책임을 적극 수행하는 기업을 더 선호한다. 선호도는 기업의 경제적 가치와 직결되므로 기업의 관점에서는 사회적 책임의 중요성을 인식하고, 이를 경영관리 요소에 반영하게 된다.

셋째, 탄소중립정책 등과 같은 대외적 환경변화가 나타나고 있다. 세계 각국이 지구의 평균 기온 상승을 억제하기 위해 탄소배출량 절감과 제로화 계획을 수립하고 있고, 탄소국경세[10)]와 같은 세제 개혁을 추진하고 있는 상황에서 기업도 이에 대한 적극적 변화가 요구된다.

---

10) 탄소국경세가 도입되면 물건을 싸게 만들어도 생산과정에서 탄소를 많이 배출한 기업의 글로벌 가격경쟁력은 저하될 수밖에 없다.

넷째, 투자자의 관점에서도 변화가 요구되고 있다. 불특정 다수의 투자를 받는 상장기업들의 경우 자금 이동의 기준으로 ESG 관련 정보를 요구하고 있으며, ESG 정보공개는 글로벌 기준으로 정착되어 의무 공시화되고 있다. 특히 ESG경영이 미숙한 기업들에게 기관투자자들이 직접 의결권을 행사하는 스튜어드십 코드(Stewardship code)가 강화되고 있다. 즉, 투자 대상의 지속가능한 성장 및 투자 수익률 제고를 위해 기관투자자 등 수탁자가 책임과 의무를 다하도록 요구하고 있다.

다섯째, 기업의 신용등급 결정에 반영되고 있다. ESG 기반으로 기업의 신용등급[11]을 조정함에 따라 ESG경영체계의 구축과 성과 공유는 기업의 중요한 경영요소로 등장하였으며, 기업과 시민사회, 투자자, 소비자 등 다양한 이해관계자와 불가분의 관계를 지니게 되었다.

2) 국내 · 외의 ESG경영

ESG경영은 국내 · 외적으로 활용되고 있는데, 대표적인 ESG 인증 및 평가 내용을 살펴보면 GRI, ISO, SASB, B corp, DJSI, MSCI 등이 다양하게 대두되고 있다. 환경, 사회, 지배구조와 관련된 평가지표를 구축하고, 인증을 통해 지속가능경영의 등급을 부여하며, 사회적 책임투자를 모색하고 있다.[12] 다양한 ESG경영 인증모델은 모두 경제적, 사회적, 환경적 가치를 조화시키고, 지속가능한 발전을 모색한다는 점에서 공통점을 지니고 있다.

그러나 다양한 분야에서 주장되고 있는 ESG경영평가요소는 영리를 추구하는 민간기업에서 사회적 책임을 강조하면서 비롯된 개념이지만, 공기업에서는 본질적으로 추구해 오던 평가요소였다. 즉, 민간부문에서 제기되고 있는 ESG경영은 과거부터 추진되어 왔던 공기업 분야의 사회적 가치 추구와 지속가능경영의 연장선으로 이해되는 개념이다.

---

11) Moody's는 ESG 기반으로 신용등급을 조정하고 있으며, Fitch Ratings는 신용등급 평가 시 ESG 리스크 수준이 높은 경우를 반영하고, S&P Global은 개별 기업 신용등급 조정 사유에 대한 ESG 영향을 공시하고 있다. 또한 네덜란드 연기금(APG)은 네거티브 스크리닝을 통해 ESG 기준에 미달하는 경우 투자를 철회하는 결단까지 내리고 있다.

12) 2022년 12월 정부(관계부처 합동)는 기업경쟁력 제고와 지속가능 경제 구축을 위한 ESG 인프라 고도화 방안을 발표하였다. 핵심 전략으로 ESG 공시제도 정비, 중소 및 중견기업 ESG경영 지원 강화, ESG 투자 활성화, ESG 지원체계 구축, 공공부문 ESG 선도 등을 제시하였다.

〈표 12-2〉 국내 · 외 ESG 인증 및 평가모델

구분	내용
GRI	• Global Reporting Initiative: 지속가능보고서에 대한 가인드라인 제시 • GRI 200(경제적 사항), GRI 300(환경적 사항), GRI 400(사회적 사항)
ISO	• International Organization for Standardization • 사회적 책임(ISO 26000), 품질경영시스템(ISO 9000), 환경경영시스템(ISO 14000) • 지배구조, 인권, 노동관행, 환경, 공정한 업무관행, 소비자 이슈, 지역사회 참여
SASB	• Sustainability Accounting Standards Board(지속가능성 회계표준 위원회) • 기업이 공시해야 할 기준 제시
B-corp	• www.bcorporation.net: 지배구조, 근로자, 공동체, 환경, 고객 등 5개 관점 평가 • 기업의 새로운 모델로 사회적 이익에 부합하는 Benefit Corporation 주장 • 'B Impact Assessment(BIA)' 인증 기준 제정: B Corp 자격 부여
DJSI	• Dow Jones Sustainability Indexes • 경제적 측면(지배구조 등), 환경적 측면, 사회적 측면(인적자원 개발 등) 평가
MSCI	• Morgan Stanley Capital International ESG Score • 환경(기후변화 등), 사회(인적자원 등), 지배구조(기업지배구조, 기업행동 등)
ESG	• 한국기업지배구조원의 ESG평가모형: 국내 상장회사의 지속가능경영 수준 평가 • 환경(경영프로세스모델), 사회(이해관계자모델), 지배구조(통제기능모델)
산자부	• K-ESG(한국식 ESG 지표): 2021년 4월 22일 보도자료 • 환경(정책 등 14), 사회(사회책임경영 등 22), 지배구조(이사회 등 20개 지표)

3) 공기업과 ESG경영

ESG경영요소는 공기업을 경영평가하는 과정에서 반영되고 있는데, 헌법적 가치 및 UN에서 지속가능발전 개념과 연계하여 공기업에 반영되고 있는 지표를 살펴보면 다음과 같다.

현행 공기업의 ESG경영요소 반영은 전략기획을 중심으로 설정되며, 각 경영요소별로 평가지표와 연계되어 있다. 즉, 공기업 경영평가지표의 경영관리 부문에 초점을 맞추어 균등기회와 사회통합, 안전 및 환경, 상생협력 및 지역발전, 윤리경영, 근로자의 삶의 질 제고, 노사관계, 협력과 참여에 초점을 맞추어 지표를 형성하고 있다. 그러나 지배구조와 정책기여도, 소비자 이슈(고객인권, 마케팅, 고객정보보호, 고객안전, 공정거래) 등과 같은 지표가 상대적으로 미흡하다. 따라서 ESG경영을 통해 공기업의 지속가능성을 모색하기 위해서는 미흡한 지표체계를 보완해 나가는 노력이 필요하다.

<표 12-3> 헌법적 가치 및 지속가능한 가치와 연계된 공기업 ESG 평가요소

헌법적 가치	UN SDGs	(국가)공공기관	지방공기업
기본권 조항 (제10~37조)	빈곤 종식(G1), 기아 종식(G2) 산업, 혁신 및 인프라(G9)	전략기획 및 경영혁신 윤리경영	전략 및 혁신 윤리경영
제32, 34, 35조	도시 및 주거지 안전(G11) 기후변화 대응(G13)	안전 및 재난관리 친환경 및 탄소중립	전략 및 혁신 안전 및 환경
제36조 제3항	건강한 삶 보장 및 웰빙(G3) 물과 위생(G6)	조직인사(일부) 친환경 및 탄소중립	지역상생 · 일자리
제32~33조	포용사회(일부, G16)	노사관계	소통 및 참여
제4조, 제32조	양질의 교육보장(G4), 성평등(G5) 불평등 감소(G10)	일자리 및 균등한 기회	지역상생 · 일자리
제119조, 제123조	불평등 감소(G10)	상생협력 · 지역발전	지역상생 · 일자리
제32조	일자리 증진(G8)	일자리 및 균등한 기회	지역상생 · 일자리
제123조	도시 및 주거지 안전(G11)	상생협력 · 지역발전	지역상생 · 일자리
제119조	지속가능한 소비 · 생산(G12)	윤리경영	윤리경영
제35조	에너지 접근(G7), 기후변화대응(G13), 해양보전(G14), 생태계(G15)	친환경 및 탄소중립	지역상생 · 일자리
제41, 67, 72, 118, 119, 130조	포용사회(G16), 글로벌 파트너십(G17)	국민소통 상생협력 · 지역발전	소통 및 참여
제23, 37, 38, 122조	글로벌 파트너십(G17)	기관별 주요 사업	기관별 주요 사업

UN에서 제시한 지속가능한 가치와 우리의 헌법적 가치를 비교하고, 그에 따른 국가공기업과 지방공기업의 ESG 평가요소를 비교하면 대부분의 가치가 반영되고 있음을 알 수 있다. 즉, UN에서 제시한 지속가능한 가치는 17개로 요약되는데, 각 개별 가치들이 우리의 헌법 가치와 연계되어 있으며, 공기업의 경영평가 지표에도 반영되고 있다. 지속가능한 가치와 헌법적 가치를 공기업의 경영평가 지표로 반영한다는 것은 실천적 의미를 갖는 것으로, 공기업이 그동안 등한시하였던 부분을 보다 강화하여 지속가능한 발전을 모색하려는 정책적 의지의 표현이라 할 수 있다.

4) 지속가능경영(ESG), 사회적 책임경영, 윤리경영

지속가능경영, ESG경영, 사회적 책임경영, 윤리경영 등은 상호 밀접한 연관성을 지니고 있는데, 비재무적 요인에 대한 고려가 공기업의 가치 제고에 기여할 수 있다.

지속가능경영은 지속가능발전을 위한 경제적, 사회적, 환경적 가치를 공기업의 모든 경영활동과정에 반영하는 경영 패러다임이며, 사회적 책임경영은 기업과 사회와의 공생관계를 성숙·발전시키기 위해서 공기업이 취하는 행동으로 정의된다. 또한 윤리경영은 개인의 도덕적 가치관을 공기업의 최우선가치로 설정하여 모든 공기업 활동에 적용함으로써 사회적 책임을 이행하는 경영전략으로 이해되고 있는데, 기초로서의 윤리경영을 바탕으로 사회적으로 책임 있는 활동을 이행할 때 공기업의 지속가능성이 보장되는 구조를 지니고 있다. 따라서 윤리경영은 기초적 개념으로서 위상을 지니며, 사회적 책임경영이라는 방식을 통해 지속가능한 경영을 도모할 수 있다.

윤리적 경영이 기업이 갖는 미시 주준의 관심이라면, 사회적 책임경영은 기업이 사회에 대해 어떤 기여를 할 것인가를 고민하는 실천적 수준의 관심이라고 할 수 있다(Donaldson & Dunfee, 1995).

공기업의 지속가능성을 모색하기 위해서는 기초로서의 윤리경영, 실천적 관점에서의 사회적 책임경영을 바탕으로 목적으로서의 지속가능한 발전을 모색하는 것이 중요하며, 경제적 가치, 사회적 가치, 환경적 가치를 융합할 수 있는 제도적 역량이 강화될 필요가 있다.

[그림 12-3] 윤리경영, 사회적 책임경영, 지속가능경영의 개념

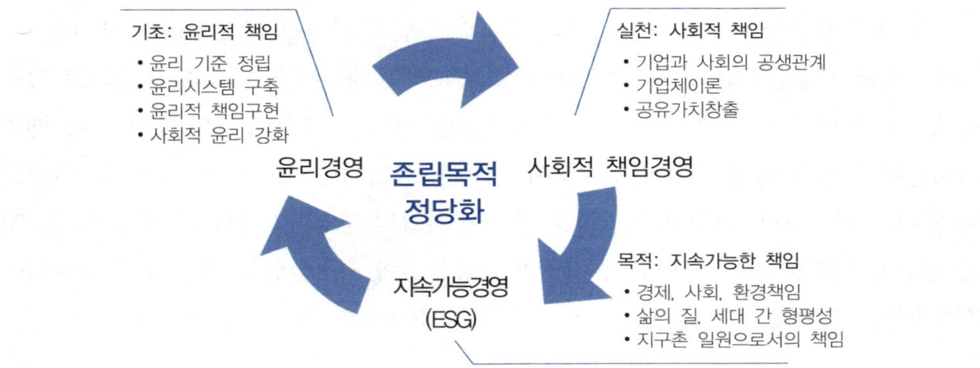

제2절 공기업의 사회적 책임경영

1 사회적 책임경영의 본질

1) 사회적 책임경영의 개념

최근 기업 규모나 업종을 떠나 사회구성원으로서 어떤 형태나 내용이든 사회적 책임을 이행해야 할 책무성이 부각되고 있으며,[13] 사회 참여자의 사회적 책임경영(Corporate Social Responsibility: CSR)이 글로벌 기준으로 등장하였다. 특히 민간부문에서는 경제적 이득과 사회적 책임경영을 동시에 추구하는 기업을 투자대상으로 하는 사회적 책임투자(SRI)가 국제 자본시장에서 큰 흐름으로 작용하고 있다.[14]

기업의 사회적 책임을 의미하는 용어로는 CSR이 가장 보편적으로 통용되고 있으나, 당해 국가 및 단체의 가치관, 윤리관, 사회정의 등을 반영하여 다양한 견해가 존재한다. ISO에서는 사회적 책임 범위에 기업뿐만 아니라 정부나 일반조직도 포함시켜야 한다는 의미에서 기업(corporate)이라는 단어를 빼고 SR(Social Responsibility)이라는 용어를 사용하고 있으며, OECD 등은 사회적(social)이라는 단어를 쓰면 기업의 책임이 사회문제에만 국한될 수 있다는 이유로 CR(Corporate Responsibility)이라고 표현을 사용하고 있다.

기업의 사회적 책임에 대해서는 사회의 목표나 가치적 관점에서 바람직한 정책을 추구하고, 사회에 바람직한 의사결정을 하거나 해야 하는 기업의 의무(Bowen, 1953), 기업활동으로 인해 발생하는 문제를 기업과 사회관계의 관점에서 해결하는 기업의 의무(Walton, 1967), 기업이 기업시민으로서 사회의 제반 문제를 함께 해결함과 동시에 기업의 다양한 이해관계자와 합리적 관계를 유지하려는 기업활동(Wood & Jones, 1995) 등으로 규정하고 있다.

일반적으로 사회적 책임경영이란 기업이 사회 속에서 그 존재 가치를 인정받고,

---

13) 공기업의 사회적 책임경영에 대해서는 원구환(2017)에서 발췌하고, 추가적으로 수정하였다.
14) 미국 180개 기업의 경영성과를 분석한 결과 사회적 책임을 다하는 기업일수록 투자수익률이 높고, 투자자의 주식 보유 기간도 장기화되고 있다(Eccles, Ioannou & Serafeim, 2012.1.6).

<표 12-4> 기업의 사회적 책임(CSR)에 대한 개념

	정의	용어
ISO (국제표준화기구)	조직이 사회·경제·환경문제를 사람·지역공동체 및 사회 전체에 혜택을 줄 수 있도록 추진하는 활동	SR
OECD (경제개발협력기구)	기업과 사회와의 공생관계를 성숙시키고 발전시키기 위해 기업이 취하는 행동	CR
WBCSD (지속가능발전 세계기업협의회)	직원·가족·지역사회 및 사회 전체와 협력하여 지속가능한 발전에 기여하고, 이들의 삶의 질을 향상시키려는 기업의 의지	CSR
EU (유럽연합)	기업의 책임 있는 행동이 지속가능한 비즈니스로 이어진다는 인식 하에 사회와 환경에 관한 문제의식을 그 사업활동과 이해관계자를 대상으로 자주적으로 취하는 행동	CSR

자료: 정후식(2007.7). 『기업의 사회적 책임(CSR): 주요국 사례와 시사점』. 한은조사연구 2007-22.

하나의 기업 시민으로서 지속가능한 성장을 하기 위해서 바람직한 방법으로 다양한 이해관계자와의 관계를 형성하고, 그들의 법적, 윤리적, 경제적, 재량적 기대에 자발적이고 적극적으로 부응하려는 노력이라 할 수 있다.

지속가능한 발전을 위해서는 기업뿐 아니라, 모든 조직이 사회적 책임을 다할 필요가 있다는 관점에서 사회적 책임에 관한 첫 국제표준인 ISO 26000이 2010년 11월 제정되었다. 사회적 책임 표준(ISO 26000)은 지배구조, 인권, 노동, 환경, 공정 운영, 소비자 보호, 지역사회 참여·발전 등 7개 핵심관점에 대한 실행지침을 기술·규정하고, 조직 내·외부 이해관계자와의 관계를 조정하며, 조직 의사결정과정에 이들의 참여를 촉진하는 가이드를 제시하고 있다(ISO, 2010).

우리의 경우도 2011년 3월 대통령 주재 범정부적 차원의 국가정책조정회의를 통해 공공기관의 공정한 사회 추진방안이 발표되었는데, 공정한 사회 실현을 뒷받침하기 위해 공공기관의 사회적 책임경영에 대한 적극적 역할이 강조되고 있으며, 공공부문에 속해 있는 기업 시민(corporate citizen)으로서 사회적 책임을 다하기 위한 과제 발굴에 노력하고 있다. 또한 2011년 8월 15일 대통령 경축사를 통해 사회적 약자가 기회를 갖고 자립하도록 사회 공동체 발전을 추구하는 새로운 발전모델로서 공생발전이 제시되었는데, 공공기관은 기업성과 공공성을 동시에 지니고 있는 기업 시민으로서 공생발전을 위한 사회적 책임경영에 대한 요구를 더욱 강조하게 되었다.[15]

15) 영국에서는 공공서비스에 있어, 공동체의 가치를 우선 고려하는 '사회적 가치법[The Public

2017년 5월 문재인 정부가 들어서면서 공공기관의 사회적 가치가 강조되었는데, 공공기관의 일자리 창출과 사회적 가치의 구현에 많은 관심을 기울였다. 특히 사회혁신 추진단 및 사회혁신 민관협의회의 설치 및 운영에 관한 규정을 제정하고, 국가와 시장이 해결하지 못한 사회적 난제를 대상으로 미충족된 사회적 필요를 해결하기 위해 노력하였다. 2022년 5월 윤석열 정부가 들어서면서 공공기관의 사회적 가치 개념보다는 ESG경영을 강조하고 있다. 특히 기후변화와 탄소중립정책에 따른 환경적 가치가 부각되고 있으며, 공공데이터의 개방과 민간 활용·협력 방안을 통해 공기업의 사회적 역할을 중시하고 있다.

2) 공기업의 위상과 사회적 역할

공기업은 태생적으로 공공의 목적을 기업적 방식으로 달성하기 위해 설립되었기 때문에 민간부문에서 논의되는 CSR 개념과는 다른 측면이 있다. 민간부문의 경우는 영리를 추구하기 때문에 사회적 공헌에 대한 필요성이 중요한 요소가 될 수 있으나, 공기업은 이미 태생적으로 사회적 공헌을 강조하고 있다는 점이다. 공기업은 사회적 목적을 실현하기 위해 설립되었고, 사업내용 자체가 공익적이므로 굳이 사회적 책임경영이 필요하지 않다는 주장이다. 그러나 공기업의 사회적 역할은 다음과 같은 특징으로 인해 비롯된다고 볼 수 있다.

첫째, 공기업은 사회적 공공기관으로서의 위상을 지니고 있다. 특히 공기업은 단순히 개별 조직체로서의 위상 이외에 사회 및 전체 국가시스템의 한 축을 형성하고 있기 때문에 공기업의 성과는 사회로 환원되며 국가성장·발전에 기여한다. 공기업은 선진국이든 개발도상국이든 간에 사회경제적 발전에 중추적 역할을 담당했으며, 자본주의나 사회주의에서도 국가 및 경제발전의 주춧돌이었다(Farazmand, 1999: 551). 따라서 공기업의 성과를 측정하고 평가함에 있어 단순히 매출액 중심의 이익구조 개념에서 벗어나 사회적 파급효과 등과 같은 사회구조 개념으로 전환될 필요가 있다. 공기업의 사회적 역할에 대한 고려는 이익중심의 전통적 경영이념을 사회중심의 현

Services(Social Value) Act 2012]'이 제정되었고, EU는 '사회책임조달 가이드라인(Buying Social: A guide to taking account of social considerations in public procurement, 2010)'을 통해 양질의 일자리, 노동권, 사회통합, 윤리무역, 기업의 사회적 책임 등 사회적 가치를 고려할 것을 권장하고 있다.

대적 경영이념으로 전환할 수 있는 하나의 대안이 될 수 있다.

둘째, 공기업이 경제에서 차지하는 비중이 상당하다. 사회적 파급효과가 큰 공기업에 대한 사회적 역할 및 책무는 공기업의 존립이유가 되며, 이를 실천하지 못할 경우에는 존립의 근거가 상실될 수 있다. 공기업의 본래적 목적이 사회적 공헌에 기여하는 것이기는 하지만, 이를 적정하게 수행하고 있는지에 대한 여부를 검증하는 노력이 필요하다.

셋째, 공기업은 일반적으로 국민의 복리증진을 목적으로 경영하는 기업으로 정의되고 있듯이 기업이라는 형태를 취하고 있다. 그러나 공기업을 기업의 측면에서만 파악하면 그 전제조건인 수익성과 이를 달성하기 위한 기업합리화의 촉진 등이 강조되는 것은 사실이나, 공기업의 사회적 역할을 경시할 수 있는 위험성이 있다. 즉, 공기업은 기업으로서의 형태를 지니지만, 궁극적으로는 공익적 성격을 지니는 기업이라 할 수 있다. 공기업은 사업적 특성상으로도 사회적 역할이 강조될 수밖에 없으며, 이에 대한 전략적 고려를 체계적으로 도모하는 것은 공기업의 경영생산관계 기초로서의 공공성을 강화하는 방안이 될 수 있다.

3) 공기업의 CSR 전략에 대한 이론적 배경

전통적 경영이념은 이익중심적으로 소유·경영분리 논리에 적합한 시대적 산물이었으나, 이익중심의 전통적 경영이념은 사회중심의 현대적 경영이념으로 변천해 왔다(Drucker, 1974: 40). 오늘날 기업은 기업의 이해관계자인 주주, 종업원, 소비자, 사회 및 정부 등에 대하여 기업의 책임을 다할 것을 요구하고 있는데, 이러한 이해관계자에 대한 고려는 공기업의 경우도 예외는 아니다. 공기업의 사회적 책임경영에 대한 논의는 실체이론, 자본주이론보다는 기업체이론에서 접근될 필요가 있다.

실체이론은 기업을 소유자와는 별도의 독립적 인격체로 인식하고, 경영성과인 이익을 기업 자체의 이익으로 파악한다. 즉, 수익은 기업의 성과이며, 비용은 그 수익을 획득하는 과정에서 나타나는 재화나 용역의 소비를 의미한다. 따라서 비용은 수익에서 공제되어야 하며 그 차액은 지분소유자에게 분배될 이익이다. 실체이론은 주식회사와 같은 기업에 적합한 이론이다(Paton & Littleton, 1940: 8). 실체이론적 측면에서는 조직 내부의 지분소유자와 전통적 이익중심에서 파악하기 때문에 공기업이 추구하는 경영이념과 부합되기 어려운 측면이 존재한다. 공기업도 기업인 이상 이익을 도

모해야 한다는 점에서는 수용 가능하지만, 공기업의 수익은 공익적 목적 달성을 위한 수단에 불과하기 때문에 공기업의 모형에 적용하기에는 한계가 있다.

자본주이론은 기업의 이해관계를 자본주(proprietor or owner)의 입장에서 파악하며 기업의 자산은 자본주의 자산이고 부채는 자본주가 부담해야 할 채무라고 주장한다(자본 = 자산−부채). 특히 수익은 자본주의 지분증가로 설명된다(Backr, 1966: 252). 자본주이론적 측면에서는 기업의 이해관계를 자본주의 입장에서 파악하기 때문에 공기업의 실질적 주인이라 할 수 있는 국민에 대한 고려가 미흡하며, 공기업의 사회적 파급효과에 대한 측면을 도외시하고 있다.

기업체이론(enterprise theory)은 기업을 주주가 소유하고 있는 실체로 보지 않으며, 기업의 의사결정이 사회의 여러 분야에 미치고 있음을 중시한다. 따라서 공기업은 단지 주주나 채권자뿐 아니라 종업원, 소비자, 정부 등이 참여하고 있는 일종의 사회적 기관(social institution)으로 공기업의 성과는 공기업이 사회에 어느 정도 공헌하였는가로 측정되어야 하며, 공기업은 수많은 대중에 영향을 주기 때문에 소유주나 주주와 같은 협의의 이익에서 벗어나야 하고, 자본주의 위기 시대에는 사회적 공헌이 필요하다는 것이다(Kaletsky, 2010; Hendriksen, 1982: 459; 양만식, 2010: 245-275; 강철승, 1990: 11-12). 특히 경제사회적 변화에 따라 기업의 사회공헌 패러다임도 질적으로 고도화되고 있는데, 향후 기업의 사회공헌은 양적 확대에서 탈피하여 정부, NGO, 잠재 고객 등 이해관계자와 사회적 가치 공유를 지향할 필요가 있다는 점이며(삼성경제연구소, 2012), 사회적 기업 시민성, 공동체 자본주의, 사회적 기업 등 기업의 사회적 책임을 확대하려는 경향이 증대되고 있다(Zadek, 2001).

사회적 책임에 관한 연구이론은 다양한 관점에서 논의되고 있으나, 1960년대 거시적인 제도이론에서 출발하여 1980년대 CSR의 성과모델로 발전하다가 1990년 전후로 이해관계자이론이 주류를 이루었으며, 2000년 이후에는 자원기반이론과 전략경영이론으로 발전해 오고 있는데, 연구이론의 흐름을 살펴보면 다음과 같다(이양복, 2016: 104; Whitley, 1999).

첫째, 제도이론은 기업 CSR 활동의 본질적인 이유가 경영활동을 수행하는 국가에서의 법이나 지침, 윤리 등을 통해 제도적으로 요구되기 때문인데, 이는 국가나 조직별로 CSR 활동에 차이가 있다는 것이다. 즉, 기업이나 조직은 다양한 형태의 제도로 구성된 사회적 구조 내에서 역할을 수행하며, 이러한 제도는 기업의 의사결정에 주요한 영향을 미치는 것으로 이해되고 있다. 즉, 국가 제도적인 특징이 사회적 책임활동에 유의한 영향을 미친다는 것이다.

둘째, 이해관계자이론은 기업들이 사회적 책임활동을 하는 근본 이유가 경영과 관련된 내·외부의 다양한 이해관계자들의 압력이나 요구에 대응하기 위한 것이라는 점이다. 이해관계자 관점은 경영자가 기업의 소유주나 주주의 요구에 부응하는 것만으로는 충분하지 않다는 시각이며, 종업원, 공급자, 고객은 물론 정부, 미디어, 지역사회, NGO 등 다양한 이해관계자의 요구에 부응해야 한다는 것이다. 즉, 기업의 전략적 의사결정과 행동은 다양한 이해관계자들의 영향을 받게 되는데, 다양한 이해관계자들의 사회적 책임활동에 대한 요구로 사회적 책임활동을 추구하게 된다는 것이다.

셋째, 자원기반이론(resource based view)은 사회적 책임활동을 기업의 역량 및 경쟁력 강화를 위한 전략적 관리 노력으로 간주한다. 즉, 사회적 책임활동을 단순한 활동을 넘어 비즈니스의 틀 내에서 수행되는 경영전략의 일부로 이해해야 한다는 것이다. 기업은 이질적이고 기업 간에 이동성이 불완전한 자원과 역량의 집합체인데, 이러한 자원과 역량은 지속가능한 경쟁우위의 원칙이 된다는 것이다. 사회적 책임활동에 대한 수요와 공급 관점에서 바람직한 사회적 책임활동의 수준이 존재하므로, 기업의 경영자는 비용-효익분석을 통해 사회적 책임활동에 투여할 자원의 수준을 결정해야 한다는 것이다.

넷째, 공유가치창출 관점(creating shared value: CSV)의 사회적 책임활동 연구는 자원기반 관점에서 더 나아가 사회적 책임활동이 기업의 지속가능성장을 견인하는 동시에, 사회적인 문제 해결의 출발점이 될 수 있다는 시각을 견지하고 있다. 즉, 기업이 창출한 이익을 재분배하거나 사회에 환원하는 개념이 아니라 경제적 이익과 사회적 효용을 동시에 추구해야 한다는 것이다. 기존의 사회공헌활동이 일회적 이벤트성 중심의 활동이라면, 공유가치창출 관점에서는 사회공헌활동을 경제적 가치와 연계시키려는 입장이다. 기업이 혁신을 통해 사회문제를 적극적으로 해결하고, 기업의 수익뿐만 아니라 사회적 가치의 총량을 확대하자는 발상이다. 특히 사회적 책임활동을 반응적 활동과 전략적 활동으로 구분하는데, 반응적 활동은 좋은 기업시민으로 행동하는 것과 관련된 활동으로 법, 제도, 윤리 및 자선적 활동을 포함하는 데 비해, 전략적 활동은 법적·규범적 차원을 넘어 기업의 지속가능 경영우위를 창출하려는 적극적 활동을 의미한다. 특히 사회 공헌과 기업 경쟁력을 동시에 추구하기 위해서는 전

〈표 12-5〉 사회적 책임활동(CSR) 연구의 이론적 추세

구분	1950~1960	1970~1980	1990	2000~
핵심방향/ 동인	윤리 및 사회적 의무, 외부입력	계몽된 이기심 (Enlightened Self Interest)	사회적 책임의 성과, 이해관계자 요구	전략경영, 지속가능성, 기업시민론, 경영우위
이론적 근거	제도이론(Macro Social Institutions)	피라미드모델(경제적, 법적, 윤리적, 자선적) 조직제도(Organizational Institutions)	이해관계자이론 조직 및 개인까지 분석단위(Micro)	자원기반론 전략경영론 지속가능성 공유가치창출(CSV) 전략적CSR

자료: 이양복(2016: 104)에서 발췌.

략적 활동이 더 중요하다(Porter & Kramer, 2006).[16]

2 공기업의 사회적 책임경영

1) 공기업의 사회적 책임경영 전략수립을 위한 변수

공기업이 기업체이론적 관점에서 효과적인 CSR 전략을 수립하기 위해서는 다음과 같은 변수를 고려할 필요가 있다.

첫째, 사회적 책임경영과 관련하여 어떤 활동이어야 하는가에 대한 문제이다. 공기업은 민간기업과는 달리 설립 목적상 사회적 책임역할을 수행하고 있기 때문에 공기업에서 수행하는 모든 활동이 사회적 책임경영과 직·간접적으로 연관되어 있다. 민간기업에서는 사업을 통한 경제적 이해관계를 우선적으로 고려하고 사회적 책임을 마지막 단계로 설정하는 경향이 강하지만, 공기업은 본래적인 특성상 공기업에서 추구되는 사업의 사회적 책임역할을 우선적으로 강조한다. 따라서 공기업의 경우 CSR 대상 사업범주는 고유업무와 직간접적으로 연계되는 활동이다.

둘째, CSR의 주체 문제를 고려할 필요가 있다. 즉, CSR을 추진함에 있어 단독으로 수행할 것인가의 여부이다. 일반적으로 하나의 행위주체에 의한 일방적인 문제 해결

16) CSR과 경영성과에 관한 연구 결과는 전략적 CSR이 반응적 CSR보다 비재무성과 및 재무성과 모두에 보다 큰 정(+)의 영향을 미치는 것으로 나타났다(이양복·김창수, 2016: 83-110).

방식은 안정적이고 단순하고 동종적인 사회에서는 가능하지만, 사회가 점점 복잡해지고 탄력적이고 다원화될수록 불가능해지는데(Dunsire, 1993: 33-34), 이를 위해서는 공동 관리 · 조정 · 지도(co-managing, co-steering, co-guidance), 공공활동에 연계되는 다양한 행위주체들의 복합적 상호작용 등이 필요하다(Koolman, 1994: 6; Ro, 1999: 24). 특히 사회적 책임경영활동을 효과적으로 도모하기 위해서는 참여하는 행위주체들 간의 협력과 파트너십이 매우 중요하다(Vigoda, 2002: 534). 또한 사업내용의 확장 가능성 여부와 참여 주체에 따라 네 가지 형태의 CSR 유형을 도출할 수 있는데, 사업내용의 확장성이 낮고 단독으로 수행하는 단독수행형, 사용내용의 확장성이 높지만 단독으로 수행하는 고객참여형, 사업내용의 확장성은 낮지만 공동으로 수행하는 파트너십형, 사업내용의 확장성이 높고, 공동으로 수행하는 네트워크형 유형이 존재한다(삼성경제연구소, 2012).

셋째, 공기업의 CSR 전략은 기업체이론적 관점에서 다양한 이해관계자에 대한 접근이 우선적으로 고려되어야 하며, 사회에의 공헌 여부를 확인하는 과정이 필요하다. 기업의 각종 불상사나 리스크 등 비재무적 요인이 기업의 재무상황에 미치는 영향력이 막대해졌기 때문에 기업의 역할 증대 및 사회적 책임에 대한 요구는 증가하고 있

[그림 12-4] CSR의 유형

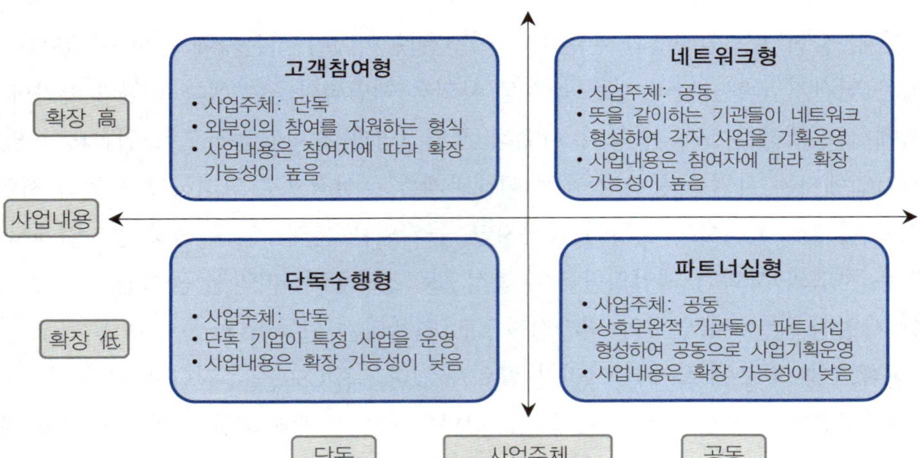

자료: 삼성경제연구소(2012.2.29). 『CEO 인포메이션』. 843호.

다(박헌준 · 이종건, 2002: 95-133; 신강균, 2003: 205-221; 윤각 · 조재수, 2007).

넷째, 사회적 책임경영이 추구하는 목적을 명확히 할 필요가 있다. 사회적 책임경영활동은 단순히 자선적 봉사에 국한되는 것이 아니라 사회적 책임경영활동을 통해 기업 이미지를 제고하고, 경영성과와 기업 가치를 증대시키는 데 목적이 있다고 할 수 있다(이상민, 2002: 77; 윤각 · 조재수, 2007: 241).[17] 따라서 공기업의 경우도 단순히 사회적 책임경영활동을 자선적 봉사 수준에 국한시키지 말고, 기업이미지 제고를 통한 공기업 가치 제고에 기여할 수 있어야 한다. 수익적 관점에서의 경영성과보다는 지속가능한 공익기업으로서의 가치를 제고할 필요가 있다.

다섯째, CSR 활동에 대한 통합적인 추진체계가 갖추어져 있는가를 고려할 필요가 있다(Greening & Turban, 2000: 254-280; Bowman & Haire, 1975: 49-58). 조직의 미션 및 비전에 따라 CSR 전략을 수립하고, CSR 전략에 따른 성과목표와 세부지표를 구축하여 연차별 목표 수치를 설정하여 운영한 후 평가(개인 및 부서 평가, 시스템 평가, 콘텐츠 평가, 재정성과 평가)를 통해 공기업의 이미지 제고와 경영성과 향상에 기여했는가를 측정하고 환류하는 시스템을 구축할 필요가 있다.

여섯째, 사회적 책임경영활동이 지속적인가의 여부이다(Auger, Bourke, Devinney & Louviere, 2003: 281-304). 공기업의 사회적 책임경영활동은 단순히 일회성 이벤트에 한정되기보다는 구체적인 프로그램을 바탕으로 지속적으로 추진되는 것이 바람직하다. 일회적인 자원봉사적 차원의 활동은 지속가능한 사회적 책임경영기관으로서의 위상에 직접적인 영향력을 행사하기에는 한계가 있을 수밖에 없다.

일곱째, 사회적 책임경영활동이 일자리 창출에 기여하고 있는가를 고려할 필요가 있다. 사회적 책임경영활동을 통해 고용 증대를 도모한다면 가장 효과적인 프로그램이라 할 수 있다. 고용없는 성장이 크게 문제가 되는 상황에서 공기업이 사회적 책임경영을 통하여 고용을 제고하고 경제안정기능을 도모할 수 있다면, 그렇지 않은 경우보다 공기업으로서의 가치 제고에 크게 기여할 수 있다. 사회문제 해결뿐 아니라 청

17) 사회적 책임경영은 조직성과에 긍정적인 영향을 미치는 것으로 나타나고 있는데, 특히 생글(Sangle, 2010)의 연구는 최고 경영진의 지원이 사회적 책임경영을 효과적으로 이행할 수 있는 중요한 요소라고 주장하였다. 또한 바머 외(Barmmer et al., 2007)의 연구에 의하면 사회적 책임활동은 조직몰입을 증가시키고, 조직몰입에의 기여로 직무만족이 증가하는 것으로 분석되었다. 아울러 김선화 · 이계원(2013), 장영철 · 안치용(2012)의 연구에 의하면 사회적 책임활동이 조직성과에 긍정적인 영향을 미치는 것으로 분석되었다.

장년, 노년층의 일자리 창출을 모색할 수 있는 프로그램의 발굴이 필요하다.

2) 공기업의 사회적 책임경영 사례

(1) 국내 기업의 사례

국내 민간기업은 장학, 복지, 사회적 약자 지원 등 다양한 사회적 책임활동을 수행하고 있는데, 전략적 경영을 통해 기업의 이익과 사회적 효용을 동시에 추구하기 위한 노력을 전개하고 있다.18)

(2) 공기업의 사례

국가공기업도 다양한 사회적 책임경영 실현을 위해 노력하고 있는데, 다른 기관과의 협력을 통해 사회문제 해결을 모색하고 있다.

〈표 12-6〉 국가 공기업의 사회적 책임경영 사례

기관	내용
한국수자원공사	〈사회복지 + 수도검침〉 • 스마트 검침을 활용하여 독거노인 세대의 수도 사용량을 모니터링 • 위기 상황 발생 시 사회복지 담당자에게 즉시 연결하는 사회안전망 서비스 〈생태계 교란종 비료화〉 • 임하댐 주변 생태계 교란종(배스, 브루길) 비료화(수공 + 안동대 + 기업 + 주민)
한국공항공사	〈포티케어서비스〉 • 장애인, 노약자, 임산부, 영유아 등 교통약자 대상 이동 지원 서비스
한국가스공사 + 인천항만공사	〈콜드체인 구축〉 • 인천 신항 배후 부지에 LNG 냉열을 이용하여 식품가공업체 콜드체인 구축 • 액화 천연가스 기화과정에서 버려지는 냉열에너지 활용
한국남부발전	〈온배수 재활용〉 • 발전소의 터빈과 보일러를 식히는 과정에서 온배수를 주변 농장에 제공 • 온배수를 그대로 배출하면 주변 하천의 수온 상승으로 생태계 교란

18) 오리온은 베트남의 미폭(2006)과 예풍(2009)에 공장을 설립한 후 공격적 마케팅을 추진했지만 포테이토칩 주원료인 중국산 감자의 낮은 품질로 성과가 미흡하였다. 베트남 현지에서 원재료 조달비율을 늘리는 노력의 일환으로 한국 농림부 및 하노이 농대와 협업으로 농수산물 복합가공단지개발사업을 추진하였는데, 이를 통해 오리온은 베트남 농가에 씨감자 및 재배기술을 지원하고, 우수한 원재료를 공급받아 고품질의 감자칩을 생산함과 동시에 베트남 농가의 소득 증대에도 기여하였다(이양복, 2016: 116).

지방공기업의 경우도 안전, 참여, 경제, 친환경 분야에서 사회적 책임경영을 도모하고 있으며, 지역문제 해결에 기여하고 있다.

〈표 12-7〉 지방공기업의 사회적 책임경영 사례

기관	내용
경기도 광주도시관리공사	〈재난과 사고로부터 안전한 근로, 생활환경의 유지〉 • 맨홀작업자 추락방지 장치 특허 취득(하천 맨홀 드론 점검: 비용 70% 절감)
금천구 시설관리공단	〈시민적 권리로서 민주적 의사결정과 참여의 실현〉 • 주민주주단(제안 검토) + 주민참여예산제(사업분석) + 주민이사제(의사결정)
서울교통공사	〈메트로팜〉 • ICT를 통한 지하철 역사 내 친환경 농장(GD, Good Design 선정)

또한 공공기관은 공공데이터를 적극 개방하여 민간부문과의 연계 및 협력 사업을 추진하고 있는데, 한국관광공사의 관광데이터랩 서비스는 대표적이다.

〈표 12-8〉 공공기관의 공공데이터 활용 사례

구분		내용
연계	한국관광공사	한국관광데이터랩 서비스 – 통신, 카드 관광통계 등 데이터 분석을 통해 고객맞춤형 관광특화분석 – 한국철도공사, 인천국제공항공사, 한국공항공사와 연계
	KOTRA	해외경제정보드림 서비스 – 기업 해외진출 지원을 위해 분야별 정보를 시장진출 단계별로 제공 – 한국수출입은행(해외 직접투자 정보), 한국무역보험공사(수출 결제 정보 등)
	신용보증기금	BASA(Business Analytics System on AI) Solution – 빅데이터와 AI 기술 접목을 통한 중소기업 정보 제공 – 한국산업단지공단, KOTRA, 근로복지공단, 한국부동산원 데이터와 연계
협력	한국철도공사	철도이용객 관광 패턴: 여행사 여행상품 개발에 활용
	건강보험심사 평가원	뇌동맥류 MRI 영상: 뇌동맥류 정보를 분석하여 보조적 진단 정보를 제공하는 AI 알고리즘 개발(뉴로핏)
	국민건강보험공단	건강검진 정보: 헬스케어 건강상태 분석, 검진 예약 서비스 개발에 활용
	한국부동산원	주택청약 정보: TOSS 내 '부동산 청약 통합 조회 서비스' 개발 시 활용 입주예정 분양 정보: 빌트인 가전제품 수요 추정 및 생간계획 수립 시 활용

자료: 각 기관 홈페이지 참조.

3 공기업의 안전경영과 사회적 책임

1) 공기업 안전경영의 개념

안전관리란 각종 사고로부터 사람의 생명과 신체를 보호하고, 시설의 안전을 확보하기 위해 하는 모든 활동을 의미한다(공공기관의 안전관리에 관한 지침 제4조). 따라서 안전경영은 안전관리 기준 준수를 경영관리의 행동원칙으로 설정하는 것을 의미한다.

공공기관의 안전경영은 안전관리 원칙을 정립하여 준수해야 한다. 즉, 공공기관은 국민의 생명과 안전을 경영의 최우선 가치로 두고 최선의 노력을 해야 하며, 소속 임직원뿐만 아니라 안전관리 대상 사업·시설의 종사자에 대해서도 생명과 안전을 지키기 위해 최선의 노력을 다해야 한다. 특히 안전사고 예방 및 대응을 위한 안전관리 체계를 구축·운영해야 하며, 도급·용역·위탁 등의 계약을 체결하거나 집행하는 경우에는 계약상대자가 안전 관련 법령을 준수하게 하는 등 안전사고 예방을 우선적으로 고려해야 한다(동 지침 제3조).

2) 공공기관 안전관리제도

(1) 안전경영책임계획 수립

공공기관은 안전관리 대상 사업 및 시설의 체계적이고 실효적인 안전관리를 위해 다음 연도 안전경영책임계획을 수립해야 한다(동 지침 제6조). 안전경영책임계획을 수립할 경우 공공기관은 12월 말까지 주무기관의 장과 협의를 거쳐 계획을 수립하고, 이사회의 승인을 거쳐 확정해야 하며, 매년 1월 말까지 주무기관의 장은 전년도 안전경영책임계획 이행실적을 점검해야 한다.

(2) 안전보건관리 중점기관 지정

기획재정부 장관은 중앙정부의 공공기관에 대해서, 행정안전부 장관은 지방공공기관에 대해서 안전보건관리 중점기관을 지정할 수 있다. 중앙정부의 경우 안전보건관리 중점기관으로 지정되면 공공기관 안전관리등급제 대상기관으로 지정된다(지침 제5조).

안전보건관리 중점기관은 ① 안전관리 대상·시설에서 직전연도부터 과거 5년간 산업재해 사망사고자가 1명 이상 발생한 기관, ② 중대재해 발생의 위험성이 높은 작업장 또는 일정 규모 이상의 건설현장, 시설물, 연구실 등을 보유한 기관으로서 공공의 안전을 위해 특별한 관리가 필요한 기관, ③ 산업재해 현황과 업무의 위험 정도 등을 고려하여 주무기관의 장이 지정을 요청하는 기관 등이다.

(3) 공공기관 안전관리등급제

공공기관의 안전관리등급제는 2020년 6월 도입되었는데, 건설현장, 작업장, 시설물, 연구시설 등 위험한 작업 환경을 지닌 공공기관의 안전 수준을 관계부처와 함께 종합 진단하고, 취약 분야의 안전관리 능력 향상을 통해 사회 전반에 안전문화 정착

〈표 12-9〉 공공기관 안전관리등급제

<table>
<tr><th>구분</th><th>내용</th></tr>
<tr><td>심사 대상</td><td>모든 공공기관(지침 제2조, 제4조)
– 산업안전보건법에 따라 안전조치 의무를 지는 사업 및 사업장
– 시설물의 안전 및 유지관리에 관한 특별법에 따라 관리하는 시설물
– 재난 및 안전관리 기본법에 따라 관리하는 국가 핵심기반
– 연구실 안전환경 조성에 관한 법률에 따라 안전환경 확보 의무가 있는 연구실
(지방공공기관의 경우에는 미포함)
– 산업안전보건법에 따라 공공기관이 발주한 건설공사의 현장</td></tr>
<tr><td>심사 내용</td><td>작업장, 건설현장, 시설물, 연구시설 중 1개 이상을 보유한 공공기관의 안전역량, 안전수준, 안전성과를 종합 심사해 기관별 안전등급 부여
<table>
<tr><th></th><th>안전역량(300점)</th><th>안전수준(400점)</th><th>안전성과(300점)</th></tr>
<tr><td>심사방법</td><td>개별평가 활용</td><td>개별평가 활용</td><td>안전관리등급심사단</td></tr>
<tr><td>평가주체</td><td>고용노동부 평가</td><td>작업장: 고용부 평가
건설현장:고용부 + 국토부
시설물: 국토부 평가
연구시설: 과기부 평가</td><td>서면심사
– 개별평가 + 보고서
현장검증</td></tr>
</table></td></tr>
<tr><td>등급심사단</td><td>단장(기획재정부 2차관), 고용부, 국토부, 과기부 1급, 민간위원 30명 내외</td></tr>
<tr><td>등급</td><td>
<table>
<tr><th>구분</th><th>대상</th><th>1등급</th><th>2등급</th><th>3등급</th><th>4등급</th><th>5등급</th></tr>
<tr><td>2020년</td><td>98</td><td>–</td><td>8(8.2)</td><td>57(58.2)</td><td>31(31.6)</td><td>2(2.0)</td></tr>
<tr><td>2021년</td><td>99</td><td>–</td><td>11(11.1)</td><td>59(59.6)</td><td>26(26.3)</td><td>3(3.0)</td></tr>
<tr><td>2022년</td><td>100</td><td>–</td><td>30(30.0)</td><td>60(60.0)</td><td>9(9.0)</td><td>1(1.0)</td></tr>
</table></td></tr>
</table>

자료: 공공기관의 안전관리에 관한 지침 및 김택수(2023: 8-12)에서 재구성.

을 유도하고자 도입되었다(김택수, 2023: 9).

공공기관의 안전관리등급은 공공기관의 안전역량, 안전수준, 안전성과를 종합적으로 심사하여 5등급으로 결정한다. 안전관리등급은 안전관리등급 심사단 합의로 결정하며, 안전관리등급 결정 전에 공공기관에 이의신청의 기회가 부여된다. 안전관리등급 심사단이 합의한 각 공공기관의 안전관리등급은 공공기관운영위원회의 의결로 확정되며, 안전관리등급은 공공기관운영위원회의 의결 후에 기획재정부 장관이 공개한다(동 지침 제25조, 제26조).

(4) 공공기관 안전경영책임보고서 작성 · 공시

공공기관은 매년 1월 말까지 전년도 안전경영책임계획에 대한 점검내용, 전년도 재해 현황 등과, 당해 연도 안전경영책임계획의 주요 내용을 포함하여 안전경영책임보고서를 주무기관과의 협의를 거쳐 작성하고, 공시해야 한다. 특히 기획재정부 장관은 공공기관의 안전관리등급을 심사함에 있어 안전경영책임보고서 내용의 적정성 및 주요 내용 등을 반영할 수 있다(동 지침 제6조의1).

(5) 위험성 평가 및 공공기관 안전신호등

위험성 평가는 사업주가 스스로 유해 · 위험요인을 파악하고 해당 유해 · 위험요인의 위험성 수준을 결정하여, 위험성을 낮추기 위한 적절한 조치를 마련하고 실행하는 과정을 의미하며, 사업장 성립 후 1개월 내에 착수하는 최초평가, 정기평가, 수시평가 방법 이외에 정기와 수시평가를 갈음하는 상시평가가 있다.

공공기관 안전신호등은 공공기관의 현장별 위험 수준을 경계, 주의, 정상 등 세 가지 유형으로 구분해 상황에 맞게 관리하는 제도이다.

(6) 중대재해 처벌

중대재해 처벌 등에 관한 법률을 제정해 2022년 1월 27일부터 50인 이상의 사업장을 대상으로 실시되었다. 사망 등과 같은 중대재해를 예방하기 위해 도입된 제도로, 사업주 또는 경영책임자에게 안전보건관리체계의 구축과 중대재해 예방 및 발생에 따른 대책 수립 등을 강제하고 있다. 특히 중대재해 예방을 위한 안전조치를 이행하지 않아 사망 등 중대재해가 발생하면 사업주 또는 경영책임자에게도 1년 이상의 징역 또는 10억 원 이하의 벌금, 법인 또는 기관에게도 50억 원까지의 벌금을 부과하는 제도이다.

제3절 공기업의 윤리경영

1 윤리경영의 본질

일반적으로 윤리를 언급함에 있어 우선적으로 고려되는 개념이 선과 악, 옳고 그름, 도덕과 비도덕, 적법과 탈법 등이다. 일상생활을 영위함에 있어서도 매우 중요한 개념일 뿐 아니라 사회, 국가, 기업, 정부조직, 공기업을 운영함에 있어서도 항시 고려될 수밖에 없다. 그릇되고 비도덕적인 탈법적 행위에 대해 제재를 하고, 옳음에 대한 가치를 추구하는 것은 당연한 것이라 할 수 있다. 윤리는 개인, 국가, 사회, 기업 모두에서 필요한 최소한의 도덕적 가치라 할 수 있다.

세계화·개방화의 역사적 흐름도 윤리경영의 필요성을 강조하고 있다. 이익만을 추구하는 기업은 대외적인 신뢰와 고객의 이미지를 확보할 수 없으며, 기업으로서의 계속성도 보장받기 어렵게 되었다. 윤리경영은 선택사항이 아니라 경쟁력과 지속가능성을 위해 필수불가결한 요소(Ferrell et al., 2015)로 인식되고 있다. 특히 기업은 착한 기업(good company)을 만들기 위해 노력하고 있는데, 착한 기업이란 윤리적 기반을 바탕으로 사회적 가치를 중시하고, 사회의 일원인 시민기업으로서 양적 가치보다는 질적 가치를 중시하는 개념이다. 즉, 착한 기업은 윤리경영을 기반으로 하고 있다는 점이며, 지향하는 가치 자체가 기업 내부적 양적 가치의 추구보다는 사회구성원으로서의 질적 가치를 중시하는 개념이다. 따라서 윤리경영은 기업이 반드시 이행해야 할 경영요소라 할 수 있으며, 윤리경영의 실천은 기업의 지속가능성을 판단할 수 있는 중요한 기초적 개념요소다.

윤리경영(ethics management)은 개인적·사회적으로 고려되어야 할 도덕적 기준과 가치를 조직운영에 적용하는 것이라 할 수 있는데, 윤리적 책임 수행이 의무로 규정되는 것을 의미한다. 모든 조직은 자신들의 목표를 추구하는 과정에서 이익추구적 행위와 윤리적 행위 간의 갈등이 발생할 수 있는데, 윤리경영은 양자 간의 갈등이 발생할 경우 우선적으로 윤리적 측면을 고려하여 조직을 운영하는 것을 의미한다. 따라서 윤리경영은 사회통념적으로 비윤리적 행위를 해서는 안 되며, 윤리적 행위를 적극적으로 수행하여 사회적 의무를 이행하는 것이다. 비록 윤리적 의무 이행이 단기간에 일시적으로 손해를 초래할 수도 있지만, 중장기적 관점에서는 오히려 높은 성과를 유발하는 중요한 경영요소다.

그러나 윤리경영은 적극적인 윤리 기준 준수를 조직운영의 행동원칙으로 삼는 것이므로, 수동적 · 방어적 관점에서 감시 또는 통제의 수단으로 활용될 여지가 있으며, 윤리 기준이 불명확할 경우 개개인의 판단에 의존하는 문제점이 발생할 수 있다. 따라서 윤리경영은 합법적 활동에 한정하여 조직구성원의 불법 행위 방지를 주목표로

〈표 12-10〉 윤리경영에 대한 학자들의 견해

구분	내용
김건휘 · 김동준 · 이미균 (2016: 183)	경영활동의 옳고 그름을 구분해 주는 윤리적 기준을 사회의 윤리적 가치체계에 두는 경영방식
이도희 · 김서윤(2016)	법적 책임 준수는 물론 사회가 요구하는 윤리적 기대를 기업의 의사결정 및 행동에 반영하는 것
국민권익위원회(2012)	윤리경영의 핵심가치로 공정한 경쟁, 신의 · 성실, 공평 · 형평, 인간의 존엄성, 기업시민, 엄정한 책무, 공정한 거래, 공생관계 모색
김영신 · 고혁진(2011)	이해관계자와의 좋은 관계 형성을 통해 경쟁력 있는 기업이 되기 위해 경제적, 사회적, 환경적 책임을 이행하기 위한 경영전략
Reamer(2007)	사명, 인권존중, 고객 욕구충족, 임직원에 대한 배려, 회계윤리, 지역사회 책임을 기업경영활동에 적용
Weiss(2003)	기업활동과 관련된 복잡한 도덕적 문제들을 해결하기 위하여 윤리적 원칙을 적용하는 활동
Gibson(2000)	이해관계자의 권리와 책임을 명확히 조정해 주는 기능으로서 윤리를 경영에 반영하는 것
Davis & Frederick(1994)	이해관계자와 밀접하게 연관된 의사결정의 옳고 그름 또는 선과 악과 같은 윤리 기준을 의사결정과정 및 결과에 반영
Goodpaster(1983)	기업경영이라는 특수한 사회 상황에서 조직구성원들이 느낄 수밖에 없는 선과 악의 여러 상황을 조직 내의 문제로 적용
Victor & Cullen(1988)	조직 내 모든 업무영역에 윤리 기준을 정립하고, 윤리적 의사결정을 도모하는 환경을 조성해 주는 경영활동
Nash(1993)	개인의 도덕적 가치관을 윤리에 관련된 기업활동과 목표에 적용시키는 원리 또는 기술
Trevino(1986)	이해관계자의 관점에서 형성된 윤리규범을 준수하며, 경영 관련 의사결정을 내리는 것

하는 법령준수형의 범위를 뛰어넘어서 사회의 기대에 부응하고, 사회의 가치를 공유하는 가치공유형으로 전환되고 있다(이두희 외, 2013).

기업 수준에서 윤리경영의 발전단계를 살펴보면, 2단계 준법단계부터 윤리에 대한 기준을 기업경영에 적용하는 것인데, 탈법적 행위나 비윤리적 행위를 하지 않는 것부터 출발한다. 3단계에서는 윤리에 대한 절대적 가치를 부여하지는 않지만, 사회적 책임의식을 인지하고 있는 단계이며, 4단계는 기업의 경영가치체계에 윤리경영을 접목하여 윤리경영과 기업이익의 균형을 모색하는 단계이고, 마지막 단계는 윤리에 대한 절대적 가치를 부여한다. 따라서 윤리경영은 대외적인 이미지 제고 및 조직성과를 사회적 책임 의식과 연계하고 있다는 점에서 사회적 책임경영(CSR)과도 밀접한 연관성을 지니고 있다(Pava & Krausz, 1996).

〈표 12-11〉 윤리경영의 발전단계

구분	내용
비도덕적 단계 (amoral stage)	• 이익극대화가 주목적이며, 이익을 위해 비윤리적 행동 감수 • 기업활동에 윤리요소 미고려(윤리는 이익극대화에 장애요인)
준법 단계 (legalistic stage)	• 소극적 윤리 준수(법규 준수를 윤리적으로 이해) • 적극적 윤리실천에는 무관심
대응 단계 (response stage)	• 기업의 사회적 책임 인식(대외 이미지 고려) • 윤리에 대한 절대적 가치 미부여(이익극대화를 위한 도구)
윤리태동 단계 (emerging ethical stage)	• 윤리경영과 기업이익의 균형 모색 • 기업의 경영가치체계에 윤리경영 접목
윤리 활성화 단계 (developed ethical stage)	• 명확한 윤리관의 정립과 경영원칙으로서의 윤리 기준 확립 • 윤리(절대적 가치)

자료: Reidenbach & Robin(1991).

기업의 윤리경영은 기업성장과 이익을 위해서는 탈법적 행위도 용인하는 비윤리경영(immoral management), 법의 테두리 내에서는 무엇을 해도 무방한 탈윤리경영(amoral management)의 개념과 상이한 개념인데, 윤리경영은 경제적, 법적 책임은 물론 사회가 요구하는 윤리 기준을 선택하는 경영방식이다.

기업의 책임을 단계적으로 제시한 연구에 의하면 기업의 가장 본질적 책임을 경제적 책임이라고 주장하였으며, 법적 책임은 기업이 속한 사회의 법규 준수를 의미하고, 윤리적 책임은 기업에게 사회의 일원으로 기대하는 행동과 활동을 수행하는 것을 의미한다. 그리고 자선적 책임이란 기업의 직접경영활동 이외의 기부 행위, 장학금 지원, 문화예술 지원, 복지 지원 등의 사회공헌활동을 의미하는 것으로 정의하고 있다(Carroll, 1979). 경제적 책임은 기업 내부 본연의 업무를 수행하는 것과 관련이 있다면, 법적 책임, 윤리적 책임, 자선적 책임은 기업 외부와의 연계를 둔 책임성이라 할 수 있다. 특히 자선적 책임은 기업 내부의 직접적 경영활동과 연계되지 않지만, 사회적 공헌을 통해 기업 이미지를 제고할 수 있으며, 기업 이미지 제고는 기업의 성과로 전환될 수 있다.

[그림 12-5] 기업의 사회적 책임 단계 및 분류

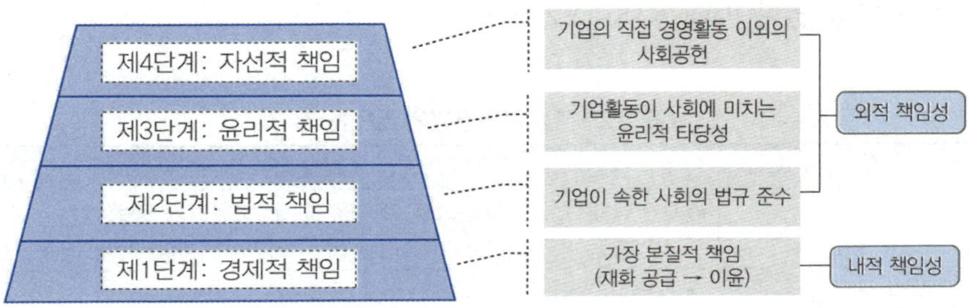

자료: Carroll, A. B.(1979). A Three-Dimentional Conceptual Model of Corporate Social Performance. *Academy of Management Review*. 4(4): 56-73에서 재구성.

2 공기업의 윤리경영

1) 공기업의 윤리경영 필요성

공기업도 국제적·사회적 흐름에 맞추어 윤리경영을 중요한 행동지침으로 인식하고 있는데, 이는 공기업이 한 사회 내의 실체로서 조직의 성과를 사회적 관계 속에서 파악해야 하기 때문이다. 일반적으로 윤리경영이 공기업에 강조되기 시작한 배경은 조직구성원의 부정부패(경영진의 전횡 및 각종 비리 연루, 횡령, 사기, 공금유용과 부적절한 법인카드 사용, 대가성 금품수수 등), 방만경영 등을 제거하기 위해 우선적으로 도입되었다고 볼 수 있으나,[19] 다음과 같은 배경도 도입 필요성을 강조하고 있다.

첫째, 공기업은 설립 목적적 관점에서 윤리적 활동을 중시할 수밖에 없다. 즉, 공기업은 민간기업과는 달리 이윤추구를 목적으로 하지 않으며, 사회적 가치 실현을 통해 국민의 복리증진에 기여해야 한다. 공익적 목표 구현을 효과적으로 이행하기 위해서는 도덕적 · 사회적 기준에 충실할 수밖에 없으며, 윤리적 기준에 미흡한 공기업 운영은 실질적 주인인 국민으로부터 신뢰를 받기 어렵다.

둘째, 공기업은 서비스 관점에서 윤리적 활동을 중시해야 한다. 국민의 일상생활에 필수불가결한 재화나 서비스를 제공해야 하는 공기업은 공정하고 투명한 활동을 통해 차별 없는 보편적 서비스를 제공하는 것이 중요하다. 방만한 경영과 부패적 요소의 제거는 민간기업보다 엄격한 잣대가 적용될 수밖에 없다.

셋째, 공기업 내부의 동기유발 관점에서 윤리경영이 중시되어야 한다. 공기업은 법률에 의해 폐지되지 않는 한 지속적 경영을 도모할 수 있기 때문에 도덕적 해이 현상이 발생할 수 있다. 특히 열심히 일하지 않아도 퇴출에 대한 우려가 없으며, 민간기업처럼 생존을 위한 동기부여가 미약하고, 공익성이라는 미명 하에 수익성을 배제하거나 방만한 경영을 조직 내적으로 용인하는 개연성이 높다. 따라서 비윤리적 조직 내적 행태를 지양하고, 도덕적 책임성을 강화해야 한다.

넷째, 공기업의 사회적 책임 구현을 위해서 윤리적 활동이 필요하다. 윤리경영은 사회적 책임경영과의 밀접한 연관성을 지니고 있는데(Schwartz & Carroll, 2003), 윤리경영을 단순히 반부패적 · 비도덕적 행위 근절에 초점을 두기보다는 사회적 책임까지 포함시켜 포괄적으로 이해하는 경향이 있다. 기업의 책임을 단계적으로 제시한 캐롤(Carroll, 1979)의 주장처럼 윤리경영을 기업활동이 사회에 미치는 윤리적 타당성으로 인식하고 있으므로, 윤리경영은 단순히 내부적 도덕성 기준 확립을 의미하는 것이 아니라 사회적 책임까지도 포함되는 개념이다. 특히 공기업은 민간기업과 달리 공익성을 기반으로 한 사회적 존재 이유가 중요하므로, 윤리경영을 통한 사회적 책임 구현은 매우 중요한 경영요소이다.

다섯째, 공기업의 조직문화 개선을 위해 윤리경영이 필요하다. 윤리경영은 조직의 투명성 확보를 위한 기반이 되며, 조직구성원에게 조직과 인간에 대한 신뢰에 영향을

---

19) 2016년 9월부터 부정청탁 및 금품 등 수수의 금지에 관한 법률이 시행됨에 따라 공기업의 윤리경영은 매우 중요한 요소가 되었으며, 윤리교육 강화, 내부고발 절차 정비, 징계 강화 등을 모색하고 있다.

주어 조직구성원의 사기 향상에 기여할 수 있다. 특히 조직 내적 신뢰를 바탕으로 생산적 조직문화를 조성할 수 있으며, 조직 외부적으로는 이미지 및 조직성과 향상에 기여할 수 있다(Miles & Covin, 2000; Waddock & Smith, 2000).[20] 특히 윤리경영을 통한 명성효과(reputation effect)는 조직이미지 및 성과에 영향을 준다(한진환 · 연경화, 2012).

2) 공기업 윤리경영 강화 방안

(1) 윤리경영시스템의 제도화

윤리경영시스템을 구축하기 위한 요소로는 윤리적 이슈의 인식, 윤리적 제도의 구축, 윤리적 의지 확립, 윤리적 행동 촉진 등이 제시되고 있는데(Jones, 1991), 경영자의 의지, 윤리경영시스템의 구축, 윤리교육과 훈련, 윤리경영의 평가 및 환류 등이 체계적으로 구비될 필요가 있다. 윤리경영과 관련된 다양한 핵심항목을 지수화(윤리경영지수)하여 매년 경영관리체계과 연계하여 운영하는 방안을 고려할 필요가 있다.

공기업의 윤리경영은 공기업에 대한 국민들의 이미지 제고에 기여하며, 조직구성원들의 사기를 북돋우어 서비스 품질 향상에 기여할 수 있다. 특히 국민들로부터의 신뢰 및 지지 확보는 다시 윤리경영에 대한 투자로 이어질 수 있으며, 공기업 내부의 비효율적 방만경영요소를 제거할 수 있는 장점이 있다.

(2) 윤리경영의 경영가치체계 내재화

윤리경영을 효과적으로 수행하기 위해서는 윤리경영을 공기업 내의 미션, 비전, 가치, 전략, 사업 등에 내재화하여 임직원이 충분히 인지하고 있어야 한다. 윤리경영을 미션과 비전과 연계하고, 사업으로 구체화하여 환류할 수 있는 역량이 공기업 조직 내에 갖추어져야 효과적인 윤리경영을 도모할 수 있다. 특히 경영가치체계 속에 윤리경영을 내재화할 수 있는 우선적인 과제는 최고 관리자의 관심과 지지가 절대적이라고 할 수 있다.

---

20) 윤리경영 실천기업들은 이직조정을 통한 분식회계 가능성이 낮고, 기업의 불확실성이 적은 좋은 기업들이므로, 자본시장 참여자나 이해관계자들이 가능한 빠르게 기업의 재무정보를 확인 가능하도록 제공한다(안상봉 · 신용준, 2012). 또한 윤리경영 실천 지수가 높을수록 회사채 신용평가점수가 높게 나타난다(이용균 · 이민우, 2012).

〈표 12-12〉 윤리경영시스템의 제도화 체크리스트(윤리경영지수)

구분	핵심내용	
윤리경영 추진체계	경영자의 관심	경영자의 관심도 측정(사장 지시사항 등)
	이사회의 지원	공기업 지배구조를 형성하는 이사회의 관심과 지원
	윤리경영위원회	외부 위원의 참여 기능 강화
	실무추진 조직	총괄 팀의 지정・운영, 각 팀별 윤리경영리더 지정・운영
	이해관계자 조정	이해관계자의 윤리판단 강화를 위한 조정 제도 정비
윤리경영 규범체계	규범 제・개정	윤리경영 관련 직무행동지침, 사규 등을 정비
	규범 책자 제작	윤리경영 가이드북(e-book) 및 매뉴얼 제작・배포
	경영가치 연계	공기업의 미션, 비전, 전략과의 연계
	청렴도향상계획	국민권익위 지표와 연계된 청렴도 향상 계획 수립・운영
윤리교육 인재양성	윤리교육 전담자	계층별 윤리교육 담당자 지정(담당자 우선 교육, CDP)
	윤리교육 과정	단기, 중기, 장기로 구분하여 윤리교육체계 구축
	윤리교육 예산	윤리교육 강화를 위한 재원배분의 합리화
	윤리교육 평가	교육성과를 측정하여 개인・부서별 역량강화와 연계
윤리경영시스템	상시 자가 진단	임직원들이 상시 자가 진단할 수 있는 프로그램 개발 인트라넷 로그인 시 자가 진단 실시
	홈페이지 활성화	홈페이지 윤리경영 관련 게시판, 상담, QnA 운영
	윤리경영 홍보	대외 홍보 강화(캠페인, 포럼, 대외 행사 참여 등)
	클린신고센터	인터넷 접근 경로의 강화 및 활용성 제고 노력
	경영공시 강화	정확성과 신속성을 담보한 공시 프로세스(정기, 수시)
	모니터링	고객, 임직원, 협력사, 일반사회, 환경 등에 대한 점검 고객정보보호, 계약 투명성, 사회공헌활동 강화
윤리경영평가체계	자체 진단모델	자체적인 윤리경영 평가 진단모델 구축 및 지속 개선
	KPI 도입	윤리경영성과를 반영할 수 있는 핵심지표 구축 및 측정 공기업 경영평가와 연계될 수 있는 지표 구축
	위기관리시스템	위험요소들을 지표체계로 구축하고 상시 모니터링 구축
	인센티브 강화	우수 부서, 개인 시상 및 포상(내부 부조리 신고 강화)
	환류계획	윤리경영 우수 사례 전파(타 기관 벤치마킹)

윤리경영시스템을 제도화하기 위해서는 추진체계, 규범체계, 윤리교육, 윤리경영시스템, 윤리경영평가체계 등으로 구분하여 추진내용을 명확히 설정하고, 경영관리요소에 내재화하여 운영할 필요가 있다(〈표 12-12〉 참조).

[그림 12-6] 윤리경영과 경영가치체계 예시

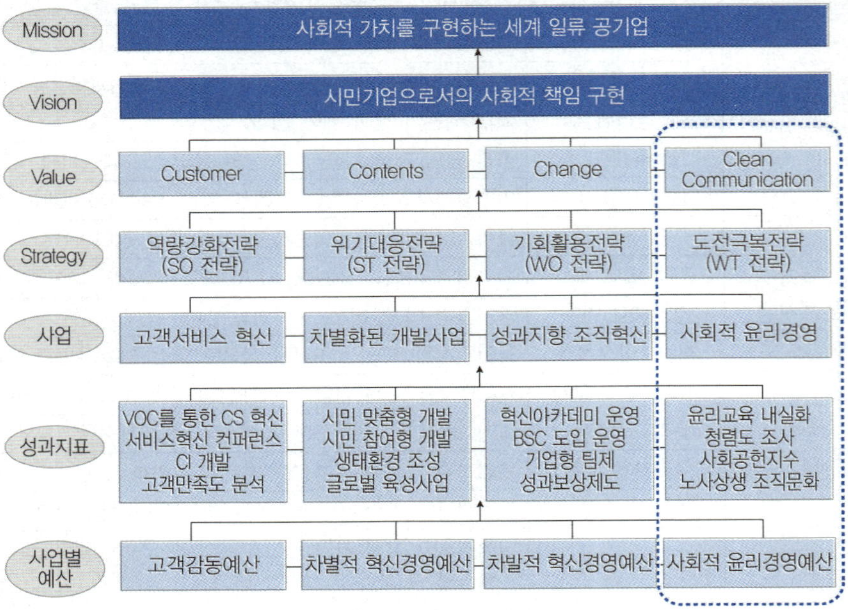

(3) 국민권익위원회의 청렴도 평가 환류 강화

국민권익위원회는 공공기관의 청렴수준을 객관적·과학적으로 측정하고 기관의 부패유발요인을 체계적으로 진단함으로써, 측정 결과 나타난 부패취약분야에 대한 각급 기관들의 자율적 개선노력을 유도하고 있다. 국민권익위원회의 청렴도 평가는 청렴체감도(60%), 청렴노력도(40%), 부패 실태(−10%)로 측정되는데, 공기업을 포함한 공공기관이 포함되며, 매년 측정되어 공표되고 있으므로 청렴도 평가에 따른 측정항목별 결과를 공기업 내부의 윤리경영 기준 강화에 활용할 필요가 있다.

〈표 12-13〉 국민권익위원회의 종합청렴도 평가

구분	비중	측정방식	측정방법
청렴체감도	60%	설문조사	외부업무(70.4%) + 조직내부운영(29.6%)
청렴노력도	40%	제출보고서 평가	3개 분야(추진체계, 추진실적, 시책효과성) 12개 지표
부패 실태	−10%	부패사건 수준평가	1년 간 실제 부패사건 발생 수준

자료: 국민권익위원회(2023). 『공공기관 종합청렴도 평가안내서』에서 재구성.

(4) 윤리교육 강화

윤리 기준 및 법령이 제도적으로 구비되어 있더라도 이를 실천하기 위해서는 조직구성원 모두가 윤리 기준 및 법령을 이해하고 있어야 한다. 따라서 윤리 기준 및 법령을 제대로 이해시키기 위한 윤리교육은 매우 중요하며, 실질적 사례 교육을 병행하여 윤리적 딜레마 상황에서 올바른 의사결정을 유도해 나가야 한다.

윤리교육이 윤리경영을 강화하는 데 미미할 수 있다는 연구 결과도 존재하지만(Bartlett & Preston, 2000), 비윤리적 행위를 감소시키는 효과적인 방법은 윤리교육이라고 할 수 있다(LeClair & Ferrell, 2000; 허경화 · 박서영 · 안윤영, 2016). 특히 윤리적 딜레마 상황에서 윤리적 의사결정과 행동을 유도해 내기 위해서는 윤리교육 프로그램을 운영해야 한다(Mayhew & Murphy, 2009).

(5) 공익제보기능 강화

공익제보(whistle-blowing)는 조직 내의 불법 · 비윤리적 행위를 외부에 알리는 행위라 할 수 있는데, 조직의 투명성 확보와 반부패 청산에 긍정적으로 기여하는 장치다(Denhardt, 1991; Sims & Keenan, 1998). 또한 공익제보 행위에 대한 거부감을 해소하고, 내부고발에 대한 적극적 의지를 강화하기 위해서라도 윤리교육 강화가 필요하며, 비윤리적 행위를 미연에 방지하는 데 윤리교육이 긍정적인 영향을 미친다(Kaplan & Schultz, 2006; LeClair & Ferrell, 2000).

참고문헌

[국내 문헌]

1. 단행본

강성철 외(2005). 『새 인사행정론』. 서울: 대영문화사.
강현호(2005). 『행정법각론』. 서울: 박영사.
권영성(1981). 『신고헌법학원론』. 서울: 법문사.
김원기(1997). 『재무관리』. 서울: 삼영사.
김철수(1981). 『신헌법학개론』. 서울: 박영사.
김택(2010). 『공기업 윤리경영』. 파주: 한국학술정보.
라영재 · 윤태범(2010). 『공공기관 지속가능경영의 성과와 한계』. 서울: 한국조세연구원.
류상영(1998). 『민주화시대의 정부와 기업』. 서울: 오름.
박경서 · 조명헌(2002). 『한국기업의 지배구조와 경영투명성』. 한국경제연구원 정책보고서 2002-06.
박경원 · 김희선(1998). 『조직이론 강의』. 서울: 대영문화사.
박순애 편(2017). 『공공부문의 성과측정과 관리』. 서울: 문우사.
박영희 외(2010). 『공기업론』. 서울: 다산출판사.
백평선(2001). 『공기업 민영화』. 서울: 연세대학교출판부.
사공일(1979). 『한국 공기업부문의 국민경제적 역할』. 서울: 한국개발연구원.
석종현(1992). 『일반행정법(하)』. 서울: 삼영사.
송대희 외 3인(1987). 『공기업경영평가의 이론적 배경과 기법』. 서울: 한국개발연구원.
송영출(1995). 『재무분석』. 서울: 편앤런.
심병구 외(1993). 『재무관리(제4판)』. 서울: 박영사.
안용식 · 강동식 · 원구환(2006). 『지방행정론』. 서울: 대영문화사.
안용식 · 원구환(2001). 『지방공기업론(개정판)』. 서울: 대영문화사.
오석홍(1999). 『조직이론(제3판)』. 서울: 박영사.
______(2008). 『행정학(제4판)』. 서울: 박영사.
원구환(2019). 『재무행정론(3정판)』. 서울: 대영문화사.
유승현 · 김주희(2016). 『재정성과목표관리제도의 실효성 제고방안』. 서울: 감사원 감사연구원.
유훈(1976). 『공기업론』. 서울: 법문사.
유훈 · 배용수 · 이원희(2010). 『공기업론』. 파주: 법문사.

윤세창(1981). 『행정법(하)』. 서울 : 박영사.
윤성식(1994). 『공기업론』. 서울: 박영사.
이상규(1992). 『신행정법론(하)』. 서울: 법문사.
이선 외(2000). 『한국 기업지배구조의 현재와 미래』. 서울: 미래경영개발연구원.
이영기(1996). 『글로벌 경쟁시대의 한국기업 소유지배구조』. 서울: 한국개발연구원.
이헌창(2008). 『한국경제통사(제3판)』. 서울: 박영사.
이홍규(1999). 『한국형 기업지배구조』. 서울: 산업연구원.
장영광(1996). 『현대경영분석』. 서울: 무역경영사
정한규(1994). 『재무관리(제3판)』. 서울: 경문사.
지청(1986). 『현대재무관리론』. 서울: 무역경영사.
지청 · 장하성(1996). 『재무관리』. 서울: 법경사.
허영(1990). 『한국헌법론』. 서울: 박영사.

2. 논문

강석훈(2023). 주요국의 공기업 국가지주회사 현황. 『공공경제』. 한국조세재정연구원. 40-43.
강준구 외(2001). 한국 기업의 지배구조: 현재와 미래. 『경영학 뉴패러다임』. 107-335. 서울: 박영사.
강철승(1990). 『부가가치정보의 회계학적 측정과 이용: 기업부실 예측을 중심으로』. 중앙대학교 대학원 박사 학위논문.
권순만 · 김난도(1995). 행정의 조직경제학적 접근: 대리인 이론의 행정학적 함의를 중심으로. 『한국행정학보』. 29(1): 77-95.
권영철(2014). 기업의 혁신성과 사회적 책임성에 따른 지속가능경영 유형화에 관한 탐색적 연구: 소비자 지각을 중심으로. 『Korea Business Review』. 한국경영학회. 18(2): 1-15.
권택호 · 최수미(2013). 대규모기업집단 중 지주회사에 속한 기업의 소유지배괴리도와 이익조정. 『금융공학연구』. 한국금융공학회. 12(2): 97-126.
김강(2012). 지속가능경영이 장단기 경영성과에 미치는 영향. 『회계연구』. 대한회계학회. 17(4): 95-118.
김건휘 · 김동준 · 이미균(2016). 윤리경영 인식이 기업의 사회적 책임에 미치는 영향에 관한 연구. 『호텔경영학연구』. 한국호텔외식관광경영학회. 25(1): 181-198.
김문수 · 안지영 · 한중호(2013). 정부소유권과 민영화 공기업의 경영효율성: 정부주도 경영효율성개선 가설을 중심으로. 『산업경제연구』. 26(5): 2321-2336.
김상표 · 신진교(1999). 역설의 경영: 전략과 부서간의 권력관계에 대한 재해석. 『산업경제연구』. 한국산업경제학회. 12(5): 403-427.
김선화 · 이계원(2013). 기업의 사회적 책임활동(CSR) 관련 연구들에 대한 검토 및 향후 연구방향. 『대한경영학회지』. 26(9): 2397-2425.
김성건(2016). 기업의 사회적 책임(CSR)에 관한 연구. 『디지털융복합연구』. 한국디지털정책학회. 14(6): 69-83.
김성훈 · 박철순(2000). 사외이사제도의 이론적 배경과 시대적 의미. 『전략경영연구』. 3(2): 1-23.
김숙연 · 이상철(2016). 기업의 사회적 책임 활동에 대한 자발적 공시와 이익의 지속성. 『상업교육연구』. 한국상업교육학회. 30(2): 165-184.
김영신 · 고혁진(2011). 글로벌 시대의 윤리경영과 기업의 사회적 책임에 관한 연구. 『윤리교육연구』. 26: 221-240.
김용현 · 장승욱 · 강지은(2014). CSR과 지속가능보고서 및 장기 재무성과. 대한경영학회 학술발표대회논문

집. 636-651.
김윤권 · 윤두섭(2011). 공공부문의 책임성 확보 방안: 기업 거버넌스의 주인-대리인 시각에서. 『현대사회와 행정』. 한국국정관리학회. 21(2): 27-51.
김윤환(2012). 기업의 사회적 책임(CSR)활동이 고객충성도 및 프리미엄 가격 지불의도에 미치는 영향. 동아대학교 박사학위논문.
김의섭(2007). 공공선택론적 재정관. 『재정정책논집』. 한국재정정책학회. 9(1): 41-62.
김인동 · 최종인(2012). 공기업의 윤리경영 실천효과에 대한 실증적 연구. 『인적자원개발연구』. 14(1): 49-73.
김택수(2023). 공공기관 안전관리 강화를 위한 정책 방향. 『공공경제』. 한국조세재정연구원. 14: 8-12.
김현숙(2007). 우리나라 공기업 민영화가 기업경영성과에 미친 영향에 관한 실증분석. 『재정논집』. 22(1): 35-60.
남상민(2009). 지속가능성보고서를 토대로 한 기업 지속가능가치평가. 『한국콘텐츠학회논문지』. 9(10): 339-348.
류상영(1997). 민영화 성공을 위한 원칙과 방식. 『삼성경제』. 61: 22-33.
문영세 · 황영호(1999). 원가적상방식과 공정보수방식 개념의 비교 고찰. 『한국행정논총』. 11(4): 857-870.
민순홍 · 박세범 · 김동희 · 유정아(2012). 지속가능 경영의 통합적 이론 모형. 『로지스틱스연구』. 한국로지스틱스학회. 20(1): 45-71.
민재형 · 하승인 · 김범석(2015). 기업의 지속가능경영 활동이 기업의 장단기적 가치에 미치는 영향. 『경영학연구』. 44(3): 713-735.
민희철(2009). 민영화가 기업의 수익성에 미친 효과 분석. 『재정학연구』. 2(2): 67-86.
박미희 · 최국현(2013). 공기업의 민영화와 이익 유연화. 『생산성논집』. 27(4): 419-446.
박석희 · 이선영(2016). 공공기관의 윤리경영 실태 및 경영성과에 대한 영향 분석. 『한국사회와 행정연구』. 26(4): 1-26.
박정수(2012). 확장된 공기업 민영화의 경제적 효과분석. 『국가정책연구』. 26(3): 81-104.
박종철 · 김경숙 · 이한준(2012). 기업의 지속가능경영 활동 측정을 위한 척도개발 연구. 『기업경영연구』. 한국기업경영학회. 19(2): 79-98.
박종흡(1988). 청문회제도의 이론과 실제. 『국회보』. 제401호: 37-52.
박치성 · 조성한(2011). 비영리 공동모금재단 책임성에 관한 시론적 연구: 공동모금재단 책임성 모형 개발과 공동모금회/대한적십자사 사례 비교를 중심으로. 『현대사회와 행정』. 한국국정관리학회. 21(3): 169-199.
박헌준 · 이종건(2002). 기부와 환경보호: 기업의 사회공헌 활동과 재무적 성과에 관한 실증적 연구. 『인사조직연구』. 10(1): 95-133.
박희봉 · 최상민(2009). 정부업무 자체평가의 효과 증진을 위한 영향요인: 중앙행정기관 공무원의 인식을 중심으로. 『정책분석평가학회보』. 19(4): 181-208.
백윤정 · 정진철 · 최순권(2002). 최고경영진의 지식다양성과 사회적 범주 다양성이 조직성과에 미치는 영향. 『인사조직연구』. 10(2): 1-34.
복문수(1997). 영국과 독일의 공기업 민영화정책에 관한 비교연구. 『한국행정사학지』. 5: 313-330.
삼성경제연구소 CEO 인포메이션(2012.2.29). 협력으로 승화하는 기업의 사회공헌.
서창석 · 이인태(2012). 기업의 이윤추구를 넘어 윤리경영 리더로의 도약: 신세계 백화점의 윤리경영 사례를 중심으로. 『서비스경영학회지』. 13(4): 53-81.
성명재(2011). 우리나라 공공기관의 GDP 비중 추정. 『재정학연구』. 한국재정학회. 4(2): 151-182.

성시영 · 홍준형(2012). 헌법재판소 재판관 인사청문회에 나타난 정치와 사법의 관계. 『한국사회와 행정연구』. 23(3): 349-367.
손상균 · 박준호 · 이진식(2017). 방위산업의 적정 투하자본 산정에 관한 연구. 『상업교육연구』. 31(2): 159-178.
송대희 · 송명희(1988). 우리나라 독점공기업의 성장요인 분석: 한국전력공사와 한국전기통신공사를 중심으로. 『한국개발연구』. 한국개발연구원. 10(4): 39-59.
송인만 · 이용호(1997). 이익유연화현상과 정보효과. 『회계연구』. 22(4): 193-220.
신강균(2003). 기업의 사회적 책임활동의 효과에 관한 연구. 『광고학연구』. 한국광고학회. 14(5): 205-221.
신상훈 · 김선미(2015). 내부 감사와 이익조정과의 관계에 대한 연구: 공기업 상임감사 직무수행 실적평가를 중심으로. 『회계 · 세무와 감사 연구』. 57(3): 1-25.
안미강 · 고대영(2014). 외국인투자자와 성과가 지속가능경영 및 기업가치에 미치는 영향. 『국제회계연구』. 한국국제회계학회. 53: 230-251.
안상봉 · 신용준(2012). 기업의 윤리경영과 재무정보 적시성. 『회계정보연구』. 한국회계정보학회. 30(4): 193-212.
안상아(2013). 국내 공공기관의 지속가능경영보고서 발간 현황 분석. 『기업지배구조리뷰』. 한국기업지배구조원. 69: 74-97.
안춘복 · 윤대혁(2013). 윤리경영에 대한 인식도가 내부고발의지, 기업이미지 및 조직성과에 미치는 영향. 『인적자원관리연구』. 한국인적자원관리학회. 20(3): 231-257.
양동훈 · 박연희 · 최신재 · 권수천(2007). 이익유연화가 기업의 부채조달비용에 미치는 영향에 관한 연구. 『회계저널』. 16(4): 57-77.
양만식(2010). 기업의 윤리경영과 사회적 책임. 『기업법연구』. 한국기업법학회. 24(1): 245-275.
양종삼(1999). 체코의 바우처 민영화에 관한 연구. 서울대학교 행정대학원 석사학위논문.
오근혜 · 강승모(2014). 지속가능경영활동이 재무적 성과 및 기업가치에 미치는 영향에 관한 연구. 『세무회계연구』. 한국세무회계학회. 40: 81-108.
오성근(2006). 기업의 사회적 책임(CSR)과 사회적 책임투자(SRI)에 관한 고찰. 『비교사법』. 한국비교사법학회. 13(4): 505-543.
오승환 · 박경일(2014). 윤리경영이 조직 이미지에 미치는 영향에 관한 연구. 『한국지역사회복지학』. 한국지역사회복지학회. 48: 45-75.
오필환(2007). 공기업 윤리경영에 관한 연구. 『한국부패학회보』. 한국부패학회. 12(3): 131-152.
원구환(1997). ROE 분석을 통한 지방공기업의 경영성과 평가. 『한국지방자치학회보』. 9(3): 147-170.
______(1999). 지방상하수도사업의 재정적 자율책임경영체제의 확보방안. 『지방재정논집』. 한국지방재정학회. 4(2): 141-158.
______(2000). 지방공기업의 효율적 행정통제방안에 관한 연구. 『한국지방자치학회보』. 한국지방자치학회. 12(4): 133-151.
______(2004). 복잡성, 공식화, 분권화의 조직구조화 변수간 상관성 분석: 우정사업본부를 중심으로. 『한국행정연구』. 한국행정연구원. 13(1): 118-137.
______(2008a). 지방공기업 내부지배구조로서의 이사회 구성과 재무성과간의 상관성 분석: 지방개발공사를 중심으로. 『지방정부연구』. 한국지방정부학회. 11(4): 111-127.
______(2008b). 행정의 책임성 확보와 청지기이론의 적용가능성. 『한국공공관리학회보』. 한국공공관리학회. 22(4): 507-529.
______(2010a). 지방상수도사업의 전문기관 위탁 효율성 분석. 『한국지방자치연구』. 대한지방자치학회. 12

(3): 91-110.
______(2010b). 지방자치단체 성과관리 추진 체계의 효율화 방안. 『사회과학연구』. 충남대학교 사회과학연구소. 21(4): 23-48.
______(2011). 지방공기업의 부가가치생산성과 재무비율과의 관계 분석. 『지방재정논집』. 한국지방재정학회. 16(2): 115-145.
______(2012). 지방공기업이 지역내총생산에서 차지하는 비중 추정. 『한국지방자치연구』. 14(3): 125-147.
______(2014). 지방공기업 인사청문회 도입 방안에 관한 연구. 『입법&정책』. 서울시의회. 8: 19-42.
______(2016). 지방공기업 통제에 대한 인식분석과 효율적 개선방안. 『한국지방공기업학회보』. 12(2): 1-22.
______(2017a). 공기업에 대한 과세와 조세귀착 및 초과부담간의 상관성 분석. 『한국지방공기업학회보』. 한국지방공기업학회. 13(1): 1-21.
______(2017b). 사회적 가치 제고를 위한 전력발전 공기업의 성과관리 방안. 박순애 편. 『공공부문의 성과측정과 관리』. 서울: 문우사. 507-536.
유승원(2009). 공기업의 지배구조와 경영성과. 『한국개발연구』. 31(1): 71-103.
윤각 · 조재수(2007). 기업의 사회적책임 활동의 효과에 관한 연구: 멀티스테이크홀더 관점을 중심으로. 『광고학연구』. 한국광고학회. 18(5): 241-255.
윤성만 · 이강영(2012). 공공기관의 손실보전제도와 지배구조가 이익조정에 미치는 영향. 『회계저널』. 21(4): 69-98.
윤성식(1997). 최근 선진국 예산개혁의 교훈: 대리인 이론의 관점. 『한국행정학보』. 31(2): 111-123.
윤승영 · 김원웅 · 송민경(2014). 지주회사 전환과 지배구조 리스크: 만도 사례를 중심으로. 『경제법연구』. 한국경제법학회. 13(3): 3-33.
윤재창 · 이욱기 · 김동혁(2015). 융복합 시대에서 지속가능경영활동이 혁신성에 미치는 영향에 관한 연구. 『디지털융복합연구』. 한국디지털정책학회. 13(4): 115-125.
윤태범(2011). 『공공기관 경영평가제도의 평가와 발전방향』. 공공기관 선진화 합동학술대회.
______(2014). 공공기관 감사의 지위와 역할. 『2014공공기관과 국가정책』. 공공기관연구센터. 179-205.
이기환 · 김기수(1998). 영국의 공기업 민영화정책에 관한 연구. 『유럽연구』. 7: 309-349.
이도희 · 김서윤(2016). 윤리경영 인식에 대한 주관성 연구. 『국제회계연구』. 66: 219-244.
이동기 · 조영곤(2001). 이사회 구조가 연구개발투자에 미치는 영향. 『경영학연구』. 30(4): 1251-1263.
이민정 · 이수연 · 이호영(2009). 공기업의 부분민영화 및 완전민영화에 관한 사례연구: 한국가스공사와 KT&G를 중심으로. 『연세경영연구』. 46(2): 245-277.
이상덕(2010). 영조물에 관한 연구: 공공성 구현 단위로서 '영조물' 개념의 재정립. 『행정법연구』. 한국행정연구소. 26: 281-321.
이상민(2002). 기업의 사회적 책임: 미국과 한국 기업의 사회공헌활동 비교. 『한국사회학』. 36(2): 251-262.
______(2007). 역설경영의 관점에서 본 Y-K 모델의 효과성 연구. 『산업과 경영』. 충북대학교. 20(1): 133-154.
이성우(2006). 전력산업에 있어 투자보수율 요금규제의 비효율성 개선방안. 『규제연구』. 15(1): 191-218.
이수연 · 이호영 · 이민정(2009). 공공기관 기관장의 보상과 이익조정. 『경영교육연구』. 58: 67-81.
이양복(2016). 다국적기업 사회적 책임활동(CSR)의 통합 피라미드 모델에 관한 연구. 『전문경영인연구』. 한국전문경영인학회. 19(1): 101-122.
이양복 · 김창수(2016). 한국기업 해외자회사의 전략적 CSR 활동의 동인 및 성과에 관한 연구. 『국제경영연구』. 27(1): 83-110.
이용균 · 이민우(2012). 기업의 윤리경영과 신용평가. 『경영교육연구』. 한국경영교육학회. 27(6): 263-279.

이정주(2013). 청렴시스템과 조직청렴도 및 조직몰입과의 관련성에 관한 연구. 한국지방자치학회 학술대회 발표논문집. 304-323.

이종정(2013). 수도요금 규제체계 선진 사례: 영국의 가격상한제를 중심으로. 『물 정책 · 경제저널』. 21: 103-115.

이중호 · 이호영(2006). 감사와 경영실적평가가 공기업의 이익조정에 미치는 영향. 『연세경영연구』. 46(2): 27-48.

이현근 · 장재혁 · 한관희(2016). 기술지주회사 사업 모델 제안: 창업투자회사 사례를 중심으로. 『한국콘텐츠학회논문지』. 한국콘텐츠학회. 16(4): 466-476.

이현복(2015). 기업의 비윤리적 행위와 주가변화에 관한 연구. 『기업경영연구』. 한국기업경영학회. 22(4): 85-100.

임성준 · 정형철(2001). 산업특성과 CEO 특성간의 관계 및 이들간의 적합성이 경영성과에 미치는 영향에 관한 연구. 한국경영학회 하계학술발표논문집. 585-596.

임영덕 · 신가은(2012). 지방의회 인사청문회에 관한 법적 고찰. 『법과사회』. 43: 357-384.

임용택 · 이창훈 · 백승걸(2010). 고속도로 통행요금제도 및 요금변화에 따른 통행수요분석. 『국토연구』. 17(1): 51-60.

임종옥(2016). ESG 평가정보 및 이익관리가 기업가치에 미치는 영향. 『경영교육연구』. 31(1): 111-139.

임희영(2017). 근로자 이사회 참여(1): 유럽경제지역을 중심으로. 『공공기관 해외동향』. 한국조세재정연구원 공공기관연구센터. 9월호: 1-9.

장영철 · 안치용(2012). 기업의 사회적 책임(CSR)과 기업성과 · 경쟁력의 재음미: 선행연구들을 중심으로. 『대한경영학회지』. 25(9): 3553-3577.

장철(2014). 지속가능경영보고서를 통한 자발적 비재무정보공시가 자기자본비용에 미치는 영향. 『국제경상교육연구』. 11(2): 1-32.

정대현 · 김종대 · 김연복(2014). 환경투자가 기업의 장기 주가수익률에 미치는 영향. 『회계정보연구』. 한국회계정보학회. 32(3): 139-165.

정태수 · 김경란 · 김근영(2012). 글로벌 기업의 지속성장전략: 지속가능경영 6대 트랜드. 『CEO Information』. 제852호. 삼성경제연구소.

정희수 · 조윤형(2003). 기업지배구조와 신뢰. 『경영학연구』. 31(7): 1865-1885.

조진만 · 최준영 · 유광종(2012). 정파적 인사청문회, 언론의 보도행태, 그리고 정치신뢰. 『동서연구』. 24(4): 183-204.

주경태 · 윤성식(2006). 공기업 민영화의 효과성에 관한 연구. 『행정논총』. 44(3): 67-92.

주수익(2012). 공정거래법상 지주회사의 규제에 대한 개선방안: 행위규제를 중심으로. 『상사판례연구』. 한국상사판례학회. 25(1): 351-389.

주효진 · 김옥일 · 박광국(2007). 행정조직의 문화유형에 대한 실증적 분석. 『한국사회와 행정연구』. 18(3): 41-59.

채원호(2011). 한국 공기업의 윤리경영 강화방안 연구: AHP 적용을 통한 우선순위 분석. 『정책분석평가학회보』. 21(1): 51-78.

천미림 · 김창수(2011). CSR의 지속성이 CSR과 재무성과의 관계에 미치는 영향. 『회계정보연구』. 29(3): 351-374.

최지호 · 문연희(2008). CSR 활동에 관한 소비자의 기업평가, 업종별 비교분석. 『상품학연구』. 26(4): 37-45.

최창명 · 김성수(2005). 윤리경영의 운영과 리더에 대한 신뢰가 조직몰입에 미치는 영향. 『기업경영연구』. 한국기업경영학회. 12(2): 89-119.

한진환 · 연경화(2012). 윤리경영과 기업성과간 기업지배구조의 조절효과. 『디지털정책연구』. 한국디지털정책학회. 10(2): 133-140.
허경화 · 박서영 · 안윤영(2016). 윤리교육에 대한 카지노 직원의 지각수준이 내부고발의지 및 비윤리적 행위에 대한 태도에 미치는 영향: 이상주의 윤리가치관의 조절효과. 『호텔경영학연구』. 25(6): 51-70.
현진권 · 이은상(2002). 공기업 부채를 어떻게 볼 것인가? 정부투자기관을 중심으로. 『한국금융연구』. 한국금융연구원. 8(1): 1-38.

3. 연구보고서 및 정부간행물

경제기획원(1988). 『공기업백서』.
공정거래위원회(2005). 『2005 공정거래백서』.
국민권익위원회(2012). 『2012년 산업별 기업 윤리경영모델』.
국회예산정책처(2023a). 『2023 대한민국 공공기관』.
______(2023b). 『정기국회국정감사 공공기관 현황과 이슈』.
기획예산처(2002). 『정부개혁백서』.
기획재정부(2022). 『2023 공공기관 경영평가편람』.
기획재정부 · KDI국제정책대학원(2013). 『2012 경제발전경험모듈화사업: 한국 공기업 및 공공기관의 지배구조』.
대한석탄공사(2001). 『대한석탄공사 50년사(1950~2000)』.
신기남(2013). 『실패한 영국 철도 민영화: 그 불편한 진실』. 정책자료집.
신산업경영원(2010). 『한국 대기업그룹 재무분석』.
아름다운재단(2011). 『한국기업의 사회공헌 활동 실태조사』.
에너지경제원(2004). 『전력산업 기능별 분리에 따른 요금결정원칙 검토 및 새로운 요금산정기준 마련』.
윤수재 · 이광희 · 홍재환(2008). 『성과관리제도에 대한 해외사례 비교 분석: 영국, 캐나다, 뉴질랜드』. 서울: 한국행정연구원.
이광희 · 임동진(2009). 『성과관리계획상의 만족도지표 실태분석 및 개선방안 연구』. 서울: 한국행정연구원.
이두희 · 고동수 · 김동수(2014). 『공유가치창출(CSV)을 통한 지역산업의 지속가능한 경쟁력 강화방안』. 산업연구원 연구보고서(2013-677).
전국경제인연합회(2011). 『2011 기업 · 기업재단 사회공헌백서』.
______(2013). 『2013 기업 · 기업재단 사회공헌백서』.
중소기업진흥공단(1995). 『중소기업 경제 · 경영지표』.
지방공기업평가원(2015). 『대한민국 지방공기업 50년사』.
한국경제연구원(1999). 『우리나라 기업지배구조의 새로운 패러다임 모색』. 정책연구 보고서 99-03.
한국기술가치평가협회(2002). 『기술 · 기업가치평가 용어사전』.
한국생산성본부(2010). 『상장기업의 부가가치분석』.
한국은행(2010). 『기업경영분석』.
한국조세연구원(2007.6). 『공기업 민영화 성과분석: 국민경제적 관점의 효과』.
______(2010). 『핀란드 공기업 연차보고서』.
한국조세재정연구원(2022). 『공기업 부가가치 추계 및 GDP 비중 추정』.
행정안전부(각 연도). 『지방공기업결산 및 경영분석』.
행정안전부(2023). 『지방공기업 경영평가편람』.
환경부(2005). 『지속가능경영 추진 가이드라인: 환경 측면을 중심으로』.

[외국 문헌]

1. 일본 문헌

加藤 寛 編(1966).『公企業の經濟學』. 東京: 東洋經濟新報社.
傑原勝美(1977).『地方公營企業の經營(現代地方自治全集 17)』. 東京: ぎょうせい.
宮本憲一(1980).『都市經濟論 - 共同生活條件の政治經濟學』. 東京: 筑摩書房.
大島國雄(1976).『公企業の經營學(新訂版)』. 東京: 白桃書房.
______(1984).『公企業改革の時代』. 東京: 同文館.
尾上久雄・廣岡治哉・新田俊三 編譯(1987).『民營化の世界的潮流』. 東京: 御茶の水書房.
北 久一(1961).『公益企業論』. 東京: 東洋經濟新報社.
北神 智・山中昭榮(1986).『地方公營企業(自治行政講座 9)』. 東京: 第一法規.
寺尾晃洋(1971).『改訂 獨立採算制批判』. 京都: 法律文化社.
山本秀雄 編(1986).『公企業論(經營會計全書19)』. 東京: 日本評論社.
山本政一(1969).『公企業批判』. 東京: ミネルウァ書房.
______(1982).『現代公共企業體論』. 東京: 千倉書房.
山城 章(1961).『現代の企業』. 東京: 嚴松堂書房.
石田 淳・沓抜 覺(1978).『地方公營企業制度(現代地方自治全集 16)』. 東京: ぎょうせい.
一瀨智司 等 編(1977).『公共企業論』. 東京: 有斐閣.
一瀨智司(1969).『現代公企業論』. 東京: 東洋經濟新聞社.
一瀨智司・大島國雄・肥後和夫 編(1982).『公共企業論』. 東京: 有斐閣.
日本 總務省(2022.3).『地方公營企業年鑑』.
占部都美(1954).『公經營管理』. 東京: 技報堂.
______(1969).『公共企業體論(第二增補版)』. 東京: 森山書店.
竹中龍雄(1963).『公益企業料金論』. 東京: 東洋經濟新報社.
______(1968).『公企業經營』. 東京: 千倉書房.
竹中龍雄・北 久一(1970).『公企業.公益企業經營論』. 東京: 丸善株式會社.
坂田期雄(1981).『地方公營企業(新地方自治講座 9)』. 東京: 第一法規.
蒲谷亮一・橋本 昌(1984).『公營企業の管理と經營戰略』. 東京: 第一法規.
河中一學(1976).『圖解 地方公營企業法(地方自治新書 16)』. 東京: 良書普及會.

2. 영미 단행본

Abrahamsson, Bengt(1977). *Bureaucracy and Participation: The Logic of Organization*. London: Sage Publications.
Aharoni, Yair(1981). Managerial Discretion. In Raymond Vernon and Yair Aharoni(eds.). *State-Owned Enterprise in the Western Economies*. New York: St. Martin's Press.
______(1986). *The Evolution and Management of State Owned Enterprises*. Cambridge: Balliger.
Alchian, A. A., Buchanan, J. M., Demsetz, H., & Leijonbufvud, A.(1996). Living and Breathing Economics. *Economic Inquiry*. 34(3): 412-415.
Backer, Morton(1966). *Modern Accounting Theory*. New Jersey: Prentice Hall, Inc.
Bacon, J. & Brown, J. K.(1977). *The Board of Directors: Perspective and Practices in Nine Countries*. New

York: The Conferrence Board.

Batson, C. D.(1991). *The Altruism Question: Toward a Social Psychological Answer*. Hillsdale, N.J.: Lawrence Erlbaum.

Beesley, M. E.(1992). *Privatization, Regulation and Deregulation*. London: Routledge.

Blau, Peter M. and Richard A. Schoenherr(1971). *The Structure of Organization*. New York: Basic Books.

Block, P.(1993). *Stewardship: Choosing Service over Self-interest*. San Francisco: Berrett-Koehler.

Bonbright, J. C.(1961). *Principles of Public Utility Rates*. New York: Columbia University Press.

Bowen, H. R.(1953). *Social Responsibility of the Businessman*. New York: Harper & Row Publishers.

Browning, Edgar K. and Browning, Jacquelene M.(1983). *Public Finance and the Price System*. New York: Macmillan Publishing Co., Inc.

Buchanan, James. M. and Tullock, G.(1962). *The Calculus of Consent: Logical Foundations of Constitutional Democracy*. Ann Arbor: University of Michigan Press.

Burnham, James(1941). *The Managerial Revolution*. New York: Putnam.

Catalyst(1995). *The CEO View: Women on Corporate Boards*. New York: Catalyst.

Clemens, E. W.(1950). *Economics and Public Utilities*. New York: Appleton-Century-Crofts.

Cole, G. D. H.(1919). *Self-Government in Industry*. London: George Allen and Unwin.

Collins, J. C. and Porras, J. I.(1984). *Built to Last: Successful Habits of Visionary Companies*. New York: Harper Collins Publishers.

Corbett, David(1965). *Politics and the Airlines*. London: George Allen and Unwin.

Davis, K. and Frederick, W. C.(1994). *Business and Society: Management, Public Policy and Ethics*. 5th ed. New York: McGraw-Hill.

Denhardt, R. B.(1991). *Pubic Administration: An Action Orientation*. California: Wadsworth Publishing Company.

Drucker, Peter F.(1974). *Management: Task, Responsibility, and Practice*. New York: Book Center.

Duch, Raymond M.(1991). *Privatizing the Economy: Telecomunication Policy in Comparative Perspective*. Ann Arbor: The University of Michigan Press.

Elkington, John(1999). *Cannibals with Forks: The Triple Bottom Line of 21st Century Business*. Oxford: Capstone Press.

Ferrell, O. C., Hirt, Geoffrey, A., and Ferrell, Linda(2015). *Business Ethics: Ethical Decision Making and Cases*. 10th ed. Standford, CT: Cengage Learning.

Freeman, Howard F. and Sherwood, Clarence(1970). *Social Research and Social Policy*. Englewood Cliffs, NJ: Prentice-Hall.

Friedmann, W.(1954). *The Public Corporation: A Comparative Symposium*. Toronto: Carswell.

Friedmann, W. and Garner(1970). *Government Enterprises*. New York: Columbia University Press.

Furubotn, Eirik G. and Richter, Rudolf(2010). *The new institutional economics of markets*. Northampton, MA: Edward Elgar.

Galbraith, J. K.(1964). *Economic Development*. New Haven: Harvard University Press.

Gawthrop, Louis C.(1984). *Public Sector Management: Systems and Ethics*. Bloomington: University of Indiana Press.

Gibson, James L., Ivancevich, John M., and Donnelly, James H., Jr.(1991). *Organization: Behavior, Structure, Process*. 7th ed. New York: Richard D. Irwin.

Goodpaster, K. E.(1983). Business Ethics, The Field and the Course. In W. M. Hoffman, J. M. Moore, & D. A. Fedo. *Corporate Governance and Institutionalizing Ethics*. Toronto: Lexington Book.

Hage, Jerald and Aiken, Michael(1970). *Social Change in Complex Organizations*. New York: Londom House.

Hall, Richard H.(1991). *Organizations: Structure and Process*. 5th ed. Englewood Cliffs, N.J.: Prentice-Hall, Inc.

Hampden-Turner, C. and Trompenaars, A.(1993). *The Seven Cultures of Capitalism*. New York: Doubleday Dell Publishing Group, Inc.

Hanke, Steve H.(ed.)(1987). *Privatization and Development*. San Francisco: Institute for Contemporary Studies.

Hanson, A. H. ed.(1963). *Nationalisation*. London: George Allen and Unwin.

Haveman, Robert H.(1970). *The Economics of the Public Sector*. New York: John Wiley & Sons.

Hendricksen, Eldon S.(1982). *Accounting Theory*. Illinois: Richard D. Irwin, Inc.

Henry, Nicholas(1995). *Public Administration and Public Affairs*. 6th ed. Englewood Cliff, N.J.: Prentice-Hall.

Howell, Thomas R. and Noellert, William A.(1988). *Steel and The State: Government Intervention and Steel's Structural Crisis*. Boulder: Westview Press.

ISO(2010). *Guidance on Social Responsibility, International Standard*. ISO 26000.

Jones, Leroy P.(1975). *Public Enterprises and Economic Development: The Korean Case*. Seoul: KDI.

Kaletsky, A.(2010). *Capitalism 4.0: The Birth of a New Economy*. Bloomsbury Publishing.

Kaplan, S. E. and Schultz, J. Jr.(2006). *The Role of Internal Audit in Sensitive Communications*. IIA Research Foundation.

Kearns, K.(1996). *Managing for Accountability: Preserving the Public Trust in Public and Nonprofit Organizations*. San Francisco: Jossey-Bass.

Keasey, K., Thompson, S., and Wright, M.(1997). Introduction: The Corporate Governance Problem Competing Diagnoses and Solutions. In Keasey, K., Thompson, S. and Wright, M.(eds). *Corporate Governance: Economic, Management and Financial Issues*. Oxford: Oxford University Press.

Kettle, D.(1993). *Sharing Power*. Washington, D.C.: Brookings Institution.

Kingsley, J. D.(1944). *Representative Bureaucracy: An Interpretation of the British Civil Service*. Yellow Springs: The Antioch Press.

Kolderie, T.(1983). Rethinking Public Service Delivery. In Moore, Barbara H. & ICMA Staff(ed.). *The Entrepreneur in Local Government*. New York: The International City Management Association.

Koolman, J.(1994). *Modern Governance, New Government-Society Interaction*. London: Sage Publications.

Kotter, J. P.(1990). *Forces for Change: How Leadership Differs from Management*. New York: The Free Press.

Krueger, A. O.(1990). Government Failure in Development. *Journal of Economic Perspective*. 4(3): 9-23.

Lawrence, P. R. and Dyer, D.(1983). *Renewing American Industry*. New York: The Free Press.

Lewis, W. A.(1949). *Overhead Costs*. London: George Allen and Unwin.

Littlechid, S. C.(1983). *Regulation of British Telecommunication's Profitability*. London: Department of Industry.

McGreger, D.(1960). *The Human Side of Enterprise*. New York: McGraw-Hill.

McGuire, J. W.(1963). *Business and Society*. New York: McGraw-Hill.

Mcnett, Jeanne, Lane, Henry W., Maznevski, Martha L., Mendellhall, Mark E., and O'connell, John(2005). *The Blackwell Encyclopedia of Management*. MA: Blackwell Publishing.

Mitchell, Jerry(1999). *The American Experiment with Government Corporations*. New York: M. E. Sharpe.

Moe, Ronald(1996). Managing Privatization: A New Challenge to Public Administration. In Guy Peters and Bert Rockman(eds.). *Agenda For Excellence 2: Administering the State*. Chatham, N.J.: Chatham House.

Morley, Michael F.(1978). *The Value Added Statement: A Review of its Use in Corporate Reports*. London: Gee & Co.

Mosher, Frederick C.(1968). *Democracy and the Public Service*. New York: Oxford University Press.

Mueller, Dennis C.(1979). *Public Choice*. Cambridge: Cambridge University Press.

Musgrave, R. A.(1973). *The Theory of Public Finance*. New York: McGraw-Hill Book Company.

______(1983). When is the Public Sector Too Large? In Charles, L. Tayler(ed.). *Why Government Grow: Measuring Public Sector Size*. Beverly Hills, CA.: Sage Publications.

Nash, L. L.(1993). *Good Intensions Aside*. Boston: HBS Press.

OECD(2009a). *State Owned Enterprises in India: Reviewing the Evidence*. Working Group on Privatisation and Corporate Governance of State Owned Asset.

______(2009b). *State Owned Enterprises in China: Reviewing the Evidence*. Working Group on Privatisation and Corporate Governance of State Owned Asset.

______(2009c). *State Owned Enterprises in the World Economy*. Working Group on Privatisation and Corporate Governance of State Owned Asset.

______(2009d). *Toward a Database Documenting the Economic Importance of SOEs*. Working Group on Privatisation and Corporate Governance of State Owned Asset.

______(2009e). *SOEs Operating Abroad: An Application of the OECD Guideline on Corporate Governance of State-Owned Enterprises to the Cross-border Operations of SOEs*. Working Group on Privatisation and Corporate Governance of State Owned Asset.

______(2015). *OECD Guidelines on Corporate Governance of State-Owned Enterprises(2015 Edition)*.

______(2021). *Ownership and Governance of State-Owned Enterprise: A Compendium of National Practices 2021*.

Pateman, Carole(1970). *Participation and Democratic Theory*. New York: Cambridge University Press.

Paton, W. A. and Littleton, A.(1940). *An Introduction to Corporate Accounting Standard*. New York: The Ronald Press Company.

Peters, T. J. & Waterman, R. H.(2004). *In Search of Excellence*. London: Profile Books.

Price, L. and Mueller, Charles W.(1986). *Handbook of Organizational Measurement*. Marshfield Mass: Pitman Publishing.

Pryke, R.(1971). *Public Enterprise in Practice: The British Experience of Nationalisation Over Two Decades*. London: MacGibbon and Kee.

Putnam, Robert D.(1993). *Making Democracy Work: Civic Traditions in Modern Italy*. Princeton: Princeton University.

Robson, W. A.(1962). *Nationalized Industry and Public Ownership*. London: George Allen and Unwin.

Ruggles, R. and Ruggles, N. D.(1975). *National Income Accounts and Income Analysis*. New York: McGraw-Hill.

Savas, E. S.(1982). *Privatizing the Public Sector: How to Shrink Government*. Chatham, N.J.: Chatham House

Publishers, Inc.

______(1987). *Privatization: The Key to Better Government*. Chatham, N.J.: House Publishers, Inc.

Shapiro, S. and Willig, R. D.(1990). *The Political Economy of Public Sector Reform and Privatization*. E.N: Suleinmann & J. Waterburg.

Sharfritz, Jay M., Russell, E. W. and Borick, Christopher P.(2007). *Introducing Public Administration*. 5th ed. Pearson Longman.

Shepherd, William G. and Wilcox, Clair(1979). *Public Policies Toward Business*. Homewood, Ill: Richard D. Irwin.

Starr, Paul(1989). The Meaning of Privatization. In Sheila B. Kamerman and Alfred J. Kann. *Privatization and Welfare State*. Princeton: Princeton University Press.

Stevenson, William(1993). Organization Design. In Robert T. Golembiewski(ed.). *Handbook of Organizational Behavior*. New York: Marcel Dekker.

Suleiman, Ezra N. and Waterbury, John(1990). *The Political Economy of Public Sector Reform and Privatization*, Boulder: Westview Press.

Sullivan, Arther M.(1990). *Urban Economics*. Boston, MA.: Richard D. Irwin, Inc.

Svara, James(2007). *The Ethics Primer for Public Administrators in Government and Nonprofit Organizations*. Boston: Jones and Bartlett Publishers.

Thayer, Frederick(1995). Privatization: Carnage, Chaos and Corruption. In Steven Ott, Albert Hyde and Jay Shafritz(eds.). *Public Management: The Essential Readings*. Chicago, LI: Lyceum Books/Nelson Hall.

Tompkins, J.(1995). *Human Resource Management in Government: Hitting the Ground Running*. New York: Harper Collins College Publishers.

Trachsel, H. H.(1950). *Public Utility Regulation*. Chicago: Richard D. Irwin.

Turvey, R. ed.(1979). *Economic Analysis and Public Enterprises*. London: George Allen and Unwin.

U.K. Accounting Standards Steering Committee(1975). *The Corporate Report: A Discussion Paper*. London: England Institute of Chartered Accountants of England and Wales.

UN(2008). *System of National Accounts*.

Vernon, Raymond(1981). Introduction. In Raymond Vernon and Yair Aharoni(eds.). *State-Owned Enterprise in the Western Economies*. New York: St. Martin's Press.

Vernon, R. & Aharoni, Yair.(2014). *State-owned enterprise in the Western economies*. New York: Routledge.

Vickers, John and Yarrow, George(1988). *Privatization: An Economic Analysis*. Cambridge: MIT Press.

Walton, C. C.(1967). *Corporate Social Responsibilities*. CA: Belmont.

Wearing, S. and Neil, J.(2012). *Ecotourism Impact, Potential and Possibility*. Oxford, UK: Butterworth-Heinemann.

Weiss, J. W.(2003). *Business Ethics: A State Holder and Management Approach*. Mason, OH: Thomson.

Weston, J. Fred(1996). *The Scope and Methodology of Finance*. New Jersey: Prentice-Hall, Inc.

Wettenhall, Roger(1996). Public Enterprise Management in Australia: A Pioneer Among Developing Countries. In Ali Farazmand(ed.). *Public Enterprise Management: International Case Studies*. Westport, CT: Greenwood Press.

Whitley, R.(1999). *Divergent Capitalisms: The Social Structuring and Change of Business Systems*. Oxford: Oxford University Press.

Williamson, Oliver E.(1985). *The Economic Institutions of Capitalism: Firms, Markets, Relational Contracting*.

London: Collier Macmillan Publishers.

Yoder, Dale, Heneman, Jr., H. G., Turnbull & John G.(1958). *Handbook of Personnel Management and Labor Relations*. New York: McGraw-Hill Book Company.

Zadek, S.(2001). *The Civil Corporation: the New Economy of Corporate Citizenship*. London: Earhscan.

Zaltman, Gerald, et al.(1973). *Innovations and Organizations*. New York: John Wiley & Sons.

3. 영미 논문

Adcroft, A. & Willis, R.(2005). The (Un)intended Outcome of Public Sector Performance Measurement. *International Journal of Public Sector Management*. 18(5): 386-400.

Auger, P., Bourke, P., Devinney, T., and Louviere, J.(2003). What will Consumers Pay for Social Product Features? *Journal of Business Ethics*. 42: 281-304.

Barmmer, S., Millington, A. & Ratyton, B.(2007). The Contribution of Corporate Social Responsibility to Organizational Commitment. *The International Journal of Human Resource Management*. 18(10): 1701-1719.

Barrett, K. & Greene, R.(2000). Truth in Measurement. *Governing*. 13: 86-88.

Bartlett, A. dna Preston, D.(2000). Can Ethical Behavior Really Exist in Business? *Journal of Business Ethics*. 23(2): 199-209.

Baysinger, B. and Hoskisson, R.(1990). The Composition of Boards of Directors and Strategic Control: Effects on Corporate Strategy. *Academy of Management Review*. 15(1): 72-87.

Beaver, W. H. and Manegold, J.(1975). The Association Between Market Determined and Accounting Determined Measure of Systematic Risk; Some Future Evidence. *Journal of Financial and Quantitative Analysis*. 9(2): 184-237.

Becker-Olsen, K. L. and Hill, P.(2006). The Impact of Perceived Corporate Social Responsibility on Consumer Behavior. *Journal of Business Research*. 59(1): 46-61.

Birley, S. & Norbum, D.(1988). The Top Management Team and Corporate Performance. *Strategic Management Journal*. 9: 225-237.

Blau, Judith and William Mckinley(1979). Ideas, Complexity, and Innovation. *Administrative Science Quarterly*. 24(2): 200-219.

Blau, Peter M.(1970). Decentralization in Bureaucracies. In M. N. Zald(ed.). *Power in Organizations*. Vanderbilt University Press.

Bohte, J. & Meier, K. J.(2000). Goal Displacement: Assessing the Motivation for Organizational Cheating. *Public Administration Review*. 60(2): 173-182.

Boubakri, N.(2008). Privatisation in Developing Countries: Performance and Ownership Effects. *Development Policy Review*. 26(3): 275-308.

Bouckaert, Greet and Halligan, John(2008). Performance and Performance Management. In Peters, B. Guy and Pierre, Jon.(eds). *Handbook of Public Policy*. London: Sage. 443-459.

Bowen, E. H. and Haire, M.(1975). A Strategic Posture Toward Corporate Social Responsibility. *California Management Review*. 18: 49-58.

Boyco, M., Schleifer, A., Vinshny, R. W.(1996). A Theory of Privatization. *Economic Journal*. 32(1): 1-33.

Brudney, Jeffrey L. and England, Robert E.(1982). Urban Policy Making and Subjective Service Evaluation: Are They Compatible? *Public Administration Review*. 42(2): 125-143.

Burke, E. M.(1968). Citizen Participation Strategies. *Journal of the American Institute of Planner*. 34(4): 288-294.

Cameron, K. S. and Quinn, R. E.(1988). Organizational Paradox and Transformation. In R. E. Quinn and K. S. Cameron(eds.). *Paradox and Transformation: Toward a Theory of Change in Organization and Management*. Cambridge, MA.: Ballinger Publishing Company. 1-18.

Carland, J. W., Hoy, F., Boulton, W. R. & Carland, J. A. C.(1984). Differentiating Entrepreneurs from Small Business Owners: A Conceptualization. *Academy of Management Review*. 9: 354-359.

Carlson, R. O. & Karlsson, K.(1970). Age, Cohorts, and the Generation of Generation. *American Sociological Review*. 35: 710-718.

Carroll, A. B.(1979). A Three-Dimentional Conceptual Model of Corporate Social Performance. *Academy of Management Review*. 4(4): 56-73.

Cassese, Sabino(1981). Public Control and Corporate Efficiency. In Raymond Vernon and Yair Aharoni(ed). *State-Owned Enterprise in the Western Economies*. London: Croom Helm.

Castles, F. G.(2002). The Future of the Welfare State: Crisis Myths and Crisis Realities. *International Journal of Health Services*. 32(2): 255-264.

Cave, Douglas W. and Christensen, Laurits R.(1980). The Relative Efficiency of Public and Private Firms in a Competitive Environment: The Case of Canadian Railroads. *Journal of Political Economy*. 88(5): 958-976.

Chen, K. H. and Shimerda, T. A.(1981). An Empirical Analsis of Useful Financial Ratios. *Financial Management*. 10(Spring): 51-60.

Child, John(1972). Organization Structure and Strategies of Control: A Replication of the Aston Group. *Administrative Science Quarterly*. 17(1): 163-177.

Clarkson, P., Fang, X., Li, Y., and Richarson, G.(2013). The Relevance of Environmental Disclosures: Are Such Disclosures Incrementally Informative? *Journal of Accounting and Public Policy*. 32(5): 410-431.

Coase, Ronald H.(1937). The Nature of the Firm. *Ecomomica*. 4(November): 386-405.

Coats, Jennifer C.(2002). Applications of Principal-Agent Models to Government Contracting and Accountability Decision Making. *International Journal of Public Administration*. 25(4): 441-461.

Cochran, P. L., Wood, R. A. and Jones, T. B.(1985). The Composition of Boards of Directors and Incident of Golden Parachutes. *Academy of Management Journal*. 28: 664-671.

Cornell, B. and Lui, Q.(2000). The Parent Company Puzzle: When is the Whole Worth Less than One of the Part? *Journal of Corporate Finance*. 7(4): 341-366.

Davis, J. H., Schoorman, F. D. and Donaldson, L.(1997). Toward a Stewardship Theory of Management. *Academy of Management Review*. 22(1): 20-47.

Debbasch, C., Bourdon, J., Pontier, Jean-Marie and Ricci, Jean-Claude.(1982). *Institutions et droit administratifs*. Paris: Presses Universitaires de France.

Dewenter, K. L. and Malatesta, P. H.(2001). State-Owned and Privately Owned Firms: An Empirical Analysis of Profitability, Leverage, and Labor Intensity. *American Economic Review*. 91(1): 320-334.

Dicke, Lisa A.(2002). Ensuring Accountability in Human Services Contracting: Can Stewardship Theory Fill the Bill? *American Review of Public Administration*. 32(4): 455-470.

Dicke, Lisa A. and Ott, J. S.(1999). Public Agency Accountability in Human Services Contracting. *Public Productivity and Management Review*. 22(4): 502-516.

______(2002). A Test: Can Stewardship Theory Serve as a Second Conceptual Foundation for Accountability Method in Contracted Human Services? *International Review of Public Administration*. 25(4): 463-487.

Donaldson, L. and Davis, J. H.(1991). Stewardship Theory and Agency Theory: CEO Governance and Shareholder Returns. *Australian Journal of Management*. 16: 49-64.

Donaldson, Lex, Child, John and Aldrich, Howard(1975). The Aston Findings on Centralization: Further Discussion. *Administrative Science Quarterly*. 20(3): 453-460.

Donaldson, T. and Dunfee, T. W.(1995). Towards a Unified Conception of Business Ethics: Integrative Social Contracts Theory. *Academy of Management Review*. 19: 252-284.

Doucouliagos, C.(1994). A Note on the Volution of Homo Economicus. *Journal of Economics Issues*. 3: 877-883.

Dulewicz, Victor and Herbert, Peter(2004). Does the Composition and Practice of Boards of Directors Bear Any Relationship to the Performance of their Companies? *Corporate Governance: An International Review*. 12(3): 263-280.

Dunsire, A.(1993). *Models of Governance*. In J. Kookiman(ed.). *Modern Governance*. London: Sage Publications. 21-34.

Dwivedi, O. P. and Jabbra, J. G.(1998). Public Service Responsibility and Accountability. In J. G. Jabbra & O. P. Dwivedi(ed.). *Public Service Accountability*. West Hartford, CT: Kumarian. 1-16.

Dylick, T. and Hockerts, K.(2002) Beyond the Business Case for Corporate Sustainability. *Business Strategy and the Environment*. 11: 130-141.

Eccles, R., Ioannou, I. & Serafeim, G.(2012.1.6). Is Sustainability Now the Key to Corprate Success? *The Guardian*.

Epstein, M. J. and Roy, M. J.(2003). Improving Sustainability Performance: Specifying, Implementing and Measuring Key Principles. *Journal of General Management*. 29(1): 15-31.

Evans, P. A. and Doz, Y.(1992). Dualities: A Paradigm for Human Resource and Organizational Development in Complex Multinationals. In V. Pucik, N. M. Tichy, and C. K. Barnett(eds.). *Globalizing Management: Creating and Leading the Competitive Organization*. New York: John Wiley & Sons, Inc. 85-106.

Ezzamel, M. A. and Watson, R.(1993). Organizational Form, Ownership Structure and Corporate Performance: A Contextual Empirical Analysis of UK Companies. *British Journal of Management*. 4(3): 161-176.

Fama, Eugene F. and Jensen, Michael C.(1983). Separation of Ownership and Control. *Journal of Law & Economics*, 16(June): 301-325.

Farazmand, Ali(1999). Privatization or Reform?: Public Enterprise Management in Transition. *International Review of Administrative Science*. 65(4): 551-567.

Fernandez, Carlos and Arrondo, Ruben(2005). Alternative Internal Controls as Substitutes of the Board of Directors. *Corporate Governance An International Review*. 13(6): 856-866.

Finer, H.(1941). Administrative Responsibility in Democratic Government. *Public Administration Review*, Ⅰ(4): 335-350.

Fligstein, N. and Freeland, R.(1995). Theoretical and Comparative Perspectives on Corporate Governance. *Annual Review of Sociology*. 21: 21-43.

Florence, S. and G. Walker(1952). Efficiency and Nationalization and Its Measurement. In W. A. Robson (ed.). *Problems of Nationalized Industry*. London: George Allen and Unwin.

Freeman, R. B.(1996). The Future for Unions in Decentralized Collective Bargaining Systems: US and UK Unionism in an Era of Crisis. *British Journal of Industrial Relations*. 33(4): 511-519.

Fry, R. E.(1995). Accountability in Organizational Life: Problem or Opportunity for Nonprofits? *Nonprofit Management & Leadership*. 6: 181-195.

Fuman, F. K.(1987). Teaching Business Ethics, Questioning the Assumption, Seeking New Directions. *Journal of Business Ethics*. 6: 31-34.

Ghai, Yash(1977). Control and Management of the Economy: Research Perspectives on Public Enterprises. In Yash Ghai(ed.). *Law in the Political Economy of Public Enterprises*. Uppsala: Scandinavian Institute of African Studies.

Gibson, K.(2000). The Moral Basis of Stakeholder Theory. *Journal of Business Ethics*. 26(3): 245-257.

Greening, D. W. and Turban, D. B.(2000). Corporate Social Performance as a Competitive Advantage in Attaching a Quality Workforce. *Business and Society*. 39: 254-280.

Grinyer, Peter M. and Masond Yasai-Ardekani(1980). Dimensions of Organizational Structure: A Critical Replication. *Academy of Management Journal*. 23(3): 405-421.

Gumm, L.(1989). A Public Management Approach to the NHS. *Health Services Management Research*. 2(1): 3-15.

Hage, Jerald(1965). An Axiomatic Theory of Organizations. *Administrative Science Quarterly*. 10(3): 289-320.

Hage, Jerald and Aiken, Michael(1967). Relationship of Centralization to Other Structural Properties. *Administrative Science Quarterly*. 12(1): 72-91.

Hambrick, D. C. & Mason, P. A.(1984). Upper Echelon: The Organization as a Reflection of Its Top Manager. *Academy of Management Review*. 9(2): 193-206.

Hardin, Garrett(1968). The Tragedy of the Commons. *Science*. 162(3859): 1243-1248.

Herron, I. & Robinson, R. B.(1993). A Structural Model of the Effects of Entrepreneurial Characteristics on Venture Performance. *Journal of Business Venturing*. 8: 281-294.

Hill, C. W. and Snell, S. A.(1988). External Control, Corporate Strategy and Firm Performance in Research Intensive Industries. *Strategic Management Journal*. 9: 577-590.

Hinnings, Christopher R. and Lee, Gloria L.(1971). Dimensions of Organization Structure and Their Context: A Replication. *Sociology*. 5(1): 83-93.

Hirsch, P., Michaels, S. and Friedman, R.(1987). "Dirty Hands" versus "Clean Models." *Theory and Society*. 16: 317-336.

Hitt, Michael A. & Tyler, Beverly B.(1991). Strategic Decision Models: Integrating Different Perspectives. *Strategic Management Journal*. 12: 327-351.

Hood, Christopher(1991). A Public Management for All Seasons? *Public Administration*. 69(1): 3-19.

______(2006). Gaming in the Target World: The Targets Approach to Managing British Public Services. *Public Administration Review*. 66(4): 127-153.

______(2007). Public Service Management by Numbers: Why Does It Vary? Where Has It Come From/What Are the Gaps and the Puzzles? *Public Money and Management*. 27(2): 53-78.

Hornaday, J. A. & Aboud, J.(1971). Characteristics of Successful Entrepreneurs. *Personal Psychology*. 24:

141-153.

Hotelling, H.(1983), The General Welfare in Relation to Problems of Taxation and of Railway and Utility Rates. *Econometrica*. 11(32): 32-45.

Jeavons, T. H.(1994). Ethics in Nonprofit Management: Creating a Culture of Integrity. In R. D. Herman(ed.). *Handbook of Nonprofit Leadership and Management*. San Francisco: Jossey-Bass. 184-207.

Jensen, M. C. and Meckling, W. H.(1976). Theory of the Firm: Managerial Behavior, Agency Costs and Ownership Structure. *Journal of Financial Economics*. 3: 305-360.

Jones, T. M.(1991). Ethical Decision Making By Individuals in Organizations: An Issue-Contingent Model. *The Academy of Management Review*. 16(2): 366-395.

Kaplan, S. N. and Reishus, D.(1990). Outside Directorships and Corporate Performance. *Journal of Financial Economics*. 20: 389-410.

Kearns, K.(1996). *Managing for Accountability: Preserving the Public Trust in Public and Nonprofit Organgizations*. San Francisco: Jossey-Bass.

Kesner, I. F.(1987). Directors Stock Ownership and Organizational Performance: An Investigation of Fortune 500 Companies. *Journal of Management*. 13: 499-507.

Kesner, I. F. and Johnson, R. B.(1990). An Investigation of the Relationship Between Board Composition and Stockholder Suits. *Strategic Management Journal*. 11: 327-336.

Kilduff, M., Angelmar, R. and Mehra, A.(2000). Top Management-Team Diversity and Firm Performance: Examining the Role of Cognitions. *Organization Science*. 11: 21-34.

Kole, S. R. and Mulherin, J. H.(1997). The Government as a Shareholder: A Case from the United States. *Journal of Law and Economics*. 40(1): 1-22.

Korac-Kakabadse, N., Kakabadse, A. K. and Kouzmin, A.(2001). Board Governance and Company Governance: Any Correlations? *Corparate Governance: An International Review*. 1: 24-30.

Kwoka Jr., John E.(2002). Governance Alternatives and Pricing in the U.S. Electric Power Industry. *Journal of Law, Economics & Organization*. 18(1): 278-294.

LeClair, D. T. and Ferrell, L.(2000). Innovation in Experimental Business Ethics Training. *Journal of Business Ethics*. 23(4): 313-322.

Maignam, Isabelle and Ferrell, O. C.(2003). Nature of Corporate Responsibilities Perspective from American French and German Consumers. *Journal of Business Research*. 56(1): 56-67.

Majumdar, Sumit K.(1996). Assessing Comparative Efficiency of the State-Owned, Mixed, and Private Sectors in Indian Industry. *Public Choice*. 96: 1-24

Mattis, M. C.(2000). Women Corporate Directors in the United States. In R. Burke and M. Mattis(eds). *Women on Corporate Boards of Directors*. Netherlands: Kluwer Academic Publishers. 43-56.

Mayhew, B. and Murphy, P.(2009). The Impact of Ethics Education on Reporting Behavior. *Journal of Business Ethics*. 32(3): 397-416.

Maynard, Ⅲ., George F. and Poole, Dennis L.(1998). Stewardship: The Distinguishing Characteristic of Not-for-Profit Health Care. *Health and Social Work*. 23(4): 243-248.

Maznevski, M. L.(1994). Understanding Our Differences: Performance in Decision-Making Groups with Diverse Members. *Human Relations*. 47: 531-552.

McCoy, Elaine(1992). The Management of Public Provision. *Australian Journal of Public Administration*. 51(4): 420-434.

Meggingson, W. L., Nash, R. C. and Randenborgh, M. V.(1994). The Financial and Operationg Performance of Newly Privatized Firms: An International Empirical Analysis. *Journal of Finance.* 49(2): 403-452.

Meyer, Robert A.(1975). Publicly Owned versus Privately Owned Utilities: A Policy Choice. *Review of Economics and Statistics.* 57(4): 391-399.

Miles, M. P. and Covin, J. G.(2000). Environment Marketing: A Source of Reputation, Competitive and Financial Advantage. *Journal of Business Ethics.* 23(2): 299-311.

Millward, R.(2002). Public Enterprise Revisited. *Journal of Economic History.* 62(3): 862-870.

Miranda, Rowan and Lerner, Allan(1995). Bureaucracy, Organizational Redundancy, and the Privatization of Public Services. *Public Administration Review.* 55(2): 193-200.

Mitchell, Jerry(1996). Public Enterprises in the United States. In Ali Farazmand(ed.). *Public Enterprise Management*, Westport, Connecticut: Greenwood Press. 67-79.

Near, J. P. and Miceli, M. P.(1995). Effective Whistle-blowing. *Academy of Management Review.* 20(3): 679-703.

Ostrom, Vincent and Ostrom, Elinor(1977). Public Goods and Public Choice. In E. S. Savas(ed.). *Alternatives for Delivering Public Services: Toward Improved Performance.* Boulder, Colorado: Westview. 4-15.

Pava, M. L. and Krausz, J.(1996). The Association Between Corporate Social-responsibility and Financial Performances: The Paradox of Social Cost. *Journal of Business Ethics.* 15(3): 321-357.

Pearce, J. A. and Zhara, S. A.(1992). Board Composition from A Strategic Contingency Perspective. *Journal of Management Studies.* 26(4): 411-439.

Pelled, L.(1996). Demographic Diversity, Conflict, and Work Group Outcomes: An Intervening Process Theory. *Organization Science.* 7: 615-631.

Pescatrice, Donn R. and Trapani, John M.(1980). The Performance and Objectives of Public and Private Utilities Operating in the United States. *Journal of Public Economics.* 13(2): 259-276.

Pollitt, C.(2001). Integrating Financial Management and Performance Managememt. *OECD Journal on Budgeting.* 1(2): 7-37.

Porter, M. E. and Kramer, M. R.(2006). Strategy and Society: The Link of Competitive Advantage and Corporate Social Responsibility. *Harvard Business Review.* 84(12): 78-92.

Pugh, D. S., Hickson, D. J., Hinnings, C. R, and Turner, C.(1968). Dimensions of Organization Structure. *Administrative Science Quarterly.* 12(3): 65-105.

Ramsey, Frank P.(1927). A Contribution to the Theory of Taxation. *The Economic Journal.* 37: 47-61.

Reamer, F. G.(2007). Documentation in Social Work: Evolving Ethical and Risk-Management Standards. *Social Work.* 50(4): 325-334.

Reidenbach, R. E. and Robin, D. P.(1991). A Conceptual Model of Corporate Moral Development. *Journal of Business Ethics.* 10(4): 273-284.

Richardson, D.(2002). Urban Infrastructure Politics and Metropolitan Growth: Lessons From the New York Metropolitan Region. *Public Works Management & Policy.* 6(3): 198-209.

Rodriguez, P., Siegel, D. D., Hillman, A., and Eden, L.(2006). Three Lenses on the Multinational Enterprise: Politics, Corruption and Corporate Social Responsibility. *Journal of International Business Studies.* 37: 733-746.

Romzek, B. S. and Dubnick, M. J.(1994). Issues of Accountability in Flexible Personnel Systems. In P. W. Ingraham & B. S. Romzek(eds). *New Paradigms for Government.* San Francisco: Jossey-Bass. 263-294.

Rosenstein, S. and Wyatt, J.(1990). Outside Directors, Board Independence, and Shareholder Wealth. *Journal of Financial Economics*. 26: 175-191.

Rouseau, D. M. & Sitkin, S. B., Burt, R. S. & Camerer C.(1998). Introduction to Special Topic Forum, Not So Different After All: A Cross-Discipline View of Trust. *Academy of Management Review*. 23(3): 393-404.

Sadique, Abu Sharaf H. K.(1976). Coordination and Control of Public Enterprise: An Overview of the Asian Situation. In Abu Sharaf H. K. Sadique(ed.). *Public Enterprise in Asia*. Kuala Lumpur: Asian Centre for Development Administration.

Schneider, Benjamin(1987). The People Make the Place. *Personnel Psychology*. Autumn: 437-452.

Schwartz, M. S. and Carroll, A. B.(2003). Corporate Social Responsibility: A Three-domain Approach. *Business Ethics Quarterly*. 13(4): 503-530.

Sen, S. and Bhattacharta, C. B.(2001). Does Doing Good Always Lead to Doing Better? Consumer Reactions to Corporate Social Responsibility. *Journal of Marketing Research*. 38(May): 225-243.

Sexton, D. & Bowman, N.(1985). The Entrepreneur: A Capable Executive and More. *Journal of Business Venturing*. 1: 129-140.

Siciliano, J.(1996). The Relationship of Board Member Diversity to Organizational Performance. *Journal of Business Ethics*. 15: 1313-1321.

Sims, R. K. and Keenan, J. P.(1998). Predictors of External Whistle-blowing, Organizational & Intrapersonal Variables. *Journal of Business Ethics*. 21(4): 411-421.

Smith, Gerald E. and Huntsman, Carole A.(1997). Reframing the Metaphor of the Citizen-Government Relationship: A Value-Centered Perspective. *Public Administration Review*. 57(4): 309-318.

Smith, P.(1995). On the Unintended Consequences of Publishing Performance Data in the Public Sector. *International Journal of Public Administration*. 18(2): 79-94.

Stewart, John D.(1985). The Functioning and Management of Local Authorities. In M. Loughin, Gelfand, M. D. and Young, K.(eds). *Half a Century of Municipal Decline, 1935-1985*. London: Allen & Unwin.

Stoker, Gerry(1998). Public-Private Partnerships and Urban Governance. In Jon Pierre(ed.). *Partnerships in Urban Governance*. London: Macmillan Press LTD. 34-51.

Swindell, David and Kelly, Janet(2000). Liking Citizen Satisfaction Data to Performance Measures. *Public Productivity and Management Review*. 24(1): 30-52.

Tihanyi, L. Johnson, R. A., Hoskisson, R. E., and Hitt, M.(2003). Institutional Ownership Differences and International Diversification: The Effects of Boards of Directors and Technological Opportunit. *Academy of Management Journal*. 46(2): 195-211.

Till, B. D. and Nowark, L. I.(2000). Toward Effective Use of Cause-Related Marketing Alliance. *Journal of Product and Brand Management*. 9(7): 472-484.

Timmerman, T.(2000). Racial Diversity, Age Diversity, Interdependence and Team Performance. *Small Group Research*. 31: 592-606.

Trevino, L. K.(1986). Ethical Decision Making in Organizations: A Person-situation Interactionist Model. *The Academy of Management Review*. 11(3): 601-617.

Uyemura, D. G., Kentor, C. C., and Pettit, J. M.(1996). EVA for Banks: Value Creation Risk Management and Profitability Measurement. *Journal of Applied Corporate Finance*. 13(2): 94-113.

Vance, S. C.(1975). Are Socially Responsible Corporations Good Investment Risks? *Management Review*. 64:

18-24.

Van den Berghe, L. A. A. and Levrau, Abigail(2004). Evaluating Boards of Directors: What Constitutes a Good Corporate Board? *Corporate Governance An International Review*. 12(4): 461-478.

Vickers, J. and Wright, V.(1988). The Politics of Industrial Privatization in Western Europe: An Overview. *West European Politics*. 11(4): 1-10.

Vickers, J. and Yarrow, G.(1991). Economic Perspectives on Privatization. *Journal of Economic Perspectives*. 5(2): 111-132.

Victor, B. and Cullen, J. B.(1988). The Organizational Base of Ethical Work Climates. *Administrative Science Quarterly*. 33: 101-125.

Vigoda, Eran(2002). From Responsiveness to Collaboration: Governance, Citizens, and the Next Generation of Public Administration. *Public Administration Review*. 62(5): 527-540.

Waddock, S. and Smith, N.(2000). Corporate Responsibility Audits: Doing Well by Doing Good. *Sloan Management Review*. 41(2): 75-83.

Wiersema, M. F. & Bantel, K. A.(1993). Top Management Team Demography and Corporate Strategic Change. *Academy of Management Journal*. 35: 91-121.

Won, Gu-Hwan(2006). Correlation of R&D Investment and Financial Ratios of Government-Invested Enterprises. *The Korean Journal of Policy Studies*. 20(2): 13-26.

______(2007). Electric Power Industry Restructuring and ROE: The Case of Korea Electric Power Corporation. *Energy Policy*. 35(10): 5080-5090.

Won, Gu-Hwan & Lah, T. J.(2008). Productivity Change in the Korean Government-Invested Enterprises: A Malmquist Approach. *International Review of Public Administration*. 12(2): 1-11.

Wood, D. J. and Jones, R. E.(1995). Stakeholder Mismatching: A Theoretical Problem in Empirical Research on Corporate Social Performance. *The International Journal of Organizational Analysis*. 3: 229-267.

Wright, P. and Ferris, S.(1997). Agency Conflict and Corporate Strategy: The Effect of Divestment on Corporate Value. *Strategic Management Journal*. 18: 77-83.

Yarrow, George(1999). A Theory of Privatization, or Why Bureaucrats ars Still in Business. World Development. 27(1): 157-160.

Zand, D. E.(1972). Trust and Managerial Problem Solving. *Administrative Science Quarterly*. 17: 229-239.

찾아보기

ㄱ

저자 소개

원구환(元求桓)

[약력 및 경력]

연세대학교 사회과학대학 행정학과 졸업(행정학사)
연세대학교 대학원 행정학과 졸업(행정학 석사 및 박사)
한국국정관리학회 회장(2018년)
한국지방공기업학회 회장(2015~2016년)
한국정책학회, 한국재무행정학회, 한국공공경영학회 부회장
대통령 직속 정부규제개혁위원회 위원
기획재정부 공공기관 경영평가단 총괄반 간사 및 주요사업팀장
행정안전부 지방공기업정책위원회 위원 및 경영평가단 단장
인사혁신처 적극행정평가단장
국무총리실, 행정안전부, 통계청 자체평가위원회 위원
국무총리실 국정과제평가단 위원
대전시 및 충청남도 출자출연기관운영위원회 위원
현재 한남대학교 행정학과 교수

[대표 저서 및 논문]

『재무행정론』. 서울: 대영문화사, 2024.
『지방행정론(개정판)』(공저). 서울: 대영문화사, 2006.
『지방정부 생산성 측정의 이론과 실제』(공저). 서울: 집문당, 2003.
『지방공기업론』(공저). 서울: 대영문화사, 2001.
『Public Management in Korea』(공저). London & New York: Routledge, 2018.
Correlation of R&D Investment and Financial Ratios of Government-Invested Enterprises (2006), Electric Power Industry Restructuring and ROE(2007), 지방공기업의 부가가치생산성과 재무비율과의 관계 분석(2011), 지방공기업이 지역내총생산에서 차지하는 비중 추정(2012), Kano 모델을 활용한 지방공기업 혁신과제 속성분류 및 중요도 분석(2015), 공기업에 대한 과세와 조세귀착 및 초과부담간의 상관성 분석(2017), 사회적기업의 성과에 미치는 영향요인과 생산성 분석(공저, 2019), 지방상수도사업의 연구개발투자와 재무성과 간의 상관성 분석(2020), 한국과 일본의 지방공기업 비교분석(2021), 지하수 관리를 위한 재정 체계 구축 방안(2022), 지방도시개발공사의 자산회전율 분석(2023) 외 다수

개정판
공기업론

펴낸날 제1판 제1쇄 2018년 2월 20일
개정판 제1쇄 2024년 2월 28일
지은이 원구환
펴낸이 임춘환
펴낸곳 도서출판 **대영문화사**
주소 (본사) 사무실: 경기도 고양시 일산서구 주화로 70
우신프라자 307호 (㊐ 10387)
(본사) 물류센터: 경기도 고양시 일산서구 덕산로
107번길 68-50 (㊐ 10205)
등록 1975년 12월 26일 제3-16호
전화 (031) 913-3062, (031) 914-3884~5
팩스 (031) 913-3839
홈페이지 http://www.dymbook.co.kr

ISBN 978-89-7644-926-9
값 35,000원